与

二十五史

家国兴衰

黄德华

黄清诚

黄德胜 ◎ 著

ZHEJIANG UNIVERSITY PRESS

浙江大学出版社

· 杭州 ·

图书在版编目（CIP）数据

二十五史与家国兴衰 /黄德华,黄清诚,黄德胜著
. — 杭州:浙江大学出版社,2022.11(2023.3重印)
ISBN 978-7-308-22686-8

Ⅰ.①二… Ⅱ.①黄… ②黄… ③黄… Ⅲ.①中国历
史－关系－企业领导学－通俗读物 Ⅳ.①F272.91-49

中国版本图书馆CIP数据核字(2022)第094640号

二十五史与家国兴衰
ERSHIWUSHI YU JIAGUO XINGSHUAI

黄德华　黄清诚　黄德胜　著

策划编辑	吴伟伟
责任编辑	杨　茜
责任校对	许艺涛
封面设计	闰江文化
出版发行	浙江大学出版社
	（杭州市天目山路148号　　邮政编码　310007）
	（网址：http://www.zjupress.com）
排　　版	杭州林智广告有限公司
印　　刷	杭州钱江彩色印务有限公司
开　　本	787mm×1092mm　1/16
印　　张	29
字　　数	590千
版 印 次	2022年11月第1版　2023年3月第2次印刷
书　　号	ISBN 978-7-308-22686-8
定　　价	118.00元

前　言

　　巍巍华夏，绵延亿载；悠悠中华，文明万年；赫赫三皇，八千春秋；史记五帝，五千岁纪；夏启开国，姒家传承；更替数十家，直到清朝。每朝帝王，代代有记。若视一朝为一企业，每一帝王为董事长，王朝与企业一样遵循组织的生命曲线。每朝国祚，长短不一；每一帝王，执政迥异。有的很长，夏朝约470年，商朝554年，西周275年。有的很短，国祚不足50年，如桓楚、玄汉、西楚、后汉、后周、后晋、后唐、新莽、后梁、南齐、北周、北齐、南陈、隋朝、蜀汉、曹魏，共16个皇朝，占48.5%。有的一般般，国祚在50~100年，如西晋、秦朝、南梁、南朝刘宋、东吴，共5个，占15.2%。有的还不错，国祚在100~200年，如东晋、金朝、南宋、北宋、北魏、东汉、元朝，共7个，占21.1%。国祚在200~300年，如西汉、辽朝、唐朝、明朝和清朝，共5个，占15.2%。不足50年的王朝，为什么高达48.5%，接近一半呢？超过200年的，为什么这么少呢？

　　国祚长短不一样，传承代数也不同。33个皇朝中，一代而亡，如桓楚、西楚、新莽、玄汉，共4个，占12.1%；二代而亡，如蜀汉、后梁、后唐、后晋、后汉，共5个，占15.2%；三代而亡，如曹魏、东吴、南陈、北齐、北周、后周，共6个，占18.2%；四代而亡，如西晋、东晋、南朝刘宋、南齐、南梁、隋朝，共6个，占18.2%；六世而亡，如秦朝、金朝；七世而亡，如北宋、南宋；八世而亡，如东汉；九世而亡，如元朝、辽朝；十世而亡，如北魏；十一世而亡，如西汉、清朝；十二世而亡，如明朝；十四世而亡，如唐朝。二代危机、三代危机、四代危机在皇朝中很常见，17个皇朝发生二代、三代、四代危机者，占51.5%。为什么超过半数的皇朝没有超过五代呢？

　　组织传承是复杂的系统工程，有很多复杂而变化的关键要素，如天时、地利、竞争对手、人和（团队）、体制、最高责任人（帝王自己）等，古人云：盛衰之理，虽曰天命，岂非人事哉？刘禹锡《金陵怀古》诗云：兴废由人事，山川空地形。最为关键的人事是帝王，帝王的成败是其个人综合因素共同决定的，如道德、价值观、能力、性格等。本书从人的性格和行为结果来深入探究组织传承的规律。明朝崇祯帝，他勤俭执政，道德人品皆为中上，有振兴明朝的

1

志向，执政能力也中等，但性格猜疑犹豫，对明朝影响深远。性格决定命运，本书专注探讨帝王性格类型对国祚和代系传承的影响。

唐朝马周的一个假设伴随着笔者30多年：假设汉高祖之后，由汉武帝接班，汉朝就会灭亡。他的原话是："汉文帝惜百金之费，辍露台之役，集上书囊以为殿帷，所幸慎夫人衣不曳地。至景帝以锦绣綦组妨害女工，特诏除之，所以百姓安乐。至孝武帝，虽穷奢极侈，而承文、景遗德，故人心不动。向使高祖之后，即有武帝，天下必不能全。"这种假设性探究式的帝王接班的思维，促使笔者观察所在企业的接班问题，并由此产生了浓厚的兴趣。

1995年，笔者就职于某外资企业，这是一家有50多年历史的家族企业，由第三代掌舵。在企业文化的学习中，笔者经常听到两代企业主的故事，能感悟他们的性格类型及其差异。我还经常聆听第三代企业主的报告，并和他互动交流，深刻体验到他的性格类型。1997年，作为企业的"雏鹰"管理者成员，我有幸到美国学习，当时是巩固适应性销售技巧，学习适应性领导力。当老师讲到四种领导风格，提到前任性格类型和接班人性格类型要有差异，并和组织生命周期及所处的外部环境都要匹配时，我豁然开朗，对马周的汉武之假说，有了全新的理解。按照当时老师授课的DISC理论，笔者认为刘邦为I型领导，刘彻是D型领导。I型领导刘邦创建的汉朝，在刘邦和吕后之后，进入了需要哺育的发展时期，需要的是C型领导。假设雍正帝或者唐武宗李炎是崇祯帝，明朝会不会灭亡呢？基于帝王性格类型的传承轨迹与国祚长短是否存在关联？这些都是有趣的值得探讨的话题。

笔者有深厚的性格研究家学渊源，对性格心理学及其运用亦有特别偏好。笔者出生在一个具有600多年村史的翰溪黄氏家族，祖父征洪公三世同堂，同支五世同堂。祖父性格严谨认真、勤俭正直。据长辈们说的故事，祖母范氏，勇敢有主见。在我10岁时，叔伯姑姑们都成家了，我每年都能亲身体验不同性格类型的家族人在一起的生活、劳动的场景。11岁左右，在祖父的指点下，我把人的性格类型识别为：老虎、猫头鹰、孔雀、熊猫。奇特的是，伯父伯母是老虎型；父亲是猫头鹰型，母亲是孔雀型；叔叔是孔雀型，婶婶是熊猫型。大姑是熊猫型，大姑父是老虎型；二姑、三姑是猫头鹰型，二姑父是熊猫型，三姑父是猫头鹰型。他们婚姻的优缺点并存也各异。到美国学习之前，我对他们的性格类型，言尽言明有难度。去美国学习以后，预测其行为，言其所然，更加胸有成竹。

经过10多年的管理实践运用，笔者把美国的DISC理论和家学的四象性格类型进行了深度融合。经12年的信息搜集和研究，总结出作者的原外企雇主的三代性格类型：第一代猫头鹰型，第二代老虎型，第三代孔雀型。2008年，我和黄清诚共同创立黄氏TOPK性格模型。这个模型把人的性格类型四分为老虎（tiger）、猫头鹰（owl）、孔雀（peacock）和考拉（koala），组成黄氏TOPK十字圆盘模型，用考拉取代熊猫。原外企雇主的三代性格类型，在黄氏TOPK十字圆盘上呈顺时针移动。这种移动，和企业所处的环境要求也是相适应的，60多年来，企业一直蓬勃壮大。同年，我进一步分析杭州树脂厂的两任厂长，第一任厂长章先生，是果敢的猫头鹰型；第二任厂长吴先生是果敢的孔雀型。他们的性格类型在TOPK十字圆盘上，章先生处第二象限，吴先生处第四象限，呈对角线关系，属于对角线移动，这种移动并没有给工厂带来进一步发展，而是相反。领导人的性格类型移动不一定会带来成功，对角线的移动反而带来了失败。企业传承成功的关键要素还有：接班者性格类型和外部环境是否匹配、接班者及其团队是否符合VCAT原则和TOPK原则。

《红楼梦》以家庭生活为题材，详细描述了五世贾府家族的历史，讲述的是"水代文玉草，一代不如一代"的故事，《红楼梦》中的贾府自"水"字辈至"草"字辈恰好五世。第一代的名字从水，寓为贾府财富水的源头，他们有着不平凡的创业历程；第二代用"代"为字辈，寓意更新换代；第三代用"文"为字辈，取"文韬文治"之意。第四代用"玉"为字辈，取"金玉其外，败絮其中"之意。这一代是承平日久的一代，荒废了前人的文治武功，养尊处优，平庸无能。第五代用"草"为字辈，隐含犹如路边草芥。五世而斩描述的就是"创业、守成、挥霍、败落、灭亡"的过程。民谚有云：一代苦二代富，三代吃花酒，四代穿破裤，五代宿街头。

按照黄氏TOPK圆盘模型，贾府基业的创立者贾演、贾源两兄弟，性格类型为老虎；第二代的贾代善和贾代化为考拉，第三代的贾政为考拉、贾赦为孔雀、贾敬为考拉，第四代的贾宝玉、贾珍、贾琏、贾环为孔雀，第五代的贾兰属于有猫头鹰特质的考拉，虽是个好苗子，可惜大厦将倾，独木难支。宁荣二府终归"三世而衰、五世而斩"。他们的性格类型在TOPK圆盘上的移动轨迹是：从老虎（第一象限）到考拉（第三象限），在考拉象限停留两代后，移动到孔雀（第四象限），再回到考拉（第三象限）。TOPK圆盘下半圆的孔雀与考拉占有60%，TOPK移动从老虎开始，以考拉终止，长时间停留在TOPK圆盘的下半圆（第三象限与第四象限）。接任者的性格类型再也没有移动到黄氏TOPK圆盘的上半圆。笔者认为，这就是贾府五世而斩的重要原因之一。孔雀型的贾母本是第二代贾代善的夫人，在第二代的男丁去世后，她是荣国府的实际最高领导人，有点王朝里太后的味道。长寿的孔雀型贾母把心思全放在享福上，经常要后辈们围绕在身边表示孝顺，爱打牌爱看戏，爱讲排场摆阔气。讨好她的人便会得到好处，得罪她的人要吃不了兜着走。在家族传承管理方面，她犯了六大错误：不重视接班人的培养与管理、缺少对家族的远景规划、对家族的发展选择了错误的战略、守业享福而没有永续创业、缺失善德载福的信仰、继任的性格类型在TOPK圆盘上移动不完整。正因为如此，创业之后，就只能是败家了。

2010年，笔者沿用这种思路和研究套路，研究清朝的12位帝王性格类型，以及通用汽车公司历任董事长的性格类型、通用电气（GE）公司历任董事长的性格类型，将三者进行了对照研究，发现清朝帝王性格类型及其比例，与通用汽车的相类似，和通用电气公司的相差很大，研究结论对企业传承非常有意义和借鉴作用。2012年，笔者开发了"接班搭档的TOPK艺术"课程，针对创业一代，讲授"成功企业赢在好接班人"及"创一代，向孙策学习选择接班人"；针对创业二代，讲授"创二代，向孙权学习接班"及"成功接班的TOPK智慧"；针对MBA、EMBA，讲授"企业接班管理的性格圆盘"；针对组织部领导，讲授"基于性格的继任管理"等，受到学员的好评。

基于以上研究历程和成果，笔者和黄清诚、黄德胜在2015年组建了本书的创作团队。本团队用黄氏TOPK性格模型，按时间顺序，分析五帝时期、夏商周、秦汉到明清560多位帝王（包括政权的奠基者）的性格类型，把他们的性格类型标注在每个朝代的黄氏TOPK十字圆盘上，按照传承次序把这些标注的点连起来，根据历任帝王性格类型组成的轨迹图（或性格类型分布图），试图找出每个朝代兴衰的性格类型规律。对于古人，我们无法亲身体验其性格特质，也无法进行性格测试，只能根据经典著作对他们的个性描述及对事件的处理来进行判断。本书对于古人性格类型的判断，主要基于《史记》在内的二十五史原文，适度参考《尚书》《春秋》《资治通鉴》等，适度参考名人的评价，并结合考古史料进行综合判断。这些判断，虽有一定的主观性，但是基于TOPK模型的严肃判断。期待能得到读者的反馈，欢迎读者进行批评指正！

本书所用的黄氏TOPK性格模型，在第一章进行了阐述，是黄氏TOPK精华版。《销售队伍管理》中的黄氏TOPK是简约版，《创业搭档管理》中的黄氏TOPK是加强版。性格有好坏之分，比如，果敢的性格是好的，急躁的性格是坏的。但性格类型没有好坏之分，不能说老虎性格类型比考拉性格类型好。项羽的性格类型是老虎型，他创业成功了，但他创建的西楚只有4年的国祚，一代而亡；桓玄的性格类型是孔雀型，他奋桓温之余烈，创建了桓楚，国祚也只有半年左右，一代而亡。刘玄的性格类型是猫头鹰型，他创建了玄汉，国祚约2年，也是一代而亡。李渊是考拉型的，唐朝却有289年的国祚。

每种性格类型都可以创业成功。自秦朝至清朝的33位开朝皇帝里，有13位老虎型（39.4%）、7位猫头鹰型（21.2%）、6位孔雀型（18.2%）、7位考拉型（21.2%），每种性格类型都可以创建百年基业。从秦朝到清朝，国祚超过百年的有 12 个朝代：东晋、金朝、南宋、北宋、北魏、东汉、元朝、西汉、辽朝、唐朝、明朝和清朝。其中老虎型开朝皇帝 5 位（41.7%），分别是金朝完颜旻、北魏拓跋珪、元朝成吉思汗、辽朝耶律亿（阿保机）和清朝努尔哈赤；猫头鹰型开朝皇帝 2 位（16.7%），分别是东汉刘秀、明朝朱元璋；孔雀型开朝皇帝 1 位（8.3%），西汉刘邦；考拉型开朝皇帝 4 位（33.3%），分别是东晋司马睿、南宋赵构、北宋赵匡胤和唐朝李渊。这 12 位皇帝和开创隋朝的杨坚、秦朝的秦始皇、东吴的孙权及曹魏的莫基者曹操等一样，他们都能够自觉或不自觉地在 TOPK 四种性格类型中进行切换，具备五级领导力。这 12 个百年王朝的历任帝王性格类型，在黄氏 TOPK 圆盘中，实现了转移，尽管转移轨迹不完全一样，但他们的性格转移轨迹对于企业的治理与传承有很好的启发和借鉴。

王朝开国者的性格类型是不一样的，亡国的帝王性格类型也是不一样的。有的亡于老虎型，如商朝、东吴、五代后汉、后唐；有的亡于猫头鹰型，如五代后梁、元朝、明朝；有的亡于孔雀型，如夏朝、西周、蜀汉、南朝陈、金、辽；有的亡于考拉型，如曹魏、五代后周。有的实亡于孔雀型，形亡于考拉型，如北周、隋朝、唐朝；清朝是实亡于老虎型的慈禧太后，形亡于考拉型的娃娃皇帝溥仪。在皇帝性格类型上，各有各的不同。但有一点是共同的：亡君的知人善任能力很弱，其性格缺点表现得很明显，且都没有组建具有 VCAT 和 TOPK 特质的执政团队。

作为守成帝王，把王朝和国家推上鼎盛的有：老虎型的夏朝姒杼、老虎型的商朝武丁、孔雀型的周穆王、老虎型的秦始皇、老虎型的汉武帝、猫头鹰型的汉宣帝、考拉型的唐高宗、孔雀型的唐玄宗、老虎型的忽必烈、老虎型的明成祖、孔雀型的乾隆帝等。作为守成帝王，把王朝从低谷带向上升通道的有：猫头鹰型的夏少康、老虎型的商盘庚、老虎型的周宣王、老虎型的秦献公、猫头鹰型的秦孝公、猫头鹰型的唐睿宗、猫头鹰型的唐德宗、老虎型的唐武宗、猫头鹰型的宋神宗、猫头鹰型的明孝宗、猫头鹰型的雍正帝等。他们成功的原因，就个人因素而言，主要是知人善任的能力很强，性格的优点得到更多的展现，拥有符合 VCAT 和 TOPK 特质的执政团队。战国七雄的国君、三国时期的帝王及南北朝、五代、宋辽金元的历代帝王性格类型分析和接班人选择，对当今竞争激烈环境下的企业接班人的培养训练和选拔，很有借鉴意义。

本书最大的亮点，就是用黄氏 TOPK 性格模型分析了每个帝王的性格类型，让读者知道每个帝王成功或失败的性格因素；除了标注在黄氏 TOPK 圆盘上连成线外，本书还提供了每个朝代传承次序和世系图，相关朝代的 TOPK 数据对照分析表。这些图表能非常直观地让读者领略到朝代传承的性格智慧。同时，本书重点分析了创一代的帝王性格类型及他们的创业搭档团队成员的性格类型，这对创业者来讲，具有很高的借鉴价值。对那些亡国之君的性格类型，以及他们的执政团队成员的性格类型，也做了重点分析，这有助于处在竞争环境的企业主和创业者避免失败，打败竞争对手。本书还重点分析了那些接班取得巨大成功的创业型或改革型的接班帝王，如秦始皇、汉武帝、唐太宗、雍正帝等，这对那些要接班或已经接班的企业主来讲，也具有很高的借鉴价值。

本书的读者，首先是企业的所有者和决策者，包括家族企业的企业主；其次是家族企业的家族成员；再次是有接班人愿景及规划的人们。那些对历史感兴趣的、对领导者感兴趣的、对性格感兴趣的、对传承感兴趣的，也是本书的读者。那些正在创业或者即将创业的，那些从事组织工作的（如企业人力资源经理），是本书的专业读者。从事历史教学和研究的老师，从事组织传承和（家族）企业研究的学者，从事（家族）企业传承教学的老师、培训师等，也是本书的专业读者。本书也可作为组织传承领域的本科生、研究生、MBA、EMBA的辅助用书或课外阅读用书。

黄德华

2021 年 6 月于杭州老和山下

目　录

第一章
黄氏TOPK性格类型

无论是政府组织还是企业组织，一个组织的成功传承，第一要素都是选好接班人。挑选好的接班人要遵循VCAT原则：相同的价值观（values），志同道合。价值观决定了领导人的领导理念。性格（character）差异。性格决定了领导风格。前后两任的性格类型既相同又不同，接班人的性格类型要适合组织未来5~10年的时势，在黄氏TOPK性格圆盘上，呈现有竞争力的移动。能力（ability）发展。接班人愿意在学习能力、思维能力（悟性）和知人能力方面提升自己，从而拥有卓越的岗位（帝王或企业主）能力。信任度（trust）要高。上一任要信任下一任，下一任要信任上一任，交接班双方拥有高超的信任智慧和良好习惯。

接班成功的第二要素，是拥有很强的接班团队，这个接班团队应尽量符合VCAT和TOPK原则。这两个原则带来的接班结果就是：同道异法、继往开来、团结奋斗、基业长青。本书就VCAT原则中的第二个原则（性格差异）进行深度探讨，重点围绕帝王性格类型在黄氏TOPK圆盘上的分布展开，试图找出组织长寿或者基业长青的性格类型规律。

欧美专家发现，继任者与前任的领导风格（本书称领导性格）差异是企业长寿的最为关键的因素。那些成功继任的CEO，会在工作中不断地调整自己的领导性格，以适应公司的发展状态和所处的环境。他们还发现，一个将CEO继任者的性格与企业发展周期、行业结构匹配得较好的企业，其业绩会比那些匹配程度较低的企业好。他们还发现，一个具有前瞻性的经营者，一般在选择继任者时，总是希望出现一个与自己性格有差异的候选人。这些思想在《造就一流企业》和《第二条曲线》等著作中均有所体现。2008年在美国上映的电影《功夫熊猫》也体现了这种思想。《功夫熊猫》是一部以中国功夫为主题的美国动作喜剧动画片，影片以中国古代为背景，其景观、布景、服装及食物均充满中国元素。它讲述了一只笨拙的熊猫立志成为武林高手的故事。龟仙人（乌龟大师）是武功的创立者，也是权力的缔造者，是第一代；它的徒弟浣熊长老是第二代，是权力的继承者；浣熊长老有很多徒弟，其中熊猫阿宝成为它的继任者，是第三代。这三代的性格差异是：龟仙人，睿智而理性；浣熊长老，果敢而务实；熊猫阿宝，执着（耐力）憨厚。

本书认为，性格就是人们习惯了的思维方式和行为方式。对于管理者来说，性格就是他的管理风格或执政风格，对于领导人来说，性格决定领导风格。黄氏TOPK性格，把人的性格分为四个类型，属于性格四分法，是黄氏国学四象思维在性格中的运用。它以支配力为横坐标，从左到右，是从弱到强；以自制力为纵坐标，从下往上，是从弱到强。外面有个圆圈，如图1-1所示。

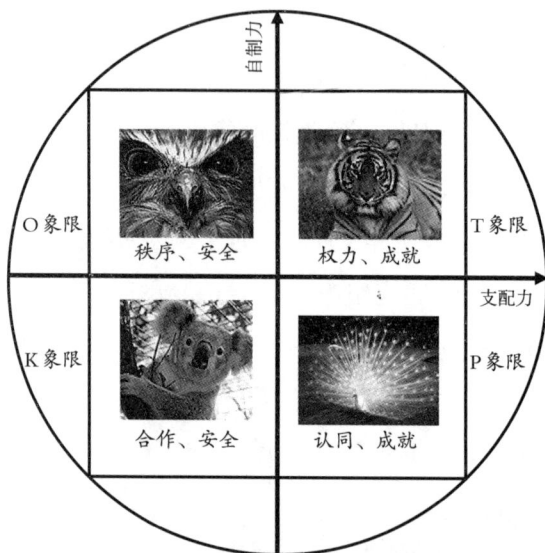

图 1-1　黄氏TOPK十字圆

这里的支配力，是指一个人希望运用威权的力量，来控制或支配别人，但并不是说此人目前的职务有此权力，而是一种由其精神或个性的本质衍生形成的，并且自然地向他人展现的力量。这里的自制力，是指一个人自我约束的力量或程度，也说明一个人是否很正经或很正式，或者是不拘小节的。外加圆圈的寓意是4种性格混合在一起，是个混沌。每个人身上都有这4种性格类型，只是比例不同而已。每个人可以站在圆上根据环境的变化，自觉地调整自己的性格以适应环境。

第一象限是双强象限：支配力强，自制力也强。这个象限对应的人，其思维方式排在第一位的是知觉，行为方式排在第一位的是直接"做"，即知觉第一，行动第一。在图中用老虎来比喻，老虎的英文是tiger，故简称T，也称T象限、T型性格、T型人。

第二象限是弱强象限（单强象限）：支配力相对弱，自制力相对强。这个象限对应的人，其思维方式排在第一位的是逻辑，行为方式排在第一位的是"看"，爱思考，擅长分析，即逻辑第一，思考第一。本书用猫头鹰来比喻，猫头鹰的英文是owl，故简称O，也称O象限、O型性格、O型人。

第三象限是双弱象限：支配力弱、自制力亦弱。这个象限对应的人，其思维方式排在第一位的是感觉，行为方式排在第一位的是"听"，即感觉第一，悉听第一。本书用考拉来比喻，考拉的英文是koala，故简称K，也称K象限、K型性格、K型人。

　　第四象限是强弱象限（单强象限）：支配力相对强，自制力相对弱。这个象限的人，其思维方式排在第一位的是直觉，行为方式排在第一位的是"说"，即直觉第一，说话第一。本书用孔雀来比喻，孔雀的英文是peacock，故简称P，也称P象限、P型性格、P型人。

　　本书的性格模型为什么要冠名"黄氏"？因为笔者是黄氏，据家谱记载是北宋黄庭坚的第二十九代孙。祖上口传把人的性格用四种动物——老虎、猫头鹰、孔雀和熊猫来类比。本团队的黄清诚用考拉代替熊猫，并把这个性格模型命名为黄氏TOPK模型。TOPK就是老虎、猫头鹰、孔雀和考拉的英文单词首字母的组合。当然黄氏TOPK性格亦可理解为黄氏阐述性格的"顶级学问"——TOP Knowledge。

　　黄氏TOPK性格学说，是人为地用四分法把人的性格进行分类。这四种性格类型，每个人都有。人和人的差异，就是这四种性格类型的比例不同造成的。比例占第一的性格，就是人的主性格（主要性格），主性格的象限就是他的性格类型。每个人都有能力扮演或展现这四种性格类型，对大多数人而言，他在这四种性格类型之间的转换是不自觉的。很多时候，不是这四种性格类型的优点转换，而是缺点的转换。每个人都有天生的性格类型，天生性格类型，就是他在周边环境安全或者自己感到快乐时所展现出的主性格类型。每个人往往会忠于其天生的性格类型。

　　每个象限都可以进一步用小十字划分，也就是在每个象限里，再画个横坐标和纵坐标，那么每个象限又可以分成4个小象限。这样就把人的性格分成了16种类型，如图1-2和表1-1所示。TOPK 16种性格类型命名方法是，以次（俗称亚型）性格类型的优点或缺点作为修饰语，修饰主型性格类型。比如，主型性格是老虎型，次性格是猫头鹰型，可以这样称呼他：理性的老虎、严谨的老虎、挑刺的老虎、数据化的老虎、猜疑的老虎等。

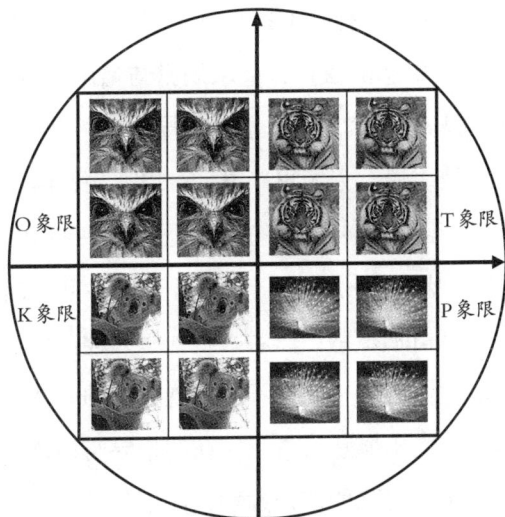

图1-2　黄氏TOPK 16种性格模型

表1-1　杭州黄氏TOPK性格16种类型

四种性格	16种性格	主性格	次性格	备注
老虎	老虎王	老虎	老虎	T1
	思考型的老虎	老虎	猫头鹰	T2
	演讲型的老虎	老虎	孔雀	T3
	倾听型的老虎	老虎	考拉	T4
猫头鹰	有魄力的猫头鹰	猫头鹰	老虎	O1
	猫头鹰王	猫头鹰	猫头鹰	O2
	有激情的猫头鹰	猫头鹰	孔雀	O3
	有耐心的猫头鹰	猫头鹰	考拉	O4
孔雀	果敢的孔雀	孔雀	老虎	P1
	分析的孔雀	孔雀	猫头鹰	P2
	孔雀王	孔雀	孔雀	P3
	温柔的孔雀	孔雀	考拉	P4
考拉	冲动的考拉	考拉	老虎	K1
	挑剔的考拉	考拉	猫头鹰	K2
	炫耀的考拉	考拉	孔雀	K3
	考拉王	考拉	考拉	K4

黄氏TOPK性格在管理岗位（或皇帝岗位）体现的管理或领导行为风格如下：

T（老虎）型的管理者（T型皇帝）：他们的口头禅是"我们现在就去做，用我们的方式去做"，他们做事当机立断，大部分根据事实进行决策，敢于冒风险，在做决策前，会寻找几个替代方案，更多地关注现在，往往忽视未来与过去。对事情非常敏感，而对人不敏感，属于工作导向型，注重结果而忽视过程，工作节奏非常快，很容易与下属（包括其上司在内的他人）起摩擦，给团队带来竞争的氛围。

O（猫头鹰）型的管理者（O型皇帝）：他们的口号是"我们的证据在这里，所以我们要去做"，他们做事情往往深思熟虑、有条不紊、意志坚定。他们很有纪律性，能系统地分析现实，把过去作为预测未来事态的依据，追求周密与精确，没有证据则极难说服他们。他们对事情非常敏感，但对人不敏感，也属于工作导向型，非常尊重事实、原则和逻辑，特别注重证据，决策速度比较缓慢，为人很严肃，难以通融，给团队带来严肃的氛围。

P（孔雀）型的管理者（P型皇帝）：他们的口号是"这是我们的梦想，我们要积极地去做"。他们热情奔放，精力旺盛，容易接近，有语言天赋，擅于演讲，经常天马行空，做事比较直观，喜欢竞争，对事情不敏感，而对人则很感兴趣。他们更关注未来，更多地把时间和精力放在如何去完成他们的梦想，而不关注现实中的一些细节。行动虽然迅速，但容易不冷静。喜欢描绘蓝图，而不愿意给员工实在的指导与训练。与员工谈工作时，思维跳跃，员工经常难以跟上。员工得到的多是激励，而不是具体指导，他们给团队带来活跃的氛围。

K（考拉）型的管理者（K型皇帝）：他们的口号是"这和我们每个人相关，我们要同心协力地去做"。他们喜欢与别人一道工作，营造人与人相互尊重的气氛。他们决策非常慢，总是希望寻求与相关人员达成一致意见。他们总是试图避免风险，办事情不紧不慢，对事情不敏感，而对人的感情很敏感。他们是关系导向型，很会从小处打动人，为人随和而真诚。非常擅于倾听，属于听而不决的人，也很少对员工发怒，员工很喜欢找他们倾诉，但他们优柔寡断。他们给团队带来平和的氛围。

按照黄氏TOPK性格学说，《功夫熊猫》里的龟仙人是O1型，浣熊长老是T2型，而熊猫阿宝是K1型。浣熊长老的另外五个徒弟：娇虎、金猴是T型，仙鹤是P4型，灵蛇是O3型，螳螂是K型。三代掌门人的性格类型，在黄氏TOPK圆盘上移动起来了。由此看来，接班人性格类型的差异性规律，在美国得到了深入研究和广泛传播。这也许是他们百年企业较多的关键因素。

第二章

五帝的TOPK性格类型

司马迁的《史记》记载，夏之前，中华有五帝。自黄帝至舜、禹，皆同姓而异其国号，以章明德。故黄帝为有熊，帝颛顼为高阳，帝喾为高辛，帝尧为陶唐，帝舜为有虞。严格意义上来讲，黄帝到虞舜共传八帝：黄帝—少昊—颛顼—帝喾—帝挚—唐尧—虞舜。但少昊和帝挚的史料很少，在位时间也很短，也无重大事件，史学家一般忽略他们的在位期。本书遵循这一习俗，只分析五帝的性格类型。本书对于在位时间短、史料记载极少且无重大事件的帝王，一般把他们暂且判断为K型，由此得出少昊和帝挚均为K型。

第1任掌舵人黄帝，为少典之子。中国远古时代华夏民族的共主，五帝之首。司马迁云："黄帝者，……生而神灵，弱而能言，幼而徇齐，长而敦敏，成而聪明。"这就表明黄帝有四种性格：能言，孔雀也；徇齐，老虎也；敦敏，考拉也；聪明，猫头鹰也。司马迁云："轩辕乃习用干戈，以征不享，诸侯咸来宾从。而蚩尤最为暴，莫能伐。……轩辕乃修德振兵，……教熊罴貔貅貙虎，以与炎帝战于阪泉之野。三战，然后得其志。蚩尤作乱，不用帝命。于是黄帝乃征师诸侯，与蚩尤战于涿鹿之野，遂禽杀蚩尤。"这表明黄帝以武力征伐诸侯，统一华夏，老虎是也。

司马迁云："（轩辕）举风后、力牧、常先、大鸿以治民。顺天地之纪，……劳勤心力耳目，节用水火材物。有土德之瑞，故号黄帝。"这表明黄帝在战胜炎帝神农、蚩尤之后，在文治过程中，更多地运用猫头鹰、孔雀、考拉风格。武文成帝，华夏智慧是也。春秋时期，盛行五德学说，即五行"金水木火土"理论。笔者根据数十年研究得出，金对应老虎特质，水对应考拉特质，木对应猫头鹰特质，火对应孔雀特质，土对应在黄氏TOPK圆盘的内圆或外圆。土，厚德载物，能驾驭四种性格类型，自觉或不自觉地在四种性格类型中自由切换，西方学者称之为五级领导力。《山海经》说：黄帝制玉，以和柔刚。这说明黄帝能够驾驭柔和刚两种性格类型。

《太平御览》记载，子贡曰："古者黄帝四面，信乎？"孔子曰："黄帝取合己者四人，使至四方，不计而耦，不约而成，此之谓四面。"本书认为，黄帝四面，是指黄帝有四种性格。一曰老虎型，二曰猫头鹰型，三曰孔雀型，四曰考拉型。四面佛，是指佛有四种性格类型。黄子曰："黄帝四面，四之性格类型者也。因四人而调整己之四，与之同频共振，从而象而比之，同类而开启情也。"本书认为，黄帝之所以能够战胜炎帝、蚩尤，除了黄帝知人任贤等因素外，与对手的性格也有关：炎帝为K1型；蚩尤为T3型，而黄帝能够驾驭TOPK四种性格类型。

《史记》里记载了玄嚣是黄帝的长子，但没有继任帝位。西晋皇甫谧《帝王世纪》曰："少昊帝，是为玄嚣，字青阳，姬姓也。母曰女节。"他被黄帝派到东夷族担任部落首领，协助黄帝治理东方，黄帝为了锻炼孙子颛顼，让颛顼跟随少昊，帮助少昊料理朝政。《山海经》也有类似的记载。这说明，黄帝很重视接班人的培养，他把接班人放在实践中磨炼，而不是宅在家里读书。黄帝培养接班人很务实，不务虚。务实是老虎和猫头鹰型的特质。本书认为黄帝是T1型，能够在TOPK性格类型中自如切换。

第2任掌舵人颛顼，黄帝之孙。司马迁云："帝颛顼高阳者，黄帝之孙而昌意之子也。静渊以有谋，疏通而知事；养材以任地，载时以象天，依鬼神以制义，治气以教化，絜诚以祭祀。"这表明黄帝家族的帝业接班人颛顼是猫头鹰型。西晋皇甫谧《帝王世纪》云："（颛顼）平九黎之乱，以水承金，位在北方，主冬。"《列子》云："共工氏与颛顼争为帝。"《国语》记载："颛顼打败共工，为天下共主。"综合这些素材，本书认为颛顼是O1型，考拉性格排在第三。

第3任掌舵人帝喾，是颛顼的族侄（堂侄）、黄帝曾孙、青阳玄嚣之孙。司马迁云："高辛生而神灵，自言其名。普施利物，不于其身。聪以知远，明以察微。顺天之义，知民之急。仁而威，惠而信，修身而天下服。取地之财而节用之，抚教万民而利诲之，历日月而迎送之，明鬼神而敬事之。"这表明帝喾有四种性格：言（孔雀特质）、聪（猫头鹰特质）、察微（猫头鹰特质）、仁而威（老虎特质）、惠而信（考拉特质），猫头鹰特质偏多。本书认为帝喾的性格类型是O4型，能够在TOPK四种性格类型中切换。

第4任掌舵人尧帝，是帝喾的次子放勋。司马迁云："……帝尧。其仁如天，其知如神。就之如日，望之如云。富而不骄，贵而不舒。黄收纯衣，彤车乘白马。能明驯德，以亲九族。九族既睦，便章百姓。百姓昭明，合和万国。"仁，乃孔雀和考拉的特质；知（智），乃猫头鹰的特质；日、云，为孔雀的特质。骄，是孔雀的缺点；舒，是考拉的缺点；黄衣彤车白马，是孔雀的特质。亲九族，是考拉的特质。这段文字，表明唐尧是有智识的亲和的孔雀型皇帝。司马迁还说唐尧，任羲仲、羲叔、和仲、和叔守四方；通过民主商议的方法任鲧治理洪水，通过民主的方法挑选和磨炼接班人。这表明帝尧擅长知人善任，不擅长事务的处理（如治理洪水），他擅长人际和授权。本书认为帝尧是P4型。

第5任掌舵人虞舜，是颛顼的六世孙。司马迁云：（舜）父顽，母嚣，弟傲，能和以孝，烝烝治，不至奸。司马迁说，舜以孝闻名，任八元八恺（尧不能举八元八恺，而舜能举任之，说明舜的性格和尧有差异），放四凶，制刑典。任大禹治水，皋陶作士为大理，分职任用契、弃、伯益、伯夷、夔等二十余人。司马迁云：天下明德，皆自虞帝始。虞舜是《二十四孝》中第一孝"孝感天地"的主角。帝舜注重亲情，以敦睦感动人，以睦齐家，以忠治国，天下明孝，虞舜始也。舜的考拉特质最为明显。舜是以尧的女婿身份继任帝位的，开启女婿（接班）继承的先河。《史记》云："尧妻之二女，观其德于二女。"《尚书》云："（舜）浚哲文明，温恭允塞，玄德升闻，乃命以位。"虞舜任二十二贤，让他们分职合作，各尽其能，天下大治。本书认为，虞舜是 K2 型。

五帝的性格类型的移动情况，如图 2-1 所示。

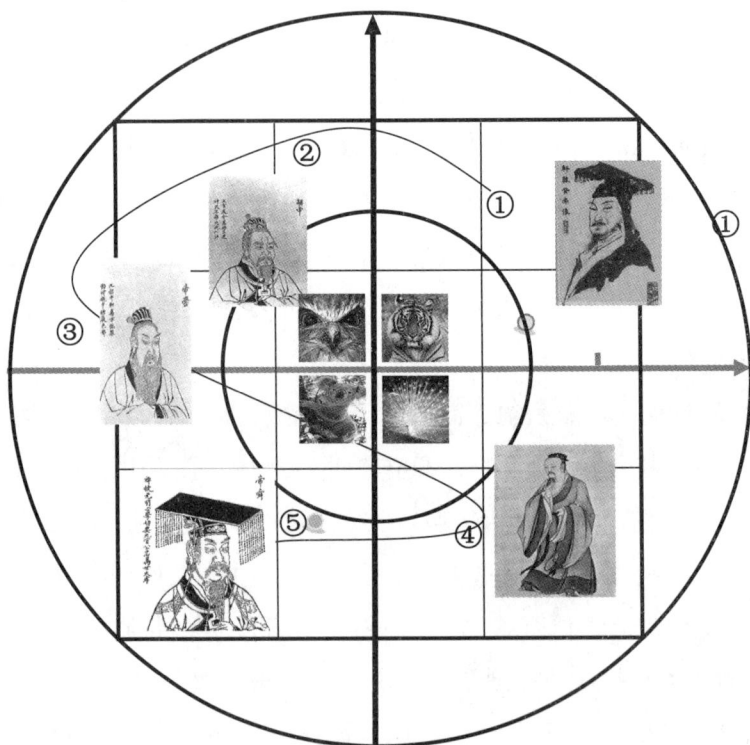

图 2-1　五帝时期的黄氏 TOPK 圆盘

黄帝处在第一象限，天生性格为老虎型，在后天的磨炼中，变成了四性理圆，为中华第一帝。他的接班人颛顼，处在第二象限，为 O1 型；继任者帝喾，处在第二象限，为 O4 型；继任者唐尧，处在第四象限，为 P4 型；第五帝虞舜，处在第三象限，为 K2 型。从 T 到 O，依次到 O、P、K，帝王性格类型的移动呈现 S 型的移动轨迹。

第三章
夏朝 17 帝的性格类型移动轨迹

如果把大禹作为夏朝开国之君的话，夏朝国祚约 470 年，历 14 世 17 帝。夏朝遗留很多影响深远的故事：大禹治水、禹受舜禅、夏启夺位、太康失国、少康中兴、夏桀暴政等。夏朝腰断了 40 余年（也有说 70 余年），分为前夏和后夏，中间有后羿（老虎型）篡权为君王、寒浞（老虎型）篡权为君王（简称寒朝）。史学家一般把后羿和寒浞时期忽略不计，把前夏和后夏连在一起作为整体统称夏朝。本书遵循这一传统。夏朝 17 帝的性格类型移动轨迹，如图 3-1 所示。

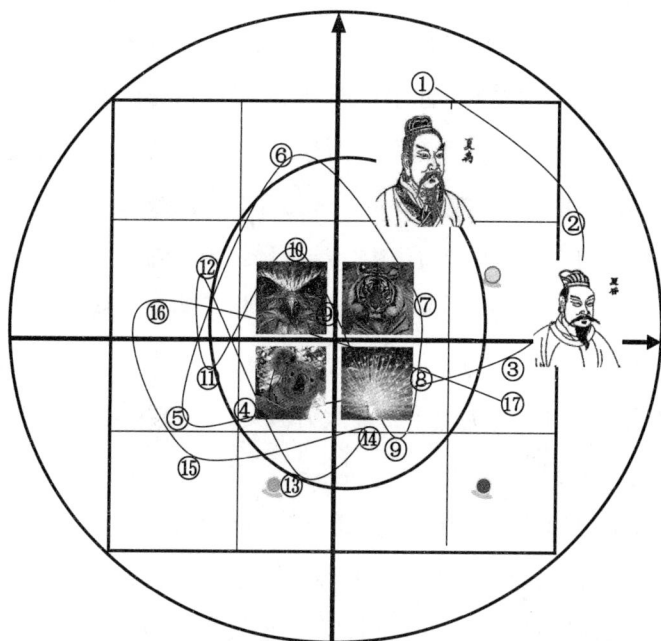

图 3-1　夏朝 14 世 17 帝的黄氏 TOPK 移动

第 1 任夏帝大禹，他受虞舜的禅让而接班。因治水成功，功泽万民，功高望重，万民归心。本书采纳《汉书·律历志》《三家注史记·夏本纪》的观点，大禹为颛顼帝的六世后裔（即五世孙）。《史记》记载，舜举任大禹治理洪水，平定土地。大禹带领伯益等人治理洪水，三过家门而不入。《尚书·禹贡》记载了他治水的过程和结果，以及九州的划定和国家治理方式。《尚书·大禹谟》记载了帝舜和大禹的对话，舜说："降水儆予，成允成功，惟汝贤。克勤于邦，克俭于家，不自满假，惟汝贤。"《史记》云："维禹之功，九州攸同，光唐虞际，德流苗裔。"司马迁曰："禹为人敏给克勤，其德不违，其仁可亲，其言可信：声为律，身为度，称以出；亹亹穆穆，为纲为纪。"《左传》记载："执玉帛者万国，参加了涂山会盟。涂山大会，宣布规矩，并铸九鼎。"有一次在会稽（今浙江绍兴）部落会盟时，防风氏首领因迟到而被大禹处死。大禹欲伐三苗，伯益建议修德，修教三年，有苗乃服。本书认为，大禹是 T2 型。

第 2 任夏帝姒启（夏启），为大禹之子。他奋其父皇之余烈，用武力开国。他用武力推翻伯益受禅让而来的帝位，废除禅让制度。大禹推举皋陶为接班人，皋陶掌管五刑，负责狱讼，德高望重。《尚书·皋陶谟》记载了皋陶治国理政的理念，如知人安民，为官九德。"储帝"皋陶因比大禹早逝，没有接班。大禹推举东夷部落首领伯益（和大禹一起治水，功劳也大，德才兼备，受到虞舜的器重，发明了凿井，首创畜牧业）为政权的继承人，也得到部落联盟会议的确认。姒启作为领袖之子，在议事会讨论继任者人选时，虽被优先提名，但他的功绩与威名无法与伯益相敌，伯益很顺利地成为议事会认可的法定继承人。大禹死后，伯益按照部落联盟的传统，为大禹举行丧礼，挂孝守丧三年。三年丧礼完毕后，却遭姒启的武力造反。姒启打着"帝位由首领传给儿子，再由家族世袭下去"的旗帜，宣布自己继承大禹的帝位，发动对法定继承人的武攻。他率领嫡系部落，对已经继位的伯益展开残酷的战争，最后，姒启取胜而夺取了帝位。古本《竹书纪年》记载：伯益即位后，姒启杀伯益而夺得君位。姒启开启了武力夺取合法政权的先河，开启了武力攻伐合法继承人的暴力革命的先河，破坏了中国传统习俗（禅让制），这种篡夺权力的行为引起一些部落的不满，如有扈氏公然表示不服从姒启作新的领袖，从而发生了姒启伐有扈氏的甘之战。《尚书·甘誓》记载，姒启通过甘之战，击败强有力的有扈氏，消除了华夏族内的反对势力。《甘誓》这篇中国历史上第一篇武力檄文，只有 88 个字，非常简练，干脆果断，直来直去，毫无废话空话。

姒启要把帝位传给他的儿子，开启"世袭王权的家天下"，结果发生武观之乱，以致政局动荡。今本《竹书纪年》记载：姒启的晚年，发生了诸子争立的动乱，季子武观因此被放逐西河。后来，当继任问题进一步提到日程上时，姒武观发动叛乱，效法姒启用暴力夺取继承权，这场权力之争几乎瓦解了夏王朝的统治，幸而有彭伯寿率师出征西河，才平定姒武观的叛乱。姒启用暴力手段结束"禅让制"后，他的儿子们又发生了争夺继承权的骨肉相残的战乱，被称为"武观之乱"。姒启一生四处征战，最终病死。

姒启很喜欢歌舞，《山海经》记载，姒启在舞蹈时，左手持翳，右手持环，佩玉璜。他能歌善舞，常常举行盛宴。其中最大的一次是在钧台，此即钧台之享，还在"天穆之野"表演歌舞。在位晚期，他荒于音乐和饮食。本书认为，姒启是 T3 型，而伯益是 O1型。晚年的伯益，其考拉型比重比较高，这也许是伯益失败的原因所在。

第 3 任夏帝（夏后）姒太康，姒启的长子。他接班后，只顾游玩，不理政事。在位期间，姒夏族权威削弱，加上之前夺权斗争造成的内乱，朝中众臣对夏后氏很是失望。太康逐渐失去了民心，给一些觊觎权位已久的诸侯有了可乘之机，东夷有穷氏部落趁机西进。东夷族有位善射的首领妘羿，乘机起兵，夺取了夏朝的都城。姒太康被妘羿流放，三年后病死于阳夏。妘羿夺得权位后并没有称王，而是把太康之弟仲康立为接班人，但事实上国事全由妘羿来治理，这就是司马迁所说的"太康失国"。夏朝开始了百年的内乱，直到少康中兴。姒启，是中国历史上第一位靠武力阴谋上位的枭雄，他的儿子姒太康则是中国历史上最早的昏君。姒启开创的帝位家族世袭制，传到第 2 任，就出现了危机，在第 2 任手上，帝权就传到了外姓手中。严格意义上讲，夏朝其实是二代而亡。只不过，约 50 年后，姒少康复国成功。本书发现，这种二代危机，在中国历史上政权更替中屡见不鲜。本书认为，姒太康是 P 型，妘羿是 T 型。

第 4 任姒仲康，太康之弟，夏启之子。他实际上是傀儡，实权掌握在 T 型的妘羿手中。他不甘心做傀儡，一心想夺回大权，曾派大司马胤侯征伐妘羿的党羽羲和，试图削弱妘羿的力量。终因实力薄弱，反被妘羿击败，退守西河地区，他无力恢复夏的天下，郁闷成病而死。本书认为，姒仲康是 K1 型。

第 5 任夏帝是姒相，仲康之子。仲康忧愤而死以后，妘羿立姒相接班，没过多久，妘羿把姒相赶走，自己做了国君，这就是历史上有名的"妘羿代夏"。寒浞（T2 型）把妘羿杀掉，自立为帝，国号为寒，派人追杀被妘羿撵走的姒相。这就是著名的"寒浞篡权"。本书认为，姒相是 K 型。

第 6 任姒少康，姒相之子。他先在外祖父的方国里担任牧正，后因寒浞的追杀，逃到有虞氏方国。有虞氏的国君虞思让他担任庖正，把两个女儿嫁给他。在寒浞为帝的第 32 年，少康派将军女艾到寒浞的儿子浇的城中做间谍，收集信息，为恢复夏室做前期准备工作。他是我国第一位使用谍战的君主，女艾是中国历史上第一位间谍。姒少康经常向老百姓宣传他的祖先大禹的功德，用祖先大禹的旗帜获得民心支持，是中国历史上第一个打着祖先旗帜而建功立业的君主。他在妻子姚氏家族虞国等部落方国的支持下，联合夏遗民（夏朝旧臣伯靡等）、同姓部落进攻寒国，寒浞被杀。他重建夏朝的统治，建都纶城，励精图治，史称"少康中兴"。他得以复国成功，与虞思、伯靡、女艾、姒杼等人的同心同德密不可分。他封庶子姒无余于越，以祀奉祖先大禹的墓，这就是越国的启端。本书认为，姒少康是 O2 型。

第 7 任姒杼，少康之子。他参加了少康复国的军事战争，重视发展武器和制造兵甲，发明甲和矛以对付东夷人的箭射，文献中常常有"杼作（铠）甲""杼作（长）矛"的说法。他征服了东夷族诸部落，疆域扩张到了东海（今黄海）之滨，夏朝进入了最鼎盛时期，夏人对他格外尊重，为他举行过"报祭"。《国语》云："杼能帅禹者也，夏后氏报焉。"本书认为，姒杼是T2型。

第8任姒槐，姒杼之子。他在位时，东夷族和华夏族和平共处，九夷族经常向他纳贡朝贺。夏朝威望大大增加，那些曾经叛离的方国诸侯又重新臣服于夏。本书认为，姒槐是P2型。

第9任姒芒，姒槐之子。他46岁登基时举行了隆重的祭黄河仪式，除了把猪、牛、羊沉于河中，还把当年舜帝赐给大禹、象征治水成功的玄圭也沉入河水中，表示虔诚。将祭物沉入黄河祈求河神的庇护，史称沉祭。他开创了沉祭之先河，沉祭习俗在我国延续了数千年。本书认为，姒芒是P4型。

第10任姒泄，姒芒之子。在位期间，他连续对外用兵，取得胜利，对不服从他统治的部落与方国用兵。东夷、西羌等六夷派使者来朝谒见，接受他所封的爵命。《后汉书·东夷传》注《竹书纪年》曰："帝泄二十一年，加畎夷等爵命。"本书认为，姒泄是O1型。

第11任姒不降，姒泄之子，19岁登基，在位59年，享年78岁，是夏朝在位时间最长的君王。他在位的第59年，把帝位内禅于其弟扃，十年之后，姒不降去世。《竹书纪年》记载："逊位于后扃，三代之世内禅，惟不降实有圣德。"他是中国历史上政权内禅的首创者。本书认为，姒不降是K2型。

第12任姒扃，姒不降之胞弟。他作为守成之君，使夏朝国力继续昌盛，威名继续远扬。本书认为，姒扃是O4型。

第13任姒廑，姒扃的最小儿子，名顼，亦名胤甲。他数次推让储君（太子）之位，立遗诏传位于堂兄姒孔甲。本书认为，姒廑是K3型。

第14任姒孔甲，姒廑的堂兄，姒不降之子。司马迁说他，"好方鬼神，事淫乱"。夏后氏德衰，诸侯畔之。他创作有《盘盂铭》36篇和《破斧》。他改变夏礼中祭祀祖宗的传统，着重恭顺天帝。《史记》记载有孔甲好龙，孔甲惧而死等故事。本书认为，姒孔甲是P3型。

第15任姒皋，姒孔甲之子。本书暂且判断，姒皋是K型。

第16任姒发，姒皋之子，史称惠发，在位17年。在位时间，他施以仁政，破格提拔当时养马的长者关龙逄为相，力求挽回夏朝的颓势。本书认为，姒发是O1型。

第17任姒癸，姒发之子，史称夏桀。他文武双全，但荒淫无度，暴虐无道。大臣关龙逄几次劝谏他，他就是不听。他下令杀死了关龙逄（中国历史上第一个因进谏而被杀死的宰相）。他重用赵梁，此人专投他所好，教他如何享乐。有人引荐伊尹给他，伊尹以尧舜的仁政来劝说他，希望他体谅百姓的疾苦，用心治理天下，他听不进去，伊尹只得离去。临走前，姒癸自豪地告诉伊尹：人民跟我的关系，就是月亮和太阳的关系。若月亮没有灭亡，太阳会灭亡吗？伊尹离去后，将这句话告诉给了成汤，成汤将这句话告诉给夏民，以试探夏民对姒癸的态度。没想到夏民竟指着太阳恶毒地咒骂姒癸：若太阳什么时候会灭亡，我这个月亮愿意跟你同归于尽！

于是朝政腐败，日益失去人心，众叛亲离。太史令终古以谏夏桀无效而奔商。《吕氏春秋》："夏太史令终古出其图法，执而泣之。夏桀迷惑，暴乱愈甚。太史令终古乃出奔如商。汤喜而告诸侯曰：夏王无道，暴虐百姓，穷其父兄，耻其功臣，轻其贤良，弃义听谗，众庶咸怨，守法之臣，自归于商。"

姒癸败走鸣条，遂放而死。司马迁说："桀不务德而武伤百姓，百姓弗堪。夏桀淫骄，乃放鸣条。"《帝王世纪》说他："能伸钩索铁，手搏熊虎。"本书认为，姒癸是P4型，缺点是骄横强悍。

为了更为客观地进行纵向对照研究，大禹因为推举了接受禅让的皋陶、伯益，本书把姒启作为夏朝的真正开国者。从姒启到夏桀的夏朝国祚378年，历13世16帝。夏朝兴于老虎，成于老虎，败归孔雀。16任夏帝性格类型在黄氏TOPK圆上呈现移动现象，前中后三任扎堆在同一个象限的几乎没有。扣除后羿和寒浞篡权的50余年，夏朝的国祚长达320多年。孔雀型的太康、考拉型的仲康败于老虎型的后羿，考拉型的姒相败于老虎型的寒浞，O1型的少康战胜了T3型的寒浞。有智慧的老虎型帝王，有魄力的猫头鹰型帝王，在夏朝后期，一个都没有。这也许是夏朝灭亡的原因之一。当然，这与竞争对手成汤的性格类型，以及各自的核心班子的性格类型也是有关的。成汤代夏，属于孔雀型对决，他俩均是果敢的孔雀型。为什么夏桀失败了？相对夏桀而言，成汤就是在创业。成汤的创业搭档，符合创业的VCAT、黄氏TOPK原则。在太史令终古（K型）投奔商汤后，夏桀的核心三人组合为：夏桀、赵梁、关龙逄。关龙逄是O4型，夏桀、赵梁是P型。而成汤是三人组合：孔雀型的成汤、猫头鹰型的伊尹、老虎型的仲虺（又名莱朱）。夏桀的守业班子是1O2P型组合（二元三人组），商汤的创业班子是1T1O1P组合（三元三人组），人数是3:3，夏、商的班子性格类型是2：3，故商汤成功了，夏桀失败了。同时，夏桀团队的VCAT对比商汤的VCAT没有竞争优势。孟子曰："汤先有伊尹、莱朱，而后有天下。"

第四章

商朝帝王性格类型移动轨迹

商氏政权分为商国（地方政权、方国、诸侯国）和商朝（全国性政权、中原性政权）两个时期，商氏政权从商国到商朝，经历了470多年，共13世13帝。商朝历17世30帝，国祚约546年。从契到成汤有完整的世系，本书采取王国维根据甲骨文研究的世系：契—昭明—相土—昌若—曹圉—冥—振（王亥）—微（甲子微）—报乙—报丙—报丁—主壬—主癸。把从契到主癸，称为商国。从成汤到帝辛，称作商朝。本书先阐述商国传承的性格类型移动情形，再阐述商朝传承的性格类型移动情形。

商国的国君性格及其世系：契（孔雀）01—昭明（猫头鹰）02—相土（老虎）03—昌若（考拉）04—曹圉（考拉）05—冥06（猫头鹰）—王亥07（老虎）—甲子微08（老虎）—报乙（待定）09—报丙（待定）10—报丁（待定）11—主壬（待定）12—主癸（待定）13。

商国的开国之君是契，又名子契，帝喾和次妃有娀氏之子。司马迁说：简狄生契。契封于商，赐为子氏。为商国首领，被后世尊为玄王。《左传》记载，在帝尧时期，契主管火正，后世尊他为火神。《史记》和《尚书》记载，契在虞舜时期，契主管教育（担任司徒）。帝舜乃命契曰：百姓不亲，五品不训，汝为司徒而敬敷五教，五教在宽。本书认为，契是P型。

契死后，昭明继位，继承契的遗志，开拓疆土，先后在藩和砥石一带活动，并在砥石建陪都，扩大了文明传播。本书认为，昭明是O3型。

《竹书纪年》记载："商侯相土作乘马，遂迁于商丘。"相土作乘马，就是驯养马作为运载工具。商国部落畜牧业非常发达，在太康失国时期，迅速扩展自己的势力，开始向东方发展，武力得以强胜。《诗经·商颂》记载："相土烈烈，海外有截。"《史记·殷本纪·索隐》云："相土佐夏，功著于商。"相土组建了中国历史上最早的骑兵。本书认为，相土是T1型。相土死后，昌若继位。昌若死后，曹圉（粮圉）继位。关于昌若、曹圉的记载非常少，本书认为他俩是K型。第6任冥，甲骨文中称为季，任夏司空，是大禹之后的又一位治水英雄，任官勤劳，姒少康十一年，他受夏朝君主的命令，去处理黄河的问题。姒杼十三年，冥在黄河身亡，商人以郊祭祭祀他。《国语》载：冥勤其官而水死。后世之人奉为水神，称之为玄冥。本书认为，冥是O1型。

第 7 任王亥，冥之子。他在商丘服牛驯马发展生产，发明了牛车，用牛车拉着货物，到外部落去搞交易，农牧业迅速发展，商部落得以强大。他开创了商业贸易的先河，久而久之人们就把从事贸易活动的商国人称为"商人"，把用于交换的物品叫"商品"，把商人从事的职业叫"商业"。他被今人称为中华商祖（中华经商始祖）。据《竹书纪年》记载：殷侯子亥宾于有易，有易杀而放。《山海经》和《管子》都有王亥服牛马经商的记载。他在甲骨卜辞中被称为高祖亥，他是商国强大过程中的第三个关键性国君。本书认为王亥是 T2 型。

第 8 任甲子微，王亥的儿子，甲骨文称上报甲、报甲。《竹书纪年》记载：甲子微借助河伯之师，灭有易氏，杀绵臣，为父王王亥报了仇。上甲微为祭祀亡父创建了"褅五祀"之礼。清华简《保训》记载姬昌要周武王姬发向甲子微学习解决历史遗留问题。原文是："昔微刅中于河，以服有易，有易服厥罪。微亡害，乃追中于河。微寺弗忘，传贻子孙，至于成汤，祗备不懈，用受大命。"甲骨卜辞中说他时常受到商人之报（祭祀），商朝对他的祭祀特别隆重。商朝武丁在位时，曾经为他举行一场祭祀典礼，向他报告目前的国家情况。本书认为，上甲微是 T2 型。

第 9 任报乙，报甲的儿子。第 10 任报丙，报乙的儿子。第 11 任报丁，报丙的儿子。第 12 任主壬（示壬），报丁之子。第十三任主癸（甲骨文示癸），示壬之子，妻子为扶都。文献记载这五代的信息很少，无法得出他们的性格类型，故本书不对商国 13 任国君的性格类型轨迹下结论。

按照甲骨文，商朝有 2 位追赠的商帝，1 位篡位的商帝，因为资料甚少，不将他们列入商帝传承内进行性格类型分析，本书采取 17 世 30 帝的说法。

第 1 任商帝（商朝开朝之帝）子履，主癸之子。古书中说：汤有七名，见于记载的有：汤、成汤、武汤、商汤、天乙、天乙汤（殷墟甲骨文称他为成、唐、大乙，宗周甲骨与西周金文称他为成唐）。商汤在伊尹、仲虺、女鸠、女房的协同下，始征葛，先后消灭韦、顾、昆吾等亲夏氏族，削弱夏后势力，十一征而无敌于天下。《史记·殷本纪》记载了商汤灭夏的过程："葛伯不祀，汤始伐之。……于是汤曰：吾甚武，号曰武王。……诸侯毕服，汤乃践天子位，平定海内。"商汤奋十三世之余烈，灭掉了夏朝，创立了商朝。

关于商汤的故事很多：伊尹负鼎说汤，商汤五聘伊尹；人视水见形，视民知治否；汤去三面（网开一面），德及禽兽；商汤自担六责，桑林祈雨为民；成汤盘盂，著日新之规；有功于民，勤力乃事。《尚书·汤誓》是成汤讨伐夏桀的檄文（发动战争前的动员讲话），字数为 144，远远超过姒启的《甘誓》。它分两段：第一段说明兴师征伐的原因（用对话和讲故事的方式）。第二段申明赏罚的办法（诚恳承诺，果敢有决）。《汤誓》里有一句千古名言："时日曷丧，予及汝皆亡！"本书认为，商汤是 P1 型，O 型排在第三，K 型排在第四，四种性格类型百分比都在两位数以上。他虽然和夏桀的性格类型以杭州黄氏TOPK 16种模型来看是同一类的，但商汤O型和K型的比例比夏桀多，团结人的能力和知人善任的能力比夏桀强，更为关键的是商汤能够尽情发挥P型的优点，并自觉地在TOPK四种性格类型间进行切换。

第2任子胜，即外丙，商汤的次子，太丁之弟，在位三年。本书暂且认为，外丙是O型。

第3任子庸，即仲壬，商汤的第三子，太丁之弟，在位四年。本书暂且认为，仲壬是K型。

商朝二代危机不是很明显，但第三代危机非常明显。商朝二代、三代危机的化解，与开朝元老伊尹分不开。他辅佐5任商帝，辅政50余年。O型的伊尹忠诚度很高，很有智慧。在他的教导下，第三代的太甲改过自新，让商朝度过了三代危机。商朝的二代危机隐患来源于商汤的长子太丁，作为太子，太丁没有继位就去世了。甲骨文中有很多关于太丁的卜辞，他协助商汤主持过军事。太丁是商朝第一位没有继位的太子。太丁的儿子太甲比较小，商朝建立初期，政权还未完善。商汤就让太丁的胞弟外丙继任帝位，外丙去世后，胞弟仲壬继位。商朝第二代，第2任和第3任帝位的继任是兄终弟及，这和商国的王位继承不一样（父死子继）。两套继承方式，其实在夏朝就开始了，只是在商朝交替采用次数相对多些。利弊均有，各取所长。从结果来看，商朝国祚超过夏朝，利大于弊。

第4任子至，史称太甲，为商汤的长孙，太子太丁之子，在位23年。司马迁说："帝太甲既立三年，不明，暴虐，不遵汤法，乱德，于是伊尹放之于桐宫。"司马迁还说："帝太甲居桐宫三年，悔过自责，反善，于是伊尹乃迎帝太甲而授之政。帝太甲修德，诸侯咸归殷，百姓以宁。伊尹嘉之，乃作太甲训三篇，褒帝太甲，称太宗。"这就是商太宗子至改过自新的典故，他留下千古名言：天作孽，犹可违（恕）。自作孽，不可逭（活）。很多中国帝王是从明君到昏君，商太甲是中国历史上罕见的从昏君到明君的帝王。本书认为，太甲是P2型。

第5任子绚，史称沃丁，太甲的长子，在位29年。在位期间，辅政元勋伊尹去世，沃丁将其葬于亳都附近。皇甫谧的《帝王世纪》记载："伊尹卒……沃丁葬以天子之礼，祀以大牢，亲自临丧三年，以报大德焉。"伊尹之后，他以咎单为卿士，咎单也是商汤时老臣，他辅佐朝政，仍然采取伊尹节用宽民的政策，笃行汤法，并且写作《沃丁》，用以警醒沃丁，发扬祖制，以德治商。本书认为，沃丁为K2型。

第6任子辨，史称太庚，太甲的次子，沃丁的胞弟。在位期间，他履行汤法，是商朝的一代名君。本书认为，太庚是O型。

第7任子高，史称小甲，太庚之子。本书暂且判断，小甲为K型。

第8任子密，史称雍己，太庚之子，小甲胞弟，在位12年。司马迁说："殷道衰，诸侯或不至。"他昏庸无能，荒废政事，导致商朝衰落，各诸侯的势力日趋膨胀，以致很多诸侯故意不来朝贡。本书认为，雍己是P型。

第9任子伷，史称太戊，太庚之子，小甲胞弟，雍己胞弟。在位75年，是商朝帝位时间最长的。在位时期，他勤政修德，治国抚民，任用伊陟、巫咸掌握国政，各诸侯纷纷归顺，使商朝再度兴盛。司马迁说：殷复兴，诸侯归之。太戊与太甲、祖乙并称"三示"（三位有贡献的君主）。他实行内服与外服划分的政治制度，内服是他直接统治的王畿地区，内服官中分为外廷政务官和内廷事务官。外服是由邦伯所管辖的地区，这些邦伯分为侯、甸、男、卫几种，他们是方国部落首领，臣属于商朝。本书认为，太戊是T2型。

第10任子庄，史称仲丁，为太戊之子，在位13年。即位初年，亳都遭遇河决之害，他遂将国都自亳西迁于隞。这是商朝第一次迁都。在位期间，东南方的夷族兴起，兰夷进攻商朝，他出兵击退了兰夷。本书认为，仲丁是T型。

第11任子发，史称外壬，太戊之子，仲丁胞弟，在位15年。在位时，与商朝关系密切的姺（有莘氏的后代）与邳（仲虺的后代）两个侯国发动了叛变，对于姺、邳的叛乱，他一点办法也没有，东方诸侯大彭国帮助他平定了姺人、邳人的叛乱。本书认为，外壬是K型。

第12任子整，史称河亶甲，太戊之子，仲丁、外壬胞弟，在位9年。在位时，北上迁都于相，以缓解内外交困的局面。这是商朝第二次迁都。商王族内部矛盾得到缓解，他出兵征伐东南方的兰族和班方，在一些方国的帮助下，使叛乱的诸侯重新安定下来，对商朝的稳定做出贡献，为祖乙复兴打下基础。本书认为，河亶甲是T型。

第13任子滕（子胜），史称祖乙，河亶甲之子，在位19年。司马迁说：殷复兴，巫贤任职。在位时，进行了商朝第三次迁都，迁都庇。数次出兵平服兰夷、班方等国，解除夷族对商朝的威胁。任用巫贤辅政，使商朝的社会经济得到恢复和发展，让商朝国势再度兴盛。把胞弟祖丙封在耿地，建立耿国。本书认为，祖乙是T型。

第14任子旦，史称祖辛，祖乙之子。史料很少，本书暂且判断，祖辛是K型。

第15任子逾，史称沃甲，祖乙之子，祖辛胞弟。他在自己有儿子的情形下，把帝位传给胞兄祖辛之子。本书认为，沃甲是K型。

第16任子新，史称祖丁，祖辛之子，沃甲之堂侄，在位9年（一说32年）。他去世后，把帝位传给自己的堂弟，即传给前任的儿子。本书认为，祖丁是K型。

第17任子更，史称南庚，沃甲之子，祖辛之堂侄，祖丁之堂弟。在位时，将国都由庇（邢）迁至奄，讨伐杞龙戎。甲骨文记载他主动退位，还活到了盘庚的中后期。本书认为，南庚是K型。

第18任子和，史称阳甲，祖丁之子。在位7年（一说为4年）。在位期间，他定都于奄，西征丹山戎。司马迁说："帝阳甲之时，殷衰。诸侯莫朝。"本书认为，阳甲是T型。

第19任子苟（旬），史称盘庚，祖丁之子、阳甲之弟，商朝一位很有作为的君主。他为了改变当时社会不安定的局面，决心再一次迁都，搬迁到殷，他说，视民利用迁（即为人民的利益而决定迁都），史称"盘庚迁殷"。当时，面对强大的反对势力，他依然坚定迁都的决心。他把反对迁都的贵族找来，耐心地劝说他们。为了动员迁都，他发表了一个重要的演讲。"星火燎原"一词，即由这次演讲内容凝练而成。贵族们竭力反对迁都，他就发布文告，严厉命令他们服从。迁殷后，他整顿商朝的政治，发展经济，使衰落的商朝出现复兴的局面。他迁都前后的讲话和布告，被后人整理成《尚书·盘庚》三篇文章。司马迁说他："行汤之政，然后百姓由宁，殷道复兴。"班固《汉书》云："昔者盘庚改邑以兴殷道，圣人美之。"本书认为，盘庚是T3型，能够在TOPK四种性格类型间自觉或不自觉地切换。

第20任子颂，史称小辛，祖丁之子，盘庚之弟，在位21年。本书暂且判断，小辛是O型。

第21任子敛，史称小乙，祖丁之子，小辛之弟。在位10年（或21年或28年），在位期间，征伐东夷、鬼方等；制定商代祭祀制度。小乙六年，他命世子武丁居于河，让太子武丁去田里耕作，学于甘盘。盘庚四兄弟均为商帝，前有胞兄阳甲，后有胞弟小辛、小乙。祖丁父子五人，均居帝位，这在中国历史上，是独一无二的。本书认为，小乙是O1型。

第22任子昭，史称武丁，商高宗，小乙之子，盘庚之侄，在位59年。在位时期，勤于政事，任用傅说（O1型）及甘盘（P4型）、祖己（K1型）等贤能之人辅政，励精图治，使商朝政治、经济、军事、文化得到空前发展，史称"武丁盛世"。司马迁说他："三年不言，政事决定于冢宰，以观国风。"他既有可托政事的冢宰，又有可以师事之的甘盘，并不缺乏治国的人才。但他继续寻找更为贤能之人来辅佐，终于找到了傅说。他利用"梦帝赉予良弼"的策略提高了傅说的宗教地位，同时也极力提高傅说在行政系统中的地位。他在加强王权方面，一是强调"惟天聪明，惟圣时宪，惟臣钦若，惟民从乂"的君臣秩序。二是加强商帝对官员的任免权，"官不及私昵，惟其能；爵罔及恶德，惟其贤"，建立任人唯能和任人唯贤的规则，力图改变盘庚强调的"惟图任旧人共政"的用人模式，取得了对官吏的最终任免权，大大加强了商帝选拔官员的自由度。三是改革祭祀制度，把神权掌握到商帝手中。商代的神权最主要表现于祭祀权，祭祀权在重臣。《尚书·君奭》："昔成汤既受命，时则有若伊尹，格于皇天。在太甲，时则有若保衡。在太戊，时则有若伊陟、臣扈，格于上帝，巫咸乂王家。在祖乙，时则有若巫贤。"武丁前期的祭祀权十分分散，为此，他对祭祀进行改革。他说："黩予祭祀时谓弗钦。"礼烦则乱，事神则难。司马迁说：

"武丁修政行德，天下咸欢，殷道复兴。"《尚书·高宗肜日》有类似的记载。

武丁在封官（分封诸侯）方面更为大胆：对于新的领土，或直接封给征伐的将领，如象雀就被封为"雀侯"；或封当地臣服的氏族方国首领为侯伯，如犬侯、祝伯等；或分封给王室宗亲贵戚，包括自己的妻子，如妇好，包括自己的儿子，如子渔等。甲骨文中被封的侯有 50 余个，伯有近 40 个，这说明被商征服的氏族方国何其多。臣服于商的氏族方国，对王朝不仅有纳贡义务，还经常奉命征伐，如仓侯虎曾奉王命伐兔方，侯告也奉王命伐夷方等。在联姻上更为开放。甲骨文中常能见到商帝族与氏族、方国联姻的事。一般是商先通过征伐使之臣服，然后再联姻，或娶诸侯之女为妃，或将帝室之女嫁于侯伯等。在筑城上更为频繁。在征服的地方建筑城邑，后可能再武装殖民，甲骨文中就常有"在麓北东作邑于之"此类的记载，这对统治新的疆域应是最直接、最有效的举措。

鉴于朔方、土方经常侵扰商朝边地和属国，甚至联合威胁商朝西北边安全，武丁采取各个击破之策，多次遣将发兵进攻，又亲自统兵出征，终将朔方、土方征服，用长达三年时间平定鬼方。发重兵击败羌方，俘获大批羌人充当奴隶；统兵南征，深入荆楚之地，击败荆楚军，俘获甚多；出兵征伐夷方、巴方、蜀及虎方等，使商朝成为西起甘肃，东至海滨，北及大漠，南逾江、汉流域，包含众多部族的泱泱大国。武丁的事迹，在《诗经·商颂》《周易·既济》等古籍中都有记载。

他立过三个帝后，他的妻子不但是他的配偶，还是战将和臣僚，妇好（P1 型）是他的原配，她文武双全，是中国历史上有据可查（依据甲骨文）的第一位女性军事统帅，第一位杰出的女政治家，中国历史上第一位真正伟大的帝后。在现存的甲骨文献中，她的名字频频出现，仅在安阳殷墟出土的 1 万余片甲骨中，提及她的就有 200 多次。出土的大量甲骨卜辞表明，在武丁对周边方国、部族的一系列战争中，妇好多次受命代商帝征集兵员，屡任军将征战沙场。统兵 1.3 万人攻羌方，俘获大批羌人，这是商朝大军征讨西北今内蒙古河套一带的敌军之战。这是妇好为武丁和商朝立下的最伟大战功之一，这场战争的胜利对于殷商王朝乃至整个中华历史，都具有伟大的划时代意义，因为妇好率军打败了雅利安人的入侵。妇好参加并指挥对土方、巴方、夷方等重大作战，著名将领沚、侯告等常在其麾下。她经常受命主持祭天、祭先祖、祭神泉等各类祭典，又任占卜之官。妇好的儿子祖己，是武丁的嫡长子，甲骨文显示，祖己生前被立为太子，参与政事，《尚书·高宗肜日》就是其所作。祖己以孝顺父母著称，被称为"孝己"。祖己因母亲妇好去世而过于悲痛得病，因病逝没有接班为帝，但被追赠为帝来祭祀。因劝谏父王武丁，留下"孔雀鸣鼎"等典故。本书认为，武丁为 T4 型，能在 TOPK 四种性格类型间自觉或不自觉地切换。

第 23 任子跃，史称祖庚，武丁之三子，祖己的同父异母弟，在位 7 年。祖庚是因为他的生母搞阴谋才取得帝位的，他即位后也没有什么建树。祖庚生前，因感恩祖甲避帝位而立祖甲为帝位继承人。本书认为，祖庚是K型。

第 24 任子载，史称祖甲，为武丁四子，祖己的同父异母弟，祖庚的胞弟。在位 33 年。他征伐西戎获胜，在位早期，尚能照顾一般民众，商朝中兴。而司马迁说，"祖甲时，殷复衰"。为了报效祖先功德，商人盛行祭祀，但所祭对象和顺序都很乱，没有一定的规矩。他即位后，创造了"周祭"之法。他还修订了《汤刑》。《汤刑》三百条，罪莫重于不孝。祖庚、祖甲两兄弟继承了"武丁中兴"的事业，积极开拓，遵行礼制，是积极、孝悌的君主。这期间，商代的经济文化和国力都十分强盛，商朝的统治力和国威远播四方，以青铜为代表的中原文明也非常辉煌。本书认为，祖甲是P2型。

第 25 任子先，史称廪辛，祖甲之长子，在位 6 年。继位初期，羌方在今陕、甘一带重又崛起，屡犯商王朝，常使商戍军遭到很大损失，促使廪辛决定用兵平定西戎。他针对羌方武装力量强悍等特点，战前进行全面的谋划和布置，一面命戍军暂避敌锋，伺机而动，一面组织精锐部队适时增援抗击羌方进犯，还征调卫、虎、受等几个部落出兵攻打，打散了蚕丛氏部落，蚕丛氏首领被射杀；派出与帝族关系密切的逐、何等五族戍守。本书认为，廪辛是O4型。

第 26 任子嚣，史称庚丁（康丁），祖甲之次子，廪辛胞弟，在位 21 年。在位期间，继续对西方的𡧀方、旨方等羌族部落进行征伐，虽然擒杀羌方伯，占领羌部分土地，但并没将其完全征服，成为隐患。晚年信巫教，使巫教势力大增，危及王权。本书认为庚丁是K2型。

第 27 任子瞿，史称武乙，庚丁之子，在位 35 年。他努力挽救国势，但成效不大。他在神权政治向王权政治转变过程中起到表率作用，但被后人评价为残暴的君王。在位时期，东夷逐渐强盛起来。他南北征伐，先是征伐旨方。旨方在商朝的西部，势力比较强大，他多次调动重兵加以征伐，参战军队常常在几千人以上。最后他征服了旨方，又出兵讨伐并征服南方的诸侯国，他很可能死于征伐西方方国部落的战斗中。本书认为，武乙是T型。

第 28 任子托，史称文丁，武乙之子，在位 11 年。在位期间，周侯季历伐戎有功，文丁忌惮，先嘉其功而杀之。本书认为，文丁是O1型。

第 29 任子羡，史称帝乙，文丁之子，在位 26 年。帝乙二年，周部落攻打商朝。帝乙三年，昆夷攻打商朝，他派遣将领南仲率军向西抵御昆夷的进攻，修筑朔方城。当时，江淮之间的夷族强盛起来，准备大举进攻商朝。帝乙九年，出兵征伐岛夷和淮夷，途中受到孟方的截击。他率领诸侯讨伐孟方，得胜而回。从武乙到文丁、到帝乙，再到帝辛，四代都是父死子继的帝位传承。帝乙长子是微子启，次子是微仲衍，子受是帝乙少子，据《吕氏春秋》记载，微子启、微仲衍与子受三人是同母兄弟，微子启、微仲衍出生时，他的母亲尚为妾，被立为帝后之后才生子受。帝乙因微子启年长，想立他为嗣，太史根据礼法认为微子启是庶出，子受是嫡出，有妻之子，不能立妾之子，所以立子受为嗣子。这说明，殷商已经实施帝权继任的嫡长子制。嫡长子制并不是周朝创新发明的，这个制度在帝乙这里遇到了特殊情况：微子启是子受的胞兄，他和胞弟微仲衍出生时，母亲不是帝后。子受的继任，引起了微子启等人的不满，殷商帝族内部矛盾恶化，因不团结而败于团结的周国。本书认为，这是殷商灭亡的根本原因。帝乙为了避免东西受敌，就把胞妹嫁给周侯姬昌，使商周联姻，《诗经·大雅》在描述这场隆重盛大的婚礼中，还创造了"天作之合"这个词。《周易·泰》和《周易·归妹》也都有"帝乙归妹"的记载。本书认为，帝乙是O4型。

第30任子受，史称帝辛、纣王，又名受德，帝乙之子，在位29年。郭沫若的《中国史稿》认为，他承继了帝乙的战功，最终平定了夷方。对东夷中的徐淮部族实现全面征服，对先进的中原文化向淮河、长江流域的传播及奠定中国统一的规模，都起了一定作用。《中国史稿》认为这些战争消耗了大量的人力物力，加重了人民的负担。他因周侯姬发是他的表兄弟，忽视了姬发的野心和以下犯上的决心，把十几万的主力部队调遣去攻打东夷，导致西线防御空虚，而周侯姬发趁机偷袭伐商，导致了商朝军队的溃败。《左传》记载："纣克东夷，而陨其身。"

《商代史》认为帝辛对完善制度进行了尝试，包括：变更用人制度，任官唯能，不问出处。加强对外服的控制。任命西伯侯姬昌等三人为三公在朝廷上班，举行军事演习等。推行法律改革，通过法律惩罚的方式使内、外服各族人口脱离族组织而被纳入商帝的直接掌控之中，扩大商帝直接控制的人口数量，削弱贵族势力，以严刑峻法镇压贵族反抗。严格推行周祭制度，固定和缩小致祭神灵的范围，以此疏远旧贵族。研究甲骨文的学者认为，不是帝辛太残暴，而是他的改革太激进，触犯了大多数诸侯的利益。本书认为，从武丁开始，商朝由于疆域的空前扩大，中华民族发展到这个时期，已经遇到了四大挑战：第一，大国的中央管理体制；第二，大国的地方治理体制；第三，帝权的继承体制；第四，管理岗位上的官吏从哪里来。这四个挑战需要全新的突破。武丁之后的8位商帝，都在为这四个挑战做不懈努力，如康丁实施的嫡长子制，帝辛实施的三公制，改变诸侯国和中央官员的世袭制等。这些改革是时代的要求，但操作不慎就会激化殷商的内部矛盾，这些改革也许需要黄帝般的智慧才可以成功。大国的地方治理体制，在秦朝才有了全新的突破，秦朝实施的郡县制，历经2000多年，至今还在运行。大国的中央管理体制，秦朝有了很大的突破，实施三公九卿制，到了隋朝才有了全新的突破——三省六部制。选拔管理岗位上的官吏，到了隋朝才真正解决——科举制。帝权的继承，殷商选择了嫡长子制，但这种世袭制度有不少的缺陷，直到民国时期才有全新的突破。

司马迁说："帝纣资辨捷疾，闻见甚敏；材力过人，手格猛兽；知足以距谏，言足以饰非；矜人臣以能，高天下以声，以为皆出己之下。"孟子认为帝辛在位时尚有贤人辅佐和善治遗风，仍可以维持较长时间的统治。朱熹注《孟子》，也称帝辛时仍有善政。《荀子·非相篇》说帝辛："长巨姣美，天下之杰也；筋力超劲，百人之敌也。"纣王是个很有本事、能文能武的人。他经营东南，把东夷和中原的统一巩固起来，在历史上是有功的。纣王伐徐州之夷，打了胜仗，但损失很大，俘虏太多，消化不了，周武王乘虚进攻，大批俘虏倒戈，结果使商朝亡了国。当时微子是里通外国。为什么纣王被灭了呢？主要是微子反对他。郭沫若说："殷辛之功迈周武，殷辛之罪有莫须。"本书认为，帝辛子受是T3型。

本书认为，周朝取代殷商，从黄氏TOPK模型来看，是性格类型的4：1的结果。周朝开国的班子，核心四人符合黄氏TOPK组合原则（性格组合的白金法则）：周武王姬发是老虎，姜子牙吕尚是猫头鹰，周公姬旦是孔雀，散宜生是考拉。殷商的帝辛，他继位时，其父亲帝乙给他组建的执政班子，也符合黄氏TOPK组合原则：老虎型的帝辛、孔雀型的比干（帝辛的叔叔）、猫头鹰型的箕子（帝辛的叔叔）、考拉型的微子启（帝辛的胞兄）。他们共事多年，殷商在他们的治理下蒸蒸日上，大有中兴的希望。没想到，帝辛没能团结好这三个人，执政班子产生内耗，结局是：微子去之，箕子为之奴，比干谏而死。帝辛重新任用人才组建核心班子，他当然拥有"一个好汉三个帮"的智慧。遗憾的是，他没能琢磨到其父帝乙搭班子的白金法则，他重用了三个脾气相似的费仲、飞廉、峨来，这三人都是T型，费仲为轻率而果敢的内政大臣（T3型），飞廉和峨来是忠心耿耿的武将，战死在沙场。任用同类是人们常犯的错误，帝辛也是如此。他任用了性格与自己相同的人才，虽然是4个人，但思维方式和行为方式如出一辙，因为他们四人都属于T型。

商、周的核心班子，人数上是4：4，表面看是4：4，但性格类型方面，却是1：4，也就是说，两套班子的思维方式和行为方式是1：4。胜负的结局由此可判，也由此可以预测。姬发和姬旦是兄弟关系，姜太公是姬发的岳父，他们是创业搭档1.0和创业搭档3.0的混合体。帝辛和费仲、峨来、飞廉不是直系的亲属关系，没有直接的血缘关系，属于创业搭档的3.0版。从这个角度来说，创业搭档符合TOPK原则的周国，运用了王的智慧真谛，打败了执政班子不符合TOPK原则的殷商帝辛。帝辛在"一个好汉三个帮"的智慧方面，只注意到了形，即数量是4，而忽视了内质（魂），这个内质或魂，就是性格组合的白金法则，内质要4，而帝辛只做到了1。姬发团队的VCAT比帝辛团队的VCAT更具竞争力，姬发团队在价值观（目标）、信任度、性格差异三个维度均超越帝辛团队。

殷商作为全国性政权灭亡以后，帝辛的儿子武庚（T型）受封为诸侯，国号依然为商，武庚的商国属于地方政权。为了防止武庚叛乱，周武王在朝歌东部设立卫国，以管叔鲜为卫王；西南部为鄘国，使蔡叔为鄘王；北面为邶国，使霍叔为邶王，共同监视武庚，史称"三监"。周成王的管叔、蔡叔、霍叔三位叔父，在公元前1043年联合武庚攻打周公，史称"三监之乱"。历时3年，武庚等战败被杀，武庚复国没有成功。周成王和周公姬旦把微子启（武庚的伯父）封于殷地，爵为宋公，国号为宋，都于商丘。微子启为K型，胞弟微仲继任，微仲也是K型，再是子稽（微仲之子）接班，子稽也是K型。三任考拉型国君之后，宋国就安心做诸侯了。享国829年，传34位国君。除了开国之君微子启、"仁义"的宋襄公（K1型）和宋康王（T3型）有点名气外，其他31位国君都默默无闻。但大名鼎鼎的孔子（孔雀型）和墨子（猫头鹰型）都是他们家族成员。

商朝历任帝王的性格类型移动轨迹：成汤（孔雀）01—外丙（猫头鹰）02—仲壬（考拉）03—太甲（孔雀）04—沃丁（考拉）05—太庚（猫头鹰）06—小甲（考拉）07—雍己（孔雀）08—太戊（老虎）09—仲丁（老虎）10—外壬（考拉）11—河亶甲（老虎）12—祖乙（老虎）13—祖辛14（考拉）—沃甲（考拉）15—祖丁（考拉）16—南庚（考拉）17—阳甲（老虎）18—盘庚（老虎）19—小辛（猫头鹰）20—小乙（猫头鹰）21—武丁（老虎）22—祖庚（考拉）23—祖甲（孔雀）24—廪辛（猫头鹰）25—庚丁（考拉）26—武乙（老虎）27—文丁（猫头鹰）28—帝乙（猫头鹰）29—帝辛（老虎）30，具体如图4-1所示。

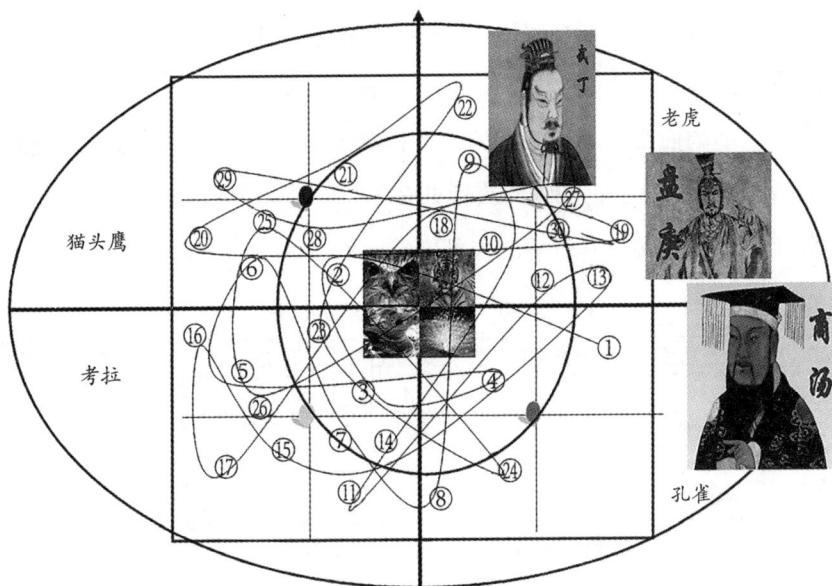

图4-1　554年的商朝30位帝王性格类型移动轨迹

商朝成于孔雀，败于老虎。商朝30帝的性格类型轨迹在黄氏四象圆盘上不断移动，商朝的生命曲线长达500多年。商朝为什么被终结呢？原因有很多，在帝王性格类型方面有以下几点：第一，有智慧的老虎型帝王和有魄力的猫头鹰型帝王，在商朝后期，一个都没有。武乙是莽撞的老虎，帝辛是急躁的老虎。第二，最后一届的执政班子，其性格组合不符合白金法则（黄氏TOPK法则），而其对手却符合白金法则。同时，对手的VCAT更具竞争优势。第三，内向性格型帝王占比达56.7%，其对于外界环境的变化，过于谨慎而失去良机。考拉型帝王比重为33.3%，也是比较高的，导致处理政务过于亲情化，没有原则。

商朝的几度中兴，均是老虎型的商帝及其接近TOPK原则的执政团队奋进的结晶。仲丁为老虎型，其接任者为考拉型，执政风格由一个极端走向另一个极端；接下来是老虎型的河亶甲执政，又是另一个极端，再是同样风格的老虎型祖乙执政，接下来是老虎风格的对立面——考拉型的祖辛执政，风格变化过于极端、过于频繁；之后扎堆在考拉象限，4个考拉型帝王带给商朝腐败昏暗，最后老虎型的阳甲执政，革除腐败的弊政，接下来由老虎型的盘庚果敢迁都得以中兴。这段历史，被史学家称为"九世之衰（乱）"，实际上是九任之衰。

夏商两代，是目前文献记载里，有实权的国祚唯一突破300年魔咒的全国性政权。他们的共同特征是，帝王性格类型呈现四象不断移动的规律。为了更好地探讨它们的异同，本书把夏朝和商朝的帝王性格类型作了归类，如表4-1所示。16位夏帝中，对人敏感（P+K型）的夏帝占62%，P型夏帝远高于商帝，高达31%。夏朝享受型娱乐型国君居多。30位商帝中，T型比例明显高于夏帝，敢为人先并踏实大干的商帝多于夏帝，商朝的开疆辟土明显强于夏朝。O型商帝与O型夏帝比例差不多，没有显著性差异。K型商帝与K型夏帝比例相差无几。对人敏感的P+K型商帝占46%，不到一半，远低于夏帝的62%，相对夏朝而言，文艺型的商帝不多，务虚的商帝相对少。商朝比夏朝更务实、更果敢、更血性，表现在黄氏TOPK圆盘上，62%的夏帝处在TOPK圆盘下半圆，53%的商帝在上半圆。这也许是商朝国祚长于夏朝200多年的关键因素之一。

表4-1 夏、商帝王性格类型对比分析

国家	国祚	几世几帝	老虎性格	猫头鹰性格	孔雀性格	考拉性格	合计
夏朝	378	13世	2	4	5	5	16
		16帝	13%	25%	31%	31%	100%
商朝	554	17世	9	7	4	10	30
		30帝	30%	23%	13%	33%	100%

注：夏朝从夏启算起，如果扣除中断的年代（50余年），实际国祚约328年。

第五章

周朝帝王的性格类型移动轨迹

第一节 西周帝王的性格类型探究

周朝的远祖是弃（史称后稷），与商祖契是异母兄弟，都是帝喾的儿子，与大禹同时代。《史记·周本纪》记载的从后稷到周武王的世系，只有 16 世，而从夏朝建立到商朝灭亡，有 1024 年，平均代距 64 年，这是不可能的。从后稷到姬亶的父亲，本书就不作分析。

西周历 11 世 12 帝，国祚 275 年。本书只探讨周朝 3 位奠基者和西周 12 位周王性格类型。周国的三代诸侯王姬亶、姬历、姬昌的性格类型，根据史料分析如下：

姬亶，史称古公亶父。商帝武乙将岐邑之地赐给他，周部落成为商朝的分封诸侯国。司马迁说："古公亶父复修后稷、公刘之业，积德行义，国人皆戴之。……豳人举国扶老携弱，尽复归古公于岐下。……古公乃贬戎狄之俗，而营筑城郭室屋，而邑别居之。作五官、有司。民皆歌乐之，颂其德。……因有意依次传位于泰伯、虞仲、季子（季历）、姬昌，其长子泰伯、虞仲不从，避让王位，奔荆蛮。"他兄弟俩的后裔，被周武王封为吴国国君。姬亶采取联姻方式，迅速壮大自己。他娶西戎姜姓女子（称为太姜）为妻。本书认为，姬亶为 O1 型。

第 2 位奠基者姬历，姬亶的季子。他接班后，在商朝的授权下，数战商朝的西部方国，连续获胜，并将战利品贡献给商帝，武乙赐给他土地三十里等，姬历先后被封为牧师，职司畜牧、侯伯。他继续采取联姻方式，娶商朝的皇亲国戚挚仲氏为妻（史称太任），壮大成为显赫大家族。本书认为，姬历是 T2 型。

第 3 位奠基者姬昌，姬历的长子。周武王灭商后，尊他为周文王，他是大邑商的外孙。在位期间，克明德慎罚，勤于政事，重视农业生产；礼贤下士，广罗人才，拜姜尚为军师，制定军国大计，收服虞国和芮国，攻灭黎国、邘国等国。他官至商朝的三公，创作后天八卦，演绎《周易》。他娶商朝帝乙的胞妹为妻（尊称太姒），《诗·大雅·大明》等有记。从母系看，商族先祖也是周人的先祖，是姬昌的外祖父、岳父等先祖。西伯侯姬昌、武王姬发也是商族祖先神"上帝"的后裔，与商族王室有血缘关系。周人革命的大秘密逻辑是：周代商而兴只是"帝改厥元子"的结果，属于贵戚易其位。《孟子·万章下》中也有类似的记载。姬昌生育了 18 个儿子，与太姒生育的嫡子就有 10 个。《史记》云：西伯阴行善。他礼贤下士，太颠、闳夭、散宜生等皆往归之。他生活勤俭，穿普通人衣服，还到田间劳动，兢兢业业治理周国。岐周在他的治理下，国力日渐强大。本书认为，姬昌是 O1 型，P 型第三，K 型第四，能在 TOPK 四种类型间自觉或不自觉地切换，以应对周边的人事。

这 3 任首领的性格类型分别为 O、T、O，均是事业导向型的性格。以周文王为偶像的曹操，其性格中的考拉比重较低。曹操的儿子虽然比姬昌多（曹操有 25 个儿子，姬昌有 18 个儿子），但 O 型的曹丕没有重用兄弟，而 T 型的姬发重用了兄弟。这也是曹魏和姬周的差异所在。所以，曹丕虽然开建了曹魏，但没能统一天下。

第 1 任周武王姬发，姬昌的次子，姜太公的女婿。因其兄姬考（伯邑考）去世，被姬昌立为继任者。他继承父志，奋三世之余烈，重用太公望、周公旦、散宜生、召公奭等人治理国家，创业团队符合 VCAT、TOPK 原则，周国日益强盛。他定都镐京，建立周朝，追尊父亲姬昌为文王。对于地方治理，他采取"封建亲戚，以藩屏周"政策，分封疆域给同姓亲属、功勋、先圣王后裔、帝辛的儿子武庚等。这是百年之前的商帝武丁所采取的做法，这个方法是倒退的，春秋战国就是例证。司马迁说姬发，在孟津纠集过一次诸侯，准备攻打商朝，不少诸侯前来助战，可是姬发反悔，他以"还不是时候"而退兵。《六韬》有逸文说：第二次纠集诸侯袭击殷商的路上，周武王下令巫师占卜，结果不吉利（凶）。武王和周公准备撤兵，军师姜子牙把龟壳子摔了，对姬发他们说：这死乌龟知道什么！并坚持请姬发发动战争，史称"牧野之战"。这两个记载，表明姬发伐商是胆怯而心虚的。

灭了商朝后，姬发夙夜忧叹：哎呀，商朝的遗民这么多，该怎么处理呀！他采纳了周公的"善化"办法。商朝的遗民毕竟还活着，他们可能会造反，他时刻害怕商朝的遗民造反，时刻为"周朝的合法性"而担忧。《史记》记载：（武王）自夜不寐。武王在克殷三年后，于公元前 1043 年因病去世，时年 45 岁（一说 54 岁）。根据这些材料，本书认为，姬发是 T4 型。

第 2 任周成王姬诵，姬发之子，在位 22 年。因年纪尚幼，由叔父周公姬旦摄政，周公平定三监之乱。七年之后，周公还政于成王。他正式亲政，营造洛邑、再次大封诸侯，命令周公东征、编写礼乐，两次举行诸侯进京的朝会（诸侯代表大会）：岐阳朝会、洛阳朝会，亲政 15 年而病逝。《诗经·昊天有成命》云："成王不敢康，夙夜基命宥密。"《诗经·闵予小子》云："闵予小子，遭家不造，嬛嬛在疚。"《诗经·访落》云："访予落止，率时昭考。于乎悠哉，朕未有艾。将予就之，继犹判涣。维予小子，未堪家多难。绍庭上下，陟降厥家。"《诗经·敬之》云："日监在兹。维予小子，不聪敬止。日就月将，学有缉熙于光明。"《诗经·小毖》云："予其惩，而毖后患。莫予荓蜂，自求辛螫。肇允彼桃虫，拼飞维鸟。未堪家多难，予又集于蓼。"《尚书·顾命》记载了姬诵托孤之事。根据这些史料，本书认为姬诵是O3型。周朝实际上也出现了二代危机，成王的外公姜子牙、三叔周公姬旦、召公姬奭的齐心合力辅佐才渡过了危机。周成王的执政成功，是因为有太公（O1型）、周公（P1型）、召公（K2型）三圣的辅佐，执政团队的性格组合是2O1P1K。

第3任周康王姬钊，姬诵之子，在位25年。《尚书·顾命》记载，周成王临终前，担心太子姬钊不能胜任君位，于是命召公奭、毕公高（周文王的第十五子，成王的叔父）率领诸侯辅佐太子姬钊登基。他即位后，在召公奭、毕公高的辅佐之下，继续推行成王的政策，成功举行了丰宫朝会，先后平定东夷，北征略地，并且西伐鬼方。

姬钊分赐宝器看亲缘。《左传·昭公十二年》云："昔我先王熊绎，与吕级、王孙牟、燮父、禽父，并事康王，四国皆有分，我独无有。……齐，王舅也。晋及鲁、卫，王母弟也。楚是以无分，而彼皆有。"楚国熊绎与鲁国伯禽、卫国卫康伯、晋国晋侯燮、齐国齐丁公共同朝拜他。齐、晋、鲁、卫四国与他亲缘较近，都得到了他赐予的宝器，楚国与他无亲缘关系，没有得赐宝器。《史记·楚世家》也有类似的记载。

姬钊晚期喜好征伐，据小盂鼎铭文，仅在与鬼方间的战争中就斩首4800多人，俘虏13000余人，与南方的淮夷和荆楚亦常有冲突，经济陷入困境，为王朝衰落埋下了伏笔。本书认为，姬钊是K1型。他执政成功，是因为召公（K2型）和毕公（O4型）二圣的辅佐。执政班子的性格组合为1O2K。《史记》云："成康之际，天下安宁，刑错四十余年不用。"把周朝三代王的谥号和姬昌被追封的谥号连起来，则是：文武成康。寓意：先文后武，成就健康（成就小康）。成康盛世，与周初四圣（太公、周公、召公、毕公）的鼎力辅佐分不开。

第4任周昭王姬瑕，康王之嫡长子，在位19年。典型事件是昭王南征。司马迁说："王道微缺。昭王南巡狩不返，卒于江上。其卒不赴告，讳之也。"昭王亲率大军第一次南征楚蛮，经由唐、厉、曾、夔，直至江汉地区，大获财宝，铸器铭功。第二次亲率六师伐楚蛮，结果全军覆没，死于汉水之滨。《史记·鲁周公世家》记载：幽公弟沸杀幽公而自立，是为魏公。鲁国发生政变，鲁侯之弟姬沸杀死兄长鲁幽公姬宰夺取侯位，自称魏公。如此大逆不道之事（武力破坏嫡长子制，并以下犯上，臣子弑君），他竟听之任之，既不发兵征讨，也不兴师问罪，致使天下恃强凌弱的现象屡屡发生，朝纲由此偏斜。本书认为，昭王是K3型。中国历史往往有个规律，贤明之君和盛世之后，大多就会出现庸碌之君，历朝历代基本上都有这样的现象。这个规律如何解释呢？本书认为，那些贤明之君的继任者，多半是考拉型，或者好大喜功的孔雀型，没有TOPK组合的执政班子，执政班子也没有VCAT特质。

第5任周穆王姬满，昭王之子，在位55年。在位期间，征犬戎、伐徐戎，作甫刑。司马迁说，穆王将征犬戎，祭公谋父谏，穆王不听，执意西征，结果虽胜，但只得四白狼四白鹿以归。自是荒服者不至。王道继续衰微。《后汉书》记载：边夷不朝，更加剧了矛盾，穆王重整人马二次讨伐，广获其五王，把部分戎人迁到太原。此次征战以周大获全胜告终，但却加剧了与犬戎的对立。他两征犬戎，平定西方后，继续西伐，进军至昆仑之丘，史称"穆王西游"。他致力西略，长年不在朝，徐国趁机作乱，率领臣服于自己的诸侯攻打周。穆王于是转战东南，征伐徐国。《史记·秦本纪》《史记·赵本纪》中也有类似的记载，徐国趁着穆王在外巡游时作乱，穆王在嬴造父的协助下，日驰千里返回救乱，将事态平息下去。

穆王大会诸侯于涂山，同年，穆王东游，乐而忘返。《左传·昭公十三年》："昔穆王欲肆其心，周行天下，将皆必有车辙马迹焉。"《列子·周穆王》："不恤国事，不乐臣妾，肆意远游。"在位期间，东征西伐，王朝疆土不断扩大，有力地巩固了周王朝的统治。然而，常年征讨，天子不在朝堂，导致朝政松弛，自穆王之后，周王朝开始由盛而衰。他的第 1 任妻子是盛姬（郕国国君的女儿，郕国的始封君为周文王之子、周武王之弟郕叔武），违背了周公制定的同姓不能结婚的礼法。《穆天子传》记载了穆王美人盛姬卒于途中而返葬一事。穆王喜欢和美女旅游，并对意中人用情过深。他的第 2 任妻子是王俎姜，根据出土铜器铭文《方鼎》《不寿簋》，她是西周中期人，穆王的后妃。王俎姜赏赐在外出征的统帅伯雍父，替周王赏赐臣下皮裘，掌管内治，支配内史，后妃参政。他把精力过多放在外部，内政或内廷事务只好交给他人去干，从出土的铜器铭文来看，他已经把内政交给他的后妃去做了。夫妻同心，其利断金。伟大的成功的男人背后，一定有位伟大的贤内助。

穆王是一个在家待不住的帝王，或四处征伐，或旅游，或了解民情，或走动式管理，兼而有之。征伐虽然会带来国土的扩张，锻炼将领，提拔功臣，造成人才流动以避世袭造成的一潭死水，但征伐需要"钱物"，会消耗国力。征伐需要适度，需要名正言顺，物极则必反。姬满，正如其名，满招损也。本书认为，姬满是 P1 型。

第 6 任周恭王姬繄扈，穆王之子，在位 23 年。他因密康公不献美女而灭密国，还改变了祖父两代以武力征服天下的做法。《帝王世纪》云："恭王能庇昭穆之阙。"但他不重视军队的建设，使各城镇的武装力量十分薄弱，西戎人认为有机可乘，便反叛，组织军队向西周领地发起攻击。西周军兵微将少，无力阻击敌人，被西戎军连续攻占十余座城邑，直逼镐京。他得知镐京受到威胁，紧急调集各诸侯国军队联合出击，才把西戎军击败，将他们赶出境外。这一场战乱使西周王朝受到了很大损失。本书认为，他是 K3 型。

第 7 任周懿王姬囏，恭王之子，在位 8 年。他继位时，发生了日全食，当时被认为是不祥之兆。他生性懦弱，继位后政治日趋腐败，国势不断衰落。因西戎屡次进攻，他虽然击败了严允，但他将都城迁往槐里。这种退避的消极态度，简单地以迁都作为挽救国运的手段，进一步打击了周王朝统治阶级，使其相关利益和尊严都受到了严重损害，加剧了内部的矛盾。更为遗憾的是，虢公奉王命率领周师北伐犬戎，结果大败而归。司马迁说："王室遂衰，诗人作刺。"他忧惧而死。本书认为，懿王是K型。

第8任周孝王姬辟方，穆王之子，恭王之弟，懿王之叔。在位6年。他的继位，严重破坏了西周的宗法制（嫡长子继承制）。周王带头破坏周礼，这就是孔子所说的"礼崩乐坏"的根本原因。他继位后，励精图治，西败西戎，迫使西戎贡马求和，西周王朝的国力得到一定的恢复。《竹书纪年》载：（孝）王即位，命申侯伐西戎。五年，西戎来献马。本书认为，孝王是T4型。他是有能力之人，穆王去世时，没有安排他辅佐其兄恭王；或者恭王去世时，没有安排他辅佐其侄周懿王；或者懿王去世时，没有安排他辅佐太子姬燮继位；其中的真正原因无法考证，是永远的谜。但他强力接班为周天子这一事实，表明"尊尊亲亲"的西周王朝到了中期，再也没有了周公、召公、毕公时期的周家风范。家风家规的传承，古今中外，都是很难很难的。

第9任周夷王姬燮，孝王之侄，懿王之太子，在位8年。孝王死后，诸侯拥立姬燮继位，诸侯开始干涉和插手周王的继承，这是王权衰落的结果。他在位时期，周王室处于衰落阶段，诸侯有的不来朝贡，互相攻伐。面对周朝衰落的局势，周夷王懦弱无能。诸侯开始进攻周王室，起兵叛逆，态度十分嚣张，楚国熊渠便是其中的代表。熊渠僭越制度，仿效周天子，将其三子分封为王。范晔《后汉书》："夷王衰弱，荒服不朝。"蜀国、吕国曾遣使向周王朝进贡，夷王在黄河边以宾客之礼接待。这违反了周礼，降低了王权威望。他听信谗言，烹杀齐哀公，改立齐哀公之弟吕静为齐国国君；派遣虢国国君率军讨伐太原之戎，攻至俞泉，获一千匹马。这是他唯一的政绩。本书认为，夷王是O2型。

第10任周厉王姬胡，夷王之子，在位37年。中央官僚的世袭制和地方治理的分封制，在周朝中后期显现弊端，不适应时代发展的要求。时代要求周王进行全面改革，实施全新的国家治理机制。自恭王开始，周王被迫进行修修补补的改革，这些改革都是断断续续的。在政治上，厉王改变周、召二公"世为卿士"的惯例，起用在经济、军事上有专长的荣夷公和虢公长父。这一做法自然遭到贵族们的强烈反对。在经济上，他力图振兴残破的王室经济，他抓住"专利"和农业这两个主要环节，采取打击贵族经济以加强王室经济的改革措施。"爵以贿成"说明了厉王时期的爵位授予开始有功利主义的倾向，他用出卖爵位以解决王室经济的困难。在厉王改革后，周王朝强大，震慑四方。他武力平定淮夷的胜利，大振军威。周朝的军力有所增强，周朝国威也有所振作。楚国熊渠畏惧周王朝强大，恐其伐楚，就自动取消了王号。

姬胡在位期间，发生了国人暴动，他被"国人"赶出京城，客死于流亡之地，周天子颜面扫地、权威全失，西周王朝从此继续衰落。他的失误有三点：一是没有处理好民（实际上是贵族，既得利益集团）利；二是压制言论（方法简单粗暴）；三是没有组建强有力的改革班子，没有遵循改革规律进行改革。有改革的雄心壮志，没有改革的高超智慧。他用粗暴的方法控制言论，短期之内造成两种结果：一是其谤鲜矣；二是诸侯不朝。本书认为，厉王是一个面对"积重难返局面"的改革家，他在政治、经济、军事、法律等方面都进行了改革。但他的对立面是强大的旧贵族，加之他没有经验，改革班子（执政班子）不够强大，智慧也不足，改革方法过于简单粗暴，最终他的改革失败了。他的改革经验教训对后代的改革者大有益处。本书认为，厉王是T3型。他的改革班子性格组合是2T1O。虢公长父是T型，荣夷公是O型。改革班子的性格组合，不符合黄氏TOPK法则，缺少协调型的考拉，缺少激励型的孔雀，这是他改革失败的最关键原因。

第11任周宣王姬静，厉王之子，在位46年。他娶齐武公的女儿为妻，并立为王后。他接班后，政治上，任用召穆公、尹吉甫、仲山甫、程伯休父、虢文公、申伯、韩侯等一帮贤臣辅佐朝政，调整其父亲厉王的激进改革措施；军事上，借助诸侯之力，任用南仲、召穆公、尹吉甫、方叔陆续讨伐猃狁、西戎、淮夷、徐国和楚国，使西周的国力得到短暂恢复，史称"宣王中兴"。但终究是末路，回光返照，昙花一现。他向既得利益集团妥协，采用分封的方法激励他们效力，满足他们的贪欲。最终导致周王室的直辖地盘过少，财力不足以支撑强大的隶属于周王的军队。

宣王晚年，连续用兵失利（屡战屡败），先是败于姜氏之戎。《史记》云：王师败绩于姜氏之戎。他在南征中损失了"南国之师"，周天子的兵力损失极大，严重不足，军力受到重创，再次陷入危机。一度中兴的宣王，没能够担当起重振周室的大任，反而因为不听劝谏而使军力大大削弱，失去了号令诸侯的军事保证。他为了改变现状，料民于太原。料民，就是按籍查阅本地户口，观其人数之多少、车马粟刍之饶乏，好做准备，征调出征。这是中国有记载的最早的人口普查。春秋战国时期，管子和商鞅实施料民政策，齐、秦皆中兴也。宣王搞人口普查，是想顺应形势，为征收人头税做准备，改变财政收入的主要来源。通过人口普查了解兵源情况，看接下来还能征召多少军队。《史记》云："（宣王）料民于太原。"但名誉天下的卿士仲山甫第一个站出来反对而谏曰：民不可料也。宣王不听，固执地料民。大臣反对的料民政策成效终归有限。

宣王错误地干涉鲁政，让鲁国废长立幼，命令鲁武公立少子公子戏为鲁国嗣子。鲁武公回国后去世，公子戏继位，是为鲁懿公。公子括之子伯御与鲁人攻杀鲁懿公，伯御被立为鲁君，史称"鲁废公"。宣王讨伐鲁国，杀死鲁废公伯御，立公子称为鲁国国君，是为鲁孝公。此次事件之后，周天子声望大减，诸侯多有违抗王命之举。本书认为，宣王是T3型。

第12任周幽王姬宫涅，宣王之子，在位11年。在位期间，国事多难，恰逢天灾地震，内有经济军事衰落，外有诸侯不服。他重用虢石父等人进行经济军事改革，导致"国人"的怨恨。《史记·周本纪》云："幽王以虢石父为卿，用事，国人皆怨。"他废长废王后，引来申侯报复，遭受犬戎之祸。司马迁说：周幽王继位后，立妃子申后为王后，申后所生之子姬宜臼为太子。但他后来废黜申王后和太子姬宜臼，而立宠妃褒姒为王后，褒姒所生之子姬伯服为太子，伯服为幽王的嫡长子。幽王这一举措致使申后的父亲申侯大为愤怒，因为姬宜臼是申侯的亲外孙。姬宜臼和母亲申氏跑到了外公家，盛怒的申侯联合缯侯、犬戎攻打幽王。西周首都镐京被犬戎攻破，太子伯服战死。司马迁说："（犬戎）虏褒姒，尽取周赂而去。"而幽王、司徒郑伯友（史称郑桓公，T型）、卿士虢石父（O型）战死在骊山。这场战争是一场女婿（幽王）与老丈人（申侯）翻脸继而被暴揍身亡的倒霉的内祸，废太子姬宜臼的外公申侯是西周的真正掘墓人。战国楚简《系年》也记载了这个历史事件："幽王取妻于西申，生平王，王或（又）取褒人之女，是褒姒，生伯盘。褒姒嬖于王，王与伯盘逐平王，平王走西申。幽王起师，回（围）平王于西申，申人弗畀，曾人乃降西戎，以攻幽王，幽王及伯盘乃灭，周乃亡。"本书认为，幽王是P1型。

西周诸王的性格类型转移情况如下：武王姬发（老虎）01—成王（猫头鹰）02—康王（考拉）03—昭王（考拉）04—穆王（孔雀）05—恭王（考拉）06—懿王（考拉）07—孝王（老虎）08—夷王（猫头鹰）09—厉王（老虎）10—宣王（老虎）11—幽王（孔雀）12。西周兴于猫头鹰，成于老虎，中衰于孔雀，亡于孔雀。12位周王中，老虎型占33.3%，猫头鹰型占16.7%，孔雀型占16.7%，考拉型占33.3%。以人为第一的性格P+K占50.0%，对于全国性政权而言，P+K的比重过高了些。从考拉型的康王，到考拉型的懿王，性格类型扎堆在人际导向的两个象限（第三、第四象限），即TOPK十字圆的下半圆，连续了5世5任，长达118年。帝王类型仅在这两个象限移动（或徘徊），是西周中后期各种问题的关键所在。如果这五王中，有果敢的猫头鹰型或睿智的老虎型或虎王型，如夏朝的姒少康、姒杼，如商朝阳甲、盘庚、武丁，那周朝的体制也许会得到更好的革新，从而实现大中兴。虽然西周在晚期有三个老虎型的周王，他们致力于改革来实现中兴，但没有成功。一旦错过了改革的好时机，到了晚期，病入膏肓，非智圣及其团队的齐心协力则难以救治。

殷商在武丁时期，能够实现大中兴的成功，第一是有T型或者O型的领导者（国君），武丁是T3型国君；第二是这些国君还组建了VCAT和TOPK型的改革团队（执政团队）。这些改革团队的价值观高度吻合、性格有差异、能力卓越而互补、信任度高。武丁有十臣以上的执政团队，核心团队是1T1O2P1K组合，他们有共同的实现殷商中兴的价值观，性格有差异但相互珍惜，能力卓越且互补，信任度很高。西周的孝王姬辟方虽是T型，有魄力进行改革，虽有所恢复，但他的在位时间不长，很快人亡政息。他的继任者是K型，执政能力又不强，国势继续衰落。厉王虽是T型，但他的改革粗糙，他本人的猫头鹰性格比重不高而缺乏智慧，没有搞好平衡而导致改革失败。他的改革团队是2T1O组合，缺少梦想家型的孔雀和协调型的考拉。他的继任者宣王，虽然是T型，可惜他的第二性格是孔雀，猫头鹰性格比重不高，缺乏改革的智慧（或理性、前瞻性），他的改革照搬了武王、成王的战功和分封，并且改革团队内部不团结，他的料民政策遭受改革团队中的重要成员的反对。他的继任者姬宫湦，是P型周王。他性格中的猫头鹰性格比重也不高，执政班子的性格组合是1T1O1P，缺少果敢的协调者，T型的司徒郑伯友和O型的卿士虢石父貌合神离，他的改革导致内部更加分裂，他在废立太子这件事上不慎而导致亡国。西周前期执政班子的人数多于中晚期，前期的执政班子的性格组合，要好于中晚期的性格组合。西周晚期的周王在组建执政团队方面，均犯了商朝帝辛的错误：执政团队不符合VCAT和TOPK原则。

第二节　东周15王的性格类型探究

一般认为，东周历21世26王，国祚515年；整个周朝历32世38王，国祚790年。东周由春秋和战国组成，以公元前770—前476年为春秋时期，共294年。但严谨的史学家把公元前707年作为春秋的起始年，春秋时期共231年。因为之前的东周虽然只有63年、两代周王，但能号令天下。孔子的春秋是从公元前722年到公元前468年，共254年。

春秋时期是封建制的瓦解时期，封建制的管理体制是：君王—诸侯（贵族）—民众。这个时期，周王还是有实力和机会重建政治秩序的，尽管他们没有做到。本书对这段时期内的历任周王的性格类型进行分析，只分析到周元王为止，东周为295年，历14世15王。

周元王开始，东周进入战国时期，本书把公元前475—前256年作为战国时期（共219年），因为公元前256年周赧王病逝，再也没有周天子了，史学家开始了秦纪年。而战国时期是中国中央集权制的开始。集权制的管理体制是：君王—官吏—民众。战国时期的周王号令不了诸侯。战国时期的历任周王的性格类型，本书不做分析。

东周第1任周王是平王姬宜臼和携王姬余臣，史称"两王并立"。平王为幽王姬宫湦之子；周携王为宣王之子，幽王之弟。平王在位51年，携王在位21年。晋文侯击杀了携王，平王变成天下共主。幽王遭袭击而战死后，周地百姓及虢公翰等王公贵族和部分诸侯国立姬余臣为周王。清华简《系年》作携惠王、惠王。携王是周室所立，按法理更为正统些。申、曾等诸侯在申国立废太子姬宜臼为周平王，叔侄相争之际，郑、卫、晋等诸侯国和秦襄公开始保持中立，当平王决定东迁洛邑，郑武公、秦襄公支持平王，护送其迁都。平王东迁后，一直没有得到鲁国的支持，平王去世时，鲁国依然不派人参加其葬礼。平王也没有得到齐、宋、燕等诸侯的支持。随着事态的发展，姬姓大诸侯晋国为了削弱周室实力，需要一位易于控制而软弱的周王，于是决定支持平王。公元前750年，平王派晋文侯带领许国、申国、犬戎等袭击周室，携王战死。平王挥笔写下了《尚书·文侯之命》，以表彰晋文侯之功绩，授权晋国在汾水流域大加扩张。周朝的失败，就在于平王、申侯、郑武公、晋文公的极端自私，他们把自己的利益置于国家利益之上，置于礼乐制度之上，为了眼前的利益，不择手段。两王之争，一个是中央政权所立，一个是地方诸侯所立，最后，地方诸侯所立者周平王用阴谋和武力干掉中央所立者携王，周王室从此一蹶不振。东周朝王权的坠落，主要原因是平王弑君夺位造成正统性的不足，以及与携王长期斗争，需要其他诸侯国的支持，导致无限的分封、赏赐，造成东周朝衰落到二流诸侯国的水准。300多年采取分封赏赐周天子支配的疆域给功勋大臣，这是最愚蠢的做法。

战国楚简《系年》："周乃亡。邦君、诸正乃立幽王之弟余臣于虢，是携惠王。立廿又一年，晋文侯（姬）仇乃杀惠王于虢。周亡王九年，邦君诸侯焉始不朝于周，晋文侯乃逆平王于少鄂，立之于京师。三年，乃东徙，止于成周，晋人焉始启于京师，郑武公亦正东方之诸侯。"《国语·郑语》："晋文侯于是乎定天子，故平王锡命焉。"可以这样认为，晋文侯是周朝历史上第一个弑杀周天子的诸侯国君，申侯是周朝历史上第一个勾结犬戎反叛并致使周天子战死的诸侯国君，他们是周人的千古罪人，为中华民族树立了极坏的先例。西周和东周交接期的错综复杂的战争，致使东周名存实亡，东周很难中兴。东周国土面积迅速缩小，王室力量迅速下降，平王得国不正（其外公申侯引狼入室，虽没有直接弑杀幽王，但幽王之死，他们脱不了干系，而且他是已废太子），两王并立长达20多年，软弱的平王在位时间长达50多年，周王室内争不息，内乱风气直到东周灭亡。

春秋无义战，诸侯纷争，一些较大的诸侯国，为了争夺土地、人口及对其他诸侯国的支配权，不断进行兼并战争。谁战胜了，谁就召开诸侯国会盟，强迫诸侯承认其"霸主"地位。东周立国不久，郑国的郑武公、郑庄公父子把持周王朝的大政，利用出任王朝卿士的有利条件，借王命大肆扩张，开创了东周时期由诸侯国组织联军攻打另一个诸侯国的先河，使郑国成为春秋初期一个强国，号称春秋小霸。郑庄公充分利用自己手中的权力，借周天子的名义去讨伐那些对郑国发展构成威胁的国家，清除郑国前进道路上的障碍，比如"假借周天子名义，攻打宋国"。清代高士奇云："假王命以兴师，则伐宋。"郑庄公是中国历史上记载的第一个假借天子之命而令诸侯之人。

郑庄公在周王朝中的势力太大，常常忙于他在郑国的私事，很少入朝听政，即使入朝，也仅是装装样子，或者干自己的私活。与周公姬昌、太公姜子牙、召公姬奭等相比，郑武公和郑庄公的私心太重，包括晋文侯也是如此。南宋黄震云："郑庄公伐周，射王中肩，春秋初第一罪人。"明代刘基云："（郑庄公）假王命以逞其私忿，抗王威以肆其不。"郑庄公被后人视为奸雄鼻祖。周平王的执政班子，离心离德。

郑庄公的行为引起了平王的不满。平王逐渐起用虢公以分散郑庄公的权力，这引起郑庄公的强烈不满。平王在很多事情上又必须依赖郑庄公，不得不向郑庄公解释，于是发生了周郑交质的事件。《左传》对这一事件进行了强烈的批评，认为周王室与诸侯互换人质，是自己降格，后患无穷。郑庄公去世后，其诸子内战30多年，丧失继续做大做强的机会，齐桓公成为"尊王攘夷"的名正言顺的春秋第一霸。晋文侯去世后，其直系子孙与其弟姬成师系发生了长达60多年的内战，最后其弟曲沃桓叔系胜出，成为晋国的正统国君。真可谓：天道轮回，道德传家，才可致远。本书认为，平王是O4型，携王是K1型。平王这种性格类型，不是中兴之主的性格类型，周朝最有希望实现中兴的机会，就在他的任上错失了。

第2任周桓王姬林，平王姬宜臼的孙子，姬泄父的长子。在位23年。他虽然在处理晋国的内政上获得了成功，但代价太大，落了个"言而无信"的名声，继续带头破坏嫡长子制。他因父亲死在郑国，接班后就直接把郑庄公的爵位给取消了。这可把郑庄公给惹怒了，考虑到桓王好歹也是君王，郑庄公便派军队跑到周王畿和洛阳附近，收割了温地的麦和成周的禾，周郑关系进一步恶化（周郑交恶）。郑庄公与齐国一同入朝，想借机缓和一下同周王室的矛盾。但桓王因为郑国擅自领军取用王畿的麦，不以礼接待郑庄公。郑庄公不满周王的无礼做法，回国后就开始大张旗鼓地招兵买马，与鲁国等诸侯交换土地，在没有得到周桓王允许的情况下，不断扩充自己的国境范围。土地乃是朝廷之本，这个东西都被郑国私自拿来交换。郑国带头破坏周朝之根本，桓王忍无可忍，莽撞地组织联军（卫、蔡、陈等诸侯）攻打郑国，但被郑国击败，桓王肩被射，王师大败，史称"繻葛之战（周郑交战"）。繻葛之战后，周天子威信扫地，一落千丈。郑庄公成为小霸主，是春秋第一霸。从此，周天子名义大于实际，成了盖图章的共主。一些强大的诸侯国，利用周天子这个旗帜，"挟天子令诸侯"，以扩展自己的实力。

礼乐征伐自天子出的制度从此不复存在，政由方伯出。桓王是东周时期有个性的想实现中兴的周天子，可惜他没有商朝阳甲、盘庚、武丁的智慧，他折腾扑通了几下，就萎缩下去了。无论是个性还是能力，还是辅佐大臣等，不足以完成中兴大任。桓王虽然有他祖父得王位不当的政治负担，但这个时候他的地盘处在前几名，军队（人口）和财政相对诸侯国来讲，还是可以的，是东周第二次有希望实现中兴的时期，离实现中兴较近，却被他断送掉了。他即位后，如果能努力提高知人善任的能力，努力寻找贤臣良佐，让核心执政团队逐渐具有VCAT和TOPK特质，如果一心一意发展经济，壮大自己实力，以待时机，那他就是东周中兴之主了。

本书认为，桓王的性格类型是K1型。郑武公、郑庄公都是T2型，考拉遇到老虎，失败的居多。桓王的性格类型，也不是中兴之主的性格类型。中兴之主的性格类型，一般是

T1\T2\O1\P1 型等。这四种性格类型的君主，一般会拥有较强的知人善任的能力，善于驾驭群臣，团结和利用人才，拥有属于自己的核心班子，志同道合的贤臣良佐组成的执政团队，执政班子的性格组合符合黄氏 TOPK 法则，执政班子的 VCAT 特质具有竞争力，比如秦孝公、东汉刘秀、唐玄宗等。

第 3 任周庄王姬佗，桓王之嫡长子，在位 15 年。在位时期，他平定其胞弟姬克之乱（史称王子克之乱）；与齐国联姻，将妹妹王姬嫁给齐襄公，出兵救援卫国。司马迁说："周公黑肩欲杀庄王而立王子克。辛伯告王，王杀周公。王子克饹燕。"国势在衰落，内部还在争名夺利，兄弟不团结，大臣也不团结，大臣要弑君而立姬克。无雄才大略且自私自利的风气自平王和他的外公开始，似乎变成了周王室的基因，直到东周灭亡为止。本书认为，庄王是 K1 型。

第 4 任周釐王（僖王）姬胡齐，庄王之嫡长子，在位 5 年。在位期间，他承认齐桓公的霸主地位。齐桓公请求他出兵，他派单伯带兵和诸侯相会，与宋国讲和后回国。他正式册封晋武公为晋国国君。皇甫谧《帝王世纪》："僖王自即位以来，变文武之制，作玄黄华丽之饰。宫室峻而奢侈，故孔子讥焉。"本书认为，釐王是 P 型。

第 5 任周惠王姬阆，釐王之子，在位 25 年。司马迁说："惠王即位，夺其大臣园以为囿，故大夫边伯等五人作乱。"《左传》有类似的记载："惠王即位，取蒍国之圃以为囿，边伯之宫近于王宫，王取之。王夺子禽，祝跪与詹父田，而收膳夫之秩。"这说明他贪财而不顾礼仪。五大夫作乱，立釐王胞弟姬颓（惠王的叔父）为周天子（姬颓自立为天子后，乐及遍舞），惠王奔温，郑厉公在栎地收容了他，在公元前 673 年与虢国攻入周朝，协助平定"王子颓之乱"，惠王复位成功，郑国因功获赐虎牢以东的地方，虢国也获赐土地，周王朝的疆土再一次缩小。惠王赐齐桓公为伯。本书认为，惠王是 K2 型。

第 6 任周襄王姬郑，惠王之嫡长子，在位 33 年。他在齐桓公的帮助下，名正言顺地成功接班。司马迁说："襄王母早死，后母曰惠后。惠后生叔带，有宠于惠王，襄王畏之。"周王需要借助诸侯霸主的帮忙才能接班，这说明周天子家族中了内斗之毒，在第 6 任还未戒掉。姬带不甘心失败，数次引西戎兵进攻周王城，奈何都以失败告终。藏在王宫深处的隗后，与姬带两情相悦。姬带并非笼中鸟，他想要当诸侯之王，想要入主周王室。隗后与姬带秘密相约，里应外合。襄王得知密报，赶快将隗后废黜，可惜为时已晚，姬带已率军兵临城下。襄王仓皇出逃，避居到晋国，向天下诸侯求救。姬带自立为周王（史称周废王）。晋文公新立，急需立威。晋文公便打着勤王的旗号，出兵生擒姬带，迎姬郑回都城，将姬带押到都城处死，平定了内乱，史称"王子带之乱"。姬郑为晋文公举行庆功宴。晋文公更向姬郑"请隧"（要求在死后也享受天子规格的葬礼），被姬郑婉言拒绝，但册封晋文公为方伯，并将阳樊、温、原和攒茅四邑赐给晋作为报答。这样，周王朝的地盘仅剩下方圆 100 多里的弹丸之地。宫廷动乱，兄弟夺爱，臣子攻王城，天子被驱逐，人臣乱国。内忧外患，各种阴谋诡计、爱恨情仇，在襄王的一生中都逐一呈现。与平王及其母后、外公的乱政，两王并立性质差不多的故事，在襄王时期又演绎了一遍。周王朝从此彻底失去了中兴的可能性。在位期间，齐桓公、宋襄公、晋文公、楚庄王、秦穆公纷纷称霸，有的还得到册封。本书认为，襄王是 K2 型。

第 7 任周顷王姬壬臣，襄王之子，在位 6 年。他继位时，王室财政拮据，竟至于无法办理襄王的丧事。《左传》记载："（顷王派卿士）毛伯卫来求金，非礼也。不书王命，未葬也。二月，庄叔如周。葬襄王。"周天子越来越穷，这是从平王到襄王，连续六任周王不断分封土地给诸侯的恶果。本书认为，顷王为 K 型。

第 8 任周匡王姬班，顷王之长子，在位 6 年。本书暂且判断，匡王为 K 型。

第 9 任周定王姬瑜，匡王之胞弟，顷王之次子，在位 21 年。他在位时，楚庄王观兵于周疆，大问九鼎，王孙满委婉应对："在德不在鼎，……周德虽衰，天命未改，鼎之轻重，未可问也。楚兵乃去。"楚庄王以邲之战，称霸中原，周王被迫接受。本书暂且判断，定王为 K 型。

第 10 任周简王姬夷，定王之长子，在位 14 年。他在位时，周天子权威已经荡然无存，本书暂且判断，简王为 K 型。

第 11 任周灵王姬泄心，简王之长子，在位 27 年。其长子姬晋天性聪明，喜欢吹笙，能吹奏出如同凤凰欢鸣一般的乐曲，令人陶醉。姬泄心对他十分钟爱，立他为太子。不料，太子于 17 岁时突然得病身亡，姬泄心哀痛欲绝。本书认为，灵王为 P 型。

第 12 任周景王姬贵，灵王之次子，在位 25 年。他在位时，财政更加困难，连器皿都要向各国乞讨。他宴请晋国大臣知文子荀跞，指着鲁国送来的酒壶说：各国都有器物送给王室，为何晋国没有？荀跞答不出来，让副使籍谈答复，籍谈说当初晋国受封时，未赐以礼器，现在晋国忙于对付戎狄，自然送不出礼物来。姬贵列数了王室赐给晋的土地器物，讽刺其"数典而忘其祖"。他铸造大钱以拯救财政危机，留下了中国文献中关于铸钱的最早记录。他因太子寿早而夭，立嫡次子姬猛为太子。他的庶长子姬朝，得到他的宠爱。他在病重时，特嘱咐大夫孟宾要扶立姬朝为嗣君。但姬朝还没有来得及被立为嗣君，景王就病死了。在周王室如此衰落的情形下，姬贵不去努力教育儿孙们团结，不去讲泰伯奔吴让贤、周公忠心辅政等家族兄弟的团结故事，却因自己爱好，在死前还要亲自酝酿接班危机，简直不可思议。本书认为，景王为 P 型。

第 13 任周悼王姬猛，景王之嫡次子，在位 1 年。景王死后，贵族刘卷、单旗将孟宾杀死，拥立姬猛为周王。姬猛继位后，姬朝很不甘心，带领失去职位的旧官吏和百工以及一部分兵士叛乱，争夺王位。刘卷被打败逃亡，单旗保护着姬猛待在王宫内。姬朝的党徒乘深夜潜入宫中，劫走了姬猛。单旗突围而逃，姬朝的徒众挟持着姬猛追赶单旗。半路上，晋顷公遣大夫籍谈、荀跞带兵救出了姬猛，护迎他避于王城。不久，派兵护送他回都城。同年10月，姬猛病死。本书认为，悼王为K型。

第14任周敬王姬匄，景王之子，悼王之胞弟，在位44年。晋国立姬匄为周王（时称东王），尹氏立王子姬朝为周王（时称西王）。两王对立，相互攻伐。五年后，晋国率领中原数个诸侯国组成联军进攻周王城，姬朝战败，在召、毛、伊、南宫四大家族追随下，携周室典籍（包括礼器在内）奔楚。周王室典籍图书档案从此散落民间，促进了私学的兴起，实现了文化的下移。当然，也导致了《山海经》作者之谜，以及《道德经》作者老子辞周退隐之谜，更为严重的是，很多典籍由于战乱而散乱失传。中华文明自此形成断崖，给中国历史留下了诸多至今还没有解开的谜团。在楚国被吴国击败并险些亡国之际，姬匄趁机派人在楚地杀死姬朝。儋翩带领姬朝支持者在次年起兵举事，姬匄出逃。在晋国的帮助下，姬匄回到王城洛阳。本书认为，敬王为O2型。

第15任周元王姬仁，敬王之子，在位8年。他在位时，是春秋、战国的分界，春秋结束，战国开启。越王勾践攻灭吴国后，统帅大军乘胜北渡淮河，在徐约齐、晋、鲁、宋等国会盟。会盟后，勾践派人给他送去贡品，他回赠勾践以祭祖用的肉，册命他为伯，承认他处于诸侯的领袖地位，勾践成为一时的霸主。本书认为，元王为K2型。

战国时期除外的东周，周王的性格类型情况如下：平王（猫头鹰）01—桓王（考拉）02—庄王（考拉）03—釐王（孔雀）04—惠王（考拉）05—襄王（考拉）06—顷王（考拉）07—匡王（考拉）08—定王（考拉）09—简王（考拉）10—灵王（孔雀）11—景王（孔雀）12—悼王（考拉）13—敬王（猫头鹰）14—元王（考拉）15。东周始于O型的周平王，衰于O型的周平王，未能实现周朝的复兴。接下来是K型的周王扎堆在同一个象限，P型的周灵王、周景王加剧东周的衰落，最后亡于内向的周敬王和周元王，周朝虽然延续，但进入了战国时期，毫无翻身复兴的可能。东周15位周王（包括周携王）没有一个性格是T型的，他们的性格类型没有移动到黄氏TOPK圆盘的第一象限，只在其他三个象限内移动。10位周王为K型，高达66.7%的周王扎堆在K象限，13.3%在O象限，20%在P象限。内向性格（O+K）占80%，比例超高。内向性格，容易内斗，东周出现了高频率的内斗事件，如王子克之乱、王子颓之乱、王子带之乱、王子朝之乱等。他们的眼睛不是向外，思考如何在大环境下为周王室获得最大的利益，而是朝内盯住眼前的局部利益，消耗他们的时间和智慧，直到灭亡为止。有人会把这些内乱归于权臣所为，比如王子朝之乱，但要知道，这些权臣是周王自己任命的。内向性格的，一般会找内向的人做朋友或者共事。因此，根本原因还是在周王本身。

战国时期不计入周朝国祚，整个周朝国祚为570年，历25世27王。周王性格类型情况如下：武王姬发（老虎）01—成王（猫头鹰）02—康王（考拉）03—昭王（考拉）04—穆王（孔雀）05—共王（考拉）06—懿王（考拉）07—孝王（老虎）08—夷王（猫头鹰）09—厉王（老虎）10—宣王（老虎）11—幽王（孔雀）12—东周平王（猫头鹰）13—桓王 14（考拉）—庄王（考拉）15—釐王（孔雀）16—惠王（考拉）17—襄王（考拉）18—顷王（考拉）19—匡王（考拉）20—定王（考拉）21—简王（考拉）22—灵王（孔雀）23—景王（孔雀）24—悼王（考拉）25—敬王（猫头鹰）26—元王（考拉）27。具体如图 5-1 所示。

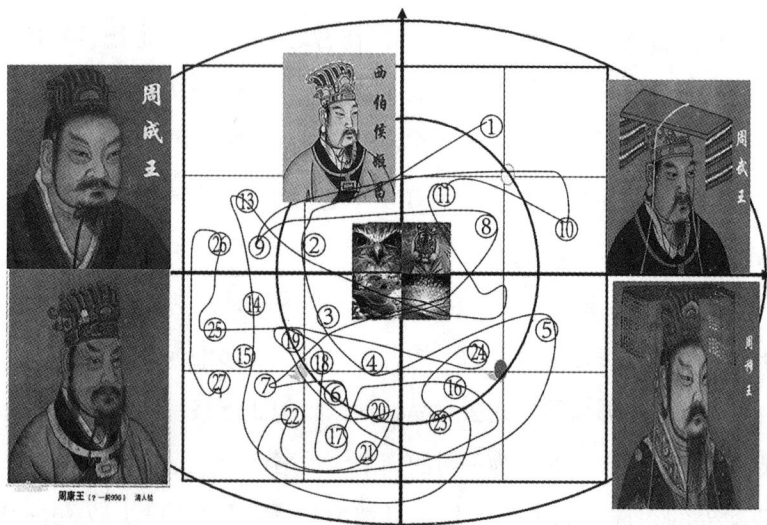

图 5-1　周朝（战国时期除外）570 多年，27 位周王的性格圆盘

本书认为，周朝作为实权政府，包括 275 年的西周和 73 年的东周，合计 348 年。相对商朝来讲，周朝政权比较坎坷。春秋时期计算在内的周朝国祚 570 年，与商朝的 554 年相差不多。商政权，如果把诸侯国的商国计算在内，国祚为 1024 年，是中国历史上连续千年的政权组织。周朝，如果把周国、西周、东周、东周国（公元前 249 年被秦灭）作为姬氏周政权，国祚约 891 年（以商朝武乙即位时间公元前 1147 年计算），比商朝寿命少130 多年。

不含战国时期的周王和商帝的性格类型有很大的差异，如表 5-1 所示。

表 5-1　商朝和周朝的帝王性格类型对照

国家	国祚	几世几帝	老虎性格	猫头鹰性格	孔雀性格	考拉性格	合计
商朝	554	17 世 30 帝	9	7	4	10	30
			30%	23.3%	13.3%	33.3%	100%
周朝	570	25 世 27 帝	4	4	5	12	25
			16%	16%	20%	48%	100%

表 5-1 中，商朝和周朝的国祚相差无几，两个朝代的帝王数量也只相差 3 位，不相

上下。传承的世系相差 8 世，周朝传了 25 世，商朝只传了 17 世，这是因为商朝在 29 次的传承中，出现了 12 次兄终弟及的接班模式。周朝只出现了 3 次兄终弟及，出现了 1 次皇太孙接班。兄终弟及的模式也不能说一定不好，商朝的三次大中兴，就是兄终弟及带来的，如 T 型的大戊帝（史称商中宗）、T 型的盘庚帝。周朝没有出现中兴，就是因为没有 T 型的周王来执政。商朝的 T 型帝王明显多于周朝，K 型帝王明显少于周朝。K 型的周王比例为 48%，太多了，这就注定了周朝的灭亡，这也是周朝国祚不如商朝的帝王性格原因，也是周朝政权坎坷曲折的原因。当连续几任帝王扎堆在内向 K 象限或者 K 型帝王执政时间超过 30 年，王朝一般会走下坡路。如果没有出现中兴之主，这个朝代的灭亡就开始注定了，而且不可逆转。商朝的 O 型帝王也明显多于周朝，相对来讲，商朝在制度设计方面的漏洞比较少，其制度也相对理性务实。周朝的 P 型帝王比例高于商朝，周朝相对商朝来讲，更高调些。周王性格 P+K 型为 68%，远高于商朝的 46%；周朝更务虚，周朝是人情更浓的朝代。从图 5-1 来看，东周的周王基本上扎堆在 K 象限，帝王性格类型没有很好地在四个象限有序移动，东周复兴无望。

盘庚迁都时，商朝已延续了 300 多年，他兄长阳甲虽然令国势止跌了，但商朝国势依然在低谷徘徊，盘庚带领商朝实现了小中兴，并为商高宗的大中兴奠定了基础。周平王迁都时，周朝已延续了 275 年，周朝的国势似乎已跌入低谷。周平王迁都也许是他要学习盘庚，因为盘庚迁都而创造了殷商的中兴，但周平王没有实现周朝的中兴，反而把周朝带入更低谷。同样是迁都，发生的时间在王朝里的时段也差不多，周平王为什么只保住政权而没有实现中兴呢？从性格类型角度来看，盘庚是 T4 型，而周平王是 O4 型，周平王的决断力、胆量、果敢、担责和务实等均不如盘庚。商朝在盘庚之后的 50 年左右，也就是商朝立国 350 多年的时候，有个 T 型帝王出现，这就是商朝大中兴的雄主武丁。而周朝立国 350 年左右的周王是 K 型的姬佗。更为要命的是，庄王之后，周朝没有一个 T 型的周王，他们是 1O3P8K，而商朝在武丁之后，四种类型的商帝都有，他们是 2T3O1P2K，有 2 个 T 型的商帝，3 个 O 型的商帝，前者开疆辟土、惩治腐败，后者探索、创建、巩固制度。

第六章
战国六雄的国君性格类型移动轨迹

第一节　楚国传承的国君性格类型探究

楚国是颛顼帝高阳氏后裔创建的。司马迁说："周文王之时，季连之苗裔曰鬻熊。鬻熊子事文王，早卒。其子曰熊丽。熊丽生熊狂，熊狂生熊绎。"《墨子》认为，熊丽建楚国。清华简记载，熊丽只是创造了"楚"这个部落。《左传》等记载，楚国首领的称号是从楚若敖、楚蚡冒开始的，熊绎到熊咢，只有姓名而没有称号。严格意义上讲，楚国是从公元前 790 年开始的，国祚 567 年。但因《史记》等经典记载，楚国是熊绎创建的，陕西周原遗址出土的西周初年甲骨文中，有"曰今秋楚子来告"的记载。本书认为楚国的国祚从公元前 1042 年（周成王即位）算起，国祚 819 年，历 30 世 42 王。熊绎之前的楚国祖先，缺少史料记载，本书不分析熊绎之前的楚国首领们的性格类型。

楚国第 1 任国君熊绎，为鬻熊的曾孙。《史记·楚世家》记载："当周成王之时，举文、武勤劳之后嗣，而封熊绎于楚蛮，封以子男之田，……楚子熊绎与鲁公伯禽、卫康叔子牟、晋侯燮、齐太公子吕伋俱事成王。"熊绎奋三世之余烈，在成王时期受封土建国，开辟荆山，辅佐康王，成康时期，虽受不公平待遇（岐阳会盟，熊绎守燎；康王朝会，熊绎未得赐宝），但忍辱负重，自力更生，奋发图强。本书认为，他是 O1 型。

第 2 任熊艾，为熊绎之子。《史记》记载的昭王南巡狩不返，卒于江上，发生在熊艾在位期间。本书认为，他是 T2 型。

第 3 任熊䵣，为熊艾之子。在位期间，穆王伐徐，楚国出兵伐徐。本书认为，他是 T 型。

第 4 任熊胜，为熊䵣之长子。史料很少，本书暂且判断，他是 K 型。

第 5 任熊杨，为熊䵣之次子，熊胜之弟。在位期间，主要活动范围，仍限于荆山及古沮、漳河上游地区。本书暂且判断，他是 K 型。

第 6 任熊渠，为熊杨之子。在位 10 年。他趁周王室衰弱和中原动乱之机，开疆拓土，采取睦邻友好、稳近打远的策略，相继攻打庸国、扬越、鄂国，将楚国势力推进至江汉平原，楚国逐渐兴盛起来。周夷王时期，他分封三子为王，僭越封其长子熊毋康为句亶王，次子熊挚红为鄂王，少子熊执疵为越章王，分别镇守长江中游的三个要地。周厉王继位后，他担心受到周朝讨伐，便取消三子的王号，继续臣服于周。小国的老虎（熊渠）怕大国的老虎（姬胡）。《史记》记载，熊渠的射术高超。本书认为，他是T2型。

第7任熊挚（熊挚红），熊渠之次子。熊渠去世时，他的长子熊毋康已早逝了，次子熊挚红继位。本书暂且判断，他是K型。

第8任熊延（熊执疵），熊渠之三子，在位29年。熊挚继位不久，他发动政变，弑兄代立为君。本书认为，他是T型。

第9任熊勇，熊延之长子，在位9年。熊勇无子，死后由其弟熊严即位。本书暂且判断，他是K型。

第10任熊严，熊延之次子，熊勇之弟，在位10年。本书暂且判断，他是K型。

第11任熊霜，熊严之长子，在位6年。他去世后，三弟争立，仲雪死，叔堪避难于濮，四弟熊徇接班。本书认为，他是K型。

第12任熊徇，熊严之四子，熊霜之弟，在位22年。本书认为，他是T型。

第13任熊咢，熊徇之子，在位9年。本书认为，他是K型。

第14任楚若敖熊仪，熊咢之子，在位27年。《左传》记载：训以若敖、蚡冒，筚路蓝缕，以启山林。本书认为，他是T型。

第15任楚霄敖熊坎，熊仪之子，在位6年。他为父亲尊赠"若敖"谥号，开创楚君有谥号的先河，他的父亲也就成了楚国第一个拥有谥号的国君。本书认为，他是P型。

第16任楚蚡冒熊眴，熊坎之长子，在位17年。在位期间，他开疆拓土，征服陉隰，进一步增强楚国实力。《韩非子》记载，他知错即改，更令明号而民信之。本书认为，他是T型。

第17任国君武王熊通，熊坎之次子，熊眴之弟，在位51年。汉东霸主，春秋三小霸之一。蚡冒去世，熊通杀熊眴之子自立为楚君。在位期间，奉行铁腕政策，敢作敢为，给楚国留下清朗而安宁的江汉平原和一套初具规模的国家机器，楚国由此强盛。他消灭权国，设置权县，任命县官，开创县制。熊通不满自己爵小，以其先祖鬻熊子事文王，他度汉伐随，要求随侯代他向周王请求提高楚国爵位，周桓王不同意。熊通说："王不加位，吾自尊耳！"他自立为武王，以楚武王名义与随人签订盟约。熊通是诸侯国第一个称王的国君，有学者说：楚子称王，春秋开始。绞国战败，被迫签城下之盟，尊楚为王。本书认为，熊通是T3型。

第18任国君文王熊赀，武王熊通之长子，在位13年。他继位后，继续武王的战争扩张计划。司马迁说："陵江汉间小国，小国皆畏之。"论战略，楚武王用兵如波浪式推进，楚文王用兵则跳跃式突进。他选贤举能，甚至可以不分民族，不分等级，破格提拔，充分信任，使之有用武之地。《左传》说，他以俘获的申人彭仲爽为令尹，彭仲爽不负所望，战胜攻取，使楚国的边界达到中原的汝水流域。他伐申国，打败申国之后，曾想复申之国，使之与楚结盟。但令尹彭仲爽从分封制的历史教训与申的地理位置考虑，建议灭申而设申县。他灭掉息国，设息县。齐桓公称霸之时，楚文王为彻底打通北入中原的通道，与齐桓公抗衡，出兵攻邓，一举灭掉邓国（楚国的舅国），挺进中原，伐蔡伐郑。本书认为，他是P1型。

第19任楚堵敖（庄敖）熊艰，文王熊赀之长子，在位5年。司马迁说："庄敖五年，欲杀其弟熊恽，恽奔随。"本书认为，熊艰是T型。

第20任成王熊恽，文王熊赀之次子，堵敖熊艰之胞弟，在位47年。司马迁说："（恽）与随袭弑庄敖代立，是为成王。……布德施惠，结旧好于诸侯。使人献天子，天子赐胙。（天子）曰：'镇尔南方夷越之乱，无侵中国。于是楚地千里。'"他与齐桓公争霸，与其举行召陵之盟。他继续北上东进，与齐国争霸，但避免与齐国正面冲突，选择伺机而动。齐桓公与诸侯在葵丘会盟，郑国、许国都被迫参加盟会。楚成王并不急于和齐桓公正面争夺，而是继续东略，采取迂回战术，避免与齐桓公正面冲突，以此来争取东进的时间。在楚齐争雄过程中，楚成王和斗子文审时度势，谨慎谋划、奋发进取，楚国后来居上、生机蓬勃、人才辈出。在泓之战中战败宋襄公，称雄中原。晋公子重耳过楚，楚成王以诸侯客礼飨，而厚送之于秦。城濮之战时，遭晋国打败，向中原发展受阻。楚成王因立和废太子之事，而留下遗憾。本书认为，他是O1型。

第21任穆王熊商臣，成王熊恽之长子，在位12年。他在做太子期间，一直循规蹈矩、谨言慎行，没有出格的言行，更没有流露出结党营私和祸害国家的志向。成王想废黜他而改立熊职为太子，他听到消息但还没有证实，就向他的老师潘崇请教：怎样才能得到确切的消息呢？老师说：你设宴招待楚成王的妹妹江芈（《史记》误作楚成王的妃子），故意对她表示不尊敬。熊商臣听从老师的计谋照做。江芈发怒说：啊，贱东西！难怪君王要杀掉你而立王子职为太子。熊商臣告诉老师：事情确实如此。老师问：你能事奉王子职吗？他说：不能。老师再问：能逃亡出国吗？他回答：不能。老师三问：能发动政变吗？他回答：能。于是他发动兵变，带兵包围王宫，逼父王自杀。他即位后，把他做太子时的房屋财物赏赐给老师潘崇，任命潘崇担任太师兼任掌管宫中警卫军的长官，执掌国家大权。他尽力改变楚国在城濮之战后的劣势，先后灭亡江国等诸侯国，进一步控制江淮地区；攻打并迫使郑国与楚国请和；攻占陈国壶丘；平定斗宜西、仲归叛乱。本书认为，他是O1型。

第22任庄王熊侣，穆王熊商臣之子，在位23年，春秋五霸之一。约20岁的他即位时，国内矛盾重重，爆发了公子燮与公子仪的叛乱。晋国灭掉了楚国的附庸国蔡国。在复杂的形势下，他采取了以静观动、以感辨奸的对策，故意表现出沉湎于声色犬马、不问政事的姿态。为了观察朝野的动态，为了让别国对他放松警惕，当政三年以来，他没有发布一项政令。三年后，他对楚国的政局和各类人物有了一个基本的了解，便重用伍举、苏从等忠直之臣，攻灭前来进犯的庸国，使楚国的势力向西北扩展。任用孙叔敖（O1 型）为令尹，重视社会生产，发展经济，充实国力。他在北林打败晋国军队后，郑国开始听命于楚国。为了争当霸主，楚晋之间进行了长时间的战争，双方互有胜负，邲之战，楚国大获全胜，声威大震，国势日强，晋国在中小国中威信下降，失去了支配楚国的能力。不久，他灭掉了萧国，连续三年攻伐宋国，迫使宋国向楚求和。"三年不鸣"的楚庄王观兵于周疆，饮马黄河，问鼎中原，实现了自己称霸的愿望，做到了"飞将冲天，鸣将惊人"。他有商朝中兴雄主武丁自静三年、知人善任、善于纳谏的遗风，实现了楚国的崛起。本书认为，他是 T2 型。

第 23 任共王熊审，庄王熊侣之长子，在位 31 年。《左传》记载，大夫申公巫臣（原名屈巫，楚武王之后裔）叛逃到晋国，辅佐晋景公成为谋士，楚材晋用。司马子反建议他给晋国送礼，让晋不重用巫臣，他没有答应。巫臣还亲自到吴国，教吴国人驾驶战车。这成为楚国衰落而吴国崛起的序幕。宽容叛臣，令楚国后患无穷。在宋国的华元和令尹子重、晋国正卿栾书的协调下，达成了晋楚第一次弭兵之会。鄢陵之战，他伤目，找司马子反商量军务，子反饮酒而醉，他只好自退，楚国失败，晋悼公复霸成功，子反被迫自杀。楚共王去世前，犹豫不决，没能立好楚君；去世后，诸子争位。本书认为，他是 K1 型。

第 24 任康王熊招，共王熊审之长子，在位 15 年。在位期间，争斗江淮，力挫东吴，四伐郑国，北上求霸，向戎弭兵，晋楚并霸。楚国是一个以王权公族为核心的国度，王权经常被削弱，多次酿成内患。《左传》记载，楚康王改革行政体制。他任命令尹的同时，增设右尹一职。任用大司马时，增设右司马和左司马两个职务。对莫敖之职也做了改进。他对管理车马机构也做了改进，设立大厩、中厩、宫厩等。通过改革，重新分配权力，建立相应的制衡机制，加强了王权。本书认为，他是 O1 型。

第 25 任郏敖熊员（熊纴），康王熊招之子，在位 4 年。楚国竹简《楚居》和《系年》分别称其为嗣子王和孺子王。司马迁说：郏敖三年，以叔父熊围为令尹，主兵事。四年，熊围使郑，道闻王疾而还。十二月己酉，熊围入问王疾，绞而弑之，遂杀其子莫及平夏，自立为王。本书认为，他是 K1 型。

第 26 任灵王熊围，郏敖熊员之叔，康王熊招之弟，共王之次子，在位 12 年。在位期间，他好高骛远，四处征讨；征讨途中，豪华衣装；精通音律，花天酒地，经常羞辱他国使者；为所欲为，失去民心。会盟诸侯，面露骄色。巨资建章华台，有诗叹曰："章华筑怨万民愁，不道虒祁复效尤。"唐代胡曾有诗云："茫茫衰草没章华，因笑灵王昔好奢。"《墨子·兼爱》记载，楚灵王好士细腰。《后汉书》云："楚王好细腰，宫中多饿死。"灵王杀死观起（蔡国大夫），埋下祸根。观子观从，复仇矫命；带领熊比，杀灵王太子，立熊比为王。本书认为，他为 P1 型。

第 27 任初王熊比，灵王之三弟，共王之三子，在位 1 年。司马迁记载："熊比为王，畏灵王复来，又不闻灵王死，故观从谓初王比曰：不杀弃疾，虽得国犹受祸。王曰：余不忍。"熊弃疾散布灵王进城的消息。他惊恐无比，于是自杀。本书认为，他为 K 型。

第 28 任平王熊居（熊弃疾），熊比之弟，共王之五子。历时 32 年的五王之乱（楚共王没有嫡子），直接导致楚国霸业中衰。他即位后，封赏功臣，任命蔓成然为令尹，让观从自选官职，观从自荐为很少有人竞争的卜尹。熊居积极抚慰民众、敦睦诸侯。他宣布从即位起，让民众休养生息五年，才考虑用兵，并信守诺言，让蔡人和陈人复国。当初灵王灭蔡为县后，把许、胡、沈等公族迁到楚国腹地，熊居即位后，让他们各回故地。司马迁说：楚平王施惠百姓，存恤国中，修政教。政局日趋稳定，国势亦渐恢复。但平王霸占未婚的儿媳、谋害儿子熊建，给楚国带来灭顶之灾。《史记》云："使费无忌如秦为太子建取妇。……无忌先归……秦女好，可自娶，为太子更求。平王听之，卒自娶秦女（秦哀公的长妹孟嬴），生熊珍。"他杀忠臣伍奢、伍尚，迫使伍子胥出逃，他对属国问题未妥善处理而留下隐患。他未能抵御吴国进攻，五次大败而归，晋国又趁机南侵，诸侯国都纷纷叛楚归晋，甚至连个别小国都敢于趁楚国衰弱之际入侵。在这种江河日下、四境狼烟的情况下，他郁郁而终。本书认为，他是 O4 型。

第 29 任昭王熊轸（珍），平王之子，娶越王勾践之女为妻，在位 27 年。他的父王去世时，子常将军说：太子珍年小，况且他的母亲就是前太子建应当娶的。想立令尹子西为王，子西（楚平王的庶弟）辞让不受。子西说：国家有一定的法则，改立君主就有祸乱，再说改立的话就要招致杀戮。7 岁的他在内忧外患中继任楚王，是楚国第一个娃娃王，子常为楚国令尹。他 17 岁时，楚国遭受灭国，晋国联合吴国以及齐、鲁、宋等 17 诸侯国对楚国发动突袭，吴国是主力军，吴国在伍子胥、伯嚭的带领下，一路畅通无阻，直达楚国郢都。《史记·楚世家》云："昭王之出郢也，使申包胥请救于秦。秦以车五百乘救楚，楚亦收余散兵，与秦击吴。"他在舅舅秦哀公的帮助下，打败吴军而复国。

昭王在母亲伯嬴的提醒下，任用贤臣（子西为令尹，子期为左尹，申包胥为右尹，申包胥坚辞不受，隐居山中），励精图治，实现了楚国的中兴，一扫其父亲辈因王位之争和国政失策而造成的衰落气象。他病倒在军中，当时天空有红色云霞像鸟一样，围绕太阳飞翔。他向太史询问吉凶，太史说：这对楚王有害，可是能够把灾祸移到将相身上。将相听到这句话，就请求向神祷告，自己代替昭王，他说：将相如同我的手足，今天把灾祸移到手足上，难道能够免除我的病吗？他不同意。孔子在陈国，听到这些话，说：楚昭王通晓大义啊。他没有失去国家，太应该了！本书认为，他是 T4 型。

第30任惠王熊章，昭王之子，在位57年。他即位后，继续重用子西（辞让王位）、子期（辞让王位）、子闾（五让王位）等人，改革政治，与民休息，发展生产，楚国继续保持复苏态势。他在叶公的帮助下，平定白公胜（原太子熊建的儿子、昭王的侄子）之乱，复位成功。他灭亡陈国、蔡国、杞国，将楚国领土扩至东海、淮海、泗水一带，成为一方强霸。本书认为，他是K1型。

第31任简王熊中，楚惠王之子，在位24年。在位期间，北伐灭莒。本书暂且判断，他是K型。

第32任声王熊当，简王之子，在位6年。司马迁说，强盗杀死了楚声王。这件事反映当时的楚国已经出现了较为严重的社会问题；也表明他在位时期，楚国社会动荡不安，国事积弊日深。本书认为，他是K型。

第33任悼王熊疑（熊类），声王之子，在位21年。《史记》云："楚悼王素闻（吴）起贤，至则相楚。明法审令，捐不急之官，废公族疏远者，以抚养战斗之士。……南平百越，北并陈蔡，却三晋，西伐秦，诸侯患楚之强。"与秦、魏等国不同，楚国基本上所有的高层官员都是楚国亲贵出身，只有吴起是外国客卿且出身平民士族，雄才大略的楚悼王却一举打破了这数百年的陈规，这需要很大的政治勇气和胆量，更显示出他对吴起之信任，对变法之迫切，对国际新形势之明察。这场改革是成功的，它让老气横秋的楚国焕发生机，楚国战胜了战国新秀魏国，瓦解了韩赵魏的联盟。遗憾的是，他去世时，改革家吴起被楚国旧贵族屈宜臼等人乱箭射死。历时8年的吴起变法在楚国就此中断，楚国的改革因此并不彻底，没有内化为楚国的制度。短短八年，楚国从一个贫弱挨打的大国变成了一个富裕强盛的大国。本书认为，他是O1型。

第34任肃王熊臧，楚悼王之子，在位11年。继位之初，他就下达命令：要新令尹把射杀吴起的贵族统统抓捕归案，依法惩处。因为按楚国的法律，凡用兵器触到国王尸体的，一律处死，并罪及三族。除旭城君逃走外，其余70多家都被一网打尽。但他放弃了吴起变法的治国策略，楚国国势有回落。司马迁说："蜀伐楚，取兹方。于是楚为扞关以距之……魏取楚鲁阳。"本书认为，他是K1型。

第35任宣王熊良夫，悼王之子，肃王之弟，在位30年。肃王无子嗣，其弟熊良夫被立为接班人。《墨子》曰："（楚宣王）广辟土地，著税伪财。"令尹昭奚恤当权，北方诸国都怕他。宣王甚异之，大臣江乙告诉宣王，昭奚恤只是狐假虎威，靠着宣王的权势作威作福。本书认为，他是T4型。

第36任威王熊商，宣王之子，在位11年。他继承父王救赵伐魏和开拓巴蜀的格局，他是继楚悼王以后，使楚国国势达到最强的楚王。他一生以恢复庄王时代的霸业为志业，力图使楚国冠绝诸国。《史记》记载，苏秦对楚威王说："楚，天下之强国也；王，天下之贤王也。地方五千余里，带甲百万，车千乘，骑万匹，粟支十年。此霸王之资也。"楚威王回答苏秦说："寡人之国西，与秦接境，秦有举巴蜀并汉中之心。秦，虎狼之国，不可亲也。而韩、魏迫于秦患，不可与深谋，与深谋恐反人以入于秦，故谋未发而国已危矣。寡人自料，以楚当秦，不见胜也；内与群臣谋，不足恃也。寡人卧不安席，食不甘味，心摇摇然如县旌而无所终薄。"这表明他对当时楚国所处局势有非常清醒的认识。本书认为，他是 T2 型。

第 37 任怀王熊槐，威王之子，在位 30 年。执政早期，大败魏国；夺地八城；六国联盟，合纵伐秦；灭掉越国，拓境江东。公元前 318 年，天下形成了齐、楚、秦三大势力，而齐、楚形成了联盟。执政后期，与秦昭襄王会盟于武关，秦昭襄王将其扣押，胁迫其割地。两国相交不斩来使，何况是会盟协谈的一国君主。在此之前，春秋时期，楚成王趁会盟之际扣留宋襄公，开了破坏邦交礼仪的先例。楚怀王被扣的三年里，其子不思救父而自立为王，诸侯自以为无害于自己而不讨伐。他为国家利益，拒不割地，使秦国一不能得地，二不能以所签订盟约为借口攻打楚国。楚国暂得保。三年后楚怀王客死于秦，梓棺返楚。司马迁说："楚人皆怜之，如悲亲戚。"本书认为，他是 P1 型。

第 38 任顷襄王熊横，怀王之子。31 岁继位，在位 35 年，享年 63 岁。他在太子期间，两次为人质，一在秦国，二在齐国。在秦国时，熊横与秦国一大夫私下发生殴斗，他杀死秦国大夫而逃回楚国。在怀王被扣留期间，楚人立他为王。他在位期间，战略摇摆不定，时而联秦，时而联齐，不断地失去土地，楚国逐渐衰落。司马迁说："是时，楚益弱。"本书认为，他是 K1 型。

第 39 任考烈王熊完，襄王之子，在位 25 年，享年 52 岁。他在秦国做了 9 年的质子，父王病危时，他的随从黄歇以偷梁换柱的计略骗过秦人，使其逃归楚国并顺利继承王位。27 岁的他即位后，以黄歇（春申君）为令尹，赐淮北地十二县。秦围攻赵国时，他命春申君率兵救赵，其后楚灭鲁。他与诸侯共伐秦，无功而回，迁都寿春。为了组织合纵共谋讨伐秦国，他派人到周赧王处请求赧王以天下共主名义下令组建联军，结果失败了，周赧王债台高筑。本书认为，他是 K2 型。

第 40 任幽王熊悍，孝烈王之子。30 岁继位，属于中青年接班，在位 10 年，享年 40岁。司马迁说，幽王三年，楚国击退秦魏联军。本书暂且判断，他是 K1 型。

第 41 任哀王熊犹，孝烈王之子，幽王同母弟。37 岁继位，属于中年继位，在位 1 年，享年 38 岁。本书暂且判断，他是 K 型。

第 42 任熊负刍，孝烈王之子，幽王异母弟，在位 5 年，享年 42 岁。公元前 228 年，他的门客杀死楚哀王，37 岁的他自立为楚王。公元前 223 年，秦军攻入楚都寿春，他被俘，楚国灭亡。他的异母弟昌平君熊启（秦昭襄王的外甥）在淮南被拥立为楚王，秦军蒙武来攻，昌平君兵败自杀。本书认为，他是T型。

楚国国君的性格类型的移动线路：熊绎（猫头鹰）01—熊艾（老虎）02—熊䵣（老虎）03—熊胜（考拉）04—熊杨（考拉）05—熊渠（老虎）06—熊挚（考拉）07—熊延（老虎）08—熊勇（考拉）09—熊严（考拉）10—熊霜（考拉）11—熊徇（老虎）12—熊咢（考拉）13—若敖熊仪（老虎）14—霄敖熊坎（孔雀）15—蚡冒熊䵣（老虎）16—武王熊通（老虎）17—文王熊赀（孔雀）18—堵敖熊艰（老虎）19—成王熊恽（猫头鹰）20—穆王熊商臣（猫头鹰）21—庄王熊侣（老虎）22—共王熊审（考拉）23—康王熊招（猫头鹰）24—郏敖熊员（考拉）25—灵王熊围（孔雀）26—初王熊比（考拉）27—平王熊居（猫头鹰）28—昭王熊珍（老虎）29—惠王熊章（考拉）30—简王熊中（考拉）31—声王熊当（考拉）32—悼王熊疑（猫头鹰）33—楚肃王熊臧（考拉）34—宣王熊良夫（老虎）35—威王熊商（老虎）36—怀王熊槐（孔雀）37—襄王熊横（考拉）38—烈王熊完（考拉）39—幽王熊悍（考拉）40—哀王熊犹（考拉）41—楚王负刍（老虎）42，具体如图6-1所示。

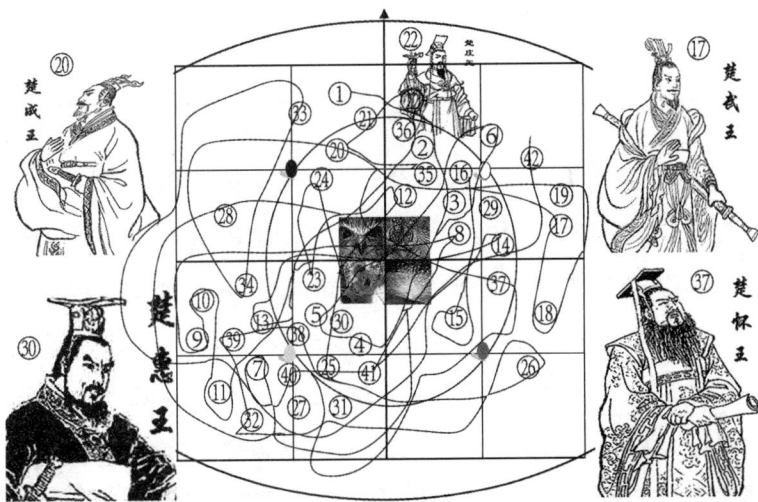

图6-1 800年楚国42任国君传承的性格类型移动

楚国成于O型的熊绎，第一次鼎盛于T型的楚武王，第二次鼎盛于T型的楚庄王，衰落于P型的楚灵王，第三次鼎盛于T型的楚宣王、楚威王，衰落于P型的楚怀王，三代K型楚王执政后，亡于K型的楚哀王。T型的楚王负刍，面对符合VCAT、TOPK原则的秦始皇团队，回天无力。

楚国国君性格类型比例，呈现双少双多状况：P型少，O型少，T型多，K型多。T型的国君占33.3%，O型占14.2%，P型占9.5%，K型占42.9%。以事业为第一的国君（T+O）的比例为47.5%，内向性格（T+K）比例为57.1%。楚国T型国君的比例多于周朝（570年）（14.8%），这可以说是周朝称楚国为楚蛮的原因，T型的优点是果敢有魄力，反过来其缺点就是蛮劲而霸道。楚国 P 型的国君比例，低于 570 多年的周王朝（22.2%），楚国国君多务实，少浪漫，T 型的楚王喜欢开疆辟土。楚国的规章制度竞争力不强，这与 O 型的楚王过少有关。楚国的将领多半来自王族子弟，楚国王室争夺王位内斗也很多，与周王室不同的是，楚王的继位内斗，没有他国的干预，士大夫参与得也不多。周平王的王位最终确定是晋文侯干预的结果，周襄王的继位是齐桓公干预的结果。周王的王位继承，要其下属诸侯国来帮忙确定，这是周王室的悲哀，也是东周 500 多年没有出现中兴的外在根源，因为诸侯国不可能扶持 T 型或 O1 型的周王子继任周王，他们不愿意出现强势而有能力的周王作为他们的上司。

为了更好地进行对比分析，本书选择春秋时期的周王和楚王来研究，周王室是从周平王到周元王，楚国是从楚若敖到楚惠王。对比数据如表 6-1 所示。

表 6-1　春秋时期（公元前 770—前 476 年）周王和楚王性格类型分析

性格类型	老虎性格	猫头鹰性格	孔雀性格	考拉性格	合计
周王	0	2	3	10	15
比例	0	13%	20%	67%	100%
楚国国君	6	4	3	4	17
比例	35%	24%	18%	24%	100%

春秋时期，楚国有 6 位 T 型国君，占 35%，而周王室为 0；楚国有 4 位 O 型的国君，周王室只有 2 位，O 型的首领比例相差将近 1 倍；P 型的楚国国君和周王的数量相同；K 型的楚国国君仅为 4 位，占比为 24%，远远低于 K 型周王；K 型周王为 10 位，占比为 67%。这也就是 300 多年的春秋时期，东周周王不能实现中兴的原因，他们根本没有中兴之主。同样是礼崩乐坏的时代，楚国可以强大称霸，最后变成战国七雄之一，而周王室只能走向衰落和灭亡，就像人得了慢性癌症一样慢慢死亡。呆板地坚持嫡长子制的结果，就是选择一连串的 K 型接班者，循规蹈矩，无视环境的变化和时代的要求，最后被环境和时代所淘汰。

第二节　齐国国君性格类型移动轨迹

一、姜姓齐国国君性格类型探究

姜姓齐国的开国国君是姜子牙吕尚（姜为姓、吕为氏，本书采用姜尚），国祚 658 年，历 20 世 32 位国君。其中 4 任国君（齐前废公、中废公、后废公、晏孺子）在位时间短，他们或弑君自立或卿大夫所立，本书就没有分析他们的性格类型。

第 1 任齐太公姜尚（太公望），在位 45 年，周成王的外公，周朝开国元勋，商末周初兵学奠基人。有兵书《六韬》（又名《太公兵法》）传世至今。《史记》云："周西伯昌之脱羑里归，与吕尚阴谋修德以倾商政，其事多兵权与奇计，故后世之言兵及周之阴权皆宗太公为本谋。……太公之谋计居多。……武王将伐纣，卜，龟兆不吉，风雨暴至。群公尽惧，唯太公强之劝武王。……太公至国，修政，因其俗，简其礼，通商工之业，便鱼盐之利，而人民多归齐，齐为大国。"《帝王世纪》记载："视其（姜尚）为人虎踞而鹰趾，当敌将众，威怒自倍，见利即前，不顾其后，故君子临众，果于进退。"唐代史学家司马贞云："太公佐周，实秉阴谋。"本书认为，姜尚是 O1 型。

第 2 任齐丁公姜伋，姜尚之子，在位 39 年。他以辅政大臣兼虎贲氏的身份，辅佐周康王。姜尚病重期间，姜伋赴齐国继任君位，留姜衡、姜季在镐京辅佐周康王。春秋时期的晏子曰："丁公伐曲沃，胜之，止其财，出其民。"南北朝时期，颜之推诗曰："姬旦禽父，姜尚吕伋，内公外侯，左辅右弼。"本书认为，他是 T2 型。

第 3 任齐乙公姜得，丁公之五子，周成王之妹夫，周康王之姑父，在位 43 年。丁公去世时，姜伋的嫡长子、嫡次子和嫡三子皆已早亡，嫡四子姜季本该继位，姜季放弃国君之位，将国家交给同母弟姜得治理，并让子孙离开营丘，搬去崔邑生活。姜季让国，姜得治齐。他继续采取太公治国时的政策，修明政事，顺其风俗，简化礼仪，开放工商之业，发展渔业盐业。国家的经济得到进一步发展，稳固齐国在诸侯列国中的地位。本书认为，他是 K1 型。

第 4 任齐癸公姜慈母，乙公之子，在位 53 年。他历经周穆王、恭王、懿王、孝王、夷王五朝（4 至 8 任），为周朝的五朝元老。本书认为，他是 K 型。

第 5 任齐哀公姜不振，癸公之子，在位 12 年。纪国纪炀侯向周王进献谗言，说齐哀公对周王室有怨气，齐哀公被周王下令烹杀，放在热锅里活生生地煮死。齐国是周室的亲藩和辅弼，却遭受如此酷刑。司马迁说："纪侯谮之周，周烹哀公。"本书认为，他是 P 型。

第 6 任齐胡公姜静，癸公之子，哀公之异母弟，在位 3 年。齐哀公含冤而死，姜静被周天子立为齐君。为防纪国暗算，他从营丘迁都薄姑。此举对齐人震动很大，很有怨言，哀公同母弟姜山和私党率营丘人杀死胡公，将胡公之子驱逐出境，把首都从薄姑迁回临淄。本书认为，他是 K1 型。

第 7 任齐献公姜山，癸公之子，哀公之同母弟，在位 8 年。司马迁说："献公元年，尽逐胡公子，因徙薄姑都，治临菑。"本书认为，他是 T4 型。

第 8 任齐武公姜寿，献公之子，在位 26 年。在位期间，哀、胡、献公三兄弟的权力之争暂歇，他重新认识到与周王建立政治姻亲的优势，恢复姬姜联姻，嫁女给周宣王。本书认为，他是 O4 型。

第 9 任齐厉公姜无忌，武公之子，周宣王之妻舅，在位 9 年。司马迁说："厉公暴虐，故胡公子复入齐，齐人欲立之，乃与攻杀厉公。胡公子亦战死。齐人乃立厉公子赤为君。"本书认为，他是 T 型。

第 10 任齐文公姜赤，厉公之子，晋穆侯的岳父，晋文侯和曲沃桓叔的外公，姑姑为周宣王姜后，在位 12 年。《史记》记载，他把参与杀厉公的七十人全部处死，结束长达 40 余年的宫廷内乱。齐国内乱不止（齐哀公三兄弟及其后裔之乱），好在齐武公的政治联姻，周王还可以压制诸侯。本书认为，他是 O1 型。

第 11 任齐成公姜脱，文公之子，在位 8 年。本书暂且判断，他是 K 型。

第 12 任齐庄公姜构，成公之子，在位 64 年，春秋战国时期在位最长的国君。在位期间，他跨越了周宣王、周幽王和周平王三代。在西周结束和东周开始的乱局中，他专注齐国内政，安心谋发展，齐国踏上了崛起之路，国势渐强，为其孙齐桓公称霸中原打下了坚实的基础。他在位时间很长，使得刚刚经历了长达 70 年内乱的齐国，得以在长时期稳定中恢复元气。他是齐国霸业的奠基者，是齐国历史上的一位中兴之主。本书认为，他是 O4 型。

第 13 任齐僖公姜禄甫，庄公之子，在位 33 年。他和祖父、父亲相继执政，让齐国有了百年的安定团结的政治环境，史称"庄僖中兴"。据《左传》记载，他在位时期，多次主持多国会盟；结盟实力大国郑国，也结盟名望大国鲁国，把女儿嫁给郑国，可惜被郑国姬忽拒绝，于是便把女儿嫁给鲁国，联姻他国，纵横捭阖。平息宋国与卫国之间的争端；以宋国、郕国不向周王朝觐而出兵讨伐；平定许国、宋国内乱；与郑国击败狄戎。在他的治理下，齐国形成小霸局面。与郑庄公、楚武王一起被史学家称为"春秋三小霸"。《左传》载："齐庄、僖于是乎小伯。"本书认为，他是 T3 型。

第 14 任齐襄公姜诸儿，僖公之子，在位 12 年。在位期间，他与异母妹文姜私通乱伦，派彭生杀害妹夫鲁桓公，后再杀彭生以向鲁国交代。他召开首止盟会，杀害郑国国君郑子亹、郑国大臣高渠弥。他出兵攻打卫国，帮助卫惠公恢复君位。出兵攻打鲁国、郑国。他复九世之仇，消灭纪国。南宋李壁赞曰："齐君复仇，直通九世。"他五次会盟，近十场战争，杀了两位国君。他遭连称、管至父、公孙无知等人所杀，公孙无知自立为君（齐前废公，在位两个月）。公元前 685 年，雍廪袭杀公孙无知，齐襄公之弟姜小白赶回齐国，在鲍叔牙和高傒的支持下即齐君位。本书认为，他是 P1 型。

第 15 任齐桓公姜小白，僖公之子，襄公之弟，姜子牙第 12 代孙，在位 43 年。他惊险继位，任管仲为相，支持改革，终成霸业。他在管仲（T 型）、鲍叔牙（O 型）、隰朋（K 型）、宾须无（O 型）、宁戚（P 型）、高傒（T 型）等贤能之臣的辅佐下，同心同德，励精图治。对内，管仲改革，军政鼎新，经济创新；对外，尊王攘夷，存亡续绝。九合诸侯，北击山戎，南伐楚国，成为中原第一个霸主，受到周天子赏赐，成为春秋首霸。姜姓齐国，至此鼎盛。司马迁说："以太公之圣，建国本，桓公之盛，修善政，以为诸侯会盟，称伯，不亦宜乎？洋洋哉，固大国之风也！"曹操《短歌行》："齐桓之功，为霸之首。九合诸侯，一匡天下。一匡天下，不以兵车。正而不谲，其德传称。孔子所叹，并称夷吾，民受其恩。赐与庙胙，命无下拜。小白不敢尔，天威在颜咫尺。"齐桓公病，五公子各树党争立。及齐桓公卒，遂相攻，易牙入，与竖刁因内宠杀群吏，而立姜无诡为君（齐中废公，在位3个月）。太子昭奔宋。齐国再次进入五子争位的内乱时期。本书认为，齐桓公是P1型。本书还认为，齐桓公首霸成功，最为关键的因素是，他有一个好班子，这个班子的性格类型符合TOPK原则，是TOPK的2T2O2P1K型，属于七人四元组合。这个改革班子的VCAT具有竞争优势：价值观类似（振兴齐国、尊王攘夷），性格差异但相互珍惜，能力卓越但高度互补，信任度很高。

第16任齐孝公姜昭，桓公之子，在位10年。他是齐桓公立的太子，易牙乱政，姜无诡自立齐君。姜昭在宋国和高傒的支持下，用武力解决了继位困局。在位期间，伐宋、伐鲁，均没有获得实际利益。齐国国力衰落，宋楚争霸，齐孝失霸，齐桓公霸业告终。本书认为，他是K型。

第17任齐昭公姜潘，桓公之子，孝公之弟，其母为葛嬴，在位20年。齐孝公去世，卫开方便杀死孝公之子而立姜潘为齐君。姜潘在位期间，与晋文公联师战楚于城濮，晋文公会齐、宋、鲁等八国之君盟于践土，结为同盟，晋文公为霸主，齐昭公再度失霸。本书认为，他是K1型。

第18任齐懿公姜商人，桓公之子，孝公之弟，在位4年。昭公卒，姜舍接班，昭公弟姜商人杀姜舍（齐后废公）自立接班。他好色，淫欲宫中，夺参乘阎职之妻。邴原之子邴歜怀恨在心（其父被懿公断其足），和参乘阎职合谋，乘懿公出游杀之，归告齐祖庙，从容出逃。齐人恨懿王骄恣，废其子而迎姜元于卫。本书认为，他是P1型。

第19任齐惠公姜元，桓公之子，孝公之弟，在位10年。四位公子乱齐时，他避乱于卫，和母亲在卫国安心度日。据《左传》记载，他积极参与鲁国的储君之争，鲁文公死后，鲁国大夫襄仲跑到齐来贿赂齐人，将鲁文公的嫡长子姬恶和姬视弑杀掉了，立庶子姬俀即位。姬恶和姬视是齐国哀姜的儿子，说起来是齐国公室的外甥，姬俀是鲁文公的妃子敬嬴的儿子，姬俀的辅臣是襄仲。姜元接受贿赂后，舍弃亲外甥继位，说明他贪财而不顾亲情；破坏鲁国人的嫡长子继承制，说明他胆大。本书认为，他是O1型。

第20任齐顷公姜无野，惠公之子，在位17年。桓公的五子乱齐，至此结束。他在位期间，高固、国佐为执政大臣。齐国继续衰落。晋国派遣大臣郤克出使齐国，他让母亲萧同叔子藏在帷中观看他。郤克跛而登阶，萧同叔子嘲笑他。郤克回到晋国，就开始着手复仇的计划，在之后的几年内，连续主导几次专门针对齐国的大战，甚至将齐顷公打得快要灭国了。齐顷公没办法，质子于晋国，才换来了齐国的和平。齐军在鞍之战中被晋军打败，齐顷公彻底失霸。晋设置六卿，用以封赏鞍之战中的有功人员。他朝见晋君，想用朝见天子的礼节拜见晋景公，晋景公不敢承受。他回国后，开放自己游猎的园林，减轻赋税，赈济孤寡，吊问残疾，拿出国家积蓄来解救人民，人民也十分高兴。他给诸侯厚礼以示友好。本书认为，他是 K2 型。

第 21 任齐灵公姜环，顷公之子，在位 28 年。即位之初，尊晋为霸主。名相晏弱、晏婴父子相继辅政，国事清明，卿大夫开始做大。他喜欢看女扮男装，为晏婴所谏止。他挥师征伐莱国，晏弱、叔夷攻灭莱国。有功劳者，若能低调行事，苦心经营，则能伺机而动，逐步推行国家复兴。有功劳者，若倚仗微薄之功，就自以为是，则可能出现国家危机。他就是后者。灭掉莱国后，他渐渐脱离晋国，欲争霸天下。他五次伐鲁，均无战果。晋国以齐国叛晋伐鲁为由，率鲁、宋、卫、郑等 12 家诸侯兴师伐齐，齐灵公亲自率师御敌，在平阴被晋领导的联军大败。本书认为，他是 P1 型。齐国历经齐僖公始霸，齐桓公独霸中原（50 余年），齐桓公称伯，到齐顷公失霸，齐灵公欲霸失败，共用了 90 多年。如果把齐桓公当作创一代，一代兴，二代衰，三代亡。齐国霸主兴于孔雀型，衰于考拉型，亡于孔雀型。

第 22 任齐后庄公姜光，灵公之子，在位 6 年。他本为灵公的太子，但灵公为立宠姬所生的姜牙而派他出守即墨，改立姜牙为太子，又为了除掉姜光而攻打鲁国。后来齐灵公病重，大夫崔杼、庆封等从即墨将姜光迎回，杀死姜牙母子，齐灵公闻变吐血而亡。姜光在晋国当了 9 年人质，回国被立为太子，参加诸侯会盟。他接纳晋国栾盈，并攻打晋国，取晋国朝歌城。他因与崔杼之妻东郭姜私通，而遭崔杼等人杀害（偷情被杀）。崔杼拥立他的异母弟姜杵臼即位。齐君姜光，成也崔杼，败也崔杼，根在他自己。本书认为，他是 P1 型。

第 23 任齐景公姜杵臼，灵公之子，后庄公之弟，在位 58 年，齐国的第一个娃娃国君。年幼的他幸运地继承了君位，却完全没有能力掌控大局，面对日益做大的各大世卿臣子，他显得那么无助。崔杼弑君后，因为大权在握，与庆封共同执政，景公形同傀儡，战战兢兢，唯命是从。他即位的第一年，崔氏家族发生火并，崔杼错请庆封协助平定家乱，没想到庆封斩草除根，最终崔杼无家可归，心灰意冷，选择了自杀。庆封独自掌控朝政，不久之后，庆封将国政托付于儿子庆舍。庆封荒淫无度，上梁不正下梁歪，庆舍也是个淫种，弄得朝政一片腐败。庆封一次外出，公孙灶与公孙虿协同陈无宇（妫姓田氏，田齐之祖）攻杀庆舍，庆封听到消息，匆匆赶回，为时已晚，只得流浪吴国。庆氏退出齐国政坛。公孙灶与公孙虿共同执政，二人都是公忠体国之能臣，且合作亲密无间，维持着姜姓政权。经过长达 16 年的火并，齐国的内乱终于暂时告一段落，齐国由世卿国弱执政，而齐景公也基本成熟了，政治经验日益丰富。

在国弱、晏婴等忠贞之臣的辅佐下，齐景公走出了大臣专权的阴霾，亲理朝政。他梦想能光复齐桓公的霸业，对老祖宗称霸的故事，他都非常感兴趣。正是由于有这种政治抱负（力图复霸），早年的他非常勤政，善于纳谏，关心臣民。以晏婴为齐相，在司马穰苴等人辅佐下，齐国的国势渐渐恢复。在与诸侯国的交往中，他不卑不亢，尤其是对待争霸的对手晋国，有理有节地维护齐国的大国地位。攻打徐莒，获得成功，晋国也不反对。纳卫受鲁，援宋胜吴。齐国与鲁国站在统一战线上，这年夏天齐鲁结盟，此时齐、鲁、卫、郑正式同盟（东方四国联盟），形成对晋国东方战线的包围之势。趁火打劫，攻打晋国，最终失败。国情有所好转后，他便不再从谏如流，而是采取忠臣、奸臣"两用之"策略。他既需要晏婴、司马穰苴等忠臣为其治国安邦，又离不开梁丘据、裔款等奸臣的阿谀奉承。他既有治国的壮怀激烈，又贪图享乐。作为君主，他不愿放弃其中的任何一个，与此相应，他的身边就有了不同的两批大臣，一批是治国之臣，一批是乐身之臣，类似齐桓公。有壮志而雄才不足，好大喜功而重乐身，他虽中兴，但复霸未成功，姜姓齐国短暂回光返照。他病重期间，命国惠子、高昭子立少子姜荼为太子（废长立幼），驱逐群公子，迁之东莱。田乞发动宫廷政变，迁晏孺子于骀，后弑之，逐其母芮子，与诸大夫另立年龄较长的姜阳生为新君。晏孺子在位仅十个月而亡。田乞夺取了齐国朝政大权，拉开了"田氏代齐"的序幕。本书认为，他是 P2 型。

第 24 任齐悼公姜阳生，景公之子，在位 4 年。田乞立齐悼公，开启田氏贵族专齐政的先河。田氏世代辅佐齐侯，政由田氏，祭则吕氏。姜阳生是个情种，为情而任性。据《史记》记载，他在鲁国时，鲁国权臣季康子把妹妹季姬嫁给他，他对季姬非常宠爱，也很忠贞，回到齐国当国君时，整日里也都念念不忘，要求鲁国人将季姬送到齐国来。但季姬不是情种，她在姜阳生归国继位的数月之间，独守空房就深觉寂寞，竟跟自己的叔叔季鲂侯私通。季康子知道了这件事情，担心妹妹跟人私通的事情而引发齐鲁之间的战争，就找出各种理由，不愿意将季姬送到齐国去，他认为时间久了，齐悼公在后宫佳丽的温柔乡中，迟早会忘掉季姬的。没想到齐悼公大怒，攻打鲁国。在齐国占领了鲁国的谤地和阐地后，季康子知道没有办法，只有把季姬送到齐国去。单纯而没有政治头脑的齐悼公，见到季姬就欣喜若狂，不顾齐国三军之苦，竟然把将士们抛头颅洒热血打仗赢回来的土地归还鲁国，为一个（不检点的）女人发动战争，令齐军蒙羞。吴、鲁攻打齐国南方时，齐大夫鲍牧与悼公有矛盾，悼公欲杀鲍牧，田常乘机怂恿鲍息及齐人毒杀悼公，立其子姜壬为齐国国君。本书认为，他是 P1 型。

第 25 任齐简公姜壬，悼公之子，在位 4 年。他继位后，分别任用田常和阚止为左、右相。阚止得宠于他，田成子嫉妒。大夫御鞅见状，建议他择用一人，借此排挤田常，他不听。田、阚两家火并，田氏胜。田常发动政变，在徐州杀死简公，立简公之弟姜骜为齐君。本书认为，他是K型。

第26任齐平公姜骜，悼公之子，简公之弟，在位25年。他即位后，田常为相国，专擅齐国大权，划割齐国安平以东广大国土为田氏封疆范围。田常告诉他：德施人之所欲，君其行之；刑罚人之所恶，臣请行之。本书认为，他是K型。

第27任齐宣公姜积，平公之子，在位51年。在位期间，国政由田氏把控。本书认为，他是K型。

第28任齐康公姜贷，宣公之子，在位19年。他在位时，郁闷。淫于酒色。齐相田和把他流放到海滨，自立为齐侯。公元前379年，康公死，姜姓吕氏祭祀断绝。本书认为，他是P4型。

齐国国君的性格类型移动线路：太公姜尚（猫头鹰）01—丁公姜伋（老虎）02—乙公姜得（考拉）03—癸公姜慈母（考拉）04—哀公姜不振（孔雀）05—胡公姜静（考拉）06—献公姜山（老虎）07—武公姜寿（猫头鹰）08—厉公姜无忌（老虎）09—文公姜赤（猫头鹰）10—成公姜脱（考拉）11—庄公姜构（猫头鹰）12—僖公姜禄甫（老虎）13—襄公姜诸儿（孔雀）14—桓公姜小白（孔雀）15—孝公姜昭（考拉）16—昭公姜潘（考拉）17—懿公姜商人（孔雀）18—惠公姜元（猫头鹰）19—顷公姜无野（考拉）20—灵公姜环（孔雀）21—后庄公姜光（孔雀）22—景公姜杵臼（孔雀）23—悼公姜阳生（孔雀）24—简公姜壬（考拉）25—平公姜骜（考拉）26—宣公姜积（考拉）27—康公姜贷（孔雀）28，如图6-2所示。

姜齐兴于O型的姜太公，发展于T型的丁公姜伋，衰落于P型的哀公姜不振，中兴于P型的齐桓公，惠公之后，P型齐侯和K型齐侯扎堆，9位齐侯5个P型，4个K型，均处在黄氏TOPK圆盘的下半圆，遇到精明果敢的想篡位的权臣，便无中兴的机会，最后亡于P型的康公姜贷。

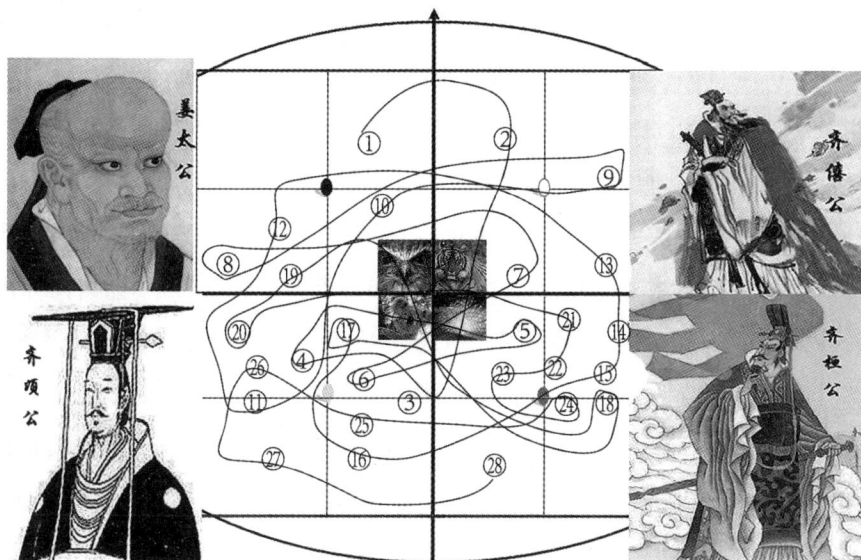

图 6-2　650 年姜姓齐国 28 任国君性格类型移动轨迹

　　为了更好地对比分析，本书选择齐国国君和楚国国君性格类型进行探究，齐国国君是从齐太公姜子牙到齐康公（28 位国君），楚国是从熊绎到楚悼王（33 位国君）。齐楚两国国君的性格类型归纳成表，如表 6-2 所示。齐国 TOPK 型国君，外向型（T+P）为 46.4%，以事业为导向型（T+O）比重仅为 32.2%，呈现双少双多，T 型少，O 型少，P 型多，K 型多。P 型国君，喜欢新奇，喜欢标新立异，喜欢创新，喜欢为"情"而任性，不太注重接班人的培养，典型的是齐襄公、齐桓公、齐后庄公、齐景公等。齐桓公和齐景公死后，都发生了诸子争位之乱。P 型国君的占比，远远大于楚君的占比，姜姓齐国 P 型国君的有 9 位，占比为 32%，楚国的仅为 9%。姜姓齐国形成大气开放、创新包容的大国之风，姜姓齐国的学术氛围活跃，是文化大国，也是文化强国，但也容易养成浮躁不实的习俗。有梦想，敢做梦，但执行力相对楚国来讲，要逊色些。姜姓齐国的宣传工作比楚国做得好，获得的好感和人心也强于楚国。

表 6-2　齐国与楚国国君的性格类型分析

性格类型	老虎性格	猫头鹰性格	孔雀性格	考拉性格	合计
齐国国君	4	5	9	10	28
比例	14%	18%	32%	36%	100%
楚国国君	10	6	3	14	33
比例	30%	18%	9%	42%	100%

　　两国的 O 型国君的占比均为 18%，理性程度不相上下，制度的漏洞也不分高下；两国的 K 型国君没有显著性差异，协调型和人情度也不分伯仲。有明显差异的是 T 型和 P 型国君，楚国的 T 型国君比例，远远大于姜姓齐国，楚国为 30%，而姜姓齐国仅为 14%。姜姓

齐国的事业导向的国君比例为 32.2%，而楚国是 48%，齐国远远低于楚国。楚国可以顺利进入战国时期，继续拼搏，而文化型的姜姓齐国未能进入战国时期，从性格类型来讲，原因就在于此。楚国国祚超过姜姓齐国国祚 140 多年，从国君性格类型来说，也是有依据的。楚国 10 位 T 型国君，胆大果敢，开疆辟土，敢于竞争，相对齐国来讲，霸道得很。齐国有 9 位 P 型国君，善于创新，富有梦想，大气开放，善于做文化宣传，相对楚国来讲，灵气大度，更文明有素养。楚国更务实，齐国更务虚。齐国的中兴国君性格多元化，有 O 型的齐庄公、T 型的齐僖公、P 型的齐桓公、P 型的齐景公；楚国的中兴，多半是在 T 型楚王带领下取得的，如武王熊通、庄王熊侣、昭王熊珍，还有 O 型的悼王熊疑。姜姓齐国共有 31 次接班，正常接班的只有 12 次，仅占 38.7%。熊姓楚国，非正常接班仅为 8 次，占比 20%，正常接班占比高达 80%，远远高于姜姓齐国。这说明，文化发达的齐国，在篡位弑君方面，比"野蛮"的楚国更凶蛮，楚国的接班传承相对更文明。这也许是楚国能够进入战国时期的又一个原因。楚国的霸道用在对外参与竞争，为国家谋利益，姜姓齐国的凶悍用于内斗谋私。

二、田氏齐国国君性格类型探究

战国时期的齐国是田和创建的，国祚 165 年，历 7 世 8 位国君。田氏取代姜姓吕氏为齐国国君，和平完成国君的权力转移（和平演变），这在我国历史上是非常少见的。它采取的既不是远古时期的禅让，也不是汉以后的假惺惺禅让。田齐太公把姜齐康公赶到一个海岛，而国民不反对，其他诸侯国也不干涉，包括所谓的周王也不谴责，反而给予承认。这与田和之前的田氏家族历代领袖的策略很有关系。

第 1 任田氏领袖是田完，原名陈完。他是陈国公子，来齐国避难，对齐国而言，是外姓，是外来的落魄贵族。司马迁说，"齐桓公欲使田完为卿，田完曰：羁旅之臣，幸得免负檐，君之惠也，不敢当高位。桓公使（田完）为工正（管理百工的工长，即今天的工业部部长）。"田完在齐国，娶了齐懿仲的女儿为妻。这说明，田完是 O 型。

田孟夷（田稚）是田完的儿子，田氏家族的第 2 任首领。田氏家族第 3 任首领是田孟夷之子田孟庄（田滑）。田滑之子是田须无（田文子），是田氏家族第 4 任首领。田文子是齐后庄公的大夫，田氏第四世进入政坛，官至大夫，他和晏婴极力劝谏齐庄公不要厚待并接纳政治避难的晋国大夫栾逞。田文子之子田无宇（田桓子），是田氏家族的第 5 任首领，历仕齐灵公、齐庄公、齐景公三代，他是齐景公的姐夫。司马迁说：田桓子无宇有力气，侍奉齐庄公，很受宠信。他参与齐灭莱的战争，进入齐国的军政集团，实现了五世其昌的目标，这说明，田桓子是 T2 型。父子同心辅佐齐侯，砥砺奋进。晏婴虽治国有道，起初没有意识到田陈家族的野心，将田穰苴（田氏六世，田孟庄之庶曾孙，与孙武的祖父同辈分，著有《司马兵法》）推荐给齐景公，使田氏在军中的力量呈现倍增之势。五世的田无宇有五个儿子，分别是田武子、田僖子、田昭子、田书（孙武的祖父）、子亶。田武子（田开）作为田无宇的长子，是田氏第6任首领。田僖子（田乞）为齐景公的大夫，司马迁说他："其收赋税于民以小斗受之，其禀予民以大斗，行阴德于民，而景公弗禁。田氏得齐国众心，宗族益强，民思田氏。晏子（婴）数谏景公，景公弗听。"晏婴私下对晋国大臣叔向说："田氏（田乞）虽无大德，以公权私，有德于民，民爱之。"田乞是田氏家族的第7任首领，他不满晏孺子继位，与鲍牧攻杀国、高二相，废立齐君，担任国相，专擅齐国朝政。本书认为，田乞是O1型。田恒，即田成子，又名田常，田乞之子，是田氏家族的第8任首领，田氏八世盛达。他承袭父亲田乞之位，接棒鳌子（田乞）之政，以大斗出贷，以小斗收。田成子发动政变，废立国君，田成子继续为齐相。田成子对齐平公说："德施人之所欲，君其行之；刑罚人之所恶，臣请行之。行之五年，齐国之政皆归田常。"田成子独揽齐国大权，尽诛鲍、晏诸族。田成子的封邑，大于齐平公直辖的地区。本书认为，田成子是T3型。田常死后，其子田盘（田襄子）接班，继续担任齐相，为田氏家族第9任首领。田襄子派其兄弟宗族担任齐国各重要城邑的大夫，并与三晋互通使节，使田氏几乎拥有整个齐国。田白（田庄子）是田襄子之子，是田氏家族的第10任首领，并继任齐相。田悼子（田白之子）是田氏家族的第11任首领，任齐相9年。

第1任齐太公田和，田氏家族的第12任首领，田庄子之子，田悼子之弟，田完之九世孙。他任齐相18年，任齐君3年。田氏家族，志存高远，有勇有谋，高度团结，牛人辈出，历经287年的奋斗，在公元前386年，田和奋九世之余烈，果敢地放逐齐康公于海岛，使食一城，以奉姜姓之祀。自立为齐君，正式和平取代姜氏，列名于周朝正室，成为齐侯，开启了田齐165年的基业。田和是战国七雄之一田齐的开国之君，和平实现了"田氏代齐"。本书认为，他是O1型。

第2任齐废公田剡，田和之长子，在位9年。本书暂且判断，田剡是K型。

第3任齐桓公田午，田和之子，田剡之弟，在位18年。据《竹书纪年》记载，田午弑其君（田剡）及孺子喜（田剡之子田喜）而为齐侯。田氏齐国，也出现了二代危机，田午和田剡是兄弟，通过武力解决二代危机。他在位时，创建稷下学宫，招揽天下贤士，聚徒讲学，著书立说。一时人才荟萃，彬彬大盛，齐宣王时规模达到鼎盛。秦魏联合进攻韩国，韩国向齐国求救。田午召集大臣商议，这些大臣有邹忌、段干朋、田臣等，田午采取田臣的建议，趁机出兵袭击燕国，占领了桑丘。本书认为，他是T4型。

第4任齐威王田因齐，田午之子，田完之十二世，在位37年。他即位后，铸造铜鼎，铜鼎铭文曰："皇考孝武桓公，恭哉大谟克诚。其唯因齐，扬皇考昭统，高祖黄帝，迩嗣桓文，朝问诸侯，合扬厥德。"这段铭文说的是齐威王对父亲的尊敬之意，更是能看出父子连心之意。历来王朝，凡父子相争的朝政之事必得混乱，凡父子相和的，国政得到延续的，往往能够强国，晋献公和晋文公、越王允常和越王勾践皆为如此。肯定父辈过去的历史，为未来而改革，在当下努力推进改革，深知改革成功的关键，不要贬低过去，要为适应未来而改革。

他起用邹忌（T3型）实行改革，谨修法律而督奸吏。改革顺利地推进，获得巨大成功。政有能臣贤人：邹忌为相，田种首（O型）为司寇，淳于髡（P2型）为外交使臣；军有良将谋臣：田忌（T2型）为司马总管军事，孙膑（O型）为军师，南子守卫南城以抵御楚国，黔夫在徐州为守将拒燕，田朌守高唐抵御赵国。君臣同心图强，进行政治改革，修明法制、选贤任能、赏罚分明、国力日强。桂陵大败魏军，开始称雄于诸侯。继承父志，扩建稷下学宫，广招天下贤士议政讲学，齐国成为当时的学术文化中心。

作为相国的邹忌，狠抓经济吏治，作为将军的田忌，主管军事斗争，按理说，双方更应协调配合，如同蔺相如和廉颇一样，将相和谐，共谋国事。威王晚年，国相邹忌与将军田忌争政，威王作为君王没有主动协调好他们的关系，致使邹忌对田忌演绎了"相害将"的历史丑闻，邹忌有相之才能而无相之气度。田忌中了反间计攻打临淄、谋取邹忌，战败后逃亡至楚国。直至宣王即位后，才召他回国恢复旧职。齐威王的成功，在于他拥有好的执政团队，这个团队的性格类型组合是3T1O1P，属于五人三元组合型。T型的田忌有O型的孙膑作为军师，但缺少果敢的考拉成员，没有能力相当的K型成员进行协调润滑，这个团队在"功成名就"之后，就出现了两虎相争，最终散伙。这是齐威王的遗憾，也是齐国的遗憾。

威王继位之初，委政卿大夫，明享乐，实察人，任能人（如即墨大夫），惩庸佞（如阿大夫），朝见周王，拜访秦国，魏齐比宝时以人才喻宝，广开言路，群众路线，击鼓进谏，晚年明断，匡章战秦，大获全胜，让稷下先生编辑《司马穰苴兵法》等。本书认为，他是T2型。

第5任国君宣王田辟疆，齐威王田因齐之子，在位19年。司马迁说："使田忌、田婴将，孙子为师，救韩、赵以击魏，大败之马陵，杀其将庞涓，虏魏太子申。其后三晋之王皆因田婴朝齐王于博望，盟而去。宣王光大稷下大学，宣王喜文学游说之士，自如驺衍、淳子髡、田骈、接予、慎到、环渊之徒七十六人，皆赐列第，为上大夫，不治而议论。是以齐稷下学士复盛，且数百千人。"其中还有告子、宋钘等人；孟轲长住稷下30多年；集百家大成的荀卿，15岁就来齐国，是稷下学宫中资格最老的一位导师，三为祭酒，充任学宫最高领导。稷下学宫集中道家、儒家、墨家、法家、兵家等各学派的学人，著书立说，开展学术研究，形成前所未有的百家争鸣，创造中国灿烂的"先秦文化"。《韩非子》曰："齐宣王使人吹竽；必三百人。南郭处士请为王吹竽；宣王说（悦）之。廪食以数百人。"本书认为，他是P1型。

第6任齐湣王田地，宣王田辟疆之子，在位17年。他从秦国迎娶他的夫人嬴氏。观泽之战，打败魏国。垂沙之战，打败楚国。函谷关之战，打败秦国。子之之乱时，打败燕国。吞并富有的宋国，自称东帝。南割楚之淮北，西侵三晋，欲并周室，自称天子。乐毅带领五国联军攻破齐国七十二城，他出逃莒城，被楚国将领淖齿所杀。他一会儿合纵，一会儿连横，战略摇摆不定，四处征讨，四面树敌，独吞宋国，外交没有做好，导致五国伐齐，差点灭国，自己也被杀。他志向远大，傲慢暴躁。前期的他是雄主明君，后期的他是急躁而傲慢的昏君。本书认为，他是T3型。

第7任齐襄王田法章，齐湣王田地之子，在位19年。司马迁说，湣王遇害之后，他更名改姓去莒太史敫的家中当佣人。莒城里的人和齐国逃亡的大臣聚在一起寻找湣王的儿子，想要立他为齐王。田法章先是害怕他们要杀害自己，过了很久，才敢说自己是湣王的儿子。莒人共同拥立他即位。齐将田单攻破燕军，到莒城迎接田法章回都城临淄，之前失去的土地全部收复。他封田单为安平君。本书认为，他是K1型。

第8任齐废王田建，襄王田法章之子，田完之十六世，在位44年。16岁的他在公元前264年继位，由其母亲君王后摄政。秦始皇还未出生，田建就是大齐国的国王。公元前249年，他的母亲去世，31岁的他亲政，比秦王嬴政早10年亲政。亲政期间，他不听谋臣周子的建议，不听司马官和即墨大夫等良臣的劝谏，只听其舅后胜的建言，任其舅后胜为相国，不参战，不备战，与秦国交好。在秦国攻打其他五国时，置之度外，逍遥自在，安享太平。秦国来攻，拱手投降，被后世称为战国末期最窝囊的君王。本书认为，他是K型。

田氏齐国国君的性格类型路线如下：田和（猫头鹰）01—田剡（考拉）02—田午（老虎）03—威王田因齐（老虎）04—宣王田辟疆（孔雀）05—湣王田地（老虎）06—襄王田法章（考拉）07—废王田建（考拉）08，具体如图6-3所示。田齐成于O型的田和，发展壮大于T型的齐威王、P型的齐宣王，鼎盛于T型的齐湣王，衰落于T型的齐湣王，之后两任K型的齐王回天无力，亡于K型的田建。

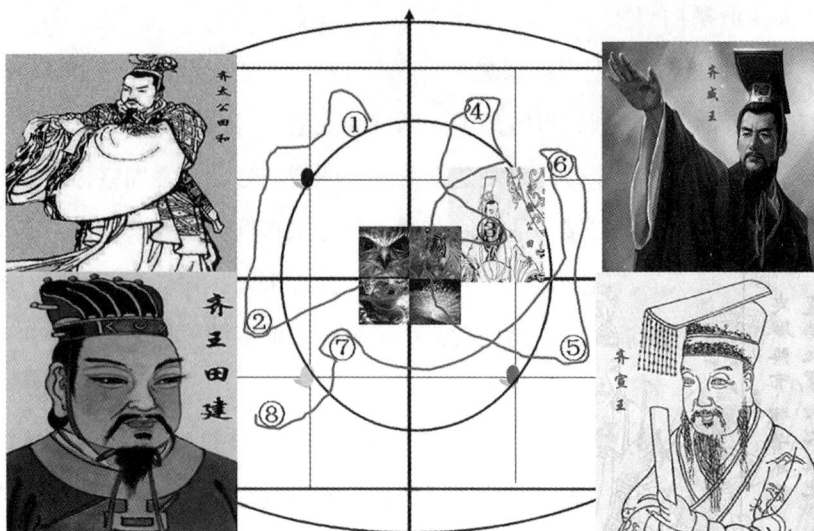

图 6-3　165 年田氏齐国 8 任国君性格类型移动

田氏齐国的 8 位国君中，3 位 T 型，比例为 37.5%；1 位 O 型，比例为 12.5%；1 位 P 型，比例为 12.5%，K 型 3 位，比例为 37.5%。外向性格（T+P）为 50%，事业导向性格（T+O）为 50%。这种性格比例，是田氏齐国开国没多久，就成为战国七雄的内在关键因素。田氏齐国快速崛起，快速成为强国，国祚（165 年）超过了百年，远远好过中华民族分裂时期的很多地方政权。田氏家族，在新的地方，五世而昌发，八世而盛达，十世而开国。自陈完在公元前 673 年移民到齐国开始，到田和在公元前 386 年开国止，共 287 年。开国之后，三世而国盛，五世飞龙在天，旋即亢龙有悔，七世而国灭。田氏齐国印证千古道理：发达不容易，衰落却很快。

第三节　燕国传承的国君性格类型移动轨迹

燕国的始封国君是姬奭，他派长子姬克管理燕国（匽国），自己仍留在镐京任职，辅佐成王、康王，为周王室太保。燕国是唯一进入战国时期，列为战国七雄的西周分封的姬姓侯国，国祚 822 年。但燕国的史料信息支离破碎、零星散乱。《史记》没有记载召公以下九世至惠侯，其他史书典籍也没有这方面的记载。有史料记载的，也是吉光片羽。燕国国君是一群低调而平淡的守卫者，很难对他们进行性格分析。为了更好地横向对比研究战国七雄的一把手的性格类型，本书对燕国的国君性格分析，从战国时期的燕孝公（燕国 31 任国君）开始，他奋二十七世之余烈，带领燕国进入战国时期。从公元前 464 年至公元前 222 年，战国时期的燕国历 13 世 13 任国君，国祚为 242 年。

战国时期燕国第 1 任燕孝公，在位 10 年。本书暂且判断他为 K 型。

第 2 任燕成公姬戴，在位 16 年。本书暂且判断他为 O 型。

第 3 任燕闵公，在位 31 年。本书暂且判断他为 K 型。

第 4 任燕后简公姬载（款），本书暂且判断他为 O 型。

第 5 任燕后桓公，本书暂且判断他为 K 型。

第 6 任燕后文公，后桓公之子。在位初期，和赵国在阿地举行会议。在位末期，采纳苏秦的合纵之策，与赵、韩、魏、齐、楚五国组成合纵联盟，共同对抗秦国，不久合纵联盟便土崩瓦解。此时的燕国，按照苏秦的说法："燕东有朝鲜、辽东，北有林胡、楼烦，西有云中、九原，南有呼沱、易水。地方二千余里，带甲数十万，车七百乘，骑六千匹，……枣粟之实足食与民矣。此所谓天府也。"司马迁说，"秦惠王以其女为燕太子妇"。本书认为，他为 O4 型。

第 7 任燕易王，燕后文公之子，在位 12 年。《史记》记载："易王初立，齐宣王因燕丧伐燕，取十城。易王谓苏秦曰：往日先生至燕，而先王资先生见赵，遂约六国从。今齐先伐赵，次至燕，以先生之故，为天下笑，先生能为燕得侵地乎？苏秦大惭。"苏秦说齐，使复归燕十城。他参加了公孙衍发起的韩、魏、赵、燕、中山"五国相王"活动，在此年称王。本书认为，他是 T 型。

第 8 任燕王姬哙，燕易王之子，在位 5 年。他继位后，组织四国联军攻打秦国，未能成功。重用子之（燕相）改革，后禅位于子之，导致太子姬平联合将军市被发动内乱。燕相子之平息内乱。齐国趁机入侵，燕王哙被杀，燕相子之被杀。燕昭王在赵武灵王护送下，回国继位。燕王姬哙，禅位燕相，太子不服，内乱三年，导致齐国入侵，灭国三年。燕王哙食古不化，为了博取让贤的美名，便效仿上古的尧舜二帝，将王位主动让给燕相子之，非但没有博得期望中的好名声，而且还落得被砍成肉泥的下场，实在是愚蠢至极，令天下人耻笑。本书认为，他是 P4 型。

第 9 任燕昭王姬职，燕王姬哙之子，在位 33 年。即位之后，从千金买骨而悟道，拜郭隗为师，筑宫而师事之；采纳郭隗（P 型）的建议，卑身厚币以招贤者，筑黄金台，燕国很快集中了一大批各方面的人才，最著名的有乐毅（T 型）、邹衍（O 型）、剧辛（T 型）。他特意为邹衍修建一座碣石宫，供其居住讲学。他吊祭死者，慰问孤儿，和臣下们同甘共苦。鼎力支持乐毅改革，励精图治，原本弱小的燕国成为一时之强，燕国殷实富足了，士兵都乐于出击，不惧怕战事。他命令秦开（T 型）大破东胡、朝鲜、真番，取地两千余里。他在广袤的新领土上陆续设立渔阳、右北平、辽西、辽东诸郡，燕国在幅员上一跃超过赵齐越三国，仅次于秦楚，在列国中位居第三。《史记》《三国志》均有记载。上将军乐毅联合五国攻破齐国，占领齐国七十多城，胜齐破胡，造就了燕国一时盛世。鼎盛的燕国，进入战国七雄之列。终燕昭王一生，高筑黄金台吸纳贤才富强燕国，任用乐毅合纵攻齐几使齐亡。他组建了 4T1O1P 的执政团队，实现了燕国的中兴，并进入鼎盛时期。本书认为，他是 T2 型。

第 10 任燕惠王，昭王姬职之子，在位 8 年。司马迁说："惠王为太子时，与乐毅有隙；及即位，疑毅，使骑劫代将。乐毅亡走赵。"他后悔使骑劫代乐毅，以故破军亡将失齐；又怨乐毅之降赵，恐赵用乐毅而乘燕之弊以伐燕，去信请乐毅回燕国，但又在信中指责乐毅弃燕而走，对不起先王知遇之恩。乐毅就此写下《报燕惠王书》。《史记》记载，公孙操弑其君（燕惠王），本书认为，他为 O4 型。

第 11 任燕武成王，惠王之子，在位 14 年。秦国乘赵国国君新旧交替，政局不稳之际，连取三城，燕与秦南北夹攻。齐国派田单率军救赵，田单西拒秦军之后，又率赵、齐联军对燕国进行报复，占领了燕地中阳。本书认为，他是 T 型。

第 12 任燕孝王，武成王之子，在位 3 年。本书暂且判断他为 K 型。

第 13 任燕王喜，孝王之子，在位 33 年。燕王姬喜，在公元前 255 年继位，此时，秦始皇嬴政才 4 岁；他执政第 8 年，嬴政才被立为秦王；姬喜执政第 16 年时，嬴政才亲政。姬喜比嬴政多 16 年的执政经历，但执政经历（执政经验）不等于执政能力。他虽然有栗腹（T 型）、乐间（O 型）、将渠（O 型）、剧辛（T 型）等贤臣良将辅佐，但他鼠目寸光，量小力微，主动祝寿赵王，后脚就撕毁协议，好大喜功，一听有利可图，立即召集兵马攻打赵国，想要鲸吞赵国，派燕相栗腹攻打赵国，却遭失败；派老将剧辛攻打赵国而再次失败。乐间怨恨他不听劝告，于是逃到赵国，燕王喜写信要乐间回燕国，却带有质问的语气。《史记》记载："纣之时，箕子不用，……今寡人虽愚，不若纣之暴也；燕民虽乱，不若殷民之甚也。室有语，不相尽，以告邻里。二者，寡人不为君取也。"他完全忘了郭隗对燕昭王的警示："帝者与师处，王者与友处，霸者与臣处，亡国与役处。"在不听取乐间的谏言并战败的情况下，指责乐间留在赵国的不对，把贤者作为仆役，足是亡国之君。秦王派王翦率军伐燕，杀死太子姬丹献秦以求和；公元前 222 年，姬喜被王贲活捉而国亡。本书认为，他是 P2 型。

燕国国君性格类型组成的传承路线如下：燕孝公（考拉）01—成公姬戴（猫头鹰）02—闵公（考拉）03—后简公（猫头鹰）04—后桓公（考拉）05—后文公（猫头鹰）06—易王（老虎）07—燕王姬哙（孔雀）08—昭王姬职（老虎）09—惠王（猫头鹰）10—武成王（老虎）11—孝王（考拉）12—燕王喜（孔雀）13，如图 6-4 所示。整个燕国兴起于 K 型的姬奭，K 型的燕孝公把燕国带入战国时期，中兴于 T 型的燕易王，鼎盛于 T 型的燕昭王，衰落于 K 型的燕孝王，亡于 P 型的姬喜。

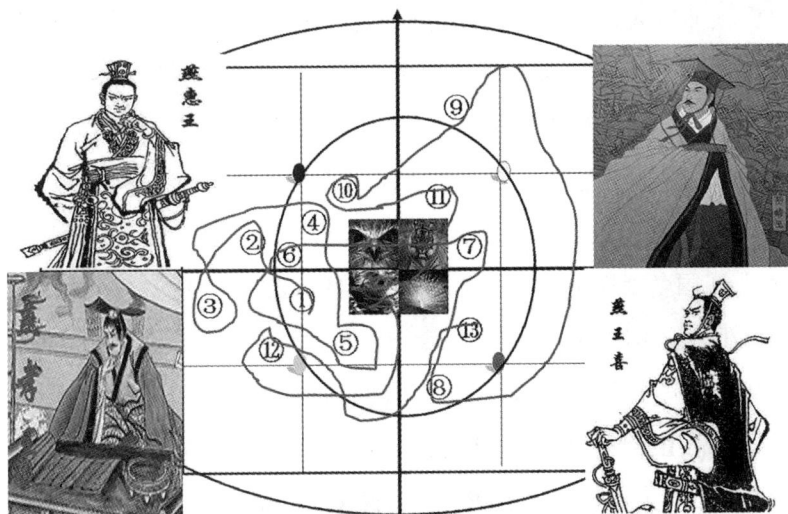

图 6-4　战国时期燕国 13 任国君性格类型移动

13 任战国时燕国国君，T 型占 23%、O 型占 31%、P 型占 15%、K 型占 31%，呈现双多双少局面——O 型和 K 型多，T 型和 P 型少，内向性格（O+K）国君占 62%，外向型国君只占 38%。事业型的国君和人文型的国君差不多。这就解释了历史底蕴悠久的燕国，为什么史料比较少，因为他们内向的国君很多，比较低调。因为 P 型国君只有 2 位，P 型虽然有善文的禀赋，但燕国的 P 型国君没把精力放在文化事业上。事业型的国君也不是很多，这些国君没有形成统一天下的大志和国策，始终停留在报仇这个层面，战略模糊不清，摇摆不定，战术没有连贯性，无法出奇制胜。

第四节　赵国传承的国君性格类型移动轨迹

司马迁说，"赵氏之先，与秦共祖。至中衍，为（商）帝大戊御"。其后世飞廉是秦赵的共同祖先。造父（飞廉次子季胜之曾孙）为周穆王驾车，在周穆王平定徐偃王造反时立了大功，被周穆王封赏赵城，被尊为赵氏始祖。造父六世孙奄父救周宣王于千亩之战，其子叔带为周朝卿士，离开周王，侍奉晋文侯。赵氏在晋国落脚，渐成望族。赵国的资料从赵成子到赵国末代赵王都比较齐全。本书按照赵国立国前和开国后分别分析其首领（包括国君）的性格类型。

一、赵国立国前的赵氏首领的性格类型探究

嬴姓赵氏，通过 9 世（260 年）的奋斗，终于在第 10 世，由第 10 任首领赵籍（赵衰之九世孙，赵衰十世）开国为赵国。这是 10 任赵氏首领接续奋斗，一任接一任、砥砺前行的结晶。

第 1 任赵氏领袖赵衰（赵成子），辅佐晋文公称霸的五贤士之一，晋国上卿。他跟随晋文公重耳流亡他国 19 年，在流亡途中多次献计协助晋文公脱险。他负责掌管队伍的食物，有一次与重耳走散，虽然自己很饥饿，但他还是忍着一口食物没吃。《史记》记载："（重耳一行人）饥而从野人乞食，野人盛土器中进之。重耳怒。赵衰曰：土者，有土也，君其拜受之。"司马迁说："赵衰既返回晋，晋之妻固要迎翟妻，而以其子盾为适嗣，晋妻三子皆下事之。"晋国名臣狐射姑云："（赵）衰乃冬日之日，（赵）盾乃夏日之日。"他在齐国的时候，把沉湎于安乐窝的重耳灌醉拉走继续革命，设计让秦穆公支持重耳回晋国，战略性地建议晋文公尊周襄王并护送周王回京，知人之明地推荐他人为三军统帅等，一系列谋略奠定了晋国的霸主雏形。他为人低调、不争权夺利、不计较个人得失。晋文公晚年任命他为晋国最高执政大夫。他的一生除了帮助晋文公制定战略、举贤能外，还奠定了赵氏在晋国的地位，为将来三家分晋打下了基础。本书认为，他是 O4 型。

第 2 任赵盾（赵宣子），赵衰之子，晋国正卿，执政 21 年。晋襄公托太子夷皋给他，扶立太子夷皋为君，他却召集文武群臣商讨立嗣问题，为了晋国霸业，提出立幼（太子夷皋）不如立贤（襄公之弟姬雍）。姬雍深受文公喜爱，又有才学，在秦国也是官居大夫，立他为晋君，晋国的霸业可以得到延续。他的建议，其他大臣勉强同意了。他一心一意地为国家命运着想，确实是忠心可嘉，但弃襄公遗嘱，没有合法性。太子夷皋的母亲穆嬴据理力争，迫使他重新改回立太子夷皋为晋国国君。

赵盾只好率领晋军阻止晋公子姬雍进入晋地，硬是把自己的远房本家（秦康公）给耍了，还强词夺理痛揍了人家一顿。他作为晋灵公的全权代表，参加扈之盟确认晋国的霸主地位。他开了个先河，第一个以卿大夫的身份来主盟诸侯。不过，他能够做到德昭诸侯，晋国霸权更加稳固。强势平定五将乱晋后，他重组六卿，这也是晋国历史上第一次由卿大夫来主持六卿将佐安排。《史记》云："灵公立十四年，益骄。赵盾骤谏，灵公弗听。及食熊蹯，胹不熟，杀宰人，持其尸出，赵盾见之。灵公由此惧，欲杀盾。盾素仁爱人，尝所食桑下饿人反扞救盾……而赵穿弑灵公而立襄公弟黑臀，是为成公。赵盾复反（返），任国政。"君子讥他"为正卿，亡不出境，反不讨贼"，太史书曰"赵盾弑其君"。据《史记》记载，赵盾认为，弑君者是赵穿，他无罪。太史曰："子为正卿，而亡不出境，反不诛国乱，非子而谁？"孔子闻之曰："董狐，古之良史也，书法不隐。宣子，良大夫也，为法受恶。惜也，出疆乃免。"他终其一生，集军政大权于一身，法治晋国，侍奉晋国三朝，维护了晋文公开创的霸业。本书认为，他是 T2 型。

第 3 任赵朔（赵庄子），赵盾之子，晋国卿大夫。其妻为晋成公之女赵庄姬。他率领晋国的下军援救郑国，与楚庄王在黄河边交战。他未能处理好赵氏家族的内斗及赵氏家族和其他晋国重臣的关系，赵氏家族差点灭族。本书认为，他是 K1 型。

第 4 任赵武（赵文子），赵朔之子，晋国正卿。他是赵氏复兴的奠基人，执掌国政 20 多年，力主和睦诸侯，终促成晋楚弭兵之盟。《韩非子》云，赵武执政，为国家举荐了 46 人担任要务，皆为国之干臣，且无一人被赵武纳为家臣，其大公无私，堪称千古之楷模。本书认为，他是 O3 型。

第 5 任赵成（赵景子），赵武之子。晋国卿大夫。本书暂且判断他为 K2 型。

第 6 任赵鞅（赵简子），赵成之子，晋国正卿，执政晋国 17 年。他作风干练，敢作敢当，睿智而果敢，平定王子朝之乱，平定族侄赵稷反叛，彻底清除范氏及中行氏在晋国的势力，将晋国本来的三军六卿格局，变成二军四卿格局。他大度，敢听纳谏，司马迁说："晋顷公之九年，（赵）简子将合诸侯戍于周。"他有臣周舍，好直谏。"周舍死，赵鞅每听朝，常不悦，……不闻周舍之谔谔，是以忧也。"他很有开拓创新精神，把晋法公布于世，让百姓按公开的法律办事。《左传》云："晋赵鞅、荀寅帅师城汝滨，遂赋晋国一鼓铁，以铸刑鼎，著范宣子所为刑书焉"，史称"公布成文法"。这是晋国历史上第一次将国家法律明文昭于天下，具有非常深刻的影响，相当于以法律的形式宣布，至少在晋国，"刑不上大夫，礼不下庶人"的时代已过去。守旧的孔子认为，这样做会"贵贱无序"，破坏等级制度，不由发出了"晋其亡乎！失其度矣"的感叹。经济上，赵鞅革新亩制，调整赋税，推行当时对老百姓最为有利的田亩征税制。在政治上，礼贤下士，选贤任能。军事上，奖励军功，以功释奴。

赵鞅很重视接班人的选拔，不断地设置情景让儿子们办事，从中识别出能胜任的接班人。《史记》记载，他通过竹简教训，三年复查；将宝符藏山，进行寻宝测试。第一个情景考验：赵鞅在两个竹简上都刻上了一段训诫，让两个儿子各取走一块，并叮嘱他们好好领会，铭记在心。三年过去了，某一天，赵鞅突然问两个儿子领会得怎么样。赵伯鲁支支吾吾半天也没背出上面说的话，而且他拿的竹简也不知道丢到什么地方了。赵毋恤将训诫的内容一字不差地背下来，还解释了一番，赵鞅听后相当满意，又问儿子竹简在哪里，赵毋恤立马从自己的袖子中取出来呈上，并说：父亲的训诫，儿子时刻不敢忘，时常带在身边，不时地看看，谨记教诲。第二个情景考验：赵鞅要自己的儿子们去常山上找他事先埋藏的宝符，先找到者有重赏。赵毋恤的兄弟们把常山翻了个遍也没找到什么宝贝，只有赵毋恤回来说自己已找到了宝符：从常山上往下可以看到代地，代国可以夺取过来。情景考察表明，庶子赵毋恤具备当首领的特质和才干。他便舍弃嫡长子赵伯鲁而传位才能出众的庶子赵毋恤，临终前告诉赵毋恤，他日赵氏有难，晋阳足以依靠。赵毋恤（即赵襄子）不负众望，成就卓越，父子并称"简襄之烈"。本书认为，他是 T2 型。

第 7 任赵毋恤（赵襄子），赵鞅之子，晋国正卿，执政 33 年。晋国，在三晋大地上享国 600 多年，拥有 60 个世家大族，晋文公所创立的"六卿"制，初心和目的是分权，随着时间的推移，韩、赵、魏、范、中行、智六家最终胜出，晋国国政长时间被他们所掌控。经过不断的武力兼并，范家与中行家被打散了，晋国最终由智家、赵家、韩家、魏家四大家族把持，智家的势力最大。赵襄子常常忍辱于智伯（亦称智瑶、荀瑶，史称智襄子，T3型）。因攻打郑国有分歧，智瑶（智氏家族的第3位正卿，荀氏家族的第5位正卿）火冒三丈地对他说：你这个人啊，招人讨厌又没胆量，赵简子怎么立你为嗣卿？他反驳：因为我能隐忍，这个对赵氏应该没有害处吧？

智瑶（智宣子的次子，因智宣子的喜爱被选为智氏接班人，智宣子立智瑶不立智宵，族人智果因智瑶"五能一缺"反对）率领智、韩、魏攻打赵简子，赵简子退守晋阳，并策反韩康子、魏桓子，共同杀死了智瑶，尽灭其族，瓜分其地，为三家分晋奠定了坚实的基础。他立长兄伯鲁之孙赵浣为赵国首领（接班人），没想到，心胸宽广却导致传位风波，在其去世后，弟赵嘉武力赶走赵浣，自行接班。幸好，赵嘉接班一年就去世了，对赵氏家族的发展没有伤筋动骨。本书认为，他是T4型。两位襄子（赵襄子和智襄子）之争，实际是两虎相争，T4型最终战胜了T3型。

第8任赵嘉（赵桓子），赵襄子之弟。赵襄子死后，赵献子即位，赵桓子赵嘉不服，逐赵献子自立，迁都中牟。在位一年而卒。本书认为，他是T型。

第9任赵浣（赵献子），赵襄子之侄孙，赵衰之八世孙（赵衰之仍孙）。首领在位共14年。本书暂且判断他为K型。

嬴姓赵氏家族的开国，似乎和田氏齐国的相似，但赵氏的开国历程，更加波澜壮阔，惊险多多，险象环生。其9任首领的性格类型路线如下：赵成子赵衰（猫头鹰）01—赵宣子赵盾（老虎）02—赵庄子赵朔（考拉）03—赵文子赵武（猫头鹰）04—赵景子赵成（考拉）05—赵简子赵鞅（老虎）06—赵襄子赵毋恤（老虎）07—赵桓子赵嘉（老虎）08—赵献子赵浣（考拉）09，如图6-5所示。赵氏家族兴起于O型的赵成子，在260年的奋斗过程中，没有P型的掌舵者，这也许是在激烈竞争的晋国六卿制中能够胜出的一个关键性因素。

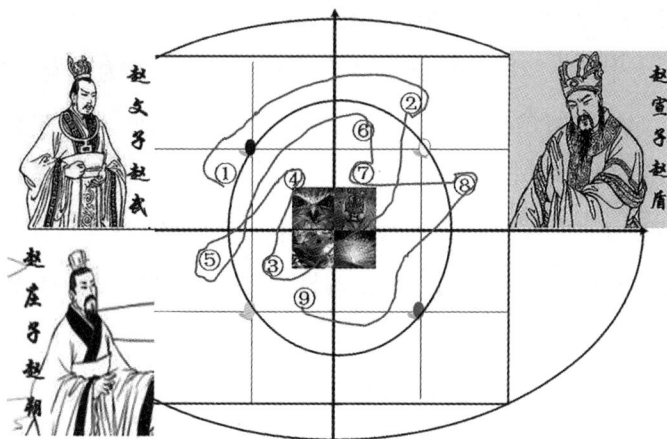

图6-5　赵国开国前的9任首领性格类型移动

9任赵氏首领的TOPK性格比例是：T型的首领4位占44%，O型2位占22%，P型为零，K型3位占34%。事业导向型（T+O）为66%，内向型（O+K）占56%。作为二把手，要基业长青，既要有事业导向型，也要有内向型。内敛、明智和务实、果敢，是二把手胜任并最终胜出的性格密码。晋国的姬姓国君，很多都是厉害的，竞争性的六卿体制是非常残酷的。嬴姓赵氏在赵朔之后的晋景公时期，差点被灭族，这就是极大的证明。还好，O型的赵文子赵武，通过自己的内敛、明智和耐心、大气让赵氏家族得以复兴。赵毋恤虽然是老虎型的，但亚型是考拉，发挥了考拉的优点，善于忍耐和团结，促使他带领赵氏家族渡过了危机，重新壮大起来。

二、战国时期赵国国君的性格类型探究

赵籍奋九世之余烈，创建嬴姓赵国，历9世11位国君，国祚175年。

第1任赵烈侯赵籍，赵献子之子。公元前408—前403年为赵氏家族首领，公元前403—前400年为赵国国君，共8年。公元前453年，赵、韩、魏三家分晋。在法律上，赵国从晋国脱离出来，是在公元前403年。这一年，他被周威烈王册封为诸侯。他喜欢音乐，司马迁说："赵烈侯好音。"他以公仲连为国相，牛畜为师，荀欣为中尉，徐越为内史，为政待以仁义，约以王道，又选练举贤，任官使能，节财俭用，察度功德。本书认为，他为P2型。

第2任赵武公，赵烈侯的胞弟，在位13年。在位期间，自五原河曲筑长城，东至阴山。本书暂且判断他是T4型。

第3任赵敬侯赵章，赵烈侯之子，在位12年。他将都城从中牟迁到邯郸，规划成两大区域：宫城区（行政中心）与大北城（商业中心）。他和魏武侯、韩哀侯瓜分了晋国公室仅有的土地，废静公为庶人，将晋静公和晋国公室迁到屯留。晋静公被韩王派去的刺客韩

玘杀害，晋国公室易姓为唐，晋国断绝庙祀，晋国彻底灭亡。他平定武公之子赵朝的作乱，他交战齐、魏、中山、卫国等共10次，胜多败少。本书认为，他是T3型。

第4任赵成侯赵种，赵敬侯之子，在位25年。即位之初，平定赵胜夺位叛乱。他立邢台为信都，作为赵国别都。在位期间，参与战争15年，5次诸侯会盟，在残酷的战争中，保全赵国基业，发展赵国。最为惨烈的战争是，公元前353年，魏国派大将庞涓带兵攻打赵国，围赵都城邯郸。齐使田忌、孙膑救赵，败魏于桂陵。赵国与魏国在漳水之滨盟誓。本书认为，他为O型。

第5任赵肃侯赵语，赵成侯之子，在位24年。司马迁说："成侯卒，公子緤与太子肃侯争立，緤败，亡奔韩。""（肃侯）三年，公子范袭邯郸，不胜而死。"赵国在四任、五任国君即位时，都发生了接班危机，赵国受到国君继位难题的困扰。司马迁说，肃侯四年，朝天子。这说明，肃侯注重外交声誉。据《史记》记载："肃侯游大陵，出于鹿门，大戊午扣马曰：'耕事方急，一日不作，百日不食。'肃侯下车谢。"这说明，肃侯明理纳谏。据《史记》记载，肃侯卒。秦、楚、燕、齐、魏五国出锐师各万人来会葬。这说明，肃侯众望所归，得到诸侯国的认可。从另一个侧面来讲，诸侯国可能想趁机消灭赵国于壮大的萌芽之中。他戎马一生，与诸侯几乎连年征战，在狼烟四起的战国兼并战争中，能够稳住局势，基本保全赵国的基业。当齐、楚、秦对三晋进入战略反攻阶段时，魏国的百年霸业日渐衰落，他却能迎难而上，顶替魏惠王扛起三晋的领导大旗。齐、秦等大国已经认识到魏国的一蹶不振与赵国的悄然崛起。他的果敢与武略为赵武灵王树立了榜样。本书认为，他是T2型。

第6任赵武灵王赵雍，赵肃侯之子，在位28年。《史记》记载："武灵王元年，阳文君赵豹相……及听政，先问先王贵臣肥义……国三老年八十，月致其礼。"这说明他为政谦虚且尊老。司马迁说："武灵王召公子职于韩，立以为燕王（燕昭王），使乐池送之。"司马迁说，武灵王游大陵，梦美女鼓琴而歌诗，最终娶了与梦中差不多的孟姚，并立为王后。这说明，他有浪漫情怀。司马迁还说：赵王使代相赵固迎公子稷于燕，送归，立为秦王，是为昭王（秦昭襄王）。立燕昭王、秦昭王，说明他识人能力很强，不幸的是，这两位雄主非但没有感恩他，反而成为赵国强大的对手。他推行著名的"胡服骑射"改革政策，在推动之前，亲身访问叔父赵成，耐心而明智地以国家大义和大理说服赵成支持改革（以理服之），获得叔父的支持。司马迁说："王遂往之公子成家，因自请之。""明日，（叔父赵成）服而朝。于是（武灵王）始出胡服令也。"由于他的睿智，并拥有"革"卦的智慧，这次"师夷长技以制夷"的军事改革获得成功，推动赵国日益强盛，吞灭中山国，大败林胡、楼烦二族，开辟云中、雁门、代郡三郡，并修筑了"赵长城"。这段时期，赵国君臣睦、将相和。肥义（O型）、楼缓（P型）等良相名将辈出。民风剽悍、崇尚气力、慷慨大气，又得兵法之教，迅速成为战国中后期的北方军事强国。其崛起速度之快，出乎天下人意料之外，令六国为之侧目。战国中后期，东方三强（魏、齐、楚）相继衰落，秦国之威独步天下之时，赵国时为中流砥柱。公元前299年，他禅位于其子赵何，自号主父。主父是武灵王的自创，实行国家治理的全新体制：二元体制。《史记》记载："大朝于东宫，传国，立王子何以为王。王庙见礼毕，出临朝。"惠文王主内政（相当于国家总理），武灵王主军事外交（外政，相当于军委主席、外交部长）。父子同心，做强赵国。他微服私访入秦国，探察秦国内政和民治、地形等，并趁机当面观察秦昭王的为人。他是第一个也是唯一一个微服进入敌国进行实地调查的国君。他收服楼烦，灭中山国。胡服骑射军事改革成功，10年之内，赵国成为中国北方草原霸主，有效地融合北方民族，成为战国时期一等国。梁启超赞道："自黄帝以来，数中国第一雄主，其武灵王哉！赵之有武灵王、肥义，犹如秦之有孝公、商鞅也。武灵王者，赵之大彼得也。"本书认为，他最厉害的一招是：年富力强之时，立儿为王，和儿子分权，共治赵国。父亲主外，儿子主内；父亲掌管军事，儿子主理政事；这是史无前例的锻炼接班人的举措。这个父子同心共治和锻炼接班人的方法，在当代家族企业传承中，有很现实的操作价值。

这个伟大的、全新的、成功的尝试实施了四年，取得了很好的成效，赵国凤凰涅槃，国势蒸蒸日上。但他被胜利冲昏了头脑，陷入情感纠结而处置不当，导致自己退出历史舞台，挺遗憾的！他的失败，其实不是方法本身的失败，而是因为他困于情义。方法本身没错，是实施这个方法的人犯错了。他的失败，致使中国后来的两千多年的历史里，无人敢试用他的方法。司马迁说：武灵王大喜，封长子章为安阳君（辖代郡）。章素侈，心不服其弟所立。这埋下内乱的隐患。司马迁说：群臣前来朝拜，安阳君也来朝拜。主父让新王主持朝拜，他自己从旁暗中观察群臣和王室宗亲的礼仪。看到他的长子赵章颓丧的样子，反倒向北称臣，屈身在弟弟面前，心里很怜悯他，想把赵国一分为二，让赵章做代国之王，但还未决定就中止了。主父和惠文王到沙丘游览，分住两处宫室。赵章利用他的党徒和田不礼作乱，诈传主父命令召见惠文王。肥义首先进去，被杀死了。赵国内乱爆发，武灵王遭遇沙丘宫之变，被幽禁而死。司马迁说："主父初以长子章为太子，后得吴娃，爱之，为不出者数岁，生子何，乃废太子章而立何为王。吴娃死，爱弛，怜故太子，欲两王之，犹豫未决，故乱起。"这说明他因情感随性而变，为情所困。本书认为，他是P1型。

第7任赵惠文王赵何，武灵王赵雍之次子，在位33年。即位初期，他将肥义、周祒、赵成、李兑、信期、高信、韩徐为等文武大臣均授予要职，沙丘宫变，三朝重臣肥义牺牲，叔父赵成被委以重任，为相邦，封安平君。继续用乐毅和平原君赵胜为相，蔺相如为上卿，廉颇、赵奢为将，对外以理折服强秦，对内发展经济和整顿税收，采取农商并重的发展模式，使"国赋大平，民富而府库实"。军事上不断攻取齐魏两国土地。《战国策》

云："（赵国）尝抑强齐四十余年，而秦不能得所欲。"他善于发现人才，更善于用人，朝中人才济济，多为一时之选，文有平原君赵胜、平阳君赵豹、蔺相如等，武有韩徐为、廉颇、赵奢、楼昌等。对于自己的朝臣，他给予较高的待遇和充分的信任。他善于听取朝臣们的不同意见，谦虚纳谏，明智决策。一班文武大臣，在他的强力领导下，不仅能团结起来一致对外，于治国理政上也毫不含糊，将国内治理得井井有条，赵国国势日盛，迎来了鼎盛时期。他在位的 30 多年里，君明臣贤，将相团结，政治清明，欣欣向荣。赵国政治稳定、经济发展、军事勃兴，综合国力持续提升，成为当时除秦国之外列国中最为强大的地区大国。完璧归赵、负荆请罪、庄子说剑，都发生在惠文王时期。本书认为，他是 O1 型。

第 8 任赵孝成王赵丹，赵惠文王赵何之子，在位 21 年。赵国经过武灵王、惠文王父子两代 60 多年的苦心经营，国势正盛、兵锋正劲，正是盛世景象出现的好时候。惠文王为赵丹留下的大臣班底，文有平原君、蔺相如、虞卿、赵豹等人，武有赵奢、廉颇、楼昌、乐乘等人，他们各有所长、人才济济，为繁荣国家、持续盛世提供了良好的条件。他执政，其母赵威太后辅政，第一年便联合齐国打退秦军的进犯。有民贵思想的赵威后，辅政一年后便去世了。韩国献上党郡与赵国，他不听叔父平阳君赵豹的建议，而是听取叔父平原君赵胜的建议，贪恋土地，派军队接收了上党。秦军进犯长平，他中离间计，不听蔺相如和赵括之母的谏言，重用赵奢之子赵括，赵军 45 万精锐部队惨遭俘虏坑杀，长平之战，赵军损失惨重。随后的历时 3 年的邯郸保卫战，联合了其他诸侯国，进行战略动员，打败了秦军，保住了国都。但两场灭顶之战之后，赵国实力迅速下滑，再也无力同秦国争霸天下，赵国由此进入了由盛而衰的轨道。东方六国从此再也没有一个国家可以单独抗衡秦国。战国进入了诸侯合纵抗秦的时代。他晚年重用廉颇，多次战胜燕国，守住了赵国北方。吕不韦派秦军进攻赵国，攻占了赵国的故都晋阳。在赵国有着重要战略位置和政治地位的故都晋阳的失陷，对他打击很大，感到愧对列祖列宗。不久，他就病倒了。本书认为，他是 K1 型。

第 9 任赵悼襄王赵偃，孝成王之子，在位 9 年。继位时（秦王嬴政二年），赵国已经是国势衰落，风雨飘摇。他非但不能自我警醒、救亡图存，反而倒行逆施、肆意妄为，信赖文臣郭开（太傅、相国），逼走了忠耿名将廉颇，纳舞女（曾为赵宗室的妾）为妃生赵迁，并立她为王后，废除与正妻所生的长子且有德行的太子赵嘉，立赵迁为太子。他没能举贤任能，错失中兴的良机。他派李牧攻打燕国，夺取武遂和方城。燕国派剧辛攻打赵国，他派庞煖率军抵抗燕军，庞煖击败燕军。魏国将邺地割让给赵国。他再次派兵伐燕，夺取燕国狸阳城。战事还未结束，秦将王翦等趁机率军攻赵，夺取邺地九城。本书认为，他为 P1 型。

第 10 任赵幽缪王赵迁，悼襄王之子，在位 8 年。少年的他只知道吃喝玩乐，其母赵悼倡后淫乱后宫，赵迁母子将政事全抛给了郭开。郭开想方设法铲除异己，贬谪庞煖、杀死李牧、废弃司马尚。秦军日逼，邯郸城终于在李牧被杀几个月后被攻破，赵国基本灭亡。有人说，赵国之亡，实亡于赵悼倡后，实亡于赵悼襄王。司马迁叹曰："颇牧不用，王迁囚虏。"本书认为，他为 P4 型。

第 11 任代王赵嘉，幽缪王赵迁之兄，悼襄王赵偃之长子（原太子），在位 6 年。王翦指挥秦军攻克邯郸城，俘虏赵王迁。赵嘉逃往代郡，被赵国人拥立为赵王。他一即位就派出使者到燕国，与燕王喜、太子丹议和，两国结盟，联合起来抗击秦国的侵略。他还主动与背后的匈奴结好，以稳固后方。对内，他将所能得到的财力、物力、人力积聚起来，组建军队，并任用贤能之士为官，赐予老贵族爵位，团结所有可以团结的力量，尽己所能复兴国家。他带领赵军残部同燕军会师于易水之西，共同抗击秦军，两国联军被秦军击败。他率残军狼狈逃回代郡，秦军跃马扬鞭，一路追击，势如破竹，攻下燕国国都蓟城。燕王姬喜、燕太子姬丹只好举国迁往辽东。秦军雷霆般杀进辽东，燕王姬喜被迫投降。王贲带领的秦军在回师途中，顺道杀向了代郡。赵嘉带领仅剩的军队出城迎战御敌，赵国残存的战士几乎全部为国捐躯，赵嘉战败，正要自刎殉国时，被秦军锐士夺下兵器俘虏了，赵国彻底灭亡。赵嘉比其弟赵王迁、父亲赵悼襄王更有志向、有气节、有胆略、有能力。本书认为，他是 T4 型。

赵国国君的性格类型路线如下：赵烈侯赵籍（孔雀）01—武侯（老虎）02—敬侯赵章（老虎）03—成侯赵种（猫头鹰）04—肃侯赵语（老虎）05—武灵王赵雍（孔雀）06—惠文王赵丹（猫头鹰）07—孝成王赵丹（考拉）08—悼襄王赵偃（孔雀）09—幽缪王赵迁（孔雀）10—代王赵嘉（老虎）11，如图 6-6 所示。

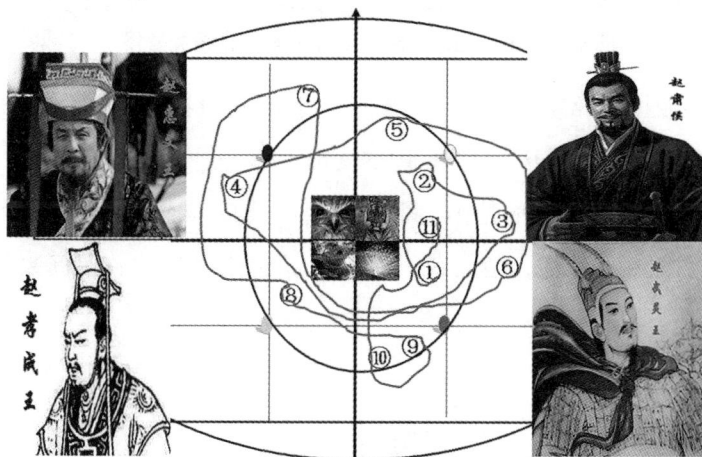

图 6-6　战国时期赵国 11 任国君性格类型移动

11任赵国国君，T型占36%、O型占18%、P型占36%、K型占9%，呈现双多双少情形：T型和P型多，O型和K型少，尤其是K型，只有1位国君。内向性格（O+K）只有27%，外向型的国君占73%。事业型的国君（54%）和人文型的国君（46%）比较接近。这就是赵国能够后发而快速崛起，并成为第二强国的原因所在。和田氏齐国（8位国君）相比，多1位T型国君，多1位O型国君，多3位P型国君，少2位K型国君。赵国和田氏齐国作为新兴强国，是因为他们拥有较多的T型和O型的国君。与同期的老牌强国楚国相比，楚国的K型国君偏多，占62%。赵国始也孔雀型，败也孔雀型。作为开国国君，需要有激情和梦想，需要新的方式方法，这是孔雀型性格的优点。那些灭国时期的P型国君，他们尽情地发挥了P型的缺点：没有清晰的战略，没有较强的执行力，喜欢胡来，天马行空，以新奇的特质用来追求享乐。

嬴姓赵氏兴衰435年，18世20位领导人的性格类型移动路线如图6-7所示。

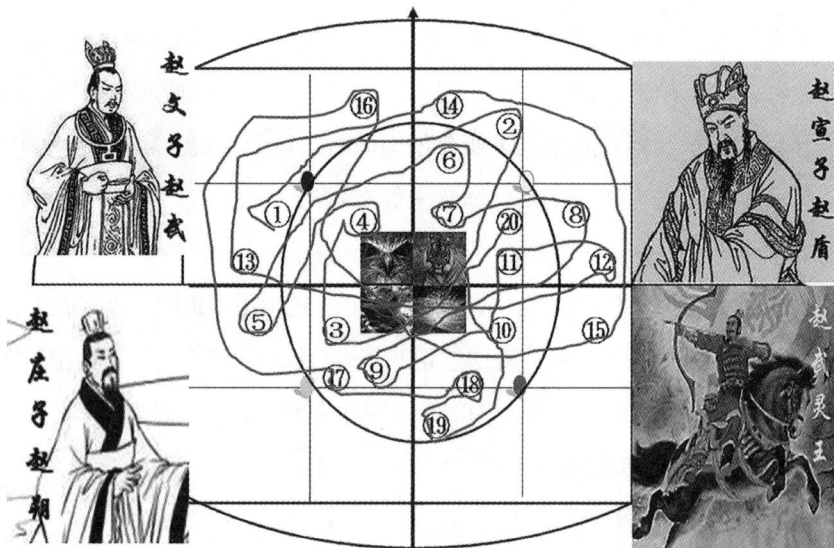

图6-7　嬴姓赵氏兴衰435年的首领性格类型移动

赵氏20任首领的性格类型中，T型8位，占40%；O型4位，占20%；P型4位，占20%；K型4位，占20%。性格类型比例，呈现一多三平特征。事业导向型（T+O）为60%，外向型（T+P）占60%。而楚国，事业型国君只有47.5%，外向型国君只有42.9%。两国的K型国君数量相差巨大，楚国有42.9%。这个差异性，也许是新兴强国敢于挑战老牌强国的原因所在。

第五节　魏国国君的性格类型移动轨迹

晋国魏氏家族，其远祖为周武王姬发的同父异母之弟姬高，他受封毕国，史称毕公（或毕公高）。其后裔姬毕万，为晋献公所用，因战功受封魏地，为魏氏始祖，史称姬姓魏氏。魏文侯被周威烈王册封为侯而开国，都安邑时，史称魏国；都大梁时，史称梁国。

一、魏国立国前的魏氏首领性格类型探究

魏犨，作为魏氏首领，带领姬姓魏氏家族走上了崛起奋斗之路。经过七任魏氏首领的接棒奋斗，历时 258 年，第九世的魏斯以晋国卿大夫身份成功开创魏国。

晋国魏氏第 1 任魏武子魏犨，毕万之子。他以勇力闻世，与狐偃、赵衰等人合称晋国"五贤士"，被晋文公封为卿大夫。他在城濮之战中，堵截楚国败兵，重创楚军。本书认为，他是 T3 型。

第 2 任魏悼子，魏武子之长子，晋国大夫。本书暂且判断，他是 K 型。

第 3 任魏昭子魏绛，魏悼子之子。他为晋国司马，执掌军法，在执法上严毅方正，在政治上具有远见卓识，是一位善于领兵作战的将领。他实施和戎之策。司马迁说：（魏）绛，任之政，使和戎，戎大亲附。本书认为，他是 T4 型。

第 4 任魏献子魏舒，魏赢之子，魏昭子之孙，晋国正卿。执政的韩宣子告老，他主持国政，是晋军步战的创始者。他创造的步兵方阵，被称为"魏舒方阵"，是我国车战向步战转变的划时代的标志。在他带领之下，魏国取得了太原大战的胜利。本书认为，他是 O1 型。

第 5 任魏简子魏取，魏舒之子，晋国武将。本书暂且判断他为 T 型。

第 6 任魏襄子魏侈（魏曼多），魏取之子，晋国武将。魏侈和范昭子（范吉射）彼此很讨厌对方。司马迁说：魏侈与赵鞅共攻范、中行氏。本书暂且判断，他是 P 型。

第 7 任魏桓子魏驹，魏侈之子。赵襄子派人说服韩康子、魏桓子，放晋水倒灌智寨，灭了智氏，三分智地。他们三家的领地更大了，超过了诸侯。三家分晋的局面基本形成。本书认为，他是 O4 型。

晋国魏氏 7 任首领的性格类型路线如下：魏武子魏犨（老虎）01—魏悼子（考拉）02—魏昭子魏绛（老虎）03—魏献子魏舒（猫头鹰）04—魏简子魏取（老虎）05—魏襄子魏侈（孔雀）06—魏桓子魏驹（猫头鹰）07，具体如图 6-8 所示。

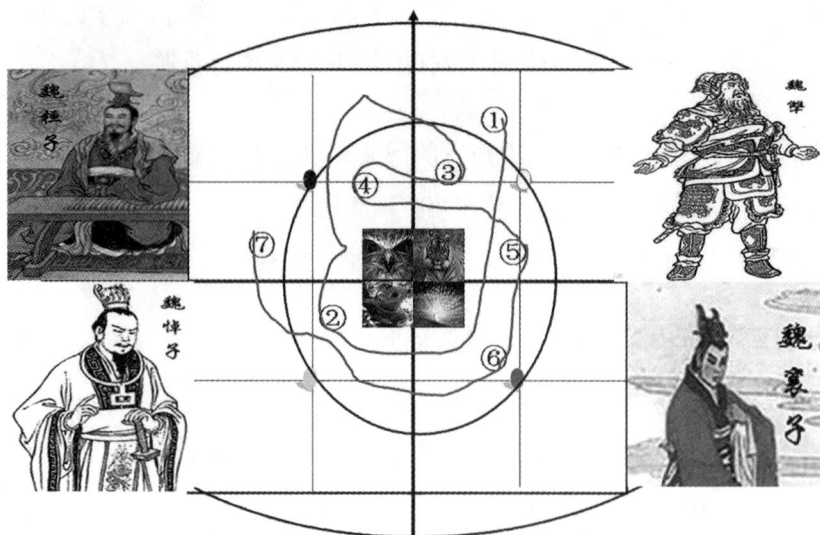

图 6-8　魏国开国之前的 7 任首领性格类型移动

姬姓魏氏七任首领的性格类型中，T 型 3 位，占 42.8%，O 型 2 位，占 28.6%，P 型 1 位，占 14.3%，K 型 1 位，占 14.3%。事业导向型（T+O）为 71.4%，外向型占 57.1%。姬姓魏氏，与嬴姓赵氏有所不同，姬姓魏氏始兴于 T 型，魏武子魏犨是武将，性格为 T 型，第 3 任、第 5 任均为 T 型，第 2 任虽然是 K 型，却是果敢的考拉，故他们外向并冲锋陷阵，果敢快速，以胆略著称，建立军功而为晋君称霸效力。赵衰是文官能臣，以战略和理政著称。相对来讲，赵氏的协调型首领比魏氏多一些。

二、战国时期魏国国君的性格类型探究

魏犨的八世孙魏斯，奋八世之余烈，成功创建魏国，历 8 世 8 位国君，国祚 178 年。

第 1 任魏文侯魏斯，魏桓子之孙，在位 50 年（42 年晋国卿大夫，8 年魏国国君）。公元前 445 年，27 岁的魏斯继承祖父的家业，为晋国魏氏领袖，47 岁为晋国正卿，69 岁正式开国，他是魏国百年霸业的开创者，是战国最早推行变法图强的君主。在位时，采取先内政再扩张的战略，他礼贤下士，师事孔门子弟卜子夏、田子方、段干木等人，西河学派名扬天下，魏国成了华夏文化中心；他用李悝、魏成子、翟璜为相，改革内政；用乐羊、吴起为将，开疆辟土；以李悝变法，教授《法经》，依法治国。魏国呈现出蒸蒸日上的旺盛生机。当时韩、赵、燕实力尚弱，齐国忙于田氏代齐，秦国经受四世之乱，楚国因受吴、越重创而被迫暂时收敛锋芒，魏国在这段时间内因变法而迅速脱颖而出。

他在位 50 年，选贤任能，内修德政，外治武功，向西攻占了秦国河西地区，将秦国压制在洛水以西长达 80 年，使秦国不得与中原交通，独擅关东之利，利用地理上的垄断地位控制秦国同中原的交流，从中攫取暴利，秦国受到了很大的削弱，魏国却越来越富

有。他向北越过赵国，伐灭中山国，向东打败齐国大军，魏国成为战国时期最先强盛而称雄的诸侯国。他病逝前，召见吴起（T型）、西门豹（O型）、北门可（K型）等人，将太子魏击托付给他们。从立国初，魏国就是七雄中最强大的国家，到了第 2 任国君魏武侯时代，魏国国力达到顶峰。本书认为，他是 T2 型。

第 2 任魏武侯魏击，魏文侯之嫡长子，在位 25 年。即位后第一年，朝中元老李悝（O1 型）就不幸去世。他征伐四方，战果颇丰，称霸中原。虽在作战指挥上与其父不相上下，但在用人方面就大大逊色于其父。文侯之世，魏国人才济济，各司其职，文武相济，魏国大治，开疆拓土，盛极一时。他承继基业，老臣犹在，但控御无道，致使人才流失。他设置国相职务，一改文侯任人唯贤的原则，回到任人唯亲、任人唯贵的老路，让政治上虚腐的田文为相，引起吴起不悦。田文出身显贵，并且认为有着显贵家族背景就可以扬名立万，就可以号召群雄，遗憾的是注重家族血统的做法，已经成为历史。田文自己也承认，他在带领三军、鼓阵成列方面，治理四境、教训万民、充实府库、变易习俗方面，都不如吴起。魏武侯之所以用他，就是因为他出身显贵。魏国辟土四面，拓地千里，吴起有不可磨灭的功勋。田文去世后，任公叔痤为相，还听信公叔痤谗言，怀疑吴起，吴起惧诛逃往楚国（魏材楚用）。

魏国没有发生二代危机，但第二代生前没有指定接班人，引发了三代危机。他去世后，二子魏缓与魏䓨争位，赵国与韩国都参与了魏国废立之事。魏䓨击败魏缓，成为继承人。魏武侯生前没有立太子，是其最大的失败，不仅导致了两子之争，还让魏、韩、赵联盟提前解散，对于谁接班为魏国国君，赵、韩两国意见不合。魏惠王即位后，分别对赵、韩发动了大规模的灭国战争，因齐国参战（围魏救赵、围魏救韩）而战败，导致魏国的衰落。司马迁评此事曰："君终无世子，其国可破也。"司马迁说，武侯为太子时，遇到父亲文侯的老师田子方，虽然退车让路并下车拜见田子方，当田子方不还礼，武侯却以"富贵者骄人乎且贫贱者骄人乎"问田子方，田子方提醒他，诸侯骄人则失国。武侯不悦。司马迁还说：武侯和吴起泛舟黄河，赞叹"美哉乎山河之固，此魏国之宝也"，吴起提醒他，国宝在君德而非山河之固。他虽说了"善"，但中计怀疑吴起而导致吴起出走楚国。本书认为，他是 P1 型。

第 3 任魏惠王魏䓨，武侯之长子，在位 52 年，享年 82 岁。他即位，正是魏国鼎盛时期，继位的第二年，就打败韩国、赵国，以解心中之恨，三晋联盟遭受破坏。他任用经济学家白圭为大臣，其间施展治水才能，解除了魏都城大梁的黄河水患。但后来白圭因魏政治腐败，游历了齐国等国后，弃政从商。魏惠王不听丞相公叔痤之言，对商鞅视而不见，放走商鞅，让宿敌秦国日益强盛。他自信地认为魏国国政很不错，只缺吴起那样的军事帅才，重用鬼谷子的学生庞涓，军事实力也确实大增。他轻信庞涓之言，问罪孙膑，让魏国遭到了桂陵、马陵的重创，精锐之师尽丧。这种舍国政人才而只重视军事人才的用人策略或胸怀，是魏国衰落的根源所在。他的执政能力不如他的祖父和父亲。其实，两种人才都要重用，做到将相并举才好。

魏惠王按照自己的喜好和愿望运用人才，而不是按照国策（国家的战略目标）来运用人才。这种用人策略，只能守成，不能继续创立更大的基业。魏国被商鞅率领的秦军打败后，胆怯的他迁都大梁。据《史记》记载，他后悔说，恨不用公叔痤之言（杀死商鞅）也。司马迁还说，商鞅从秦国逃出来投奔魏国，魏人恼怒，不收留他。商鞅的才能已经在秦国的变法中得到了证实，这么顶级的治国人才，这么好的机遇，魏惠王却继续漠视，不放下过去的不愉快，以宽大的胸怀任用治国之才。他力图灭掉赵国，由于齐国的参战引发了桂陵之战，魏国虽然失败了，但魏国依然按照国势惯性（这种国势是魏文侯通过改革缔造出来的）向前发展。

公元前 343 年，他称王。韩国不服，魏韩交战，他又力图灭掉韩国。齐国参战，引发马陵之战，魏国再次战败，损失惨重，这次战败导致魏国发展势头受阻，元气大伤，从此走向了衰落的轨道，尽管它还是大国，还是有复兴的机会，尽管他任用过惠施、公孙衍为魏国丞相，但齐、赵、秦的国势依次进入了鼎盛时期，在这个大奋争的时代，不进则退，何况是实力严重削弱。至此，他并没有反省出其最大的失误之处：用人只讲究出身，知人善任和驾驭人才的能力不足。魏武侯猜忌吴起，迫使其离魏去楚，已经是一大败笔，而魏惠王在用人上所犯的错误，比其父有过之而无不及。

魏惠王晚年，魏人公孙衍、张仪又先后为秦惠文王所重用，前者在雕阴大破魏军，斩首八万，后者凭借三寸不烂之舌，骗得他将上郡割予秦国，开山东六国"以地事秦"之先例。前期有商鞅（卫人，魏国小吏）、孙膑（齐人，曾入魏任职）出走他国，中期有白圭等人的弃政从商，后期有乐毅（魏人，乐羊之后）、张仪（魏人）离开了魏国，造成魏材楚用、魏材秦用的遗憾局面。自惠王及之后的五代魏王，在人才的任用问题上，也是一代更比一代差，只愿聘请在外国已经出名的人，不再从本国的布衣才子中提拔任用，更将本国的王室大才弃之不用，终于将魏国的重量级人才撵得干干净净。最后的牛人们，如信陵君酒色自毁，范雎、尉缭子们也离开祖国去外国谋求发展。本书认为，惠王是 P2 型。

第 4 任魏襄王魏嗣，惠王之子，在位 23 年。孟子评价说："望之（指魏襄王）不似人君，就之而不见所畏焉。"司马迁说："魏嗣不能明辨，罢免成陵君，且终身不用。"他让魏太子当魏国丞相，父子同心，提振魏国。他与韩襄王让两国关系进入了一个蜜月期（长达10 年的战略合作伙伴）。他们同气连枝，肩并肩地共伐外敌。公元前 301 年，魏韩联军助齐侵楚，在垂沙之战中痛击楚师，掠得楚国宛、叶以北的大片领土。魏韩锐师佐齐攻秦整整三年，打得不可一世的秦昭王忍痛割地求和，魏韩分别获得了封陵、武遂及河外之地。

这是秦国自变法以来最大的败仗，也是魏韩史上罕见的中兴时期。虽有战功，但这并没有带给魏国实质性变化和发展，实属魏韩联合之功。本书认为，他是 K2 型。

第 5 任魏昭王魏遫，襄王之子，在位 19 年。他识别人才和重用人才的能力远不如其高祖父魏文侯。司马迁说，魏人范雎早年家境贫寒，当初想为魏国建立功业，因家贫无法得荐，投在中大夫须贾门下当门客，后随其出使齐国。看见须贾在朝堂上被齐襄王数落得嚅嚅无言以对，范雎挺身而出，仗义执言，替主人须贾解围，维护了魏国的尊严。谁知他的雄辩之才深得齐王敬重，齐王欲留范雎任客卿，并赠黄金十斤等物，范雎均予以谢绝。须贾（P 型）回国，不仅不赞扬范雎的高风亮节，反向相国魏齐诬告他私受贿赂，出卖情报。范雎受尽相国魏齐（P 型）的摧残，装死后改名张禄。魏国在魏昭王前期失地六百里：河东四百里，河内二百里。魏昭王帮助韩国反攻秦国，白起率秦军 12 万在伊阙打败魏国 24 万大军，杀魏国主将犀武，占领伊阙及五座城池，韩、魏两国精锐丧失殆尽，被迫献地求和。本书认为，魏昭王是 O4 型。

第 6 任魏安釐王魏圉，昭王之子，在位 34 年。他即位后，为牵制孟尝君田文，封弟魏无忌为信陵君。他与父王一样，有范雎而不重用。范雎历经磨难，辗转被秦使王稽载入秦。范雎设法跻身于秦廷后，开始施展他的全部谋略和才干，辅佐秦昭王，并深得赏识和器重，公元前 266 年范雎出任秦相。公元前 265 年，魏齐因秦王施压而出逃。司马迁说，安釐王畏胞弟魏无忌之贤能，不敢任他以国政。司马迁说："秦围邯郸，信陵君魏无忌矫夺将军晋鄙兵以救赵，赵国得以全。……魏无忌归魏，安釐王见胞弟无忌，相与泣，而以上将军印授公子，魏无忌遂将。魏无忌率五国兵攻秦，败之河外，走蒙骜。魏无忌遂乘胜逐秦军至函谷关，抑秦兵，秦兵不敢出""秦王患之，乃行金万斤于魏，求晋鄙客，令毁魏无忌于安釐王。"他有亲弟信陵君魏无忌辅佐，却因秦国施反间计而不信任也不重用亲弟魏无忌。相国范痤也被姬圉解职。从此，其儿子姬增、孙子姬假，再也没有能臣良将辅佐。他与魏无忌同年病死。兄弟不同心，魏国被灭就不远矣。本书认为，他是 K2 型。

第 7 任魏景湣王魏增，安釐王之子，在位 15 年。即位第二年（秦王政六年），他遣人出使赵国，与其结盟，并提出抗秦合纵。赵、韩、魏、楚、燕组成联军，共推赵将庞煖为帅，试图夺取秦国的寿陵，秦王政派出军队抵御，于是五国撤军。本书认为，他是 K1 型。

第 8 任魏假，景湣王之子，在位 3 年。本书暂且判断，他是 K 型。

魏国国君的性格类型路线如下：魏文侯魏斯（老虎）01—武侯魏击（孔雀）02—惠王魏罃（孔雀）03—襄王魏嗣（考拉）04—昭王魏遫（猫头鹰）05—安釐王魏圉（考拉）06—景湣王魏增（考拉）07—魏假（考拉）08，如图 6-9 所示。

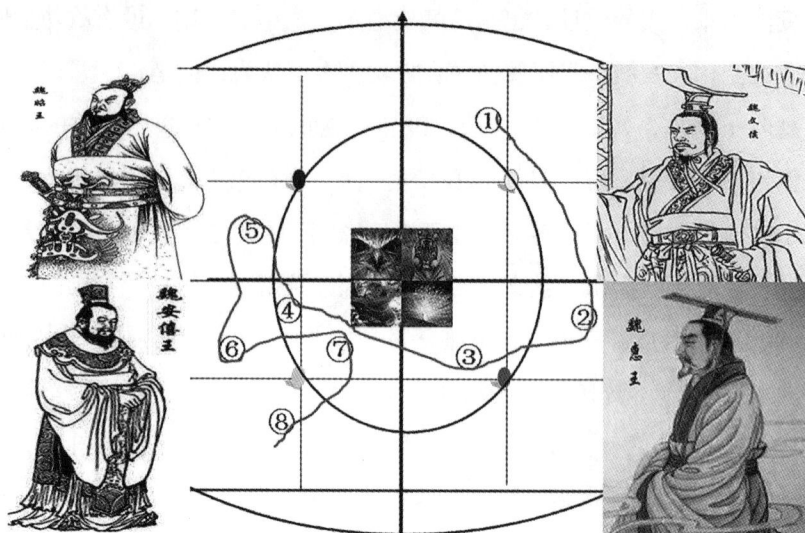

图 6-9　战国时期魏国 8 任国君性格类型移动

8 任魏国国君的性格类型移动路线，是一个没有交叉的路线，从 T 象限到 P 象限，然后停留在 P 象限，之后移到 K 象限，再到 O 象限，又回到 K 象限，扎堆在 K 象限。如果魏安釐王的性格类型是 O1 型或者 T2 型，魏国的中兴是大有希望的，那个时候，国势还没有跌入低谷，人才虽然大减，但尚有人才在。8 任魏国国君，T 型 1 位占 13%、O 型 1 位占 13%、P 型 2 位占 25%、K 型 4 位占 50%。K 型首领最多，超过赵国的 1 位（9%），与楚国的（8 位）62% 较接近。内向性格（O+K）只有 63%，人文型的国君占 75%。与赵国相比，拼搏进取型的国君相对少一些（赵国的事业型国君占 54%，外向型国君占 72%）；与赵国相比，魏国的国君数量相对偏少（赵国 11 位，魏国 8 位），主要原因是魏文侯和魏惠王的执政时间比较长，两位国君的执政时间合计达 102 年。国君执政时间长，既有好处，也有坏处。对于魏文侯来讲，因为他是 T2 型且能力卓越的国君，执政时间长，对国家而言是利大于弊的，可以领导魏国更好地应对激烈的竞争。对于魏惠王而言，因为他是内向的 P 型，能力强但弱于其祖父、父亲的执政能力，尤其是识人用人能力，其较长的执政时间，对国家而言，弊大于利。

把 7 任魏氏首领和 8 位魏国国君的性格类型，放在黄氏 TOPK 性格圆盘上，得到姬姓魏氏 436 年的性格类型移动路线，如图 6-10 所示。

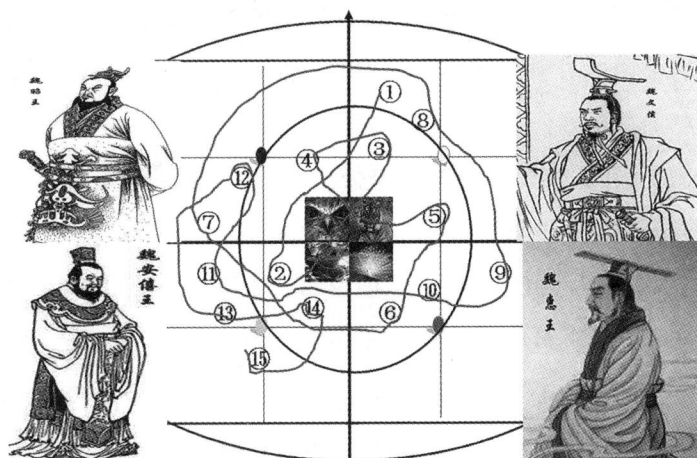

图 6-10　姬姓魏氏 436 年的 15 任国首领性格类型移动

魏氏 15 任首领的性格类型中，T 型 4 位占 26.7%，O 型 3 位占 20%，P 型 3 位占 20%，K 型 5 位占 33.3%。性格类型比例，呈现相对均衡状态。这和赵国的一多三平特征不同，赵国 T 型首领偏多，20 位赵国首领中就有 8 位 T 型风格（40%）。魏氏的 15 位首领中，事业导向型（T+O）为 46.7%，外向型（T+P）占 46.7%，相对来说，内向型和关注人型的首领偏多了点。这与国祚 819 年的楚国很相似，事业型国君，楚国 47.5%；外向型国君，楚国 42.9%。魏国的 K 型首领，比楚国少很多，楚国有 42.9%。与 435 年的嬴姓赵氏家族有很大的不同，嬴姓赵氏的首领，事业导向型（T+O）为 60%，外向型（T+P）占 60%。魏、赵相比，嬴姓赵氏更刚强、果敢、勇猛、积极、主动、更有血性。

第六节　韩国的国君性格类型移动轨迹

姬姓韩氏是晋国大夫韩武子（晋武公叔父、曲沃桓叔的庶子）的后代。韩武子（韩万）为晋武公驾车，梁弘作为车右。司马迁说："得封于韩原，曰韩武子。"武子后三世有韩厥，从封姓为韩氏。韩厥九世孙韩康子创立韩国，在战国七雄中，韩国血缘与春秋时期的晋国国君更近。

一、韩国立国前的韩氏首领性格类型探究

韩万作为韩氏首领，带领韩氏家族踏上了崛起奋斗之路。在 11 任韩氏首领接棒带领下，历时 306 年，12 世的韩虔成功开创韩国。

晋国韩氏第 1 任韩武子韩万。《史记》记载，曲沃武公使韩万杀所虏晋哀侯。《左传》记载："曲沃武公伐翼，次于陉庭，韩万御戎。"本书认为，他是 T 型。

第 2 任韩赇伯，韩万之子，晋国贵族。本书暂且判断，他是 K 型。

第 3 任韩定伯韩简，韩赇伯之子，晋国贵族。秦穆公出兵伐晋，在韩简的封地交战。战前，韩简向晋惠公说，由于惠公对秦国失信，此战胜算不大。惠公派韩简向秦穆公下了战书，战争中，韩简截击穆公，不料，这时惠公的战车陷入泥泞，韩简只好丢下秦穆公来救惠公。晋惠公做了秦国俘虏，韩简随之被俘。因为晋惠公的姐姐、秦穆公夫人伯姬的劝谏，秦穆公放了惠公君臣。晋惠公怨天尤人，韩简再次出来进谏，直言是惠公的过错。韩简坚决维护献公，没有加入桓庄之族的政治集团。晋献公纳士苪之谋，屠戮桓庄之族时，韩氏几乎没有受到波及。本书认为，他是 O1 型。

第 4 任韩舆，韩简之子，晋国大夫。在鞍之战中，他担任晋军司马。作战前一天，他梦见父亲韩简告诉他，作战时不要站在战车上的左右两边。结果在战斗中，他因此免于被齐顷公射杀。在晋文公看来，韩氏是拥护惠公的，因隔阂而没有得到重用，曾经辉煌的韩氏，在晋文公时代走向了低谷，更不幸的是他早丧，儿子韩厥年幼，韩氏人丁单薄，家道中落，韩厥便被交由赵衰抚养，贵胄之后沦落成赵氏的家臣。本书认为，他是 P2 型。

第 5 任韩献子韩厥，韩舆之子。他初为晋国赵氏家臣，后位列八卿之一。晋悼公重组四军八卿，破格提拔铁面无私的韩厥为执政大夫兼中军元帅（晋国中军将，正卿）。他一生侍奉晋灵公、成公、景公、厉公、悼公五朝，是位优秀而稳健的政治家、公忠体国的贤臣、英勇善战的骁将。《史记》载，（赵）朔曰："子必能不绝赵祀，死不恨矣。"韩厥许之。……（韩）厥于是言赵武，（晋景公）复与故赵氏田邑，续赵氏祀。本书认为，他是 T2 型。

第 6 任韩宣子韩起，韩献子之次子。韩献子告老，韩厥的长子韩无忌以自己有略微的残疾为由推辞接任，向晋悼公推荐胞弟韩起为卿。晋悼公重组三军六卿，韩起礼让赵武，辅赵武佐上军。赵韩两家的关系更为亲密。正卿赵武去世，韩起继之为中军元帅，执政晋国 27 年。他低调，但贪心有余；物欲虽强，但对晋国的霸业漠不关心，着力于平衡六卿之间的利益，却又从中获利良多，壮大韩氏的根基。韩起执政后，韩氏得到极大的发展，奠定百年后"三家分晋"韩氏有其一的物质基础。本书认为，他是 O4 型。

第 7 任韩贞子韩须，韩宣子之子。率领韩氏迁居平阳。本书暂且判断，他是 K2 型。

第 8 任韩简子韩不信，韩贞子之子。本书暂且判断，他是 K 型。

第 9 任韩庄子韩庚，韩简子之子。本书暂且判断，他是 O 型。

第 10 任韩康子韩虎，韩庄子之子。他和赵襄子、魏桓子一起打败了智伯瑶，瓜分了他的领地，只给晋幽公留下两城，而他们三家的领地更大了，超过了诸侯。本书认为，他是 O1 型。

第 11 任韩武子韩启章，韩康子之子，在位 16 年。武子二年，伐郑，杀死了郑幽公。本书认为，他是 T 型。

晋国韩氏首领的性格类型路线如下：韩武子韩万（老虎）01—韩赇伯（考拉）02—韩定伯韩简（猫头鹰）03—韩舆（孔雀）04—韩献子韩厥（老虎）05—韩宣子韩起（猫头鹰）06—韩贞子韩须（考拉）07—韩简子韩不信（考拉）08—韩庄子韩庚（猫头鹰）09—韩康子韩虎（猫头鹰）10—韩启章（老虎）11。具体如图6-11所示。

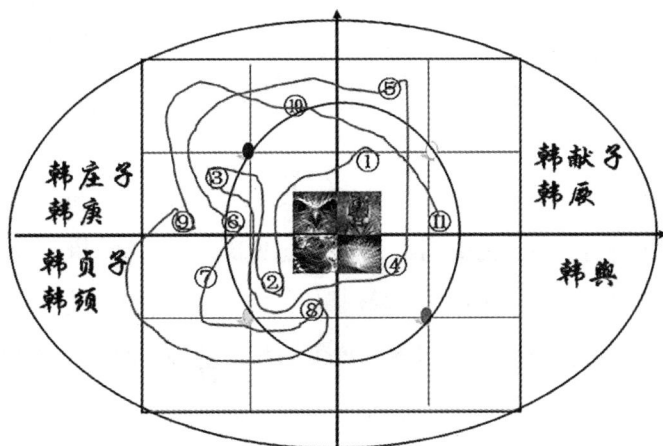

图6-11　韩国开国之前11任国首领性格类型移动

与姬姓魏氏相同的是，姬姓韩国也始兴于T型。但魏武子得到晋文公的重用，被任命为晋国大夫。韩舆虽是武将出身，但没有得到晋文公重用，姬姓韩氏走向了衰落，跌入低谷。其子韩厥由赵氏抚养，成为赵成子的家臣。韩厥是战国时期韩国真正的奠基始祖，他实现了姬姓韩氏的中兴。姬姓韩氏真正始兴于T型韩厥，这得益于赵成子对他的栽培。

为了更好地探究家族政权的兴盛，本书把韩、魏、赵在开国之前的首领性格类型整理如表6-4所示。

表6-4　韩、魏、赵开国前的首领性格类型分析

国家	开国所花时间	老虎性格	猫头鹰性格	孔雀性格	考拉性格	合计
赵氏首领	260年	4	2	0	3	9
		44%	22%	0	33%	100%
魏氏首领	258年	3	2	1	1	7
		43%	29%	14%	14%	100%
韩氏首领	306年	3	4	1	3	11
		27%	36%	9%	27%	100%

注：赵氏、魏氏的计算时间从晋文公开始，而韩氏从晋武公开始。

姬姓韩氏11任首领的性格类型中，T型3位，占27.3%，O型4位，占36.4%，P型1位，占9.1%，K型3位，占27.3%。事业导向型（T+O）占63.7%，内向型占63.7%。姬姓韩氏首领的性格特征是内向而事业导向，韩氏家族首领比魏氏家族首领更内向些，后者的内向型比例仅为42.9%；韩氏家族首领比赵氏家族首领也更内向些，赵氏的内向比例为

57.1%。韩氏首领比魏氏首领更严肃、更具逻辑性，思维更缜密。因为韩氏的O型比例为36%，高于魏氏家族的28.6%，也高于赵氏家族的22%，韩氏首领的外交技能远高于军事技能，善于借他人之力达到自己的目标。尽管韩氏做过晋国首席执政大臣中军将，却没有出过名将。魏舒首创中原步兵战阵，赵简子和赵襄子威震北狄。三晋同盟的奠基人是T型的韩厥，他保护了著名的"赵氏孤儿"赵武，让已经衰败的赵氏重新成为晋国六卿之一。O型的韩宣子把成为上军将的机会让给O型的赵武，这两份恩情让韩、赵两家长期保持盟友关系。韩宣子做中军将主持晋国大政时，坚持结好赵、魏的方针。此后，韩氏屡屡借魏赵两家的军事胜利来扩张自己的地盘。

在三家中，韩氏的T型首领最少，魏氏与赵氏的T型首领比例非常接近。嬴姓赵氏虽是文官能臣，但果敢快速、勇毅胆略型的首领，比魏氏多些。魏国的魏文侯被统计在建国以后，但作为T型的他，在建魏国前，执政魏氏42年。从严格意义上说，他要放在魏氏首领这个章节。如果是这样的话，T型魏氏首领与赵氏首领，数量上相同。但K型的魏氏首领，比赵氏、韩氏都要少得多。这也许是三家分晋时，魏国地盘最大、实力最强的原因所在。

赵、魏、韩在开国前，首领的性格类型有两大共同特点，第一，他们的P型首领很少。赵、魏、韩的首领可以理解为当今的职业经理人或者小股东，他们的P型首领均比较少，晋卿时期，赵氏没有P型首领，魏、韩两家也仅各1位。在残酷的竞争环境中，作为职业经理岗位，P型的首领很难胜出。第二，他们的事业导向型首领占比超过60%，赵氏为66%，魏氏为72%，韩氏为63%。T型和O型是事业导向型的性格类型。

二、战国时期韩国国君的性格类型探究

韩虔奋11世之余烈，创建姬姓韩国，国祚173年，历10世11位国君。韩国的国君史料记载不多，本书在史料基本为零的情况下，根据其谥号和名字来判断其性格类型。

第1任韩景侯韩虔，韩启章之子，在位9年，建都于阳翟。本书暂且判断他为O型。

第2任韩烈侯（韩武侯）韩取，景侯之子，在位13年。在位初期，叔父韩侠累任相国，大臣严遂与韩侠累争权结怨，严遂以巨金收买聂政刺杀韩侠累。韩烈侯和赵成侯联手解决魏武侯两个儿子争夺君位之事，但在最终方案上，两人意见不合，韩烈侯气呼呼地率先撤兵走人。本书认为，他是T型。

第3任韩文侯韩猷，烈侯之子，在位10年。司马迁说，他进攻郑国，占领阳城；进攻宋国，打到彭城，俘虏了宋国国君；进攻齐国，打到桑丘。本书认为，他是O型。

第4任韩哀侯，文侯之子，在位3年。他灭郑国，迁都新郑。司马迁说：哀侯六年，韩严弑其君哀侯。本书暂且判断，他是K1型。

第 5 任韩懿侯（共侯），哀侯之子，在位 12 年。本书暂且判断，他是 K 型。

第 6 任韩昭侯韩武，懿侯之子，在位 30 年。司马迁说："申不害相韩，修术行道，国内以治，诸侯不来侵伐。"他用申不害为相，进行改革，内政修明，国成小康之治，推行中央集权的君主专制体制，主张以"术"治国。申不害去世了，韩国的变法未能很好地延续下去。秦国派军队进攻韩国的军事重镇宜阳，将其攻克。他经历失败后，闭门不出。司马迁说，昭侯不合时宜造高门，被屈宜臼预知：昭侯不出高门。果真，高门建成，昭侯去世，终没出高门。本书认为，他是 O3 型。

第 7 任韩宣王韩康，韩昭侯之子，在位 21 年。即位后，中原局势日益混乱，诸侯更加频繁混战。韩国、魏国加上赵国、燕国及中山国在公孙衍的倡导下发起"五国相王"活动，互相承认对方为王，组成合纵抗秦联盟。韩、魏、赵、楚、燕五国联合进攻秦国，失败。他中陈珍的计谋，而不听相国公仲的劝告，与秦国断交，结盟楚国，放弃"一失换二得的计策"，损失巨大。本书认为，他是 P1 型。

第 8 任韩襄王韩仓，宣王之子，在位 16 年。司马迁说：与齐、魏王共击秦，至函谷而军焉。十六年，秦与韩河外及武遂。本书认为，他是 O1 型。

第 9 任韩僖王韩咎，襄王之子，在位 23 年。魏、韩两位襄王均在公元前 296 年去世，两国领导人换届，朝野没完成整合，军心不安，民心未定，政令不太畅通，组织战争的能力有所下降。秦国认为这是良好的战机，休整了不到一年就再次东伐魏韩。经过两年激战，魏韩连丢三城。秦将白起夺取了韩国三川郡重镇新城。韩魏两国不甘示弱，组建了 24 万大军反攻。两国联军背靠周王室，驻扎在洛阳的南面屏障——伊阙要塞，封锁了新城秦军北上之路。秦将司马错攻魏襄城时，魏昭王请求韩国支援，但韩僖王并未主动援魏。第二年，轮到韩国的武始、新城被秦兵围攻。魏国因对秦作战不利，也没出兵救韩。秦国先攻魏而后攻韩，显然是为了各个击破。

魏韩两国都是各打各的，直到第三年才痛下决心联兵抗秦。两国新君之间缺乏有效的交流，盟友关系不如先王在世时那么牢固。韩国是合纵的发起方，但魏国出兵多，魏将公孙喜（又名犀武）获得联军的指挥权。但两位新君没料到，这个人事安排为联军埋下了隐患。尽管公孙喜久经沙场，与韩军多次协同作战，但他对这次击秦心里没底。虽然他在垂沙之战中，遵照联军主帅齐将匡章的号令行动，在函谷关之战中又听从齐相薛公的指挥，率领魏军武卒冲锋陷阵、破军拔城。但他缺乏做 24 万大军主帅的战斗经验。打顺风仗问题不大，一旦碰上硬仗，他的协调指挥能力严重不足。魏韩二军之所以在过去 10 年中配合默契，是因为甘愿接受齐国盟主的统一指挥。有骁勇善战的齐军做主力，魏韩有打赢的信心，敢为大佬赴汤蹈火，以求瓜分更多战利品。换言之，魏军和韩军单独联合作战的经验其实很少。在齐将的运筹调度下，三国联军坚决执行作战计划，才没有给楚军和秦军留下可乘之机。韩、魏两国实力相当，骨子里互相不服对方。一旦没了共同认可的主心骨，双方很难保持行动一致。联军主帅公孙喜说服不了韩军主将暴鸢，两者因具体战术产生分歧，这种分歧而且被秦军统帅白起获知，魏韩联军被白起打败，两国损失惨重，两国的复兴从此无望。公元前280年，韩非子出生于韩国贵族之家。本书认为，韩僖王是K2型。

第10任韩桓惠王韩然，僖王之子，在位34年。在位时，秦国君主换了好几位。按理说桓惠王要发展壮大，还是有机会的。可他没有认清形势，刚继位时，就派兵去征伐燕国。背后有秦国虎视眈眈，却要远征威胁不大的燕国，消耗国力不说，还让秦国有机可乘。秦国征伐韩国，夺取了好几个郡县，他把上党郡献给秦国，一是想息事宁人请求秦国退兵，二是想把祸水外移，引发秦赵长平之战。他的堂哥韩非子多次要求推行法治，他不听，也没有任用韩非子。司马迁说：韩非子看到韩国渐渐衰弱下去，屡次上书规劝韩王，但韩王没有采纳他的意见。他在活着的时候就给自己起了谥号。

他采取"疲秦"战术，使水工郑国为间于秦，游说秦国开挖人工渠。秦王嬴政很快采纳郑国的建议，立即征集大量的人力和物力，任命郑国主持，兴建这一工程。在施工过程中，韩国"疲秦"的阴谋败露，秦王大怒，要杀郑国。郑国说："始臣为间，然渠成亦秦之利也。臣为韩延数岁之命，而为秦建万世之功。"秦王嬴政认为郑国说得很有道理，同时，秦国的水工技术还比较落后，在技术上也需要郑国，一如既往，加以重用。经过十多年的努力，全渠完工，人称郑国渠。司马迁这样说："（渠成）于是关中为沃野，无凶年，秦以富强，卒并诸侯。"千古愚蠢的"修渠疲秦"策略，却因秦王嬴政的远见卓识和明智，变成了"修渠富秦"工程。帮对手修渠以疲弱对手的策略，竟然在韩国高层决策集团中，始终无人提出异议。面对强邻的侵略，不去加强国防建设，整军备战，却派专家前去敌国兴修水利，增产增收。韩国由这些人管理，怎能不灭亡呢？本书认为，他是P2型。

第11任国君韩安，韩僖王之子，在位9年。他比秦王嬴政迟1年执政。秦国进攻韩国，韩国形势危急，他派堂叔父韩非子出使秦国，秦王嬴政却很赏识韩非子的才华，便把韩非子留下，请韩非子到秦国任职，韩非子的法家思想被秦王政所重用。张开地（楚汉时期张良的祖父）在韩国担任官职，先后辅佐昭侯、宣王、襄王三代君主，其子张平为僖王与桓惠王的宰相，史称张氏"五世相韩"。五代相韩，没能使韩国强大，反而走向灭亡，没有责任乎？本书认为，张良的父辈、祖辈对韩国的灭亡负有重大责任。这个史实，也说明张良的父辈、祖辈的才华和胆略一般，是政客，不是政治家，没能把韩王辅佐好。韩国灭亡时，张良已20岁（公元前250年出生），此时的张良，怎么没有为韩国做点什么呢？司马迁说，韩国灭亡时，张良年少。本书认为，20岁在古代不算小了。秦赵激战期间，韩安做观众而不备战，当秦国赢，心恐惧，当赵国赢，心狂喜。本书认为，他是K型。

韩国国君的性格类型路线如下：景侯韩虔（猫头鹰）01—烈侯韩取（老虎）02—文侯韩

猷（猫头鹰）03—哀侯（考拉）04—懿侯05（考拉）—昭侯韩武（猫头鹰）06—宣王韩康（孔雀）07—襄王韩仓（猫头鹰）08—僖王韩咎（考拉）09—桓惠王韩然（孔雀）10—韩安（考拉）11，如图6-12所示。

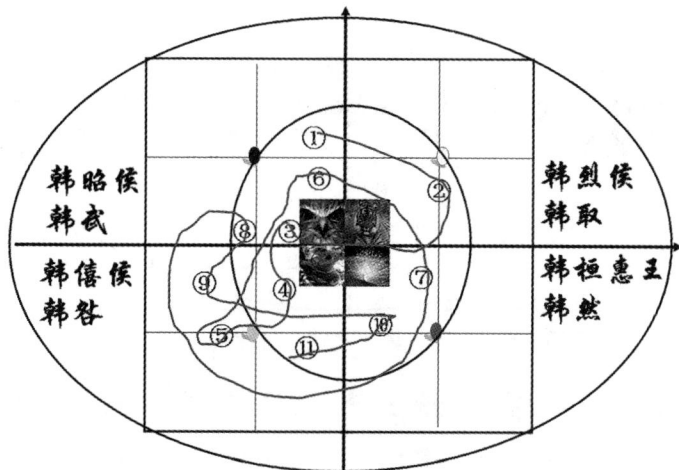

图6-12　战国时期韩国11任国君性格类型移动

11任韩国国君，T型1位，占9.1%，有血性的国君太少；O型4位，占36.4%，搞制度设计或科学技术或心计的国君比较多，远多于魏赵；P型2位，占18.1%，P型国君数和魏国一样，少于赵国，国家创新远不如赵国；K型4位，占36.4%，K型国君人数与魏国相同，远多于赵国，国家循规蹈矩和保守程度比赵国严重。内向型（O+K）国君占72.8%，比例非常高，高于魏国的63%。事业型（T+O）为45.5%，虽然高于魏国，但低于赵国的54%。

姬姓韩氏兴衰479年，历21世22位领导人，他们的性格类型移动路线如图6-13所示。

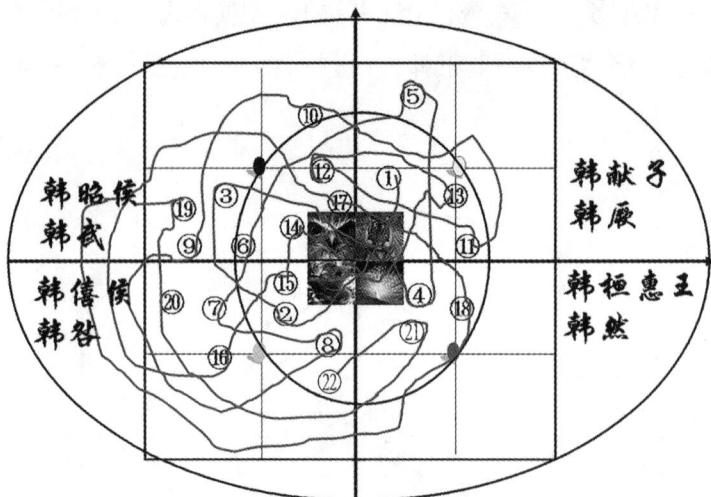

图 6-13 姬姓韩氏兴衰 479 年 22 任国君性格类型移动

为了更好地比较从晋国分出的韩魏赵三家政权的传承，本书把他们的首领性格类型做了归纳，整理成表，如表 6-6 所示。韩氏 22 任首领的性格类型中，T 型 4 位，占 18%；O 型 8 位，占 36%；P 型 3 位，占 14%；K 型 7 位，占 32%。事业导向型（T+O）为 54%，外向型（T+P）占 32%。韩氏首领是偏内向的事业型，尤其是立国之前，他们事业型的首领比较多。和魏、赵相比，韩氏的 T 型首领数量和魏国相等，比例不一样，但都远远低于赵氏的 40%。韩氏的 K 型首领数量多于魏国，比例很接近，但均高于赵氏的 20%。在中国正史中，赵氏家族的血性亮点和凶悍影响力远远高于韩、魏，赵氏最有血性，韩氏最严肃，魏氏最平和。魏氏首领的 TOPK 性格类型的比例是最均衡的，都在 20% 以上，接近平均值 25%，K 型相对多了一些。这就说明，在激烈的竞争环境里，性格类型均衡的国君不一定能胜任。

表 6-6 韩、魏、赵兴衰的领导人性格类型对比分析

国家	国祚	老虎性格	猫头鹰性格	孔雀性格	考拉性格	合计
赵氏首领	435	8	4	4	4	20
		40%	20%	20%	20%	100%
魏氏首领	436	4	3	3	5	15
		27%	20%	20%	33%	100%
韩氏首领	479	4	8	3	7	22
		18%	36%	14%	32%	100%

第七章

秦朝帝王性格类型移动轨迹

本章讲述嬴姓秦氏政权 38 位领袖的性格类型移动。秦氏政权分为秦国（地方政权、方国、诸侯国）和秦朝（全国性政权、中原性政权）两个时期，秦氏政权从附庸秦国到诸侯国秦国，再到秦朝。从附庸国到诸侯国，经历了 135 年，共 6 位国君。再经过 26 位国君的奋斗，历经 510 多年，建立秦朝，秦朝再经 51 年而亡。从地方政权（秦国）到中原政权（秦朝），历经 32 位国君奋斗，时间跨度为 549 年，超过商国到商朝的 470 多年，可见嬴姓秦氏从创业到鼎盛，何等艰辛！为了便于横向对比研究，本书分四个时期分析秦政权的国君性格类型：附庸小秦国、春秋时期秦国、战国时期秦国、灭掉周朝的秦朝。

秦人来自东方而成于西方，他们是商末战乱时西迁的华夏族一支，是赫赫有名的嬴姓部落。据《史记》等正史记载，秦人之母系祖先，是黄帝之孙颛顼帝之孙女女修。秦人的父系祖先，是少昊帝。少昊帝之来孙大费（伯益），因佐大禹治水有功，被赐嬴姓，娶姚姓之玉女为妻（舜的女儿）。其长子大廉为黄夷部落首领建黄国，经过夏朝，进入商朝，数十代佐商，嬴姓十四氏皆是商之诸侯。《史记》曰："遂世有功，以佐殷国，故嬴姓多显，遂为诸侯。"商周换朝之际，大廉的苗裔峨来这一支嬴姓部落，因忠于商朝帝辛而被周王室所厌弃。飞廉长子峨来为商朝捐躯，战死疆场，其直系后裔失去了嬴姓宗主之位。周朝取代商朝后，与殷商世代友好的嬴姓走向了衰落。在周成王的安排下，峨来之弟季胜担任飞廉族的嬴姓宗主。季胜的曾孙造父善御戎，为周穆王御，因助周穆王平定徐偃王之乱，封于赵城，其后裔以赵为氏。造父的族侄大骆（峨来之玄孙）善于养马，他的次子嬴非子受造父之荐，被周孝王启用为畜牧大臣，嬴非子掌管养马，因养马卓有成效，封于秦邑，被尊为嬴姓秦氏的始祖。秦、赵同宗，均属于嬴姓家族。

秦非子获封秦邑，是嬴秦家族走上政治舞台的第一步。嬴秦家族经历 684 年，在 36 位首领和君主们的带领下，从一个非常弱小的封邑（周朝附庸国），发展成了诸侯国，最终横扫六国，统一华夏，建立了中国历史上第一个大一统的帝国。整个秦氏政权，历 32 世 38 位领导人，国祚近 700 年（见图 7-1）。

一世　秦非子 T
二世　秦侯 K
三世　秦公伯 T
四世　秦仲 O
五世　庄公 T
六世　襄公 O

文公 P 七世
（静公）
宁公 T 八世／九世

春秋时期　T 2武公　3德公 O　1出子 K 十世

P 1躁公　2怀公 K 21世
昭子　4献公 T 22世
P 3灵公　5后惠公 T 23世
T 7献公　6出公 K 24世
孝公 O 25世

十一世　4宣公　5成公　6穆公 P
十二世　P 康公　　P 景公 15世　惠公 K 18世
十三世　K 共公　　O 毕公 16世　悼公 K 19世
十四世　O 恒公　　（夷公）17世　历共公 T 20世

惠文王 T 26世
1武王 2昭襄王 T 27世
孝文王 K 28世

庄襄王 O 29世
始皇嬴政 T 30世
P 少帝胡亥 ? 31世
O 秦末帝秦子婴 32世
（前207年）

战国时期

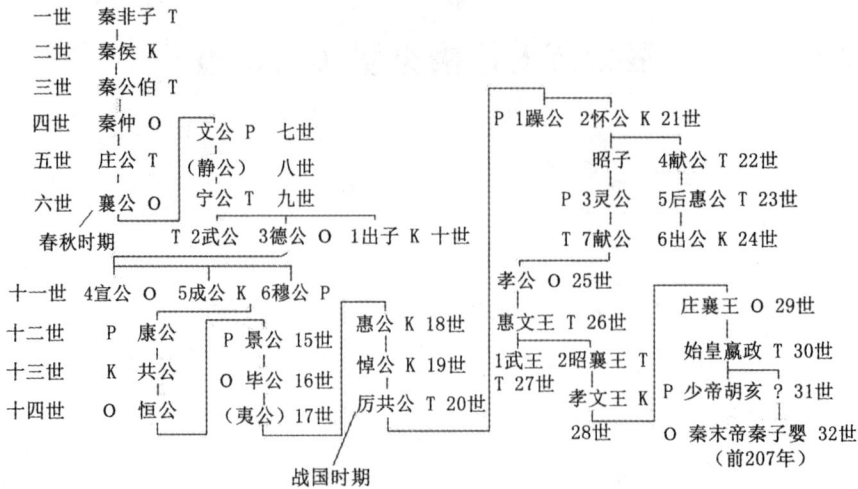

图 7-1　嬴秦政权的国君（王、帝）传承和世系

嬴秦为中华民族贡献了"牧马开国、秦仲忠周、庄公护周、襄公勤王、文公教化、穆公称霸、武公创县、一国两制、献公改革、孝公变法、法治秦国、惠王纵横、昭王灭周、始皇一统、华夏再造、胡亥败家、秦婴诛奸"等具有历史价值的伟大实践。

第一节　附庸国的秦国国君的性格类型探究

嬴姓秦人在 5 位卓越首领的带领下，历经 128 年的不懈奋斗，迎来了第 6 位国君秦襄公，他历经 7 年的卓越奋进，在公元前 770 年，让秦国从附庸小国晋升为公爵级诸侯国，秦国由此成为关中地区最重量级的诸侯国，与周朝的关东诸侯国并列。

嬴姓秦氏第 1 任首领秦非子，大骆之次子，造父之族侄孙，虞舜时期的伯益 16 世孙，商朝忠臣峨来的 5 世孙，秦国的开创者，在位 48 年。犬丘人告诉周孝王，秦非子极会养马，马只要一经他手，就会变得又肥又俊。周孝王便任命他为畜牧大臣，在汧水、渭水之间主管养马。他因养马有功被周孝王封有秦邑，继续为周王养马，虽然封地不足 50 余里，虽然为周朝的附庸小国，但嬴秦拥有了合法的根据地。秦非子被世人称为中国历史上最厉害的弼马温。周孝王说："昔伯益为舜主畜，畜多息，故有土，赐姓嬴。今其后世亦为朕息马，朕其分土为附庸。"司马迁说："复续嬴氏祀。泱泱大秦，自此开启。"嬴秦人在这块土地上，先建立根据地，积德行正，自强不息，开疆辟土，礼乐教化，厚德载物，一步一步实现伟大功业。本书认为，他是 T2 型。

第 2 任首领秦侯，秦非子之子，担任嬴秦首领 10 年，子承父业，牧马附庸，接踵增华。本书认为，秦侯是 K1 型。

第 3 任首领秦公伯，秦侯之子，担任嬴秦首领 3 年而战死。本书暂且认为他是 T 型。

第 4 任首领秦仲，秦公伯之子，担任赢秦首领 23 年。他迁都西垂，建西垂宫。他的伯高祖父大骆家族被西戎所消灭，周宣王任命他为大夫，令其率军进攻西戎。他在与西戎交战中，战死沙场。他为周朝伐西戎阵亡而忠烈报国。赢姓先祖的忠国精神再次得到了彰显，这次是忠于周朝。飞廉是秦仲的鼻祖，峨来是秦仲的远祖。赳赳老秦，英壮豪迈；保家卫国，团结御敌；西有大秦，如日方升。《诗经·秦风·无衣》曰："岂曰无衣，与子同袍。王于兴师，修我戈矛。"《国语·郑语》云："夫国大而有德者近兴，秦仲、齐侯，姜、赢之隽也，且大，其将兴乎？"他在位时期，秦国得到车马、礼乐和服侍的臣子，从此，秦国逐渐强大起来。《毛诗序》云："秦仲始大，有车马礼乐侍御之好焉。"史料赞曰："礼乐射御，西垂有声。"本书认为，他是 O1 型。

第 5 任秦庄公赢其（祺），秦仲之长子，担任赢秦首领 44 年。庄公兄弟，击败西戎，被周宣王封为西陲大夫，受赐大骆之族所居的犬丘之地。秦公重器《不其簋》记载了这件事，其铭文曰："唯 9 月初吉戊申。伯氏曰：不其，朔方獫狁，广伐西俞，王令我羞追于西。余来归献禽，余命汝御追于洛。汝以我车宕伐獫狁于高陶，汝多折首执讯。戎大同，从追汝，汝及戎大敦搏。汝休，弗以我车陷于艰，汝多禽折首执讯。伯氏曰：'不其，汝小子，汝肇海于戎工，锡汝弓一，矢束，臣五家，田十田，用从乃事。不其拜稽手，休，用作朕皇祖公伯、孟姬尊簋，用丐多福，眉寿无疆，永屯灵终，子子孙孙，永宝用享。'"这里的伯氏是庄公的伯父，在周王室任职，他就是受周宣王之命带领七千人马去秦地作战的统帅。"不其"，翻译成"了不起的其，大大的其"，是指赢其庄公。他五兄弟同心复仇，奉命再次征伐西戎，大获全胜，收复失地，领土首次扩张。本书认为，他是 T4 型。

赢姓秦氏首领的性格类型路线如下：赢秦非子（老虎）01—赢秦侯（考拉）02—赢秦公伯（老虎）03—赢秦仲（猫头鹰）04—庄公赢其（老虎）05。

秦国始于 T 型的赢秦非子，非子凭自己的牧马技术，获封为秦国开创之君，史称养马附周；K 型的赢秦侯，让赢秦小国得以齐心协力地壮大，史称护周封侯；T 型的赢秦公伯具有开拓精神，带领赢秦族人抵抗戎族的入侵，以武力治国，史称卫周封伯；O 型的赢秦仲，建立赢秦国的规章制度，为赢秦小国注入文教化的基因，史称秦仲独大；赢其接棒奋斗，武文并济治国，赢秦国逐渐成为陇西大国，成为西周抵御戎族入侵的中坚力量，史称庄公扩陇。赢姓秦氏一代代的使命都是一样的，即重振赢姓家族，创建赢姓大国。但每代的小目标是不同的，这些小目标都是为大目标服务的，而大目标是为使命服务；代代的风格和策略有所不同，而这些风格和策略都是为了大目标和使命。接任者不否定或推翻前任的功绩，而是感恩前任的努力，在前任的基业上，采取更好的方式前行。这就是基业长青的秘密所在，也是赢秦从附庸国经 5 世就成为诸侯大国的原因所在。武文互济，各得其所，性格补台，五世昌大。

第二节　春秋时期秦国国君的性格类型探究

从公元前 770 年秦国晋级为伯爵国到公元前 475 年战国时期，共 295 年，历 13 世 16 任国君。秦人在 16 位国君的带领下，不断壮大发展，尽管其间也有挫折和失败。襄公之前的秦国，和魏韩赵分晋之前的魏韩赵有所不同，前者是周朝的附庸国，后者是晋国的卿大夫封地。

秦国第 1 任国君秦襄公嬴开，庄公之次子，秦非子五世孙，在位 12 年。其胞兄嬴世父，擅长军事，主动把家族首领之位让给嬴开。世父让位，襄公主政；兄弟搭档，补台共治；西周灭亡，大秦崛起。这是嬴姓秦氏家族崛起的密码。他即位之初，把胞妹缪嬴嫁给西戎丰王做妻子（一说，丰王为周王室宗亲，以联姻姬周提高政治地位），以怀柔分化戎人。他迁都汧邑。西戎包围犬丘，世父反击，最后被西戎俘虏。过了一年多，西戎放还世父。

西周的逐渐衰亡，为秦氏家族走上历史舞台创造了历史性机遇。周幽王被西戎所攻杀，西周灭亡。秦襄公审时度势，赤胆忠心，奋起勤王。他亲自带兵护送周平王东迁。这一次勤王与护驾，是秦国崛起道路上非常重要的环节，嬴秦完成了从附庸小国到独立自主的诸侯国的转变。襄公之前的秦国，没有外交权力。襄公勤王之后，被赐封岐山以西之地，国土疆域扩大了，这才有了外交权力。从此，秦国合法地和其他诸侯国互通使节，互致聘问献纳之礼。史学家把襄公作为秦国的开国之君，也是有道理的。他具备两大政治素质：第一，他有政治眼光，知道这是一次历史机遇。第二，他有政治魄力，敢于带兵救驾。别人不去救我去救，别人不来我来，别人不打我打。他抓住了这次历史机遇，勤王作战非常有力，立下了赫赫战功。平王东迁后，为了报答嬴开的救援，遂封其为诸侯，并把自己现在守不住、将来也管不了的岐山以西的大片土地赏给了他。周平王对他说：犬戎不讲道义，屡屡侵夺我岐丰之地；如果秦能攻占其地，驱逐犬戎，就把岐丰之地封给你们。周平王还赐予嬴开以公爵位。他得到了两样珍贵的礼物：一是立国封侯，二是占领西戎之地。

他奋五世之余烈，通过"嫁妹和亲、迁都汧邑、勤王救周，护王到洛"等战略决策，让秦国快速发展，获爵国列为诸侯。嬴姓家族，自古就信仰祖先，感恩祖先。据《史记》记载，嬴开在获得公伯爵位后，作西畤祭祀白帝。白帝者，少昊，少暤也，掌管西方之天神也，青阳氏，黄帝之长子，传位于侄子颛顼。少昊是嬴姓父系祖先，颛顼是嬴姓母系祖先。伟大的嬴开，祭祀祖先，不忘祖志，以祖为榜样，立足西方，以图大业。国之大事，在戎与祀。而嬴开军事和政治皆通，枪杆子和笔杆子均行。公元前 766 年，嬴开病逝在讨伐西戎的征途中，为秦国壮大而死在沙场，伟哉。归葬故地西陲，伟哉！司马迁说："（襄公）伐戎而至岐，卒。"本书认为，嬴开是O1型，其胞兄嬴世父是T2型。

第2任秦文公，襄公之次子，在位50年。东征迁都，文公治律，接棒奋斗，军事和政治一起抓，秦国始为周朝西部强国。即位后，他没有马上像其父襄公那样拓展领土，驱逐西方的部落，而是静下心来，巩固秦国新近占有的土地，收揽民众，发展经济，教化百姓，繁衍生息。他下令营建城邑，迁都汧邑；他梦黄蛇而作鄜畤，用三牲郊祭白帝焉。公元前753年，他设史官以纪事（比鲁国的国史《春秋》纪事早30多年，秦国的第一位史官是史敦），使百姓受到教化。司马迁说："民多化者。"史官制度的设置，标志着秦国在坚持"武治驱使"的同时，开始了"文治教化"，为今后的"法治管理"打下了基础。

积蓄力量之后，他率领军民奋力征伐西戎，大败西戎，将西戎彻底从原本属于周王室的土地上驱赶出去，收编周朝遗民，扩地至岐以西，司马迁说："（文公把）岐以东献之周。文公十九年，作陈宝鸡鸣祠，祭祀鸡鸣神也。"《太平御览》云："黄帝之时，以凤为鸡。鸡者，凤也，嬴姓远古时期图腾也，与远古崇尚鸟的精神相应也。陈宝鸡鸣祠，崇奉先祖也。鸡鸣日出，带来光明；晨鸣山头，声闻三里；闻鸡起舞，天道酬勤。祭祀鸡神，崇尚勤劳也；鸡者，明晓不失时，信德也，祭祀鸡神，崇尚信德也。人间陈宝，鸡神之德。"文公遵守襄公和周平王的约定，把岐山之东的土地献给周平王。守约还土，嬴姓秦氏家族，忠信之典范。

他制定罪诛三族的刑法（首创三族连坐法）。公元前712年，他为长孙嬴立迎娶鲁国公主为妻，与东方诸侯联姻。这是秦国联姻东方诸侯最早的记载，首次联姻就选择了文化最先进的鲁国。有道是："渭水河畔扬秦旗，骏马背上抱鲁姬。"这足以说明，他深谋远虑，贻谋孙裔。秦国历经庄、襄、文三代的励精图治，扩土集民，经过106年的接力奋斗，实现了由弱到强。从此，秦国立足关中，面向关东和蜀楚，进入了关中时代，三代君主，为嬴秦的昌盛并最终称霸西戎奠定了坚实的基础。本书认为，他是P2型。

第3任秦宪公（宁公）嬴立，文公之长孙。在位12年，享年21岁。他是秦国第一个娃娃国君，8岁的嬴立以长孙的名义接班，属于隔代接班。他披荆斩棘，东出陇山，挺进关中，迁都平阳。他对外两手抓，一方面亲近周天子，与周桓王建立联盟关系；另一方面掠夺犬戎部族，丰富秦国资源。他派兵夺取亳戎的荡社（汤杜），他俘虏芮国国君芮伯万。《左传》云："秋，秦师侵芮，败焉，小之也。冬，王师、秦师围魏，执芮伯以归。"此时的秦国，是周天子的维和先锋，帮助周天子教训一些不听话的小诸侯国。公元前707年，周桓王嫁女儿给宪公为妻。既联姻鲁国，又联姻周天子，若处置不好，将产生内患。他英年早逝，继任人年龄太小，大臣权力相对过大，造成了嬴秦建国以来的第一次内乱危机：顾命大臣擅自废长立幼。本书认为，他是T2型。

第 4 任秦出子嬴曼，其母王姬，宪公之幼子。在位 6 年，享年 11 岁。属于权臣废长立幼而接班，是秦国第二个娃娃国君。宪公死，王姬干政，大庶长弗忌、威垒等三父（三位顾命大臣）废太子，拥立 5 岁的嬴曼为君，王太后和权臣辅政，嬴秦进入第一次内祸危机期。出子六年，三父等人合伙派人谋杀嬴曼（秦国第一次臣弑君事件），史称三父之乱。对于秦非子而言，在第 10 世发生接班危机，对于秦襄公而言，在第 5 世发生接班危机，秦国第一次发生废立太子，第一次发生臣弑君，这两大丑事均在第 4 任国君任上发生，造成很不好的影响，给东方诸侯找到了野蛮落后的把柄。引发这个危机的，恰恰是那些自诩文明的周天子的女儿，而不是秦人嬴姓父系，宪公的儿子争夺君位，根因是他的妻子王姬和鲁姬，一个是周王女儿，一个是鲁公女儿。按照当时的伦理礼制，鲁姬先嫁给宪公，是正妻，王姬后嫁给宪公，是宪公的第二个妻子，但王姬是周王的女儿，身份比鲁姬高。她们如果不涉政，相安无事，但一旦涉政，就鸡飞狗跳。这个时候的东周和东方诸国，废立太子和弑君事件早就成风了。原本联姻周王室和鲁公室，为的是提高秦的政治地位，引进更先进的文化和礼制，没想到引进了骨肉残杀、内乱夺位的坏风气。秦国第一次跌入低谷。本书一般把 10 岁以下的国君认为是考拉型，因此嬴曼是 K 型，他的兄长弗忌是 T 型。

第 5 任秦武公嬴说，其母鲁姬，宪公之长子，宪公立的太子。在位 20 年，享年 34 岁。14 岁的他掌舵秦国，接班之路，坎坷不平，本是父死子继，变成弟终兄及，本是太子接班，变成权臣拥戴下的复位接班。司马迁说："（嬴说 14 岁）伐彭戏氏，直抵华山下。"《史记》云："（嬴说 16 岁）诛三父等而夷三族，以其杀出子也。"他集大权于王室，结束了长达 10 年的三父之乱。前 688 年，嬴说创制县治，开启全新的地方管理体制，置县固本，史称武公创新。他伐邽戎、冀戎，开始设邽、冀为县。邽县和冀县是《史记》记载的最早的县，世人称为天下第一县。前 689 年，设杜、郑为县，同年灭小虢。秦国势力达到关中渭水流域，初步统一了关中地区。在东拓关中之后，他用 9 年时间进行两个部署：巩固和发展新地，巩固和发展陇右老根据地（嬴姓秦氏家族发家地），史称武公"东西布武，雄烈大略"。他去世时，没有立儿子嬴白（嬴白封平阳，也许是嬴白年龄太小的缘故，白起是他的后裔）为接班人，而是立胞弟嬴嘉为接班人。两经废立的嬴说，以秦国社稷为重，打破了周礼的嫡长子继承制度，没有选择年幼的儿子嬴白接班，而是让年龄较大的胞弟嬴嘉来接班。在统治者寿命太短或生育能力不强的情况下，兄终弟及的传承是个比较稳妥的办法。据《秦公镈》铭文记载，秦（武）公曰："我先祖受天命，赏宅受国，烈烈昭文公、静公、宪公，不惰于上，昭答皇天。"这说明嬴说是以先祖为榜样的志向远大的明君。武公中兴，力挽狂澜，诛杀权臣，终结三父之乱；开疆辟土，统一关中，创制县治，明智立嗣。本书认为，嬴说是 T2 型。

第 6 任秦德公嬴嘉，其母鲁姬，宪公之次子，武公之胞弟。在位 2 年，享年 34 岁，属于兄终弟及的正常接班。32 岁的他为秦国国君，即位元年，迁都雍城。司马迁说："雍之诸祠自此兴。用三百牢于鄜畤。作伏祠。"公元前 676 年，德公确定三伏节气，用在城门杀狗的方法来祛除热毒邪气。《史记》云："初伏，以狗御蛊。"他首开中华民族的伏日祭祀，修建伏祠，创建"入伏"节日概念和习俗。本书认为，他是 O3 型。

第 7 任秦宣公嬴恬，德公之长子，在位 12 年。在位期间，周王室内乱，他韬光养晦，不插手周王家事（不勤王），不干涉他政，专心发展自己，把自己做大做强。秦国有了四年的和平发展，巩固已占有的新地。司马迁说："四年，作密畤。"他在渭水以南"作密畤"，祭祀青帝（太昊、伏羲）。司马迁说："（宣公）与晋战河阳，胜之。"秦国第一次与晋国开战，取得了首场胜利。这是秦国和东方诸侯的第一次战争，意义非凡。秦国自他开始记录闰月。嬴恬有 9 个儿子，但没有让他们接班，生前确立胞弟嬴载接班。也许是基于武公同样的考虑，因为自己继位时间短，虽有九子，但年龄均偏小。本书认为，他是 O4 型。

第 8 任秦成公嬴载，德公之次子，宣公之胞弟，在位 4 年。他是兄终弟及的正常接班。他生有 7 个儿子，但也没有让他们接班，生前就立胞弟嬴任好为接班人。德公在公元前 710 年出生，宣公是其长子，如果德公是 15 岁生育宣公，那宣公是公元前 685 年出生，他继位时只有 10 岁。这样的话，宣公去世时，只有 22 岁。成公是宣公的胞弟，如果以宣公大 1 岁于成公，那么成公继位时也只有 21 岁，他去世时，也就是 25 岁。据此，本书认为，嬴载去世早，在位时间太短，虽有七子，但年龄都偏小。嬴姓秦氏以国家利益为重，在因年龄小造成继任危机时，他们采取兄终弟及传承模式给予化解。嬴姓秦氏是一个善于吸取经验教训的家族，他们都在努力避免秦出子事件。本书认为，他是 K2 型。

第 9 任秦穆公嬴任好，德公之少子，宣公、成公之胞弟，秦非子十世孙，襄公五世孙。在位 39 年，他是正常的兄终弟及的接班，晋献公的女婿。继位后，开秦国任用客卿制度之先河，任用百里奚、蹇叔、由余（O 型）为谋臣，击败晋国，俘晋惠公，灭梁国、芮国、滑国等。他协助晋文公回到晋国夺取君位，以实现秦晋之好。晋文公死后，联盟瓦解，秦晋失和而对抗。他本欲东进，到中原完成霸业，但崤之战和彭衙之战中均被晋军击败，三将被俘，秦军全军覆没，秦东进的路，被晋国牢牢地扼住。他果断掉头向西发展，采纳由余的计划谋略，逐渐灭掉西方戎人所建立的 12 个国家。他对戎人的胜利，周襄王赐金鼓以祝贺，希望他播鼓继续向戎人进攻；他出兵攻打西戎，开辟国土千余里，周襄王任命他为西方诸侯之伯，称霸西戎。司马迁说："（穆公）用由余谋伐戎王，益国十二，开地千里，遂霸西戎。"孔子赞穆公曰："其国虽小，其志大；处虽僻，而其政中。其举也果，其谋也和，法无私而令不愉，首拔五羖，爵之大夫，与语三日而授之以政。此取之，虽王可，其霸少矣。"

他的高管班子组成如下：礼乐方面由内史廖（O 型）负责，外交方面由公孙枝（P 型）

负责，农业和政治方面由百里奚（K型）和蹇叔（O型）负责，军事方面由百里视（T型）、蹇术（T型）、蹇丙（T型）负责。穆公举贤任能，三立晋君，欲图霸中原而未成，转向图霸西戎，明智也，秦国成为春秋四大强国，发展到新的高度。图霸中原而未成，何也？时不给也，顶级的军政人才缺也。宋代诗人王十朋创作《秦穆公》诗曰："秦穆平生善用兵，孟明三败始功成。"本书认为，穆公是P1型。

第10任秦康公赢罃，晋献公的外孙，穆公之子，在位12年。他送晋公子重耳回国，送到渭阳，作诗《诗经·秦风·渭阳》曰："我送舅氏，悠悠我思。"在位期间，秦国与晋国多次发生战争，基本上是平手。他主要把精力用在巩固新占领的西部地区，经营秦国的大后方。本书认为，他是P2型。

第11任秦共公赢稻，康公之子，在位4年。《吕氏春秋》中所谓的秦三公就是指秦穆公、秦康公、秦共公三人。穆公雄霸，知进退；康公守成，慕中华；共公低调，懂战略。据秦石刻《诅楚文》记载，秦王祈求天神保佑秦国获胜，诅咒楚国败亡。开篇就说："昔我先君穆公及楚成王，是勠力同心，两邦若一，绊以婚姻，衿以齐盟。曰叶万子孙，毋相为不利。"开篇说的是，秦穆公与楚成王联姻，结成盟国，秦楚之间的外交关系自此开始建立。这表明，自穆公开始，秦国通过联姻实施联楚制晋的战略。共公和其父康公，坚守这一战略。本书认为，他是K2型。

第12任秦桓公赢荣，共公之子，在位28年。在位期间，晋打败秦军。楚庄王大败晋师于邲，晋国霸业骤衰，他进攻晋之肋，不想被令狐文子大败于辅氏。哀哉！泱泱大秦，竟不及于晋一魏氏之族。晋厉公刚即位，就与他隔着黄河会盟。他返回秦国不久，邀请楚国与翟人合伙策划攻打晋国，楚国却拒绝了秦国的橄榄枝。《左传》曰："晋侯先至焉，秦伯（秦桓公）……不肯涉河。"晋侯使吕相绝秦。

他的外交不及晋景、厉两公，秦国树敌太多，蒙冤很久。晋国击败翟人后，晋厉公率四军八卿攻入秦国，大败秦军于麻隧，联军一直追到泾水才回去，诸侯之师扬威于关中，晋国的合纵连横战略获得了空前成功。秦晋的麻隧之战，秦国数万军队丧于晋人之手，秦国几代君主积累的有生力量被消耗了很多，秦桓公的心灵受到巨大伤害，不久驾鹤西去。四代秦君力图从晋国打通东进之路的梦想或目标，再次受挫！秦国的东进之路依然被晋国封死，秦国第二次跌入低谷。本书认为，秦桓公是O1型。

第13任秦景公赢石，桓公之子，在位40年。即位后，他继续奉行联楚攻晋的方针，将妹妹嫁给楚共王。秦楚联手两次，攻打晋国，取得小胜。晋悼公率领的14国诸侯攻伐秦国，他放毒于泾水，毒杀了很多晋国联军士兵，晋国联军退走。他发明的投毒战，避免了其父亲的麻隧之战的惨败。晋悼公复霸中原，诸侯归心，赢石无力与晋国周旋。晋楚实现弭兵之盟，他着力改善与晋国的外交关系，双方重温秦晋之好。他入晋，与平公盟。《春秋秦公簋》铭曰："丕显朕皇且，受天命鼏宅禹迹，十又二公，在帝之坏。严，恭夤天命，保业厥秦，虩事蛮狄。余虽小子穆穆，帅秉明德，烈烈桓桓，迈民是敕。咸畜胤士，盍盍文武，镇静丕廷，虔敬朕祀。作吻宗彝，以邵皇且，其严御各，以受屯卤。多厘眉寿无疆，畯疐在天，高弘有麟，灶有四方。"铭文内容记载秦国已历十二代，威名远震；他继承其祖先功德，抚育万民，武士文臣，人才济济，使自己永保有四方，乃作此器以为颂。他多次打败晋国，秦国终于止跌回升，秦国的国势再度有了些起色。本书认为，他是P2型。

第14任国君秦哀（毕）公赢籍，景公之子，在位36年。即位后，侧重内政，努力休养生息，致力于发展经济和军事。他嫁妹为楚王妻。吴国攻陷楚国国都，申包胥向秦国求救，七日不食，日夜哭泣，申包胥先提到秦楚的姻亲关系，再提到秦楚是唇亡齿寒关系，晋吴是联盟等，最终说动了他，他动容道："楚虽无道，有臣若是，可无存乎？"于是唱《无衣》一曲，派兵救楚，击败吴军，帮外甥楚昭王成功复国。由于太子（史称秦夷公）比他去世早，他立太子之子为秦君。申包胥为楚哭于秦廷，秦公明心高唱无衣，千里救楚击退伍子胥，秦国袍泽之情而威震华夏。本书认为，他是O4型。

第15任国君秦惠公赢宁，毕公之孙，在位9年。他属于隔代接班，是秦国第二个以长孙接班的国君，本书暂且判断他是K型。

第16任秦悼公赢盘，惠公之子，在位15年。悼公七年，老子李耳进函谷关，隐终南山，著《道德经》。悼公十三年，孔子去世。惠、悼两代，没有启动对外的扩张战争，也没有敌国的入侵，秦国相对安宁，他们致力于秦国内政，继续积聚实力，发展经济和军事。他扩建了国都雍城。本书认为，秦悼公是K1型。

春秋时期秦国国君的性格类型路线如下：襄公赢开（猫头鹰）01—文公（孔雀）02—宪公赢立（老虎）03—秦出子赢曼（考拉）04—武公赢说（老虎）05—德公赢嘉（猫头鹰）06—宣公赢恬（猫头鹰）07—成公赢载（考拉）08—穆公赢任好（孔雀）09—康公赢鎈（孔雀）10—共公赢稻（考拉）11—桓公赢荣（猫头鹰）12—景公赢石（孔雀）13—毕公赢籍（猫头鹰）14—惠公赢宁（考拉）15—悼公赢盘（考拉）16，如图7-2所示。

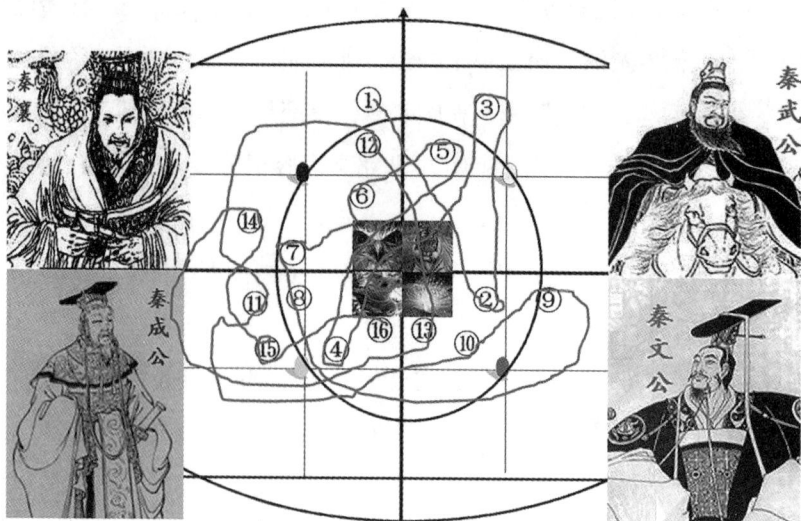

图 7-2　春秋时期秦国 16 任国君性格类型移动

春秋时期，相对楚国而言，秦国是追赶者。秦君的性格类型和楚王相比，是怎么样的呢？如表 7-1 所示，这个时期，两个国家的国君数量相当接近，秦国国君为 16 位，楚国国王为 17 位。这个时期，楚国有 6 位 T 型国君，秦国的 T 型国君只有 2 位，远远少于楚国。楚国喜欢争霸，武力开拓疆域。在春秋时期，楚国的疆域迅速扩大，为疆域面积最大的诸侯国。O 型的秦君为 5 位，比 O 型的楚王多 1 位，这意味着秦国的制度建设有好于楚国的可能，因为 O 型的领导者，擅长规章制度的创建。也可说明，秦君比楚王会理性些，会用谋略些。P 型的秦君为 4 位，比 P 型的楚王多 1 位，P 型的领导者，容易走极端，要么创新、坚持梦想、积极、乐观，擅长化危险为机会，鼓舞和激励国人；要么空谈、享受、追求豪华、爱面子、务虚过度等。K 型的秦君有 5 位，也比 K 型的楚王多 1 位。K 型的领导者，擅长团结和协调，富有人情味，主张稳健发展，路遥知马力。这个时期，秦君和周王室的关系，要好于楚王和周王室的关系。

表 7-1　春秋时期秦君和楚王的性格类型对比分析

性格类型		老虎性格	猫头鹰性格	孔雀性格	考拉性格	合计
秦国		2	5	4	5	16
		13%	31%	25%	31%	100%
楚国		6	4	3	4	17
		35%	24%	18%	23%	100%

事业型的秦君占 44%，人际型的秦君高达 56%；事业型的楚王为 59%，人际型的楚王为 41%。正因为国君性格类型的差异，以及他们性格类型移动的轨迹不同，秦国和楚国的发展态势才出现了差异。秦国较为温和稳健，楚国强势推进，大起大落。秦君相对内敛平和，楚王相对急躁霸道。秦国的接班也相对平稳，在春秋中期仅出现过一次大内乱，在

后期一直很平稳。楚国的接班，在春秋时期多次出现内斗，内乱很严重。楚国的强大超过秦国，但在文化教化、国家的平稳方面不如秦国。搞文化建设，是P型领导的特长。秦国祭祀少昊帝、太昊帝等，而楚国就没有。祭祀会带来国家的凝聚力，秦国的凝聚力超过楚国，原因就在于此。在文化建设领域，秦国胜过楚国。这个时期的楚国，相对秦国来说，霸道易怒，发展的连贯性差，人治的成分多，楚国善破而不善立。楚国在春秋时期的强大，在于其国君具有拼搏的血性和胆量，在于T型的国君、事业型的国君超过了半数。

第三节　战国时期秦国国君的性格类型探究

春秋时期的秦国，自穆公开始，虽然继续发展壮大，但相对中原晋、齐和南方的楚国、东方的吴越来讲，是落伍的。秦国再也没有取得穆公那么大的威望和成就，尽管景哀两公有短暂的中兴。秦国在缓慢发展过程中进入了战国时代，历8世12任。在大国中，其大政方针相对保守，没有什么大的气象。厉共公带领秦国进入战国时期，雄了一把后，秦国又进入60多年的相对衰落时期。秦国进入战国时期，属于中开低走，直到赢连担任国君，开启了中开高走时期，他果敢地启动新的改革，秦国止跌回升。孝公趁势而为，任商鞅为大良造，实施了震惊世界的变法，商鞅变法卓有成效，秦国由此称雄华夏。秦国东出志向，得到了全新制度的保障。统一华夏战争就成了秦国的基本国策，成为历代接任者的核心价值观，他们执政的第一目标和使命。经孝公、惠文王、武王、昭襄王三代努力，灭掉了周朝，开启了秦朝；再经孝文王、庄襄王、始皇三代奋进，实现了他们的使命，建立了中华第一帝国。

第17任（战国时期第1任）秦厉共公赢刺，悼公之子，秦非子19世孙，襄公14世孙，在位34年。即位后的前14年，没有与外发生战争，赓续了惠悼两公的休养生息政策。这期间四方来贺，有蜀国、楚国、义渠、绵诸、晋国等大国来邦交。这些国家来到秦国，或是探听秦国的实情，或是因秦国帮助楚国成功复国而心生敬畏。司马迁说："厉共公二年，蜀人来贺。"在位的后20年，赢刺经常发动战争。司马迁说："（厉共公）十六年，堑河旁。以兵二万伐大荔，取其王城。二十一年，初县频阳。"他打败西戎强大部落大荔，占其国都；他讨伐绵诸，设频阳县，筑城南郑，征伐义渠获胜；他嫁女儿给越国国君，秦越联姻。

在战国开局之际，他的开拓性、创新性和前瞻性远不如魏文侯等人，中原诸侯发生了巨大变化，很多国家通过变法而崛起，如魏文侯的变法，开启了新变法图强的先河，战争的性质变成了灭国绝祀。战国初期，秦国进入四战境地，西有绵诸，北有义渠，东有大荔、魏韩楚，南有蜀巴。这些国家都在快速发展，国际形势变化莫测。他在战国开局之际，采取老一套做法，有两个大功绩：一是南下汉中，占据汉中十年。虽然后来汉中得而复失，但这给后来的秦军提供了宝贵的经验。二是兵锋北指，与义渠一场大战，俘虏义渠王。南下汉中，开辟秦国第二条东进路线，这是非常具有战略性的举措，尽管第二条东进路线会遇到蜀国和楚国的阻扰。汉中是一个很好的粮仓，为军事战争提供丰厚的物质保障。他的文治武功，让秦国在战国初期就出现了中兴的气象，晋、楚、蜀、越等大国来朝。这种中兴是在建立在人治的基础上，是在原有制度下取得的最后的好成绩，然而人走政亡。新的制度在中原地区，已经在萌芽、成长。本书认为，秦厉公是 T4 型。

第 18 任（战国时期第 2 任）秦躁公嬴欣，厉共公之子，在位 14 年。即位后，秦国不仅没有巩固厉共公的中兴气象，反而进入了长达 60 年的多事之秋。蜀国北伐收复汉中，秦国无法组织有效的反攻。接着义渠下山报复，一路攻到渭水河畔，关中震动。他去世后，其弟嬴封由庶长（庶长，在秦国既是爵位又是官位。由嬴姓家族成员担任，属于公族贵族）从晋国迎入并拥立为君。秦国历史进入著名的"四代乱政，诸侯卑秦"年代，长达30 多年，秦国宗室内斗，公子争位，国力相对滑坡。这段时间是秦国进入战国以来最危险最黑暗的时期。本书认为，秦躁公是 P2 型。

第 19 任（战国时期第 3 任）秦怀公嬴封，厉共公之子，躁公之弟，在位 4 年。"海归"的他在秦国执政水土不服，秦庶长嬴鼉（晁）联合其他贵族逼他自杀（秦国第二次臣弑君事件，虽然是逼君自杀）。由于太子嬴昭早卒，大臣拥立怀公之孙接班。怀公是秦国历史上第一位被迫自杀的国君。这段时期，秦国的国君实权最弱，有名无权。本书认为，秦怀公是 K 型。

第 20 任（战国时期第 4 任）秦灵公嬴肃，嬴昭之子，怀公之孙，在位 10 年。这是秦国历史上第三次隔代接班。嬴肃即位的第一年迁都泾阳，他在吴阳建上畤时，祭祀黄帝；建下畤时，祭祀炎帝。他通过国家级祭祀炎、黄两帝，凝聚国家力量，对秦国渊源出处也给予了官方的说法：嬴姓秦国以炎、黄两帝为始祖，祭祀炎黄二帝，对秦国横扫六国，一统天下，颇有助益。他开创了公祭炎黄，理顺并弘扬了血缘文化，是第一个把炎黄两帝作为中华民族的共同祖先进行国家级祭奠的诸侯国君。这一年，魏文侯任李悝为丞相，领导魏国进行全方位的变法，史称李悝变法，魏国迅速强大。魏文侯派兵渡过黄河修筑少梁城，嬴肃派兵干涉，两军交战两年，最终魏军获胜，魏军继续修筑少梁城；秦军则沿黄河修筑防御工事，阻止魏军西进。他派兵修补繁庞，在籍姑筑城防守魏军。他去世时，世子嬴连只有 5 岁。本书认为，他是 P2 型。

第 21 任（战国时期第 5 任）秦简公嬴悼子，怀公之子，嬴昭之弟，灵公之叔父，在位15 年。灵公去世后，秦国重臣拥立在魏国的嬴悼子回国继位。15 岁的简公即位后，迁都回雍城。他在政治、经济上进行了一定的改革。允许官吏、百姓带剑，打破了只有贵族才能带剑的特权。他推行初租禾政策，按土地亩数征收租税的政策，承认"私田"的合法性。公元前 403 年，魏韩赵正式列为诸侯，魏韩赵进入发展的快车道，尤其是魏国，一马当先，声威骤振。

秦国权臣乱政，这是秦国的大不幸，怀、灵、简三位秦君建树都不大。不幸中的万幸，他们也没有犯下根本性错误，也尝试了一些改革，如灵公的祭祀改革，简公的政治经济改革。这些改革是零星而散乱的，没有触及军事和制度，秦国真是浪费了光阴。他在位期间，魏军三次打败秦军，秦军继续向西退守，在重泉筑城防守魏国。本书认为，他是T型。

第 22 任（战国时期第 6 任）秦后惠公嬴仁，简公之子，灵公之堂弟，在位 13 年。简公、后惠公屡屡攻魏，意欲夺回西河之地，皆被吴起所败，吴起乘胜攻入关中，势如破竹，秦不能敌。后惠公起兵 50 万与魏军决一死战，吴起在阴晋一战中，以 5 万之卒大败秦军，秦国此战大败，再也无力抵抗三晋的攻势。幸运的是，三晋中赵国不满魏国的压制，赵魏反目，三晋联盟瓦解。魏国结怨于诸侯，秦国的压力大减。嬴姓赵氏救了嬴姓秦氏。秦国失去河西的领土，但也夺取了蜀国南郑，保住了南边的粮仓和秦国东进的第二条通道。汉中从此一直归秦国管辖。本书认为，他是T2型。

第 23 任（战国时期第 7 任）秦出公（亦称秦少主）嬴昌，后惠公之子，灵公之族侄，在位 2 年。简公对贵族专权展开大刀阔斧之变革，后惠公继承父亲遗志，推动秦国政策调整，民间对恢复当年穆公时期不拘一格用人才和运筹帷幄图霸业的呼声日趋强烈，虽然后惠公在与魏国之战中落败，但并不影响国内的变革之势。秦国历代继承者，基本上延续了雄才伟略的抱负和谋划国政的本事，大凡在位者即便稍有过错，也绝非懵懂无知之人。但后惠公的继任者是个不到两岁的孩子嬴昌，他是秦国历史上的第三个娃娃国君。他即位后，由其母亲主持朝政，专权且重用宦官与外戚，"群贤不说自匿，百姓郁怨非上"。这个时候，魏、韩、赵、田齐都已经崛起。公元前 385 年，左庶长嬴改等大臣发动政变，将出公嬴昌及其母沉到渭水，迎立"海归"（从魏国回国）的嬴连（灵公的太子）为秦君。自躁公之后，到出公在位，嬴姓大臣专权，数易君主，国政不稳，秦国相对日衰。魏国趁势进攻，秦国河西之地尽失，完全被压缩到陇山以东、洛河之西、秦岭以北的渭河平原地带，有被魏国灭国之难。本书认为，嬴昌年幼，此时性格难定，不能主事，以K型视之，其母亲是T型。

第 24 任（战国时期第 8 任）秦献公嬴连，史称秦元王，灵公之子，出公之族兄。在位 24 年，享年 63 岁。他的继位，为长达 50 多年的四代乱政画上了句号。40 岁的嬴连属于壮年接班，即位后，开始五大变法改革：一是废除殉葬。他颁布法令，废除在秦国实行了 295 年的活人殉葬制度，从根本上阻止了秦国劳动力和兵员的非正常损失。二是迁都栎阳。他将秦国都城从有 294 年历史的雍城迁到了栎阳，不仅向国人表明夺回河西之地的决心，更让他远离旧都雍城那些宗族权贵的束缚，从而全身心地投入新的变法改革。三是实行一国两制，实行县治制和分封制并举。在新的地区继续推行县治，他把蒲、蓝田、善、明氏等边境地区改建成县，派官吏进行管理，国君力量得到很大的加强。四是经济改革。他继续推行秦简公颁布的初租禾制度，实施初行为市，对工商业进行规范管理，收取营业税。初行为市与初租禾为国库带来大量的收入，国家经济实力倍增。五是编制户籍。他实行户籍相伍，把五户人家编为一伍，农忙时互相帮助，农闲时进行军事训练。如果有人犯法，实行连坐，互相监督。秦国社会治安明显好转。仿魏制而用于秦，军力复振，开始大败魏国，秦国局势得以稳定，有效地遏制了秦国沦落的势头，秦国百年衰落得到了止损。他为秦国的再度崛起奠定了良好的基础，开了个好头。

秦献公的改革虽然不彻底，但为孝公时期的商鞅变法奠定了基础。楚国任用吴起为令尹，主持变法，老牌楚国获得重生。赵楚联军打败魏国，韩国灭郑国。韩赵联军进攻魏国，浊泽之战，韩赵先赢，后因不能协同而各自离去，魏惠王即位成功。司马迁说："献公与晋（魏韩赵联军）战于石门，斩首六万，天子贺以黼黻。"他与魏国战少梁，虏其将公孙痤。他在生前立次子嬴渠梁为接班人，并亲自做长子嬴虔的工作，直面接班困境。嬴虔是 T 型，英勇善战，刚毅果敢，擅长军事，在军队中很有威望。事后的证明，他选择接班人是成功的，他的两个儿子也做到了"溱洧兄弟情，团结为秦国"。没有固守嫡长子接班制度，没有选择和自己性格很像的长子嬴虔作为接班人，而是选择更能带领秦国走向强盛的次子做接班人，尽管其性格与自己有差异，这是他的睿智之处。秦国统一天下的基业始于秦献公，这也许是《越绝书》把他写成秦元王的缘故。他做事光明磊落，赏罚分明，知错就改，果敢缜密，敢于扭转乾坤。本书认为，他是 T2 型。

第 25 任（战国时期第 9 任）秦孝公（秦平王）嬴渠梁，献公之次子，秦非子 24 世孙，襄公 19 世孙，穆公 14 世孙。在位 24 年，享年 43 岁。孝公之前的秦国历史中，曾出现过历代先辈的不懈努力、明君圣主的纵横捭阖、贤臣良将的运筹拼杀、家国民众的扬眉吐气、霸气牛人的调整改造等鼓舞人心的事件，也出现过乱臣贼子的擅行废立、太后外戚的垂帘干政、昏君奸臣的荒唐嬉戏、平民百姓的水深火热等让人伤感的事件。秦国的发展历程，既是春秋战国诸侯国的缩影，更是后世历代王朝的缩影。

21 岁的秦孝公即位时，河山以东强国六雄并起，周室甚衰，诸侯力争相并。他即位的第一年，就发出"求贤令"，卫（商）鞅看到此令西来秦国，坚定自己的理想，努力让平生所学造福于民，结束这个混战的世道。公元前 359 年，商鞅在秦国颁布《垦草令》，作为全面变法的序幕。变法在 3 年后获得成功，司马迁说："百姓便之。"孝公六年（公元前356 年），嬴渠梁任命商鞅为左庶长，在秦国实行第一次全面变法。主要内容为：改革户籍制度，实行什伍连坐法、明令军法、奖励军功、废除世卿世禄制度、建立二十等军功爵制、奖励耕织，重农抑商，严惩私斗、改法为律，制定秦律和推行小家庭制。

经过第一次变法后，秦国国力开始强大。孝公派兵在西山击败韩国，楚宣王派右尹黑来迎娶秦国宗女，与秦国联姻。他与魏惠王在杜平会盟，结束了秦国长期不与中原诸侯会盟的局面。他的太子嬴驷触犯法律，商鞅依法处置其老师嬴虔和公孙贾，新法得到顺利推行。孝公十年，商鞅被任命为大良造，主持第二次变法：开阡陌封疆，废井田，制辕田，允许土地私有及买卖、推行县制、统一度量衡、明法令，塞私门之请，禁游宦之民和执行分户令。秦迁都咸阳。经过两次变法后的秦国国力强大，百姓家家富裕充足。司马迁说："秦民大悦。"秦国人路不拾遗，山中没有盗贼。人民勇于为国家打仗，怯于私斗，乡村、城镇秩序安定。周显王派使臣赐予秦孝公霸主称号，诸侯各国都派使者前来祝贺。韩昭侯亲自前往秦国，与秦孝公签订停战盟约。秦孝公派太子嬴驷率领西戎92国朝见周显王。君臣同心，方法得当，排除万难，变法成功，秦国得以复兴。秦对魏的战争，全部获胜，收复了河西部分失地，司马迁说："卫鞅击魏，虏魏公子卬。封鞅为列侯，号商君。"孝公二十四年，与晋战雁门，虏其将魏错。

商鞅变法之后，秦国凤凰涅槃。全新的秦国，进入了新的阶段，具有统一天下的气象。秦国民众遵纪守法的意识普遍形成，国家权力机构的运作走上了制度化的有序轨道，国家健康向上、积极进取的氛围已经形成。秦孝公沉稳谨慎，遇大事往往能深谋远虑，政治能力很强，坚定不移支持商鞅变法（最成功最彻底的战争驱动型改革），建立法治秦国，秦国得以脱胎换骨，成为新兴强国。本书认为，秦孝公是O1型。商鞅（大秦帝国制度的总设计师、中华帝国的总设计师）是T2型，两人的性格类型，属于相邻象限，孝公是猫头鹰性格第一，老虎性格第二；商鞅是老虎性格第一，猫头鹰性格第二。珠联璧合，互补成金。

第26任（战国时期第10任）秦惠文王嬴驷，孝公之子，秦非子25世孙，襄公20世孙，穆公15世孙。在位24年，享年45岁。其妻为魏国宗室女，尊称惠文后，其妾为楚怀王妹妹熊芈八子，尊称宣太后。他慧眼识珠、任贤用能、甄拔人才。他不仅重用嬴华和异母弟嬴疾等嬴姓宗亲，也重用大量的外籍能臣，如公孙衍（T型）、张仪（P型）、魏章（T型）、司马错（O型）等，能干的魏人都能为嬴驷重用。孝公有三个儿子：嬴驷、嬴疾（O型）、嬴华（T型）。嬴华和嬴疾以嬴驷为首，甘心为臣，兄弟同心，大秦腾飞。嬴驷的接班，可以理解为兄弟搭档团队接班，兄弟三人各司其职，共同为秦国打拼。他即位之初，以宗室多怨，退隐商鞅，但不废其法，坚持在秦国继续实行商鞅之法。这是秦国变法彻底成功、独占鳌头的根本原因所在。其他国家的变法都因人走政亡。他收复全部的河西之地，占取河东的汾阳等地，获得上郡15县。秦国把魏国黄河以西的地盘全部吞并，还在黄河的东岸建立了东进的阵地。

公元前325年（惠文公十三年），他自立为王，把惠文公十三年更为惠文王元年。本书认为，这可以作为秦朝纪年元年，秦朝国祚可以从公元前325年算起。魏、赵、韩、燕、楚五国联合攻秦，他派庶长樗里疾破魏、赵、韩三国军于修鱼，斩首8万。他用司马错（司马迁的八世祖）之策攻蜀，破蜀军于葭萌关，伐灭蜀国。他大败义渠国，伐取义渠25城，秦国在西北地区占有大片的优良牧场。秦军在丹阳大败楚军，得楚汉中地，楚国从此一蹶不振。秦国的关中、汉中、巴蜀从此连成了一片，秦国对六国形成了居高临下的进攻形势，掌控了对山东诸侯作战的战略主动权。在合纵连横的关键时期，他的智足以识国际时务，胆足以明政治军事决断，知人善任（张仪虽为丞相，其实就是外交丞相，主职就是分化离间六国；樗里疾作为右丞相，主领秦国内政；司马错作为秦国国尉兼上将军，主司对六国作战），法治秦国，北伐义渠，西平巴蜀，东出函谷，南下商於，让秦国对六国拥有优势，并转化为胜势，为秦统一中国打下坚实基础。本书认为，他是T2型。

第27任（战国时期第11任）秦武王嬴荡，文王之子，在位4年，享年23岁。在位期间，首开左右丞相制，司马迁说："初置丞相，樗里疾（秦武王的叔父）、甘茂为左右丞相。连横魏秦，联越制楚，伐韩拔宜阳、置三川。"宜阳之战的胜利，崤函之险被秦国彻底控制，宜阳曾是周韩重城，如今易主，成为秦国东进的据点。从此，秦国终于从门外走进门内，秦国人终于真正走进了中原。武王有荡平列国之志，坚守息壤之盟的气度。他有气力，喜欢竞技，力士任鄙、乌获、孟说都做了大官。司马迁说，秦武王与孟说举鼎，折断膝盖。八月，秦武王死。本书认为，他是T3型。

第28任（战国时期第12任）秦昭王嬴稷，文王四子，武王之异母弟。在位56年。19岁的嬴稷在赵、燕两国的武力护送及右相樗里疾、魏冉（T型）、宣太后等人的拥立下接班。他即位初期，其母宣太后辅政，魏冉为咸阳将军，王叔樗里疾为相。司马迁说："昭襄母楚人，姓芈氏，号宣太后。"22岁的嬴稷亲自处理决策国事。秦昭王即位时，魏、韩两国已经中衰，不再是秦国的强有力的竞争对手。那时，楚国是楚怀王、赵国是赵武灵王、齐国是齐宣王主政。楚国经历了宣威之治，国力达到鼎盛，楚怀王灭越国，国家疆域是诸侯国里最大的；赵国在赵武灵王的治理下，将相人才济济一堂，走向了强盛；齐国经过桂陵大战，战胜魏国，走向富强，经过齐宣王的治理，马陵大战胜魏国，国力达到鼎盛，湣王初期，齐国为霸主，天下最强；燕昭王励精图治，乐毅带领联军打败齐国，燕国走向了强盛。面对这些治国强手，秦昭王基本上没有出现致命的战略失误。当这些强者逐渐犯错误后或者退出历史舞台后，秦昭王开始主动出击。昭王中后期，其他六国的国君基本上都不是他的对手，无论是知人善任、治国治军能力，还是自我管理能力，均在他之下。

秦昭王在位 56 年间，楚国是怀王、顷襄王、考烈王执政；赵国是赵武灵王、赵惠文王、赵孝成王执政；齐国是齐宣王、齐湣王、齐襄王、齐废王执政；燕国是燕昭王、燕惠王、燕武成王、燕王喜执政；魏国是魏襄王、魏昭王、魏安釐王执政；韩国是韩襄王、韩釐王、韩桓惠王执政。虽然在位时间很长，但他戒骄戒躁，头脑清醒，思路清晰，决策明断。他早期韬光养晦，中晚期厚积薄发，强化国家治理，合纵连横六国，战略目标坚定不移（秦国东出而统一华夏），战略战术灵活机动，时而远交近攻，时而远攻近交；离间六国关系，利用和制造六国矛盾，挑拨六国混战，重创六国军事力量；兴修都江堰水利工程，开创巴蜀汉中天府之地。由于他的励精图治和奋发有为的军政外交措施，秦国一枝独大。他在位晚期，秦国实际控制的疆域面积超过了六国的总和。昭王时代，良将名臣云集，如嬴疾、甘茂、楼缓、司马错、魏冉、范雎、白起、王龁、向寿、芈戎、任鄙、蒙骜、蒙武、张若、李冰、胡阳、张唐、嬴摎、蔡泽等，昭王时期是秦国发展史上最为关键而重要的决胜时刻，他带领秦国取得了对六国的大国斗争的决定性胜利，他使楚国国土缩小了一半，魏、韩国土面积缩小了三分之二，赵国国土面积缩小了三分之一。在公元前 256 年，他灭掉了周国，名义上的周王不复存在。由此，真正进入了秦王纪年的时代。本书认为，他是 T2 型。

战国时期秦国国君的性格类型路线如下：厉共公嬴刺（老虎）01—躁公嬴欣（孔雀）02—怀公嬴封（考拉）03—灵公嬴肃（孔雀）04—简公嬴悼子（老虎）05—后惠公嬴仁（老虎）06—出公嬴昌（考拉）07—献公嬴连（老虎）08—孝公嬴渠梁（猫头鹰）09—文王嬴驷（老虎）10—武王（老虎）11—昭王嬴稷（老虎）12（具体见图 7-3）。

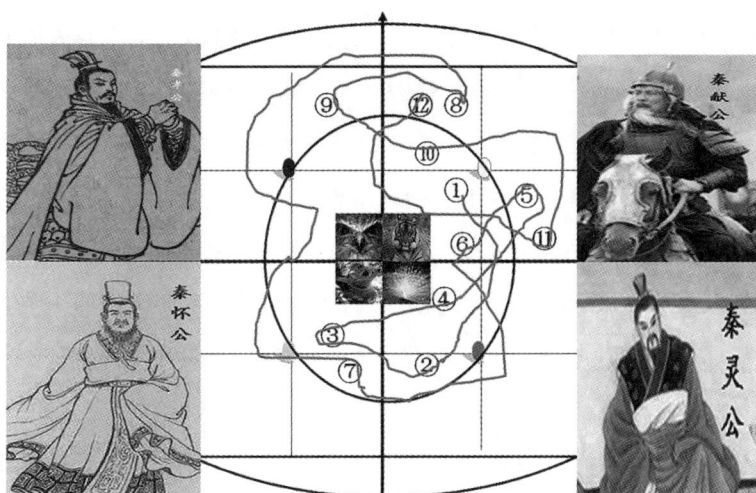

图 7-3 战国时期秦国 11 任国君性格类型移动

第四节　秦朝帝王性格类型探究

公元前256年，秦昭王攻破周王城洛阳，灭西周国。周赧王及西周君被废为平民，迁出成周城与王城，不久，周赧王卒，周朝亡。秦国取象征天子权力的"九鼎"宝器置于咸阳，史家开始以秦纪年。班固在《汉书·律历志下》曰："凡秦伯（昭王以下）五世，四十九年。"班固认为，秦朝历经5世，国祚49年。本书认为，秦朝从公元前256年算起，国祚为51年，历6世6帝（见图7-4）。从秦惠文王的更元算起，秦朝国祚为119年。

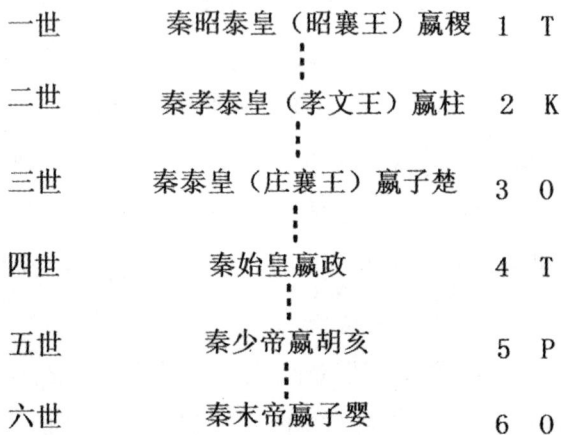

一世	秦昭泰皇（昭襄王）嬴稷	1	T
二世	秦孝泰皇（孝文王）嬴柱	2	K
三世	秦泰皇（庄襄王）嬴子楚	3	O
四世	秦始皇嬴政	4	T
五世	秦少帝嬴胡亥	5	P
六世	秦末帝嬴子婴	6	O

图7-4　大秦朝嬴姓秦氏政权的帝位传承和世系

秦朝第1任国君秦昭襄王嬴稷（秦国第28任国君），文王之子，始皇的曾祖父，被追尊为昭泰皇。灭周后，在位又5年，享年75岁，他是秦国历史上主政时间最长和最长寿的国君。司马迁说："昭襄业帝。"这表明，司马迁把秦朝的国祚从昭襄灭周开始算起，认为昭襄开创了秦帝业，是秦朝第一帝。嬴稷为帝，得到了诸侯和史学家的认可。司马迁说："（昭王）五十二年，周民东亡，其器九鼎入秦。周初亡。五十三年，天下来宾。……五十四年，王郊见上帝于雍。……韩王衰经入吊祠，诸侯皆使其将相来吊祠，视丧事。"他在内政方面坚持依法治秦，外政策略有三：准确而果敢地把握时机，慎重选择打击目标；分化瓦解六国，远交近攻和远攻近交灵活运用；吸纳六国人才为秦所用，致力于瓦解六国的执政团队。以明智的内政外交措施，乘势而上，带领秦国成为统一华夏的超级强国。他晚年着手继承人的选拔，嬴柱才能出众，但体弱多病，恐怕身体不能胜任，嬴柱有20多个儿子，其中嬴子楚很有才干，在赵国当人质，于秦国有功，于是他安排把嬴子楚接回国进行培养。

第2任秦孝文王嬴柱（秦国第29任国君），昭泰皇嬴稷之次子，始皇的祖父，被追尊为孝泰皇，享年53岁。他为父皇守孝1年后正式登基即位，在位3天。他是秦国历史上在位时间最短的国君。他 38 岁时被立为秦朝太子，52 岁接班，做了 14 年的储君。司马迁说："孝文王元年，赦罪人，修先王功臣，褒厚亲戚，弛苑囿。"他追尊已故的母亲唐八子为唐太后，与秦昭王合葬。立正妻华阳夫人为王后，立嬴子楚为太子。本书认为，他是 K1 型。

第 3 任秦庄襄王嬴（子）楚（秦国第 30 任国君），孝文王嬴柱之子，始皇之父，被追为庄（襄）皇，在位 3 年，享年 35 岁。他即位后，大赦罪人，施德厚骨肉而布惠于民。东周君与诸侯谋秦，他使相国吕不韦诛之，尽入其国。秦不绝其祀，以阳人地赐周君，奉其祭祀。使蒙骜伐韩，韩献成皋、巩。秦界至大梁，初置三川郡。他使蒙骜攻赵，定太原。派蒙骜攻魏高都、汲，拔之。攻赵榆次、新城、狼孟，取三十七城。四月日食。王龁攻上党。初置太原郡。魏将无忌率五国兵击秦，秦却于河外。本书认为，他是 O4 型。

第 4 任秦始皇嬴政（秦国第 31 任国君），史称祖龙，庄襄王嬴楚之子，虞舜时期（嬴）伯益 50 世孙，商朝忠臣（嬴）峨来 34 世孙，秦非子 29 世孙，襄公 24 世孙，穆公 19 世孙。中华五百多年乱世的终结者，中华第一帝国的创建人。首次完成中华民族大一统的政治伟人，中华历史上第一个称皇帝的君主，被誉为千古一帝。他在位 38 年，享年 50 岁。

嬴政 13 岁接班，14 岁修郑国渠，22 岁亲政。嬴政接班时，由吕不韦、昌平君熊启（嬴政的表叔兼姑父）、昌文君辅政。公元前 240 年，庄襄王的生母夏太后去世。始皇帝八年（前 239 年），王弟长安君成蟜率领大军攻打赵国，中途谋反，秦军攻占屯留后，成蟜的部下皆因连坐被斩首处死，屯留的百姓被流放到临洮。成蟜投降赵国后，被赵悼襄王封于饶。长信侯嫪毐领有山阳、太原等地，自收党羽，在雍城长年经营，建立了庞大的势力，是秦国中仅次于吕不韦的一股强大的政治势力。公元前 238 年，嬴政亲政，他迅速果敢而睿智地平定了嫪毐大叛乱。公元前 237 年，嬴政免除吕不韦的相职，组建了新的执政班子，这个班子符合 TOPK 和 VCAT 原则。公元前 233 年，韩王向秦纳地效玺，请为藩臣。前 230 年，韩国彻底被灭，华阳太后去世。前 228 年，始皇的生母赵太后去世，谥号为帝太后。这一年，赵国被灭。华阳太后、赵太后均看到了始皇开启统一天下的伟大实践。本书认为，赵太后不可能做出伤天害理之事，因为始皇的祖母夏太后、华阳太后在世。

他奋 29 世之余烈，并吞六国，开创帝制。在公元前 221 年，统一中华。在廷议国家体制时，他说："天下共苦战斗不休，以有侯王。赖宗庙，天下初定，又复立国，是树兵也，而求其宁息，岂不难哉！"这足以说明，他是大仁大义之君王。始皇二十八年开始，进行走动式管理，刻石碑进行宣讲教化国民，诸如："本原事业，训经宣达；男女礼顺，慎遵职事；端平法度，万物之纪；以明事理，合同父子；端直敦忠，事业有常；应时动事，是维皇帝；原道至明，明以义理；男乐其畴，女修其业，事各有序；兼听万事；考验事实；夫为寄豭，杀之无罪，男秉义程。妻为逃嫁，子不得母，咸化廉清。"司马迁说："始皇三十一年，赐黔首里六石米，二羊。……始皇为微行咸阳。……始皇三十七年，病益甚，乃为玺书赐公子扶苏曰：与丧会咸阳而葬。"

用现代企业的话语来看，他带领秦国这家企业，用9年的时间就兼并了其他六个大公司。为什么他能做到呢？除了先辈们的努力外，他自身更为关键：纳谏如流，求贤若渴，知错就改。即使这些良将贤臣批评秦始皇，秦始皇依然重用他们。司马迁说，魏国人尉缭，以财物乱六国政为计，献给始皇，始皇果敢采纳，尉缭批评始皇有虎狼之心，不可与久游，始皇坚决挽留他，任他为国尉。齐人茅焦批评他赶走母亲赵太后是为不孝，他谦虚接受，接回母亲住咸阳甘泉宫。始皇一朝，文有济济多士，良臣如林；武有战将如云，猛将似雨，如吕不韦、内史腾、王翦、王贲、尉缭、李信、蒙武、蒙毅、蒙恬、辛胜、杨端和、屠雎、任嚣、王绾、隗林、冯去疾、冯劫、李斯等。

秦始皇不仅统一了中国，还仅用11年的时间就开创新制，泽被后世，他在11年的时完成了多件大事：在中央实行三公九卿，管理国家大事。地方上废除分封制，代以郡县制。书同文，车同轨，统一度量衡。对外北击匈奴，开发北疆，南征百越，开拓西南，修筑万里长城（包括驰道、直道），修筑灵渠，沟通水系。他奠定了中国两千余年政治制度基本格局，创造性发展了中华文明，厘清了中华文明的正源，激发了改天换地的创造力。他是中华帝国的总设计师，百代皆行秦政法，领先世界两千年，被明代思想家李贽誉为"千古一帝"。柳宗元赞曰："秦之所以革之（分封诸侯）者，其（郡县制）为制，……公之大者也；公天下之端自秦始。"在中国历史上，他首创具有民主性质的廷议，创新性地召开了三次廷议，对中华民族产生了深远的影响。

更为难能可贵的是，他统一中国建立秦朝后，直到去世，没有杀一个元勋功臣，也没有剥夺功臣们的权力和地位。笔者没有查到他杀功臣的史料。他是中国历史上第一个也是唯一一个没有杀功勋也没有动功勋地位和权力的开国皇帝。他一生知人善用，胸襟宽广，无帝能比。李白赋诗曰："秦王扫六合，虎视何雄哉！挥剑决浮云，诸侯尽西来。明断自天启，大略驾群才。"这里的"扫""虎视""雄""挥剑""决""尽西来""明断""驾群才"等词，都是老虎的特质，本书认为，作为创N代的秦始皇能在四种性格类型间自行切换，但天性是T2型。

在秦始皇的创业搭档团队里，属于T型的还有王翦父子、蒙武父子等，属于O型的有尉缭子、李斯等文臣，属于K型的有丞相王绾、隗林等内管家型的文臣，属于P型的有上卿姚贾、顿弱等外交家型的文臣。秦始皇统一中国的"高管"班子，不仅符合性格组合的白金法则，即TOPK组合原则，也符合VCAT原则，在这两个方面，远远胜于其他六国的高管班子。在公元前240年左右，韩、赵、燕、魏、楚、齐六国的人才，寥若晨星，屈指可数；各个国家的高管班子的人数，微乎其微，一星半点。核心并可信赖的班子人数，连

4个都难以达到，更不要说TOPK性格组合的白金法则。始皇团队把消灭六国、统一华夏作为他们的价值观，相互信任，相互珍惜，相互宽容，相互奋进，能力卓越而互补，性格差异而包容，VCAT的竞争力远远超过其他六国的执政团队。

第5任秦少帝嬴胡亥（秦国第32任国君），嬴政之子，靠阴谋诡计篡改始皇遗诏而即位。在位3年，享年24岁。在崭新制度建立阶段，他通过阴谋政变而上位接班，导致秦朝帝族内乱和朝廷激烈内斗，从而引发六国复辟，最后就是新体制的灭亡。《史记》说，赵高同胡亥、李斯搞阴谋诡计，毁掉始皇封好送给扶苏的诏书，诈称丞相李斯在沙丘接受始皇遗诏，立胡亥为太子。另写诏书送给公子扶苏、蒙恬，列举他们的罪状，命令他们自杀。

他21岁阴谋接班，任用赵高，专信赵高，愚蠢至极。《史记》记载，二世燕居，乃召高与谋事，谓曰："夫人生居世间也，譬犹骋六骥过决隙也。吾既已临天下矣，欲悉耳目之所好，穷心志之所乐，以安宗庙而乐万姓，长有天下，终吾年寿，其道可乎？"他即位不到半年，就杀大臣蒙毅、蒙武和自己的亲兄弟姐妹们，残忍无比，行如畜生。胡亥二年，关东造反，他却囚禁右丞相冯去疾、左丞相李斯、将军冯劫，冯去疾和冯劫受辱自杀而死。自坏长城，大概是无德无能者阴谋上位后心虚的惯用做法。假设两冯不自杀，忍辱活到秦婴即位，秦婴重用他俩，秦朝也许不会灭亡。为国担责而苟且活着，也是大义。

赵高（P2型）指鹿为马，胡亥依然不能悟，最终被赵高逼迫自杀。章邯、王离两位大将率领秦军主力去征伐赵国，导致首都咸阳空虚和兵力不足。这是致命性战略失误，致使秦朝失去中原，六国复辟成功。巨鹿之战，如果章邯弟不扣留求援信，也不会输得那么惨，甚至有战赢的可能。冒险的军事战争，不是不可以，关键是内部要同心同德。苏角、涉间两位大将为国尽忠捐躯，这是忠国的大义。章邯的投降，是不忠国的苟且偷生的叛国举措。章邯不降，秦不灭也。司马相如评胡亥说："（少帝）持身不谨，亡国失势。信谗不寤，宗庙灭绝。"

胡亥的实例告诉我们，基因遗传不等于能力赓续，血统高贵不等于能力强，知识存档或书籍收藏，也不等于能力强和人品好。训练接班人是关键，能力和道德不能胜任某个岗位，就不要勉强。本书认为，胡亥能力差劲、品德低劣、天真蒙稚、凶残自私，放纵了孔雀性格的缺陷：贪名行乐。《史记》说，"秦少帝尤以为娱"。他更加喜好以音声为娱乐，是中华历史上最大的败家子，用3年时间败掉了690多年的家业！兴家难，败家易。本书认为，他是P1型。

第6任秦末帝嬴子婴（秦国第33任国君），始皇之孙，胡亥之侄，扶苏之子，在位46天。他即位之初，果断睿智，用计杀死奸乱之权臣赵高，灭了赵高三族，整肃朝纲。刘邦军队攻破武关，进入关中。他并没有束手待毙，而是立即调兵遣将，在峣关据守，企图抵御刘邦。但巨鹿之战后，项羽"坑秦卒二十余万人"，大秦帝国的将士们士气大跌，这时他如果能提振秦军士气和精心布局，也有不败的可能。刘邦率兵绕过峣关，在蓝田两次用计谋大败秦兵（秦军失败之因在于松懈，司马迁说：秦军懈。如果他能亲自到这些军事重镇慰问士兵，凝聚军心，睿智调度，也许不会失败），乘胜占领霸上，兵锋直指咸阳，并派人劝降秦末帝。他竟然同意了。司马迁说："子婴即系颈以组，白马素车，奉天子玺符，降轵道旁。"

司马迁等人感叹说：子婴立为王，最终也没有醒悟。如果他具有一般君主的能力，只要得到中等才能的辅佐大臣，山东虽然叛乱，秦国故地还是可以保全的，宗庙祭祀不会断绝。他自己降为俘虏，是因为他挽救败亡的策略不正确。假设他向高祖父孝文王、曾祖父庄襄王学习，在即位当天，大赦天下，崇敬先王的功臣，广施恩德，亲厚宗室骨肉，播惠于百姓，那么秦军是可以守住原来秦国固有的疆域的。如果进一步下罪己诏，调整治国方略，重新统一中国也不是没有希望的。本书认为，他的投降是错误的。他即位后，就应立即亲自到各个军事重镇为秦军打气，凝结并提升士气，哪怕派出自己的亲生儿子也行，消除或者减少秦军或郡守投降的可能；立即联系和慰问赵佗等将领，号召驻扎外地的秦将勤王。同时，做好退守陇西、巴蜀、汉中的准备，为延续秦朝基业保存仅实力，为坐观天下诸侯内斗而东山再起。《史记》记载："子婴仁俭，百姓皆载其言。"《史记》记载：子婴进言规劝胡亥不要杀先皇功臣。本书认为，他是O4型。

秦帝国时期6任国君的性格类型路线如下：昭襄王嬴稷（老虎）01—孝文王嬴柱（考拉）02—庄襄王嬴楚（猫头鹰）03—始皇嬴政（老虎）04—少帝嬴胡亥（孔雀）05—末帝嬴子婴（猫头鹰）06，如图7-5所示。

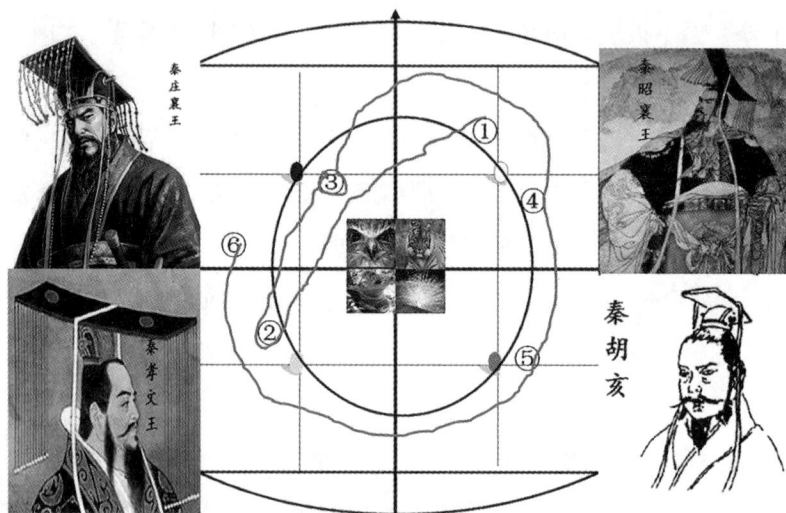

图7-5 大秦帝国嬴姓秦氏政权的帝王性格类型移动

大秦帝国始于T型，鼎盛于T型老虎，实亡于P型，形亡于O型。与商朝一样，在国家强大之际，就走向了衰亡，速度很快。商朝的灭亡是因T型的纣王犯了两线作战的战略错误，秦朝的灭亡是因P型的胡亥犯了胡乱瞎来的错误。如果把昭襄王作为大秦帝国的第一世，大秦帝国是一世崛起（太阳从西边升起），二世、三世接续奋斗，帝业逐渐走强，直到四世始皇嬴政，做到最强大，创立了全新的大一统的中华帝国。只是被秦奸赵高搞阴谋政变，拥无能而爱享受的胡亥为傀儡皇帝，才成了"五世而衰"，传到六世的嬴婴，他虽然果断处死了大奸臣赵高，报了大仇，但应对巨变局势的能力偏弱，以投降的和平方式结束了大秦帝国的国祚。这和传统意义上的"三世而衰，五世而斩"有所不同。大秦帝国演绎的实际上是：一世而兴，二世接踵，三世奋进，四世而鼎，五世而衰，六世而亡。衰落就亡，速度很快，这是在衰落时期，五世和六世应对强大的旧势力能力不足（胡亥的执政能力和素质均很差，执政集团内部因大奸赵高大搞宫廷内斗，导致人才凋零，四分五裂，从而丧失了平乱的主导权），旧势力的复辟能力过强。这与我们常说的"五世而衰，九世而亡"不一样，与我们常说的"瘦弱的骆驼比马大"也不一样。胡亥把大秦帝国弄成"拔了毛的凤凰不如鸡"的局面，周边是一群群野心勃勃、心怀仇恨的凶残的大强盗。心术不正的胡亥，生活在一个虎狼充盈的世界而不知，还洋洋得意、自毁长城，贪图享受，这就是胡亥的最大悲剧，是嬴秦帝国的悲哀，也是我们中华民族的不幸！

嬴姓秦氏家族（秦国和秦朝）首领的性格类型路线如下：嬴非子（老虎）01—嬴秦侯（考拉）02—嬴秦公伯（老虎）03—嬴秦仲（猫头鹰）04—庄公嬴其（老虎）05—襄公嬴开（猫头鹰）06—秦文公（孔雀）07—宪公嬴立（老虎）08—秦出子嬴曼（考拉）09—武公嬴说（老虎）10—德公嬴嘉（猫头鹰）11—宣公嬴恬（猫头鹰）12—成公嬴载（考拉）13—穆公嬴任好（孔雀）14—康公嬴罃（孔雀）15—共公嬴稻（考拉）16—桓公嬴荣（猫头鹰）17—景公嬴石（孔雀）18—毕公嬴籍（猫头鹰）19—惠公嬴宁（考拉）20—悼公嬴盘（考拉）21—厉共公嬴剌（老虎）22—躁公嬴欣（孔雀）23—怀公嬴封（考拉）24—灵公嬴肃（孔雀）25—简公嬴悼子（老虎）26—后惠公嬴仁（老虎）27—出公嬴昌（考拉）28—献公嬴连（老虎）29—孝公嬴渠梁（猫头鹰）30—惠文王嬴驷（老虎）31—武王（老虎）32—昭襄王嬴稷（老虎）33—孝文王嬴柱（考拉）34—庄襄王嬴楚（猫头鹰）35—始皇嬴政（老虎）36—少帝嬴胡亥（孔雀）37—末帝嬴子婴（猫头鹰）38，如图7-6所示。

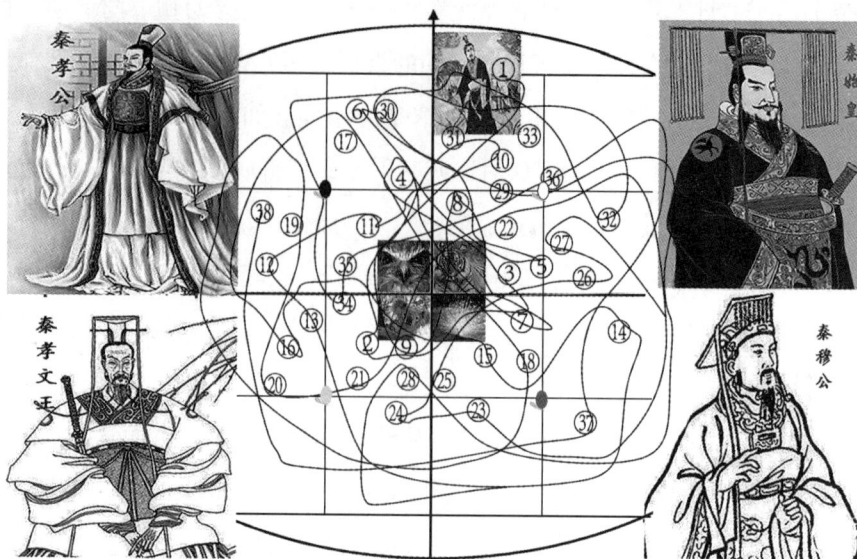

图 7-6　嬴姓秦氏兴衰 699 年的领导人性格类型移动

　　在战国七雄中，只有秦、楚、燕三国是从西周走来，国君也都是一个家族传承下来的，秦、楚两国是春秋战国时期国君信息记载最完整的两个国家。楚国与周朝的关系，在周伯侯姬昌时期就开始了，而且是盟友关系，因此，楚国在周成王时期就开国了，尽管楚国是子爵。而嬴秦非子的五世祖，是商朝的忠臣，和周王是敌对关系，直到周孝王时期，才因牧马技术高超而被周王接纳，受封时是附庸国。秦国的起点比楚国低，开国时间比楚国迟了 130 多年（本书认为楚国是公元前 1042 年开国，秦国是公元前 905 年开国）。周夷王时期，秦国开国不久，楚君熊渠就封自己的三个儿子为王，后因周厉王的强势，楚君主动取消王的称号，足见楚国的强大，这个时期的秦国和楚国相比，相判云泥，天差地别，小巫见大巫。在春秋初期，在秦国晋升为诸侯国的第 66 年，汉东霸主的楚武王自己称王，和周桓王平起平坐，是第一大强国。天下有两个王，周王和其他诸侯国只能默同。在春秋中期，秦国虽然还不如楚国，但国势接近楚国了，它们都是当时的大国，秦有秦穆公，楚有楚庄王。秦穆公之后的秦国，虽然在发展，但楚国发展更快，两国的差距再次拉大。除了秦穆公参与中原事务，想争霸中原外，其他秦君都未能争霸，秦穆公也只是西部霸主。而楚国和齐、晋两国在中原争霸长达 200 多年，不相上下，旗鼓相当。战国初中期，楚国依然强于秦国，两国国势有天壤之别。战国时期，楚国先强后弱，秦国先弱后强。在战国中后期，尤其是后期，秦国实力碾压楚国。作为后起之秀的秦国之所以能够战胜楚国，一统中华，融合各个民族为一帝国，除了秦国的国策和战略战术正确，也和他们的国君性格类型有关。

　　秦楚两国的国君的性格类型对比情况，如表 7-2 所示。秦国的 T 型国君比例高达 37%，虽然数量上和楚国一样，都是 14 位 T 型的国君，但楚国 T 型国君的比例只有 33%。

秦国的O型、P型国君，也多于楚国；K型国君的数量和比例均低于楚国。事业导向型国君的比例，秦国是58%，楚国是47%。楚国的K型国君，明显多于秦国。秦国国君统一天下的志向、开拓性、制度设计、创新性均超过楚国国君。秦君的胆量、智略、灵活、大度、开明、理性等均超过楚君。这就是秦国胜出的国君性格原因所在。

表7-2　700年秦国和800年楚国的国君性格类型对照分析

国家	国祚	几世几帝	平均执政时间	老虎型	猫头鹰型	孔雀型	考拉型	合计
秦国	699	32世 38帝	18.4	14	8	7	9	38
				37%	21%	18%	24%	100%
楚国	819	30世 42帝	19.5	14	6	4	18	42
				33%	14%	10%	43%	100%

从国君的性格类型路线图来看，秦国第31、32、33任国君性格连续出现在T象限，第11、12任国君连续出现在O象限，除此之外，其他的都没有扎堆在某个象限。楚国虽然有16、17两任国君，35、36两任国君都连续在T象限，20、21两任国君出现在O象限，但停留在K象限的国君过多，不仅次数过多，而且有一次四任国君连续在K象限。4、5两任，9、10、11三任，30、31、32三任，38、39、40、41任国君都连续在K象限，连续在一个象限的国君过多，或者次数过多，就表明在某个时期，楚君的思维习惯和行为方式更相似，管理风格和领导风格相似性较大。俗话说，同而不继，在竞争激烈的环境里，K型的领导不能过多，也不能连续扎堆。一个长寿的具有竞争力的领导者的性格类型路线图，既要在四个象限里移动，又要和周边的环境所要求的性格匹配。只停留在某个象限不移动，就好比池塘里的水不流动一样，最终会一潭死水，发臭而没有生机。楚国相对秦国来讲，就是这样。停留在K象限的楚君太多了，楚国犯了东周同样的错误。K型的国君太多了，K型的国君执政时间太长了，国风就变成了保守而猜疑。

在平均执政时间方面，两国没有显著性差异，楚国只是比秦国多了1.1年，但都低于夏朝的20.5年，楚国高于商朝的18.5年，秦国和商朝差之毫厘。夏、商、秦、楚，国君的平均执政时间都低于西周的22.9年。平均执政时间，与国君的性格类型没有直接关联，估计和嫡长子接班有关联。

第八章

一代而亡的西楚

公元前 206 年，秦末帝嬴子婴投降西楚之大臣刘邦，华夏进入了西楚朝，西楚国祚 4 年，是历史上很短命的皇朝。它为姬姓项国后裔楚国贵族的项羽所建。西楚朝是名义上的华夏王朝，因为它在名义上统一了中原地区，采取的是诸侯国分封制，但很快就陷入了诸侯混战，最终汉国刘邦胜出。很多史学家不把它当作一个王朝。它的诸侯国汉国刘邦经过四年奋战，建立了汉朝，就把这四年记到汉朝名下。西楚朝之前是楚国（本书称其为后楚），属于秦朝末年的复辟诸侯国。春秋战国时期楚国后裔、牧羊娃熊心，被原楚国贵族后裔项梁拥立为楚王，项羽自立为西楚霸王，尊楚王熊心为楚义帝，项羽主持分封诸侯，诸侯各前往封国，项羽将义帝迁往长沙郴县，暗中令衡山王吴芮等人于途中将义帝杀死。

西楚朝的王，不姓熊，也不姓芈，姓项，一世而亡，兴也项羽，亡也项羽。西楚王朝根本没有传承。为什么？这与项羽的性格有很大的关系。《史记》云："项氏世为楚将，封于项城，故姓项氏。"项羽少年时，项梁教他读书，但他学了没多久就不学了，项梁又教他学剑，没多久又不学了，项梁因此特别生气。项羽说：读书识字只能记住个人名，学剑只能和一个人对敌，要学就学万人敌。项梁于是又教项羽学习兵法，项羽非常高兴，但是只学个大概，不肯深加研究。

《史记》云："（次将军）项羽晨朝上将军宋义，即其帐中斩宋义头。"项羽破釜沉舟，取得巨鹿大胜。棘原之战，服章邯，坑杀二十余万已降的秦军。项羽引兵西屠咸阳，杀已降的秦王子婴（开杀前朝已降皇帝的先河），大烧秦宫室，火三月不灭（楚人一炬，可怜焦土）；收其货宝妇女而东。"人或说项王曰：'关中阻山河四塞，地肥饶，可都以霸。'项王见秦宫皆以烧残破，又心怀思欲东归，曰：'富贵不归故乡，如衣绣夜行，谁知之者！'说者曰：'人言楚人沐猴而冠耳，果然。'项王闻之，烹说者。"项羽不和楚义帝商量，自作主张，分封诸侯，还说义帝无功，当分其地。司马迁说："项王由此怨布也。……项羽遂北至城阳，田荣亦将兵会战。田荣不胜，走至平原，平原民杀之。遂北烧夷齐城郭室屋，皆坑田荣降卒，系虏其老弱妇女。徇齐至北海，多所残灭。齐人相聚而叛之。""夜闻汉军四面皆楚歌，项王乃大惊曰：'汉皆已得楚乎？是何楚人之多也！'项王则夜起，饮帐中。有美人名虞，常幸从；骏马名骓，常骑之。于是项王乃悲歌慷慨，自为诗曰：'力拔山兮气盖世，时不利兮骓不逝。骓不逝兮可奈何，虞兮虞兮奈若何！'歌数阕，美人和之。项王泣数行下，左右皆泣，莫能仰视。"

《史记》共记载了项羽6次大屠杀（后人说这是残暴的反文明行为）和8次大怒。《史记》记载，怀王诸老将皆曰："项羽为人剽悍猾贼。项羽尝攻襄城，襄城无遗类，皆坑之，诸所过无不残灭。且楚数进取，前陈王、项梁皆败。……今项羽剽悍，今不可遣。"项羽的屠戮劫掠与焚烧，使大咸阳化作了废墟，集战国之世全部典籍法令与文明书证、丰富无比的帝国文档库存，悉数付之罪恶火焰。项羽是凶残猛夫而非英雄耳！太华叹曰："项羽火烧秦咸阳，中华文明断传承。项蛮复古封诸侯，四年残杀血成河。"本书认为，他是T3型。

第九章

西汉朝帝王的性格类型移动轨迹

西汉是刘邦称帝创建的，是中华又一次大统一王朝，国祚210年，历11世13帝，世系帝位传承，如图9-1所示。《新唐书》云："汉（刘邦）亦起于亭长叛亡之徒。"西汉由于得国不正，因承秦制却在舆论上否定秦朝，口头说的和手上做的相悖。一路走来，惊涛拍浪，狂风暴雨，雷电交加，多灾多难，非常不容易：刘邦杀功臣诸侯及和亲匈奴、吕后乱政逼惠帝娶外甥女、刘肥认胞妹为母亲、惠帝六子被陈平指鹿为马而杀绝、文帝刘恒问鬼神稳定局势、景帝冒险平定七国之乱、武帝文韬武略提振中华、武帝遇太子巫蛊之祸、托孤霍光刀光剑影、昭帝睿智识燕王造反、宣帝沉稳柔缓学习霍光执政、宣帝果敢平定霍禹之乱、元帝更改汉家制度及治国儒化而衰微、成帝仪表堂堂但执政懈怠、成帝柔弱而后宫混乱无子嗣、哀帝以侄子过继承大统而外戚掌权并内斗、平帝九岁接班为帝而外戚兼岳父王莽专权、汉孺子1岁为皇太子又被王莽篡位。

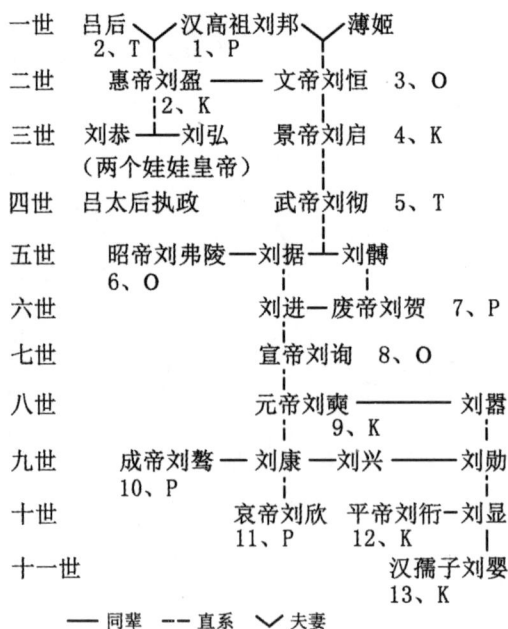

```
一世    吕后  Y 汉高祖刘邦 V 薄姬
        2、T Y 1、P
二世    惠帝刘盈 ——— 文帝刘恒 3、O
            2、K
三世    刘恭 ┬ 刘弘     景帝刘启 4、K
        （两个娃娃皇帝）
四世    吕太后执政      武帝刘彻 5、T
五世    昭帝刘弗陵 ─ 刘据 ┬ 刘髆
        6、O
六世              刘进 ─ 废帝刘贺  7、P
七世              宣帝刘询 8、O
八世              元帝刘奭 ——— 刘嚣
                9、K
九世    成帝刘骜 ─ 刘康 ─ 刘兴 ─ 刘勋
        10、P
十世         哀帝刘欣  平帝刘衎 ─ 刘显
            11、P    12、P
十一世                   汉孺子刘婴
                    13、K
    ── 同辈  ╌╌ 直系  V 夫妻
```

图9-1 西汉刘氏政权的帝位传承和世系
注：阿拉伯数字为皇帝序数；字母为性格类型。

秦朝败在少帝胡亥，灭在嬴子婴；西汉败在成帝刘骜，灭在刘婴；前者史称秦王子婴，后者史称汉孺子婴，均为子婴，不同的是，秦王子婴为成年人，汉孺子婴为娃娃，西汉灭亡时，年仅5岁。新莽被灭以后，刘婴还在世，20岁的刘婴从4岁起，一直被囚禁，成为傻子，六畜不识，话也说不清。公元24年，傻子刘婴被乱世的军阀方望立为天子；公元25年，刘婴被杀，不知葬所。秦婴也，刘婴也，天道轮回乎？善待前朝，不侮辱前朝，有德有能者居君位，是为大德也。

第1任皇帝汉高祖刘邦（刘季）、秦朝亭长、西楚朝的汉王。在位8年，享年62岁。作为成功开国且能传承百年的皇帝，一般都能自觉或不自觉地做到因时势因人事，成功切换黄氏TOPK的性格类型，但其天生的主导性格类型终生不变。

刘邦不从事一般百姓的生产作业。到了壮年，试做官吏，当了泗水亭长，他和公家的官吏都混得很熟，还戏弄他们。这说明，刘邦爱好交际，不擅长具体的操作性工作。沛县县令宴请吕公。秦朝沛县的亭长刘邦，去送礼祝贺与宴。萧何为县里的主吏，主管收礼物，对各位贵客说：礼物不满一千钱的，坐在堂下。刘邦说贺万钱，实际没有拿出一分钱。萧何说：刘季本来大话很多，很少成事。这说明，刘邦爱面子，夸大其词。

刘邦擅长编讲故事，扩大影响力。现举两个故事。第一个故事：醉斩白蛇。他喝醉酒斩蛇，老太太哭泣着告诉他，蛇是白帝的儿子，刘邦是赤帝的儿子。他酒醒后自信大增，把故事讲给萧何听，萧何加工润色一下，讲给众人听，众人纷纷跟随他刘邦。赤帝之子下凡斩白蛇，刘邦忽悠大家替天行道。白帝，少昊也，白蛇，嬴秦也；赤帝，炎帝也、尧帝也，赤帝子，他刘邦是也。《史记》的原文是："高祖被酒，夜径泽中，令一人行前。行前者还报曰：'前有大蛇当径，愿还。'高祖醉，曰：'壮士行，何畏！'乃前，拔剑击斩蛇。蛇遂分为两，径开。行数里，醉，因卧。后人来至蛇所，有一老妪夜哭。人问何哭，妪曰：'人杀吾子，故哭之。'人曰：'妪子何为见杀？'妪曰：'吾，白帝子也，化为蛇，当道，今为赤帝子斩之，故哭。'人乃以妪为不诚，欲告之，妪因忽不见。后人至，高祖觉。后人告高祖，高祖乃心独喜，自负。诸从者日益畏之。"

第二个故事：刘邦有云气。这个故事讲的是刘邦夫妻。《史记》记载，吕后和别人一块儿寻找刘邦，常常一去就能找到。刘邦感到奇怪，就问吕后，吕后说：你所处的地方上面常有云气，向着有云气的地方去找，常常可以找到你。刘邦心里非常高兴。沛县子弟听到这件事，很多人都想归附他。造反时，大家都不敢担任首领，于是立刘邦为沛公。他在沛县衙门的庭院里祭祀黄帝和蚩尤，又用牲血衅鼓旗。旗子一律用红色，因为刘季所杀蛇是白帝的儿子，杀蛇的是赤帝的儿子，所以崇尚赤色。

刘邦为楚义帝哭丧，并发文为义帝伸张正义，却不立楚义帝的亲属为帝，而自立汉社稷。《史记》原文是："汉王闻之（义帝死故），袒而大哭。遂为义帝发丧，临三日。发使者告诸侯曰：天下共立义帝，北面事之。今项羽放杀义帝于江南，大逆无道。寡人亲为发丧，诸侯皆缟素。悉发关内兵，收三河士，南浮江汉以下，愿从诸侯王击楚之杀义帝者。"

刘邦善于演讲。楚汉相争，他在战场上列举项羽十大罪行。《史记》原文是："始与项羽俱受命怀王，曰先入定关中者王之，项羽负约，王我于蜀汉，罪一。项羽矫杀卿子冠军而自尊，罪二。项羽已救赵，当还报，而擅劫诸侯兵入关，罪三。怀王约入秦无暴掠，项羽烧秦宫室，掘始皇帝冢，私收其财物，罪四。又强杀秦降王子婴，罪五。诈坑秦子弟新安二十万，王其将，罪六。项羽皆王诸将善地，而徙逐故主，令臣下争叛逆，罪七。项羽出逐义帝彭城，自都之，夺韩王地，并王梁楚，多自予，罪八。项羽使人阴弑义帝江南，罪九。夫为人臣而弑其主，杀已降，为政不平，主约不信，天下所不容，大逆无道，罪十也。吾以义兵从诸侯诛残贼，使刑余罪人击杀项羽，何苦乃与公挑战！"

刘邦很会说话和演戏。汉王三让，虚假表演。《史记》原文是："诸侯及将相相与共请尊汉王为皇帝。汉王曰：'吾闻帝贤者有也，空言虚语，非所守也，吾不敢当帝位。'群臣皆曰：'大王起微细，诛暴逆，平定四海，有功者辄裂地而封为王侯。大王不尊号，皆疑不信。臣等以死守之。'汉王三让，不得已，曰：诸君必以为便，便国家。甲午，乃即皇帝位氾水之阳。"

刘邦好大场面的唱歌。《史记》原文是："高祖还归，过沛，留。置酒沛宫，悉召故人父老子弟纵酒，发沛中儿得百二十人，教之歌。酒酣，高祖击筑，自为歌诗曰：'大风起兮云飞扬，威加海内兮归故乡，安得猛士兮守四方。'令儿皆和习之。高祖乃起舞，慷慨伤怀，泣数行下。谓沛父兄曰：'游子悲故乡。吾虽都关中，万岁后吾魂魄犹乐思沛。且朕自沛公以诛暴逆，遂有天下，其以沛为朕汤沐邑，复其民，世世无有所与。'"

刘邦为情所困，为情而想废太子。《史记》原文是："高祖为汉王，得定陶戚姬，爱幸，生赵隐王如意。孝惠为人仁弱，高祖以为不类我，常欲废太子，立戚姬子如意，如意类我。戚姬幸，常从上之关东，日夜啼泣，欲立其子代太子。吕后年长，常留守，希见上，益疏。如意立为赵王后，几代太子者数矣，赖大臣争之，及留侯策，太子得毋废。"

刘邦脾气变化多端，但知错就改，能实现梦想的计策就用。《史记》记载魏豹评他：如今汉王对人傲慢而侮辱，责骂诸侯群臣如同责骂奴仆一样。《史记》记载了他和萧何关于未央宫的对话："高祖还，见宫阙壮甚，怒，谓萧何曰：'天下匈匈苦战数岁，成败未可知，是何治宫室过度也？'萧何曰：'天下方未定，故可因遂就宫室。且夫天子四海为家，非壮丽无以重威，且无令后世有以加也。'高祖乃悦。"《史记》记载了他准备实施郦食其分封六国后裔以削弱楚国的政策，张良向他分析了不能分封的八个原因后，他大骂郦食其。原文是："汉王辍食吐哺，骂曰：竖儒，几败而公事！令趣销印。"《史记》中，韩信请封代齐王，刘邦先大怒，后采纳张良的建议，遣使张良授韩信为真齐王。《史记》原文为："其明年，淮阴侯破齐，自立为齐王，使使言之汉王。汉王大怒而骂，陈平蹑汉王。汉王亦悟，乃厚遇齐使，使张子房立信为齐王。"

刘邦善用通俗易懂的言语说服他人。《史记》记载了刘邦讲述武将猎狗论的事迹。"高祖以萧何功最盛，封为酂侯，所食邑多。功臣皆曰：'臣等身被坚执锐，多者百余战，少者数十合，攻城略地，大小各有差。今萧何未尝有汗马之劳，徒持文墨议论，不战，顾反居臣等上，何也？'高帝曰：'诸君知猎乎？'曰：'知之。''知猎狗乎？'曰：'知之。'高帝曰：'夫猎，追杀兽兔者狗也，而发踪指示兽处者人也。今诸君徒能得走兽耳，功狗也。至如萧何，发踪指示，功人也。"

刘邦开启屠杀开国功臣之先河。他在登上皇位后害怕被夺权，为了使其后代不会受到功臣压迫，以种种借口铲除开国功臣（消灭韩信、彭越、英布、臧荼等异姓诸侯王），同时又分封刘氏子侄为同姓王，并与群臣定下白马之盟，立下"非刘氏不王"的誓约。这反映出其有着"家天下"的私欲。

综上所述，本书认为，刘邦是 P1 型。刘邦在手下萧何、韩信、张良等人的辅助下，在垓下之战打败了项羽。按照黄氏 TOPK 性格模型，刘邦为孔雀，萧何为考拉，韩信等武将为老虎，张良等谋臣为猫头鹰，符合创业班子的 TOPK 组合白金法则。而项羽的创业班子为 TO 组合。性格类型比是 4：2，刘邦赢了，项羽败了。更为要命的是刘邦团队的VCAT 比项羽团队的 VCAT 模型更为丰满，更有竞争优势。

第 2 任汉孝惠帝刘盈，刘邦和吕后之子，共 7 年，享年 23 岁。16 岁即位后，西汉就出现二代危机（二代之乱），朝政大事内决于吕后，外决于萧何。他唯拱手听政，他去世后，由其庶长子刘恭即位，因为刘恭年幼，刘恭是西汉的第一个娃娃皇帝，由吕太后临朝称制，司马迁以汉高后纪年，吕后在位 9 年。刘恭被吕太后废黜并暗中杀害，吕后立惠帝子刘义为帝，也因其年幼，继续由吕太后（太皇太后）临朝称制，天下事皆决于吕太后。吕太后执政 9 年，宫廷内乱 9 年，汉朝皇室内政非常混乱，西汉开启了太后掌权，娃娃皇帝挂名之先河。西汉末年，东汉末年，这种现象多次重演。西汉还出现了特有的现象：娃娃皇帝，权臣掌权或外戚掌权。严格意义上说，刘恭是汉朝第 3 任皇帝，刘弘是汉朝第 4任皇帝，但年幼又没有实权，本书把娃娃皇帝归在 K 型。以司马迁为代表的史学家，以汉高后来纪年。

16 岁的孝惠帝主政，但实权一直掌握在汉高后手中。史记两次记载：孝惠帝仁弱、慈仁。他知道母亲吕太后不对，但不敢直接反抗。第一件事，用同起居的方式保护同父异母弟刘如意。《史记》原文是："孝惠帝（刘盈）慈仁，知太后怒，自迎赵王（刘如意）霸上，与入宫，自挟与赵王起居饮食。"第二件事，对于母亲吕太后残暴对待父亲的妃子戚夫人，他只会痛哭。原文是："孝惠见，问，乃知其戚夫人，乃大哭，因病，岁余不能起。使人请太后曰：'此非人所为。臣为太后子，终不能治天下。'"在强势的吕太后安排下，他和亲外甥女张嫣结婚，这一对乱伦的帝后，终其一生都有名无实，他的六个儿子都不是张嫣所出，而六个儿子的生母在历史上也都记载不详。前少帝刘恭被汉高后废而处死；后少帝刘弘被陈平、周勃等朝臣罢黜而处死。《史记》原文："诸大臣相与阴谋曰：少帝及梁、淮阳、常山王，皆非真孝惠子也。吕后以计诈名他人子，杀其母，养后宫，令孝惠子之，立以为后，及诸王，以强吕氏。今皆已夷灭诸吕，而置所立，即长用事，吾属无类矣。"西汉朝臣诛灭梁、淮阳、常山王及少帝于邸。他是西汉最悲剧最"苦"的皇帝，他的儿子们竟然被手下大臣找了借口全部杀光，刘邦的嫡系子孙（即惠帝血脉子孙）由此被灭绝。这不仅仅是他和吕太后的大悲哀，也是中国政权二代或三代危机中最为惨烈的！这是汉朝的第一次朝臣弑君（政变），也是汉朝确立皇帝的权力第一次掌握在朝臣手中。从这一点来看，西汉朝比大秦帝国毫无先进性，更为野蛮、更无人性。这也许是刘邦对秦朝不忠诚而狡诈造反的报应吧！

司马迁说："吕后为人刚毅，佐高祖定天下，所诛大臣多吕后力。吕后兄二人，皆为将。长兄周吕侯死事，封其子吕台为郦侯，子产为交侯；次兄吕释之为建成侯。"从创业的角度来看，刘邦是夫妻共同创业，夫妻搭档治天下。按照黄氏TOPK模型，刘邦是P型，吕后是T型。不仅仅吕后参与了平定天下，就连吕后的家族也参与了平定天下。《史记》记载了周勃和陈平的一句话："高帝和吕后共定天下。"这与辽朝有相似之处。

吕后执政后，任用外戚，压制功臣，酿成"诸吕之乱"。《史记》记载了吕后的凶狠：吕后毒死赵王刘如意，囚戚夫人，断戚夫人手足，去眼，辉耳，饮喑药，使居厕中，命曰"人彘"。还带孝惠帝去看猪圈里被打伤残的戚夫人。孝惠帝去世后，吕后擅自废立皇帝，接连杀害了三个赵王，废除了梁国、赵国、燕国，用来封吕氏子弟为王，齐国也被瓜分为四。司马迁说吕太后用毒酒毒死了儿子惠帝的弟弟刘如意，又残忍地把戚妃砍断手脚，叫做人彘，等到惠帝死了，吕后假哭却并不悲伤。任用自己的同姓亲戚，私据天下。刘邦的庶长子，为了躲避吕太后的迫害，竟然主动认自己的同父异母妹妹（吕太后的女儿鲁元公主）为母亲（尊鲁元公主为齐王王太后）。西汉初期，乱伦胡来，这也许是因果报应。刘邦本是秦朝官吏，不忠于自己的职守，趁乱造自己国家的反，没有忠诚的刘邦建汉缺乏道义基础。

刘肥认亲妹为母亲，结果九个封王的儿子八个举兵造汉朝廷的反，6个因叛乱死于非命。刘肥大悲哉，因果报应乎？吕后随便欺负刘邦的儿子们，整个朝廷和诸侯没有任何人有反抗的能力；刘邦的那些功臣没人敢和吕后对抗，就连深有谋略的陈平和有军事才干的周勃，明知吕后乱政对汉朝不利，他们还竟然助纣为虐，怂恿吕后封诸吕为王侯，怂恿吕后把南北二军的兵权夺过去。《史记》记载，（吕太后）问左丞相陈平、绛侯周勃。勃等对曰："高帝定天下，王子弟，今太后称制，王昆弟诸吕，无所不可。"足见吕后的"虎性"和能力之强。本书认为，吕后（吕太后、汉高后）是T型。二代的K型皇帝刘盈镇不住开国元勋，T型的吕太后，用其凶猛风格和毒辣手段，或杀死或熬死或镇住这些凶悍或傲慢的元勋，这是吕后对西汉政权的贡献。如果没有T型的吕后执政，西汉很有可能二代而亡。

第3任汉文帝刘恒，刘邦第4子，刘邦的庶子，惠帝的异母弟，在位23年，享年46岁。刘恒登基时23岁，汉朝已经在风雨中跌跌撞撞走过了22年，中央政权非常不稳定。他因仁孝宽厚被大臣拥立为帝。他是汉朝第一个由大臣发动政变而拥立的皇帝，其母薄姬（其父薄氏，其母魏国宗室女，姬姓）没有家族势力，为人仁弱温厚。《史记》记载，代王（刘恒）是高帝现今在世的儿子之一，行次最长，为人仁孝宽厚。王太后薄氏的家族谨慎善良。立行次最长的本来就名正言顺，再加上代王以仁孝播闻天下，立刘恒为皇帝是完全妥当的。

他得知被拥立为帝时，谨小慎微，犹豫不决。《史记》记载，陈平、周勃暗地里派人到代国迎接刘恒，第一次，刘恒辞谢；第二次，刘恒在和母亲、下属商议后，依然犹豫不决，在占卜之后，才派母舅薄昭先行进京见周勃等。薄昭回来报告说：情况是真实的，没有什么可怀疑的。刘恒笑着对宋昌说：果然像你说的一样。他让宋昌在车的右面陪乘，张武等六人乘传车（随同代王）前往长安。到达高陵停息下来，派宋昌先驱车去长安观察局势的变化。

他接受天子印玺和符节时，非常谨慎谦虚和理性、深谋远虑。他到离长安城50里的时候，派属下宋昌先进城探路。宋昌到达渭桥，丞相以下的官员都来迎接。宋昌到高陵回禀他，他才决定继续行进，到达渭桥，群臣以臣礼拜见他，他亦谦逊回拜。太尉周勃进言说：要求赐片刻时间秘密禀陈。宋昌说：要是太尉所陈的是公事，就请当着众臣的面奏；要是所陈的是私事，王者是无私的。太尉周勃就跪着送上天子玉玺。他辞谢说：请到代国在京都的馆舍再议。小心的他终于在陈平等众大臣的拥戴下，进入馆驿商量。在大臣们三番五次请求之后，数次推辞的他方才同意继位。

他步步为营地做好继位的四件大事：让拥立之臣刘兴居等在当日为其继位清扫障碍，清理皇宫，诛杀少帝；当夜入住未央宫；当夜任命亲信掌握皇宫守卫权；当夜下达封赏诏书。《史记》记载："乃使太仆婴与东牟侯兴居清宫，奉天子法驾，迎于代邸。皇帝即日夕入未央宫（然后，保障安全，以防万一）。乃夜拜（原下属）宋昌为卫将军，镇抚南北军（统辖京城和宫廷的卫戍部队）。以张武为郎中令，行殿中（负责在宫中巡查警卫）。还坐前殿。于是夜下诏书曰：'间者诸吕用事擅权，谋为大逆，欲以危刘氏宗庙，赖将相列侯宗室大臣诛之，皆伏其辜。朕初即位，其赦天下，赐民爵一级，女子百户牛酒，酺五日。'"即刘恒下了第一道诏书，对诛灭诸吕的有功之臣进行封赏。

他的法律观念比较强，依法治国。他说："法者，治之正也，所以禁暴而率善人也。"

他还说，法律公正则百姓忠厚，论罪量刑得当则百姓顺从。况且管理百姓而引导他们向善的，是官吏的职责。官吏若不能加以引导，采用不公正的法律去论罪，这反而有害于百姓，使他们为暴作乱，法律怎么禁止得了呢？《史记》记载："太子（刘启）与梁王共车入朝，不下司马门，于是释之追止太子、梁王无得入殿门。遂劾不下公门不敬，奏之。薄太后闻之，文帝免冠谢曰：'教儿子不谨。'薄太后乃使使承诏赦太子、梁王，然后得入。"《后汉书》记载："文帝虽除肉刑，当劓者笞三百，当斩左趾者笞五百，当斩右趾者弃市。右趾者既殒其命，笞挞者往往至死，虽有轻刑之名，其实捅也。当此之时，民皆思复肉刑。至景帝元年，乃下诏曰：'加笞与重罪无异，幸而不死，不可为人。'乃定律，减笞轻捶。自是之后，笞者得全。以此言之，文帝乃重刑，非轻之也；以严致平，非以宽致平也。"

他力行朴素，节俭治国，遗诏节葬。司马迁说，文帝宫室、苑囿、狗马、服饰、用具，没有增加过什么。他曾经打算修建露台，叫工匠计算费用，得知需要黄金一百斤。他说：一百斤黄金相当于中等百姓10家的产业，我奉守先帝的宫室，常常担心给先帝带来羞辱，修建这露台干什么呢！他经常穿着粗丝衣服，他所宠爱的慎夫人，也不准衣服拖至地面，帏帐不得织纹绣锦，以此来表示敦厚质朴，为天下先做出表率。修建霸陵全部采用瓦器，不许使用金、银、铜、锡来装饰，不修高大的坟墓，不去烦扰百姓。《史记》记载：（遗诏）向天下官吏和百姓下达命令，命令到达后哭丧3天，然后全部脱掉丧服。不要禁止娶妻嫁女、祭祀鬼神和饮酒食肉。应该服丧哭吊的人，都不要穿斩衰的丧服，经带之围不要超过三寸，不要陈设战车和兵器，不要发动男女民众到宫殿里哭丧。宫中应当哭丧的人，在每天的早晨和晚上各哭十五声，尽礼之后就停止。不是早晨和晚上哭丧的时候，不许擅自哭泣。下葬以后，穿大功丧服15天，小功丧服14天，细布丧服7天，然后脱去丧服。其他没有规定在遗命中的事项，全都根据这一遗命，参照从事。布告天下，使人们明了他的心意。霸陵地方的山川保持原样，不要有所改变。后宫夫人以下至少使，都遣散回家。

他为病母亲尝汤药。据《史记》记载："刘恒居代时，太后尝病，三年，陛下不交睫，不解衣，汤药非陛下口所尝弗进。夫曾参以布衣犹难之，今陛下亲以王者修之，过曾参孝远矣。"他为代王时，亲自为病母薄氏尝药，目不交睫，衣不解带，深具孝心，是《二十四孝》中亲尝汤药的主角。他养成了向母亲薄太后奏事的习惯，以至于汉景帝、汉武帝均继承这个习惯，后两者不仅向皇太后定期奏政事，还向太皇太后奏政事。在武帝时期，御史大夫赵绾犯"请不向太皇太后奏事"之罪，与郎中令王臧都下狱，自杀。汉朝走向正轨，与薄太后、窦太后、王太后的明智掌舵也是分不开的。

他很谨慎地维持政权平衡，寻找时机，加强中央权力。适时纠正法律条款，但没有什么重大的创新，依然实行一国两制，郡国并行，功臣封侯，同姓封王，和亲匈奴、招抚南越等政策，但没有解决根本性的体制结构与运行机制问题。他是一位优秀的改良家，是一位不以个人意志破坏法律规定而"循守成法"的皇帝。在位期间，同姓诸侯王依然有反叛，如济北王刘兴居反叛，他谨慎果敢而策略性地平定，废淮南王刘长的分封，贬谪流放淮南王。

由于性格使然，文帝虽然任用了贾谊等贤能之士，但依然不敢大胆放开任用，因为贾谊等是功勋集团不喜欢的人才。他任贾谊为太中大夫，后贬贾谊为长沙王太傅。东汉史学家荀悦说："贾谊见排逐，张释之十年不见省，冯唐首白屈于郎，岂不惜哉！夫以绛侯之忠，功存社稷，而犹见疑，不亦痛乎！"唐朝李商隐诗云："可怜夜半虚前席，不问苍生问鬼神。"周勃遭冤狱被赦时，汉文帝也没有重用贾谊，谨慎有余而魄力不足。文帝在位期间，三朝元老、安刘功勋、他登基的拥立者周勃屡遭捉弄、猜忌和打压，最后还是行贿狱吏，通过儿媳找到薄昭，最后薄太后出面说理才得以释放。秉公执法的张释之，虽然做到了廷尉，但汉文帝没有进一步提拔他为丞相。有将相之才的冯唐，白首论将，没有得到汉文帝的重用，也没有得到刘启的重用，直到汉武帝实行察举制时，大家推荐冯唐，但冯唐已经90多岁了，心有余而力不足。唐朝王勃曰："冯唐易老，李广难封。"北宋吕蒙正曰：冯唐有乘龙之才，一生不遇。汉文帝开启卖爵位之先河，表明他为理财而困。他用计让亲舅薄昭自杀，也表明他是猫头鹰性格，而非考拉性格，理大于亲情。本书认为，他是04型。

第4任汉景帝刘启，刘恒之子，在位17年，享年48岁。他31岁即位，这时汉朝开国45年了，度过了二代危机，第3任为他打下了基础，尽管有隐患。

刘启为太子时，吴王刘濞的世子刘贤入京，陪伴他喝酒下六博棋。与他博弈时，为棋路相争，刘贤态度不恭敬，刘启恼羞成怒，就拿起棋盘打砸刘贤，砸了一下不够，还砸了好几次，不料把对方打死了。他不是大气明理之人，太过在意自己的感受和面子，不惜打死亲人。

刘启萧规曹随，继续和亲匈奴，继续分封王侯，继续尊崇母氏。匈奴进入代地，他与匈奴签约和亲。他即位后，尊其祖母薄太后为太皇太后，其母窦漪房为皇太后。汉景帝定期向薄太后、窦太后汇报政务。他有14个皇子，太子除外，其他13个均分封诸侯王。在老诸侯王去世后，其封国分封给他的儿子们。《史记》记载："（中元六年，梁孝王薨）立梁孝王子明为济川王，子彭离为济东王，子定为山阳王，子不识为济阴王。梁分为五。"

刘启任官二代的陶青为丞相，其既无拾遗补阙之功，更谈不上兴利除弊之绩，四任丞相，除了周亚夫，其他的都是平庸无能，守成而已。相才开始缺乏，汉景帝也没去找解困之道。他因记仇而贬谪秉公执法的张释之。司马迁说：张廷尉侍奉景帝一年多，被贬谪为淮南王相，他即位时，让冯唐去做楚国的丞相，不久又把冯唐免职。司马迁说，（陶青）他们都是世袭的列侯，平庸无能，谨小慎微，当丞相只不过是滥竽充数而已。没有一个人是以贡献杰出、功名显赫而著称于世的。

刘启削藩不慎，引发七国之乱，不肯担责，骗杀恩师。他用御史大夫晁错，大力推行削藩政策。吴楚七国以"清君侧"为名发动叛乱，势如破竹，来势汹汹，临危退缩慌乱的汉景帝，骗杀恩师晁错，七国叛军依然不退兵。紧迫之余，他记起父皇的遗嘱：即有缓急，周亚夫可任将兵。他任命周亚夫为平叛统帅，考察出皇族成员和窦姓诸人没有谁像窦婴那样贤能，又任命窦婴为大将军共同平乱。窦婴者，窦太后之侄，此即从亲属里任命有才能之人。平定叛乱后，周亚夫、窦婴均封侯。周亚夫担任过丞相，窦婴为太子刘荣的老师，太子被废，窦婴反对。窦太后建议任命窦婴为丞相，汉景帝连窦太后的建议都不听。耿直而忠国的周亚夫以"地下造反"之罪，被下监狱，绝食而死。刘启给窦婴留下没有存档的遗诏，致使窦婴在汉武帝时期使用家藏遗诏，有伪造先帝遗诏之嫌，最后因流言蜚语过多，被武帝斩首。胞弟梁孝王刘武固守梁国，牵制吴楚联军，为周亚夫等调度军队赢得时机，在平定七国之乱中，功勋极大。在平定七国之乱后，他没有乘势取消分封制，也没有创新地解决分封制带来的弊端。

刘启因情而废太子刘荣。因自己胞姐刘嫖和太子刘荣生母栗姬有矛盾，听从刘嫖的教唆，废了太子刘荣。刘荣因占祖宗宗庙事发，本来就不是死罪，但汉景帝故意由酷吏郅都去刑审，逼死长子刘荣。他宁愿相信亲姐刘嫖的话，也要废掉毫无过错的太子刘荣。亲姐刘嫖和美人王娡联姻，在储位之争中，汉景帝采纳胞姐的建议，立7岁的十皇子刘彻为皇太子，立胶东王太后（刘彻的生母王娡）为皇后。司马迁说，刘彻成为太子与其母孝景王皇后和其姑母馆陶公主刘嫖有很大关系，王氏许诺让刘彻迎娶刘嫖之女陈氏，在储位之争中得到刘嫖支持。刘启开启了汉朝废长立幼的先河。

刘启因情在家宴说传位胞弟。梁王刘武是他的同母亲兄弟，他和梁王在家宴时，一时高兴，说传位于弟，最终却闹得兄弟不和。一说，他用谋拉拢胞弟，支持削藩。《史记》记载："是时上未置太子也。上与梁王燕饮，尝从容言曰：'千秋万岁后传于王。'王辞谢。虽知非至言，然心内喜。太后亦然。"幸好窦婴在场，窦婴在宴席前，伏地谏道：汉朝的法制规定，帝位传给长子、长孙，现在皇上怎可传给弟弟，擅自搞乱高皇帝的规定呢！当时他沉默不语，太后心里也很不愉快。司马迁说：皇上废黜栗太子（刘荣），窦太后想要让孝王作继承人。大臣和袁盎等人劝阻汉景帝，窦太后的动议受阻，从此他也就不再提让梁王作继承人这件事。这件事足以说明，他的亲情胜于规则和理性。幸亏，他最终因窦婴、袁盎等大臣的劝说，恢复了理性，最终立皇十子为太子。但这次家宴乱语后果严重："（梁王）数闻景帝好言，千秋万世之后传王，而实不行。"梁王越礼，虽立战功，祸成骄子，狂刺大臣，"虽分五国，卒亦不昌"。

文景两代，汉朝才开始稳定下来，逐渐走上发展的正轨，文帝更为谨慎，景帝更为"亲情所困"，综上所述，本书认为，汉景帝是 K1 型。

第 5 任汉武帝刘彻，刘启之十子，在位 54 年，占西汉国祚的 27%，享年 70 岁。他 16 岁即位，尊祖母窦太后为太皇太后，尊生母王氏为皇太后，立陈阿娇为皇后，这时汉朝开国 60 多年了。他即位后部分实权在太皇太后窦氏手中，其次是其生母皇太后王氏。窦太后去世后，21 岁的他才得以掌握大权。

雄才大略的他，奋四任之余烈，巩固和完善秦始皇开创的中华帝国国体，为此添砖加瓦，输血长肉。他在坚持秦始皇依法治国的同时，引进德政教化，继续始皇的皇图帝业，开疆辟土。公元前 127 年，他恢复了秦帝国的版图，公元前 108 年，疆域超越秦帝国。在政治上，他创设中外朝制、刺史制，颁行推恩令，加强君主专制与中央集权。在中央官吏人选制度方面，他做了秦始皇未来得及做的千古作业：创立了察举制、征召制，博士弟子考试成绩优秀者，也可入仕。博士弟子的考试选优法是隋唐科举考试的源头。察举制和征召制的选官方法，人为因素较重，容易受到人的主观影响。在经济上，他推行平准、均输、算缗、告缗等措施，铸五铢钱，由官府垄断盐铁酒的经营，抑制富商大贾的势力。文化方面，他罢黜百家，表彰六经，设立太学。对外，他采取扩张政策，除与匈奴长年交战外，还破闽越、南越、卫氏朝鲜、大宛，又"凿空"西域、开丝绸之路，开辟西南夷。他创设年号、颁布太初历等。他崇信方术、自奉奢侈，兼以穷兵黩武，引发执政危机，晚年爆发巫蛊之祸，引发接班危机，因对外扩张受挫而颁《轮台诏》。

本书认为，他是 T3 型，能做到自行切换 TOPK 各种性格类型。终其一生，他和秦昭王可以媲美，但略逊于秦昭王。他们同样是主政时间很长的长寿君主，均为后代的鼎盛奠定了基础。但汉武帝的晚年不如秦昭王，从以下几件大事，可以看出这一点：

第一，执政前期，虽然豪情万丈，但受制于祖母窦太后。这时他表现出了考拉的性格。

第二，好大喜功，封禅祭祀，喜欢音乐，创作辞赋，创立乐府和太学。他发挥了孔雀的特质，他留下了《秋风词》等十来首辞赋。《史记》全篇记载了他的铺张浪费和奢侈华丽的祭神求仙及巡游天下之举。司马迁还说，方士栾大见皇上不过几个月，就佩戴六印，高贵的地位（驸马），震动天下，使沿海燕、齐之间的方士都兴奋起来，说自己有秘方，能招来神仙。

第三，只要能解决问题，方法不问出自何处，也不固定。只要是能解决问题的方法，他就使用，目的性非常强，务实果敢，追求成效。和亲政策也用（和亲乌孙），武力征伐也用；外戚人才也用，外族人才也用；法家人才也用，儒术人才也用；酷吏也用，循吏也用；阳谋也用，阴谋也用。其曾孙汉宣帝说："汉家自有制度，本以王霸道杂之。"他在这方面，做得最好。主父偃持不同政见，他照样求贤若渴；卫青家奴出身，他竟然破格提拔。他知人善任，汉武一朝，人才济济，良将名臣，云集一朝，如卫青、霍去病、霍光、桑弘羊等。著名的丞相倒是没有，他共有13位丞相，平均每4年换一位，7个被免职，5个被治罪。勤换丞相，说明他很强势。他唯才是举，用人不问出处，敢以绩效来刑赏人才，在赏的时候，大方大度；在刑的时候，也绝不手软，善行霹雳之手。酷吏王温舒，从亭长做到右内史，最后犯法，被他诛灭五族。汉武帝不讲情义，就连金屋藏娇的陈皇后也被废。这些都说明，他是老虎性格，如征讨四方、开疆辟土，大胆创新，推恩令、刺史制、创立国企等举措。

第四，巫蛊之祸，说明他既有T型特质，也有O型特质。巫蛊之祸，源头是他迷信，过分相信鬼神，导致长安城内方术和神巫过多，这些神巫涉入宫廷事务。宫廷美人，因相互妒忌争吵时，在神巫的教导下，就轮番告发对方诅咒皇帝、大逆不道。他大怒，将被告发的人处死，后宫妃嫔、宫女及受牵连的大臣数百人被杀。他晚年患病，江充指使胡巫檀何欺骗他说：皇宫中大有蛊气，不除之，上疾终不差（病不愈）。他信以为真，派江充成立专案小组，严加查察。一时江充权倾朝野。江充与太子刘据有仇隙，遂陷害太子，江充在太子宫掘蛊，掘出桐木做的人偶。刘据恐惧，发兵诛杀江充。江充的党羽逃往甘泉宫报告皇帝：太子已起兵造反。他命丞相刘屈氂调兵平乱，两军在长安混战五日，死者数万人。最后太子兵败逃亡，在长安东边的湖县泉鸠悬梁自尽，皇后卫子夫亦自杀，史称"巫蛊之祸"。事后他知道太子刘据本无反心，遂灭江充三族，处死苏文，在湖县建"思子宫"，于卫太子被害处作"归来望思之台"（即望思台），以志哀思。

第五，他睿智地把8岁的新太子托孤给5位大臣。刘彻有6个儿子，嫡长子刘据当了31年的太子，在巫蛊事件中自杀而亡；次子刘闳在公元前110年去世；三子燕王刘旦，在刘据自杀后，立即上书父皇，愿归国入宿卫，汉武帝大怒；四子广陵王刘胥，行为骄慢；五子刘髆，在公元前88年去世。公元前90年，刘髆舅舅、贰师将军李广利与左丞相刘屈氂诅咒他、谋立刘髆为帝事发，罪至大逆不道，刘屈氂被腰斩、妻儿枭首，李氏家属亦被收监。六子刘弗陵，《汉书》说："（皇六子）年五六岁，壮大多知，上常言'类我'，又感其生与众异，甚奇爱之，心欲立焉，以其年稚母少，恐女主颛恣乱国家，犹与久之。"刘弗陵生母病逝后，刘彻病重期间，立皇六子刘弗陵为皇太子，并给他安排好辅佐班子。他的托孤顾命大臣，是汉朝第一次组建托孤班子，这个班子符合TOKP原则，属于1T1O1P2K五人四元组合。霍光，是耐心的猫头鹰型；桑弘羊，是老虎型；金日磾，是果敢的考拉型；上官桀，是有魄力的孔雀；田千秋，为谨慎的考拉型。霍光为大司马大将军，金日磾为车骑将军，上官桀为左将军，桑弘羊为御史大夫，田千秋为丞相，由这五人共同辅佐幼帝处理朝政。这次托孤是成功的，避免了汉朝的灭亡。这就是汉武帝幸运且睿智的地方。他在宫廷内去世，而非秦始皇在巡视的路上去世，秦始皇的意外去世，给了奸臣作乱作假的机会。五位顾命大臣，尽心辅佐幼帝刘弗陵。

西汉在他的带领下，经过一世而创，二世动乱，三任稳定，四任发展，五任而昌（从世系来看，是四世而昌，刘彻是刘邦的曾孙）。不过，在他晚期，国民经济处在崩溃的边缘，对外战争出现败绩，西汉走向衰落。他晚年不断地犯错误的同时也在反思，在选择接班人和为接班人搭建执政班子方面，动了不少的脑筋，也费了很多心血，眼光独特，方法创新，虽然风险极大，但最后获得了成功。在霍光等大臣的辅佐下，昭宣二帝实现了汉朝中兴，汉帝国恢复了往日的荣光。

第6任汉昭帝刘弗陵，刘彻之六子，在位13年，享年21岁。他8岁即位，是西汉的第三个娃娃皇帝。他即位时，国内人口减半，经济萧条，时有造反。在霍光、田千秋、金日䃅、桑弘羊、上官桀等辅政下，休养生息，加强北方戍防，平定西南叛乱，和平外交经营西域。丞相田千秋召开"盐铁会议"，商讨盐铁官营和治国理念等问题；召集贤良文学讨论，罢黜榷酒（酒类专卖）。他以谋反罪诛杀桑弘羊和上官桀等，委政大将军霍光。19岁的他亲政后，进一步改革制度，废黜冗官，减轻赋税，将汉武帝后期遗留的矛盾基本控制，扭转西汉王朝衰退趋势，取得了"百姓充实，四夷宾服"的良好政绩。但他对大秦文明的分析和研究，开始走向狭隘和片面，乃至扭曲，为西汉的衰落埋下了伏笔。

从年仅14岁的他识破谗言来看，他是O1型。《汉书》记载，燕王上书，以清君侧的名义，捏造霍光造反，请昭帝诛杀霍光。他压下诏书，不予理睬。次日早朝，他见朝廷中没有霍光，就向朝臣打听，上官桀乘机说：因为燕王告发他的罪状，他不敢来上朝了。他下诏召霍光觐见。霍光进宫，除下将军冠叩头自责。他说：将军戴上冠，我知道那封书信是在造谣诽谤，将军无罪。霍光说：陛下是怎么知道的？他说：将军到广明亭去，召集郎官部属罢了。如果你要调动所属兵力，时间用不了10天，燕王刘旦远在外地，怎么能够知道呢？况且，你如果真的要推翻我，也无须如此大动干戈！上官桀等人的阴谋，被14岁的他一语揭穿，所有在朝大臣对他如此聪明善断无不表示惊叹，霍光的辅政地位得以稳固。他果敢地平定了燕王等人的政变叛乱。田千秋去世后，五位顾命大臣仅存霍光，霍光自此独大，后任命的丞相王欣、杨敞均为谨慎的K型。霍光开始从能臣变成了权臣。

第7任汉废帝刘贺，刘彻之孙、昌邑王刘髆之子、昭帝之侄，仅在位27天。刘弗陵没有子嗣，大将军霍光和杨敞等大臣就商议立谁为帝，这是西汉第二次由大臣做主确立皇帝人选。大家一致排除汉武帝仅活着的儿子刘胥，决定征召18岁的刘贺主持丧礼。刘贺在为昭帝主持丧礼的期间，因不够严谨，不遵守规矩，大封昌邑国的旧臣等放纵行为，被大臣们废去。其臣子龚遂、张敞曾进谏刘贺，不要立即扶植亲信，不要弹冠相庆，要悲哀严肃地主持昭帝的葬礼等，沉溺于狂喜中的刘贺一句也没有听进去。从《汉书》的文字和海昏侯墓的考古资料来看，他喜欢歌舞、音乐、文学，从好的一面说，他积极乐观，大气创新，富有灵气，缺点就是严谨不足，喜越规矩，标新立异，追求享乐，铺张浪费，追求奢侈，好大喜功，喜欢被人吹嘘。有文才，缺政才。本书认为，他是P1型。

第8任汉宣帝刘询，刘彻之曾孙，昭帝之侄孙，刘彻嫡长子（前太子）刘据之孙，刘进之子，刘贺之侄，在位26年，享年43岁。刘贺被废后，17岁的刘询被霍光、杨敞等大臣迎立为皇帝，这是汉朝第三次大臣拥立皇帝。在位期间，他平定霍氏内乱，降服匈奴，平定西羌，建立西域都护府；设常平仓；实行汉家制度（王霸杂之，即孔商并举）；朝政清明，颁行《史记》，带领西汉进入鼎盛时期，汉帝国的疆域超越了汉武帝时期，综合国力最为强盛。从"匈奴未灭，何以家为"到"凡日月所照，江汉所至，皆为汉土"，吏称其职，民安其业，政治清明，四夷宾服，史称孝宣之治、孝宣中兴或汉宣中兴，他被赞誉为西汉中兴之主。本书从《汉书》摘录以下五件大事来探讨他的性格类型。

第一，明智处理好和大将军霍光的关系。《汉书》记载："大将军（霍）光稽首归政，上（宣帝）谦让委任焉。论定策功，益封大将军光万七千户，车骑将军光禄勋富平侯安世万户。"

第二，即位的第二年，睿智地为汉武帝立庙。《汉书》记载：尊孝武庙为世宗庙。汉朝立帝王庙是非常难的，两汉20多个皇帝，仅有7位皇帝有庙号，没有重大贡献，是不能立庙的。在当时人看来，汉武帝穷兵黩武，争议不断，本是不应该立庙的。他力排众议，坚持给汉武帝立庙，宣示了他是汉武帝的嫡出曾孙，为汉武帝立庙，也是对霍光托孤的承认。尊重汉武帝，也就是尊重霍光等大臣。

第三，即位的第八年，高规格地厚葬大将军霍光。霍光生病，他车驾自临问霍光病，并为之涕泣。霍光去世，他亲临霍光丧礼。《汉书》记载：他下诏说，（大将军霍光）功如萧相国。他褒奖霍光，有麻痹霍氏集团的作用，但也是在确认自己为帝的合法性。

第四，有计划和有谋略地收回权力。他亲政后，思念大将军霍光的功德，委任霍光侄孙乐平侯霍山领尚书事，总揽朝政，令群臣要常向皇帝报告工作，以便皇帝掌握下情，五天听取一次工作汇报，从丞相以下各署奉职奏事。他一步步剥夺霍家的实权，接连将霍家的子弟、亲戚调往边境驻守，并裁撤他们的一部分兵权，让自己的亲信来担任相应职务，把兵权掌握在自己手中。他逐渐将霍家的权力剥夺殆尽，最终成功地逼反霍氏，将其一网打尽。霍家人开始警觉并恐慌。他们深知自家的恶行已经积重难返，决定铤而走险，妄图发动政变。霍禹、霍山等阴谋设计，杀丞相，废宣帝，立霍禹为皇帝。政变计划泄露后，刘询派兵逮捕霍禹，腰斩于市，霍显、霍云、霍山等自杀，霍皇后被废，居昭台冷宫。霍氏集团被一网打尽。但刘询并没有因此抹杀霍光的功绩。他晚年设置画像，霍光仍然被列为第一功臣，为麒麟阁十一功臣之首。

第五，他明知太子刘奭不能胜任帝位，仍没有果敢地采取行动，在接班人的问题上，有些优柔寡断。西汉虽然是从汉元帝开始衰落的，但源头在宣帝刘询。《汉书》记载，刘询说："乱我家者，太子也！"刘询明知他的次子刘钦是个政才，但不肯背弃许皇后（刘奭的生母）而另立太子。他虽然为太子安排了顾命大臣，但只有三位：史高（宣帝的表叔）为大司马兼车骑将军，萧望之（太子刘奭的老师）为前将军、光禄勋，周堪（太子刘奭的老师）为光禄大夫，共同辅佐太子。史高为K型，萧望之为O型，周堪为O型。这个托孤团队的黄氏TOPK类型是2O2K，属于二元组合（白银组合），其托孤的智慧不如他的曾祖父武帝刘彻。他在接班人的问题上，受亲情拘束，受嫡长子制拘束，在组建接班人团队的问题上，没能真正领悟其先祖汉武帝的智慧精髓，也没领悟到其先祖刘邦的"汉初三杰，为我所用"的精髓，局限于"一个好汉，三个帮"的表面形式。他即位的第一年，就故剑情深地立许平君为皇后，这是不明智的，为后来的宫廷悲剧和太子困局埋下了隐患。这表明他有考拉性格，为亲情所困，对待宗族和家族事务犹豫不决，没有老虎的果敢魄力，没有猫头鹰的睿智理性，也没有孔雀的大气和灵活。

综上所述，结合刘向对他的评价：聪明远识，不忘数十年事。本书认为，他是O4型。

第9任汉元帝刘奭，宣帝的嫡长子。在位16年，享年42岁。他8岁被立为太子，接受父皇的尽心教育和辅导，有18年学习执政的经历。他26岁即位，多才艺，善史书，通音律。班固说："建昭之后，元帝被疾，不亲政事，留好音乐。或置鼙鼓殿下，天子自临轩槛上，隤铜丸以擿鼓，声中严鼓之节。后宫及左右习知音者莫能为。"班固还说："鼓琴瑟，吹洞箫，自度曲，被歌声，分刌节度，穷极幼眇。"班固在《汉书》曰："（元帝）谦让难改作，议久不定。少好儒术，为人柔懦。"他是西汉第一个独尊儒术的皇帝。他独尊儒术以后，汉朝就得了慢性癌症，开始了不可逆转的衰落。

刘奭在位期间，汉朝比较强盛，但因为宠信宦官，导致皇权式微，朝政开始混乱不堪，豪强地主兼并之风开始盛行，中央集权逐渐削弱，社会危机日益加深，史称元帝始衰。幸运的是，元帝时期，军事力量还是挺强大的，儒术还没有影响到军队，西汉名将陈汤平灭郅支，喊出了血性豪壮霸气之语：明犯强汉者，虽远必诛。

有作为的君王要具备刚柔相济的性格才行，而刘奭只讲宽柔。他十分尊重史高、萧望之和周堪三位辅政大臣，搞"纯任德教"，专以柔治国，不管权臣言辞如何激烈，他从善如流，一点也不怪罪，但实施不力。善良天真的刘奭，不能驾驭两种截然相反的思想并准确有力地行动。能臣劝他要勤政谋政，宦官千方百计逢迎他享乐，他心理上抗拒能臣，十分信任宦官，因为后者让他舒舒服服享受各种新奇的刺激。贪玩好色的他授予宦官的权力很大，日子久了，形成了宦官专权的局面，宦官头儿石显勾结外戚，迫使他的老师萧望之自杀，气死了少傅周堪。自废武功，整个国家就这样逐步腐败堕落了。

他有才，这个才是文艺才华，他是音乐家，是不务正业的超级音乐发烧友。但他弱于政才，虽然最讲究仁政，但成了昏君。《汉书》记载了他不懂政务一事。弘恭、石显上奏：萧望之、周堪、刘更生勾结朋党互相推举，多次诽谤大臣，攻击离间皇亲国戚，想要凭此专权揽势，作为臣子不忠心，欺骗皇帝不讲道义，请谒者传唤他们并送交廷尉。当时他刚刚继位，不明白"谒者传唤送交廷尉"就是关入监狱，于是准许了他们的奏折。后来他召见周堪、刘更生，回答说已关进监狱。他大吃一惊说：不就是让廷尉问明情况吗？他拿这件事责备弘恭、石显。而这时候的刘奭是 26 岁，这么大的年龄即位，并且已经当了 18 年的太子，还不懂政事。这说明，要么他学习的内容出了问题，尽学《六经》，而不习政务管理；要么他不好好学习，以敷衍或做戏的心态学习，只专心学习他所爱好的音乐。也说明宣帝刘询教子无方。

他在选择接班人的问题上，犯了同父皇刘询一样的错误，明知太子刘骜不能胜任皇帝，却一直在犹豫不决，因嫡长子制的束缚和史丹的哭谏而没有选择具有政才的刘康。太子刘骜 18 岁即位，他却没有给其组建执政班子。而他 26 岁即位时，父皇刘询帮他组建了执政班子。可见，他的责任心不如其父皇刘询。汉元帝好儒学，排斥名、法，抛弃了他父亲的一套统治方法，但优柔寡断，是非不分。这是西汉亡国的根源所在。本书认为，他是K3 型。

第 10 任汉成帝刘骜，元帝的嫡长子，在位 26 年，享年 44 岁。他一即位，就以大舅王凤为大司马、大将军，领尚书事；就花大量金钱，建造霄游宫、飞行殿和云雷宫供自己行乐；任性为自己建造两座帝陵。他荒于酒色，外戚擅政，大政几乎全部为王太后（母亲王君政）王氏一族掌握，为王莽篡汉埋下了祸根，各地相继爆发农民起义和铁官徒起义。他好女色，后宫淫乱，以致无子嗣。先后宠爱许皇后、班婕妤和赵氏姐妹（赵飞燕、赵合德），飞燕争宠，他纵容，由于赵氏姐妹不能生育，他与其他妃嫔的子女均为赵飞燕姐妹残害杀死，史称"燕啄皇孙"。由于"酒色侵骨"，他最后竟死在温柔乡中，是中国第一位死在妃子肚皮上的皇帝，是西汉的最大耻辱！

班固说，成帝善修容仪。太华认为，这是孔雀的特质。班固还说，刘骜少时，谨慎好学，壮好经书，宽博谨慎。年长贪乐，因在其生母王君政不得元帝宠幸。太华说，其根源实在王政君不好好地管教刘骜。父母不和，儿女遭殃，最后父母也遭连累，刘奭夫妇不和，葬送家业，祭祀灭绝。

通读班固的《汉书》，那些诏书，都表明刘骜是谦虚、担责、包容、创新，为人民、为社稷的好皇帝，很多执政道理、思路、理念、方法等他也都懂。连班固都说："（成帝）博览古今，容受直辞。比如诏书曰：至今未有继嗣，天下无所系心。观于往古近事之戒，祸乱之萌，皆由斯焉。"虽然立了嗣子为太子，但没有为太子组建执政班子，没有为太子搭建托孤团队。他不仅没能阻止西汉的衰落，反而加剧了西汉的衰落，是导致西汉灭亡绝祀的第一推手，也是主要推手。这就是知行不合一的结果吧，要他人做到，而自身做不到。

自元帝开始，外戚、儒臣、宦官三种势力在朝廷庙堂上角逐，元帝本人没有平衡好各方势力，把这个乱摊子留给了成帝，成帝原想平衡好这三驾马车的政局，没想到自己的政才实在不足，免去王商（宣帝的舅舅）的丞相职务，罢免宦官石显、能臣冯野王等，太后王氏（王凤）一族势力不断壮大，成为最后的胜利者。综上所述，本书认为，他是 P2 型。

第 11 任汉哀帝刘欣，刘奭之孙，刘骜之侄（刘骜之继子），定陶恭王刘康之子，在位共 7 年，享年 25 岁。44 岁的刘骜无子嗣，他不立三弟刘兴为皇位继承人，而是把 17 岁的侄子刘欣作为皇嗣子，立为皇太子。《汉书》记载：定陶王欣于朕为子，慈仁孝顺，可以承天序，继祭祀。班固说他"文辞博敏，幼有善闻"。18 岁的刘欣即位后，尊成帝的母亲王政君为太皇太后，大封自己的亲生母亲、祖母及其家人。他有断袖之癖，终日与宠男董贤厮混玩耍、不理朝政，是中国历史上最著名的同性恋皇帝，不爱江山爱美男，因贪色纵情把身子掏空而死。他的诏书却写得很好，比如诏曰："郑声淫而乱乐，圣王所放，其罢乐府。"比如诏曰："制节谨度以防奢淫，为政所先，百王不易之道也。"比如诏曰："朕承宗庙之重，战战兢兢，惧失天心。"可是，他在实际施政中，并没有贯彻执行。嘴上说的、诏书写的，与实际行为不一致。心是好的，就是没有行动，遇到困难就退缩，意志力和行动力很差，眼高手低，心硬手软。

继位初期，哀帝以左将军师丹代替王莽担任大司马辅佐朝政。师丹一上任就向他提出限田、限奴的建议，企图使汉家摆脱厄运。经过群臣讨论，丞相孔光、大司空何武等制定具体规定：诸侯王、列侯、公主、吏民占田不得超过 30 顷……超过以上限量的，田蓄奴婢一律没收入官。这个方案尽管给了官僚地主极大的优势，但还是遭到了把持朝政的权贵的反对，首先遭到丁、傅两家外戚的反对。汉哀帝对这一诏令不仅没有支持，反而一次赏赐董贤 2000 顷土地，是限田最高额的近 70 倍。限田、限奴令成了一纸空文。这本是一场很好的改革，是一次很好的扭转国势的机会，但由于他任性随情带头不执行，就这样葬送掉了。西汉由此进入万劫不复的境地。

封外戚为侯，始于汉文帝，从文帝一直到宣帝，封外戚为侯有节制性，但到了元帝这里，外戚封侯的限制被打破，大封无功无能的外戚为侯，并授之以实权的大官职，成帝、哀帝在这方面做得更疯狂。成帝刘骜，一天封 6 个舅舅为侯（俗称一夜六侯），哀帝刘欣一朝，四位太后并立，亲祖母傅太后的兄弟侄子封侯的就有 6 人，封大司马的 2 人，九卿6 人。班固说："皆重侯累将，穷贵极富，见其位矣，未见其人也。"综上所述，本书认为，他是 P4 型。

第 12 任汉平帝刘衎，元帝刘奭的孙子，成帝刘骜之侄，哀帝之堂弟，中山孝王刘兴之子。在位 7 年，享年 15 岁。他 9 岁即位，西汉的第四个娃娃皇帝。太皇太后王政君垂帘听政，大司马王莽操持国政，百官聚于朝廷东厅以听取王莽的指示，汉平帝实际上是傀儡。班固说，"孝平之世，政自莽出"。《汉书》虽然有平帝纪，但关于平帝的个人记载很少，本书暂且判断他为 K 型。

第 13 任汉孺子刘婴，汉宣帝的玄孙、哀帝的族子、广戚侯刘显之子。2 岁的他，在太皇太后王政君的同意下，被王莽等大臣立为皇太子，由王莽辅政，王莽自任摄皇帝。他做了 3 年皇太子，4 岁即被囚，王莽通令禁止任何人与他讲话。由于他没有登基为帝，只是皇太子，政权由王莽主导。本书认为，他为 K 型。

西汉皇帝的性格类型路线如下：高祖刘邦（孔雀）01—惠帝刘盈（考拉）、吕后（老虎）02—文帝刘恒（猫头鹰）03—景帝刘启（考拉）04—武帝刘彻（老虎）05—昭帝刘弗陵（猫头鹰）06—废帝刘贺（孔雀）07—宣帝刘询（猫头鹰）08—元帝刘奭（考拉）09—成帝刘骜（孔雀）10—哀帝刘欣（孔雀）11—平帝刘衎（考拉）12—汉孺子刘婴（考拉）13，如图 9-2 所示。

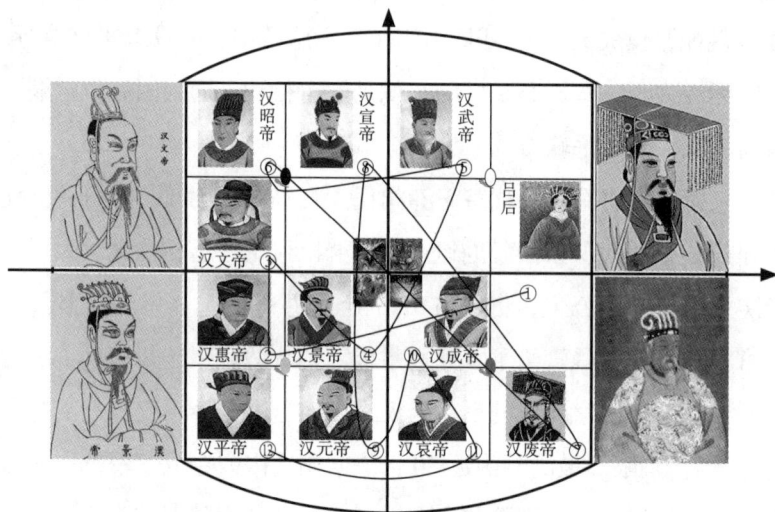

图 9-2　西汉刘氏皇帝传承的性格类型移动

西汉兴起于 P 型的刘邦，败于 P 型的刘骜、刘欣，灭于 K 型的刘衎。西汉从敢创新、有梦想的刘邦起航，由亲和的刘盈接棒，他的性格和才能无法驾驭这艘巨轮，由 T 型的吕太后来亲自掌舵，吕太后致力于消除开国功臣集团的威胁，柔弱的惠帝刘盈看不惯强势的母亲，郁闷而英年早逝，引发了汉朝二代危机。夏朝出现了二代危机，之后国势大衰以至亡国。商朝的二代危机，由兄终弟及得到解决，西周也出现过二代危机，由王叔摄政和姜子牙齐心用武力清除内乱得到解决。秦朝没有出现二代危机，但出现了五代危机，五代危机没有得到解决，直接导致秦朝灭亡。西汉的二代危机，依靠忠于刘邦的元勋发动政变、拥立刘邦的庶子为接班人得到解决。这是西汉的幸运，也是中华民族的幸运。O型的刘恒接班后，致力于稳定政权，完善政权结构，推动西汉往前发展；K型的刘启，接续奋斗，进一步查漏补缺，完善内政。T型的刘彻，开疆辟土，为华夏民族谋取更大的生存空间。刘彻对外用武，对内用文，把中华民族带入又一个新高度的鼎盛时期，晚年因失策导致接班危机，虽然选择了O型的刘弗陵接班，但在霍光等顾命大臣辅政下，渡过了接班危机。汉昭帝英年去世，西汉第三次出现接班危机，O型的霍光迎立刘贺为帝，P型的刘贺破坏规矩而被废，西汉出现第四次接班危机。霍光等大臣迎立刘询为帝，O型的刘询和霍光等大臣友好相处，通过自己的勤奋好学，习得了治国理政的能力，不仅渡过了接班危机，而且带领西汉实现了中兴，西汉的国势强盛到了新的高度。虽然他很重视接班人的培养和教诲，但他之后的皇帝，都是人情型的皇帝。K型的元帝刘奭，偏用宽松的政策，偏重人性化管理，经常因人而失去原则和规矩，逐渐趋向亲情和享受，西汉从此走向灭亡的不归之路。刘奭选择P型刘骜为接班人，刘骜把孔雀的缺点尽情发挥，致使无嗣接班，让藩王嗣子来接班，这些藩王嗣子均没有接受太子的培养和训练，执政能力和素质都难以胜任皇帝岗位。刘骜的接班人刘欣也是个大孔雀，刘骜和常人一样，选择与自己同类型的人来接班，结果是俄罗斯套娃，一娃比一娃小。到了K型的刘衎这里，西汉就没救了。

把吕后计算在内，在西汉皇帝里，T型2位，占15%；O型3位，占23%；P型4位，占31%；K型4位，占31%。事业导向型（T+O）皇帝为38.5%，人事导向型（P+K）皇帝为62%。华夏民族的文化事业，包括人伦制度和文化，在西汉得到了充分整合和完善，并得到了进一步的提升。西汉外向型（T+P）皇帝占46%，内向型（O+K）皇帝为54%，相对来说内敛了些。与西周相比，西汉更内敛些，西周外向型皇帝占比为58%，内向型皇帝仅为42%。西汉的K型皇帝和西周的比例不相上下，但O型皇帝，西汉为23%，远高于西周的8%，西汉的制度建设，包括经济建设，远胜于西周。和秦国（朝）相比，西汉的T型皇帝占比远不及嬴秦的37%，相对嬴秦来说，西汉的血性和胆量少了很多，虽有汉武帝开疆辟土，但比嬴秦的武力扩张性来说，有天壤之别。西汉的事业导向型皇帝占比，远少于嬴秦（秦国＋秦朝）的55%，也低于西周的41%，西汉享受型的皇帝偏多，国祚没有西周长。西汉皇朝起于外向型皇帝汉高祖刘邦，衰于外向型皇帝汉成帝刘骜，灭于内向型皇帝汉平帝刘衎。

第十章

一代而亡的新朝

王莽，汉元帝的皇后王政君之侄，在汉哀帝早亡、皇权旁落的情况下，大奸臣王莽乘机窃取汉朝大权，他废除孺子刘婴的皇太子之位，建立新朝，西汉灭亡。

他在位期间，宣布推行新政，史称"王莽改制"。而后天下大乱，他死于乱军之中，新朝灭亡，国祚15年，是中国历史上的短命朝代之一。

新朝代汉，虽然是中国历史又一次不流血地和平更换政权，但属于得位不正，欺负孤儿寡母，奸诈演戏。更为关键的是，王莽得位后，复古改制，于国于民，毫无功勋，毫无树德，民不聊生。他不识时务，德不配位，能不胜任，视皇位如同儿戏，狂妄自大，一世而亡，遗臭青史。

他开创了中国历史上通过"禅让"之名篡位称皇帝成功的先河，与战国时期的田氏代齐看似极为相似，但其实有很大的不同。战国时期的田氏，是五世而昌发，八世而盛达，十世才开国；从昌发到开国，历经了五世的接续奋进，积德深厚；田氏开国后，三世而国盛，五世而飞龙在天。而王莽开朝，最多是"一世而盛达，二世开朝"，严格意义上，是一世开朝，根基远不如田氏。47岁的王莽，历经安汉公—宰衡—假皇帝（代理皇帝、摄皇帝）—真皇帝，共计8年，积德颇浅。他虽然是太皇太后王政君的侄子，但其父亲没有封过侯，他本人也不是王氏家族的首领。王莽24岁入朝做官，因伯父王凤和叔父王商推荐，本身又是汉成帝表弟，他30岁为新都侯，38岁为大司马，39岁去职大司马，44岁再任大司马，辅佐汉平帝执政，从此大权在握。他伪君子气过重，民心不服，执政能力不足，治国理政迂腐。汉儒塑造的王莽，被新朝的15年实践证明是狡诈的伪君子、眼高手低的乱臣贼子，他的执政能力不足以带领中华民族前进。儒家复古的那一套理念和制度，再次被人民所抛弃。

他篡位登基前，谦虚谨慎，擅长宣传，包装自己，把诛杀长子一家事件包装宣传成大义灭亲、公而忘私。他向人民展现了公正谨慎的O型风格。《汉书》说他是一个眼睛像猫头鹰、嘴巴像老虎、声音像豺狼的人。《汉书》记载，篡位之前的王莽，有孝悌之名，以德行著称。年轻时，他敬养母亲，赡养寡嫂，抚育侄儿，为人谦恭有礼。做官后，随着官职的升迁，他愈加谦逊自重，秉公廉洁，更难得的是，他生活节俭朴素，兼济众生，经常用自己的工资接济穷苦百姓（带头捐献钱物），在朝野上下，口碑甚好。有嘴皮子、笔杆子、钞票子，还有权力；有权谋，能隐忍，是正人君子。但他拔擢附顺者，诛灭忤恨者。他把自己的亲信全部安插在朝廷各个要害位置和部门，整个朝中大事都在他的掌控之中。同时，他诛灭怨恨他的人，甚至连王太后的叔父王立也不放过，将其逼至告老回乡才善罢甘休。与此同时，他借力打力，四两拨千斤，不断强化自己在朝中的势力。他主动巴结当时著名的儒者大司徒孔光，利用孔光上奏的影响力替自己排除异己。就这样，他逐渐培植自己的党羽，其堂弟王舜、王邑为心腹，自己的亲信甄丰、甄邯主管纠察弹劾，平晏管理机事要务，王家班底初具规模。

他篡位登基之后，展现给世人的是吝啬的P型风格。班固说他"莽好空言，慕古法，多封爵人，性实吝啬"，"莽性躁扰，不能无为，每有所兴造，必欲依古得经文"。这些都是P型的特质，他的引经据典是为了炫耀，不是他真的喜欢古法古典。本书认为，王莽的天性是P型性格，主导性格是P型，其次是O型，再次是T型，最后才是K型。他会在这四种性格间进行切换，但他的切换，不是真心的、自愿的，而是迫于形势和他的目标，当他登基之后，成功了，就展现其孔雀天性。不需要进行掩饰时，他就不切换性格，也就不再运用四种性格类型的优点，只忠于其天生的性格，继续大胆地作秀表演，自称是黄帝的后裔，是舜帝的后裔。

王莽能够进行性格类型切换，可以解释他登基前后的完全不同。在他篡位登基前，因为他运用其P型性格进行营销（虚伪的营销就是作秀），人们只看到了他O型性格的优点。当他身居皇位，就不允许他人挑战其权威，刚愎自用，T型性格就居第2位，这就是我们常说的屁股指挥脑袋。这时的他只用T型的缺点，不择手段上位，不择手段维护自己的皇位，无论君臣百姓还是自己的至亲骨肉，只要挡路或看着不顺眼，他说铲除就铲除。他心太黑，手太毒。至于T型的优点，务实、简单、大度等，运用极少。

P型的王莽，进行了有头无尾的复古改制：推行王田制，限制私有土地持有，超出部分为国有，无土地者由国家分配，一夫百亩，目的是解决西汉后期以来土地兼并严重的问题，但完全无法执行；禁赏奴婢；推广国营事业；屡次改变币制，货币名目繁多，换算复杂，造成社会和经济的极大混乱；更改官制名称，滥加封赏；新朝政令烦琐，且朝令夕改，改革最终失败；又发动对匈奴和对东北、西南边境各族的战争。沉重的赋役征发，残酷的刑罚，使人民怨声载道，加上连年灾荒，物价飞涨，引来民不聊生、民怨沸腾，人人都咒骂他是道貌岸然的衣冠禽兽。最终引起全国性的反莽起义，导致新朝急速灭亡。

王莽的执政及改制，是一场由儒家知识分子发起和主导的变革，是儒家知识分子的耻辱，是以孔光、王莽为代表的儒家知识分子胡来乱搞、祸国殃民的实践。也许他们的愿望是好的，也许他们的初心是不错的，但殊不知，从私有经济体制变国有经济体制（或混合体制）比登天还难，而从国有经济体制变私有经济体制是轻而易举的。何况王莽的执政班子，是由常年脱离群众，靠虚诈演技和投机上位的人士组成，其实际的改革实施能力明显不足。王莽，被史学家称为中国历史上最虚伪的高级伪君子。挟诈代汉，只毁了刘家的江山；但欺民的新政，毁了天下百姓，最后王莽虚假玩火入魔，把自己玩没了，还拉上了那么多无辜的平民百姓一起埋葬，天下大乱，军阀割据，战火绵绵，哀鸿遍野。

中华文化，对于不忠的篡位，一般而言是不赞同和不支持的；迫不得已的不忠篡位，无论是通过武力还是和平的方式，一般以篡位以后的执政业绩来评定，也就是人们常说的"胜者为王"。这里的"胜"，是指他的执政业绩要好于前任，他的执政要实现两大目标：富强国家社稷，安定平民百姓。安民强国者，就是贤明之君，否则就是伪君子、阴谋家、猛夫。王莽、项羽是后者，而李世民就是前者。本书认为，王莽是P2型，他创造的朝代，一代而亡。

第十一章
一代而亡的玄汉

玄汉是刘玄创建的。公元 23 年，刘玄被绿林军在淯水之滨拥立为皇帝，史称更始帝。同年，新朝灭亡，刘玄先定都洛阳，再迁都长安，成为天下之主，但号令不了天下。他在赤眉军和刘秀大军的两路夹击之下，土崩瓦解，他向赤眉军出降，献出传国玉玺，玄汉政权灭亡。不久，他被赤眉军所杀，玄汉一代而亡，国祚约 2 年。

刘玄，字圣公，东汉刘秀之族兄，西汉长沙定王刘发（汉景帝之子）之后裔。《汉书》没有记载刘玄、刘秀的具体世系，也没有谈到他们是长沙王刘发的后裔。但《汉书·王莽传下》记载，世祖（刘秀）族兄圣公（即刘玄）先在平林军中，在公元 23 年 2 月，被拥立为汉帝。

第一，刘玄为救胞弟连累父亲，诈死救父成功而隐匿。《后汉书》记载："弟为人所杀，圣公结客欲报之。客犯法，圣公避吏于平林。吏系圣公父子张。圣公诈死，使人持丧归舂陵，吏乃出子张，圣公因自逃匿。"这说明，刘玄年轻时尚义任侠，喜欢结交豪杰，因为弟弟被杀的缘故，曾计划与门客们一起报仇，不巧有位门客因为犯法被捕，将刘玄的计划告知官府，导致刘玄只好逃离老家舂陵乡，潜入平林聚避难。

第二，刘玄因反莽有功和性格相对柔缓而被将领拥立为帝。《后汉书》记载："破王莽前队大夫甄阜、属正梁丘赐，斩之，号圣公为更始将军""新市、平林将帅乐放纵，惮怕升威明而贪圣公（刘玄）懦弱，先共定策立之，然后使骑召伯升，示其议。"

第三，刘玄不忍杀刘缜，但最终还是杀了。《后汉书》记载："更始君臣不自安，遂共谋诛伯升（刘缜），乃大会诸将，以成其计。更始取伯升宝剑视之，绣衣御史申屠建随献玉玦，更始竟不能发""更始君臣闻而心忌之，以稷为抗威将军，稷不肯拜。更始乃与诸将陈兵数千人，先收稷，将诛之，伯升固争。李轶、朱鲔因劝更始并执伯升，即日害之。"别的皇帝都是坐稳江山后再杀功臣，而刘玄在打江山过程中，就诛杀了功臣。《后汉书》记载："更始以是惭，拜光武（刘秀）为破虏大将军，封武信侯。"这说明，更始政权在建立之初，便发生了极为严重的内讧，朱鲔等人因为畏惧刘缜的名望，便唆使刘玄以"抗命"的罪名将其杀害，以致在迁都长安取得全国性政权后，依然陷在激烈的内部权力斗争中，南阳士绅集团借政府改组为由，但没能处理好与赤眉军的关系。

第四，史书里记载，刘玄性格多疑。《后汉书》记载："更始欲令亲近大将徇河北，未知所使，赐言诸家子独有文叔可用，大司马朱鲔等以为不可，更始狐疑，赐深劝之，乃拜光武行大司马，持节过河。"由于没有采取有效的政策招安赤眉军，绿林军将领内部产生分歧，这个时候，刘玄多疑的性格，加剧了绿林军将领和玄汉君臣之间的矛盾。《后汉书》记载："更始托病不出，……更始狐疑……更始复疑王匡、陈牧、成丹与张卬等同谋……"

第五，刘玄在灭新莽朝以后，P型的缺点开始占主导。《后汉书》记载："东海人公宾就斩王莽于渐台，收玺绶，传首诣宛。更始时在便坐黄堂，取视之，喜曰：'莽不如是，当与霍光等。'宠姬韩夫人笑曰：'若不如是，帝焉得之乎？'更始悦。"不过这段话，在班固的《汉书》里没有。《汉书·王莽传下》是这样记载的："传（王）莽首诣更始（玄汉帝刘玄），悬宛市，百姓共提击之，或切食其舌。"迁都长安以后，刘玄开始了享乐型生活，委政于岳父赵萌，引起政治危机。《后汉书》记载："更始纳赵萌女为夫人，有宠，遂委政于萌，日夜与妇人饮宴后庭。"刘玄不谦虚纳谏，怒气冲冲地把进谏的李淑关入监狱，导致众叛亲离。范晔说，"军帅将军豫章李淑上书谏更始（帝），更始怒，系淑诏狱"。自是，关中离心，四方怨叛。更始年间，地方大姓强宗豪族多达22个，他们割据一方，彼此之间互相攻伐混战。

玄汉帝刘玄在迁都长安后，采取宽待前朝的政策。他并没有对前朝新莽家族进行清杀。《汉书》记载："更始到长安，下诏大赦，非王莽子，他皆除其罪，故王氏宗族得全。"刘玄对节义之降军，不仅没杀，反而给予褒扬。班固说："赏都大尹王钦及郭钦守京师仓，闻莽死，乃降，更始义之，皆封为侯。"综上所述，本书认为，他是O3型。

玄汉的一代而亡，主要是刘玄发挥了O3型的缺点：花心、贪享受、多疑等，能力有限，志向不大，又没有志同道合的团结的创业班子，更不用说打造出符合TOPK原则的创业搭档团队，而他的对手刘秀却拥有符合VCAT和TOPK特质的创业搭档团队。

第十二章
东汉朝的帝王性格类型移动轨迹

东汉是刘秀在公元25年开国创建的。东汉开国时是个地方政权，刘秀君臣奋斗了12年，才使中华再次归于一统。东汉享国195年，传8世14帝，如图12-1所示。如果从统一中华的公元36年开始计算，到184年的黄巾起义，东汉国祚为148年。光武创业，明章两代接续奋斗，四代而鼎盛，东汉国力达到极盛，史称"永元之隆"。五世而衰，七世而败，八世而斩。

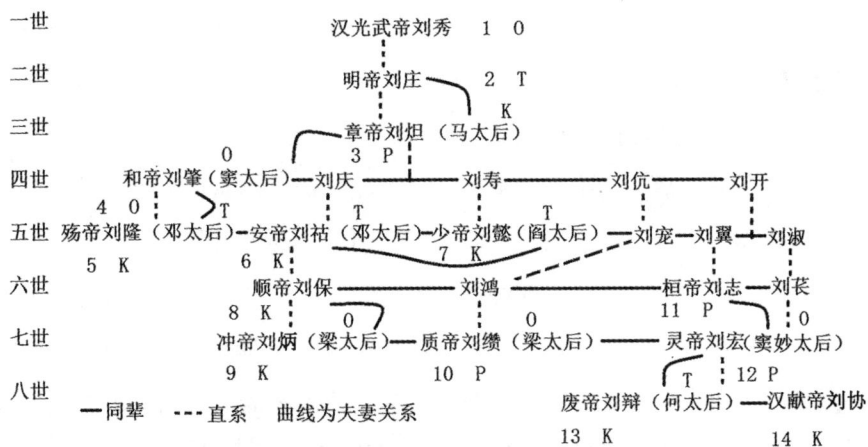

图 12-1 东汉刘氏政权的帝位传承和世系

第1任汉光武帝刘秀，玄汉萧王，东汉开国皇帝，在位共33年，享年62岁。《后汉书》称刘秀为汉高祖刘邦的八世孙（刘邦九世）。他骑牛上阵杀新野尉，史称"牛背上的开国皇帝"。他28岁反王莽，31岁称帝，43岁统一中国。东汉马援评价他：（虽）不如高祖（刘邦），（但）喜爱政事，动如节度，不喜欢酒。

第一，刘秀勤快务实，谨慎而擅计谋。《后汉书》记载："（刘秀）性勤于稼穑，而兄伯升好侠养士，常笑光武事田业，比之高祖兄仲。"他年少，读书刻苦，勤干农活。范晔说："因卖谷于宛。宛人李通等以图谶说光武云：刘氏复起，李氏为辅。光武初不敢当，然独念兄伯升素结轻客，必举大事，且王莽败亡已兆，天下方乱，遂与定谋，于是乃市兵弩""及见光武绛衣大冠，皆惊曰'谨厚者亦复为之'，乃稍自安""诸部喜曰：'刘将军

（刘秀）平生见小敌怯，今见大敌勇，甚可怪也，且复居前。请助将军！'"范晔说，刘秀勤俭治国。《后汉书》记载："光武长于民间，颇达情伪，见稼穑艰难，百姓病害，至天下已定，务用安静，解王莽之繁密，还汉世之轻法。身衣大练，色无重采，耳不听郑、卫之音，手不持珠玉之玩，宫房无私爱，左右无偏恩。……勤约之风，行于上下。"

第二，刘秀城府较深，识时务，委曲求全，能伸能屈。昆阳大战，他以"合兵尚能取胜、分散势难保全"为由，说服诸将固守昆阳，亲自率13名将士突围搬救兵而大获全胜，名震天下。得知其长兄被更始帝刘玄杀害，他能强忍悲伤，愈发谦逊，悲愤不形于色，彰显出他的韬光养晦和隐忍负重。为了不受更始帝的猜忌，他急忙返回宛城向刘玄谢罪，不私下接触大哥刘縯部将，虽然昆阳之功首推他，但他不表昆阳之功，并且表示兄长犯上，自己也有过错。《后汉书》记载："伯升为更始所害，光武自父城驰诣宛谢。司徒官属迎吊光武，光武难交私语，深引过而已。未尝自伐昆阳之功，又不敢为伯升服丧，饮食言笑如平常。"根据《后汉书》记载，刘縯性格刚毅，慷慨有大节，怀复社稷之虑，不事家人居业，倾身破产，交结天下雄俊。他打出反莽旗帜，"复高祖（刘邦）之业，定万世之秋"，大破宛城，自号天柱将军，连王莽听了其威名都震惧。根据这些资料，本书认为刘縯是P1型，刘秀和其兄刘縯的性格相反。

第三，刘秀为了光复高祖之业，采取政治联姻。一娶名相管仲后裔、新野豪族阴丽华。在兄长被更始帝杀之后，为了避开更始帝的关注和猜疑，他和阴丽华结婚。大哥尸骨未寒，他就忙着办喜事，这实在是大违礼制、狼心狗肺、甚无廉耻，但只有如此，他才能麻痹仇人，保全自己。在人前，他仍要装作一副娇妻在怀、醇酒美人的样子，而阴丽华也只好每天配合他这么演戏，白天陪他笑，晚上陪他哭，两副面具换来换去。这一招让权谋大师刘玄对他放松了警惕，拜他为破房大将军，封武信侯。他当即大喜谢恩，表示自己少年时"仕宦当作执金吾，娶妻当得阴丽华"的梦想都已实现，如今别无所求，只要混吃等死就好了。范晔说：（刘秀）就娶阴丽华于宛城当成里，时年19岁。自此，更始帝君臣对刘秀放松了警惕，认为刘秀不过是满足于温柔乡的花花公子而已。刘秀又把自己唯一的妹妹嫁给南阳豪杰的领军人物，同时也是杀害刘縯的主谋之一李轶的堂兄李通，李通是玄汉的大将军西平王，持节以镇荆州，位高权重，通过政治联姻，李通成了刘秀最好的政治盟友。这是一局更深远的棋，妻子阴丽华、妹妹刘伯姬、妹夫李通就是他的棋子，这些棋子留在更始朝廷中为质，解除了更始帝的怀疑，刘玄才放心让他离开单独发展。

二娶真定王刘杨的外甥女郭圣通。真定王刘杨是汉景帝七世孙，其外甥女郭圣通，是古郭国后裔，真定国的名门望族。郭圣通的父亲郭昌很有仁义。在没有根据地的情况下，与郭圣通结婚，从此，刘秀政治、军事前途非常顺利，根据地逐渐扩大。刘秀到河北时无自己的兵马，深思熟虑之后，决定拉拢真定王刘杨。经过一番精心的策划运作，拥有

10 万大军的刘杨最终同意和刘秀合作。为表示自己的诚意，他娶了刘杨的外甥女郭圣通为妻。也就是说，郭圣通带着 10 万大军作为嫁妆，助刘秀打天下。范晔说，光武刘秀进击王郎，到达真定，娶郭圣通为妻。从伦理上来看，刘秀是刘邦的第九世（汉景帝刘启的第六世），郭圣通的外公刘显是刘邦的九世（汉景帝刘启的第六世），郭圣通是刘秀的外孙女，族外公娶族外孙女为妻，这是不合乎现代伦理的。

刘秀开国称帝，立郭圣通为贵人；第二年，立郭圣通为皇后，他得以有嫡子（郭圣通之子刘疆）作为正式继承人稳定朝堂。对于拼上全家性命跟着刘秀打天下的群臣来说，有实力的接班人是保障王朝传承和保住胜利果实的最重要、最有实际价值的东西，也有利于打着复兴刘氏的旗帜号令天下。平定天下后，他废除郭圣通的皇后，立阴丽华为皇后。这个过程中，刘秀用了阴谋诡计，不平等地对待郭、阴两家的亲戚，前者不封侯，哪怕有功，如郭竟以骑都尉从光武征伐有功。后者无功无贤能却均封侯，如封阴丽华的兄长阴识为阴乡侯（先于功臣封侯），追封阴丽华的父亲阴陆为宣恩哀侯，弟弟阴欣为宣义恭侯，使阴丽华的娘家在建武政权的爵位高于郭圣通娘家。刘秀任命阴识担任关都尉，镇守地理位置十分重要的函谷关。刘杨密谋造反，也是刘秀开国称帝之后，立郭圣通为贵人而非皇后所致，是刘秀对当初的政治约定不兑现造成的。一碗水不端平，细水长流的不公平，致使郭圣通心有怨气。刘秀一直在等待郭圣通犯大错，在没有大错的情况下，把天象示警（外因，迷信）和度田造成的忧怖（内因，自己执政出错）作为借口，刘秀以莫须有之过废了郭皇后。他在废后并且换太子后，开始尊崇郭氏家族，为了安慰郭氏家族，这才封郭圣通的堂兄郭竟为侯。这种层层推进的计谋式处理后宫和和风细雨式的善后，是中国历史上极其少见的。开国皇帝废皇后，更换嫡长子，这也是开国皇帝里极为少见的，这为东汉埋下了隐患，尤其是宫廷斗争，引发了东汉娃娃皇帝和外戚专权，尽管东汉三代一直在防范外戚掌权。

第四，管理风格，层层推进。他善于把握战机，精于避实击虚，勤于总结经验教训，强调连续进击，不给敌人以喘息和反扑的机会。严谨缜密、策虑深远、神略计较、生于天心，帷幄无他所思，六奇无他所出。在取得全国性政权后，四大同姓诸侯王，因血缘疏远，改封为侯。大封 137 位血缘更近的同姓宗室为侯；功臣封邑和赐给财物，但被革去官职，他共封了 365 人，其中外戚为 45 人。他退功臣、进文吏，使大多数开国将帅皆以列侯归乡享受优厚待遇，但不参与政治。这是赵匡胤"杯酒释兵权"的源头。当时功臣能够参议大政的仅邓禹、李通、贾复三人。这几个人亦深知刘秀心迹，"并剟（消除）甲兵，敦儒学"，以避猜忌。他对大臣更为警惕。建武时，任大司徒者多遭打击，如伏湛因事罢官，韩歆因刚直去位，又被逼自杀，欧阳歙、戴涉皆因罪下狱而死，史称"自是大臣难居相任"。范晔说，刘秀衣锦还乡时，修理园寝宗庙，祭祀旧宅，察看田地房屋，置酒作乐，赏赐钱物。这时宗室众人趁着喝得畅快，互相谈论说：文叔少年时谨慎诚实，与人相处不会殷勤应酬，一直忠直温和，而今天竟然当上了皇帝！他听了，大笑说：我治理天下，也要用柔道来施行政教。

第五，立庙祭祀，宣示正统，以名统御天下。建武元年，他就在怀宫祭祀高祖刘邦、文帝刘恒、武帝刘彻。第二年，在洛阳修建高祖刘邦庙堂。在长安，给西汉 11 位皇帝统一立庙祭祀。由于汉朝实行的是"七庙制"，有了高祖、文帝、武帝三座庙后，东汉宣称继承西汉，刘秀追尊孝宣皇帝为中宗，供祠昭帝、元帝于太庙；成帝、哀帝、平帝于长安，春陵节侯刘买（刘秀的直系高祖父）以下四世只能于老家春陵建庙，史称四亲庙。这就是说，为了东汉继承西汉，刘秀认汉元帝刘奭为皇考，即认其为父亲，祭祀他。刘秀的本来世系是：汉景帝刘启—长沙定王刘发—春陵节侯刘买—刘外—刘回—刘钦—刘秀。而元帝刘奭的世系是：汉景帝刘启—汉武帝刘彻—刘据—刘进—宣帝刘询—元帝刘奭—成帝刘骜。时隔 70 多年后，刘秀认五服之外的族伯为皇考（父亲），这在中国历史上罕见，也是不可思议的。说明刘秀傍名人打天下，打着死人的招牌，号令天下，也是挟天子以令诸侯的另一种形式，只是这个天子在 70 多年前已经死了。这说明刘秀和刘邦一样善于讲故事收买人心。公元 56 年，把吕太后神主牌移出高祖刘邦庙，降低其尊号，提高薄太后的尊号，配享高祖庙，获得了西汉晚期以来儒家信徒的认可。《后汉书》记载了刘秀自立为帝前的一个梦，这个梦再次说明，刘秀善于讲故事以获取他人支持。刘秀说：我昨夜梦乘赤龙上天，醒来后，心跳得很厉害。冯异于是伏地再拜恭贺说：这是天命在你精神上的感应，心中跳动，是大王慎重的个性。冯异立即与诸将商定上尊号的问题。光武好图谶，这是孔雀的特质。对于反对图谶的贤能之士，一律不用。《后汉书》记载，（光武）帝对桓谭说：我想用谶来决定，怎么样？桓谭深默了很久，说：臣不读谶。帝问原因，桓谭再次极力申辩谶怪诞不合常理。他大怒说：桓谭非圣无法，带下去斩首。桓谭叩头流血，好久才得以缓解，被调为六安郡丞。桓谭心情忽忽不乐，在路上病逝。

第六，衣锦还乡，乡亲父老请免税，刘秀不大方。《后汉书》记载了这样的对话，（刘秀）到南阳，进而到汝南郡南顿县舍，设酒宴赏赐官员，免南顿县田租一年。父老趋前叩头说：皇上的父亲居住在这里很久，皇上熟悉这里的官府房舍，每次来都赏赐很多。请免南顿县田租十年。刘秀说：治理天下责任重大，我经常担心不能胜任，一天过一天还怕出问题，怎敢预期十年之久呢？官民们又说：皇上实际是舍不得减免，何以讲得这样谦逊呢？光武帝大笑，又把免租的期限加了一年。综上所述，本书认为，他是 O3 型。

第 2 任汉明帝刘庄，刘秀的第 4 子，在位 18 年，享年 48 岁。17 岁立为皇太子，30 岁登基，接受了 13 年的太子教育。他尊嫡母阴丽华（O4 型）为皇太后。东汉在他的带领下，进入了快速发展时期，当然也埋下了些隐患，所立的皇后无子嗣，以第五子为皇后的养子而立为皇太子。创一代的刘秀，通过废皇后而换太子；而创二代的刘庄，通过皇后抱养子而立太子。两者的方法不同，但殊途同归，本质一样，错误赓续，这是东汉中后期太后专权和娃娃皇帝产生的根源。东汉的二代危机，比西汉的二代危机小得多，主要是刘秀在任的时候，通过废皇后换太子解决了二代危机，刘秀换太子其实属于二代危机，这是风险极大的国事，幸运的是刘秀寿命长，以致刘庄30岁才登基为帝。壮年的刘庄经历了13年的太子历练，属于成熟的成年太子即位，从而化解了二代危机。刘庄是成功的二代，在守业的基础上创业也成功了，有效地避免了二代危机和三代危机。刘庄虽然有九子，但选择第五子接班，自己又于年富力强时去世，这为东汉国势走向鼎盛而内质开始衰落埋下了隐患。

从以下六个史料来看，本书认为，明帝是T2型。

第一，他为光武帝单独立庙，尊皇考刘秀为世祖。在明堂祭祀光武帝，他非常理性和客观地看待自己的世系，也很自信而务实地以皇考刘秀为正统来主政。遵循父命，给予功臣以名望，他命人绘二十八功臣像，挂于南宫云台，史称云台二十八将。

第二，他执政注重平衡和务实。他委任开国元勋邓禹（O1型）为太傅，同母弟东平王刘苍（P2型）为骠骑将军，光武朝太尉赵熹（T4型）保留原职，使功臣、宗室、官僚集团都有了自己的政治代表。邓禹的六子邓训娶太后阴丽华堂兄之女，也属于外戚。他说，近来有些章奏，颇多浮夸虚词，自今以后如再有过头的称谓和溢美之词，尚书都应抑压而不加省览。

第三，他刚猛急躁地对待官吏，严苛驭下。《后汉书》曰："帝（刘庄）性褊察，好以耳目隐发为明，故公卿大臣数被诋毁，近臣尚书以下至见提拽。尝以事怒郎药崧，以杖撞之。崧走入床下，帝怒甚，……朝廷莫不悚栗，争为严切，以避诛责。"褊察，即褊狭苛察，心胸狭隘，喜欢搞秘密监视，行事狠辣。这说明，他性格与刘秀不一样，他刚猛、脾气暴躁，好断章取义。他好修理大臣，很苛刻地对待官员，这在两汉诸帝中是不多见的。内朝小吏误记了西域属国贡献的供品，他亲自查账发现了，就派人把犯错的尚书郎招来，亲自手持木杖责打惩罚，直到尚书台长官闻讯来说情，请求皇帝惩罚自己管教失职之罪，他才平息愤怒。虽然他对臣下的态度过于严厉、督责过度苛刻，却有效地保证了纲纪整肃、吏治谨严，行政效率提高、中央地方政绩明显。《后汉书》记载他的事件中多次显出T型的缺点特征："显宗怒甚，吏皆惶恐，诸所连及，率一切陷入，无敢以情恕者。"史学家认为，与光武帝刘秀相比，他严苛有余而宽厚不足。他苛刻严切的行政作风导致冤狱大大增加。害怕上级追责的官吏治狱势必宁枉毋纵，宁重毋轻。加上贪酷之吏徇私舞弊，"狱多冤结"便不可避免。他把严厉给了官吏，把宽厚给了百姓。他总揽威柄，大权不旁落。

第四，他以身作则地尊师重教。尊李躬为三更，尊桓荣为五更。博士桓荣是他做太子时的老师，他接班做了皇帝后，"犹尊桓荣以师礼"。有一次，他到太常府去，在那里放了老师的桌椅，就请老师桓荣坐在东边的方位，又将文武百官都叫来，当场行师生之礼。桓荣生病，他派人专程慰问，亲自登门看望。每次探望老师，他都是一进街口，便下车步行前往，以表尊敬。桓荣去世时，他还换了衣服，亲自临丧送葬，将其子女作了妥善安排。他能放下九尊之躯的至高身份来恭敬老师，可见他的用心与风范，值得大家学习。

第五，他处理兄弟反叛的方法：宽待首恶、严惩羽翼。《后汉书》记载：胞弟楚王刘英谋反，被废去王位，撤销封国，迁移到泾县，株连而死及被流放的有数千人，史称"楚王大狱"。范晔说，异母弟淮阳王刘延谋反，被发觉。二十五日，司徒邢穆、驸马都尉韩光因事下狱而死，株连被杀的很多。秋七月，淮阳王刘延徙封为阜陵王。刘荆是他的同母弟弟，生性张狂，暗藏野心。在刘庄登基后不久，就假冒郭况的名义给废太子刘疆写信，言其母子无过被废，劝其起兵造反。没有非分之想的刘疆赶紧把信件交给刘庄，刘庄暗地里查出此信是自己亲弟所为，顾念亲情，就隐忍下来，但自此对刘荆暗加防范。不久刘疆病死，遗书救子，史称"飞书之祸"。刘荆在羌人造反时，也打算造反。明帝闻听后，马上改封他为广陵王，让他离开朝廷，以免生非。但刘荆没有理会兄长的一片好心，到封地后还执意谋反，召来相士给自己算算是否有当皇帝的命，吓得相士赶紧报给当地官员。刘荆也害怕了，主动投首，明帝顾念兄弟之情，只是撤去刘荆卫队和随从，饮食住行还是和王侯一样。可是刘荆在被看管期间又使巫咒，被官府侦知上报明帝，没等明帝下诏，这家伙就害怕得自尽了。他知道弟弟自杀后，甚是难过，追封他为思王，也没追究家人和部属责任。这种选择性执法，其实是古代政治的怪圈，因为它在本质上是以权谋私的做法。亲亲为大，亲大于法。

第六，他武力攻伐匈奴和西域。他遣窦固率军攻伐北匈奴，窦固大破呼衍王于天山并占据伊吾卢城。班超等率所部吏士 36 人，先后在鄯善、于阗击败亲匈奴势力。他派奉车都尉窦固、驸马都尉耿秉、骑都尉刘张出敦煌昆仑塞，在蒲类海上击败白山胡虏，进入车师，恢复汉朝对西域地区的统治。

第 3 任汉章帝刘炟，刘庄之五子，生母为贾贵人，养母为马皇后（K2 型），在位 13 年，享年 32 岁。他 14 岁被立为皇太子，19 岁登基，接受了 5 年的太子教育。即位之初，即任命赵憙（T4 型）为太傅，牟融（P2 型）为太尉，第五伦（O1 型）为司空，组建了四人组合的核心班子。即位第一年，京师洛阳及三州大旱，发生大瘟疫。第二年，兖、豫、徐等州发生严重的旱灾，赤地千里，饥民遍野。山阳、东平发生地震。武陵澧中蛮叛变。云南地区永昌哀牢夷叛变。幸好，君臣同心协力，共同渡过了各类难关，平定了战乱。他的执政有以下特点。

第一，政宽刑舒，禁除酷刑。依东汉制度，官员贪污要禁锢三世，即三代人都不准为官。他废除了这项制度，他和父皇"宽民严官"不同，他宽民也宽官，他对官员和贵族的赏赐，往往超过规定的限额，造成国家财政的困难，把这些负担都转嫁到人民头上。可见刘炟之宽疏，并非完全建立在原则之上。范晔说，肃宗（刘炟）性宽仁，而亲亲之恩笃，故叔父济南、中山二王每数入朝，特加恩宠，及诸昆弟并留京师，不遣就国。这说明，他以亲情为第一而非事理为第一。范晔还说，"（章帝）宽容，好儒术。天性恺"。东晋大臣袁崧评他："宏裕有余，明断不足。闺房谗惑，外戚擅宠。"他务虚多于务实，表面的东西做得比较多，而实质的地方贯彻不下去。温吞柔软，尤其是耳根子软，容易受人摆布。整个官场，也行虚去实，贪污腐败由此更加盛行。

第二，爱好文学，喜欢书法。范晔多次说，肃宗（刘炟）雅好文章。天子（刘炟）会诸儒讲论《五经》，作《白虎通德论》，令班固撰集其事。本书认为，他是文科学者型的皇帝。

第三，大破北匈奴，疆域扩大。耿恭在经营西域期间，演绎了"卒全忠勇，不为大汉耻"的神话。岳飞写下慷慨激昂的《满江红》："壮志饥餐胡虏肉，笑谈渴饮匈奴血"，即典出于耿恭战斗西域的事迹。车骑将军窦宪领军出塞，大破北匈奴，登燕然山刻石勒功而还，史称"燕然勒功"，与西汉霍去病的"封狼居胥"齐名。同年，西域长史班超出击莎车获全胜。刘炟在是否经营西域和维护丝路上举棋不定，造成了不必要的损失，幸好，班超无数次请求和进谏，最终使刘炟决定支持班昭的战略计划，守住了西域和丝路，显扬了大汉国威，提升了民族气节。

第四，为情乱局。他立窦氏（云台32将之一窦融将军的曾孙女，窦融是西汉窦太后的胞弟窦广国的七世孙）为皇后，范晔说，"窦氏进止有序，风容甚盛"，得到马太后的赏识。窦氏是东海恭王刘疆的女儿沘阳公主的长女，东海恭王刘疆是刘秀的长子，是前太子，是刘炟的伯父。窦氏的母亲是刘炟的堂妹，刘炟和窦氏的结婚，就是（堂）舅舅和（堂）外甥女的结婚。本书认为，这是乱伦，不符合我们华夏民族的伦理，属于三服之内的近亲结婚，长辈娶晚辈，辈分相差一代。这种辈分的混乱，在明帝时期也存在，明帝的马皇后和明帝的贾贵人相差一代，贾贵人是马皇后的姐姐马姜的女儿，是姨侄同侍一夫，更为要命的是，贾贵人的儿子刘炟，按照伦理，是马皇后的孙辈，刘庄却把刘炟作为马皇后的养子。他立宋贵人生的儿子刘庆为皇太子，刘庆是刘炟的三子，没有立长子刘伉为皇太子。宋贵人是马太后的姨表妹。这一招，又导致了宫廷之乱。刘炟和窦皇后结婚的第三年，窦氏立皇后的第二年，就立皇后的养子为皇太子，皇后和皇太子没有血缘关系。皇太子刘庆被废，立窦皇后的养子刘肇（3岁）为皇太子。刘庆之生母宋贵人在建初七年自杀，刘肇之生母在建初八年忧郁而死。刘炟对窦皇后的宠爱日隆。他重亲情优待宗室，过度纵容埋祸根。综上所述，本书认为刘炟是P4型。

第4任汉和帝刘肇，刘炟之四子，生母为梁贵人，嫡母为窦太后（O1型），在位共18

年，享年 27 岁。他 4 岁被立为皇太子，9 岁即位，接受了 5 年的太子教育，是东汉的第一个娃娃皇帝。养母窦太后临朝称制。窦太后临朝称制初期，以邓彪为太傅，录尚书事，侍中窦宪以旧职辅政。东汉盛于和帝，衰于和帝。前期窦太后主政，后期和帝刘肇亲政。

第一，他对宫廷事务的管理不佳。他的第一位皇后阴氏，是刘肇曾祖母阴丽华的兄长阴识的曾孙女，属于近亲结婚，由此也导致皇后无子嗣。自明帝开始的近亲结婚，导致刘氏男丁体质不强，遗传病增多。阴氏少时聪明颖慧，喜好书法技艺，受封贵人，得到刘肇的特殊宠爱，不久被立为皇后，同年邓禹之孙女邓绥入宫。公元 97 年，窦太后去世，这一年，阴皇后只有 17 岁，18 岁的刘肇因年纪和经验不足，加上没人约束和管教，宫廷管理不佳，甚至有些放纵自己。本书认为，窦太后对东汉的贡献是巨大的，尤其是外政驱逐匈奴，遗憾的是她没有管教好养子刘肇的私生活。自从邓绥入宫后，刘肇对阴氏的宠爱渐渐衰减，阴氏心里屡有怨恨，便以咒诅之术诅咒邓绥。事情败露，他废黜阴氏的皇后之位，同年，立邓绥为皇后，邓绥的母亲是刘肇曾祖母的堂弟的女儿，邓绥的辈分和刘炟相同，也就是邓绥和刘肇的婚姻，既是近亲结婚，也是辈分乱序的结婚，按照辈分，刘肇要叫邓绥姨妈。故邓皇后也无子嗣。刘肇的皇子多数夭折，他自己也英年早逝。去世前，他连接班人都没有指定。

第二，永元时期，武功赫赫，开疆拓土，四夷宾服。前有窦宪横扫匈奴，后有班超定鼎西域。在窦太后主政期间，驱逐北匈奴。车骑将军窦宪大败北匈奴于稽洛山，歼敌 1.3 万人，俘虏无数。公元 88 年，窦宪登上燕然山（今蒙古国杭爱山），班固作《封燕然山铭》，勒石记功。史称燕然勒功，如同霍去病的故事。燕然山大捷，窦宪（刘肇的舅父）官拜大将军，地位高于三公，他坚持要消灭北匈奴，再次领兵出塞，攻打阿尔泰山，大破北匈奴主力，俘虏北匈奴太后，北匈奴仓皇逃窜，不知所踪。窦宪振大汉之天声，彻底赶跑了匈奴，东汉国力达到了鼎盛。窦太后家族为其外公（前太子）刘疆扬眉吐气了一把，东汉依靠女性才达到了鼎盛。刘肇任命班超为西域都护，降服和经营西域诸国，自是西域降服，纳质者 50 余国。班固被封为定远侯，史称班定远。班固平定羌乱，平定巫蛮叛乱。卓矣煌煌，永元之隆。

第三，内政方面，能胜任的人才匮乏。察举制和征辟制的揽人方法，在刘肇时期进入了困局，察举进来的都是矮子里拔高个子。《后汉书》记载了刘肇的一个诏令，意思大概是：三公是我的心腹，但没有拿出一套秉承天意治理天下的策略。刘肇多次诏令，管人事的务必选择好官员。现在还不改，竟为苛刻暴戾，侵害小民，为求虚名，让下面的小官吏假借权势，行使邪恶。所以命令一下，奸恶随生；禁条宣布，诈骗纷起。曲解法律，增饰文辞，说话就要贿赂，普通百姓动辄犯罪，我十分头痛。公卿不考虑明白是非，这样怎能挽救咎罚？咎罚既然出现，小民就又只能遭殃了。如果上下一心，共同来进行纠正，应该是能够搞好的。这说明，刘肇看到了问题，但他自己拿不出有效的解决方案。他知人善任和解决问题的能力不足，把责任归于三公拿不出有效的策略方案，把问题归在官吏们的执行力不强。这也间接地说明，明章两帝的儒学教育，没有培养出真正匡国救世的栋梁之才。80多年的东汉吏制就出现了空虚和堕落。这是光、明、章三代造成的困局，这种困局，随着和帝的英年早逝、接班人不顺、人才困乏更加严重，从而导致了东汉盛极而衰。

他用计逼反国舅窦宪而亲政，虽取得成功，但操之过急，致使无大才胜用，他竟然封宦官郑众为侯，宦官参政从郑众开始。于国有大功的窦宪被逼自杀，班固受牵连下狱而病死，其他官吏心寒而不愿意辅佐，这也许是个关键因素。史学家评价他：年轻人，急个什么劲？这一点，他不如汉武帝有耐心。本书认为，他是O1型。

第5任汉殇帝刘隆，刘肇之幼子，登基时刚出生满百天，是中国历史上继位年龄最小的皇帝，是东汉的第二个娃娃皇帝。他一岁时夭折，是中国历史上寿命最短的皇帝，谥号孝殇皇帝，被史家称为"八月皇帝"或"百日皇帝"。他当皇帝时，由皇太后邓绥（刘隆的养母）临朝听政。

自光武刘秀始，不立长子为接班人，他立了四子刘庄，开启东汉废皇后之先河，同意原太子让储而换立太子。明帝有九子，不立长子为接班人，他立了五子刘炟；章帝有八子，先立长子为接班人再废之，立了四子刘肇为皇太子。由明帝始，汉皇的寿命一代比一代短，登基年龄一代比一代小，而皇后正处在壮年，寿命也相对比皇帝长。皇帝的妃子很多，明帝有五个贵人一个皇后，章帝也有五个贵人一个皇后，因为纵欲又缺乏锻炼，皇帝一个比一个懦弱。明帝皇后、章帝皇后均无亲生儿子，于是抱养皇帝的儿子为嫡嗣，而抱养的儿子一般都不是皇后长子。悲剧由此就产生了，东汉自和帝起，进入了娃娃皇帝和太后称制、外戚掌权的政局。范晔在《后汉书》中感叹，事物的兴盛衰亡，人情的起伏，有它自然的规律。而兴衰来去最显著的，恐怕莫过于帝王的宠幸女色吧？当他饱享床笫间的柔情、倾国倾城的美色时，虽险情恶行，没有不认为是好的；等到爱移意变，私情离析了，纵是艳丽的容貌，也只觉得丑陋不堪，令人讨厌。爱升，天不能容它的高；欢失，虽全国之大，没有地方可逃她的性命。阴太后虽贤惠，但没有约束明帝的床笫之欢；马皇后，还常常因皇帝的子嗣不多，深怀忧叹，便推荐送达左右的妃嫔，以得皇帝的宠幸，唯恐做得不够。后宫妃嫔有进幸者，都加慰问和赏赐。假如多次受到皇帝宠幸，往往得到隆高的待遇，致明帝刘庄48岁而亡。马皇后当了太后，也是秉承这个思想，不约束章帝的美色欲望，以致章帝31岁而亡。和帝多次失去皇子，（贵人）邓绥担心继嗣无人，常垂泪叹息，选进众多美女进献给和帝，以应帝之爱心并企获得子嗣，致和帝27岁而亡。范晔在《后汉书》曰：椒房宠盛。他认为（和帝）后妃宠幸太多。光武帝的儿子最多，但来自三位女子；而明章两帝，儿子数量少于光武帝，章帝的儿子数量少于明帝，他们的儿子来自六位女子。皇太子们年轻就结婚生育，又是近亲结婚，违背伦理，性生活过度，以致生育质量下降，导致一代不如一代。这种现象，早在汉昭帝就开始了，汉宣帝有所改善，汉元帝就开始泛滥，以致西汉"成、哀、平"悲剧。东汉在第三代就开始了"章和殇安"的四代悲剧。皇帝纵色导致早逝，早逝和废立太子导致娃娃皇帝，娃娃皇帝导致太后执政，太后执政委托外戚掌权，外戚掌权压制娃娃皇帝，娃娃皇帝早逝无子，由年幼藩王入嗣，入嗣的皇帝继续纵色，循环往复，直到崩盘。

从章帝开始的以养母为嫡母，至殇帝已经三代了，也是一代不如一代，内宫环境一代比一代恶劣。根在明帝，立无亲子的马贵妃为皇后；根在阴丽华太后，命令明帝立无亲子的马贵人为皇后。这和西汉时期薄太后的"立太子母为皇后"完全不同，也有本质的区别。后者有利于保持内宫环境相对稳定、竞争相对良性、相对安全。

由于殇帝刘隆年龄太小，他的性格类型无法确定。因为 25 岁的太后邓绥执政，在闺密班昭的辅佐下，临朝称制达 16 年。她是东汉开国重臣、云台二十八将之首的太傅高密侯邓禹的孙女，她对内帮助东汉王朝度过了"水旱十年"的艰难局面，对外则坚决派兵镇压了西羌之乱，使危机四伏的东汉王朝转危为安，被誉为"兴灭国，继绝世"。本书认为，太后邓绥是 T2 型。

第 6 任汉安帝刘祜，和帝刘肇之侄，章帝刘炟之孙，清河孝王刘庆之子，在位共 19 年，享年 32 岁。13 岁时，被邓太后收为继子而立为皇帝，邓太后继续临朝称制。即位之初，西域诸国叛，攻都护任尚，遣副校尉梁慬救任尚，击破之。

第一，发生废太后事件。邓太后临朝称制，其兄长邓骘掌握实权，虽然兄凭妹贵，但他为人谦逊，有政才，征辟杨震、陈禅等贤能之士为官。邓氏兄弟，忠孝国家，奉公守法，勤劳国事，严于律己。邓太后所依靠的是宦官郑众和尚书令蔡伦。朝臣见朝政被外戚和宦官掌握，于是聚集一批对此同样不满的官僚士大夫，准备发动政变，要杀死邓骘及郑众、蔡伦，废黜太后和安帝，另立平原王刘胜为帝。但消息不慎走漏，邓太后先发制人，镇压了叛乱。

第二，邓太后秉政。安帝 26 岁时，杜根上奏太后，说安帝已经成年，应该独立处理政务。邓太后闻奏大怒，命人用布袋将杜根蒙头盖脸套起，用棍棒击杀，然后抛尸城外。太后的弟弟、越骑校尉邓康，也劝其退居深宫，不再干预政事。邓太后仍然固执己见。邓康见太后不纳谏，称病不朝。邓太后一怒之下，将邓康免官，并开除了邓康的族籍。邓太后执政期间，白天勤于国事，晚上诵读诗书。她亲自审视记录囚徒罪状，审视记录有否冤狱情况。邓太后诏令征召年龄在 5 岁以上的和帝弟弟济北王、河间王子女 40 余人，及邓太后近亲的子女 30 余人，为他们开设邸舍，教学经书，亲自监督考试。有将帅谋略的虞诩力阻弃凉、安定朝歌，邓太后升他为武都太守，虞诩用增灶计大破羌军，安定一郡，治理武都政绩卓然，深受爱戴，为官清正廉明，刚正不阿。

第三，安帝刘祜亲政，宦官当道。邓太后去世，安帝亲政。他追尊父亲刘庆为孝德皇，母亲左小娥为孝德后，祖母宋贵人为敬隐皇后。这时，在他周围形成了以乳母王圣，中黄门李闰、江京为首的宦官集团。安帝亲政后，自毁长城，在宦官的帮助下，诛杀口碑和政绩良好的邓氏家族，这是他最大的败笔，也是他最愚蠢的做法。造纸术的发明者蔡伦（窦太后提拔上来的）也被逼迫自杀，摧毁了东汉的国家根基。东汉自此衰落无归路。刘祜封江京为都乡侯，封李闰为雍乡侯。乳母王圣及其女儿伯荣更加受到宠爱，生活奢侈，贪污受贿，随便出入宫廷，干预政事，无恶不作。官僚集团与宦官的矛盾日益尖锐，以杨震为代表的朝臣多次上疏要求安帝约束和惩戒飞扬跋扈的宦官，但他总是置之不理。被揭发的宦官们乘机诬告，公廉正直的太尉杨震被迫自杀，从而导致朝中无贤能之人可用，宦官的权势至此更是无人能制。

第四，后宫争位，南游驾崩。他立贵人阎姬为皇后。阎皇后没能生育皇子，为了皇位传承的需要，便在邓太后的授意下，他册立年仅6岁的皇长子刘保为皇太子。刘保的生母为宫女李氏，李氏在此以前已被阎皇后鸩杀。邓太后去世后，阎皇后怕太子即位以后会追究杀母之仇，处心积虑地要将刘保除去。阎皇后与樊丰等宦官串通一气，先将太子乳母王男、厨监邴吉定成死罪，除去太子的羽翼，然后又向安帝进谗言，说刘保行为过恶，不宜处太子之位。安帝宠爱阎皇后，于是废黜太子刘保为济阴王。他携同阎皇后和贵戚南下游玩，忽然得病，在路途中病逝。安帝期间，后宫已经形成嫡母系、妻系、奶娘系、生母系，加上宦官系，宫廷关系错综复杂，复杂的关系需要皇帝更高的平衡和决断能力，而此时的皇帝，能力恰恰是最平庸的。这就是悖论，也是东汉衰落的根由所在。

邓太后临朝称制15年间，刘祜没能学会或者琢磨邓太后的执政经验，这是非常遗憾的。也许，邓太后因刘祜不是亲生皇子而没有用心教，也许，刘祜根本就没有用心去学，这一点上，刘祜远不如西汉宣帝刘询。刘询在霍光执政期间，暗中学习霍光的执政经验。安帝刘祜的治国理政能力偏弱，亲政5年，听老婆和奶妈的话，偏信宦官，把政局搞得乱七八糟，整个朝政一片混乱，国内也是灾害不断，最后出现了"人相食"的局面。从昏庸无能和追求享受的刘祜亲政开始，东汉政权在一片混乱中走向衰败。本书认为，他是K3型，邓太后是T2型。

第7任汉少帝刘懿，和帝之侄，济北惠王刘寿之子，章帝之孙，在位200余日（7个月）。他是阎皇后和其兄阎显做主立为皇帝的，他尊阎皇后为皇太后，阎显则进拜大将军。他因病去世，阎太后兄、车骑将军阎显及江京与中常侍刘安、陈达等报请太后秘不发丧，而计划另征立诸国王子为帝。刘保把宫门紧闭，屯兵自守。宦官孙程等人发动政变，合力斩江京、刘安、陈达等，迎立10岁的济阴王刘保为帝，是为顺帝。阎显兄弟听到济阴王为帝，领兵入北宫，尚书郭镇与他们血战北宫，斩阎显弟弟卫尉阎景。逮捕阎显及其弟弟城门校尉阎耀、执金吾阎晏等，阎氏兄弟均下狱处死。本书认为，刘懿是 K 型，阎太后是 K1 型。

第 8 任汉顺帝刘保，安帝刘祜之子，在位 19 年，享年 29 岁。他 10 岁即位，是东汉历史上第一个由宦官迎立的娃娃皇帝。性情温和的他登基后，诛杀阎显兄弟，宣布废黜阎太后，把没杀的阎氏家属全部远流到极度荒蛮之地。他论功行赏，升授孙程为骑都尉，封侯十九。范晔说："顺帝新立，大臣懈怠，朝多阙政。"他出于感激心理，大肆宠信宦官，宦官干政的现象愈演愈烈，更为愚蠢的是，他明文规定宦官可以收养义子，宦官系由此变得更加复杂。他的乳母宋氏，违法乱纪，趾高气扬。他不听左雄劝谏，封乳母宋氏为山阳君，邑五千户。梁妠与她的姑姑一同选入掖庭，时年 13 岁，被顺帝封为贵人。荒唐的汉皇，姑侄同为他妻。大臣们请求他册立皇后，他的贵人中，受宠的有 4 人，他不知立谁为好，毫无主见的他，竟然想用抽签的办法求神定选，被尚书仆射胡广劝阻。最后，梁妠被立为皇后。

梁皇后纵容他沉溺于女色，她说："愿陛下思云雨之均泽，识贯鱼之次序。"他把梁皇后的父亲梁商、兄长梁冀相继提拔为大将军，命他们执掌朝政。梁商延聘李固为自己的从事中郎，李固安定荆州。梁商在去世前，为他推荐周举为重臣，博学而正直的周举不负众望，与黄琼同心辅政，劾奏贪污，劝友谏帝等，可惜，壮年而逝。班勇、马融、张衡等被任用，但没有被重用。梁皇后的养子刘炳被立为皇太子。宦官集团为了长期巩固权势，便竞相攀结梁氏家族，由此宦官与外戚两大集团互相勾结、表里为害，使东汉的政治日益腐败，国内矛盾日益激化。治国无能的顺帝，让东汉的国力急转直下，开始在亡国的路上狂奔。

范晔说："古之人君，离幽放而反国祚者有矣，莫不矫鉴前违，审识情伪，无忘在外之忧，故能中兴其业。观夫顺朝（刘保）之政，殆不然乎？何其效僻之多与？"范晔还说：顺帝刚立为帝时，俊杰之士都在他身边，可他不能砥砺而改革自新，最终沦溺于私嬖近习，依托苟安，贪货贿而增人邑。本书认为，刘保是 K2 型。

第 9 任汉冲帝刘炳，刘保之子，在位 6 个月，年仅 2 岁就去世了。他是汉顺帝的独子，年仅一岁就继位为帝，是东汉的第 5 个娃娃皇帝。尊嫡母（养母）梁妠为皇太后，由梁太后临朝摄政。任命太尉赵峻为太傅、大司农李固为太尉，总领尚书事务，梁太后的哥哥梁冀为大将军。本书认为，冲帝刘炳是 K 型，梁太后是 O4 型。

第 10 任汉质帝刘缵，冲帝之堂兄弟，刘炟之玄孙，渤海孝王刘鸿之子，在位 1 年，享年 9 岁，他是东汉的第 6 个娃娃皇帝。冲帝继位不久便患病，梁冀征召 8 岁的刘缵到洛阳都亭，准备等汉冲帝去世后，就立他为皇帝。冲帝去世后，梁太后与梁冀立刘缵为帝。

梁太后再次临朝摄政，朝政基本上控制在其兄梁冀手中。梁冀主持朝政期间，专横跋扈、无所不为，引起了一些正直朝臣的抵制，以太尉李固为首的许多士族官僚纷纷上书批评梁冀的所作所为，力求矫正时弊，但都遭到了梁冀的打击和压制。刘缵虽然才9岁，也看梁冀很不顺眼。在一次朝会中，他当着群臣的面叫梁冀"此跋扈将军也"，表示自己的义愤，惹得梁冀大怒。本书认为，质帝是P型，梁太后是O4型。

第11任汉桓帝刘志，质帝之堂伯，刘炟之曾孙，河间孝王刘开之孙、蠡吾侯刘翼之子，在位21年，19岁亲政，享年36岁。梁太后征召刘志到洛阳城夏门亭，打算将自己的妹妹嫁给15岁的刘志。同年，大将军梁冀（T型）毒死质帝，以太尉李固为首的朝臣想立清河王刘蒜为皇帝，而梁冀想立刘志为皇帝，并得到宦官曹腾（曹操的祖父）的支持。梁冀说服梁太后立刘志为皇帝，梁妠继续临朝听政。梁太后看了太尉李固为种暠的上疏，赦免了种暠的罪，后来陆续任命种暠为凉州太守、汉阳太守、辽东太守、度辽将军、司徒等，种暠平定乌桓等诸胡，安定了东汉边境。这说明，梁太后知人善任，是理性的太后。

刘志亲政后，便和宦官唐衡在厕所定计，和宦官单超等合谋诛杀了大将军梁冀，并剪除了其党羽。他以功封中常侍单超、徐璜、左悺、唐衡、具瑗为列侯（世称五侯）。朝政转入宦官之手。他放纵乳母赵娆和宦官勾结，乳母赵氏在世时，她的财产与国家的府库相等；死后，她的坟墓规格超过了皇上先人的陵园，两个儿子受封，她的兄弟都做了州郡的官。刘志昏庸无能，宦官肆虐，党同伐异，激起官僚士大夫的不满。世家豪族与太学生联合反对宦官，他下令逮捕李膺等200余人，形成第一次党锢之祸。由于贪腐之风盛行，他实施卖官鬻爵政策，公开卖官鬻爵，政治愈加腐败。他有"权力暴发户"的感觉，亲政后娶了无数个老婆，荒淫游乐无度，宫女多达五六千人，以纵情声色来填补自己心理的空虚。他三立皇后：梁女莹（梁太后的妹妹）、邓猛女（邓太后的侄女）、窦妙（东汉窦太后的从侄女）。可惜，这个当时世界上拥有最多妻子的男人刘志，竟然没有生下一个儿子，只留下三个女儿。范晔说："前史称桓帝好音乐，善琴笙。五邪嗣虐，流衍四方。"王夫之说："桓帝淫于色，而继嗣不立，汉之大事，孰有切于此者！"他先后派左悺、管霸祭祀老子；把老子牌位请进皇宫，举行祭祀活动。纵欲的桓帝，是中国历史上第一个祭祀老子李耳的皇帝，他既想占领道教信仰的制高点，维护皇帝的威望，又想他的臣民们能够像老子那样"清心寡欲"，而自己却纵欲多欲。本书认为，他是P4型。

第12任汉灵帝刘宏，桓帝之从侄，刘炟之玄孙，河间孝王刘开之曾孙、解渎亭侯刘苌之子，在位21年，12岁即位，享年33岁。桓帝刘志驾崩，皇后窦妙临朝问政。桓帝无子继位，窦妙与其父窦武商议，选择12岁的刘宏继承大统。他尊窦妙为皇太后，窦妙太后多次表彰陈蕃忠诚清正，以太傅陈蕃、大将军窦武及司徒胡广三人共参录尚书事。大将军窦武因定策刘宏继位有功，其族人加官进爵，窦氏再次权倾一时。尽忠辅国的窦武依赖太傅陈蕃主持朝政，陈蕃大量起用在第一次党锢之祸时受处罚的士人，二人在不久后即达成一致意见，密谋铲除宦官。王甫、曹节等众宦官歃血为盟，当晚发动政变，史称"九月辛亥政变"。至次日清晨，宦官取得政变全面胜利，窦武、陈蕃等人均被灭族，杀死正义的太学生李膺、范谤等 100 余人，未被处死的族人则流放到交州。窦太后则被迁徙到南宫云台居住。169 年，发生第二次党锢之祸，被迫害致死的士人达六七百人，延续了 10 年之久，危害性超过了第一次党锢之祸。灵帝比桓帝更宠幸宦官，治国更无能。

灵帝在位时期，是宦官在汉朝历史上统治时间最长的。少年的他没有目标和理想，胸无大志，整天在吃喝玩乐中过日子。在宦官们的引诱下，他比桓帝更荒淫，耽于享乐，被史学家说成是中国历史上荒淫皇帝之祖：他令宫女裙子里面只穿开裆裤，好让他随时交欢。夏天，他建"裸游宫"，里面有清泉池，他令宫女裸体沐浴，他也徜徉其中。冬天，他会在宫里广设火盆，他与宫女们裸体昼夜饮乐，醉生梦死，连天黑天亮都不知道。他尊生母董氏为太后，董太后干预朝政，鼓励他设置西园，巧立名目搜刮钱财，指使他卖官鬻爵。他疯狂卖官，从宰相到县官，所有职位都明码标价，而且还搞"公开竞标"：同一个官位，不同的人出价，价高者得。后来发展为，官吏的升迁、晋升和新官上任都要交钱。在战场上立了战功的，也要交钱，才能上位做大官。朝堂混乱不堪，贪污腐败盛行。

灵帝废了宋皇后，立何氏为皇后（无德无才有点貌），将何进招入朝廷担任要职，何氏家门荣极一时。他不勤政谋政，常常挖空心思玩新花样。他在妃嫔所居的内宫摆了很多店铺，让众多彩女做生意，她们互相偷盗争夺斗殴。他穿着生意人的服装，设宴饮酒作乐。他于西园耍狗，让狗戴着文官用的进贤冠，悬着绶带。他把车驾套上四头驴子，亲自驱策操缰，奔驰周转，京师辗转竞相仿效。灵帝晚期，烽烟四起，太平道教主张角发动黄巾起义，天下八州太平道教徒揭竿而起，州郡失守，朝廷震动。他在北地郡太守皇甫嵩及中常侍吕强的建议下，宣布解除党锢，派遣皇甫嵩、董卓、朱俊等组织政府军平定了黄巾起义，由此他更加自傲而放荡，朝政更加腐败黑暗。凉州等地也陷入持续动乱之中。东汉朝廷在镇压民变的过程中将权力下放给地方，形成各地事实上的军阀割据的局面，东汉政权已经名存实亡。他喜好辞赋，作有《皇羲篇》《追德赋》《令仪颂》等。本书认为，他是P2 型。

第 13 任汉废帝刘辩，灵帝和何皇后的嫡长子，在位 4 个月，享年 14 岁。他是少年皇帝，也是东汉唯一被大臣废黜的皇帝。灵帝生前评价他说："（刘）辩轻佻无威仪，不可为人主。"故生前未立他为皇太子。子以母贵，14 岁的刘辩即位后，尊祖母董氏为太皇太后，母亲何氏为皇太后，由何氏临朝摄政。任袁隗为太傅，与大将军何进参与总领尚书事。董氏的侄子骠骑将军董重与何氏的哥哥大将军何进互争权力，引起政治动乱。何进官拜大将军，掌控朝廷，志于铲除宦官势力，但何太后反对，士大夫领袖袁绍提出建议，让西北军董卓进京，逼迫何太后答应。何进同意了袁绍的建议。然而事情泄露，宦官先下手为强，杀死了何进。当时在西园军的袁绍闻讯，立即率军攻入皇宫，对宦官进行屠杀。宦官张让挟持汉少帝逃走，追兵到，张让自杀身亡。董卓率军抵达洛阳，外戚和宦官的势力同归于尽，董卓控制了中央政府。

董卓自为太尉，任太尉刘虞为大司马，任豫州牧黄琬为司徒，董卓在崇德前殿召集百官，逼何太后下诏书立刘协为帝，废黜皇帝刘辩为弘农王，何太后还政。第二年，刘辩、何太后被董卓杀害。本书认为，他是 K3 型，何太后为 K1 型。

第 14 任汉献帝刘协，灵帝和王贵人之子，在位 31 年，享年 54 岁。8 岁刘协被董卓立为皇帝，即位时，他是东汉的第 7 个娃娃皇帝。董卓联合司徒黄琬、司空杨彪一同上书，要求为建宁元年九月政变时被政治定性（诬陷）为叛贼的陈蕃、窦武及次年在"第二次党锢"中被捕遇害的众多党人平反。刘协准奏，恢复陈蕃等人的爵位，提拔他们的子孙为官。董卓亲近周毖（周慎之子）和伍琼，原大将军府官员何颙、郑泰也成为其幕僚。董卓亲近士人，征召名士（荀爽、韩融、陈纪等）入朝为官，蔡邕成为董卓最信任的幕僚。他还选拔大量名士（韩馥、孔融、应劭等）担任地方太守等要职，甚至不计前嫌，对厌恶自己而弃官而走的袁绍、王匡、鲍信等人授以太守，以示和解。

董卓自任为相国，再次擅自专权。任司徒黄琬为太尉，任司空杨彪为司徒，任光禄勋荀爽为司空，形成五人——皇帝、相国、三公——共同执政局面，但实权握在董卓手中。董卓虽然礼贤下士，但和士大夫的关系越来越僵，双方的不和，打开了乱世开关。东汉有董卓，犹秦之有赵高。董卓过早地废立汉帝[①]，立威失德，杀戮残忍，残暴迁都等引起了群愤。山东州郡起兵讨伐董卓，东汉正式进入军阀混战时期。司徒王允发动西安事变（长安事变），设计让吕布诛杀了董卓，刚愎自用的王允（T 型，坚持两个凡是：凡是董卓做的，都是错误的；凡是董卓重用的，他赶尽杀绝）总理朝政，目空一切，居功自傲，不把朝政大权交还汉献帝，擅自杀死文学家蔡邕，逼反李傕和郭汜而遭其杀害。去了个董卓，来了个王允。

去了个王允，来了李郭。献帝进入了漂泊时期，受到李傕和郭汜挟持。他在杨奉和董承护送下，逃出长安，辗转东行。196 年，献帝到曹操的军营，依附于兖州牧曹操，迁都许昌。公元 220 年，刘协禅让皇帝，曹丕受禅为魏文帝。汉献帝为山阳公，地位在诸侯王之上，对魏帝曹丕奏事不称臣，受魏帝诏见不跪拜，以天子车驾服饰郊祀天地，汉室宗庙、祖茔及农历腊月的祭祀都照汉朝的制度，建都山阳浊鹿城，他又安度了 14 个春秋。史学家说，汉自和帝以来，政教渐失，天下厌恶汉德由来已久。本书认为，刘协是 K2 型。

---

① 废立皇帝有好几种：废长立幼、废明立暗、废疏立亲、废昏立贤等，其实，董卓是废昏立贤，只是操之过急。

东汉皇帝及其帝太后的性格类型路线如下：光武帝刘秀（猫头鹰）01—明帝刘庄（老虎）02—章帝刘炟（孔雀）03—和帝刘肇（猫头鹰）、窦太后（猫头鹰）04—殇帝刘隆（考拉）、邓绥太后（老虎）05—安帝刘祜（考拉）、邓太后（老虎）06—少帝刘懿（考拉）、阎太后（考拉）07—顺帝刘保（考拉）08—冲帝、梁太后（考拉、猫头鹰）09—质帝刘缵、梁太后（孔雀、猫头鹰）10—桓帝刘志（孔雀）11—灵帝刘宏（孔雀）12—废帝刘辩（考拉）13—献帝刘协（考拉）14，具体如图 12-2 所示。

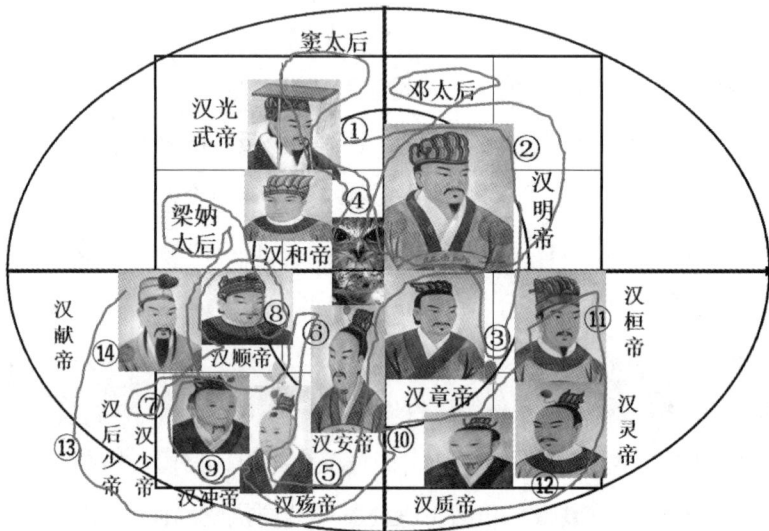

图 12-2　东汉刘氏皇帝（太后）性格类型移动

本书从两个角度分析性格类型与帝位传承。第一，以男性皇帝为轴线分析。第二，以实际掌权者为轴线分析，即以太后临朝称制超过一年为期限，考虑太后的性格，而忽略娃娃皇帝的性格，因为娃娃皇帝根本不可能行使职权，比如汉殇帝、汉少帝、汉冲帝、汉质帝，这里就以他们在位时临朝称制的太后来代替，进行分析。汉和帝 10 岁即位，他在 15 岁前，是由窦太后临朝称制。汉少帝年幼即位，由阎太后临朝称制，时间不过 7 个月，影响甚微，不计入分析，阎太后为 K1 型。汉后少帝 13 岁即位，由何太后临朝称制，但时间不过一年，不计入分析，何太后为 K1 型，具体如表 12-1 所示。

表 12-1　西汉和东汉皇帝（太后）性格类型

性格类型	老虎性格	猫头鹰性格	孔雀性格	考拉性格	合计
西汉皇帝	1	3	4	4	12
比例	8%	25%	33%	33%	100%
东汉皇帝	1	2	4	7	14
比例	7%	14%	29%	50%	100%
东汉皇帝（太后）	2	4	3	3	12
比例	17%	33%	25%	25%	100%

从东汉男性皇帝来看，在 14 任皇帝里，T 型的皇帝只有 1 位，O 型的皇帝只有 2 位，事业导向型的皇帝只有 21%，如果没有 T 型的太后和 O 型的太后临朝称制，东汉的国祚大约 100 年。正因为有了事业导向型的太后临朝称制，东汉的最高领导者中，T 型的有 2 位，O 型的有 4 位，占比为 50%，东汉国祚将近 200 年。在窦太后的执政下，东汉打败北匈奴，国力达到鼎盛时期；在邓太后、梁太后的执政下，恢复对西域的统治。

开国的汉光武帝刘秀是 O 型，东汉相对内敛，这与西汉的开国皇帝刘邦是 P 型完全不同，后者个性张扬，气势恢宏。东汉皇帝除了第二代的汉明帝刘庄外，其他皇帝的果敢度、魄力等都很一般。虽然西汉也只有一个 T 型的皇帝刘彻，但他的执政时间超过了 50 年（54 年），T 型明帝的主政时间为 18 年。从主政时间来看，一个汉武帝可以抵 3 个明帝。汉武帝是一个 T2 型皇帝，他也有 P 性格和 K 性格，能够在四种性格类型间进行切换，这种皇帝一般是在黄氏 TOPK 圆盘的内圆上或外圆上，即处在无极之中。遇到什么性格类型或者环境需要什么性格类型，他就运用什么性格类型。按照庄子的话说："得其环中，以应无穷。"而汉明帝刘庄是 T4 皇帝，老虎性格第一，考拉性格第二。他在立太子和皇后这件事情上，听从了其母亲阴太后的建议，而没有深入思考太子和皇后没有血缘关系背后的弊端及其后果。K 型皇帝和 P 型皇帝的最大优势，是带来了文化的繁荣，但这种文化，缺乏血性和大气，尽管包容性很强。

东汉起源于 O 型的刘秀，败于 K 型的刘祜，灭于 K 型的刘协，起于内向性格，败亡于内向性格。这和西汉不同，西汉起于外向性格，败亡于外向性格。不过，对东汉灭亡要承担主要责任的皇帝，是桓、灵两帝，他们都是 P 型，属于外向性格。西汉后期皇帝的性格类型，只在 P、K 两象限徘徊移动，成、哀两帝均在 P 象限；东汉后期的皇帝性格类型，也是只在 P、K 两象限徘徊移动，桓、灵两帝均为 P 象限，后少帝、献帝均为 K 象限。西汉灭亡时，皇帝都是娃娃皇帝；东汉虽然娃娃皇帝比较多，但衰败在壮年皇帝，东汉灭亡时，末代皇帝却是成年皇帝，和东周灭亡一样，尽管是成年皇帝，但回天无术，已被时代所抛弃。西汉的灭亡，外力是 O3 型的王莽；东汉的灭亡，外力是 T3 型的董卓。

西汉、东汉均打破了"一代创造、二代继承（守成）、三代毁灭"的"富不过三代"的魔咒，西汉的基业超过两百年，东汉的基业接近两百年，均是"百年老店"。西汉由刘邦创业，到刘彻崛起，到宣帝刘询至顶峰，到元帝刘奭始衰，到汉平帝、汉孺子婴灭国，演绎了"一代而创，二代危机，三代发展，四代崛起，五代危机，六代危机，七代鼎盛，八代始衰，十世而斩"的组织兴衰路线。而东汉由刘秀创业，到刘肇鼎盛，到安帝始衰，到献帝灭国，演绎了"一世创业，二世发展，三世接踵，四世鼎盛，五世守成，六世始衰，七世败落，八世而亡"的组织兴衰路线。两汉的发展突破了"三世而衰，五世而斩"的魔咒，西汉更是实现了"七世而昌"，延续了十世；东汉也实现了"四世而昌"，延续了八世。

西汉的成功，在于成功克服了二代危机，尽管T型的吕后带来了二代危机，但西汉的大臣们有效地化解了危机。刘恒是壮年的藩王，他成功接班，并把西汉带入健康发展轨道，他是二代成功的典范。他的承上启下，对于西汉政权的发展至关重要。一个生活在底层的皇族成功继位并带领皇朝进入鼎盛时期，刘询是成功的典范。东汉的和帝刘肇虽然创造了"永元之隆"，创造了东汉的鼎盛，但东汉很快就盛极而衰，物极必反，他的治国理政及私生活的不足等，值得接班者们警惕，接班者要客观地扬弃他的做法。如果他能像汉武帝那么忍耐，有点耐心，善待窦太后及其家族，那么东汉的历史也许会更辉煌。

第十三章

魏蜀吴三国帝王性格类型移动轨迹

东汉末年（184—220），黄巾起义，天下大乱，群雄纷起，华夏民族进入了军阀割据时代。华夏民族人口由 6000 多万人陡降到 2300 多万人，累累白骨、赤地千里、枕骸遍野，此景与楚汉大乱相差无几。楚汉战乱，华夏民族人口只剩下十分之二三。曹操在《蒿里行》描述了战争带来的惨景："白骨露于野，千里无鸡鸣，生民百余一，念之断人肠。"裴松之在为《三国志》做注时说："自中原酷乱，至于建安，数十年间生民殆尽。"40 多个军阀经过了将近 40 年的彼此混战，如官渡之战、赤壁之战、麦城之战等，在公元 220 年，华夏民族进入了三国时期。三国鼎立 60 年后，公元 280 年，华夏民族统一于晋朝。

第一节　魏国的皇帝性格类型探究

魏国是由曹丕创建的，史称曹魏，国祚 46 年，历 3 代 5 帝，如图 13-1 所示。

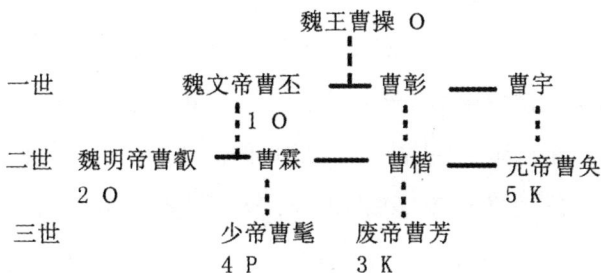

图 13-1　魏国的帝位传承和世系

魏国的奠基人曹操，汉丞相、魏武王，西汉曹参后裔，东汉太尉曹嵩之子，享年 65 岁。58 岁的曹操获封魏公，建立魏公国，定都河北邺城，后进爵魏王，被追尊为武皇帝，史称魏武帝。他气度恢宏，知人善任，武将云集，文臣济济。五子良将八虎骑，五大谋士十文臣。毛玠曾经向他提出了建议："奉天子以令不臣，修耕植，畜军资。"他采纳并予以实施。对内，他消灭二袁、吕布、刘表、马超、韩遂等割据势力；对外，他平定羌胡、扫灭乌桓、压制匈奴、降伏鲜卑，令其在汉末乱世不能乘虚入中原为祸，外战功绩不逊于大一统王朝里的任何著名帝王。他统一了中国北方，实行一系列政策以恢复经济生产和社会秩序。他扩大屯田、兴修水利、奖励农桑、重视手工业、安置流亡人口、实行"租调制"，从而使中原社会渐趋稳定、经济出现转机。

曹操在他的管理之中体现出了如下特点：

第一，他年少勤奋好学，喜欢研究兵法。他年轻时，机智警敏，有随机权衡应变的能力。乔玄对他说："天下将乱，非命世之才不能济也，能安之者，其在君乎？"南阳何颙对他说："汉室将亡，安天下者，必此人也！"以知人著称的许劭对他说："君清平之奸贼，乱世之英雄。"他喜欢兵法，抄录古代诸家兵法韬略，还有注释《孙子兵法》的《魏武注孙子》传世。这些为他后来的军事生涯打下了理论基础。他不仅精通兵法，而且治军严整，法令严明。一次在行军途中，他传令不得使战马践踏麦地，如有违犯，一律斩首。士兵皆下马步行，唯恐踏坏麦苗。当他的战马因受惊吓踏了麦田，他即拔剑割下自己一撮头发，以示处罚，足见执法之认真。自己犯法，也要惩罚。

第二，他崭露头角，不畏强权，公正执法。他被举为孝廉，入京都洛阳为郎。不久，被任命为洛阳北部尉。洛阳为东汉都城，是皇亲贵戚聚居之地，很难治理。他一入职，就申明禁令、严肃法纪，造五色大棒十余根，悬于衙门左右，"有犯禁者，皆棒杀之。"皇帝宠幸的宦官蹇硕的叔父蹇图违禁夜行，他毫不留情，将蹇图用五色棒处死。于是，"京师敛迹，无敢犯者"。他被朝廷征召，任命为议郎。此前，大将军窦武、太傅陈蕃谋划诛杀宦官，不料其事未济，反为宦官所害。他上书陈述窦武等人为官正直而遭陷害，致使奸邪之徒满朝，而忠良之人却得不到重用的情形，言辞恳切，但没有被灵帝采纳。他任济南国国相，济南国有县十余个，各县长官大都攀附皇亲国戚，贪赃枉法，民怨民恨，他上奏皇帝，罢免了其中八个官员。济南震动，贪官污吏纷纷逃窜。他严禁过分祭祀鬼神，使作奸违法之徒威风扫地，一时济南国中秩序井然，安居乐业。陈寿曰："政教大行，一郡清平。"

第三，明略最优。陈寿评价他说：东汉末年，天下大乱，群雄四起，袁绍虎视四州，兵强地广，无人能敌。曹操运筹帷幄，高瞻远瞩，东征西讨，足迹遍九州，运用申不害、商鞅的治国之方，兼采韩信、白起的奇谋妙策，视才授官，克制自己的感情，不计私怨，总揽朝政大权，完成建国大业，是出于他的聪明才智超出常人的缘故。官渡之战，他以少胜多，最为关键的原因是他明略善断，采用迂回穿插的奇术击败5倍之多的袁军。袁绍那边人才济济：沮授、郭图、审配、逢纪、田丰、荀谌、许攸、颜良、文丑等，但凤毛鸡胆的袁绍，能聚人而不能正确用人，其性格类型是骄傲的孔雀型，其班子成员的性格类型多为猫头鹰、老虎、孔雀型，唯独少了能力卓越的考拉型成员，属于黄氏TOPK中的TOP组合。袁绍能聚人而不能用，宽厚得众心，有并天下之心，而智不能济也。在班子成员意见不一的情况下，袁绍不能明断，也不能团结他们。羊质虎皮的袁绍被曹操打败后，原想用赛马的方式挑选世子，但病死前犹豫不决，没有立下接班人遗嘱，结果二子相争，一子作壁上观，曹操得利。官渡之战，曹操这边人才虽不多，但班子成员的性格组合是黄氏TOK组合：曹操，积极乐观的猫头鹰型；荀彧、贾诩为善用计谋的考拉型；任俊为勇敢的考拉型，程昱、郭嘉、荀攸、董昭及投奔曹操的许攸，为猫头鹰型；曹仁、曹洪、徐晃、于禁、张辽、张绣、夏侯渊、李典、李通等武将为老虎型。以黄氏TOPK分析，曹袁是（TOK）3∶3（TOP），但曹操的明略善断和团结人的能力均胜于袁绍。袁术的谋略不如曹操，也缺乏顶级谋士辅佐。袁术有纪灵、刘勋、张勋、杨奉、李丰、阎象、袁涣等文臣武将，特别是孙坚（T型）的辅佐。袁术团队为黄氏TOPK的TPK组合，缺乏张良、陈平式的顶级谋臣。孙坚去世后，袁术的武将力量大减，虽有孙坚之子孙策为其所用，但两人情感难以上升到袁术和孙坚那么紧密。袁术称帝后，孙策脱袁术自立，曹操亲自率军出征，斩杀袁术大将桥蕤、李丰、梁纲、乐就，高傲无比的袁术（P1型）狼狈逃回淮南，两年后病死。双方核心团队为三元组合时，胜负就取决于他们的团结度和能力高低。在这方面，曹操团队均胜于袁绍、袁术和刘表等。

第四，明察秋毫，识人准确，知人善任。东汉大将军何进（T4型，曹操评他曰"沐猴而冠带，知小而谋强"）与袁绍（P1型，曹操评价他曰"绍之为人，志大而智小，色厉而胆薄，忌克而少威，兵多而分画不明，将骄而政令不一"）密谋诛杀宦官，何太后未同意他们的做法。何进便召董卓（T3型，曹操评价他曰"暴于四海"）入京，董卓废立汉帝，京都乱如麻团。董卓上奏举荐曹操做骁骑校尉，准备与他共商朝政，曹操不愿意和董卓合作，在陈留，首倡义兵号召天下英雄讨伐董卓。十一路诸侯讨伐董卓，却只有曹操敢于和他决战。曹操评价刘表曰："我攻吕布，表不为寇，官渡之役，不救袁绍，此自守之贼也，宜为后图。刘表自以为宗室，包藏奸心，乍前乍却，以观世事，据有当州。"郭嘉评价刘表："坐谈客耳。"东汉末年王粲评价刘表曰："自以为西伯可规。士之避乱荆州者，皆海内之俊杰也；表不知所任，故国危而无辅。"吴国名将甘宁评价刘表曰："虑既不远，儿子又劣，非能承业传基者也。"范晔说刘表："坐谈奚望。"在战争年代，刘表办学校，搞文化扩张战略，被世人当作以西伯自居的笑柄。刘表有魏延、黄忠、黄祖、甘宁、文聘、蔡瑁等武将，也有蒯越等谋士，班子为黄氏TOPK中的TOP组合。有耐心、孔雀特质的刘表，没能抓住机遇开疆辟土，致使武将纷纷离他而去。刘表和袁绍一样，没有在生前解决好接班人的问题，更没有为接班人顺利接班做有效的工作，也许是为情所困。理智的曹操比他俩做得好。

《三国志》记载曹操："吾任天下之智力，以道御之，无所不可。"曹操知人善察，根据将领特点，用其所长。例如，许褚、典韦壮武有力，忠诚奉法，曹操就让他们战则为军锋，息则统亲兵；臧霸有恩信于东土，曹操将青、徐二州托付于他，从而得以专心对付袁绍，不必以东方为念。曹操用人不重虚誉，他选用官员要求"明达法理，能行法治"，治国和用人坚持礼法并举。他起用王修、司马芝、杨沛、吕虔、满宠、贾逵等地方官吏，抑制不法豪强，化乱为治。当时于禁屯驻颍阴，乐进在阳翟，张辽称霸长社，各位将军相当自负，谁也不服谁，不愿协作共事。于是曹操便派调和能力强的赵俨一并参加这三个地方的军务，赵俨每每开导劝喻，三位将军终于和睦共事起来。

第五，他喜欢用诗歌、散文来抒发自己政治抱负，反映民生疾苦，是魏晋文学的代表人物，开创了"建安文学"。南朝刘勰在论述建安文学繁荣的原因时，就曾指出"魏武以相王之尊，雅爱诗章"。鲁迅赞之为"改造文章的祖师"。其诗如，《观沧海》："日月之行，若出其中。"《短歌行》："但为君故，沉吟至今。"《龟虽寿》："老骥伏枥，志在千里。"《度关山》："兼爱尚同，疏者为戚。"《求贤令》："自古受命及中兴之君，曷尝不得贤人君子与之共治天下者乎？……二三子其佐我明扬仄陋，唯才是举，吾得而用之。"他擅长书法，唐朝张怀瓘《书断》将曹操的章草评为"妙品"。

第六，曹操善谋断大事。《三国志》记载了荀彧评价曹操和袁绍："古之成败者，诚有其才，虽弱必强，苟非其人，虽强亦弱，刘、项之存亡，足以观矣。今与公争天下者，唯袁绍尔。绍貌外宽而内忌，任人而疑其心，公明达不拘，唯才所宜，此度胜也。绍迟重少决，失在后机，公能断大事，应变无方，此谋胜也。绍御军宽缓，法令不立，士卒虽众，其实难用，公法令既明，赏罚必行，士卒虽寡，皆争致死，此武胜也。绍凭世资，从容饰智，以收名誉，故士之寡能好问者多归之，公以至仁待人，推诚心不为虚美，行己谨俭，而与有功者无所吝惜，故天下忠正效实之士咸愿为用，此德胜也。"从这段评价可以看出曹操务实、明断、谨俭、严明、仁诚、明达不拘等，具备黄氏TOPK四种性格特征，但偏猫头鹰性格。《三国志》曰：太祖（曹操）性严。雅性节俭，不好华丽。

本书认为善谋明断的曹操是O1型，猫头鹰性格第一，老虎性格第二，孔雀性格第三，考拉性格第四。他能够在这四种性格类型之间自觉或不自觉地切换。曹操晚年，考拉性格偏多，统一中国大业的野心出现了懈怠，不再大规模南征。尽管去世前一年，他亲临战场，与刘备相争汉中，但相拒数月后，放弃汉中，退守关中。后来从关中赶到洛阳，指挥襄樊会战，获得成功。壮士暮年，多了些积极防御，少了些进攻。曹操之所以没能像刘邦、刘秀那样统一中国，原因在黄氏TOPK理论中的核心班子方面，没能做到TOPK白金组合，其核心班子是TOK组合，曹操自己表现P型特质；而其对手孙权、刘备也是团结三元组合的高手。孙权团队是TOK组合（短暂的TOPK组合），刘备团队是TOP组合。三国三分天下，是因为他们各自都拥有符合VCAT原则的黄氏TOPK的三元组合，通俗地说，以3：3：3的势均力敌而三分天下。

第1任魏文帝曹丕，曹操之次子，在位7年，享年40岁。30岁为魏国世子，33岁接班为魏王，同年开国为帝。在位期间，任命贾诩为太尉，华歆为相国，王朗为御史大夫，夏侯惇为大将军。他采纳陈群的建议，制定和实施九品中正制来选拔官吏。这一制度，成为魏晋南北朝时期主要的选官制度。他进一步消除割据，亲自平定青州、徐州一带的割据势力，完成了北方统一的大业。对外平定边患，击退鲜卑，和匈奴、氐、羌等外夷修好，恢复在西域的建置。大破蜀汉，三征东吴。

他在做魏世子时，积极组织文学团体，参与并鼓励文学创作，使同类唱和诗赋作品由此而兴，成为建安文学发展独有之气象。他在登基后恢复太学，重视教育，发展文化事业，是三国时代杰出的诗人。其《燕歌行》是中国现存最早的文人七言诗；他的五言和乐府诗清绮动人，现存诗约40首。他是位理性的诗人，恢宏魄力不如曹操，华丽豪气不如曹植（P型），曹植类似李白、苏轼的风格；曹丕类似杜甫、黄庭坚的风格。他在《典论》中云："盖文章，经国之大业，不朽之盛事。"他在《典论》还云："文人相轻，自古而然。"他还云："常人贵远贱近，向声背实。"

他命镇军陈群（O3型）、曹真（T2型）、曹休（T2型，可惜辅政1年就病死）、司马懿（O4型）受领遗诏，共同辅佐曹叡。他废立皇后，犯了汉明帝以来的常见失误，即新立皇后和皇太子没有血缘关系。这是导致曹叡没有亲生母亲约束和教育的关键所在。正史记载，他有16位嫔妃，迷恋床笫之欢，透支了身体，这是他主政只有7年的原因所在。他因病去世而主政时间过短，从而导致曹魏的根基不稳。

东晋葛洪云："自建安之后，魏之武（曹操）文（曹丕），送终之制，务在俭薄，此则墨子之道，有可行矣。"陈寿在《三国志》曰："文帝天资文藻，下笔成章，博闻强识，才艺兼该；若加之旷大之度，励以公平之诚，迈志存道，克广德心，则古之贤主，何远之有哉！"他有孔雀性格的缺点——急躁，也有猫头鹰性格的缺点——心胸不够宽广，爱记仇。本书认为，他是O3型。

第2任魏明帝曹叡，曹丕之子，在位14年，享年36岁。他22岁即位，属于青壮年接班。在位期间，他指挥曹真、司马懿等人成功防御了吴、蜀的多次攻伐，平定鲜卑，攻灭公孙渊，设置律博士制度，重视狱讼审理，与尚书陈群等人制《魏律》18篇，是古代法典编纂史上的重大进步。他在军事、政治和文化方面都颇有建树。他处事沉着、刚毅，明识善断，即位不久就政由己出，使几个辅政大臣形同虚设。他晋升钟繇为太傅，曹休为大司马，曹真为大将军，司徒华歆为太尉，司空王朗为司徒，陈群为司空，司马懿为骠骑大将军。

他自小喜欢研究法理。陈寿曰："（曹叡）好学多识，特留意于法理。"即位后，非常重视刑罚对统治国家的重要性。诏令设置律博士，改革汉法，制订新律。重视刑法的制定与完善，诏令刘邵等"删约旧科，傍采汉律，定为魏法"；重视刑罚在治国理政领域的重要性，强调刑罚务必以宽大简化为要务。下令删减死刑条款，减少死罪；除死刑外，可以用财赎罪；减鞭杖之刑，以免屈打成招。处理政事旷达严谨，善于纳谏，地方官吏和普通百姓的上书他皆一一过目，毫无倦意。《三国志》记载："（曹叡）改平望观曰听讼观，（他）常言'狱者，天下之性命也'，每断大狱，常幸观临听之。"

曹叡不仅熟悉法律，也强于军事，尤其是军事的指挥和决策能力。在这方面，他强于其父曹丕。《三国志》记载了他三次料敌如神。第一次：诸葛亮出祁山，天水、南安、安定三郡叛变响应，天下震动。他认为诸葛亮据险自守为上策，但出了汉中，则优势变劣势，一旦攻击受挫，必败。他果断地遣大将军曹真都督关右，并进兵。右将军张郃击诸葛亮于街亭，大破之。诸葛亮败走，三郡平。《三国志》："于是天水、南安、安定皆叛应亮，关中响震，朝臣未知计所出。帝曰：亮阻山为固，今者自来，既合兵书致人之术；且亮贪三郡，知进而不知退，今因此时，破亮必也。"第二次：孙权率军亲征合肥新城，守城将军满宠请求撤军到寿春防守，他一针见血地分析了局势，料定孙权必退。《三国志》记载："昔汉光武遣兵县据略阳，终以破隗嚣，先帝东置合肥，南守襄阳，西固祁山，贼来辄破于三城之下者，地有所必争也。纵权攻新城，必不能拔。敕诸将坚守，吾将自往征之，比至，恐权走也。"后来，曹叡亲征，孙权果真撤走了。第三次：派司马懿征辽东，当时正好天气阴雨连绵，整整下了半个月，大臣都认为这次辽东平复不了，建议他下旨撤军，这时他坚定地说：我相信司马懿随机应变的能力，这一次绝对可以获胜，我们需要做的是准备充足军粮即可。果然，司马懿依靠充足的军粮，坚持到雨停，然后包围了公孙渊，大破敌军，平复了辽东。

他是一位多才多艺的皇帝，诗文成就虽赶不上祖父曹操、父亲曹丕和叔父曹植，但水平也是相当高，如《善哉行》《棹歌行》等。他征召文士置于崇文观，鼓励其文学创作。进一步把文士群体纳入官方的管理之下。

他病重，想任命燕王曹宇为大将军，和夏侯献、曹爽、曹肇、秦朗共同辅佐朝政。曹宇性情谦恭良善，坚持辞让。后在刘放、孙资的劝说下，托孤给曹爽、司马懿两人。这是他的最大败笔。他的另一个失误是，他继位时，让他父亲给他安排的托孤大臣开府建署，自己征召属官。

司马光评价他："帝沉毅明敏，任心而行，料简功能，屏绝浮伪。行师动众，论决大事，谋臣将相，咸服帝之大略。性特强识，虽左右小臣，官簿性行，名迹所履，及其父兄子弟，一经耳目，终不遗忘。"当代史学家马植杰评价他："综观叡之行事，优缺点各占一半。其优点是善为军计、明察断狱、比较能容人直谏。他在容受直言、不杀谏臣方面，在古代封建君主中是少见的，这算是他的特色。"他因病去世，导致无嗣接班，于是采取通过亲王过继嗣子来接班，但选择的接班嗣子是娃娃，虽然生前指定了顾命大臣，但缺乏设置顾命大臣的智慧（不如其父皇曹丕），又没有考虑到嗣子的嫡母和生母不一致的弊病，把曹魏政权的衰落推向了难以止跌的境地。本书认为，他是O3型。

第3任魏废帝曹芳，曹叡之嗣子，曹彰之孙，曹丕之侄孙，在位15年，享年43岁。他7岁接班，是曹魏的第一个娃娃皇帝。他被司马师（T2型）废为齐王，这一年，曹芳23岁。他是曹魏第一个被大臣废去的皇帝。顾命大臣曹爽（T3型）骄横跋扈，专擅朝政，打压异己，甚至连郭太后也被他软禁；而司马懿（O3型）则韬光养晦，蛰伏待机，发动高平陵政变，将曹爽团队一举击垮，以谋反罪诛杀曹爽。曹爽被司马懿灭三族，司马家族开始权倾朝野。唐朝房玄龄在《晋书》云："（司马懿）诛曹爽之际，支党皆夷及三族，男女无少长，姑姊妹女子之适人者皆杀之，既而竟迁魏鼎云。"司马懿父子的凶残，也是2T1O型组合（O型司马懿、T型司马师、T型司马昭）的凶残。司马懿父子结党营私，辜负了曹叡的托孤重任。

曹爽没有失德，而司马氏开始失德，首先失去的是对"受托"的辜负，没有诚信！这段时间内，曹魏虽然朝政动荡，但对外的开疆拓土之路则是一路凯歌，前后两次大败高句丽，破东濊、平濊貊、灭韩濊，朝鲜半岛的半数之地并入曹魏版图。

清朝梁章钜评价曹芳曰："（魏废帝）临御之初，即罢宫室工作，免官奴婢六十以上为良人，出内府金银销冶以供军用；二年通《论语》，五年通《尚书》，七年通《礼记》，三祀孔子，以颜子配；良法美政，史不绝书。"

中书令李丰与皇后的父亲光禄大夫张缉等人私下谋划撤换朝臣，让太常夏侯玄当大将军。在这件事情上，曹芳却害怕了，《三国志》云：帝（曹芳）惧，不敢发。他任命司马懿为太傅，在司马懿去世后，任命司马师为大将军，这是不明智的，尤其是对司马师的任命，以及任命司马孚为太尉。这种任命，加大了司马家族的权力。司马师毒杀妻子夏侯徽（夏侯徽为夏侯尚之女，知道司马师家族对曹魏不忠），后娶曹丕四友之一的吴质的女儿，但很快就离婚了（原因也许是继室吴氏不认可其价值观），之后他娶了后来的晋国大将羊祜的姐姐，两人没有子嗣。司马昭过继次子司马攸给司马师为嗣子。曹芳虽在245年于太庙举行祭祀纪念曹魏功臣，这是非常明智的做法，但在251年再次以功臣灵位置于太祖庙，以配享祭祀，并把司马懿放在第一，这是不明智的。曹魏失权的发生及失权无法扭转，责任在他，根在曹叡的托孤失误。虽然曹芳并无大错，也没有失德，但能力和果敢及谋略不足以扭转时势。本书认为，他是K型。

第4任魏少帝曹髦，曹芳之堂弟，曹叡之继子，文帝曹丕之孙，在位7年，享年19岁。他是曹魏的第二个小皇帝，也是中国历史自有皇帝称呼以来第一个在位被大臣公开弑杀的皇帝。司马师诛杀中书令李丰等人，夷灭他们的三族，废张皇后，废曹芳为齐王，和郭太后拥立12岁的曹髦为帝。司马师的擅行废立，致使曹魏皇室急剧衰弱。民国蔡东藩评曰："司马师独以一身兼之，既废张后，复废魏主（曹）芳，乱贼效尤，比前为甚。无怪后事之愈出愈凶。"司马师因病在许昌去世，曹髦认为这是解除司马昭军政权力的好机会，命令司马昭驻扎在许昌，司马昭在"司马党"心腹傅嘏的安排下回洛阳接掌权力，司马昭从此大肆削减皇宫卫士，不上朝觐见皇上，曹髦几度邀请司马昭进宫，都被司马昭拒绝。

曹髦通经熟典，知书达理。在入继大宗进京的路上，有礼有节，不卑不亢，举止得体，自然大方，谦让而高贵，赢得众臣赞誉。他是一位理想主义者，以"中兴魏室、统一天下"为己任，有鸿鹄之志但少了些谋略，谋略逊于其高祖父曹操，沉毅逊于其继父曹叡，但对《尚书》《易经》等方面的研究，胜过其先祖们，在皇帝里也是少见的。他和大臣们讲述典礼，遂言帝王优劣之差。尤其是汉高祖和夏少康的优劣，其观点与众不同。他说："自古帝王，功德言行，互有高下，未必创业者皆优，绍继者咸劣也。"这一年，他在太学和学者、大臣们论道，探讨《易经》《尚书》和《礼记》等古籍，他的提问非常独特和新颖，很多提问，当时的学者和大臣们都无法回答。如曹髦曰："尧既闻舜而不登用，又时忠臣亦不进达，乃使狱扬仄陋而后荐举，非急于用圣恤民之谓也。"庾峻对曰："非臣愚见所能逮及。"他的解读也与众不同，很有深度和见地，是一位独立思考的社会历史学家。

他不甘司马氏威胁自己帝位，召见王经等人，对他们说："司马昭之心，路人所知也，吾不能坐受废辱，今日当与卿自出讨之！"带领冗从仆射李昭、黄门从官焦伯等，授予其铠甲兵器，率领亲兵讨伐司马昭，司马昭遂使亲信贾充派遣武士成济杀害曹髦，史称甘露之变，又称司马昭弑君。司马昭开启了帝王被臣子公然弑杀的恶例。事后成济被处死，成济被司马昭诛杀三族，而司马氏家族则没受牵连。清朝赵翼评曰："司马氏当魏室未衰，乘机窃权，废一帝、弑一帝而夺其位，比之于（曹）操，其功罪不可同日而语矣！"

在政治凌辱和死亡威胁下，曹髦没有软弱、屈辱和退让，而是敢于直面困境，奋起抗争，视死如归。在中国古代有类似遭遇的皇帝实在不多。他是壮志未竟的皇帝，更是值得尊敬的斗士。他有一身傲骨，有刚烈的血性，为了活出帝王的尊严，为了活出人性的高贵，不惜以生命为代价，与残酷的命运抗争。他用壮烈的死亡，赢得了帝王的尊严，赢得了世人的尊重。他是中国历史上最具气节的壮烈皇帝！"司马昭之心，路人皆知"成为中国人最为熟悉的千古名句。与其苟且偷生，毋宁高贵赴死。也许他是这样想的：司马昭不是想行尧舜之事并且想搞得冠冕堂皇吗？我曹髦偏不让你如愿。我要让天下人都看到司马昭弑君，这会是你司马氏永远的污点。

曹操所处的时代，东汉已经名存实亡，朝廷也基本上不存在了，仅存的汉献帝在流浪中生存。后来的朝廷，都是曹操一草一木建立起来的，曹丕的受禅是有功德的，也是有资格的，于华夏民族的文化传统和人心，是完全可以接受的。魏晋时期的卫瓘说，曹魏继承的是颠覆的国运，兴起在丧亡战乱之后。曹操自己也说：天下若无我曹操，不知有几人称帝，几人称王？而司马懿家族篡权，是建立在曹魏领导人信任的基础上的，司马懿是曹叡遗诏的托孤大臣，他们通过欺骗式政变抢夺了曹氏原有的资产，抢了东西还要公开杀人（魏帝曹髦），这不地道。从高平陵之变、淮南三叛、嘉平之变一路走到司马昭弑君，都伴随着无数的鲜血、杀戮和欺骗。司马昭弑杀魏帝曹髦的暴行，也给后世子孙带来了报应，西晋仅仅维持了 37 年就倒台了。南宋赵与时在《宾退录》记载，东晋第 2 位皇帝司马绍，问高贵乡公之事，叹晋祚安得长远。晋明帝问王导晋所以得天下，王导陈司马懿创业之始，及司马昭弑高贵乡公（魏帝曹髦）事，晋明帝以面覆床曰："若如公言，晋祚复安得长远！"晋明帝都以祖上（司马懿祖孙三代）的事迹为耻，直言江山难保。连自己的子孙都以祖上的得国为耻辱，司马懿父子孙三代确实过分透顶。

曹髦擅长诗文，创制了九言诗，传世文章有《伤魂赋并序》《颜子论》等，著有《春秋左氏传音》。他精通绘画，主要作品有《新丰放鸡犬图》《黄河流势》等。唐代书画家张彦远云："曹髦之迹，独高魏代。髦画称于后代。"他是中国第一位成为画家的皇帝。唐代画家曹霸为他的知名后代。东晋孙盛《魏氏春秋》评他曰："神明爽俊，德音宣朗。"本书认为，他是 P1 型。

第 5 任魏元帝曹奂（曹璜），明帝曹叡堂弟，文帝曹丕之侄子，武帝曹操之孙，燕王曹宇之次子，在位 6 年，享年 58 岁。他 15 岁登基，是个傀儡皇帝。司马昭去世才 3 个月，曹奂被迫"禅位"给司马炎，曹魏终结。司马懿诛杀曹爽，司马师废曹芳，司马昭弑杀曹髦，司马炎废曹奂。这是司马懿家族篡位的四部曲，三代人完成。起源在司马懿，关键在司马师兄弟，水到渠成在司马炎。司马炎的篡位，无功无德，只是凭依父祖两代三人的威势。

司马懿父子三人以食言自肥、出尔反尔著称，毫不讲游戏规则，连起码的政治诚信都没有，视违背诺言、出卖"战友"为儿戏，后期甚至不屑于伪装。例如，趁曹爽犹豫不决之际，司马懿发誓赌咒，一再表示只免去曹爽官职，以人格担保他的生命财产安全。司马懿还叫德高望重的太尉蒋济写信给曹爽，称他只是奉太后诏想将他们罢黜免官，只要曹爽尽早交出权力并投降，可以保全他的爵位，生活待遇不变。四朝元老蒋济、王凌先后被司马懿当猴耍，前者劝降曹爽，后者主动归降，但结果无一例外被司马懿诓骗，蒋济最终羞愧气郁而死，王凌自杀后被诛灭三族。司马懿父子无视承诺，难怪后世对他们万分鄙夷。《晋书》评司马懿云："（魏）文帝之世，辅翼权重，许昌同萧何之委，崇华甚霍光之寄。当谓竭诚尽节，伊傅可齐。及明帝将终，栋梁是属，受遗二主，佐命三朝，既承忍死之托，曾无殉生之报。天子在外，内起甲兵，陵土未干，遽相诛戮，贞臣之体，宁若此乎！尽善之方，以斯为惑。夫征讨之策，岂东智而西愚？辅佐之心，何前忠而后乱？故晋明掩面，耻欺伪以成功；石勒肆言，笑奸回以定业。"

曹奂禅让后，被司马炎封为陈留王，在封地享有使用天子旌旗、行曹魏正朔、郊祀天地礼乐制度皆如魏旧、上书不称臣、受诏不拜的特权。这也许是曹丕善待汉献帝刘协的回报，留余积德为子孙。曹奂退位后，在封国又存活了 37 年。作为曹魏后续的陈留国（265—479）历经两晋、刘宋，传至南齐，享国 214 年。

第 6 代陈留王曹虔嗣，作为曹魏皇室后裔，在看到篡夺自己祖宗江山的司马氏晋朝行将就木的时候，勇敢地站了出来，劝进刘裕效仿往日的故事取代晋朝。《宋书》记载，刘裕威逼司马德宗禅让，陈留王虔嗣等 270 人并上表劝进。从曹魏灭亡，到后裔曹虔嗣劝进刘裕推翻东晋，时隔 150 多年。刘宋时期，陈留国因曹虔嗣的劝进有功得以保存，直到南齐的时候，才被除国。这再次印证了：天道好轮回，苍天饶过谁。君子报仇，百年不晚。曹虔嗣报六世之仇，报百年之仇，乃果敢的猫头鹰是也！本书认为，曹奂是 K 型。

曹魏皇帝的性格类型路线类型如下：曹丕（猫头鹰）01—曹叡（猫头鹰）02—曹芳（考拉）03—曹髦（孔雀）04—曹奂（考拉）05，具体如图 13-2 所示。

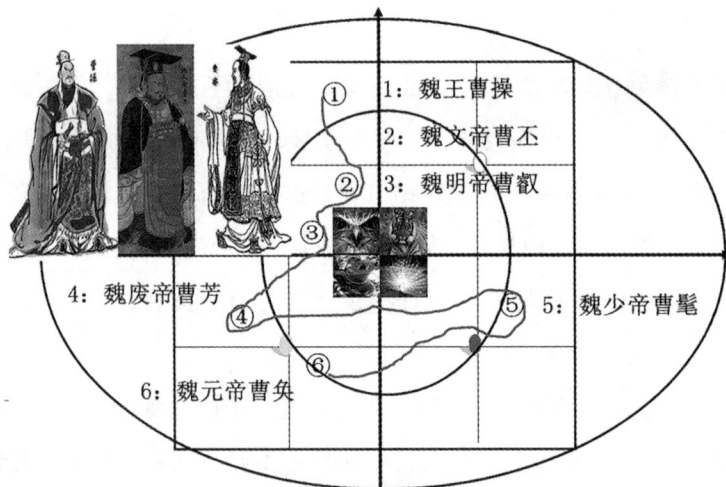

图 13-2　三国魏国帝王性格类型移动轨迹

曹魏政权的最高领导人的性格类型转移特点是，第一至第三任，均在黄氏 TOPK 的第二象限（O 象限），在同一个象限移动三次，第 4 任转移到第三象限（K 象限），此时的权臣是 O 型和 T 型组合。第 5 任虽然转移到了第四象限（P 象限），但权臣已经结成 TOPK 组合的司马氏党。第 6 任又转移回到第三象限，已是井中之蛙、宫中寡人，无法和司马集团抗衡。曹魏领导人的性格类型转移，没有进入第一象限（T 象限）。曹魏领导人的继任，其性格类型虽然移动了，但移动路线是不完整的，黄氏 TOPK 圆盘没有真正地转动起来。一个政权在第 4 任或第 5 任需要 T 型的掌舵者，有魄力、有胆识、有政才进行改革。曹魏在第4 任、5 任，需要秦孝公、秦文王、秦昭王、始皇嬴政、汉武帝、汉宣帝那样的中兴雄主，才能战胜权臣司马懿家族。而曹操家族没有，根源在曹丕。

魏朝曹氏，是世家大族，曹操是魄力和文艺并举的O型领导者，他开创了基业。文艺型的曹丕开拓了帝业，建立了魏朝，属于开朝之君。但他最大的错误是没有吸取东汉时期接班人嫡母和接班人养母不是同一个人而导致政权衰落和灭亡的教训。在曹叡时期，郭太后不太关心政治，对曹叡也不进行调教，基本上是放任的。因为彼此没有血缘的亲情，她只管自己过好日子。曹叡也犯了同样的错误，接班人的嫡母和生母又不是同一个人，在娃娃皇帝执政时，这种方式的弊病最大。曹丕父子两次踏入了同一条河。O型的曹叡继承大业，二世而隆，但他去世太早，托孤也不明智。曹芳的性格为K型，托孤大臣一个无能力，另一个不忠心。由此，魏朝三世而衰。三世的曹髦是第4任皇帝，13岁登基，由于年轻而经验不足，虽是P1型，但缺乏汉宣帝的那种沉稳深谋。第5任皇帝曹奂，对曹丕而言，属于第二世，又是K型，能力平庸，19岁时被司马炎逼迫禅让，二世而斩。对曹操而言，曹操创立基业，属于一代创业，二代拓业，三代盛昌，四世而衰亡。对于曹魏帝位而言，属于一任开创，二任盛昌，三任衰落，四任低徊，五任而亡。

曹髦的后裔，清朝学者曹雪芹，以曹魏故事为源头，以曹雪芹"高曾祖父己"为背景，创作了华夏民族不朽的名著《红楼梦》，描写了一个家族历五世的生命周期的故事，揭示了家族传承的"三世而衰，五世而斩"的危机根因，这部书蕴藏基业长青和接班人管理的智慧。太史公记三十世家，曹雪芹只记一世家，但雪芹记一世家，能包括千万世家。因为地球上的千万家族的命运都囊括在其中，普天之下的亿万家族的命运，很难逃脱千古魔咒"财富之泽，三世而衰，五世而斩"。就像民谚里唱的那样："一代苦二代富，三代吃花酒，四代穿破裤，五代宿街头。""五世而斩"描述的就是"创业、守成、挥霍、败落、灭亡"的过程，《红楼梦》中的"水代文玉草，一代不如一代"的家族故事正应了"五世而斩"的宿命。

第二节　蜀国的皇帝性格类型探究

蜀汉是刘备在成都称帝开创的，历2代2帝，国祚43年，属于一代创、二代亡的典型政权。

第1任汉昭烈帝刘备，在位3年，享年63岁。58岁自立汉中王，60岁称帝，他是曹操、孙策、袁绍那代军阀里第二个自立称帝（第一个是袁术）的汉臣。

他自称是中山王刘胜的后裔，和母亲靠织席贩履维持生计，在叔父刘元起的资助下与公孙瓒拜卢植为师学习。《三国志》记载："先主不甚乐读书，喜狗马、音乐、美衣服。"他好结交豪侠，《三国志》记载："先主于乡里合徒众，而关羽与张飞为之御侮。先主为平原相，以羽、飞为别部司马，分统部曲。先主与二人寝则同床，恩若兄弟。"在商人张世平、苏双的资助下，他得以招募了自己的私人武装，并在镇压黄巾起义的战斗中取得了战功，从而获得了官位。在东汉末年的军阀混战时局里，刘备势力非常弱小，只得凭借好的名声在多个诸侯之间奔走。

他三顾茅庐得到诸葛亮后，有了全新的发展目标。在诸葛亮、鲁肃等人的努力下，刘备和孙权（考拉型）达成联盟，刘备和周瑜（P1型）率军在赤壁合力击败曹操。公元209年至公元219年，刘备以关羽（T3型，陈寿曰其"刚而自矜"）、张飞（T2型，陈寿曰其"暴而无恩"）、赵云（T4型）、刘封（T型）、黄忠（T4型）、魏延（T2型）为主要将领，诸葛亮（O2型）、庞统（凤雏，O型）、法正（O型）为主要军师，先后收复荆州各郡、迫降刘璋（K型）并占领西蜀、击败曹操并攻取汉中，并将关中军阀马超纳入麾下，实力大增。以许靖（P型）、简雍（P型）、麋竺（P型）、孙乾（P型）为文臣，进而建立蜀汉政权。

他任命诸葛亮为丞相，许靖为司徒。他以为关羽报仇的名义，发兵讨伐东吴，而张飞又被部下所害。在夷陵，刘备被吴国的陆逊打败，败归永安，张南、冯习、程畿、沙摩柯等都在夷陵之战中阵亡，蜀汉损失惨重。刘备在白帝托孤诸葛亮、李严（K1型）为辅佐大臣。《三国志》记载："先主病笃，托孤于诸葛亮，尚书令李严为副。"组建了蜀汉的高层班子：刘禅（P4型）、诸葛亮、李严是黄氏TOPK组合的OPK类型，这是TOPK的黄金三元组合。

他通过市场营销运作，让自己的品牌知名度和美誉度大幅度提升，从而获得人心，拥有了好口碑。他善于打旗号：卢植门生旗号，汉室宗亲旗号（刘皇叔旗号）。他善于借助同学资源。《三国志》记载："瓒深与先主相友。瓒年长，先主以兄事之。"这个"大腿"没白抱，日后公孙瓒成了威震北方的诸侯，刘备落难时去投奔他，老同学很大方，给了刘备一个"别部司马"的官职，并给他兵马让他抵御袁绍。他凭借战功当上平原县令，算是在乱世中暂时站住了脚。他善用所结交的名士资源。《后汉书》记载："黄巾复来侵暴，融乃出屯都昌，为贼管亥所围。融逼急，乃遣东莱太史慈求救于平原相刘备。备惊曰：'孔北海乃复知天下有刘备邪？'即遣兵三千救之，贼乃散走。"他救了孔融之后，他的名声果然像火箭一样飞升，之后惊喜接连而至。陶谦送上了"特种部队"丹阳兵，陶谦死后干脆把徐州交给了他，大土豪麋竺也连忙提供了赞助资金，他瞬间由一名客将变成了封疆大吏。

他善用一阴一阳之谓道，通过衣带诏事件，与曹操正式决裂，并成功地打造出自己的政治路线，用他自己的话就是："每与操反，其事乃成。"通过这条路线，他获得立足天下的政治资本。他和诸葛亮共同演绎三顾茅庐的故事，赢得人才归心。最终他实现了从平民到枭雄的转变。

在有压力的情景中，他能够管住自己的大嘴，可一旦处在安全或舒服的环境里，他就管不住口直。他找了个借口讨伐益州牧刘璋，斩杀其白水关守将，占据涪城，剑指成都。拿下涪城后，他召集将士，大摆酒席，欢庆胜利。举办这么大规模的宴乐，对于他而言，是头一回。他喝着喝着，对身边的庞统说："今日之会，可谓乐矣！"就差喊一声："这个feel，倍儿爽！"庞统回答："伐人之国而以为欢，非仁者之兵也。"原本醉醺醺的他一听，勃然大怒，辩驳说："武王伐纣，前歌后舞，非仁者邪？卿言不当，宜速起出。"他训庞统：你在胡说什么，给我出去。直接叫庞统滚了。过了一会儿，他有点清醒了，发现自己刚才的失态，匆匆派人把庞统请回来。一句"非仁者之兵"就让他当场暴怒失态，后人视他为"最伪君子"。涪城的这场欢宴中，刘备借着酒意，把他的道德伪装脱了下来。庞统赶紧说，这场胜利不是仁者的胜利，没什么值得高兴的。庞统的本意，是要刘备收敛一些，不要过于暴露自己的真实面目。他一开始没领会到庞统的深意，一怒之下把庞统骂了出去，后来才醒悟，遂派人把庞统请回来，二人心照不宣，宴乐如初。

刘备像刘邦一样，善于窥探人心，反复无常，不讲信用，趋利避害，在31~51岁的20多年间，九次易主，败则投降，归而后叛。借荆州不还，尽找理由给来拖延，打着兴复汉室的大旗，为自己的反复无常遮羞。他善用道义为自己的反复难养遮羞。行为反复无常然志向折而不挠，这就是刘备性格和价值观的写照。陆逊和孙权都说刘备是猾虏，周瑜说刘备是枭雄。据《三国志》记载，吕布说："（刘备）是儿最叵信者。"《后汉书》也有类似记载："大耳儿（指刘备）最叵信！"大耳，善听，听觉发达，耳听八方，有考拉特质。K型人办事时，一般秉承看亲情、不讲原则的风格，往往会为情而违反规矩，如刘备东征孙吴为关羽报仇。在趋利保命方面，他的行为和刘邦一样，抛妻弃子。据《三国志》记载，（刘备）为曹公追于当阳长阪，弃妻子南走。刘备抛下妻子甘夫人、儿子刘禅及两个儿女，与诸葛亮、张飞、赵云等数十人骑夺路而逃。

本书认为，他是P1型，他和曹操的性格类型，在黄氏TOPK圆盘上，位于对角线。这就是他"每与（曹）操"的根源所在。曹操作为勇者善用武力，刘备作为弱者善用文德。这就是人们常说的"相克共生"，属于"红（孔雀）蓝（猫头鹰）相克"，如美国两党"红蓝相克、同台竞技"。这种现象，在现代企业竞争中也屡见不鲜，诸如美国的可口可乐"红"和百事可乐"蓝"。刘备的优点主要是善于用人，善于团结各方人士。而缺点则表现在两个方面：一是好感情用事；二是不能区分主次矛盾。其中的优点正好是孔雀的优点，这缺点也正好是孔雀的缺点。识人，不仅要看道德人品和才能，更要看人性和性格及行为结果。

第2任汉怀帝刘禅，刘备之子，史称阿斗，在位40年，享年65岁。他在位的前12年，诸葛亮辅政，实际上变成诸葛亮主政。这期间，"（蜀汉）政事无巨细，咸决于亮（诸葛亮）"。诸葛亮在渭滨病逝，魏延与杨仪因争夺权力不和，领兵互相攻打，魏延兵败逃走；杨仪斩杀魏延，统率各路兵马撤回成都。杨仪被贬为庶民。诸葛亮去世、魏延被杀、杨仪被贬，蜀国损失巨大。诸葛亮去世后，29岁的刘禅独掌朝政，共28年。刘禅掌朝政后，任命忠雅特质的蒋琬（O型）为大将军、大司马。雅性谦素的费祎（K3型）迁大将军，录尚书事。董允以侍中的身份兼尚书令一职，成为费祎的助手。蜀人称诸葛亮、蒋琬、费祎、董允为蜀汉四相或蜀汉四英。遗憾的是，蜀汉四相，一任不如一任。陈祇被费祎相中，破格提拔他接替董允（O型）担任内侍、侍中。陈祇（P型）接任尚书令后，深受刘禅宠幸，姜维（O型）为大将军。黄皓开始干预朝政，刘禅未能协调好姜维和黄皓之间的关系。57岁的刘禅在谯周（P型）的建议下，不做抵抗就投降魏国。

诸葛亮评价刘禅："天资仁敏，爱德下士。"《三国志》裴松之注引《汉晋春秋》记载，蜀亡后，刘禅被安置在晋都洛阳。司马昭问他："颇思蜀否？"他说："此间乐，不思蜀。"扶不起的阿斗，乐不思蜀。本书认为，刘禅是P4型。

蜀汉皇帝的性格类型路线如下：昭烈帝刘备（孔雀）01—怀帝刘禅（孔雀）02，如图13-3所示。他俩扎堆在黄氏TOPK的第四象限，在孔雀象限内小步移动，没有移动到其他象限。

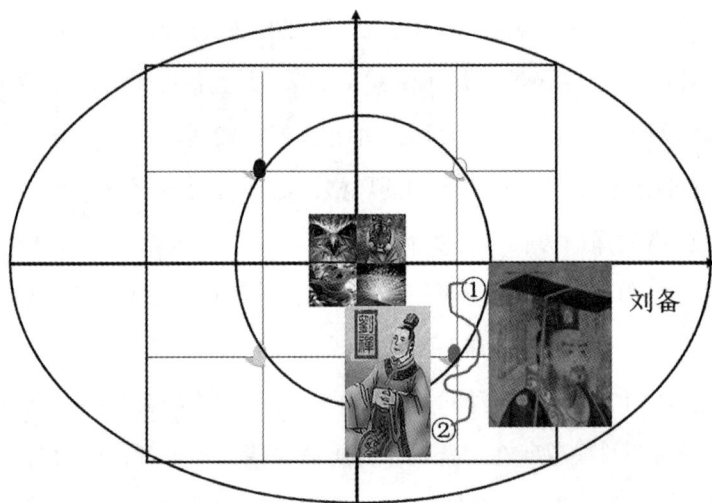

图13-3　三国蜀汉帝王性格类型移动轨迹

草根创业的刘备，虽然打着刘皇叔的旗帜，傍上刘氏皇亲，自称是中山靖王刘胜之后，但刘备起家之前在织席贩履，这和刘秀在起兵之前在贩卖粮食，异曲同工。对于刘备个人而言，他是成功的，演绎了"一代创业"的逆袭成功的故事。并且他的第二代刘禅，把他所创的基业延续了42年。而从家族传承来说，刘备是失败的，他所创立的蜀汉"一世创业，二世而斩"，没能传到第三代。蜀汉是三国中最早灭亡的一个。这和他选择接班人和搭建继任班子的做法很有关系。这一结果，证实刘备的托孤又是失败的。刘备所选择的接班人刘禅，在性格类型上，和他是同类，都属于P型，刘备是果敢耐心并举的P型，而刘禅是耐心的P型。在这一点上，曹丕也选择了同性格类型的曹叡接班。他俩都没有选择与自己性格类型不在同一象限的接班人。当然这是受接班的"嫡长子制"约束的，对于刘备、曹丕而言，选择刘禅、曹叡作为接班人，那是没有办法的。但如果他们注重培养接班人的话，完全可以培养接班人的性格，或者让接班人如何懂得在黄氏TOPK圆盘上进行自觉移动。他们还可以在遗诏托孤环节对执政班子进行性格类型优化，组建或者留下一个符合TOPK的顾命班子，他们是可以做到的。可惜，历史上的很多托孤，都没有做到这一点，包括孙权、曹叡、司马炎等。刘备给刘禅的托孤团队只有2人，属于OK组合。

刘备其实很重视接班人的教育和培养，但他把读书作为培养接班人的主要任务。《三国志》记载，为了让刘禅见多识广，掌握治国本领，刘备让其多学《申子》《韩非子》《管子》《六韬》等书，并由诸葛亮亲自抄写这些书让他学习，又令其拜伊籍为师学习《左传》。不仅如此，还令其学武。这是中国式太子教育的典型的错误做法，一种放养式的培养书呆子（考拉和孔雀型）的方式，在奋争的时代，是行不通的。

第三节　吴国的皇帝性格类型探究

吴国是孙权在中国东南部建立的政权，史称孙吴，亦称东吴。历3世4帝，国祚59年，国祚超过了半个世纪，而魏蜀均不到50年，如图13-4所示。

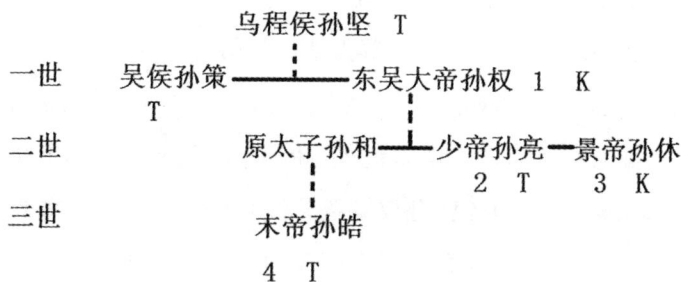

图 13-4　东吴孙氏政权的帝位传承和世系

东吴孙氏的开拓者孙坚，东汉长沙太守、豫州刺史、破虏将军，东吴武烈皇帝。春秋时期的孙武后裔，其父孙钟，隐居富春江，种瓜为业，积善成德，三世其昌。

孙坚少年果勇，打杀海盗，任县校尉，因战功任县丞。当长沙太守时，平定叛乱，封乌程侯。他身为别部司马，向东汉车骑将军张温指陈董卓三罪，劝张温杀之，张温不听。他洞察秋毫，见微知著，眼光独特，执法严谨。董卓之乱时，他挥师讨伐董卓，作战悍猛，常置生死于度外，初战虽败，但越战越勇，斩杀华雄，打败吕布，所向披靡；兵威进洛，打败横行一时的董卓而进驻都城洛阳，立下赫赫战功。他征讨荆州时，不幸战死，享年 37 岁。他的侄子孙贲率其将士依附袁术。陈寿评价他：勇挚刚毅。他有五大虎将跟随：程普、黄盖、韩当、祖茂、朱治，唯独缺文谋之佐才。时人称孙坚为江东猛虎。本书认为，他是 T2 型。

东吴的奠基人孙策，孙坚长子，东汉讨逆将军、吴侯，东吴长沙桓王，时人称江东小霸王。他投奔袁术，讨回孙坚部分旧部。他以帮助舅舅吴景对抗刘繇为由，向江东发展。他争取到朱治、周瑜、张昭、张纮等人的帮助，击走刘繇、平定会稽、袭取庐江、击走刘勋，征伐江夏，大败黄祖；劝降豫章太守华歆，实力迅速壮大。他仅用 9 年时间就统一了江南六郡：会稽、吴郡、丹阳、豫章、庐江、庐陵，创业江东，获得巨大成功。他在一次打猎时，遇刺身亡，享年 26 岁。

在选择接班人这个问题上，他的选择很有智慧。他没有选择与自己性格同类的三弟，而选择了与自己性格相反的二弟孙权。三弟孙翊，字叔弼，孙权之弟，骁悍果烈，有孙策之风。孙策临死时，张昭等大臣希望他将兵权交给孙翊（孙策的三弟）。但他没有同意，也许他是从父亲之死和自己的遭遇中有所感悟，认识到为帅者不能如此急躁莽撞。如果选择孙翊，这个"性峭急，喜怒快意"的弟弟会不会立即鲁莽地复仇，重蹈父亲和自己的覆辙？这也许是孙策最为担心的。孙翊太像孙策了，陈寿说他"骁悍果烈，有兄策风"，因为轻而无备被手下人刺杀。

他评价二弟孙权曰："举江东之众，决机于两陈之间，与天下争衡，卿不如我。举贤任能，各尽其心，以保江东，我不如卿。"这句话表明，孙权是 K 型，孙策是 T 型。这段话表明孙策有高超的知人智慧。他托张昭等人辅佐其弟曰："中国方乱，夫以吴、越之众，三江之固，足以观成败。公等善相吾弟！"《吴书》记载："（孙）策临亡，以弟（孙）权托（张）昭，（张）昭率群僚立而辅之。"陈寿说："（周）瑜将兵赴丧，遂留吴，以中护军与长史张昭共掌众事。"陈寿还说："太妃（孙权母亲吴氏）又使（孙）权以兄奉之（周瑜）。是时（孙）权位为将军，诸将宾客为礼尚简，而（周）瑜独先尽敬，便执臣节。"时人把这个概括为：外事不决问周瑜（P1 型），内事不决问张昭（T4 型）。孙策和张昭有升堂拜母的关系，和周瑜也有升堂拜母的关系，虽然史书未说周瑜和张昭的关系如何，但就此可以判断出，他们之间的关系不会太差，彼此是有信任度的。按照黄氏 TOPK 模型，这个托孤组成的核心班子为 TPK 型，虽然也属于三元组合，但有 O 型的张纮在高管班子里，张纮柔克，张昭刚克，两人关系甚好，被时人称为"二张"。高管团队符合 TOPK 白金法则。陈寿说："张昭、周瑜等谓（孙）权可与共成大业，故委心而服事焉。"孙权在周瑜、张昭等人的辅佐下，获得了成功。

刘备在白帝托孤时，也学习了孙策的托孤，托孤给诸葛亮、李严两人。从人数上，两者的托孤是一样的。但从性格组合来看，两者是有区别的，孙策的托孤团队中没有 O 型，刘备的托孤团队中没有T型。孙策托孤的周瑜，虽是孔雀特质，是武将，但其亚型性格有老虎特质。陈寿说周瑜："性度恢廓，大率为得人。"尽管和程普不睦，但周瑜心胸广阔，谦虚大度，名将程普（T型，孙坚之虎将）曰："与周公瑾交，若饮醇醪，不觉自醉。周瑜少精意于音乐。虽三爵之后，其有阙误。周瑜必知之，知之必顾，故时人谣曰：曲有误，周郎顾。"三国东吴韦昭评周瑜曰："善谈论，能属文辞，思度弘远，有过人之明。"东晋袁宏评周瑜曰："公瑾英达，朗心独见。"北宋欧阳澈曰："临机果断，折冲千里，有如周瑜之勇。"同样为孔雀特质的苏轼更是仰慕赞赏周瑜曰："遥想公瑾当年，小乔初嫁了，雄姿英发，羽扇纶巾，谈笑间，樯橹灰飞烟灭。"张昭虽然为T4型，但他是文臣，谋略欠缺，是忠心的理政能手。

陈寿评孙策说："美姿颜，好笑语，性阔达听受，善于用人。"文有张昭、张纮、虞翻、秦松等，武有周瑜、程普、黄盖、董袭、朱治、韩当、周泰、蒋钦、陈武、太史慈等。陈寿还说："（孙策）英气杰济，猛锐冠世，览奇取异，志陵中夏。"陈寿认为孙坚、孙策均具有"果躁"的性格缺点。曹操评孙策曰："猘儿，谓难与争锋。"东汉许贡曰："孙策骁雄，与项籍相似。"魏晋傅玄曰："孙策为人明果独断，勇盖天下。"西晋陆机曰："（孙策）宾礼名贤而张昭为之雄，交御豪俊而周瑜为之杰。彼二君子，皆弘敏而多奇，雅达而聪哲，故同方者以类附，等契者以气集，而江东盖多士矣。"南宋刘克庄有诗《孙伯符》云："霸略谁堪敌伯符，每开史册想规模。一千扫众横江去，十七成功自古无。不分老瞒称猘子，便呼公瑾作姨夫。君看末命尤奇特，指顾张昭为托孤。"元末明初高启有《过二乔宅》诗云："孙郎武略周郎智，相逢便结君臣义。奇姿联璧烦江东，都与乔家做佳婿。"罗贯中曰："独战东南地，人称小霸王。运筹如虎踞，决策似鹰扬。威镇三江靖，名闻四海香。临终遗大事，专意属周郎。"

本书认为，孙策是T3型。孙策的快速成功，是因为他拥有符合黄氏TOPK的核心班子：T型的孙策与张昭（孙策把张昭类比为管仲）、P型的周瑜、O型的张纮和虞翻、K型的孙权等。

东吴的开国皇帝吴大帝孙权，孙坚之次子，孙策之胞弟，皇帝在位时间23年，享年71岁。他是中国历史上对抗中原大一统皇朝而割据江南的第一人，是开发江南的第一人，江左的繁荣源自他。西晋虞溥评孙权曰："性度弘朗，仁而多断。"明朝孙承恩评曰："听言能断。"本书认为他是K1型。除了其胞兄孙策等人的评论外，从以下几件大事也可以佐证这个结论。

第一，孙权是三国中最后一个称帝的。从东汉会稽太守、骠骑将军、荆州牧到南昌侯共用了22年，接受魏朝封为吴王7年，直到公元229年，孙权才称帝。清朝王鸣盛曰："孙权称臣事魏已久，……通聘于蜀，乃既和于蜀，又不绝于魏，且业已改元而仍称吴王。

五年令曰北虏缩窜，方外无事，乃益务农亩，称帝之举，直隐忍以至魏明帝太和三年。"他在蜀魏之间走钢丝，搞平衡，实现以柔克刚。

第二，孙权接班后全盘接受胞兄留下的江东高管班子。他以太师太傅之礼对待张昭，以周瑜、程普、吕范等为将军统领兵卒。武有吕蒙、黄盖、甘宁、凌统、潘璋、朱然、贺齐、吕岱、周鲂等，文有张纮、鲁肃、诸葛瑾、严畯、步骘、陆逊、徐盛、顾雍、顾邵、骆统等人，很快稳定了江南局势。庐江太守李术不服孙权，但不久便被平定。赤壁之战、濡须坞之战、夷陵之战、石亭之战，巩固江东基业。与蜀汉的三次作战，均获得胜利；与曹魏的数次作战，双方胜败差不多，平局较多。周瑜之后，孙权的江东团队，一直是黄氏TOPK组合的TOK组合。吕蒙、甘宁是T型的，鲁肃、陆逊是O型的，K型成员较多，如诸葛瑾等。很多史书都认为孙权善用人才，这话不假。在孙权的中早期，他知人善任，但这些人才，多半是他的长兄孙策遗留给他的，是周瑜、张昭等人推荐给他的。对东吴开国具有极大贡献的四位都督，均来自孙策时期：孔雀的周瑜、考拉的鲁肃、老虎的吕蒙、猫头鹰的陆逊。在他的中后期，他的知人善任能力大幅度下降，他既乱杀人才，也没有培养出治国理政的人才。东吴在他晚年开始进入人才凋零而匮乏的时期。孙休意识到了，教育兴国，培养人才。可惜已晚，孙休虽然实施教育兴国战略，但时间较短，未能扭转东吴衰落的局势。

第三，善于做劝说工作。孙权的堂弟（孙静之子）孙皎，是T4型，他曾因为小事与甘宁争吵负气，孙权听说此事后，写信给孙皎说："自吾与北方为敌，中间十年，初时相持年小，今者且三十矣。……近闻卿与甘兴霸饮，因酒发作，侵陵其人，其人求属吕蒙督中。此人虽粗豪，有不如人意时，然其较略大丈夫也。吾亲之者，非私之也。我亲爱之，卿疏憎之。卿所为每与吾违，其可久乎？夫居敬而行简，可以临民；爱人多容，可以得众。二者尚不能知，安可董督在远，御寇济难乎？卿行长大，特受重任，上有远方瞻望之视，下有部曲朝夕从事，何可恣意有盛怒邪？人谁无过，贵其能改，宜追前愆，深自咎责。今故烦诸葛子瑜重宣吾意。临书摧怆，心悲泪下。"这封信，先聊过去的事情，先引用古人之言，再谈当今之事，先说孙皎这类性格的优点，再指出问题危害所在，然后引用古人之言，最后用打动人之情的话术结尾。孙皎收信后，上疏表示谢罪，于是与甘宁结下深厚交情。孙权劝学，劝吕蒙读书，也说明他善于做人的思想工作。

第四，善于听取建议。吕蒙将要袭击南郡，他打算命令孙皎与吕蒙为左、右部大都督，吕蒙上疏他说：如果至尊您认为征虏将军能行，就应该用他；认为我吕蒙能行，就应该用我吕蒙。过去周瑜、程普为左、右部都督，共同进攻江陵。虽说大事取决于周瑜，而程普自恃沙场老将，而且都是都督，两人不相和睦，险些误了国家大事，这正是眼前必须引以为戒的啊！他由是醒悟，向吕蒙道歉说：让你任大都督，命孙皎为后续。擒关羽，定荆州，孙皎出了大力。孙权任命两人为左右都督，却要其中一个决断大事，这是典型的K风格，用平均的做法以展现其公平。在战事或遇到紧急之事时，这种做法往往不会成功。当年的周程矛盾，幸好周瑜因P特质而得以化解。

第五，托孤智慧不如孙策。他召诸葛恪、孙弘、滕胤、吕据、孙峻五人，嘱以后事。次日，孙权去世。孙弘一向与诸葛恪不和，害怕被压抑惩治，便封锁了孙权去世的消息，企图假传皇帝诏书除掉诸葛恪。孙峻将这些情况告知诸葛恪，诸葛恪请孙弘商议事情，在座席上将孙弘杀死，并穿起丧服发布孙权去世的消息，由此开启了孙吴的托孤大臣之乱。孙峻和诸葛恪争权，诸葛恪被杀，孙峻独大。

第六，为亲情所困，尽出昏招。孙策去世，孙权因为悲伤而没有过问政事，张昭就对他说：作为国家继承人，重要的是能继承先辈遗业，使之昌大兴隆，以建成伟大的功业。如今天下动荡不安，盗贼占山蜂起，孝廉您怎么能卧床哀伤，与常人那样去放纵个人的感情呢？于是张昭亲自将孙权扶上马，侍卫随后列队而出，这才使众人心里感到有所归靠。他娶姑母的孙女为妻，这是重亲情，乱伦理，人情第一，事理第二。孙权有嫡妻2人，皇后1人，嫔妃7人，但未能处理好后宫事务。陈寿曰："远观齐桓，近察孙权，皆有识士之明，杰人之志，而嫡庶不分，闺庭错乱，遗笑古今，殃流后嗣。"太子孙登去世，他立三子孙和为太子，却喜欢四子鲁王孙霸，导致两宫之争，长达九年。他废孙和，赐死孙霸，两派俱伤。这一年，立七子孙亮为太子。今人柏杨曰：孙权是中国历史上最可爱、最有人情味的皇帝之一。

托孤是一门大学问，人数不能太多，也不能太少。被托孤的人既要德才兼备，又要相互信任合作。孙权的托孤，不如其兄孙策，也不如刘备，更不如曹丕，与曹叡差不多。孙权托孤于5人，在三国时期，托孤人数最多。曹丕托孤于4人，曹叡托孤于2人，孙策托孤于2人，刘备托孤于2人。曹丕的托孤人数和汉武帝的托孤人数一样。孙策所托的两人——张昭和周瑜，他们都和孙策有进堂拜母的关系，相安无事，以大局为重，有着共同的目标，共同目标大于个人目标。刘备所托两人——诸葛亮和李严，两人演变成仇人冲突，以李严失败告终，诸葛亮独揽大权。但诸葛亮的德（忠心）和才（治国理政）还是不错的。曹叡所托两人——曹爽和司马懿，两人争权夺利，司马懿最终获胜而独揽大权。司马懿及其两个儿子，却对曹魏不忠。曹丕所托4人——陈群、曹真、曹休和司马懿，相安无事，分工合作。这与曹叡本人的能力也是分不开的。孙权所托孤的5人里，孙弘和诸葛恪本身就矛盾很深，很不团结，分工也不明确，孙亮又很小，根本无法驾驭5人，小小的孙亮，就是驾驭1个顾命大臣都很难，何况5个顾命大臣？再说，孙亮的母亲、祖母都不在世。其外戚这边也无法帮助到他。其妻族不仅没有帮到他，反而导致他失败。所托之人，一定是以忠而感恩为首要条件，其次是性格，再次是才能。曾子在《论语·泰伯》云："可以托六尺之孤，可以寄百里之命。临大节而不可夺也。"

按照黄氏TOPK模型，孙权的托孤班子属于4T1O型：诸葛恪是T型，孙弘是T型，滕胤是O4型，吕据是T型，孙峻是T型，胆大的孙弘伪造诏书赐死孙权女婿、骠骑将军朱据。曹丕的托孤班子属于2T2O型，孙策的托孤班子属于1T1P型，刘备的托孤班子为1O1K型，曹叡的托孤班子为1T1O型。曹丕、曹叡、孙权的托孤班子均属于事业型的，孙策的托孤班子属于外向型的，刘备的托孤班子属于内向型的。事业型的托孤班子，是否会获得成功，除了他们的团结和忠心外，还取决于所托孤的对象。所托孤的对象，如果明智而果敢，那就没有问题，比如曹叡。但如果是托孤给曹芳、孙亮，那这个事业型的托孤班子很容易争权夺利，产生战略纷争以及性格冲突。孙权的托孤班子，有文有武，有宗亲有忠臣，似乎没有什么问题。但他们之间的信任度很低，价值观迥异，性格相似。一山难容二虎，而孙权的托孤班子里有4个T型、1个O型，从而导致托孤大臣之乱，这五个顾命大臣，竟全部死于非命，鸡飞狗跳，造成东吴元气大伤。一手好牌，最终打得很烂。成功的托孤班子要符合VCAT模型（价值观类似、性格有差异、能力互补、信任度高），在性格类型方面要符合黄氏TOPK模型。

K型皇帝，很不喜欢T型的能臣，能臣常功高盖主，最为重要的是，在黄氏TOPK十字圆盘模型中，T型和K型属于对角线关系，一个要果敢、竞争、冒险，一个要稳健、皆大欢喜，属于不是冤家不聚头的情形。这就是孙权始终不能处理好和顾命大臣张昭的关系的原因所在。孙权终究没能克服考拉性格的缺点，导致东吴只能偏安一隅。孙权在任用丞相一事上，出现俄罗斯套娃现象，他任用的是同类的孙邵、顾雍、步骘等。孙权一生没有杀掉刚强耿直的张昭，这也与他的考拉性格有关，因为把孙权托付给张昭，不仅仅是其兄孙策所做的，更为重要的是其母吴氏所做的。《三国志》记载，她（孙权的母亲）临去世前，召见张昭等人，嘱托后事。他在开国前后，得到无数人的钦佩和赞赏，发挥了其性格（果敢的考拉）的优点：容贤蓄众，推诚信士，民主而能断。曹操感叹曰："生子当如孙仲谋。"周瑜曰："今主人（孙权）亲贤贵士，纳奇录异。"鲁肃曰："聪明仁惠，敬贤礼士，江表英豪咸归附之。"辛弃疾曰："（孙权）天下英雄谁敌手？曹刘。"毛泽东说："孙权是个很能干的人。当今惜无孙仲谋。"在晚年时，孙权的性格类型实际上没有改变，依然是K1型，他只是发挥了K1型的缺点：为亲情所困，忽视原则，不顾事理，犹豫不决，而采取各打五十大板的做法；内心对人际关系敏感而不安，导致多疑猜忌而乱杀。正是他晚年其性格类型的缺点，导致其产生错觉，吸引了一批T型的大臣在他身边，如诸葛恪、孙峻、孙弘等，而且这些T型的大臣也倾有T型的缺点：发怒、鲁莽等。孙权是考拉皇帝的成功者，尽管他为东吴的灭亡埋下了伏笔。东吴，成也孙权，败也孙权。

第2任吴少帝孙亮，孙权之七子，在位7年，享年18岁。他10岁接班为帝，是东吴的娃娃皇帝。即位之前，就发生顾命大臣的内斗诛杀事件。孙权病逝后，素来与诸葛恪不和的孙弘，隐瞒孙权的死讯，欲矫诏除掉诸葛恪，被孙峻告发。后诸葛恪请孙弘议事，于座中将其诛杀。孙亮遵照遗诏任命诸葛恪为太傅，滕胤为卫将军兼职尚书事，吕岱为大司马。诸葛恪辅政初期，革新政治，抗击曹魏，取得东兴大捷，名闻海内，天下震动，进封丞相，封为阳都侯，后产生轻敌之心，大举出兵伐魏，惨遭新城之败，回朝之后，独断专行。年幼的国主无法独自处理朝政，于是权臣与宗亲们围绕着辅政权力展开了血腥的政治斗争。

诸葛恪征淮南失败，为万民所怨，孙峻在孙亮的默许下，设鸿门宴，在帷帐内埋伏士兵，将刚愎凌人的诸葛恪斩杀，并夷灭其族。孙峻之杀诸葛恪，是以宗室而灭异姓。这与司马懿杀曹爽不同，后者是以异姓而灭宗室。孙峻出任丞相大将军，封富春侯。孙峻为人险恶，其骄矜程度不下诸葛恪，孙吴内讧不断，开启了孙氏宗亲乱政。精果胆决的孙峻派遣吕据等将领进攻魏国，但孙峻在战争期间病逝，由从弟孙綝接掌权力。孙峻的去世是孙亮收回权力的机会，可惜孙亮没有这样做。尽管孙亮没有亲政，但吕据、滕胤是孙权的托孤大臣，完全可以协助孙亮做出这样的决策。大司马吕岱这一年去世。顾命大臣吕据和滕胤联合起来，意图废除孙綝，但没有获取孙亮的支持，嗜好杀戮的孙綝先下手为强，杀死滕胤，吕据兵败自杀，孙虑自杀，孙綝寿春之败杀大都督朱异，此后朝政混更加乱，国力日衰。

15岁的孙亮亲政，征召兵家子弟18岁以下、15岁以上者，得3000余人，选拔大将的子弟中年轻有勇力者做这些人的将师。他说：我建立这支军队，是要与他们一起成长。他们天天在皇苑里操习。这一招，被清朝的康熙学会了。可惜的是康熙擒鳌拜成功了，而孙亮却失败了。因为康熙有祖母孝庄太后的支持和教育，而少年的孙亮没有，因为他的母亲或祖母已经去世了。西汉宣帝是18岁登基，属于成人登基，24岁平定霍氏之乱。16岁的吴少帝有意除掉残虐无道的孙綝，因为外戚（孙亮之妻的胞兄全纪）谋事不慎，最后被孙綝（T型）先下手（孙坚之弟孙静的曾孙）废黜为会稽王。孙亮再被贬为侯官侯，在前往封地途中自杀。陈寿评他曰："孙亮童孺而无贤辅，其替位不终，必然之势也。"本书认为他是T型。

第3任吴景帝孙休，孙权第六子，在位7年，享年30岁。孙綝发动政变，迎立23岁的孙休为帝，孙休三让而受，封孙綝为丞相。他是东吴第一个由权臣拥立的皇帝。孙綝权倾朝野，孙綝与其兄弟五人皆管理禁军，权力远远超过皇帝。孙休与张布、丁奉合谋，遂除孙綝，宗室两孙乱政至此结束。

在位期间，孙休颁布良制，嘉惠百姓，促进了东吴的繁荣，但并未使孙吴的疲敝之态得到根本改善。他实施教育兴国战略，创建国学，设太学博士制度，诏立五经博士，为南京太学之滥觞，韦昭为首任博士祭酒。考核录选应选的人才，给予他们优惠和俸禄，招收现有官吏及军队将领官吏的子弟中有志向学之人，让他们专注学业，一年后考试，分出品第高下，赏赐禄位。但由于过分信任张布和濮阳兴二人，张布掌管宫内官署，濮阳兴执掌军国大事。他专心于古典书籍，导致二人权倾朝野，宠臣乱政，国人大失所望。濮阳兴是孙休担任琅琊王、据会稽山时的好友，会稽太守。濮阳兴入朝担任太常、卫将军，负责军国事务，封爵外黄侯。张布也是孙休为藩王时的好友，孙休任人重视友（亲）情。他执政时间过短，未能解决孙权遗留下来的问题：旧将不断地去世，新将未能得到信任。在政局的动荡中，新将既未能得到有效锻炼，也未能得到融合和相互信任。这一局势，在其接任者孙皓那里，更加明显。东吴中兴昙花一现。陈寿说："（孙）休以旧爱宿恩，任用（濮阳）兴、（张）布，不能拔近良才，改弦易张。虽志善好学，何益救乱乎？"本书认为，他是K2型。

第4任吴末帝孙皓，孙权之孙，原太子孙和之子，在位17年。归晋封为归命侯，享年43岁。孙休病死时，蜀汉刚灭亡，交趾又叛吴降魏，魏灭蜀之战后，盟友蜀汉已被北方资本收购，蜀吴联盟不攻自破，孙吴完全处于魏的包围之中。曹魏集团也即将面临司马氏的资产重组，孙休在生前，把10岁不到的太子托孤给丞相濮阳兴（T型）。国内外形势非常严峻，左典军万彧以多事之秋宜立长君为由，向濮阳兴、张布（P型）推荐孙皓接班，濮阳兴和张布违背了景帝意愿，改立孙皓为接班人（孙休托孤失败）。23岁的孙皓在接班之前是乌程侯，他的政治才干不如孙休（23岁的孙休接班前是藩王）。东吴元老们对局势的判断是明智的，但选择接班人的标准过于形式化，年长不等于成熟，年长不等于能力强。形势严峻，对皇帝的胜任力要求更高，不仅仅是政治才干，还包括军事才干、团结人凝聚人、知人用人等能力，深层次的是皇帝驾驭性格和破局的能力。

孙皓在位初期，施行明政，任用陶璜等人击败西晋收回交趾。孙皓立长子孙瑾为皇太子。左丞相陆凯在公元269年去世，大司马施绩在公元270年去世，丁奉在公元271年去世，这一年，吴将虞汜打败晋军，杀死晋将董元。他重用陆逊之子陆抗（T2型），在西陵大破晋军，不幸的是，陆抗在公元274年病逝，享年49岁，这是东吴重大的损失，再也没有顶级将才为东吴使用，假设孙皓有第二个陆抗，东吴怎么会灭亡呢？史说：陆抗不死，东吴不灭。

陆抗去世后，东吴再无股肱良将。旧将已尽、新将未信，将帅人才缺乏，君臣缺乏信任，仅存的名将张政，因耻于被杜预突袭而遭惨败，没有向孙皓报告，杜预趁机用离间计，孙皓中计而撤销其西陵督的职位，换了刘宪而最终败于西晋。假设孙皓信任张政并重用他，也许东吴就不会灭亡。丞相张悌、护军将军孙震、左将军沈莹等战死。军事失败，东吴归晋。

他在亡国归降后依然能保持硬气，作为亡国之君，连番巧怼晋朝君臣，竟让对方无言以对。《晋书》记载："（晋武）帝尝与（王）济弈棋，而孙皓在侧，谓（孙）皓曰：'何以好剥人面皮？'（孙）皓曰：'见无礼于君者则剥之。'（王）济时伸脚局下，而皓讥焉。"王济，乃司马昭的女婿。《资治通鉴》记载："帝（司马炎）谓（孙）皓曰：'朕设此座以待卿久矣。'（孙）皓曰：'臣于南方，亦设此座以待陛下。'贾充谓（孙）皓曰：'闻君在南方凿人目，剥人面皮，此何等刑也？'（孙）皓曰：'人臣有弑其君及奸回不忠者，则加此刑耳。'（贾）充默然甚愧，而（孙）皓颜色无怍。"

他虽然失败了，但仍受尊重。《晋书》记载："（晋武）帝尝从容问薛莹曰：'孙皓所以亡国者何也？'（薛）莹对曰：'归命侯臣（孙）皓之君吴，昵近小人，刑罚妄加，大臣大将无所亲信，人人忧恐，各不自安，败亡之衅，由此而作矣。'其后帝又问（吾）彦，（吾彦）对曰：'吴主英俊，宰辅贤明。'（晋武）帝笑曰：'君明臣贤，何为亡国？'（吾）彦曰：'天禄永终，历数有属，所以为陛下擒。此盖天时，岂人事也！'张华时在坐，谓（吾）彦曰：'君为吴将，积有岁年，蔑尔无闻，窃所惑矣。'（吾）彦厉声曰：'陛下知我，而卿不闻乎？'"这是东吴及西晋初年将领吾彦对孙皓的评价，一是表明他不忘旧主，知恩感恩；二是说孙皓是明君，道德和人品没有问题；三是孙皓知人用人，知他用他；四是说东吴的灭亡是多种因素综合的结果，天时地利也是重要因素。不能将失败归因于个人或团队，不能将失败归因于国君一个人，不能将失败归因于莫须有的人品及人品故事，不能因为失败就把天下之恶皆归之。

东吴的灭亡，孙皓当然要承担最大的责任，他是成年皇帝，年富力强。他接班时，东吴国祚已有42年，虽然积累了不少弊政，但他在大臣的辅佐下，加上他自己的努力，很快就让东吴进入了复兴的健康轨道。由于他的性格，T型的爆发力不错，但持久性差，敢断而智谋不足，敢干而情商不足，一有成绩就骄傲放纵，一旦失败就大发雷霆。取得了点成绩，就忘了去好好地为将来培养人才和识别人才；取得了点成绩，就不去为将来精心谋划全局。在外有团结的晋朝虎视眈眈的时候，孙皓不能克服老虎性格中的急躁和易发怒（粗暴、骄盈、暴虐）等缺点，在大竞争时期正需要大批人才的时候，他依然严谨执法杀戮他们（包括宗室），没有给予他们改错的机会和宽容的环境，诸如濮阳兴、张布、朱太后、宗室孙奉（孙策之孙）、孙奋（孙皓叔父）及异母弟孙谦、孙俊等皆被杀，甚至孙奋五子也一同遇难等。也许濮阳兴、张布是该杀的，但他们是迎立孙皓为帝的功勋，没有他们的迎立，孙皓何以为帝？这些立下大功勋的大恩人都被孙皓所杀，那谁还敢为他效命？这就是孙皓没有考拉特质所造成的，他不懂人心。可以废掉或软禁他们，可以让他们戴罪立功，但完全没有必要夷灭三族。万彧也因为被孙皓斥责忧闷而死，他的子弟被流放到庐陵。孙皓不善于做人的工作，不会亲亲恩义那一套，导致孙氏宗室叛离的不少（孙秀叛吴等）。如果孙皓不投降，退守到广州、交州，保住东吴政权，以待时机，按照后来的西晋走势，孙皓完全可以东山再起。这样看来，孙皓还是急了点。本书认为他是T3型。

在西晋即将灭亡时，晋怀帝永嘉四年，吴兴人钱琚自号平西大将军、八州都督，劫持孙充并拥立其为吴王，又杀之。东晋初建时，晋元帝太兴元年，孙璠（孙皓之子）反晋，被诛杀。这说明，孙皓的后裔有不服输的骨气。

东吴皇帝的性格类型路线如下：东吴大帝孙权（考拉）01—吴少帝孙亮（老虎）02—吴景帝孙休（考拉）03—吴末帝孙皓（老虎）04，具体如图13-5所示。东吴政权领导人性格类型，在黄氏TOPK圆盘上的移动特点是，T象限停留一次，移动到K象限，属于对角线移动，再对角线移动到T象限，再回移到K象限，最后又对角线移回到T象限，这种移动的后果是执政轮回走极端。

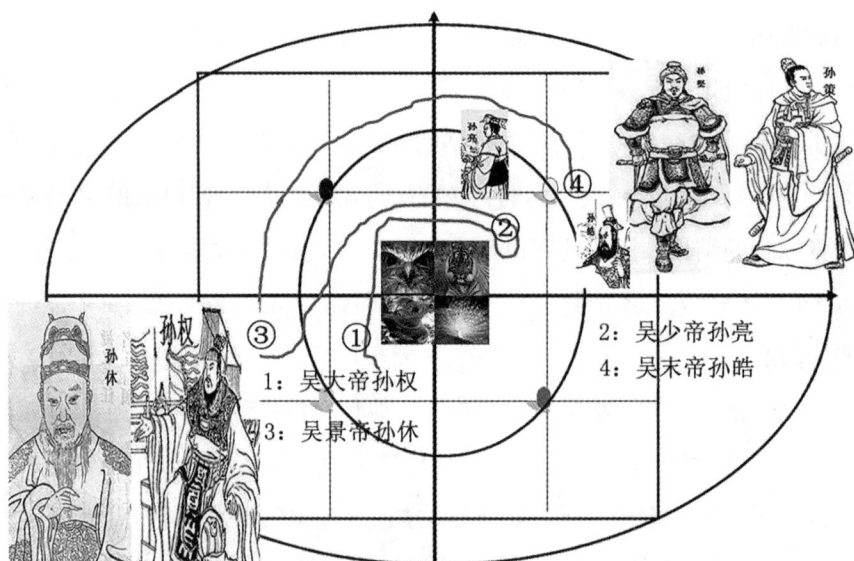

图13-5 三国东吴帝王性格类型移动

东吴奠基于两个T型领导（孙坚和孙策），开国于K型的孙权，也衰落于K型的孙权。接任者孙亮，虽是T型皇帝，有志止跌，但因年少，斗不过权臣，自己也被废。接任者是成年K型孙休，他用计干掉T型的孙綝，东吴的国势止跌了，大有中兴之势，却英年早逝，执政时间过短；同时，孙休是藩王接班，没有接受太子教育，执政能力（包括组建执政团队）不算上等，东吴是低位缓慢回升。孙皓是壮年T型来接班，他也是以藩王接班，未能接受太子训练，历练不够，谋略和团结及凝聚力不算上等，驾驭性格的能力不够成熟，尽管他有志挽回败局，致力于守住政权和中兴东吴，努力执政了17年，但还是失败了。东吴亡于T型领导。东吴的帝王性格类型与同时期的魏蜀不一样，魏国奠基于O1型的曹操，开国于O型的曹丕，发展于O型的曹叡，衰于K型的曹芳、P型的曹髦，亡于K

型的曹奂。而蜀国开国于P型领导，败于P型领导。

就个人而言，孙权是成功的，是成功的创二代的典范，他把父兄的事业推向了鼎盛，成为东吴的开国之君。以孙权为基准，东吴是"一世而昌、二世而衰、三世而亡"的家国结局。这与曹魏的"一世开创，二世盛隆，三世衰亡，再二世而亡"的盛衰过程有所不同。曹魏的最大问题是，开国之君曹丕主政时间过短，而东吴则反之，最大的问题是开国之君孙权主政时间过长，主政长达52年，根基非常牢固，是三个开国之君中，主政时间最长的，当皇帝的时间也是最长的。按道理说，不应该存在接班危机或者政权的二代危机，但正因为他本人长寿，主政时间长，又是K1型领导风格，晚年为亲情所困，昏招迭出，最后接班人问题处理不当，造成东吴二代危机。他所立第一个太子是其长子孙登，他认真培养太子的执政素养和训练他的执政能力，可惜的是，33岁的孙登病逝了。孙权次子孙虑在公元232年去世，在剩下的5子中，孙和最大，他立了孙和为皇太子，5子夺帝嗣，皇女搅乱，搞得乌烟瘴气，孙和被废。他向汉武帝学习，立了个8岁娃娃孙亮为皇太子。他吸取了曹魏曹丕和曹叡的教训，在立孙亮为皇太子的同时，立其生母为潘皇后，为孙亮接班后，减少了政权内争的复杂程度。但意外的是潘皇后突然暴崩，当时的形势也已经大变了，进入了灭国的大变革大竞争的格局，这个时候，娃娃皇帝是很难胜任皇帝岗位的。K型皇帝，很多都看不清外部形势的变化，以致犯下严重的决策失误。

当年孙权就是靠孙策给他的接班团队渡过危机的，孙权最初掌管江东时，局势动荡不安。庐江太守李术更是公开反叛，宗室内部庐陵太守孙辅通敌曹操、孙暠企图夺权，丹阳太守孙翊和宗室重臣孙河遭到杀害，豫章、会稽等地数万山越也伺机作乱。孙坚是一个真正的草根创业者，他不是世家大族，也没有宗室名人可以依傍，完全是靠自己的实力打开了一片天地，获得了知名度和美誉度。其长子孙策，属于创二代，这个创二代也是成功的，创立了江东根据地，掌握了枪杆子。尽管孙策英年早逝，但选择了正确的接班人，并给接班人搭建了文武相济的高管团队，更为重要的是给孙权准备了两个辅佐大臣，一个为文，是能臣，另一个为武，是良将。这两个辅佐大臣的价值观类似，分工明确，信任度高，性格均为外向型，一个为T型，一个为P型，在黄氏TOPK模型中位于相邻象限。草根的东吴，不仅仅是靠军事才干崛起的，更是靠创业团队崛起的，这个创业团队，具有VCAT、TOPK的基因。遗憾的是，孙权托孤时，未能参透组建团队的智慧。东吴政权的兴盛，得益于创业搭档团队，符合黄氏TOPK原则，在周瑜去世后，创业搭档团队变成TOK型，这个时候，孙权的创业搭档团队的VCAT没有大的波动，虽然创业团队变成了三元（黄金）组合，加上魏蜀也是三元组合，孙权开国成功了。对于东吴来说，孙权也是失败者，他最大失败就在于托孤班子的组建。孙权在去世前，给接班人孙亮搭建了顾命团队，但这个顾命团队有很大的问题：人数太多，孙亮驾驭不了；信任度低，不团结；价值观不同，私心偏重；虎性的人居然为4个，搞协调的文臣和搞积极外交的一个都没有。这个大错特错，后来者很难给予纠正，东吴政权的灭亡，根在孙权。

魏蜀吴三国的竞争，处在相同时期，备受历代的关注，因为他们是从诸侯混战中脱颖而出，并成功开国的。他们的创业智慧，有现实的借鉴意义。这三个国家相互竞争长达40多年，这对处在竞争时期的国家政权、企业组织来说，也很有借鉴价值。常人一般会关注最高层的能力或性格的较量，三国也演绎了最高层的性格类型之争。魏蜀演绎的是虎孔之争（T象限和P象限之争），结果是老虎战胜了孔雀，符合常识，大家都可以理解。包括晋取代魏，也是符合常识的，晋的OT组合战胜了魏的PK组合。但晋吴演绎的是考虎之争，是T象限和K象限之争，让人大跌眼镜的是，考拉竟然战胜了老虎。这是为什么呢？T型的孙皓遇到的对手是K型的司马炎，后者拥有T型父亲司马昭留下的执政团队，这个团队不仅符合VCAT原则，也符合TOPK原则。孙皓的老虎型个性不善于搞团结，弄得执政团队成员之间的信任度很低，孙皓团队的VCAT和司马炎团队相比，没有竞争优势。孙皓团队的性格组合也没有优势，孙皓的执政团队是TK型（白银组合、二元组合），而司马炎的执政团队为TOPK白金组合，两个团队的性格类型是2∶4。谁赢谁输就一目了然、不言而喻了。

本书认为，孙皓的失败，主要是因为他的性格和军事才能。人和的因素（家族不团结、叛臣不少）也和孙皓的T型性格有关，当然军事上的失败和他的T型性格也是关联的。军事上的失败，一是东吴的能臣良将青黄不接。那些身经百战的老将都去世了，新的良将未能顶上来，他的识将用将能力又不算上等。西晋灭吴采取了南北夹攻战术，孙皓重用陶璜夺回交州，取得南线胜利，但北线，孙皓不听吾彦的建议，遭受失败。如果孙皓能够早或多发觉陶璜、吾彦型的将才，或者像重用陆抗那样重用他俩，东吴也许就不会在军事上失败。二是孙皓自身也没有军政才干，他接班之前没有什么率军打仗的经历，调度布局才干也不是上等，他在皇帝任上多次率军参战，甚至还带上家属以示决心和鼓舞士气——孙皓亲率大军从牛渚西进伐晋，孙皓母亲及妃妾都跟随，而后来的明朝崇祯皇帝却没有这个胆量，但其军政能力不足以在大竞争环境中胜任皇帝岗位，假设他有汉武帝、明成祖的军政才干，东吴哪会灭亡呢？三是他犯了同类所犯的错误。他和商朝帝辛在性格上属于同类，都是T3型。他们都没能组建符合VCAT、TOPK原则的执政团队。孙皓也未能驾驭好自己的性格，过多地发挥了他所属性格类型的缺点，未能发扬TOPK四种性格类型的优点并在TOPK性格类型间进行优点切换。因而，东吴的灭亡根因在人事，这个人事与道德无关，与人品无关，与人的性格相关，与组建团队智慧相关。

为了更好地横向对比探究三国，三国的皇帝性格类型如表13-1所示。

表13-1　三国魏、蜀、吴的皇帝性格类型分析

国家	国祚	老虎性格	猫头鹰性格	孔雀性格	考拉性格	合计
曹魏	46	0	2	1	2	5
		0	40%	20%	40%	100%
蜀汉	43	0	0	2	0	2
		0	0	100%	0	100%
东吴	59	2	0	0	2	4
		50%	0	0	50%	100%

　　魏国的O型皇帝最多，占比为40%，而蜀、吴两国都没有O型的皇帝，魏国的制度建设、经济建设就远胜于蜀吴。魏国有1个P型皇帝，蜀国2个，魏国的文化建设不错，魏国文化繁荣。蜀国的口碑最好，声誉不错，宣传工作做得最好。东吴没有P型皇帝，不会务虚，凝聚力也不够。东吴一无P型皇帝，二无O型皇帝，经济建设不如魏国，文化建设（特别是宣传）不如蜀国，这也是东吴政权的悲剧所在。魏国的K型皇帝和东吴的数量一样，占比也差不多，人情世故两国接近。魏国没有T型皇帝，而东吴有两位，东吴的血性高于魏国，它在南方的开疆辟土是前所未有的。东吴的开拓精神和敢为人先的精神远胜于魏蜀两国。魏国的事业导向型皇帝占比40%，低于东吴的50%，蜀国的事业导向型皇帝为零。这也许是国祚东吴最长，魏国其次，蜀国最短的缘故。魏国的外向型皇帝占比20%，低于吴国的50%，低于蜀国的100%，蜀国最张扬，动不动布告天下要打人家。蜀国最务虚，东吴最务实。

　　曹魏朝，P型和K型皇帝执政时，遇到O型和T型的权臣。这就是曹魏政权的悲剧所在。蜀汉两位皇帝，全部是P型。所幸运之处是，他们执政时，没有遇到T型的权臣。没有T型的权臣，也是其最早灭亡的原因所在。不重用T型的魏延并杀之，这是蜀汉政权的悲剧所在。东吴4任皇帝，T型2位，K型2位，各占一半。老虎和考拉是完全对立的性格类型，老虎的天敌是考拉，考拉的天敌是老虎，在黄氏TOPK性格模型中，他们居于对角线位置。他们的做法，包括管理方法，完全相反。如果频繁对换这两种类型的皇帝，官吏民众很难适应，从而导致政局动荡。如果两者的性格不成熟，不能驾驭性格，那么他们相互讨厌，相互否定，民众就不知所措，离心离德，一盘散沙。

　　三国的皇帝们，他们的性格类型在黄氏TOPK圆盘上，都没有在四个象限里很好地移动起来。魏国是O型到O型，到K型再到P型，最后回到K型。蜀汉是停留在P象限，在P象限里移动。东吴是从K象限移动到T象限，再回到K象限，最后又到T象限。

第十四章
两晋朝帝王的性格类型移动轨迹

晋朝是华夏民族跌入低谷的时期，作为全国性政权，实际上只有 37 年，作为和平的全国性政权，只有 11 年。司马懿家族祖孙三代的歪门邪道政风，难以号令天下。很多号令，虽然执行了，但难以长久，暗流涌动。这与他们的性格类型有关，更为关键的是他们没有克制其性格的缺点，从而没有很好地总结历史规律，探寻到更好的国家治理体制和运行机制。

第一节　西晋帝王的性格类型探究

西晋是司马炎篡魏开建的。如果从公元 266 年算起，西晋国祚 50 年；如果从公元 280 年（灭吴）算起，西晋国祚 37 年（和平期只有 11 年）。历 5 帝，除去司马伦的 4 个月皇帝，是 3 世 4 帝。从司马懿到司马炎，三代接棒奋进，实现了三世而隆。从司马炎到司马邺，也是三世，则演绎了一世而创，二世而衰，三世而亡。即使把司马懿计算在内，也是一世而创，三世而昌，四世而衰，五世而亡（如图 14-1 所示）。司马家族，权臣之泽，五世而亡。这也是奇迹所在，是中国历史上少有的特例。权臣之泽，一般是一代而亡或二代而亡，超过四代的凤毛麟角。

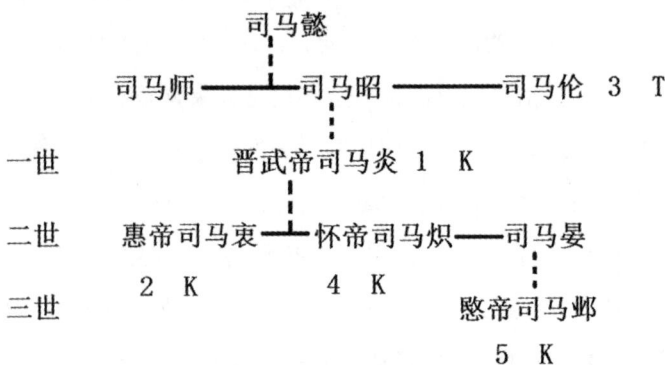

图 14-1　西晋司马氏政权的帝位传承和世系

西晋作为曹魏的"换头"政权，东晋作为西晋的"续命"政权，他们都未能解决汉末的各种社会问题。他们几乎原封不动地继承了东汉体制所不能克服的社会问题，没有找出一个好办法去解决这些问题。曹魏、西晋，是一个前后拥有两个皇室的同一套功勋人马的官僚集团，曹魏与西晋虽名为两朝、归属两姓，却可以当作一个政权去看待。"三马食曹"的政治斗争，只是一次温和的改朝换代，虽然没有造成全国性战乱，但也有局部战乱，还发生了公然弑君事件。东西两晋，都把精力消耗在营造私党与稳定高层上，全无勘平乱局和再创治世的精力。魏晋南北朝诸政权，普遍存在这种现象：创业之祖"晚年营私"，二代之宗"短命不稳"，而秦朝是：创业之祖"经天纬地"，二代之宗"暴虐激进"。那些长期稳定一统王朝是：创业之祖"南征北战"，二代之宗"文武并治"，如汉、唐、宋、明等。

司马懿家族是曹魏时期的世家大族，他们为了博取皇帝名位而向"魏臣"输送各种政治妥协，以期获得更多"晋臣"。这就导致了司马懿不仅没法解决世家勋臣逐步抬头的趋势，而且还需要养大一大批宗室王来制衡外姓勋臣，进而影响了帝系继承的稳定。虽然这和西汉初期的"皇权+宗王+世家"政治格局类似，但司马炎获得的皇权不是建立在德和功的基础上，有人会说，灭蜀是其功，这个"功"和以往的"南征北战"的刘邦、曹操不一样，后者是自己上阵的。这个"功"和刘秀灭蜀不一样，后者是真正的皇帝，而此时的司马昭只是曹魏的权臣，开国的司马炎并没有参与灭蜀战争。如果把魏代汉比喻为借壳上市，那么，晋代魏属于管理层整体收购，是采取欺骗和武力相逼的流氓收购。在这三方格局中，皇权的威势不高。

司马炎为了排斥司马攸，在执政的高层打破政治平衡，用外戚杨家主政与皇子王替代宗室王的手段，试图杜绝皇权旁落的隐患。这一做法，在皇权衰势之下，排斥世家与宗室王的参与，必然引起掌握军镇实力的宗王与掌握地方实力的世家的不满与反扑。司马炎一死，外戚杨氏就被贾后联合宗王、勋臣予以诛除，挑头的司马玮也被贾后扑杀。这次政变连环杀，是矛盾的第一次激化，而后虽有张华辅政，却也止不住贾后杀太子司马遹这种皇后诛杀太子的"宗法大乱招"。司马炎是因为多有不得已的昏招庸招而留下祸根，贾南风和太子司马遹（司马遹不是贾南风的亲生子）的矛盾内斗就是导火线。两位主政者一前一后，将西晋的矛盾迅速激化，从而酿出了八王之乱与五胡乱华所带来的三百年乱世。

第 1 任晋武帝司马炎，司马昭之子，司马懿之孙，颛顼高阳之后裔。烈祖司马钧为汉安帝的征西将军，至司马炎为七世，代代为朝廷命官，其祖父司马懿有 8 个兄弟，时称司马八达，为汉魏的世家大族。在位 25 年，统一中国的在位时间为 10 年。30 岁开朝，享年 55 岁。

司马昭在早期，许诺让司马攸（司马师的嗣子、自己的次子）接班，在何曾等人坚持下，立长子司马炎为世子，这为司马炎主政时期司马炎、司马攸两兄弟之争埋下了伏笔，也为八王之乱添加了隐患。

司马炎所能运用的政治资源相当有限，只能被动地继承司马昭后期形成的贾充、裴秀、荀勖、王沈等人组成"司马党"的政治决策核心。他接班之后，以何曾（P型）为丞相，王沈（T型）为御史大夫，贾充（O型）为卫将军，裴秀（O型）为尚书令，组成符合黄氏TOPK原则的1T2O1P1K核心班子。他开朝登基后，大封同姓为诸侯王，大封公爵，如石苞（T型）、陈骞（O型）、贾充、裴秀、荀勖（O型）、郑冲（K型）、王祥（K型）、何曾、王沈、荀颙（荀彧之六子，P型）、卫瓘（O型）等被封为公。

他篡位开国后，依然没有解决合法性的问题，《晋书》记载司马炎接受禅让后祭祀天帝的诏书："粤在魏室，仍世多故，几于颠坠，实赖有晋匡拯之德，用获保厥肆祀，弘济于艰难，此则晋之有大造于魏也。诞惟四方，罔不祗顺，郭清梁岷，包怀扬越，八纮同轨，祥瑞屡臻，天人协应，无思不服。肆予宪章三后，用集大命于兹。"他当着百官和天帝说着谎言，即使是谎言，也没有指出魏的失德之处，以及晋的具体功德所在。从曹奂的禅位书和司马炎的告天帝书来看，曹魏把自己比作虞舜，司马炎把自己比作夏禹。可是，司马炎的功绩怎能和大禹比肩呢？西晋开国不正，他为了收买人心，大封功臣，许多大臣都被封为公侯。短短几年时间，他共封了57个王、500多个公侯。他以何曾为太傅，陈骞为大司马，贾充为太尉，司马攸为司空。公元277年，再次大封同姓诸侯王。公元289年，第三次大封同姓诸侯王。公元290年，以侍中、车骑将军杨骏（司马炎的岳父）为太尉、都督中外诸军、录尚书事。

《晋书》记载："诏聘公卿以下子女以备六宫，采择未毕，权禁断婚姻""泰始中，帝（司马炎）博选良家以充后宫，先下书禁天下嫁娶，使宦者乘使车，给驺骑，驰传州郡，召充选者使后拣择。"这段史料，表明他即位没多久，就开始做荒唐之事，为选宫女，下诏书禁止百姓婚嫁，说明他有孔雀特质，追求新奇，喜欢新女人。

他即位后，在南征灭吴这个事情上，只需要沿着灭蜀以后司马昭的既定趋势走就可以了，消化好新占领的巴蜀，继续巩固好襄阳与淮南两处自曹操晚年以来就准备了半个多世纪的军力，做好调度协调工作，便可从容南下，略定江表。王濬、王浑、杜预、胡奋、唐彬诸将，以及挂名参与的王戎、贾充，乃至被耽搁了的中线筹备者羊祜（T型）、入朝了的东线筹备者卫瓘，均系司马懿父子提拔的要员，完全是司马炎父辈积攒下的军政班底。在灭吴前的为政处事上，除了在内张华（P型）、外杜预（O型）力挺下决心伐吴，看不到司马炎有任何"果决明断"的明君式处置，看到的只有各种拖拖拉拉，这种拖拉固然有西晋群臣已然高度腐化的因素，但也说明了司马炎本人并没有多大的魄力去利用皇权重塑朝纲。这就从另一个侧面说明了司马炎只是在魏晋一统历史进程中勉强及格的顺位收尾者。

他结束了自东汉末年起近百年的分裂动荡局面，为中华民族的团结统一做出了杰出的历史贡献。统一全国后，他也采取一系列经济措施以发展生产，颁行户调式（包括占田制、户调制和品官占田荫客制）。但很快，他就怠于政事，荒淫无度，满足于自己的文治武功中，胸无远略，贪图享受，奢侈腐化，君臣赛富，公开卖官，宫中姬妾近万人（是吴末帝孙皓的两倍之多），羊车望幸，沉迷酒色，上行下效，各级官吏不理政事，皇室宗亲，世家大族，斗富成风，时称："奢侈之费，甚于天灾。"这些只能说明他晚节不保，尚不足以说明他是中华民族的历史罪人。他之所以是中华民族的历史罪人，是因为他在晚年，逃避矛盾，听从杨皇后、宠臣贾充的意见，选择了傻瓜儿子（司马衷）做他的继承人；是因为他为了巩固皇权而大封宗室，使得诸王统率兵马各据一方。这是历史的大倒退，造成了长达16年的八王之乱，从而造成了五胡乱华，给中华民族带来了三百年的动荡，三百年来中原大地充满着血腥的杀戮、残酷的统治，百姓生活在水深火热之中，中华文明几乎毁于一旦，这一切的罪魁祸首是司马炎！

房玄龄说：平吴之后，天下安定，遂怠于政事，沉缅于游宴，宠用皇后家族，亲贵当权，旧臣不得专任，典章紊乱或废弃，请托贿赂公行。到了晚年，明知惠帝不能担负国家重任，然司马炎恃皇孙聪明，未下废太子的决心。又顾虑皇孙非贾后所生，终将发生危难，遂与心腹图谋后事，出谋划策者纷然杂出，长久未决，终于用王佑之谋，派遣太子亲弟司马柬都督关中，司马玮、司马允镇守要害，以加强帝室。又恐后党杨氏威胁，又以王佑为北军中候，统领禁军。后来病情加剧，开国元勋皆已先死，群臣恐慌疑虑，不知所措。他病稍愈，下诏让汝南王司马亮辅政，欲令几个年少而有名望的朝臣辅助他，杨骏密藏诏书而不宣。他不久又陷于昏迷，杨后竟作诏书使司马骏辅政，督促司马亮进发。他病稍好转，问汝南王来否，意欲与汝南王见面有所托付，左右回答未到。西晋后期之乱，从这时实际已经开始了。

《晋书》记载："（何）曾侍（晋）武帝宴，退而告（何）遵等曰：'国家应天受禅，创业垂统。吾每宴见，未尝闻经国远图，惟说平生常事，非贻厥孙谋之兆也。及身而已，后嗣其殆乎！此子孙之忧也。汝等犹可获没。'指诸孙曰：'此等必遇乱亡也。'"何曾知晋必乱的典故，说明司马炎不是事业导向型的皇帝，不为基业长青而深谋远虑。其实，何曾也没有为子孙谋划，永嘉末年，何氏家族一个不剩地全死光了。看到问题是一回事，事先采取行动解决问题，那才是真正的负责任。

《晋书》记载："（晋武）帝尝南郊，礼毕，喟然问（刘）毅曰：'卿以朕方汉何帝也？'（刘毅）对曰：'可方桓、灵。'（晋武）帝曰：'吾虽德不及古人，犹克己为政。又平吴会，混一天下。方之桓、灵，其已甚乎！'（刘毅）对曰：'桓、灵卖官，钱入官库；陛下卖官，钱入私门。以此言之，殆不如也。'（晋武）帝大笑曰：'桓灵之世，不闻此言。今有直臣，故不同也。'"这段文字，表明司马炎有孔雀特质，笑而容直臣，知错而不改，虚心认错，坚决不改。

房玄龄评价司马炎："宽惠仁厚，深沉有度量""（司马炎）宇量弘厚，造次必于仁恕""惑荀勖之奸谋，迷王浑之伪策，心屡移于众口，事不定于己图。元海当除而不除，卒令扰乱区夏；惠帝可废而不废，终使倾覆洪基。夫全一人者德之轻，拯天下者功之重，弃一子者忍之小，安社稷者孝之大；况乎资三世而成业，延二孽以丧之，所谓取轻德而舍重功，畏小忍而忘大孝。"本书认为，他是 K3 型。

司马炎与孙权一样，属于前明后昏的皇帝。当司马昭时期的能臣重臣一个个去世后，没有更好的人才为其所用。建官任命不得其所，委托重任用人不当，这和孙权晚年的遭遇一样。只是孙权晚年发挥其第二性格（老虎）的缺点。而晚年的司马炎，一是发挥其第一性格（考拉）的缺点，为亲情所困，犹豫不决，识人能力被亲情所蒙蔽，二是发挥其第二性格（孔雀）的缺点，不能约束自己，无节制地追求新奇，无远志，力也不足，行动能力偏弱。更为重要的是，他也未能选好接班人，困于亲情和坚守嫡长子制，让傻瓜儿子司马衷接班；托孤也是失败的，托孤给杨骏一人。司马炎病情加重，杨皇后奏请让杨骏辅政，司马炎点头答应。托孤给杨骏的诏书呈交司马炎，司马炎亲自看了却没有说话。

第 2 任晋惠帝司马衷，司马炎次子，在位 18 年，享年 48 岁，其间失去皇帝 4 个月，被其叔祖父司马伦篡位，尊为太上皇。他在 9 岁时，被立为皇太子，盛年（31 岁）登基。皇后为贾南风（其母郭槐，T 型，贾充之女），以杨骏（T 型，东汉杨震之后裔）为太傅，辅佐朝政。立 13 岁的司马遹为皇太子，以何劭为太子太师，王戎为太子太傅，杨济为太子太保。以杨骏为核心结成杨后党，以贾南风为核心结成贾后党，以司马氏诸王为主，三派纵横混斗，司马衷不能明断和平衡，致使晋朝发生长达 16 年的八王之乱而衰败至可挽回（如图 14-2 所示）。

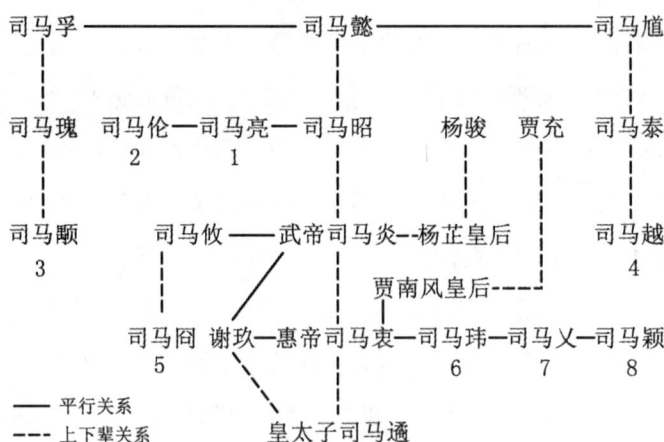

图 14-2　杨、贾宫廷内斗及司马八王之乱的世系

杨骏和贾南风均是 T 型，一山难容二虎，司马衷偏信皇后贾南风。据《晋书》记载，司马繇率领殿中 400 人去讨伐杨骏。段广跪在地上对司马衷说：杨骏受先帝恩宠，尽心辅

政。况且没有儿子，岂有反叛的道理？愿陛下仔细考虑。司马衷不回答。贾后联合楚王司马玮（惠帝的异母弟）发动政变，杀太傅杨骏、卫将军杨珧、太子太保杨济（杨骏三兄弟，时称"三杨"），中护军张劭，散骑常侍段广、杨邈，左将军刘预，河南尹李斌，中书令蒋俊，东夷校尉文淑，尚书武茂，都灭三族。同年，贾后假借皇帝诏令，废杨太后为平民，任命司马衷的同母长兄司马柬为大将军；司马懋（司马孚之孙，惠帝从叔父）为抚军大将军；司马玮（T型，好斗）为卫将军，领北军中候；司马晃（司马孚之子，惠帝从叔祖父）为尚书令；司马繇（司马懿之孙，惠帝从叔父）为尚书左仆射，进爵为王；贾皇后族兄贾模，从舅郭彰，侄子贾谧，共预国政。司马亮入朝任太宰，与卫瓘分掌朝政，大肆封官却失去人心。司马繇不服，密谋政变废皇后，被司马亮赶下台。不久，司马玮矫诏将司马亮杀死，皇后贾南风采纳张华之计杀司马玮。贾皇后以张华为侍中、中书监，与裴頠、裴楷、王戎、贾模共辅朝政。张华为司空，司马泰为尚书令，司马肜为太子太保，有效维持了帝国平衡。

皇太子司马遹，其母为谢玖，谢玖为司马炎的才人，据《晋书》记载："惠帝在东宫，将纳妃。武帝（司马炎）虑太子（司马衷）尚幼，未知帷房之事，乃遣往东宫侍寝，由是得幸有身。贾后妒忌之，（谢）玖求还西宫，遂生愍怀太子（司马遹）。"司马炎愚蠢的行为留下了隐患，把自己的小妾给自己的儿子，去行男女鱼水之欢，再回到自己身边，小妾后来生下司马遹到底是司马炎的儿子还是司马衷的儿子，只有谢玖说得清楚，也许谢玖也说不清楚，历史也没有明确证据证明司马遹是司马衷的儿子。司马遹4岁时，不知自己的爹是谁，司马衷也不知道自己有个儿子。据《晋书》记载："年三四岁，惠帝不知也。入朝，见愍怀与诸皇子共戏，执其手，司马炎曰：是汝儿也。"小时候的司马遹，聪颖明理，司马炎欣慰地说：此儿当兴我家。他还经常对群臣说，司马遹似其高祖父司马懿，于是令誉流于天下。司马遹，被誉为天才太子。可是，他当太子后，不好学，尽干荒唐之事，比如，在宫中开设集市，让人杀牲卖酒肉等，从中谋取利润。性情刚烈的司马遹（老虎型）结怨贾氏。在司马伦的献计下，贾南风迫害太子司马遹，首先废他的太子地位。次年，谋杀太子。这个举动，成为许多反对贾后专政的皇族开始行动的起点。赵王司马伦假造诏书废杀贾后，杀死司空张华等，自领相国，恢复原太子的地位，立故太子之子司马尚为皇太孙。

无论对杨氏党还是贾氏党来说，他们因贪恋权力，不顾伦理道德、不遵政治规则、不择手段地攫取权力，所以，这场宫斗权争，双方皆无正义性可言。然而就事论事，这与司马懿辜负华夏托孤文化根源有关，司马懿也是如此杀死另一个托孤大臣曹爽的。贾充家族的兴衰，实际上和司马家族的兴衰是类似的。《左传》云："君以此始，必以此终。"人以这种方式起家，必以这种方式终结。以恶起家，必以恶结束；以善起家，必以善结束。贾充以不忠于魏而起乱开始，也会以不忠于晋而起乱结束。君以此兴，必以此亡。司马家族以不忠于魏开始，辜负曹叡的托孤，那么司马家族也会因有人不忠于托孤，以不忠于晋而衰亡。司马家族（司马懿）以假诏兴家，（司马伦、司马玮等）以假诏败家。

司马衷在公元301年1月失去帝位，4月复帝位。任司马冏（T型，刚愎自用）为大司马、都督中外诸军事，司马颖（P型）为大将军、录尚书事，司马颙（T型）为太尉。撤销丞相，恢复司徒官。以司马肜（惠帝的叔祖父，P4型）为太宰，兼领司徒职。302年，皇太孙司马尚（惠帝的最后一个孙子）死，立司马遹的儿子司马覃（惠帝的侄子）为皇太子。司马冏和司马颙等进行内战，司马乂（惠帝的异母弟，T型）裹挟皇帝屯兵南止车门，攻击司马冏并杀了他，司马乂为太尉、都督中外诸军事。司马颙、司马颖等举兵讨伐司马乂，司马乂败而被杀。以司马颙为太宰，刘实为太尉。成都王司马颖为皇太弟。之后内战绵绵，惠帝不能阻止。司马越为太傅，与太宰司马颙共同辅政，皇太子司马覃再次被废杀，立豫章王司马炽为皇太弟。司马氏内战继续。

司马衷留下千古典故："蛤蟆为谁鸣？"他外出听到蛤蟆叫，便问侍从：为官乎？为私乎？侍从回答：在官田为官，在私田为私。全国闹饥荒，老百姓没饭吃，饿死无数。司马衷问侍臣：老百姓既无饭吃，何不食肉糜？ 不少史学家据此认为他是白痴皇帝，其实不然。第一个提问是政治提问，表明他懂得政治运作。第二个提问，只是表明他生长在宫内，这不是他本人的错，而是司马炎给他的教育出了问题。本书也认为他不是白痴皇帝，只是能力平庸而已，智商不高，困于亲情，按照儒家观点，他可以实行垂拱而治，但他的悲剧在于没有霍光、诸葛亮类的忠心能臣辅佐，其周围全是野心十足的叛逆权臣。这也不能怪司马衷，因为其祖先司马懿、司马师、司马昭就是这类没有道德底线的野心家。司马炎家族的悲剧，就是司马炎没有看清这一点。不是司马衷愚昧白痴，而是司马家族野心家多，司马家族男丁盛多但不团结，一个K型的能力不卓越的帝王，镇不住T型的众多宗室诸王。只有T1或T2型皇帝，才能制服这群虎狼诸王和野心乱臣。本书认为，司马衷是K4型。

第3任司马伦，司马懿的第九子，在位80多天，惠帝司马衷的堂叔祖父。他盗裘谄媚，害死太子。杨太后党和贾皇后党的内斗，属于宫廷内斗，晋室诸王只有司马亮、司马玮两王参与，并被杀。贾皇后独大，贾皇后有自知之明，任用张华等重臣辅政，政局尚稳定。随着皇太子司马遹的长大，皇太子与贾谧关系不好，晋惠帝没有采取两汉的做法，朝廷大臣也没有提醒他采用两汉的做法，让皇太子司马遹认贾南风为嫡母，过继给贾南风为养子。贾南风在别人煽动下，未来是否能享受皇太后待遇的心病逐渐增强，这个时候，司马伦采取了其军师孙秀的建议。

司马伦使用离间计，使太子司马遹被皇后贾南风害死，废贾掌权，鼓动司马遹旧部及司马冏起兵，废黜并杀死贾南风。排除异己，杀死了当年挡他道的张华和裴頠，诛杀司允，自领侍中、相国、都督中外诸军事，加九锡。篡夺皇位，司马伦逼迫侄孙惠帝退位，擅自称帝，首开叔祖父篡位恶例。他将惠帝迁到金墉城，尊侄孙惠帝为太上皇（伦理上不通），废皇太孙司马尚为濮阳王。他任用孙秀掌政，大肆封官，收买人心。三王起兵，惠帝复位。司马冏等起兵讨伐司马伦并获胜，司马伦下诏退位，惠帝复位为帝。群臣叩头谢罪，惠帝说：这不是诸卿的过错。立襄阳王司马尚为皇太孙，杀了赵王司马伦及其党羽。司马伦被史学家称为司马懿最愚蠢的儿子、最没有下限的皇亲国戚。他是西晋王朝崩溃的关键人物，是西晋的掘墓人，是他的贪婪、鲁莽、冒失和无能，导致八王之乱演变为天下混战。后来司马颖重用汉化的匈奴人刘渊开启五胡乱华时代。本书认为，司马伦是T型。

第4任晋怀帝司马炽，司马衷的异母弟，在位5年，28岁被废，享年30岁。他在20岁时被立为皇太弟，23岁接班为帝。在位期间，司马越辅政。司马越是八王之乱的最后胜利者，但他面对的是五胡首领的威胁，形势更加严峻。在位期间，匈奴等少数民族也开始建立独立的政权，其中刘渊已经自称汉帝。五胡乱华开始萌动，皇室权力斗争依然严重。他受制于司马越，在位期间毫无作为，不识时势地内斗。他密诏苟晞（T型）讨伐司马越，司马越病逝，太尉王衍（P型）被石勒败于宁平城。八王之乱，战火纷飞，生灵涂炭，国力虚耗殆尽，西晋元气大伤，内迁的诸民族趁机举兵，造成五胡乱华的局面，刘聪趁势攻破洛阳，28岁的晋怀帝在逃往长安途中被俘，太子司马诠被杀，成为中华历史上第一个被俘虏的全国性政权的皇帝，史称永嘉之变，五胡乱华正式开始。公元311年，他被封为会稽郡公，刘聪把他当作佣人戏耍，后司马炽被刘聪毒死。

八王之乱中，司马炽并未加入乱事，行事低调，不太热衷于交结宾客，不涉足世事，爱好钻研史籍。他并无雄才大略，也没有权力的野心。他当皇帝完全是成都王司马颖和河间王司马颙对立之下的结果。本书认为，他为K型。

第5任晋愍帝司马邺，怀帝司马炽之侄，司马炎之孙，司马晏之子，在位4年，享年18岁。洛阳沦陷、怀帝被俘后不久，皇侄司马邺（司马炎的最后一位孙子）在遗臣们的拥戴下，在长安重组小朝廷，并自称皇太子。晋怀帝于平阳遇害之后，他于长安即皇帝位，任命梁芬（K型）为司徒，麹允（K型）为使持节、领军将军、录尚书事，索綝为尚书右仆射，共同辅佐朝政。他为笼络两大宗室军阀司马睿（占据江东）、司马保（占据秦州，司马越之侄，司马馗之曾孙），任命他们为左右丞相，期冀他们能起兵勤王，匡扶晋室。小朝廷刚刚组建成功，但内有梁综（T型）、梁芬、索綝（T型）、麹允与阎鼎（T型）等相互争权。他虽有帝名，却只相当于地方割据政权。且不说当时匈奴汉国已经占据天下一半的领土，即使是那些尚未沦陷、仍然归于晋朝名下的土地，实际控制权也在各路军阀（刘琨、王浚、鲜卑慕容家族、张轨）和西晋宗王（司马保、司马睿）手中。执政的朝臣与地方军阀闹起了内讧，他数次诏请司马保、司马睿来长安勤王，司马二王作壁上观，局势愈发败坏，他根本无力抵御汉赵的进攻。司马师、司马昭兄弟时代的团结创业，经过八王之乱，成了见死不救的不团结，他寄托的"周邵两公辅佐周成王"的梦想，终究破灭，此时的"保睿两公"不愿辅佐他。他手下无足兵、也无充足的物资与匈奴人对抗。汉赵中山王刘曜发兵攻打长安，他在食断粮绝的情况下，投降汉赵，被任为光禄大夫，西晋灭亡。刘聪把他当作佣人戏耍，后司马邺被刘聪杀害，刘聪开启对西汉以来杀戮前朝皇帝的先河。本书认为，他是K型。

西晋皇帝的性格类型路线如下：晋武帝司马炎（考拉型）01—惠帝司马衷（考拉型）02—司马伦（老虎型）03—怀帝司马炽（考拉型）04—愍帝司马邺（考拉型）05。具体如图14-3所示，图中的①是指司马昭，②是指司马炎，依次类推。

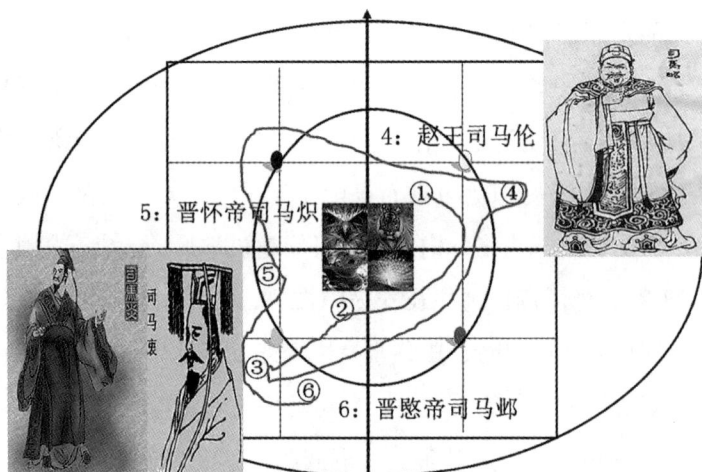

图 14-3　西晋帝王性格类型移动

西晋开国皇帝司马炎，是中国有皇帝称号以来第一个K型的开朝皇帝，也是第一个创建大一统王国的K型皇帝。他之所以成功，是因为他的祖父司马懿是O型，他的伯父和父亲是T型。只要听话不折腾，他就可以开国成功，这是司马炎的幸运。他的不幸是，他选择了K型的嫡长子司马衷为继任者，由于司马炎家族的崛起是中国历史上最没有道德的，属于私党阴谋篡位成功者，同方者以类附，他身边的核心人员也都是这类没有公忠品质的野狼贼子。司马炎是不可能在他的核心团队里找到公忠品质和能力卓越的能臣来辅佐他的K型儿子司马衷的。K型司马衷，被其堂叔祖父司马伦篡位，这是司马家族的悲哀，也是对司马懿阴谋篡权的报应。T型的司马伦，由于没有公忠品质，也没有治国理政之才，只有贪婪和野蛮，司马藩王，争权夺利，骨肉相残，黎元涂炭，三十六王陨身于锋刃之中，祸难之极，旷古未闻。国力大损，五胡趁机而入。司马衷虽然复位成功，但大势已去，其接任者司马炽、司马邺，也是K型，能力也不强，又没有好搭档。考拉无为，如果身边没有公忠坚毅的大臣，那么天下必定大乱。无为而治是有前提的，君主既贤又能，大臣公忠又卓能。有史学家说，西汉的无为而治是成功的，其幸运之处，是因为当时有陈平、周勃、周亚夫等公忠之人才。再说，汉文帝是O型，西汉的体制，包括法律均自秦朝，法治和法制远远超过西晋时期。

第二节　东晋帝王的性格类型探究

东晋是司马睿在南京创建的，其间被桓楚中断了一次，历4世11帝，国祚103年，如图14-4所示。

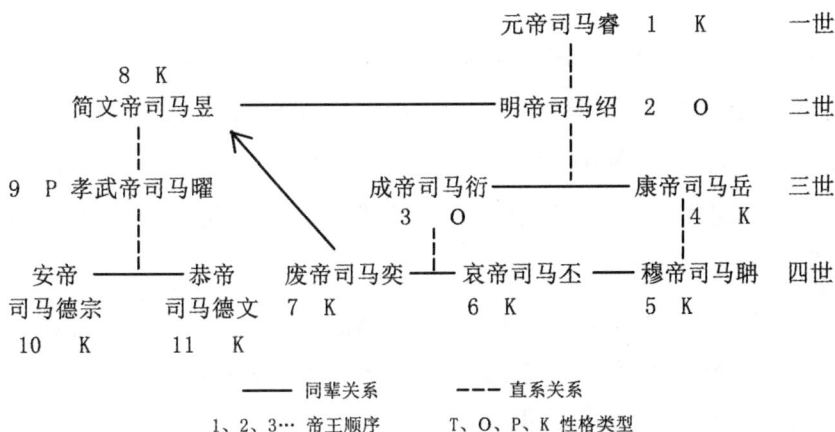

图 14-4　东晋司马氏政权的帝位传承和世系

第1任晋元帝司马睿，司马觐之子，西晋司马炎的侄子，在位6年，享年47岁。他在洛阳结交了王导（其族兄王衍是公认的名士领袖），并成为亲密好友。在王导的主谋下，衣冠南渡到建邺（史称永嘉南渡）。当时，当地人压根不把司马睿当回事，在这关键时刻，出身天下第一世家的王导、王敦兄弟主动拜访南方大族，以争取他们的支持，利用三月初三的民间集会时机，与一些名流恭恭敬敬地跟在司马睿身后，以衬托其崇高地位。司马睿按照王导的建议对顾荣、贺循等江南名士许以官职，从而获得江南各大世家的支持，南迁的北方士族也纷纷效仿。

王导始终作为司马睿的核心谋臣，同时，王敦率兵在长江上游一带为司马睿征讨，琅琊王氏纷纷跻身高官行列。他任王导为宰相，执掌朝政，称王导为仲父，把他比作自己的萧何。王导经常劝谏司马睿要克己勤俭，优待南方士民，与人为善。他俩在东晋草创期共同上演了一场君臣相敬相爱的佳话，琅琊王家也达到了权势的高峰，除了王导担任丞相，王敦控制着长江中游，兵强马壮；3/4的朝野官员是王家人或者与王家相关的人。以王导、王敦为代表的王氏家族势力在当时是非常牢固的，这使"王与马共天下"的局面在江左维持了20余年，直到庾氏家族兴起，抑制王氏并凌驾于王氏为止。

这期间，司马睿尽出昏招。他引用刘隗（O型）、刁协（T型）、戴渊（P型）等为心腹，试图压制祖逖（与好友刘琨闻鸡起舞）、王导家族权势，开启了皇权和臣权的内斗。他命戴渊出镇合肥，以牵制祖逖，不放手让祖逖北伐。祖逖北伐四有：有基础，北人南渡之初，上下同仇敌忾，要求赶走胡人；有机会，匈奴和胡羯相争，形势有利于东晋；有成果，祖逖北伐8年，连战连捷，收复了黄河中下游以南的广大地区，迫使石勒不敢窥兵河南；有人才，祖逖、王敦、苏峻、陶侃等。可惜的是，司马昏招眼光短，祖逖"四有"皆成空。王敦以诛刘隗为名，在武昌起兵，直扑石头城（建康）。王导为保全王氏家族利益，暗助王敦。王敦攻入建康，杀戴渊等，刘隗投奔石勒。司马睿再次妥协，王敦为丞相、都督中外诸军、录尚书事。

东晋初期，可谓人才济济，武有祖逖（T型）、王敦（T型）、苏峻（T型）等，文有王导（K型）、周顗（O型）、庾亮（P型）、刘隗（O型）等，猛将成林，文臣如云。人才班子符合黄氏TOPK原则，可惜司马睿没有驾驭人杰的能力，也没有容纳人杰的能力，更没有团结人杰的能力。虽有四象辅佐，创业只成小业，难成大业，国祚也难以长远，注定了只能偏安一隅。

他被称为中华历史上最弱势的开国皇帝，性格懦弱，声望不足，就连其血统也被人争议千年。《晋书》记载，从汉朝到南北朝，中原地区都流行谶纬之书，曹魏时出现过一本《玄石图》的奇书，其中有"牛继马后"的预言。司马懿为此特地请来管辂占卜子孙运势，结果与书上所述完全一致，司马懿当初并不明白这是什么意思。直到司马懿出任太傅，距离称帝只有一步之遥的时候，他突然想起那个不祥的预言，再联系到立下赫赫战功的将领牛金，瞬间就恍然大悟，于是他授意让人在酒宴上鸩杀了牛金。不过他并没有想到，其孙司马觐袭封琅琊王之后，王妃夏侯氏（夏侯渊曾孙女）与王府小吏牛金（一说为牛钦）私通，生下了司马睿，后世遂称其为牛睿。有人说这就是"牛继马后"的符应。"牛继马后"，即是指司马睿为牛氏之子，牛姓代司马氏继承帝位。明朝思想家李贽就直称东晋为"南朝晋牛氏"，而不称司马氏。

房玄龄评他："恭俭退让，以免于祸。沉敏有度量，不显灼然之迹。"房玄龄还说，（司马睿）简俭冲素，容纳直言。恭俭之德虽充，雄武之量不足。本书认为，他是K2型，是中国历史上第二个开朝的K型皇帝。

第2任晋明帝司马绍，司马睿之长子，在位4年，享年27岁。19岁的他作为司马睿的长子被立为太子，当了4年的储君。这段时期，当时的名臣，从王导、庾亮到温峤、桓彝、阮放等人，都被他亲近看重，引为良师益友。他还好习武艺、善抚将士，很得军心。当时江东人才济济，无论远近都归心于他，将他视为帝国未来的希望。23岁的他顺利接班为帝。

在位期间，他凭借弱势之中央，成功制衡权臣世家，推动南方社会安定发展。王敦试图叛乱，王导用计激怒王敦，王敦盛怒而亡，王敦叛乱得到平定，明帝停止追究王敦党羽，全力重用丞相王导，保持与江东士族的和谐关系，成功做好王敦之乱的善后工作。他能平定王敦之乱，和他的知人善任和聪颖明断有关，更与王导忠心支持司马氏有关。在王敦想篡夺帝位时，王导便宣称"宁为忠臣而死，不为无赖而生"，表达了坚决的反对态度来维持帝室。隐忍明敏的明帝，虚与周旋，养成其恶，以弱制强，潜心谋划，当机立断，肃清大凶。又调整荆、湘等四州将领，以分散长江上游地方势力，拨乱反正，加强根本而削弱枝叶，稳定东晋王朝的局势，对安定国家大局和皇室权威影响深远。

明帝立长子司马衍为皇太子，在健康状况不佳时，召太宰司马羕（族叔祖父，P型）、司徒王导（K型）、尚书令卞壸（O型）、车骑将军郗鉴（P型）、护军将军庾亮（T型）、领军将军陆晔（K型）、丹杨尹温峤（P型，刘琨的内甥）一起接受遗诏，辅助皇太子司马衍。他托孤7人，有晋室宗长，有开国元老，有江南世家大族，有布衣之交，有太子的舅舅。托孤团队的性格类型符合黄氏TOPK原则，属于1T1O3P2K型，这是东晋渡过二代危机的关键所在。他的托孤是整个晋朝最为明智的。也许正因为祖上（高祖父司马懿）德行有愧、作恶多端，所以为洗刷恶名考虑，他在位时，更加励精图治，以期改变天下士民对司马家的坏印象。他主政时间虽短，但对消除大患、稳定时局建树颇多，被后世称为一代明君。也正是因为他的努力，司马家的国运又维持了近100年，直到被权臣刘裕取代。

温峤评他云："钩深致远，盖非浅局所量。"房玄龄评他云："聪明有机断，尤精物理。"本书认为，他是O1型。

第3任晋成帝司马衍，司马绍之长子，在位18年，享年22岁。4岁登基为帝，是东晋的第一个娃娃皇帝，太后庾氏（庾文君，K2型）临朝称制。司徒王导和中书令庾亮参辅朝政。以南顿王司马宗（司马懿之孙，司马亮之子，T型）为骠骑将军，汝南王司马祐（司马亮之孙，K型）为卫将军。庾亮以中书令之职负责政事决策。庾太后死后由王导与庾亮（T型）辅政。公元326年，封魏武帝的玄孙曹劢为陈留王，以承继魏国。

庾亮执政，试图排斥王导势力，但庾亮疑忌大臣，任意杀逐重要官员，引起统治集团内部冲突。庾亮不顾臣僚劝阻，强行征召历阳内史苏峻到中央任大司农，借以削夺其兵权，消除朝廷隐患。庾亮逼反苏峻，苏峻和祖约以杀庾亮为名，起兵叛乱，攻入建康，宫城迁移至石头城，史称苏峻之乱，此时，成帝司马衍年仅6岁。公元329年，陶侃（T型）、温峤起兵平定持续了一年零四个月的苏峻之乱，王导再次出山执政，陶侃为太尉，东晋王朝又一次转危为安。

在位期间，司马衍命令庾亮北伐，但是败于石虎。他颁布壬辰诏书，禁止豪族将领将山川大泽私有化。他任司徒王导为太傅，都督朝廷内外诸军事，司空郗鉴为太尉，征西将军庾亮为司空。把司徒之职改为丞相，以太傅王导担任。他以土断方式将自江北迁来的世族编入户籍。

他明察，记忆力好。据《晋书》记载："南顿王（司马）宗之诛也，（成）帝不之知，及苏峻平，问庾亮曰：'常日白头公何在？'（庾）亮对以谋反伏诛，（成）帝泣谓（庾）亮曰：'舅言人作贼，便杀之，人言舅作贼，复若何？'（庾）亮惧，变色。庾怿尝送酒于江州刺史王允之，允之与犬，犬毙，惧而表之。（成）帝怒曰：'大舅已乱天下，小舅复欲尔邪？'（庾）怿闻，饮药而死。然少为舅氏所制，不亲庶政。及长，颇留心万机，务在简约，常欲于后园作射堂，计用四十金，以劳费乃止。雄武之度，虽有愧于前王；恭俭之德，足追踪于往烈矣。"

他病重期间，在庾冰等人建议下，舍弃二子，立弟司马岳为皇位继承人，他命武陵王司马晞（叔父，T型）、会稽王司马昱（叔父，K型）、中书监庾冰（T型，庾亮之弟，成帝小舅）、中书令何充（O型）、尚书令诸葛恢（P型）一并接受遗诏，辅佐司马岳。本书认为，他是O4型。

第4任晋康帝司马岳，司马绍之次子，司马衍的胞弟，在位3年，享年23岁。20岁的他接班为帝，立褚蒜子（K2型）为皇后。他在居丧期间，不多言，委托庾冰、何充处理政务。他在病逝前4天才立皇子司马聃为皇太子。他在位只有短短3年，没有大的政绩。他的书法造诣很深，代表作《陆女帖》，被收进宋代《淳化阁帖》。他的皇后非常贤明，三度临朝，扶立6位皇帝，临朝称制约40年，是风雨飘摇的东晋王朝的掌舵人。执政期间，她多次拥有权力，却并未为自己或娘家亲人谋取特殊权力。但她对子女的教育及对小皇帝的培养和训练，是不够优秀的，因为她辅佐的6位皇帝能力和身体都一般，包括她亲生的儿子在内。这一点，她无法和清朝的孝庄太后相比。本书认为，司马岳是K2型。

第5任晋穆帝司马聃，司马岳之嫡长子，明帝司马绍之孙，在位17年，享年19岁。他即位时年仅两岁，是东晋的第二个娃娃皇帝。由其母皇太后褚蒜子摄政，武陵王司马晞为镇军大将军。褚蒜子虽是一介女流，却颇有胸怀，不以私废公，唯才是用，以江山社稷为重，开启了一段政治清明、礼贤下士的新局面。司马聃即位不久，重臣庾冰、诸葛恢、庾翼等先后去世。

公元345年，桓温（康帝的姑父）为安西将军、荆州刺史。朝廷政事先后由宰相何充（O型）、蔡谟（O型）、会稽王司马昱（K型）等人把持，他在位期间，先后由殷浩、外戚褚裒等人对北方少数民族和周边割据政权发动了数次大大小小的战争，虽互有胜负，但南北方军事水平仍处于相持阶段。辅政大臣何充去世，褚太后诏命司马昱总理朝政，任命武陵王司马晞为太宰，会稽王司马昱为司徒，征西大将军桓温为太尉。公元354年，太尉、征西将军桓温（明帝的驸马，T型）北伐关中，大败前秦，桓温还消灭了在四川立国45年的成汉。

司马昱认为扬州刺史殷浩素有盛名，朝野对他也推崇佩服，便以他作为心腹，让他参与朝政，想以此与桓温抗衡。从此殷浩与桓温便逐渐互相猜忌，彼此间产生了异心。殷浩连年北伐，屡屡被打败，军粮器械消耗殆尽。桓温借朝野上下对殷浩的怨愤，趁机上书列举殷浩的罪行，请求将他黜免。司马昱不得已，只得将殷浩贬为庶人，流放到东阳郡信安县。从此，朝廷内外的大权都集中在桓温手里。本书认为，司马聃是K型。

第6任晋哀帝司马丕，成帝司马衍之长子，穆帝之堂兄，在位4年，享年25岁。穆帝司马聃无子嗣，在褚太后扶持下，21岁的藩王司马丕接班为帝。他诏令司徒、会稽王司马昱总管内外众务，加授桓温为大司马等。北中郎将庾希（庾亮之侄子，庾冰之子）都督青州诸军事。同年，立陈留王的世子曹恢为陈留王。他在位期间，让桓温主持实施庚戌土断，关注民生，在登基的第二年，下诏减轻田税，一亩只收二升粮。房玄龄评他曰：哀皇宽厚。哀帝是书法爱好者，有《中书帖》传世。本书认为，他是K3型。

第7任晋废帝司马奕，司马衍之次子，哀帝之胞弟，在位6年。哀帝司马丕无子嗣，在褚太后扶持下，23岁的藩王司马奕接班为帝。在位期间，他循规蹈矩、谨小慎微，并无过错。他被大司马桓温废为海西公。他在被废以后，每日闭门谢客，小心谨慎地度日，尽量避免嫌疑。他与世无争而善终，于公元386年病逝，享年45岁。他是历史上最冤枉的皇帝。本书认为，他是K2型。

第8任晋简文帝司马昱，哀帝司马丕、废帝司马奕的叔祖父，明帝司马绍的异母弟，在位8个多月。他历经元、明、成、康、穆、哀、废7任皇帝，在53岁时，在褚太后的同意下，被桓温拥为晋帝，是秦汉以来第二个以叔祖父身份篡位成功的皇帝。从《晋书》记载的司马昱的诏书来看，他认为废帝司马奕是昏君，他说："（司马奕）入篡大统，嗣位经年，昏暗乱常，人伦亏丧，大祸将及，则我祖宗之灵靡知所托。"他还说："海西（司马奕）失德，殆倾皇祚。"他的接班理由，是贬低前任，而不是说东晋未来的需要他来接班，他可以带领东晋更好地应对未来，给东晋人民带来福祉。他病逝前，立司马曜为太子，遗诏以桓温辅政，依诸葛亮、王导的故事。著名学者郭璞评论他说：振兴晋朝的，一定是这个人。遗憾的是他并没有振兴晋朝，他是通过桓温的政变而篡位登基为帝，历经了7任晋帝才称帝的无能帝王。做皇帝的他竟然不识稻谷，53岁的他说出了"宁有赖其末，而不识其本"的话，并为此羞愧了三天没有出门。《晋书》云：（司马昱）清虚寡欲，尤善玄言。谢安称他为惠帝（司马衷）之流，只是清谈略强一些而已。谢灵运追述他的行事，也认为他是周赧王、汉献帝那样的人物。本书认为，他是K1型。

第9任晋孝武帝司马曜，司马昱之子，元帝司马睿之孙。在位25年，享年35岁。在简文帝去世前夕，10 岁的司马曜被立为皇太子并接班，最初由大司马桓温辅政，桓温病逝后，由崇德太后褚蒜子（他的堂嫂）临朝听政。王坦之（太原王氏，T 型）、王彪之（王导之堂侄，琅琊王氏，O 型）、桓豁（桓温之三弟，征西将军，T 型）、桓冲（桓温之四弟，O 型）、谢安（P2 型）、谢玄（T 型）辅政。王坦之、王彪之去世后，谢安势力更盛，与桓冲分处中外，形成东晋权力结构的平衡。司马曜 15 岁时，褚太后归政，实权由谢安为代表的陈郡谢氏掌握。谢安推举侄儿谢玄为兖州刺史，镇守广陵，两年后又兼领徐州刺史，驻节北府。谢玄在此期间招募刘牢之、何谦、诸葛侃、高衡、刘轨、田洛及孙无终等骁将，整合他们麾下以流民为主的军队，组成了赫赫有名的"北府兵"。

司马曜在谢安、桓冲等的辅佐下，击败前秦大军，赢得淝水之战的胜利，保全了东晋王朝的国运。他立陈留王的长子曹灵诞为陈留王。桓冲去世后，谢安为太保，同年，崇德皇太后褚氏病逝。公元 385 年 8 月，谢安去世。同年 10 月，论定淝水之战的战功，追封谢安为庐陵郡公，封谢石为南康公，谢玄为康乐公，谢琰为望蔡公，桓伊为永修公。

司马曜利用士族门阀人才断层的空档期，打破了门阀政治的格局，恢复司马氏的皇权，以其弟司马道子代替谢安执政，成为东晋开国江左以来最有权力的君主。但他耽于享乐，沉湎酒色，又与司马道子争权，形成"主相相持"的局面，造成朝政日趋昏暗。他与宠姬张贵人酒后戏言，张贵人一怒之下叫来心腹宫人将熟睡中的司马曜用被子捂死，对外宣称其在睡梦中魇崩，他被称为中国历史上死得最窝囊的皇帝。孝武帝一朝，幸运的是拥有桓温，培养和留下了一大批栋梁之才，如：谢安可以镇雅俗，王彪之足以正纪纲，桓冲之夙夜王家，谢玄之善断军事。当这些国宝级人才凋零后，东晋皇朝的衰亡就不可避免了。本书认为，司马曜是 P2 型。

第 10 任晋安帝司马德宗，司马曜之长子，司马睿之曾孙，在位 22 年。他 6 岁时被立为皇太子，15 岁登基。公元 419 年，他被刘裕杀死，时年 37 岁。司马曜突然死亡，没有托孤遗诏，皇太子司马德宗直接继位，司马道子（K 型）以皇叔之尊辅政掌权，任用王国宝（王坦之的三子，谢安的女婿，P 型）等宠臣，招来王恭（太原王氏，司马德宗的舅舅，T 型）发兵讨伐。司马道子虽然屈服了，但仍以司马尚之和王愉等人试图抗衡，却招来王恭的二度讨伐，最终倚靠儿子司马元显（T 型）平定。

后来，政事皆由司马元显掌握，司马道子则因身体患有疾病并沉溺于饮酒而无所事事，致使叛乱纷起，孙恩、殷仲堪等人叛乱，桓玄崛起。司马元显被桓玄击败，旋即被杀。公元 402 年，御史杜竹林将流放至安成郡的司马道子用毒酒毒杀，司马道子死时年仅39 岁。公元 404 年，安帝禅位于桓玄，被桓玄封为平固王。武陵王司马遵（安帝的堂伯父，司马睿之孙）称帝制，总理万机，建武将军刘裕率领刘毅、何无忌等兴起义兵讨伐桓玄。同年 6 月 19 日，桓玄被杀，安帝复位。但好景不长，桓振攻陷江陵，安帝被俘。公元 405 年 3 月 2 日，安帝脱离叛军之手，再次成功复位，以琅琊王司马德文为大司马，武陵王司马遵为太保，加封镇军将军刘裕为侍中、车骑将军、都督中外诸军事。他论定匡复社稷的功劳，封刘裕为豫章郡公，刘毅为南平郡公，何无忌为安成郡公。公元 408 年，司马遵去世；公元 410 年，镇南将军何无忌（名将刘牢之的外甥，T 型）去世，两刘相斗，刘裕胜刘毅（T 型），刘裕开始独大。

司马德宗愚笨，不擅长说话，据《晋书》记载，他甚至连冬夏都无法区别，被史学家称为比晋惠帝还痴呆的皇帝，估计是司马曜酗酒造成的。本书认为，他是 K 型。

第 11 任晋恭帝司马德文，司马曜之次子，司马德宗的胞弟，元帝司马睿的曾孙，在位 2 年，享年 36 岁。刘裕派王韶之杀害晋安帝，刘裕本人有意自称皇帝，但由于图谶所言"昌明（晋孝武帝）之后有二帝"，刘裕为符合图谶所言，便拥立司马德文为皇帝。

在桓楚时期，司马德文被桓玄贬为石阳县公。安帝复位，他被复封琅琊王。安帝被杀，刘裕立他为帝，政权依然掌握在刘裕手中。他的女儿司马茂英，嫁刘裕之长子刘义符（宋少帝），他和刘裕是儿女亲家，但也没有改变被迫禅让的命运。公元 420 年，傅亮草拟好禅位诏书，入宫逼迫他誊抄。他欣然接受，执笔抄写诏书，并对左右说：桓玄篡位时，晋室已经失去天下了，因为有刘公（刘裕），才延长了将近 20 年的国祚。今天做这件事，是心甘情愿的。

刘裕称帝后，表面上对司马德文很是优待，封他为零陵王，允许他保留天子名号、威仪，一同当年晋武帝对待魏元帝，但内心深处早藏杀机。同年 9 月，刘裕的亲兵趁机越墙进入他的室内，将毒酒放在他面前，逼他快饮。他摇头拒绝说：佛教教义说，人凡自杀，转世不能再投人胎。兵士便将他挟上床去，用被子蒙住他脸面，用力扼死。天道无亲，常与善人。为人不能凶狠他人而利己，若以自私凶狠起家，必以自私凶狠亡家。司马懿家族以欺骗失德而兴起基业，最终，他的家族也以被废杀而衰败。他是中国历史上第一个因禅让而被杀的皇帝，司马懿家族政权以惨剧结束。这是华夏民族悲剧的开始，因为南北朝诛杀前朝的皇帝屡见不鲜。本书认为，司马德文是 K 型。

东晋皇帝的性格类型路线如下：晋元帝司马睿（考拉）01—明帝司马绍（猫头鹰）02—成帝司马衍（猫头鹰）03—康帝司马岳（考拉）04—穆帝司马聃（考拉）05—哀帝司马丕（考拉）06—废帝司马奕（考拉）07—简文帝司马昱（考拉）08—孝武帝司马曜（孔雀）09—安帝司马德宗（考拉）10—恭帝司马德文（考拉）11，如图 14-5 所示。

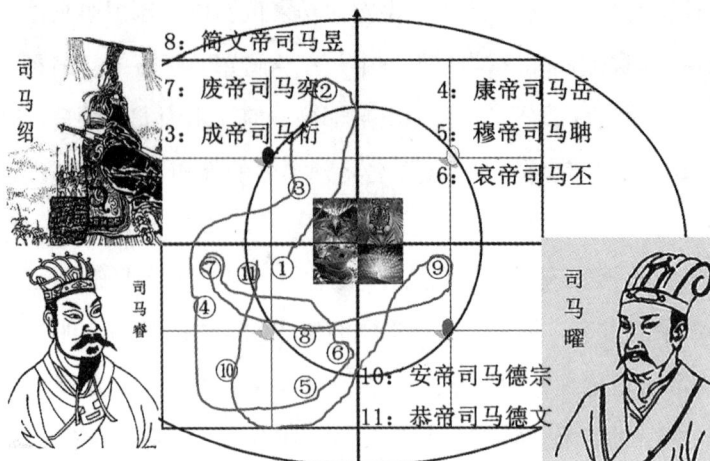

图 14-5　东晋司马政权的帝王性格类型移动

除掉司马伦，西晋传了三世四帝，西晋是二代危机导致衰亡的典型例子。从性格传承来看，西晋的二代是K型，蜀汉的二代危机是P型。东吴的二代危机是年幼的T型。曹魏虽然克服了二代危机，但未能解决三代危机，曹魏的第三代危机，实际是第二代的O型埋下的。东晋虽然传了11帝，但对于司马睿而言，只传了四世（见图14-4）。东晋和曹魏一样，O型的明帝司马绍，作为东晋二代是成功的，可惜，他寿命较短，引发了三代危机。他和曹叡不同的是，第一，司马绍有自己的亲生儿子；第二，司马绍有个好皇后；第三，司马绍的托孤智慧比曹叡强，尽管司马绍比曹叡短命9岁；第四，司马绍的接班人是O型。由于司马绍精心而沉稳的操作，东晋顺利地化解了三代危机。曹魏没有渡过三代危机。更难能可贵的是，第三代的司马衍在生前，没有立自己年幼的儿子，而是采取兄终弟及的接班方式，让他的青年胞弟司马岳接班，尽管司马岳是K型，毕竟是20岁的成年人。东晋就这样顺利进入第5任第四世。第5任是娃娃皇帝，司马家族又出了个好太后，K2型的褚太后，一直辅政帮助司马氏渡过接班危机，直到第9任，尽管第5任、6任、7任、8任都扎堆在K象限。第9任的司马曜虽然是孔雀型，但有一定的智慧，却因酗酒怒骂而意外去世，他的英年早逝导致东晋的中兴昙花一现，好似天上的流星。第10任、11任又是K型皇帝，这么多K型皇帝，遇到T型权臣，哪能不败！

百年东晋只传了4世，这在中国百年王朝中是第一家。第8任皇帝是开朝皇帝司马睿的次子，他在53岁以叔祖父的身份篡位接班，对于司马绍来说，东晋帝位在他们两兄弟之间传承，属于两支帝位。11任东晋皇帝中，没有T型皇帝；2位O型皇帝，占比为18%；1位P型皇帝，占比9%；8位K型皇帝，占比73%。K型皇帝的占比，仅次于西晋的80%，是K型皇帝第二多的中国王朝。华夏民族的窝囊和内敛达到了高峰，东晋是华夏民族最没有血性和最黑暗的时代，也是华夏民族最耻辱的时代！那些有血性有胆识的大臣，遇到一大群 K 型皇帝，备受压抑，他们的才华得不到施展，报国的抱负得不到实现。K 型的皇帝，为了稳住权势，一味地忍辱负重和委曲求全，不信任大臣，尽搞一些窝里斗。这个时期的华夏民族，科技、文化、经济和社会发展基本上停滞，原地踏步。

如果把两晋作为一个政权来看，晋朝帝王的性格类型传承路线如下：西晋武帝司马炎（考拉）01—惠帝司马衷（考拉）02—赵王司马伦（老虎）03—怀帝司马炽（考拉）04—愍帝司马邺（考拉）05—东晋元帝司马睿（考拉）06—明帝司马绍（猫头鹰）07—成帝司马严（猫头鹰）08—康帝司马岳（考拉）09—穆帝司马聃（考拉）10—哀帝司马丕（考拉）11—废帝司马奕（考拉）12—简文帝司马昱（考拉）13—孝武帝司马曜（孔雀）14—安帝司马德宗（考拉）15—恭帝司马德文（考拉）16，具体如图 14-6 所示。

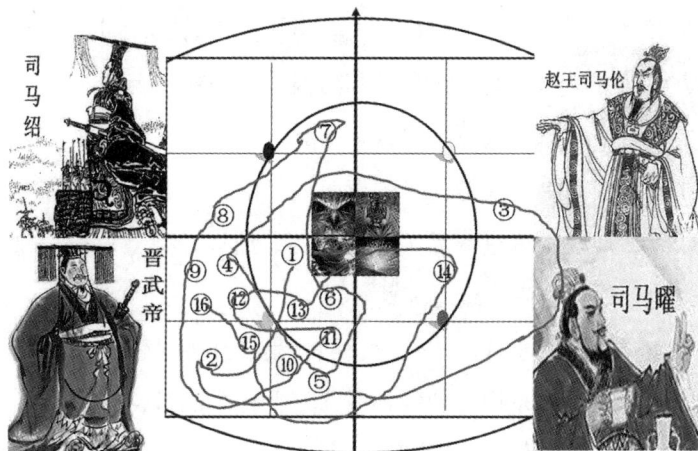

图 14-6　晋朝政权的帝王性格类型移动

整个晋朝的 T 型皇帝太少，T 型的赵王篡位成功，以叔祖父取代侄孙的帝位，这是中国自有皇帝以来的首次，受到司马衷兄弟的讨伐，不仅没有以 T 型的优点去强大或改革晋室，反而以 T 型的缺点掏空了司马懿家族的基业，司马藩王自相残杀，导致五胡乱华。唯一的 P 型皇帝孝武帝，能够给晋朝带来改革，也因孔雀性格的缺点被放大，而导致意外死亡，失去中兴晋朝的机会，加剧了晋朝的灭亡。如果没有东晋二代司马绍发挥 O 型的优点——知人善任，聪明机断，没有东晋三代司马衍和褚太后发挥猫头鹰性格的优点——简朴节俭，理性缜密，让胞弟接班，东晋的国祚不会超过百年。

整个晋朝的 K 型皇帝有 12 位，占 75%，在中国历史上排第一位，远远高于东汉 K 型皇帝的占比（50%），东汉 K 型皇帝多，是因为东汉有 7 个娃娃皇帝，东汉也是个奇特的朝代，14 个皇帝里 7 个娃娃皇帝 2 个少年皇帝，靠 5 个太后（1 个 O 型太后、4 个 T 型太后）执政，没有女人执政，东汉会四世而亡，没有女人执政，东汉哪里会有 195 年的国祚？娃娃皇帝第二的朝代是西汉，竟然也有 5 个娃娃皇帝，不同的是西汉是靠 2 个太后和 1 个以霍光为主的顾命团队来执政渡过危机的。晋朝只有 3 个娃娃皇帝，靠 2 个太后、1 个顾命大臣和 1 个权臣渡过执政危机。晋朝有 9 个不是娃娃的 K 型皇帝，为什么晋朝盛产考拉皇帝呢？

西晋开朝于 K 型皇帝，灭于 K 型皇帝，东晋也是如此。这又是什么原因呢？中国玄学盛行于魏晋时期，以当时的思维解读春秋战国时期的老子、庄子的著作，发展为新的流派，史称新道教，形而上学，以竹林七贤为代表。本书认为，这是司马懿父子造成的，他们引导士大夫们去清谈老庄思想，去宣传无为而治，造成虚君实臣。自东汉以来的门阀政治，在魏晋时期达到了顶峰。清谈之风始于魏废帝曹芳正始年间，何晏、王弼可以说是创始人，他们都是当时贵族名士，影响所及，便成一代风气。《晋书》上所谓"正始之音"也正是指整个魏晋时期的玄谈风气。晋朝 K 型皇帝和 T 型大臣形成了天然组合来执政。晋朝的皇帝，都是文弱书生，而权臣都是武将猛夫。司马衷与杨骏，司马衷与司马伦，司马睿与王敦、司马聃、司马丕、司马奕、司马昱和桓温，司马德宗与桓玄，司马德宗、司马德文与刘裕等。如果大臣是不忠的权臣，要么就引起内斗叛乱，如王敦、苏峻等，要么篡位成功获得禅让，如刘裕。如果大臣是公忠的权臣或能臣，一般会忧愤而死，如祖逖、桓温等。因为 K 型的缺点，是犹豫或过多地关注安全等，所以 K 型皇帝不会放手让 T 型的大臣去建功，去收复失地。萧梁和南宋也是如此。

晋朝帝系主要在司马懿的子孙后代传承，西晋是在开国皇帝司马炎的子孙传承，传承了三世。东晋开国的司马睿，是司马伷的孙子，东晋传了四世，在司马绍和司马昱两兄弟的子孙内传承，司马绍的子孙传了两世四帝，司马昱的子孙传了两世三帝。这种帝王传承和周朝、汉朝、曹魏中早期的帝王传承有差异性，也和唐明清的帝王传承有差异性。后者的帝位传承一般是直系往下传（父死子继），万不得已，以同辈来传承（兄终弟及）。而晋朝出现两次旁系往上传，西晋出现了堂叔祖父继任，东晋也出现堂叔祖父司马昱接位堂侄孙司马奕的帝位，史称帝王接任的乱伦现象。

第三节　桓楚政权的首领性格类型移动轨迹

桓楚的奠基人桓温，是东晋江左八达之一的桓彝之长子。桓彝与晋明帝密谋平定王敦之乱，使家族地位有所上升。桓温未满周岁时，便得到名士温峤的赞赏，故以"温"为名。15 岁的他，枕戈泣血，誓报父仇。他与庾翼交好，相约一同匡济天下。他西伐成汉，灭掉长达 45 年的李氏政权，他在当地举任贤能，援引贤才为己用，治理蜀地。平蜀之战使桓温声名大振，朝廷忌惮不已，担心他日后难以控制，东晋再次内斗升级。

桓公金城从柳悟，志争朝夕振华夏。他北伐中原，光复失地。王导提出"克复神州"

的口号，庾亮、庾翼、褚裒、殷浩都率军北伐，希望能收复故土，均以失败告终。桓温在掌控朝廷内外大权后，便开始他的三次北伐，史称"桓温北伐"。北伐中原，驱逐胡虏，收复国都，饮马黄河，文治武功雄于东晋，一代英雄流芳万年。一伐前秦收复长安。他北伐前秦，兵锋直指霸上，逼得前秦皇帝苻健退守长安内城，遗憾的是东晋朝廷供粮不足而返江陵。二伐姚襄收复洛阳。他进兵河南，在伊水击败羌帅姚襄，收复旧都洛阳，修复皇陵，请求东晋朝廷迁都回洛阳，东晋朝廷不同意，最后因粮供应不足被迫南归荆州。三伐前秦收复河北。他北伐前燕，一直打到枋头，距前燕国都邺城只有两百多里，还收复了淮水以北的广大地区，可惜军粮耗尽，最终以失败告终。三次北伐，均属先胜后败，败在朝廷不是真心支持北伐，不给予后勤军粮保障。他平定袁真家族叛乱，收回寿春。

他在进行北伐的同时，深感朝廷"外难未弭，内弊交兴"，提出著名的《七项事宜疏》：第一，抑制朋党，杜绝因政见不同而相互倾轧。第二，合并、裁撤冗余的官职。第三，重视机要政务，对公文案卷的处理要限制时日。第四，明确长幼之礼，奖励忠实、公正的官吏。第五，褒奖惩罚，应与事实相符。第六，继承、遵守古制，弘扬学业。第七，选派史官，编修晋书。史称桓温疏陈七事。

永嘉南渡，王导采用"侨寄法"解决南下的北方大族的出路，在不影响南方世家大族利益的前提下，在南方世族薄弱的地方，设立侨州、侨郡、侨县。桓温受命主持土断，史称"庚戌土断"。撤销侨置郡县与侨籍，通过清查户口让侨民入当地户籍，同时担负课税与徭役，以稳定国家税收。这大大提高了东晋的经济与军事实力，为太和四年的伐燕之战及后来的淝水之战的胜利奠定了物质基础。南朝宋武帝刘裕对庚戌土断非常赞赏："大司马桓温，以民无定本，伤治为深，庚戌土断，以一其业，于时财阜国丰，实由于此。"

在讲究门阀政治的东晋，桓温能够招纳士人、任贤使能，他主要做了五件事：第一，寻访隐逸之士。据《晋书》记载，桓温先后推荐和拜访孟陋、谯秀、瞿硎。第二，辟举寒门士人。车胤的父亲只是一名郡主簿，车胤因学习刻苦，能辨识义理，得到桓温所重，被辟为从事。第三，重用中级士族子弟。习凿齿只是荆楚乡豪出身，却因"博学洽闻，文笔著称"，被桓温辟为从事。第四，敬重高门士族中贤达而有才干的人。谢安是晋代名相，出身谢氏高门，早年隐居不出，桓温数次征召，终于将他请出，加以重用。袁宏、顾恺之等人皆是高门出身，都得到桓温的器重。第五，对新征服地区，从"行阵""亡虏"之内提拔贤良。他平蜀后将成汉旧臣王誓、王瑜、邓定、常璩等人辟为参军。他在镇30年，参佐习凿齿、袁宏、谢安、王坦之、孙盛、孟嘉、王珣、罗友、郗超、伏滔、谢奕、顾恺之、王子猷（王徽之）、谢玄、罗含、范汪、郝隆、车胤、韩康等，皆海内奇士，伏其知人。桓温没有把他们当成私家臣子，而是为国培养、任用贤能人才，桓氏家族利益服从于国家利益。这为后来东晋取得淝水之战奠定了人才基础。这和司马懿父子把人才私有化有着本质的区别。

桓温在晚年，期待晋皇室能主动封他为王，但未能如愿。其实，如果他采取司马昭的做法，晋升为王是不成问题的，可惜他因为有道德底线，没有这样做，这是难能可贵的。入峡之叹，忠孝两难全，最终选择为忠臣，没有篡夺东晋帝位。他曾叹曰："既为忠臣，不得为孝子，如何？"《晋书》记载，桓温卧对亲僚曰："为尔寂寂，将为文景所笑。众莫敢对。"（桓温）既而抚枕起曰："既不能流芳后世，不足复遗臭万载邪！"这是欲望升级和恪守底线的纠结。本书认为，桓温在纠结在思考：司马师、司马昭的行为是流芳还是遗臭？我桓温选择流芳还是遗臭？不要为这个选择犹豫了，也许这个犹豫会被司马师、司马昭笑话。是流芳还是遗臭，这个两难的选择，伴随着桓温的整个晚年。

割据荆州的大司马桓温，当时已是东晋第一人，只需像司马懿父子一样，狠下心来大开杀戒，皇位即能唾手可得。可他只是清除了几个异己，再也没有大动干戈。最后，他没有学习司马师、司马昭兄弟的做法，而是果敢地选择了流芳。这也说明，在他的价值观里，认为司马师、司马昭之流是遗臭万年的。他一生都坚守着一条底线：不是所有的功业，都需要屠刀来开路；不是所有的人情，都必须用利益来维系；不是所有的成功，都要靠践踏底线来完成。

可惜的是，因为他的幼子桓玄代晋建楚，不少史学家就不假思索地认为桓温有不臣之心。本书认为，这种评价不客观。桓温废帝，不排除是司马昱和桓温妥协的产物，不能把东晋废帝只归于桓温所为。桓温是不是忠臣，要看他有没有用阴谋或武力晋升王位，以及他去世后如何安排他的后事。从这两点来看，本书认为桓温是东晋的忠臣。

桓温在姑孰病逝，终年62岁，他死后，并没有将桓氏基业留给自己的儿子，只遗留南郡公爵位让其幼子桓玄（5岁）袭封，将兵权交付一直主张对朝廷恭守臣节的弟弟桓冲。桓温长子桓熙不服，遂与叔父桓秘、弟弟桓济谋杀桓冲，结果被桓冲发觉，都被流放长沙。虽桓氏与陈郡谢氏有所冲突，但桓冲仍以国家为重，牺牲宗族利益，将原本桓温时取得的扬州刺史职位让给谢安，自愿出镇外地。10年之后，正是镇守荆州的桓冲率领桓温一生经营的西府军，跟代表中枢的谢氏北府军精诚合作，打赢了实力悬殊的淝水之战，令如庞然大物一般的苻氏秦国土崩瓦解。温峤评他云："此儿有奇骨。真英物也！"庾翼评他云："桓温有英雄之才，愿陛下勿以常人遇之，常婿畜之，宜委以方召之任，必有弘济艰难之勋。"何充评他云："桓温英略过人，有文武识度，西夏之任，无出温者。"苏辙评他云："自江南建国，惟桓温东讨慕容，西征苻健，兵锋所及，敌人震动。"本书认为，桓温的性格类型是T2型。从不掩饰的欲望，敢作敢为的魄力，敬畏生命的底线，天然流露的性情，才是一个男人最醇厚的魅力。这就是东晋的桓温！

桓楚政权的开国皇帝是楚武悼帝桓玄，东晋大司马桓温之幼子，曹魏大司农桓范（司马懿发动高陵政变，杀桓范等人）五世孙，东汉太常、五更桓荣十世孙，春秋齐桓公后裔。在位半年，国祚最短，以致不被传统史学家认可。东晋一直未能任用功勋二代的桓玄，直到 23 岁时，桓玄才被任命为太子洗马。后因受猜忌和打压，他回到其封地南郡。他响应王恭，反对宰相司马道子，夺据荆州。司马元显下令讨伐桓玄，桓玄出兵东下，逼近建康，司马元显试图守城但溃败。桓玄入京后，称诏解严，并以自己总掌国事，受命侍中、都督中外诸军事、丞相、录尚书事、扬州牧，领豫州刺史。他以桓伟出任荆州刺史，桓修为徐、兖二州刺史，桓石生为江州刺史，卞范之为丹阳尹，桓谦为尚书左仆射，分派桓氏宗族和亲信出任内外职位。

公元 403 年，桓玄被封为楚王，同年 11 月，桓玄逼晋安帝禅让，封晋安帝为平固王。桓玄代晋称帝成功，建立楚国，史称桓楚。追尊桓温为宣武皇帝，其父桓温学司马师废魏帝，桓玄学司马炎篡帝位，也算是为其五世祖桓范报仇。但和后来的刘裕不一样，桓玄并没有杀司马德宗兄弟。人类世界，出来混，都是要还的，善的混，有的是善的还，有的是不善的还，但最终是善的还。恶的混，那就是更恶的还。

自蔡伦改进造纸术以来，纸张虽然被不断推广和使用，但国家政令仍采用简牍。桓玄登基后，颁布改简为纸的命令，纸张由此完全代替简牍，成为朝廷公文的书写载体，史称改简牍为纸。各家门阀希望他能够在上位后继续维持门阀政治及其背后的经济利益，但桓玄性格急躁，没能协调好各家门阀的政治均势，门阀世家不满，百姓也疲惫困苦，民心思变。北府旧将刘裕、何无忌与刘毅等人于是乘时举义兵讨伐桓玄。桓玄兵败被杀，享年36 岁，堂弟桓谦为桓玄举哀，上谥号为武悼皇帝，史称桓楚武悼帝。

他从称帝到兵败出逃，共经 80 天；从称帝到被杀，前后不到半年。他死后，堂兄桓谦、桓石绥等人仍坚持抗争达五六年之久，直至公元 410 年才宣告全部失败，桓氏家族彻底覆灭。

笔者认为，桓玄是 P1 型。遗憾的是楚国仅持续一年不到的时间就灭亡了，也是个短命王朝。虽然桓玄和西楚朝的项羽性格不同，后者是 T3 型，但他们有共同之处：他们都是功勋二代，都是篡一代，创立的皇朝也都是一世而亡。真可谓：创也一代，亡也一代。他们所创立的基业，时间都非常短暂，原因何在？他们的胜利都是偶然因素，一是有前辈的铺垫，二是对手不够强大。更为要命的是，他们的成功都是因个人英雄主义。在创业过程中，没有吸引或任用和自己性格、能力不同的核心人杰组成符合黄氏 TOPK、VCAT 的创业班子。打天下和坐天下，会有很大的不同。打是一时性，百姓可以忍受，而坐是长久性，百姓希望安居。相同性格、相同能力的人，在一起打天下，执行力很强，对手不够强大，很容易取胜。在坐天下的时候，这样的创业班子就会呈现出弊端，因为坐天下，高效的执行力让位于卓越的平衡力。门阀贵族之间的相互制衡，一旦有哪一家掌握军政大权的门阀有独大成为下一代皇权的苗头，就会被其他家族联手扼制，这是祖逖获援稀少、王敦篡权受阻、桓温北伐失败、谢安功成身退、桓玄称帝失败的共同原因。如果要称帝成功，必须有一个励精图治的创业班子，这个班子里要有能力卓越的考拉性格的成员来平衡各方势力，并让百姓受益。

桓玄篡位成功，但是守位没有成功，这和他的根基不稳不深也有很大的关系。他和司马炎的篡位成功有所不同。司马炎家族的江山是偷来的，是背叛信任他的主人得来的，司马炎的祖父司马懿是曹叡生前委任的托孤大臣。虽然桓玄是桓温的儿子，属于功勋二代，但桓温并没有把基业传给桓玄，而是给了桓冲，桓冲更加忠于朝廷，弘扬了忠的品质，他以国家为重，牺牲宗族利益，将原本桓温时取得的扬州刺史职位让给谢安，自愿出镇外地，后与谢氏于东西两边协力防御前秦的进攻，助东晋于淝水之战中获胜。桓玄的崛起，完全是自力更生、自强不息的结晶。虽然有其父桓温的余恩所泽，但和司马炎家族历经三任的经营而不中断有本质的差异，后者的篡位是水到渠成的。而桓玄的成功是桓氏事业的中断后从低谷快速崛起，桓氏基业大起大落，而司马氏基业节节高，然后盛极而衰，借助牛氏而苟且偷生，残喘延祚。

第十五章
南北朝帝王性格类型移动轨迹

第一节 南朝刘宋的帝王性格类型探究

南朝刘宋是刘裕创建的，史称刘宋。传4世9帝，享国59年，如图15-1所示。刘宋在文化上涌现了一批影响深远的大家，如谢灵运、裴松之、范晔、祖冲之等，建康文学史论在此时期发展到巅峰，《世说新语》《后汉书》《三国志注》等名著均诞生于这一时期，对后世影响深远。

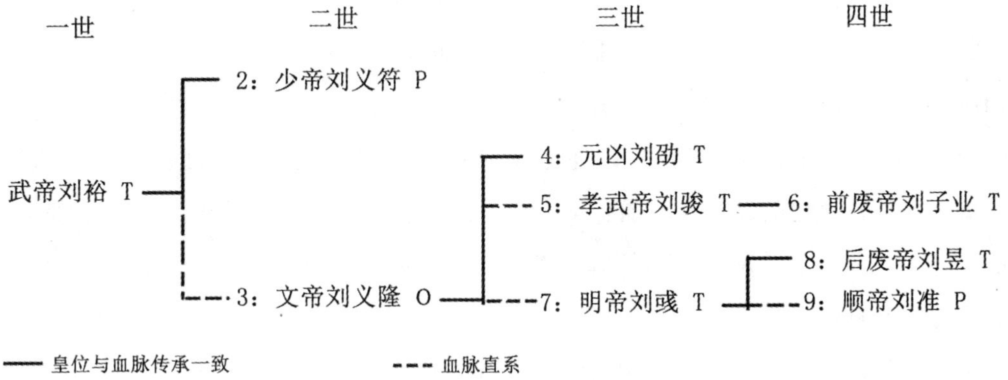

图 15-1 南朝刘宋皇朝的世系和帝位传承

第1任宋武帝刘裕，郡功曹刘翘之子，在位2年，享年60岁。刘裕58岁篡位开国成功。他是从草根到皇帝、从农民（寒门子弟）到开国帝王的大英雄。他家境贫苦，母亲在分娩后患病去世，父亲刘翘无力抚养，请乳母给刘裕哺乳，一度打算抛弃他，只因刘怀敬之母伸出援手养育他，他才得以活下来。他以耕地为业，兼做樵夫、渔夫及卖履小贩。

他投戎建功，加入孙无终的部队，作战勇敢，屡立战功，当了孙无终麾下的一名司马，成为北府军的一位下级军官。他不仅作战勇猛，披坚执锐，冲锋陷阵，且指挥有方，富有智谋，善于以少胜多，受刘牢之重用。40岁的刘裕治军整肃，法纪严明，大得民心，在东晋末期的乱世中趁势崛起。他匡辅晋室，席卷番禺，征讨刘毅，杀诸葛长民，西征巴蜀，尽吞荆扬，再次统一了中国南方。两次北伐中原，先后灭南燕、后秦，夺取了淮北、山东、关中等北方失地，光复洛阳、长安两都。他亲自率军先后平定孙恩、桓玄、刘毅、卢循、谯纵、司马休之（司马懿之弟司马进的后裔）等势力。自潼关以东、黄河以南直至青州已入东晋末年版图，江淮流域得到保障，这是祖逖、桓温、谢安经营百年所未能达到的。

他凭借着巨大的军功，总揽东晋军政大权，55岁的他被封为相国、宋公。他指派王韶之缢杀晋安帝，进爵宋王。鸠占鹊巢20年，他逼晋恭帝禅让，建立刘宋皇朝。不久，他派人用棉被闷死了司马德文。司马德文是刘裕的亲家，皇太子刘义符是司马德文的女婿，司马德文的女儿是皇太妃，在这种情况下，刘裕还要杀死司马德文，于情于理是说不过的。他杀过的皇帝足足有6位：桓楚的桓玄、南燕的慕容超、西蜀的谯纵、后秦的姚泓、东晋司马德宗和司马德文。在他面前，不管是拼死抵抗、投降还是禅让，都免不了一死。他是中国历史上自从有皇帝以来，第二个诛杀前朝皇帝的帝王，第一个杀死禅让皇帝的帝王，首开杀害逊帝的恶例。与项羽诛杀秦末帝子婴不同，项羽开诛杀投降的前朝帝王的先河，因为嬴子婴是主动投降的帝王。刘裕的野蛮行为，很快被后人所学，致使自己的子孙也遭到萧齐的野蛮杀戮。

主政期间，刘裕吸取前朝士族豪强挟主专横的教训，大力推行改革，集权中央，抑制豪强兼并，实施土断[1]，整顿吏治，重用寒士，举善旌贤，振兴教育，亲自听讼，并多次遣使访民间疾苦，轻徭薄赋，废除苛法，改善政治和社会状况，终结了门阀专政的时代，奠定了南朝"寒人掌机要"的政治格局。他派兵南征林邑国，使其全境归附。他对江南经济的发展、对华夏文化的保护与发扬有重大贡献，开创了江左六朝疆域最辽阔的时期，为"元嘉之治"打下坚实的基础。他有"南朝第一帝"之称，是中国历史上最能亲自上阵打仗而晋级为皇帝的杰出代表。

辛弃疾赞他："斜阳草树，寻常巷陌，人道寄奴曾住。想当年，金戈铁马，气吞万里如虎。"明朝王夫之认为，他是汉以后、唐以前的历史中一位非常有作为的皇帝。李贽则直接以"定乱代兴之君"赞誉他。梁启超赞他："稍足为历史之光者，一曰赵武灵，二曰秦始，三曰汉武，四曰宋武，如斯而已！如斯而已！"鲁迅说他是南朝唯一值得肯定的君主。田余庆将他视为门阀政治的掘墓人，认为门阀政治终结于刘裕之手。刘裕篡位代晋之后，门阀士族虽然仍然存在，但已无法成为决定性的政治力量。李延寿在《南史》云："（刘裕）龙行虎步，视瞻不凡。"

本书认为，威武明断的刘裕是T2型。人之崛起，本质关键是有伯乐助之。他在布衣寒门之时，得到王导之孙王谧的赏识，王谧赞其曰："卿当为一代英雄。"这句话对处在人生低谷时期的刘裕，价值连城，激励巨大，让他在贫寒之时树立了远大志向。自古兴盛皆因猛将如林，良臣如云，志同道合，核心搭档。他的成功，和大多数成功的帝王一样，武

---

[1] 指为解决侨置问题而推行的整理户籍及调整地方行政区划的政策，即将侨寓户口编入所在郡县。

有檀道济、王镇恶、沈田子等，文有刘穆之、徐羡之、傅亮等。刘裕的好搭档班子符合黄氏TOPK原则：T型的刘裕、檀道济等，O型的徐羡之等，P型的傅亮等，K型的刘穆之等。

刘裕的好搭档是刘穆之，刘穆之是K2型，他帮助刘裕重建秩序，出谋划策，内端谋猷，外勤庶政，是刘裕北伐的后勤管家。傅亮也是他的好搭档。他曾举办一次宴会，邀请自己属下都来喝酒。席间他说：我征战一生，为朝廷平定叛乱，现在年龄大了，我想退休了。他这帮部下都称赞刘裕高风亮节，认为他的功绩无人能比，是王朝有功之臣，即使退休也可以载入史册。傅亮在宴会结束回家的路上，一直仔细琢磨着刘裕的话，越想越感觉不对劲。因为傅亮在他手下主要负责表策文诰，也就是相当于军队的文书起草工作。他认为刘裕大权在握，为朝廷做了那么多事，怎么此时说退就退呢？傅亮不得其解，当他快到家时，突然意识到，刘裕所说的"退休"话里有话，他并不是真心想退，而是试探他们这些人，刘裕的真实想法是：想当皇帝！想到这里，傅亮又返回刘裕住处，告诉侍卫他想见刘裕。刘裕听说傅亮来见，连忙把他迎进住处。傅亮也不客气，直接对刘裕说：我现在就想进京城。聪明人一个眼神就明白，况且还说了一句话。刘裕当时就明白了，问傅亮：带多少人？傅亮：只带几十人！随后傅亮进京，他逼着晋恭帝下诏把刘裕召回京城，并与刘裕策划逼晋恭帝举行了禅让大典。傅亮起草了退位诏书，逼晋恭帝签字盖印，刘裕正式成为皇帝。傅亮从此成为刘裕最为信赖的大臣。刘裕的成功，和他的两位兄弟鼎力相助也是分不开的，在刘裕造宋的过程中，刘道怜（O1型）征战前线，保障后方，佐兄建宋后，被刘裕封为长沙王，与刘裕同年去世。刘道观（T3型）是刘裕推翻桓楚朝、平定卢循之乱的主力干将，攻灭桓玄，收复江陵，镇守荆州，壮年去世后，被刘裕追封为临川王。

刘裕在病逝前，遗命徐羡之（O型，和刘裕是好友）、傅亮（P型，与刘裕是好友）、谢晦（T型，由刘穆之推荐而跟随刘裕，谢安之孙）及檀道济（T型，早年跟随刘裕，为刘裕的猛将，当过刘义符的司马）为顾命大臣，辅助太子刘义符。与其他托孤大臣内部窝里斗不同，这四个顾命大臣相互之间的信任度很高，他们团结一致，分工合作，共掌朝政，属于同气一类。可惜的是，他们开了个先河——同心合力废掉所托的新皇。这表明刘裕没能读懂托孤的历史故事，只考虑到了形，即四人辅佐，两文两武，没有考虑其神，即公忠第一，性格互补，既符合VCAT原则，也符合TOPK原则。刘裕的托孤大臣里，没有调和的考拉型。汉武帝的托孤成功，霍光就是公忠第一，是善于协调的严正能臣，霍光虽然是O型，但霍光的亚性格是K型，即有耐心的猫头鹰。

第2任宋少帝刘义符，刘裕的嫡长子，在位2年，享年19岁。43岁时刘裕喜得长子刘义符。刘义符15岁时，被立为皇太子，接受了2年的太子教育。刘义符的正妻为晋恭帝的女儿司马茂英，他的亲生母为张阙，在刘裕时期，为刘裕夫人；在刘义符时期，尊为皇太后。

刘裕在病危前，召太子刘义符，诫之曰："檀道济虽有干略，而无远志，非如兄韶有难御之气也。徐羡之、傅亮当无异图。谢晦数从征伐，颇识机变，若有同异，必此人也。小却，可以会稽、江州处之。"刘裕的遗嘱，属于画蛇添足，让刘义符放松了警惕，四个顾命大臣后来同心合力废掉刘义符，表明刘裕识人欠缺。刘裕在临终前，把四位顾命大臣召至病榻前，恳请他们念在君臣相知多年的份上，一定要尽心竭力地辅佐刘义符。徐羡之等人听后哽咽落泪，发誓将永远效忠新皇刘义符，刘裕听后甚是欣慰。

17岁的刘义符接班不久，其亲叔太尉长沙王刘道怜去世，朝政由司空徐羡之、中书监尚书令傅亮和中书令谢晦等人主持。按常理来说，17岁的刘义符完全可以亲政，事实上也是亲政，但因为他坚持为父皇守孝三年，很多政事就委托给四位顾命大臣。君臣互不信任，徐羡之等四位托孤大臣有组织地谋废刘义符。（徐羡之等人以太后的名义处死庐陵王刘义真（刘裕次子）于新安。）同年5月，徐、傅、谢三人在取得另一位托孤大臣檀道济的同意后，以皇太后的名义，由檀道济"领兵居前"，闯入刘义符的寝宫，发动政变废黜刘义符为营阳王，将其幽禁并派人杀害。7月，迎立刘裕第三子刘义隆为帝。宋少帝刘义符是历史上首个惨遭顾命大臣废杀的皇帝。托孤顾命之大义，重于泰山，是先帝的最大信任，是人臣的最大光荣，是来辅佐和匡正新帝的，而不是行使废立的。本书认为，刘裕的托孤是失败的。刘裕所信任的四位托孤大臣，辅政仅两年，不以托孤为使命，却谋废立之事，杀先帝二子。先诛杀宗亲王刘义真，废杀少帝刘义符，开启了托孤大臣废杀皇帝之先河。这和霍光的废立汉皇有本质的差异，霍光立废刘贺，没有行使杀戮，只是废刘贺为庶人，令刘贺回到故地昌邑，赐其汤沐邑两千户。昌邑王国被废除，降为山阳郡。徐、傅、谢、檀四位大臣都是刘裕的心腹好友，他们都参与了刘裕篡帝位的过程，经历了刘裕废立晋帝之事，他们对皇帝没有敬畏感，只要不符合他们的利益，他们就用权行事。刘宋皇朝，因为托孤不妥，出现了二代危机。史学家认为刘义符贪玩，玩掉了江山，玩掉了自己。本书认为，事情没这么简单。史书记载刘义符有勇力、善骑射、解音律。在汉朝15岁就可以亲政，19岁的刘义符不会不亲政。本书认为他是P1型。

第3任宋文帝刘义隆，刘裕之三子，刘义符的异母弟。在位30年，享年47岁。其生母胡道安，为刘裕的妾，生育刘义隆两年后，被刘裕所责杀，刘裕登基后，追赠婕妤，刘义隆即位后，追赠生母胡氏为章皇太后。他继续实行刘裕的治国方略，在"义熙土断"的基础上清查户籍，免除"通租宿债"，实行劝学、兴农、招贤等一系列措施，积极休养生息，社会生产有所发展，经济文化日趋繁荣，史称"元嘉之治"。"元嘉文学"更是中国文学史上值得大书特书的时代，有谢灵运、刘义庆、鲍照、陶渊明等群星照耀；武将赫赫，如檀道济、沈庆之、宗悫等辈，横槊跃马，四击不辍。

刘义隆14岁时，博涉经史，善隶书。17岁时被徐羡之等大臣迎立为帝，他委任谢晦为镇北将军，徐羡之为司徒，王弘为司空，傅亮为左光禄大夫，檀道济为征北将军，异母弟刘义康晋升为骠骑将军，异母弟刘义恭为江夏王，异母弟刘义宣为竟陵王，异母弟刘义季为衡阳王。徐羡之、傅亮居中辅政，谢晦则率原领军府所统精兵出镇荆州，檀道济继续领北府军出镇广陵。刘义隆最初隐忍不发，一面用其原荆州僚属王华（王导的曾孙，王谧的堂弟，T型）为侍中，到彦之（O型）为中领军，王昙首（王导之曾孙，K型，其名言：不因国难而获益）领右卫将军，以分徐羡之、傅亮的权势，成功笼络并得到檀道济的支持，先后诛杀迎立他为帝的三位大臣徐羡之、傅亮和谢晦，他亲自督领檀道济、到彦之、刘粹率军西进，将军政大权收归己有，史称元嘉剪除权臣。

王弘让出司徒、录尚书事之职，刘义隆命四弟刘义康（O型）担任。王弘去世后，刘义康执掌政事。刘义康在刘义隆的同意下，诛杀檀道济及其8个儿子，檀道济被族灭，史称刘义隆自废长城。他在公元430年、450年和452年三度出师北伐，但都无功而返。特别是第二次北伐失败，导致北魏长驱直入、直抵瓜步、饮马长江，造成刘宋江北地区急剧萧条、六州残破。刘义康自傲率性，引发主相之争。刘义康不顾君臣礼仪，广聚党羽，引发猜忌，党羽受到清洗，出任江州刺史。徐湛之告发范晔、孔熙先阴谋拥立刘义康为帝，坐罪废为庶人，迁往安成郡安置。北魏大举南侵，攻至瓜步。刘义隆担心有人推举刘义康为帝，遂派人将其暗杀，以侯爵之礼葬于安成郡。刘宋皇朝从此开启刘氏宗室兄弟手足相残的内斗模式。

刘义隆在巫蛊事件上优柔寡断，处理不当，引发了刘宋皇朝的祸端。皇太子刘劭和异母弟刘濬（刘义隆的次子）经常一起干坏事，生怕父皇知道，唆使严道育对刘义隆施以巫蛊，刘义隆获知后，因刘骏和刘濬两人诚恳道歉，就原谅了他们，但得知他们依然私藏严道育，愤怒至极，没想到刘劭对自己的怨念竟如此之深，逐渐动了废立之心。那废了刘劭后，该立谁呢？他心里有刘铄（刘义隆的四子，P型）和刘宏（刘义隆的七子，O型）两个人选。犹豫不决之下，他找来侍中王僧绰、尚书仆射徐湛之和吏部尚书江湛等人商议。刘铄是江湛的妹夫，江湛理所当然支持刘铄，徐湛之提出新人选：他的女婿刘诞（刘义隆的六子，T型）。从两个人选到三个人选，刘义隆更加犹豫不决。王僧绰看不下去了，劝说道：立储之事，陛下应该乾纲独断，不可大张旗鼓地讨论，一旦弄得众人皆知，恐怕会生出事端。刘义隆道：你说得虽然有道理，但立太子事关重大，不可不慎。刘义康刚死没多久，朕担心天下人都说朕没有慈爱之道。原来，他不只在犹豫立谁，还在犹豫要不要废刘劭。王僧绰直言不讳道：臣恐怕千载之后，天下人都在议论陛下只能制裁自己的弟弟，而不能约束自己的儿子。刘义隆沉默不语，一连多日都不能做出决断。他更将此事告诉了刘濬生母潘淑妃，潘淑妃吓得赶紧告诉儿子刘濬，皇太子刘劭再从刘濬口中得知此事，遂决定发动政变，刘义隆为刘劭的心腹张超之所弑。

他是中国历史上第一位被太子发动政变并被太子心腹弑杀的皇帝。他因亲情犹豫不决，因亲情而机密泄露，他表现出了考拉不果决的缺点，表现出猫头鹰深度研究的缺点，最后因为优柔寡断导致其身亡。本书认为，他是O4型。

第4任刘劭（刘休远），刘义隆之长子，在位72天，享年30岁。6岁时被立为皇太子，在太子位20余年，深受文帝宠爱。后因反对北伐，与文帝产生矛盾，在女巫严道育的唆使下私行巫蛊之术，使得文帝有了废立太子之意。他与刘濬合谋，抢先发动宫廷政变，率东宫卫队闯宫弑父，首开太子弑父皇而接班的恶例。弑父使刘劭大错特错，此时，他没有悔恨羞耻之心，反而更加狂妄急躁，父亲意外去世，皇太子即位是正常的事，他却急迫挟持太尉刘义恭、尚书令何尚之等重臣，威逼他们拥戴自己为帝，并不遵循老规矩过完一年才改号，立即改年号。他将弑帝罪名嫁祸给徐湛之、江湛，自称起兵诛奸贼。他即位后，便称病躲到永福省，轻易不肯出来，连刘义隆的入殓仪式他都以病重为由没有参加。直到大殓结束，他才穿上丧服来到太极前殿，在父皇灵前痛哭流涕，表现得哀恸至极。

刘劭见京中局势逐渐稳定，便诛杀徐湛之、江湛及其党羽，包括荀赤松、臧凝之等，并大肆封赏亲信。他以刘义恭为太保，刘义宣为太尉，刘浚为骠骑将军。他逐一拜访公卿大臣，询问治国之道，遣使巡视四方，国内局势很快稳定。不久，他自傲自负，继续诛杀不同政见者，如王僧绰、长沙王刘瑾、刘瑾的弟弟刘楷、临川王刘烨、桂阳侯刘觊、新渝侯刘球等旧怨；又因三弟刘骏手握重兵，对其非常忌惮。他密谋致信沈庆之，让沈庆之杀死刘骏，夺其兵权。但沈庆之根本无意帮助刘劭。他求见刘骏，将刘劭的密信呈上。刘骏误以为沈庆之要杀死自己，哭着请求在死前能与母亲诀别。沈庆之向刘骏表明心迹，表示要"辅顺讨逆"。刘劭的愚蠢做法逼反三弟刘骏，当刘劭得知三弟刘骏为父报仇讨伐自己时，虽有应对措施，迅速调度，但没有能臣忠良辅佐，应对措施失误越来越多，错失战机。比如，将诸王大臣悉数迁到建康城内，将刘义恭软禁在尚书下省，对他们严加防范，以防止叛逃。他虽然善于重赏激励将士，将士皆为他竭力死战，关键时刻，萧斌故吏庞秀之率先叛向刘骏，人心开始恐惧。新亭之战，刘劭亲自督军，将士士气大振，即将取得战争胜利时，鲁秀却收兵而止，刘骏的大将柳元景抓住机会反败为胜。又一个关键时刻，褚湛之带两个儿子和檀和之共同南逃，归顺刘骏；刘劭的自信心大降，猜疑心顿起，极其不信任宗室，致使刘义恭叛逃，这个时候，刘劭更为恼怒，失去理智，将刘义恭的12个儿子全部处死，引发众叛亲离，最终刘劭失败，刘劭、刘濬兄弟及其党羽和家属全部被刘骏诛杀。

刘劭在位仅3个月不到，便在其弟刘骏的讨伐下兵败被杀。刘劭是中国历史上第一位通过弑父手段夺取皇位的皇帝，其弑逆之举受到当时及后世的一致贬斥。刘宋皇朝及后来的史学家均不承认他是南朝宋的正统皇帝。沈约在《宋书》说，刘劭好读史传，尤爱弓马。

本书认为，刘劭是 T3 型。

第 5 任宋孝武帝刘骏（刘休龙），武帝刘裕之孙，文帝刘义隆之三子，刘劭之异母弟，在位 12 年，享年 35 岁。15 岁的刘骏被父皇刘义隆任命为雍州刺史，担任伐蛮总指挥，自东晋偏安江东后，他是第一位出镇襄阳的皇室成员，在沈庆之、朱修之、柳元景、宗悫等将领的辅助下，他组建了一支实力强大的荆雍兵，雍州全境民富州强。在父皇发动的北伐战争中，第一次北伐，刘骏先胜后败，第二次北伐，坚守彭城获得成功；力拒北魏，锻炼了他的军事才干。之后，统军讨伐叛乱的蛮族，获得胜利。他的部下董元嗣从建康返回，将太子刘劭弑杀父皇的消息告知刘骏，刘骏决定武力征伐弑父的大哥皇帝刘劭，这一年四月，在沈庆之、柳元景、宗悫、刘秀之、朱修之等诸将的劝进下，他在新亭称帝。

他登基后，给刘义恭、刘义宣、刘诞、刘宏、刘祎等人进号加爵，以安抚皇族宗室；任命刘秀之、朱修之、垣护之、申恬、庞秀之等颇有治绩的大臣出任益、雍、兖等各边州刺史，以稳定边州地方局势；派遣大使 15 人巡视地方各州郡，了解地方民情，消除刘劭对地方的影响，加强对地方军政的控制。暂不改元（次年才改元），仍使用父皇刘义隆的“元嘉”年号。他削藩平乱，并进行孝武改革：以中书舍人戴法兴、巢尚之、徐爰等人处理中枢机要事务，形成后代所谓“寒人掌机要”的政治局面，刘骏的集权化改革被史书称为“主威独运，官置百司，权不外假”。

他重用沈庆之和柳元景，依照两人的功绩，先后提拔其为三公，开启吴兴沈氏与河东柳氏攀升为南朝高门的起始之路，开创南朝寒门寒人以军功升为三公的先例。他提拔袁粲为员外散骑侍郎和侍中，拔擢颜师伯、颜竣、刘秀之为高官重臣，起用卜天生、鲍照、宗越、吴喜等；提拔和重用薛安都、崔道固、垣护之等晚渡北人，邓琬、沈文秀、孔灵符、顾觊之等江南土著。他改变了父皇刘义隆过度偏重侨姓高门的现状，将各种新兴的政治力量整合进政权。

他改革官制，设置二吏部尚书，取消五兵尚书，将对官员的铨选大权彻底收归皇帝手中。他创立御史中丞专道制度，提高御史监察的地位，加强对吏治的整顿。他以颜师伯为青州刺史，重用殷孝祖、卜天生等将领，击溃魏军，取得了宋魏第一次青州之战的胜利，收复了济水以北的失地。他进行军制改革，以沈庆之、柳元景、宗悫分掌领军将军、左卫将军、右卫将军，组建新的中央禁军。他创新政区，通过改置州镇的办法提高地方管理；他创立典签制，加强对出镇宗室和地方的管理。实行王畿制度与分割监察地方州镇的政策，在制度与实际两个层面建立以一个中央王畿为核心、控御四方的国家形态。他设立台传机构，加强中央财政，开南朝台传机构和台传御史监察地方财政之先河。他关心刑律审讯和整顿，多次亲自听讼，亲自督察案件审理。他是南北朝为数不多的热衷于刑律整顿和法制改革的帝王，并以皇帝的诏令，正式确立了最早的死刑复核制度。创新民爵，每三年颁发一次。

他在位期间，除平定早年叛乱的刘义宣外，先后诛杀了南平王刘铄和武昌王刘浑，平定了竟陵王刘诞、海陵王刘休茂的叛乱。他遗命太宰刘义恭（T型）、尚书令柳元景（T型）、始兴公沈庆之（O型）、尚书中事颜师伯（P型）、领军将军王玄谟（O型）五人担任辅政大臣，辅佐太子刘子业。同时诏令刘义恭和柳元景进入内城居住，朝廷事务，无论大小，全都要奏启二人。国家大事要和始兴公沈庆之商量决定。如果有军务，就全都委托沈庆之处理。尚书府的事务，托付给颜师伯处理。统领外监事务，交给王玄谟处理。刘骏有14位后妃，生前育有28子，精力过度消耗，壮年病逝。

他开创了帝王写民歌的先河。他文章华敏，组织"大明文学诗坛"，打破了士庶门阀界标，占据魏晋南北朝文学史上重要的历史地位。才藻甚美，所作诗文菁华璀璨，著有文集三十五卷。颜之推云："虽天子有才华者，汉武帝、魏太祖、魏文帝、魏明帝、宋孝武，皆负世议。"《南史》记载："少机颖，神明爽发，读书七行俱下，才藻甚美，雄决爱武，长于骑射。"本书认为，他是T2型。

第6任宋前废帝刘子业，刘骏之长子，在位2年，享年17岁。4岁立为太子，接受了11年的太子教育，15岁接班为帝。他即位不久，便恢复"录尚书事"一职，任命刘义恭为太宰、中书监、录尚书事。刘义恭与柳元景、颜师伯控制了尚书省，成为五顾命中的实际掌权者，沈庆之有顾命之名而不能参议大政，王玄谟被排挤出朝廷。戴法兴是刘骏宠臣，久掌机枢，威行内外。他在刘子业即位后控制内廷，操纵"中旨"。刘义恭等人畏于戴法兴的权势，遇事亦不敢违逆，刘子业虽为顾命但仅具虚名，大事多由戴法兴决断。颜师伯专断朝廷事务，事事自作主张，不与同为辅政大臣的沈庆之商量，更对令史说：沈公不过是皇上的爪牙，怎么能参与政治事务呢？沈庆之听说后切齿痛恨。

刘子业欲亲政，先赐死戴法兴，通过分设左右仆射以削弱颜师伯的权力。江夏王刘义恭和柳元景密谋废帝时，颜师伯很快便加入其中。三人遂密谋废黜刘子业，由刘义恭即位为帝。他们谋划多日，但始终犹豫不决。柳元景因沈庆之握有兵权，便将密谋告知沈庆之，希望取得沈庆之的支持。沈庆之一直受到颜师伯的排挤，本就怀恨在心，平时与刘义恭的关系也不甚和睦，遂向刘子业告发他们的废帝密谋。刘子业闻听叔祖刘义恭谋逆，怒不可遏，亲自率羽林军攻入刘义恭的府第，将53岁的刘义恭及其4个儿子全部杀死，并肢解其尸。柳元景、颜师伯亦同时被收捕杀害。朝中内外大权被刘子业悉数收回。刘骏的托孤，就如其祖父刘裕的托孤一样，失败了。刘骏的托孤，五位大臣不团结，三位密谋废帝，没有公忠坚毅之品质。刘骏托孤的人数过多，超过4位，托孤班子的性格不符合TOPK原则。刘子业最大的失误，就是除掉刘义恭、柳元景和颜师伯之后，没有积极善待另外两位没有参与政变的顾命大臣：沈庆之和王玄谟。粗心的刘子业，被叔叔刘彧等人弑杀。李延寿云："（前废）帝少好读书，颇识古事，粗有文才，自造孝武帝诔及杂篇章，往往有辞采。"史学家认为，他是刘宋皇帝里最具嗜血和好色基因的皇帝，是刘宋皇帝里最荒唐凶暴的翘楚。本书认为，他是 T3 型。

第 7 任宋明帝刘彧，刘子业的叔父，刘骏的异母弟，刘义隆的第 11 子，在位 8 年，享年 33 岁。27 岁的刘彧杀皇侄即位，开以叔叔身份弑杀侄子皇帝而登基为帝的先河。主政前期，凭借量少质精的中央军，采取各种积极手段：（1）采用才干名士蔡兴宗的意见；（2）重用吴喜、沈攸之、张永、刘勔、萧道成等武将；（3）放权给诸弟刘休仁等人积极平乱。大家尽心尽力，乐于效命。于是上下一心、兵强将勇，最终平定了侄子刘子勋（孝武帝的三子）"义嘉之难"及方镇叛变，但国力耗损过大，导致北魏侵占山东和淮北地区；为防范诸弟夺取太子刘昱的皇位，接受王道隆与阮佃夫的建议，剪除宗室，大杀立过大功的诸弟，先后诛杀晋平王刘休祐、建安王刘休仁、巴陵王刘休若。只有刘休范人才凡弱而幸存。王道隆与阮佃夫掌权后擅用威权、官以贿成，富逾公室。他同时杀害可能会不利于太子的重臣，如功臣武将寿寂之、吴喜与高门名士王景文（皇后王贞风之兄，刘彧的大舅子），导致刘宋朝走向衰败的不归路，武将萧道成趁势崛起。

他在病逝前下遗诏命蔡兴宗（O 型）、袁粲（O 型）、褚渊（宋文帝女婿，O 型）、刘勔（T 型）、沈攸之（T 型）五人为托孤顾命大臣，分别掌控内外重区，另外命令萧道成为卫尉，参掌机要。刘彧的遗诏虽任命袁粲、褚渊在中央秉政，但实际上接受刘彧秘密遗命，就近辅佐新帝刘昱，掌控宫中内外大权的人物，是刘彧最亲信的侧近权幸王道隆（K 型）与阮佃夫（T 型）。刘休范作为宗戚之首（皇帝唯一健在的叔父，现存宗室中辈分最高者）没有被刘彧委任为顾命大臣，是刘彧托孤的极大失策。因为当时，刘氏皇室宗亲力量已经很薄弱了。刘彧的托孤不如大哥刘骏，也不如祖父刘裕。本书认为，他是 T4 型。

第 8 任宋后废帝刘昱，刘彧之长子，在位共 5 年，享年 14 岁。4 岁立为皇太子，9 岁继位，是刘宋的第一位娃娃皇帝。他接班的第四个月，顾命大臣蔡兴宗去世。桂阳王刘休范（文帝刘义隆的第 18 子）以"清君侧"为名举兵进犯京师建康，声势震动朝野内外。顾命大臣刘勔和权臣王道隆先后战死，萧道成因平乱获胜而崛起，他与掌控内庭的权臣阮佃夫交好，权势日隆。萧道成升任尚书左仆射，与袁粲、褚渊、刘秉（刘裕之侄孙，O 型）号称"四贵"。建平王刘景素（文帝刘义隆之孙）被迫于京口举兵叛乱，在萧道成的督战之下，刘景素败亡，刘宋直系年长宗室力量彻底凋亡。宠臣阮佃夫密谋废帝，被刘昱挫败并诛杀。同年，袁粲、褚渊开秘密会议，想和他们联手发动政变废黜刘昱。但袁粲觉得刘昱只是年幼不懂事，将来有改正的可能，所以反对废立。最终，刘昱被萧道成的心腹王敬则弑杀。《宋书》和《南史》等史书认为刘昱狂悖残暴，连皇太后、皇太妃都管教不了，肆无忌惮，骄横无比。本书认为，他是 T3 型。

第9任宋顺帝刘准，刘昱的异母弟，刘彧的三子，刘义隆之孙，在位3年，享年13岁。9岁的刘准在萧道成等人的拥立下即位，是刘宋的第二个娃娃皇帝。袁粲、刘秉因为忠于刘氏，加上平素跟萧道成关系不睦，便联合荆州刺史沈攸之、前湘州刺史王蕴及禁军将领黄回等人，密谋里应外合，诛除萧道成以挽救宋室。按照计划，刘秉等人应于指定时间到石头城与袁粲会合，然后呼应由外地举兵而来的沈攸之等人。然而刘秉因为胆小怯懦，竟然提前率领家眷等逃到石头城，使计划泄露。萧道成闻讯后，迅速派大将戴僧静、薛渊等人进攻石头城，一战便击杀袁粲，随即又捕杀逃亡的刘秉。在杀害袁粲、刘秉后，萧道成集中精力对付沈攸之等人，最终将他们也全部镇压下去。铲除两大辅臣及沈攸之（屈己度国难）等人后，萧道成彻底压制住国内的局势，由于另一位辅臣褚渊（不帮亲家刘，却助贰臣萧）早就对萧道成采取合作态度，所以萧道成通往皇位之路变得毫无阻碍。在这种情况下，萧道成"趁热打铁"，在局面刚刚稳定之际，便急吼吼地胁迫刘准进拜他为相国，封齐公、齐王，赐九锡。虽然刘准名义上是皇帝，但是权力都已被萧道成掌握。

萧道成的心腹大将王敬则率军入宫，逼迫刘准退位，禅帝位于萧道成，被萧道成封为汝阴王。后刘准被杀于丹阳宫，他留下千古名言：愿生生世世，再不生帝王家。亡国之君的下场大都很凄惨，不是被杀便是受辱，很少有得善终者。从宋武帝刘裕开始，新朝开国之君开始杀害旧朝的亡国之君，并在后世形成惯例。然而刘裕却没想到，天下没有不亡的国，他如此狠毒地对待前朝，那么等到他的子孙亡国时，自然难免遭遇毒手，而这个"倒霉蛋"，正是他的曾孙刘准。李延寿评他："帝姿貌端华，眉目如画，见者以为神人。"本书认为，他是P1型。

刘宋皇帝的性格类型路线如下：武帝刘裕（老虎型）01—少帝刘义符（孔雀型）02—文帝刘义隆（猫头鹰型）03—元凶刘劭（老虎型）04—孝武帝刘骏（老虎型）05—前废帝刘子业（老虎型）06—明帝刘彧（老虎型）07—后废帝刘昱（老虎型）08—顺帝刘准（孔雀型）09，具体如图15-2所示。

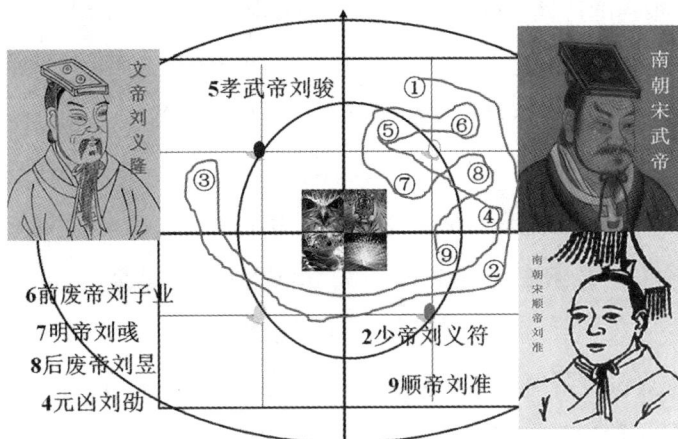

图 15-2 南朝刘宋政权的帝王性格类型移动

刘宋没有 K 型的皇帝，东晋没有 T 型的皇帝，在黄氏 TOPK 性格类型中，东晋和刘宋是两个极端。刘宋的 T 型皇帝有 6 个，占比为 67%，有 2 个 P 型皇帝，其亚性格均为 T 型，刘义符、刘准，均是孔雀性格第一，老虎性格第二。唯独把老虎性格排在第 3 位的是刘义隆，刘义隆是猫头鹰性格第一，考拉性格第二。老虎性格的特质，优点的一面是果敢快速，以事情为第一，追求结果，俗称有血性；缺点的一面是霸道残暴，没有人情味，六亲不认，杀人不眨眼。武将开国的刘宋家族，老虎性格的基因偏多，他们凶狠霸道，残杀暴虐，毫不手软。刘裕一反过去把前朝的废帝都养起来的惯例，开将前朝废帝杀掉的先河。P 型的刘义符被托孤的大臣杀掉了，O 型的刘义隆即位，励精图治，带领刘宋到达鼎盛时期，刘义隆竟被 T 型的皇太子刘劭发动政变所杀，T 型的刘劭又被他的弟弟刘骏处斩。T 型刘骏称帝执政，大开杀戒，杀戮刘宋皇室而病逝。T 型的刘子业虽然顺利接班，虽然在顾命大臣废掉他之前，果敢采取行动诛杀顾命大臣，诛杀宗室骨肉，但不久被其叔叔刘彧弑杀。T 型的刘彧自行接班，他登基后，诛杀刘子业的同母弟等宗室骨肉，引发了以明帝刘彧为首的文帝系诸王和以刘子勋为首的孝武帝系诸王的刘氏王室大内战，明帝刘彧取胜后，诛杀曾经支持他的异母弟刘休范、刘休仁等。刘宋走向了大衰之路。娃娃皇帝刘昱胆大包天，不服皇太后、皇太妃管教，孝武帝有 28 子，明帝杀死了其中的 16 个，剩余的都是由 T 型的后废帝杀死的。血性凶狠的刘宋家族，不把血性杀戮用于对外，去开疆辟土，统一中华，却尽搞骨肉相残，窝里斗，刘宋国势从此衰弱不振。刘宋的末帝是 P 型的娃娃皇帝，没有了强大的皇室团队支持，没有太后辅政，执政团队又是能力很强的野心权臣，刘准只是个傀儡皇帝而已。刘宋皇朝，兴起于 T 型的刘裕，衰于 T 型的刘彧，实亡于 T 型的刘昱，形亡于 P 型的刘准。

刘裕的托孤班子，是 2T1O1P 组合，这个班子，人情味太少，没有协调型的考拉，又缺乏辅佐的公忠坚毅品质。刘义符和四位顾命大臣组成的班子是 2T1O2P 组合（三元黄金组合），没有能力很强的协调型的考拉在这个执政团队，这是顾命大臣弑君悲剧的性格原因所在。刘宋产生了二代危机，这是由于托孤不妥造成的。这四位顾命大臣拥立了具有K型特质的刘义隆为新皇，只是刘义隆的性格是猫头鹰性格第一，考拉性格第二。他扭转了二代危机，创造了元嘉盛世，把刘宋带入鼎盛。O4型的他，在处理是否废立皇太子的难题上，因犹豫不决，难以割舍亲情，被T型的刘劭所弑杀，引起了刘宋皇朝的第二次危机（组织的三代危机）。T2型的刘骏雄才大略，击败T3型的刘劭，中兴刘宋皇朝，获得成功。可是他因操劳过度而壮年去世，其托孤班子为2T2O1P组合，接班的刘子业本人的老虎性格成分太高，又没有萧何型的既能干又公忠的擅长协调型大臣，结果刘宋皇朝出现第三次危机（组织的四代危机），T型刘子业大开杀戒，T型的叔叔刘彧弑君接班。T型的刘彧，协调能力和思考能力均不强，托孤班子为2T3O组合，这个班子里，没有一个情商高的，加上刘昱又是不服管教的老虎性格，于是刘宋皇朝出现了第四次危机。这次的窝里斗，断送了刘宋皇朝。P型的娃娃皇帝刘准登场，他怎么可能战胜O1型的萧道成呢？

东晋因K型皇帝太多而亡，刘宋因T型皇帝太多而亡。性格及其领导力没有好坏之分，如果不发挥各自性格的优势，不吸纳其他性格类型的优点，不让自己的性格处在无极（黄氏TOPK十字圆盘的内圆或外圆）上，而对手却能够在这四种性格类型间自觉或不自觉地调整，就会遭受失败。如果自己所在的班子所具备的性格类型少于对手所拥有班子的性格类型，在能力相差无几、信任度相差不大的情况下，也会败于对手。这对于我们创业者和企业传承来讲，是一个不得不探究的话题。谁把这个话题搞懂了，谁的创业就会成功，谁的企业传承就会成功，谁的企业就可以传承得更久远。

武将刘裕篡帝位成功开朝，而曹操生前没有篡帝位，一是志向不同，二是性格不同。刘裕出身贫寒，没有读太多的书，属于农民靠军功逆袭成功，没有太多的心理负担，刘裕定位为开国皇帝，而曹操属于士大夫家族，读了很多书，属于官N代，靠军功而晋级成功，有较多的心理负担。曹操的定位为周文王的角色。刘裕属于T2型，而曹操属于O1型，前者比后者更有权力的欲望，更为果敢杀戮。曹丕的受禅为帝，是二代成功。司马炎受禅为帝，是历经三代四人的奋斗而完成的。司马懿是O4型，他只敢篡权做权臣，没有胆量篡位开国。而他的继任者司马师、司马昭兄弟，均为T型，他们的志向就是篡夺帝位。而刘裕的受禅为帝，是一代成功的。其关键原因是晋朝时"公忠"的品质不是当时社会的核心价值观，也不是官方的主流意识形态，更为关键的是刘裕是T2型，雄勇盖世，智明创新。刘裕打败桓玄，两者均是篡帝位的开国者，属于T2打败P1，后者没有前者果敢凶猛。刘裕的成功还在于他的创业班子符合TOPK原则，而他的对手们，均没有TOPK类型的班子，包括晋恭帝在内。

老虎型性格，一般追求果敢快速而有实效，一般不重视文化建设，包括文化教育，因此，一般而言，他们的文化层次不高。充满血性和霸道的刘宋家族，除了守住我们华夏民族及其文化没有被异族所灭，还有个最有趣的文化创新，被我们所继承并发扬光大，那就是一个家庭的字辈或家族字辈。刘裕的七子，其名字中都有相同的字"义"，文帝刘义隆的 19 子，18 子的名字中都有"休"字。孝武帝刘休龙有 28 子，名字中均有"子"字。刘休远的三个儿子的名字中都有个"之"字。对于刘子业家族，其祖父的字辈就是义、休、子。对于刘伟之家族，其祖父的字辈是义、休、之，对于刘伯融家族来看，其祖父的字辈是义、休、伯。就整个刘裕家族来看，没有拟定家族字辈，只停留在家庭字辈。由于子孙太多，老虎型的父亲，为了简单快速记住儿子的名字，创造字辈，是一个很好的有效创新。

第二节　南朝萧齐的帝王性格类型轨迹

南齐是萧道成创建的，是南朝中最短命的王朝，国祚 23 年，历 4 世 7 帝，如图 15-3 所示。

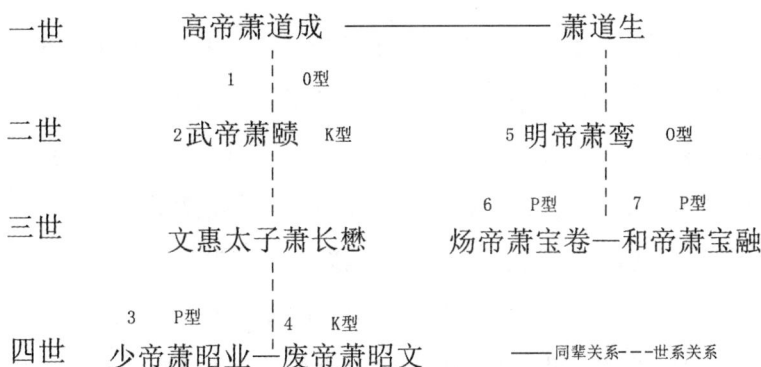

一世	高帝萧道成 —————————————— 萧道生
	1　0型
二世	2武帝萧赜　K型　　　　　5明帝萧鸾　0型
	6　P型　　　7　P型
三世	文惠太子萧长懋　　　炀帝萧宝卷—和帝萧宝融
	3　P型　　4　K型
四世	少帝萧昭业—废帝萧昭文　——同辈关系---世系关系

图 15-3　萧齐皇朝的世系和帝位传承

萧齐平均每帝的执政时间为 3.3 年，这在中国历史上是罕见的，其中执政时间最长的是齐武帝，执政 11 年。执政最短的是齐废帝萧昭文，只有 57 天。7 个皇帝中，4 个被杀。南齐和帝与刘宋顺帝退位情形如出一辙，都呜咽着把传国玉玺交到新帝手中，短命的南朝齐也应验了千古名言：怎么来，也就怎样去。萧衍为了夺得地位，把齐明帝萧鸾的 7 个儿子杀掉了 5 个。有两个幸存的，其中一个是乔装（萧宝寅）逃到了北魏，另一个不能说话（萧宝义）。对于当局，他们根本构不成威胁，才在这场战争中得以幸存。齐梁故事再次告诉我们：唯有"行得正"，才能"坐得端"；善有善报，恶有恶报，因果循行，多行不义必自毙。

第 1 任齐高帝萧道成，西汉丞相萧何 24 世孙，萧承之三子。在位 4 年，享年 56 岁。

34年的戎马生涯，立下赫赫战功，47岁的萧道成入朝辅政，52岁篡位开朝。他不仅继承了刘裕杀逊位的前朝皇帝的做法，而且对前朝的皇室宗亲斩尽杀绝。刘裕的子孙们被萧道成斩草除根，刘氏族裔唯一例外是刘裕的族弟——刘遵考的儿子刘澄之，他因与褚渊关系密切而幸免于难，但论血缘他与宋朝皇室已经很远了。刘宋朝近60年的风云变幻化作了南柯一梦。

萧道成在病逝前，召司徒褚彦回（宋明帝的托孤大臣，沈文季评褚渊："自谓是忠臣，未知身死之日，何面目见宋明帝？"）、左仆射王俭（王导五世孙，宋明帝女婿，P型，蔡东藩云："褚渊、王俭，身为贰臣，皆不足道"）进卧室接受顾命，命42岁的太子萧赜继位。本书认为，萧赜42岁了，属于壮年，可胜任亲政，阅历深厚，在萧道成篡权过程中，起到过很大的作用，可说是，上阵父子兵，没有必要也来个托孤，纯属画蛇添足。褚渊与王俭都是豪门大族，与宋室世代联姻，却都在宋齐易代之际转向萧道成效忠。南朝名士何点对人说：我已经想好《齐书》的赞文了，就写"渊既世族，俭亦国华；不赖舅氏，遑恤国家"。连自己的亲族（宋室是褚王二人的母族、妻族）都不帮助，还能指望他们治理好国家吗？

性情深沉的萧道成，一生广览经史，能文善书，喜爱围棋，曾有《齐高棋图》二卷问世，成为史上首位亲自著作围棋书籍的皇帝。本书认为他是O1型。

第2任齐武帝萧赜，萧道成之长子。在位12年，享年54岁。接受了4年的皇太子教育后，42岁顺利接班。即位不久，他就下诏善待忠于前朝的政敌之后裔，弘扬忠诚思想。他说：曹魏尊重袁绍，恩泽博及其坟墓；晋代宽恕两王（王浑、王濬），荣耀延及其后裔，魏、晋两代的大义，成为前代美谈。袁粲、刘秉共同辅助宋王室，沈攸之在景和年间，特别忠心，虽然没能保全晚节，但是最初的忠诚可以载入史册。岁月已经过去了很久，应当予以特别优待。袁粲、刘秉前年改葬坟地，没有修治棺椁，可以再给他们料理一下，使之大致合乎周礼的规定。沈攸之及他的几个儿子灵柩在西部的，可以命令荆州送回到他们的旧墓，在那里为他们料理一下丧葬事宜。

他平却籍之乱获得成功，但被迫妥协，停止"却籍"改革。托孤四人，遗诏曰："太孙进德日茂，社稷有寄。（萧）子良善相毗辅，思弘治道；内外众事，无大小悉与（萧）鸾参怀，共下意。尚书中是职务根本，悉委王晏、徐孝嗣。"《南齐书》记载，沈攸之事起，萧赜果敢备战拒敌，获萧道成赞曰：此真我子也！

他有三个大错：错误地处置萧子响事件，错立皇孙为储君，错信次子萧子良无野心。萧道成之孙萧子显在《南齐书》云："（萧赜）内朝多豫，机事平理。（萧赜）颇不喜游宴、雕绮之事，务存节俭。"本书认为，他是K1型。

第3任齐少帝萧昭业，萧赜的长孙，文惠太子萧长懋之长子。在位1年，享年21岁。

他是以皇太孙的身份接班的。萧长懋去世后，萧昭业被祖父立为皇太孙。半年后，20岁的萧昭业接班后，下诏执行齐武帝遗诏，任命武陵王萧晔（萧道成的第5子，萧赜之弟，萧昭业的叔祖父，O型）为卫将军，征南大将军陈显达（T型）以现任官职开府仪同三司，西昌侯萧鸾（萧赜的堂弟，萧昭业的堂叔祖父）为尚书令，沈文季（O型）为护军将军，司徒、竟陵王萧子良（P型）为太傅。20岁的萧昭业本可亲政，其祖父却给他搭建顾命班子，史籍中也没有记载武帝萧赜是否指导他或者放手让他自行组建执政班子。这就是武帝萧赜的不对了。

萧赜在储君问题上引发了内斗风波，时任中书郎王融（王导的六世孙，P型）拥戴竟陵王萧子良（萧昭业的叔父）多次夺帝位，被西昌侯萧鸾挫败，被萧晔化解，王融被赐死，萧鸾掌握朝政。南齐虽然没有出现二代危机，但二代埋下了祸根，引发了三代危机。公元494年，萧晔、萧子良先后去世。萧昭业任命庐陵王萧子卿（萧昭业的叔父，P型）为卫将军，鄱阳王萧锵（萧道成之七子，萧昭业的叔祖父，K型）为骠骑将军。萧昭业遭政变遇害。《南齐书》评他云：风华外美。史书说，举止优美，喜好隶书，善于表演，喜欢歌舞。本书认为，文艺青年齐少帝为P1型。

第4任齐废帝萧昭文，昭业之胞弟，在位75天，享年15岁。辅政大臣萧鸾弑杀萧昭业，立萧昭文为帝，朝政大权完全掌握在萧鸾手中。《南齐书》记载，（萧昭文）想吃蒸鱼菜，太官令回答没有得到宣城王的命令，竟然不给。他作为皇帝，想吃条鱼都不行，很窝囊，很可怜！萧鸾废他为海陵王，自立为帝。后来萧昭文被萧鸾所杀。本书暂且判断，他为K型。

第5任齐明帝萧鸾，萧道生之子，萧道成之侄，萧赜的堂弟，萧昭文的堂叔祖父，在位6年，享年47岁。他是秦汉以来第三个以叔祖父篡位的皇帝，史称西昌夺位。他篡位为帝，屠戮宗室，杀戮高帝之子、孙及曾孙三世30余人，萧赜的子孙几乎都被萧鸾诛灭，史称明帝屠宗，和刘宋的明帝刘彧一样凶残。他被史学家称为最狠毒、禽兽不如的皇帝。他的子嗣后来也被他人杀戮殆尽。萧子显云：“（萧鸾）为安吉令（时），有严能之名。”《南齐书》云：“（萧鸾）明审有吏才，持法无所借。制御亲幸，臣下肃清。大存俭约。（萧鸾）性猜忌多虑，故亟行诛戮。”萧子显说，萧鸾大行诛戮，动机是多方面的：出于性格的缺陷（残忍），出于执政的威慑，出于安全需求。他向往俭约的德行，也制定过不少法令。主政期间他小心谨慎，处理事务透彻严明。他明察秋毫，有为政的才能，依法办事，公正无私。制约受到他宠爱的人，对群臣完全肃清贪污。罢免了武帝萧赜所建造起来的新林苑，把土地还给百姓；废除文惠太子萧长懋建立的太子东田，将其卖出。皇帝出行用的车舟，将上面的金银都剔下来，送交国库。本书认为，他是O1型。

第6任齐炀帝萧宝卷，萧鸾之次子，在位3年，享年19岁。他16岁接班，骄奢自负，做事偏激，缺乏政治智慧。其任内出现四次兵变，前三次成功平叛。顾命大臣萧遥光和江祏图谋废帝，顾命大臣相斗。他成功平定遥光之乱，杀萧遥光等重臣。这件事情导致了他对顾命大臣的不信任，大开杀戒，激化了内部矛盾。他杀萧坦之、刘暄、徐孝嗣等重臣，陈显达反叛，裴叔业参与，萧宝卷遣崔慧景平叛，陈显达兵败被杀；崔慧景起事反叛，他遣萧懿平叛成功。而萧懿因遭诬告谋反被赐死。齐明帝留下的江祏（萧鸾的表弟，O型）、江祀（江祏之弟，O型）、萧遥光（T型，萧鸾之侄）、萧坦之（萧道济之孙，T型）、刘暄（萧鸾内弟，T型）、徐孝嗣（萧鸾的亲家，江夏王萧宝玄之岳父，T型）、陈显达（T型）七位顾命大臣全都被杀。其中陈显达负责军事，其他六位负责内政，时称六贵。《左传》云："一国三公，吾谁适从。萧鸾托孤六人，政出六贵，六贵不和，内讧争权，祸难必起。"由此可见，萧鸾的托孤是失败的。所托之人，有6人是亲属，亲戚关系错综复杂，无公忠品质，加上所托的人数过多，导致矛盾，接任者萧宝卷很难驾驭这种复杂的局势。本书认为，前任为后任搭建执政班子，人数一般不要超过5人，通常为2~4人。他死于第四次兵变，雍州刺史萧衍起兵于襄阳，萧宝卷派遣平叛将军萧颖胄（萧道成的从侄，萧宝卷的从叔父，P型）跟随统帅刘山阳征伐萧衍，萧颖胄背叛了他，用计谋斩刘山阳，领众与萧衍会合，共同领兵攻破建康，萧宝卷被兵变所杀。

萧宝卷不好学，唯嬉戏无度。爱杂技不爱江山，不干本职工作，一心陶醉在自己的个人爱好之中，误了国，也误了自己、误了爱妻。苏轼诗评萧宝卷的潘妃："玉奴终不负东昏。"毛熙震在《临江仙》中写道："纵态迷欢心不足，风流可惜当年。"史称萧宝卷为杂技天子，今称戏曲青年。本书认为，他是P1型。

第7任齐和帝萧宝融，萧鸾的第八子，萧宝卷的同母弟，在位1年，享年15岁。14岁被萧衍立为皇帝，15岁亲政时，被萧衍废为巴陵王。萧衍派人逼他吞金自杀，他说：我死不须金，醇酒足矣。好一个15岁男儿，不愿屈辱吞金慢死，宁愿痛快喝醉酒被人杀死。醉酒而死，好过吞金，他得到了升华，萧衍永远被钉在篡权的耻辱柱上。本书暂且判断，他是P4型。

萧齐皇帝的性格类型路线如下：齐高帝萧道成（猫头鹰型）01—武帝萧赜（考拉型）02—少帝萧昭业（孔雀型）03—前废帝萧昭文（考拉型）04—明帝萧鸾（猫头鹰型）05—炀帝萧宝卷（孔雀型）06—和帝萧宝融（孔雀型）07，具体如图15-4所示。

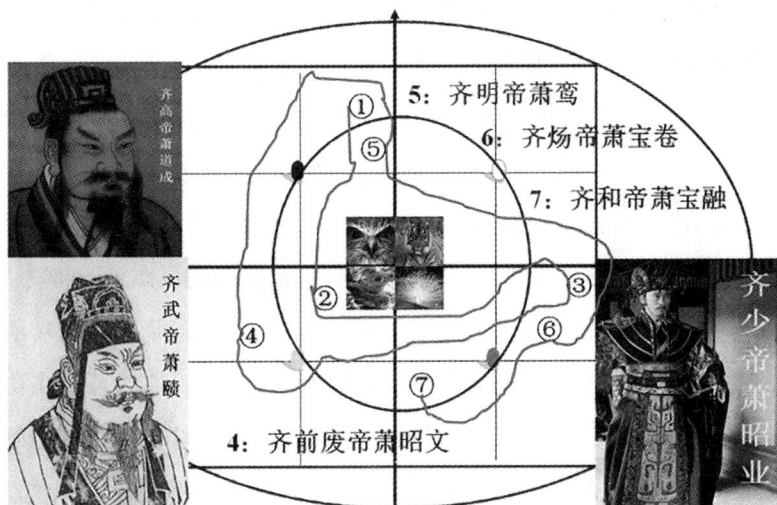

图 15-4　南朝萧齐政权的帝王性格类型移动

南齐兴起于O1型的萧道成，中兴于O1型的萧鸾，守成于K1型的萧赜，衰亡于少年的P型皇帝。南齐中期的最大问题是，第3任是P1型皇帝，第4任是K型皇帝，这两位皇帝的军政才干一般般，均有艺术和创新特质，但不被顾命大臣所认同。孔雀的克星性格是猫头鹰，考拉难敌猫头鹰的谋略，最后他们均被O1型萧鸾所杀。O型萧鸾稳定政局，进行改革，但杀戮宗亲过多，虽然南齐止衰了，但他执政时间才6年。接下来是P型皇帝萧宝卷，他血气方刚，尽情表现P型和T型的缺点，不能驾驭托孤团队，兵变频繁，大权旁落，权臣崛起，南齐从此走上了灭亡之道。南齐的末帝又是个少年的P型皇帝，他成了权臣的傀儡皇帝，最终被迫禅让逊位。南齐的失败，从帝王性格来看，就是没有出现善于协调或者T1/T2型的皇帝，因此驾驭不了那么虎性的大臣。与刘宋皇族一样，对皇室宗亲的教育及皇太子的能力训练，没能跟上形势，做得远不如西汉和东汉皇朝。

在托孤方面，南齐和刘宋一样，都是失败的，他们没有参悟到托孤的智慧，不会组建战无不胜的执政团队。托孤团队既没有VCAT特质，也不符合TOPK原则。更为要命的是萧齐的开创者萧道成，竟然给有4年皇太子经验且正值壮年的萧赜进行托孤，遗诏两位顾命大臣。萧齐二代的萧赜，给皇太孙找了5个顾命大臣，执政团队的性格组合为1T3O2P，六人三元组合，缺少协调型的考拉大臣。萧齐二代的萧鸾（第5任）在托孤方面，犯的错误比萧赜还要大，他给16岁的萧宝卷托了6位大臣（4T2O组合），执政团队的性格组合为4T2O1P，七人三元组合。萧宝卷驾驭自己的性格都一般般，何况要驾驭6个大臣及其性格？没有协调型的考拉大臣在执政团队里，六人就出现了内讧，离心离德。

O型的萧道成，鸠占鹊巢，篡夺帝位，与这之前的所有篡位者有很大的不同，自秦朝建立中央政府和皇帝体制以来，第一位篡位开国者是T型的项羽，他虽然是用阴谋杀掉楚怀帝，但他是有功于楚怀帝的，是他重建了楚国。项羽以有大功于国家而用阴谋篡位。项羽开启诛杀前朝皇帝的恶例，影响极坏，也是第一位火烧前朝（秦朝）首都的猛夫，导致前朝（秦朝）书籍毁于人为的大火，对中华民族的文化传承造成了毁灭性灾难，因此项羽属于有功而无德的篡位者。第2位篡位开国者，是P型的王莽，他是靠阴谋施德而篡位的，他靠演戏施德给官僚们和士大夫获得篡位成功，是无功有"德"的篡位者。第三位篡位开国者是O型的曹丕，他的篡位成功是因为他的父亲曹操在汉献帝流离失所的情况下，安顿了献帝，统一了中华北部地区，是因为父亲有大功于东汉朝而篡位成功的，是属于有功而有"小德"的篡位者。第四位篡位开国者是K型的司马炎，他的篡位成功，是因为他的祖上二代靠阴谋（建立私党集团）、靠灭蜀战功而打下的丰厚基础，司马炎为了进一步奠定篡位开国的基础或者获得合法性，消灭了东吴，统一了中华民族。因此，司马炎属于有功无德的篡位者。司马伦、司马昱的篡位成功，属于皇室家族内部的斗争，但也属于无功无德的篡位者。第五位篡位开国者是T型的刘裕，他的篡位，是他北伐收复中原，为前朝东晋开疆辟土，篡位开国之后，弑杀前朝皇帝及其家族，而且前朝皇帝晋安帝还是他的儿女亲家，是其皇位继承人刘义符的正妻，皇太妃。他属于有功无德的篡位者。第六位篡位开国者是O型的萧道成。刘宋皇族忙着窝里斗，最终鹬蚌相争、渔翁得利，萧道成靠平乱军功上位成为权臣，最终靠发动政变而篡位成功，史称专政建国，对中华民族而言，没有收复失土，没有开疆辟土；篡位成功后，他也没有为南齐开疆辟土，篡位前诛杀刘宋的皇室宗亲，篡位后也诛杀刘宋的皇室宗亲，属于无功无德的篡位者。萧鸾的篡位成功，如同萧道成的篡位一样，无功无德，属于皇室家族旁系篡位成功者。南齐萧氏皇族也是窝里斗，不把斗志对外，搞什么攘外必先安内，最后获胜者又是他人。由这六位篡位开国者来看，各种性格的篡位开国成功者都有，这样看来，TOPK四种性格类型的篡位开国者都有，篡位开国和他们的性格类型关联不大。但无德无功的篡位开国者，其国祚都不长，如西楚、新莽、南齐。第七位就是下一章节要探讨的萧衍，他是前朝萧齐家族的远房宗亲篡位开国成功者。其篡位性质与萧道成一样，国祚断断续续，国祚夭折，虽复国成功，但国土面积越来越小。南朝宋齐梁陈，疆域一个比一个小，最后面积很小的陈国被北方隋朝所灭，中华民族再次大统一。

第三节　南朝萧梁的帝王性格类型移动轨迹

南梁，又称萧梁，是萧衍创建的，国祚56年，历4世6帝，如图15-5所示。

一世　　　萧懿 ———————— 武帝萧衍 ———————— 萧宏
　　　　　　　　　　　　　　　1　K
　　　　　5　K　　昭明太子　2　P　　　　4　O
二世　　闵帝萧渊明　　萧统 —— 简文帝萧纲 —— 元帝萧绎　　萧正德
　　　　　　　　　　　　　　　　　　　　　　　（公元548年自立为帝）
三世　　　　　萧欣　　西梁宣帝　　敬帝　　萧方等
　　　　　　　　　　　　萧察　　萧方智6K
四世　　3　K　少帝萧栋　西梁明帝萧岿 —— 萧岩　　萧庄
　　　　　　　　　　　　　　　　　　　　　　　（公元557年武昌称帝）
五世　　　　　　西梁靖帝萧琮　　萧璇
六世　　　———— 同辈世系
　　　　　------ 直系世系　　　萧铣（公元618年在岳阳称帝）

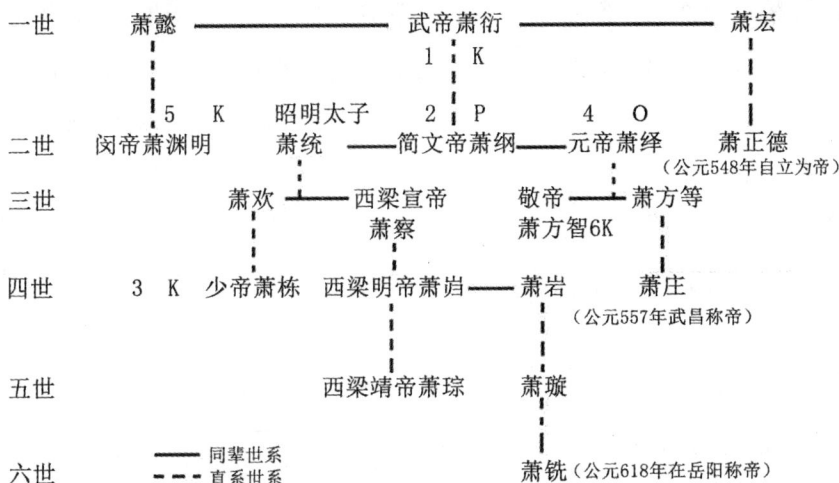

图 15-5　萧梁（包括西梁系）皇朝的世系和帝位传承

北周扶植萧衍的孙子萧詧在江陵建立西梁。西梁作为南梁的继任者，沦为西魏、北周、隋的附庸国，传 3 世 3 帝，国祚 33 年。西梁的第 1 任皇帝是梁宣帝萧詧（萧察），武帝萧衍之孙，昭明太子萧统第三子，在位 7 年，不得志而忧愤而死，史称气死自己的皇帝。本书认为他是 O4 型。第 2 任皇帝是梁明帝萧岿，梁宣帝萧詧第三子，隋炀帝萧皇后之父，在位 24 年。本书认为他是 P2 型。第 3 任皇帝是梁靖帝萧琮，萧岿之长子，在位 2 年，归顺隋朝，受到优待，被隋文帝任命为上柱国，封爵莒国公。公元 618 年，隋末唐初，萧琮的侄子萧铣称帝（在位 4 年，萧衍五世孙，萧琮的堂侄，T 型），被追谥为孝靖皇帝。本书认为萧琮是 P4 型。

第 1 任梁武帝萧衍，萧宝融的族叔父，在位 48 年，享年 86 岁。他 48 岁壮年篡位为皇帝，是南朝在位最久的皇帝，在位时间占国祚的 85.7%。他是中国历史上第二长寿的皇帝，是中国历史上第一个活活饿死的开国皇帝。

萧衍与齐高帝萧道成同宗，均为东晋淮阴县令萧整的后裔，萧道成是萧整的玄孙，萧衍是萧整的来孙，萧衍是萧道成的族侄，和萧道成家族已出五服，和萧宝融家族是七服宗亲。

萧衍取得钟离大捷，取得以少胜多的北伐胜利，稳定了淮南形势。大力发展国内的经济和文化，当他主政已经稳固，国力开始呈上升势头之后，他没有进一步发展军事力量，未能改革军事体制，没有做到富国和强兵一起抓。钟离大捷之后的他，虽然进行了多次北伐，但未能获得成功，包括陈庆之的北伐，因后援跟不上，先胜后败。

他年轻时，爱好文学，为竟陵八友之一，在竟陵八友中最具胆识。他是军功起家的著名文人皇帝，在经学、史学方面的建树颇丰。在经学方面，他撰有《周易讲疏》《春秋答问》等 200 余卷；在史学方面，他主持编纂了《通史》，并为之作序。他还著有《涅萃》《大品》《三慧》等数百卷佛学著作，创立了"三教（道、儒、佛）同源说"。萧衍现存诗歌有100多首，按其内容、题材可大致分为四类：言情诗、谈禅悟道诗、宴游赠答诗、咏物诗。遗憾的是，这些诗歌不如曹操诗文那么豪情壮志而富有哲理。萧衍开创萧梁后，继续把更多的精力放在文化创作上，他的儿孙也继承了他这一传统。萧梁是南朝最具文学气息的王朝，萧梁的历任皇帝都是文学大才子，却无一人能得以善终。文才不等于政才，更不等于军才。皇帝作为一个岗位，胜任这个岗位的才能应是综合的，尤其是要以军政才干为主，而不是文艺才干。

他纵容亲人作恶，对皇室子孙、世族大家和公卿大臣一律加以优待、宽容，甚至是放纵。即使他们犯了罪，也不受法律制裁，比如宽纵其六弟萧宏、次子萧综（实为齐殇帝之子）。更为严重的错误是，他立储不当，没能好好地训练儿孙的执政能力。在昭明太子去世后，没能很好地立储，也许他是吸取了齐武帝萧赜的教训，萧赜在文惠太子去世后，立了文惠太子的长子萧昭业为皇太孙，结果萧赜的儿子们不好好辅佐，出现窝里斗，导致萧鸾篡位成功。萧衍就采取与萧赜立储相反的做法，立三子萧纲为皇太子，结果次子萧综不服。更为要命的是，他曾经有个过继的嗣子叫萧正德，在他有了亲生儿子后，他把过继的萧正德退回其本支，由皇子变成了王子，萧正德内心很不服，又有野心，于是和侯景合谋造反。侯景之乱时，除了萧纲在都城外，萧衍的第六、七、八子都活着，六子萧纶坐镇郢州，七子萧绎坐镇荆州，八子萧纪坐镇四川，都是坐镇长江要害部位的藩王。而昭明太子的五个儿子中还剩两个，二子是河东王萧誉、岳阳王萧詧。他这两个孙子不仅没帮他，反而是叛乱的参与者。在萧衍遇到侯景之乱时，他的儿孙们要么指挥无能，要么消极勤王，坐视不救，因为他们都不服萧纲为皇太子。萧纶和柳仲礼坐观侯景攻打皇城，按兵不动，他们巴不得侯景他们攻破皇城，替萧纶扫除夺取皇位的障碍。在萧衍饿死后，他的儿孙们自相残杀。当第1任皇太子去世后，是立皇太孙还是立第2任皇太子，这是没有标准答案的，要根据时势和胜任能力来综合判断，不能走形式主义和主观主义，不是立某个人为皇储这么简单，而是要统筹全盘考虑。立皇太孙失败的有齐武帝萧赜、明太祖朱元璋，立皇太孙也有成功的，比如，元世祖忽必烈，他在真金太子去世后，立了皇太孙，元成宗成功执政13年。在立储问题上，萧衍为亲情所困，思维简单。

萧衍执政中晚期，喜谀恨谏，发展成为一个极为虔诚的佛教徒。主政了18年后，萧衍就开始醉心佛教，错失了很多北伐的机会，比如，高欢和宇文泰互掐时，他舍身出家并钻研佛学，极大地破坏了国民经济，因信佛而不理朝政，致使全国失控。信佛没有错，信佛也可以做一个成功的伟大皇帝，如隋文帝。但沉迷于佛，却占据皇位，这就是特错大错。两头兼顾，犹豫徘徊，不肯取舍，这就是考拉特质的最大缺点。如果他辞去皇帝位，让儿孙即位，自己当太上皇，专门去研佛，那不是两全其美吗？他是中国历史上第一个佛门皇帝，史称皇帝菩萨，第一个以佛化（法）治国的皇帝。姚思廉评价他说："生知淳孝，恭俭庄敬，艺能博学，罕或有焉。"李延寿评他说："外甚清和，而内怀英气。追踪徐偃之仁，以致穷门之酷。"本书认为，他是 K1 型皇帝，他的孔雀特质排在第三，猫头鹰型特质在晚年远远低于青壮年时期。

他为了换回侄子萧渊明，答应杀侯景送其头给东魏，侯景获知，从寿阳起兵进攻萧衍，萧衍命侄子萧正德防守长江，萧正德却暗中和侯景进行交易，叛变萧衍。其间还有朱异误国，庄铁背叛，致使萧衍的军事非常被动。紧急关头，太子萧纲主动要权应对战事，他交权给萧纲去筹划防务，萧纲把防守宣阳门的任务交给萧正德（紧急战乱，政出两门，犯了大忌）。侯景以萧正德为内应，迅速攻占建康，但梁朝的皇城城高池深，并由名将羊侃顽强防守，一时间难以攻取，迫使侯景只能修筑长围，准备打持久战。为安定军心、稳固联盟关系，侯景决定暂时把萧正德捧上皇位，萧正德在侯景等人的"拥戴"下，在建康僭号称帝，并封侯景为丞相，两伙人合力抓紧进攻皇城。侄子（曾经的嗣子）萧正德，在伯父皇帝萧衍还在世的情况下自立为新皇，侄子新皇帝攻打伯父老皇帝，前所未有。忠臣良将羊侃不幸病逝，又有叛徒内应，勤王救驾大军内部不和，不久皇室诸王侯不和，皇室诸王侯和异姓大将也不和，比如萧纶和柳仲礼对立甚于仇敌，临城公萧大连和永安侯萧确关系如同水火，都无心作战，致使侯景攻破皇城，率军入觐梁武帝及皇太子萧纲，控制军政大权，挟天子以令诸侯。萧正德做了 132 天傀儡皇帝后，被侯景所废杀。

第 2 任梁简文帝萧纲，萧衍第三子，昭明太子萧统同母弟。在位 2 年，享年 49 岁。昭明太子去世后，29 岁的萧纲被册立为皇太子。萧衍去世后，侯景杀萧正德，7 月，拥立 47 岁的皇太子萧纲为帝，迫使萧纲把女儿嫁给他，成为萧纲的女婿。侯景把岳父皇帝萧纲废黜，萧纲被杀。当过 18 年皇太子的萧纲竟然是侯景的傀儡皇帝，真是南梁的悲哀，更是萧衍的悲哀。萧衍教子无方，他选择的接班人愚蠢又无军政才能。

萧纲也是个文人皇帝，他的著述事业，除了文学、玄学外，还精医道。在文学方面，他公开倡导描写宫廷生活、词藻靡丽轻艳的文风，由此形成影响后世百余年的"宫体文学"。对于这种文风，后世批评者甚多，魏徵的《隋书》便直斥其为"亡国之音"。魏徵评他云："神彩秀发，多闻博达，富赡词藻。然文艳用寡，华而不实，体穷淫丽，义罕疏通，哀思之音，遂移风俗，以此而贞万国。"公元 548 年 8 月开始的侯景乱梁，起因是萧衍处置不当，萧衍承担主要责任，但随着事态的发展，萧纲未能承担起解决危机的领导责任，其中有很多反败为胜的机会，均因萧纲的优柔寡断和疑心过重而错失。如梁将陈昕和范桃棒密谋反侯景，这本是很好的机会，连年老的萧衍都马上答应，但萧纲不相信他们的壮举，导致陈、范两人被侯景所杀。对这个事件的处理，反映出萧纲不适合当皇帝。本书认为，他是 P4 型。

第 3 任梁少帝萧栋，昭明太子萧统之孙、简文帝之侄孙，萧欢之子，在位 4 个月左右。他被权臣侯景拥立为皇帝，后被逼迫禅让，侯景篡位开国为汉，史称侯汉。山中宰相陶弘景诗云："夷甫（王衍）任散诞，平叔（何晏）坐谈空。不言昭阳殿，化作单于宫。"他被降封为淮阴王，侯景把他囚于密室之中，侯景之乱终结后，萧栋逃出囚室，但为其叔祖父梁元帝所害。本书暂且判断，他是 K 型。

侯景被陈霸先、王僧辩击败。侯景企图逃亡，被部下所杀。侯汉国祚仅 120 天。历时 4 年的侯景之乱，终于被平定。高欢评价侯景："狡猾多计，反复难知。"姚察在《梁书》评价侯景："骁勇有膂力，善骑射。性残忍酷虐，驭军严整。性猜忍，好杀戮。"本书认为侯景是 T2 型。侯景以十罪批判萧衍，发起太清之乱，主要原因不是侯景多么厉害，而是萧衍顾亲情导致的系列失误，以及萧衍子孙们不团结和窝里斗，萧纲无军政才能造成的。南梁诸王不但不攻打建康，反而自相残杀，萧绎杀死萧慆、萧誉，他的世子萧方等亦死于内战中，萧誉投奔西魏，萧纶、萧范、萧大心诸王也相互攻击。《梁书》曰："萧纪（萧衍第八子）居庸蜀之资，遂不勤王赴难，申臣子之节；及贼景诛翦，方始起兵，师出无名，成其衅祸。"正是萧氏诸王的萧墙内祸，使侯景得以蹂躏三吴，扩充势力。史学家一般把侯景作为贼臣，他引发的叛乱虽然成功，但把江南杀得尸横遍野，白骨如山。这场战争，国家蒙巨难，百姓遭大殃，文物被大毁。东宫藏书三万卷，竟然被萧纲下令焚烧。颜之推曾云（侯景之乱）："中原冠带，随晋渡江者百家，故江东有《百谱》；至是，在都者覆灭略尽。"侯景虽然篡位成功，但残暴的侯景没有给百姓和国家带来好处，战争依旧不断。侯景之乱带给华夏民族唯一的贡献是：腐朽的门第论和血统论自此衰落。崇尚能力和注重实务的新生士族在关中崛起，物极必反，否极泰来，隋唐盛世即将到来。南北朝的文学家庾信在《哀江南赋》中云：大盗移国，金陵瓦解。侯景属于无德无功的篡位者！

第 4 任梁元帝萧绎，萧衍第七子，萧栋之叔祖父，在位 2 年，享年 47 岁。侯景之乱被平定后，他在江陵称帝。唐代魏徵评论他："元帝以盘石之宗，受分陕之任，属君亲之难，居连率之长。不能抚剑尝胆，枕戈泣血，躬先士卒，致命前驱，遂乃拥众逡巡，内怀觖望，坐观时变，以为身幸。"把国难化为个人机遇，见父皇有难，仅派自己儿子象征性地去救。父皇和兄皇一死，侯景自立为帝，他却"不急莽、卓之诛，先行昆弟之戮"，除掉侄子萧誉、六哥萧纶、八弟萧纪、侄孙萧栋等人，最终扫清了皇位的所有障碍。简文帝遇难后，萧纪（萧衍第八子）和萧绎争夺帝位，称帝于成都，顺江而下，攻打七哥萧绎，萧纪因为各啬战前的承诺金饼奖赏而导致军心大跌，兵败如山倒，并被樊猛杀死。在国难之际，萧衍的七子和八子相斗，七子逆江而上迎战，八子顺江而下征伐，演绎了"七上八下"的骨肉相残悲剧。

萧绎在位期间，依旧无比地热爱着文学艺术，醉心于经史之学，三天两头在宫里与群臣开学术研讨会。作为另一个艺术型皇帝，萧绎与父亲萧衍、长兄萧统（昭明太子）、三哥萧纲（简文帝）并有才名，其中他的文章、书法、绘画造诣最深，当时便有"三绝"之称。西魏军队都快打到家门口了，他还在与臣子们探讨《老子》学说。清朝王船山评此事云：国家安危之际，却天天读《老子》，焉能不亡？

南梁大败，萧绎竟然将宫中珍品藏书 14 万卷付之一炬，制造了项羽焚书以来最大的文化浩劫。手下有人壮着胆子问其原因，他竟说：读书万卷，犹有今日，故焚之。身为皇帝，他治国无方，不但不悔责自己，反而将亡国的罪责归于读书太多！萧绎焚书，是最大的文化破坏事件，他和项羽一样是令中华文明遭受巨大破坏的千古罪人。他是读书的材料，也是文学大师，但没有军政之胸怀和才干，不能胜任皇帝岗位。虽称才子皇帝，但他性好矫饰，多猜忌，表里不一，知行不一，以致悲剧。史学家评价他：崇尚玄虚，暴戾凶狠，心胸狭隘，又刚愎自用，既是学界巨人，又是政界侏儒。他残杀兄弟和侄儿，逼死儿子，间接害死父亲（萧衍），史称最冷酷的皇帝。《梁书》评他曰："（萧绎）禀性猜忌，不隔疏近，御下无术，履冰弗惧。"他让悍将王琳南下取广州，后来他遇难时，王琳无法及时回援。魏徵评他云："笃志艺文，采浮淫而弃忠信；戎昭果毅，先骨肉而后寇仇。虽口诵《六经》，心通百氏，有仲尼之学，有公旦之才，适足以益其骄矜，增其祸患，何补金陵之覆没，何救江陵之灭亡哉！"本书认为，他是 O3 型。

萧绎被俘后，南梁没了皇帝，权力出现真空。怎么办？西魏、北齐、南梁各有算盘，相继推出了一位天子，分别为萧詧、萧渊明和萧方智。南梁出现了"三帝并立"的罕见局面，他们同姓同宗。这三个皇帝都是清一色的傀儡，都是说了不算的主儿。梁国三分五裂。信佛的武帝，没能制止杀戮，也没能让自己的儿孙团结一致中兴南梁。信仰很重要、很关键，但现实也很关键，需要建立好的机制，教育好皇子皇孙，提高儿孙的执政能力，锻炼他们的军政能力。当皇帝就不能逃避现实，要敢于直面现实，并找到更优的解决方案。从政不是请人吃饭，从政不是搞文艺创作，而是为天下苍生服务。信佛没错，但作为皇帝沉迷于佛教，那就不务正业了，导致的恶果是身死国灭。当皇帝，要有菩萨心，但要有霹雳手段，更有统筹、睿智、大气、果敢的大脑。

第 5 任梁闵帝萧渊明，武帝萧衍之侄，元帝萧绎之堂弟，萧懿之子，在位 3 个月左右。堂兄元帝萧绎为西魏所杀，他在北齐高洋和太尉王僧辩支持下，即位为帝。不久，司空陈霸先发动兵变，他被迫退位，降为太傅，封建安郡公。后因毒疮发作而病逝，追谥为闵帝。本书暂且判断，他是 K 型。

第 6 任梁敬帝萧方智，萧渊明之堂侄，元帝萧绎之九子，武帝萧衍之孙。在位 3 年，享年 16 岁。元帝遇害后，12 岁的他，由王僧辩和陈霸先确立为梁王、太宰，承制行事（入朝监国理政）。在北齐强势干预下，太尉王僧辩拥立萧渊明为帝，以萧方智为太子。陈霸先袭杀王僧辩，废黜萧渊明，拥立萧方智为帝，太尉萧循为太保，萧渊明为太傅，司徒萧勃为太尉，王琳为车骑将军，司空陈霸先为尚书令、都督中外诸军事兼司空。后陈霸先逼迫萧方智"禅位"，又命人毒杀萧方智父子。本书暂且判断，他是K型。

南梁皇帝的性格类型路线如下：武帝萧衍（考拉）01—简文帝萧纲（孔雀）02—少帝萧栋（考拉）03—元帝萧绎（猫头鹰）04—闵帝萧渊明（考拉）05—敬帝萧方智（考拉）06，具体如图 15-6 所示。

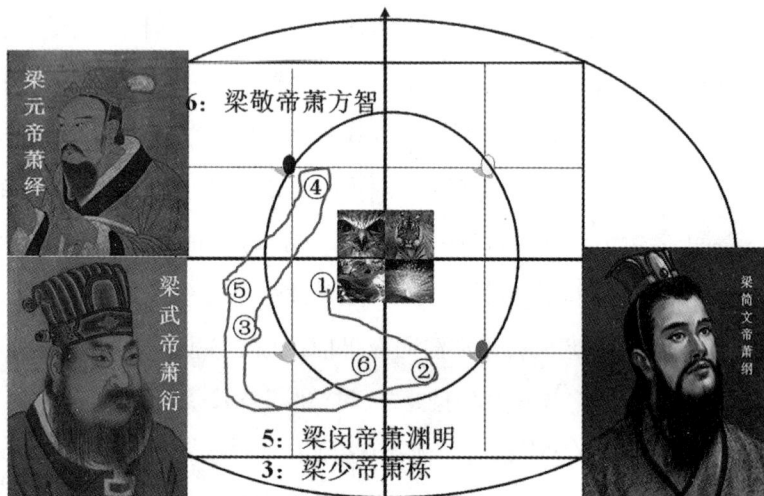

图 15-6　南朝萧梁政权的帝王性格类型移动

南朝萧梁起于K型的壮年皇帝萧衍，灭于K型的少年皇帝萧方智。六个皇帝，四个是考拉型，一个是孔雀型，一个是猫头鹰型。南梁皇帝的性格转移，多半停留在第三象限，K型皇帝占比高达67%，约低于东晋的73%。唯独没有T型皇帝，南梁也就无法真正复国中兴成功。南梁演绎的故事是：K型皇帝创业成功，在他的手中走向衰败，P型萧纲无力拯救国家，K型萧栋傀儡一个，O型萧绎有心复国但能力不足，K型萧渊明露露脸，K型萧方智成亡国之君。

O型皇帝和K型皇帝，由于安全的心理需要，偏重内敛，趋向于窝里斗。K型和P型，一般重视人文，对人敏感，因此，才子皇帝多。这种皇帝，一般是文强武弱，很难做到刚柔相济，文武并举。南梁和南齐一样，帝王性格类型转移，都没有到达T象限。南齐的P型皇帝，多于南梁，南齐更大气些，缺点也更夸张些。

南梁萧氏，虽然文强武弱，但萧衍去世前后，皇族中称帝的人很多，其中萧正德在萧衍还没有去世就自称为帝，萧纲按正统法定程序为皇帝，但他的兄弟萧绎、萧纪、萧伦以及萧统的儿子萧察，都参与了皇帝争夺，萧绎的孙子萧庄在萧绎去世后，在武昌自立为帝。这说明，萧衍信佛教，也没能阻止儿孙争权夺利。在萧衍去世后的 8 年里，萧衍的子

孙按照史学家计算，出了 6 个皇帝，不包括自立为帝的萧正德、萧庄，平均下来，1.3 年
1 个皇帝，如果把自立为帝的计算进去，平均 1 年 1 个皇帝，这里面还没有把萧纪自立为
帝、侯景篡位为帝计算进去。萧衍去世的 8 年，直到陈霸先建立陈国，江南实际上没有什
么和平可言，年年处在战乱动荡之中，战火使南梁的社会经济遭到巨大破坏。菩萨皇帝萧
衍，顾念亲情又犹豫不决，没能教导好儿孙，儿孙各自为战，骨肉相残，这就是萧衍的最
大失败和讽刺。南梁皇室为争帝位又纷纷招引北齐和西魏为援，使这两国乘虚攻夺了南梁
大片土地，南梁的实力大为削弱，奠定了南弱北强的局势。

K 型皇帝在位时间过长，一般都是这种结果，比如孙权、司马炎等，萧衍还不如孙
权、司马炎，因为萧衍在世，就出现了国难，国灭比他俩要快。唯一让萧衍欣慰的就是，
昭明太子这一支，不服气，不服输，一直在努力恢复萧梁政权，直到萧衍六世，昭明五
世，在隋末唐初，还自称为帝，振兴萧梁事业。昭明太子的君子之泽，泽及五世。

和平时代的 K 型皇帝，被 T 型或 O 型的权臣篡位所取代，这是可以理解的，因为和平
时代的 K 型皇帝，实战经验少，书呆子比较多，像是温室的花朵，没有经历过风雨。但肇
创基业的 K 型皇帝，被 T 型或 O 型的权臣所取代，这是罕见的。为了成功开国，K 型皇帝
尽管是 K 型性格，但他的性格行为，一般会在黄氏 TOPK 四种性格类型间自觉或不自觉地
切换，具有果敢杀戮的老虎型，具有睿智谋略的猫头鹰型，具有开放大气创新的孔雀型。
成功的开国皇帝，是具有王者风范的第五级领导力的智慧英雄。南梁成也萧衍，败也萧
衍，一代明主萧衍，最终变成万代昏君，导致南梁"二世而衰、三世而亡"，值得后世从
他身上吸取教训。

第四节　南朝陈的帝王性格类型探究

陈朝的国祚 33 年，历 3 世 5 帝，如图 15-7 所示，史称南陈或南朝陈，是南朝疆域最
小的皇朝。

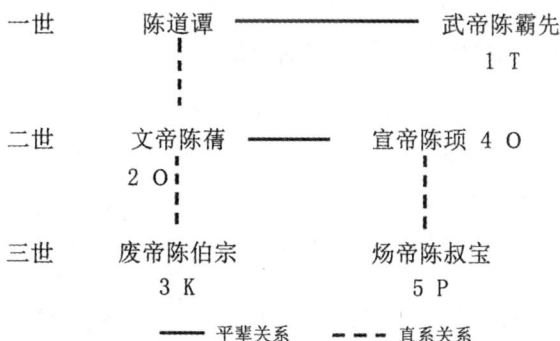

图 15-7　南陈陈氏政权的帝位传承和世系

第 1 任陈武帝陈霸先，东汉名士陈寔之后裔，平民陈文赞之次子，在位 3 年，享年 57 岁。新喻侯萧映（萧衍之侄）为吴兴太守，看中陈霸先，在出任广州刺史时，招募陈霸先为中直兵参军。他跟着萧映奋斗了数年，展示了过人的军事才能，奋力平定了交趾叛乱。当老上司萧映去世后，他果敢快速地将对自己不信任的新上司元景仲斩首，迎立萧勃（萧衍的从侄）前来担任广州刺史。

陈霸先支持萧绎为帝，和王僧辩共同讨伐侯景，成功结束侯景乱梁，光复梁朝；诛灭叛将，南定广州，西平湘郢，重建梁朝；抵御北齐，捍卫梁朝。北齐两次侵犯梁朝，均被陈霸先率部击败，使江南民众免遭外族的侵害。六次挽救梁朝，十次歼灭强寇，一片支离破碎的江南江山，由此得到了统一和安宁，他有大功于梁朝，有大功于江南百姓。他先后任丞相、太傅、相国（总领朝政），封为陈公，进爵为陈王，最后受禅开国。他主张：治理国家，要通用文武，文官则任用贤智之臣，武官则任用有功之臣。

姚思廉云："（陈霸先）明达果断，为当时所推服。"魏徵评他曰："拔起垄亩，有雄杰之姿。始佐下藩，奋英奇之略。"唐朝李延寿曰："（陈霸先）雄武多英略。"本书认为他是 T2 型。

第 2 任陈文帝陈蒨，武帝陈霸先之侄，陈道谭之子。在位 7 年，享年 45 岁。侯景乱梁，少年陈蒨，智保家族，侯景谋害，智斗侯景。侯景兵败，到叔父陈霸先那里参军，跟随陈霸先征伐王僧辩，名威俱振，平定山越，德威大振。接班后，他平定江南割据势力；整顿吏治，兴修水利，恢复江南经济。他从艰难中发迹，了解百姓的疾苦。国家的用费，定依俭约的原则。善辨真假，不容臣下奸巧，使得人人知道自励。太子陈伯宗年幼柔弱，陈文帝怕他难以守住皇位，对陈顼说：我想效仿当年吴太伯传位于其弟。陈顼伏在地上痛哭流涕，坚决推辞不受。孔奂对他说：安成王是您的兄弟，必定会效仿周公辅政。他若有废立之心，臣等虽然愚钝，也不敢听命啊。本书认为，他是 O4 型。

第 3 任陈废帝陈伯宗，陈蒨之嫡长子，陈霸先之侄孙，在位 2 年，享年 19 岁。他 7 岁时被立为皇太子，接受了 8 年的皇太子教育。15 岁的陈伯宗以皇太子即位，叔父陈顼（O 型）和仆射到仲举（O 型）、舍人刘师知（P 型）等人都接受遗诏辅佐朝政。叔父安成王陈顼为司徒、录尚书事、都督中外诸军事。刘师知见陈顼权力大，暗中忌妒他，就假称诏令要陈顼搬出尚书省，毛喜提醒陈顼，陈顼用计囚禁刘师知，通过皇太后沈妙容和皇帝陈伯宗，治罪刘师知，并赐死刘师知。托孤大臣内斗，陈顼继续铲除其他大臣，如尚书左丞王暹、右卫将军韩子高、尚书仆射到仲举等人，从而彻底掌控朝政。

陈顼以陈伯宗个性太软弱，难以当大任为由发动政变，用太皇太后章要儿（陈霸先的皇后）的名义下诏废黜陈伯宗，将其降封为临海王，迁到藩地居住。后来陈伯宗去世，死因不明。胞弟陈伯茂被叔父陈顼所杀。《陈书》云："（陈宗伯）仁厚懦弱。"《南史》云："性仁弱，无人君之器。"本书认为，他为 K 型。

第 4 任陈宣帝陈顼，陈蒨的胞弟，陈伯宗的亲叔。在位 14 年，享年 53 岁。在位期间，兴修水利，开垦荒地，鼓励农业生产，社会经济得到了一定的恢复与发展。一度占有淮泗之地，但最后被北周夺走。在位期间，国家比较安定，政治也较为清明。北周、南陈、北齐三国鼎立之时，北周相约他攻伐北齐，他竟然答应了，不懂得唇亡齿寒、虞虢之旧事。北齐亡，南陈也在他去世 7 年后，被隋所灭。他是中国历史上生育皇子最多的皇帝，皇子多达 42 位。可惜的是，没有一位是国之栋梁并成功护卫南陈。《南史》云："（陈顼）宽容，多智略。有勇力，善骑射。"本书认为，他是 O4 型。

第 5 任陈炀帝陈叔宝，史称陈后主，陈顼的嫡长子。在位 7 年，36 岁亡国，享年 52 岁。16 岁立为皇太子，接受了 13 年的皇太子教育。29 岁接班，正是血性方刚和雄图大振的年龄。但在位期间，他把聪明才智全用在玩乐上，大建宫室，生活奢侈，荒废朝政，日夜与妃嫔、文臣游宴，耽于酒色，醉心诗文和音乐，创作艳词，现遗留有 97 首诗词，全部是无病呻吟的艳词，如《玉树后庭花》，史称艳词大王（皇帝）。他喜欢文学、喜欢音乐，这本身无错，也不会亡国，但沉迷于文学和音乐，这就错了，尤其是对于皇帝岗位而言。何况他的文学和音乐既没有骨气，也不是拯救苍生和为民服务的。奇思异想的陈叔宝，竟然天真地将国家生死存亡寄托于长江天险，在国破之时，不投降，也不奋起抗争，竟然抱着美妃跳井求生，被天下嘲笑为井底皇帝。藏井偷生，以井观天，怎能不败？叔宝井中辱祖先，荒唐治国臭万年。杜牧的《泊秦淮》曰："烟笼寒水月笼沙，夜泊秦淮近酒家。商女不知亡国恨，隔江犹唱《后庭花》。"唐朝姚思廉叹曰："偏尚淫丽之文，徒长浇伪之风，无救乱亡之祸矣。"

陈叔宝有 22 个儿子，11 个被封为王。长子陈胤的生母为陈叔宝的姬姜孙氏，其因生母早亡，被皇后沈婺华收养，后被立为太子。陈胤孝顺母亲，聪明好学，但后来被陈叔宝废了。陈叔宝改立 14 岁的陈深为皇太子，陈深的生母是他张丽华贵妃。

陈叔宝被掳至长安，受封长城县公。杨坚赐予宅邸，礼遇甚厚。他仍旧沉湎酒色，醉生梦死，不在意亡国贱虏身份，照常吃喝玩乐，还恬不知耻地伸手向隋文帝要官爵，被隋文帝称为没骨气、没心肝的皇帝。隋文帝没有杀戮前朝的皇帝，给予了前朝皇室宗戚以善待。隋文帝还诏令修缮陈朝的武、文、宣三个皇帝的陵墓，总共派给五户分别守护。虽然没有恢复二王三恪的习俗，但纠正了 170 多年来南朝宋齐梁陈四代挨个杀前朝皇帝的恶俗。民国史学家蔡东藩云：叔宝之恶，不如子业（刘宋前废帝）、宝卷（齐炀帝）之甚。子业屠灭宗族，宝卷渎乱天伦，而叔宝无是也。但宠艳妃，嬖狎客，杀谏臣，有一于此，未或不亡，况并三者而具备耶。本书认为，他是 P4 型。

陈朝皇帝的性格类型路线如下：武帝陈霸先（老虎）01—文帝陈蒨（猫头鹰）02—废帝

陈伯宗（考拉）03—宣帝陈顼（猫头鹰）04—炀帝陈叔宝（孔雀）05，具体如图 15-7 所示。

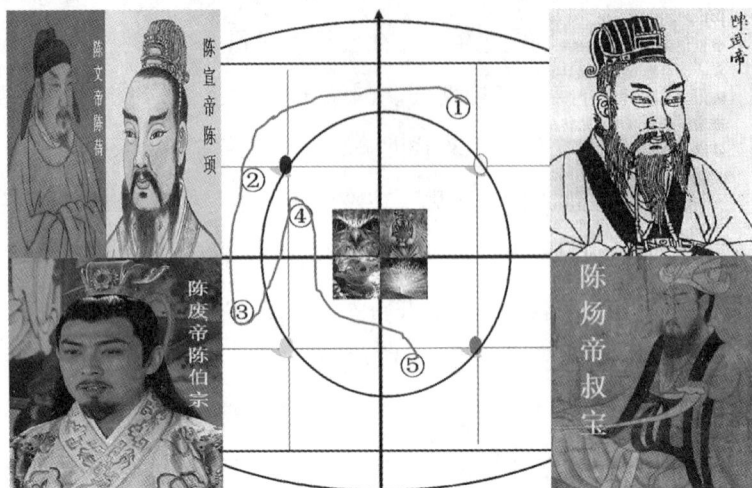

图 15-8　南朝陈政权的帝王性格类型移动

南陈兴起于 T2 型皇帝，发展于 O4 型皇帝，第三代因 K 型皇帝出现危机，因 O4 型皇帝而继续发展，败亡于壮年的 P 型皇帝。作为 T2 型的陈霸先，从普通的职业军人到职业经理，再到南陈皇朝的创始人，54 岁创业成功。虽然也属于篡位肇基，但他的篡位成功，属于无德有功型的篡位。和曹操重建东汉、刘裕重建东晋一样，陈霸先重建了南梁，于国于民，皆有巨功。与南齐萧道成、萧梁萧衍的篡位，那就不相同，后两者属于无德无功的篡位。陈霸先在开国之后，执政时间和刘裕、萧道成一样，非常短，只有 3 年，刘裕执政 3 年，萧道成执政 4 年，远远少于西汉的刘邦（执政 8 年，55 岁创业成功）、东汉的刘秀（执政 33 年，20 岁创业成功）。南陈的基业不稳，留下很多不稳的隐患。南陈根基不稳，还有个原因：和刘宋、萧齐、萧梁相比，陈霸先的嫡子陈昌在敌国北周那里做人质，在陈霸先去世前后，没能回到陈国即位，这是中国历史上罕见的。

因武帝陈霸先的第六子陈昌被劫持在西魏和北周做人质，陈霸先只好遗诏侄子陈蒨继承皇位。南陈朝出现二代危机：堂哥杀堂弟。陈霸先去世后，北周的宇文护出于给南陈制造动乱的考虑，便将 23 岁的陈昌释放。听闻陈昌回国的消息后，陈文帝很忧虑。侯安都替皇帝分忧，害死陈昌。陈昌渡江进入南陈境内，陈文帝命令沿途各地隆重接待，并派侯安都护送进京。当年 3 月，就在陈昌行将抵达建康之际，侯安都利用无人之际，将他推入长江淹死。陈昌遇难时，年仅 24 岁，死后被追封为衡阳献王。陈昌既死，陈蒨彻底坐稳帝位。侯安都因为铲除陈昌有功，进爵为清远公，此后更受陈蒨的器重。本书认为，如果陈霸先在去世前，下遗诏立陈蒨为嗣子，继承大统，或者陈蒨在朝廷大臣和宗室的商议下以陈霸先的嗣子身份继承皇位，或者遥立堂弟陈昌为皇太弟，也许会解决南陈的二代危机。幸运的是，陈文帝、陈宣帝（叔父杀侄子，篡位为帝）扩大了陈霸先的事业。

陈顼有 42 个儿子，被史学家称为中国历史上生育儿子最多的皇帝，在南陈灭亡之前，就有 33 个儿子被封为王，而且年龄均在 15 岁以上，除了次子陈叔陵（老虎性格）和 16 子陈叔慎面对隋朝的入侵进行抗战到底而被俘杀外，其他的均随着陈叔宝投降了隋朝。这说明了陈顼教育子孙的结果，走向了和萧衍相反的一面，陈叔宝兄弟是团结的，但是窝囊、没有血性，当皇不绝帝祀的欲望不强，陈叔陵有血性想当皇，但其方式不可取，因为属于弑君篡位，骨肉相残。他应该把血性用于开疆辟土或者守卫国家。O 型的陈顼，养育了一大批 K 型和 P 型儿孙，真有点不可思议。《陈书》记载了陈顼 12 位儿子的性格，如宽厚仁爱的陈叔英，质直而有才气的陈叔卿，和气柔弱的陈叔明，谨慎恭敬的陈叔献，轻浮而好虚荣的陈叔文，风采明赡而善文的陈叔齐，凝重方正的陈叔俨，聪敏能文的陈叔慎，质朴而无才艺的陈叔重，聪慧能文的陈叔彪等等，都属于 K 型、P 型或 O 型，就是没有 T 型。史学家认为，主要是陈顼忙于事业，疏忽了对儿子们的教育，陈叔宝生于深宫之中，长于妇人之手，尤其是陈叔宝少年时期，父亲陈顼不在其身边 10 多年，从而造成了其性格偏柔弱。陈顼后裔，少有高志，光复洪业，光扬祖宗者，何也？

犹豫的 P 型皇帝的克星是果敢的 O 型皇帝。（竞争）对手或者敌人是果敢的 O 型皇帝，己方如果选择平和犹豫的 P 型皇帝，那是必败无疑。陈叔宝败给杨坚就是实证。如果宣帝陈顼选择 T 型的陈叔陵来接班，给予他能够胜任皇帝岗位的教育，那南陈和隋朝的竞争，谁赢谁输，就难以预料。至少，南陈不会这么快亡国。南陈的皇太子教育，与很多朝代的皇太子教育一样，侧重于文科教育。陈叔宝在做太子期间，师从周弘正学习《论语》《孝经》等儒家经典，并多次亲自释奠太学。陈叔宝喜爱文艺，大量文士成为其东宫僚属，并时时举办文学宴会。在陈叔宝身边的文人群体，均是陈后主的东宫文人群体。陈叔宝的文学集团的主要成员有江总、姚察、顾野王、褚玠、陆瑜、谢伸及义阳王陈叔达等约 30 余人。这样的太子教育，在纷争的时代，怎能不败？

K 型的萧衍，却养育了各种性格的儿孙，里面有不少 T 型和 O 型，以致在南梁灭亡以后，还有西梁国承继帝祀，在隋末唐初，还有萧铣再次称帝。在这一点来看，萧衍是欣慰的，而陈顼和陈霸先是有些遗憾的。也许是陈霸先属于寒门开创皇业，没有受教的传统，他们不重视皇帝事业的教育；而萧衍属于门阀士族大夫开创帝业，他们有着光宗耀祖和永争第一的家风传统。

南朝宋、齐、梁、陈的皇帝性格类型见表 15–1。

表 15-1　南朝宋、齐、梁、陈的皇帝性格类型

国家	国祚	老虎型	猫头鹰型	孔雀型	考拉型	合计
刘宋	59 年	6	1	2	0	9
		67%	11%	22%	0	100%
萧齐	23 年	0	2	3	2	7
		0	28%	43%	29%	100%
萧梁	56 年	0	1	1	4	6
		0	17%	17%	66%	100%
陈	33 年	1	2	1	1	5
		20%	40%	20%	20%	100%

刘宋和南梁是两个极端对立的国家，刘宋的 T 型皇帝占比为 67%，而南梁 K 型皇帝占比 67%。刘宋血性霸道、更崇武；南梁柔弱求稳、更崇文。刘宋没有 K 型皇帝，刘宋的皇亲国戚之间的亲情过少，擅长协调的 K 型皇帝一个也没有，整个皇室关系绷得太紧，火药味太浓。南齐和南梁两代，缺 T 型的皇帝，人文气氛很浓，才子皇帝较多，有利于文化教育事业的发展，但军政的创新缺乏。南梁的 K 型皇帝比南齐的多，南梁比南齐更为保守，更有亲情。南齐的 P 型皇帝比南梁多，南齐比南梁更具有文化创新精神，更为大气。看起来，好像南陈的皇帝性格比较均衡，四种性格类型的皇帝都有。但 T 型的陈霸先执政时间较短，两个 O 型的皇帝，其亚型性格都不是 T 型，南陈的军政能力不如刘宋，当然也比不上北周。P 型的皇帝，把精力用在文艺，而不是军政的创新。南朝四国都是靠篡位而开国，用今天的话来讲，靠"和平政变"开国，其中两个出身寒门，两位出身门阀士大夫。两个来自寒门的开国皇帝，虽然有魄力，但执政时间短，没有创建新的国家治理体制，更没有充足的时间总结秦汉以来国家治理的优缺点所在，并重新设计和整合。补殷周之失、革秦汉之弊，他们都做不到，但有幸被隋唐解决了，华夏民族再次凤凰涅槃，达到当时的世界之巅。

第五节　北朝北魏的帝王性格类型探究

北魏，又称拓跋魏、元魏、后魏，是鲜卑族拓跋珪创建的。鲜卑族拓跋部为黄帝次子昌意的后代，历经 67 世，拓跋毛创建鲜卑族拓跋部。拓跋部在拓跋诘汾、拓跋力微父子的率领下，持续南迁至云中盛乐等地，与曹魏、西晋有友好往来。从 386 年拓跋珪开建北魏至 534 年分裂为止，共历 10 世 15 帝，享国 148 年，如图 15-9 所示。

一世				1　T　道武帝拓跋珪			──── 同辈关系
二世				2　O　明元帝拓跋嗣			─ ─ ─ 直系关系
三世				3　T　太武帝拓跋焘			1、2…18帝位任数
四世				景穆太子拓跋晃 ── 隐帝拓跋余　4　P			T、O、P、K性格类型
五世				5　K　文成帝拓跋濬 ───────── 拓跋桢			
六世				6　K　献文帝拓跋弘		元怡 ── 元彬	
七世	元羽 ── 元勰 ── 孝文帝元宏　7　O					前废帝元晔　元融	
八世	节闵帝　孝庄帝　元怿 ── 宣武帝元恪 ── 元怀 ── 元愉					后废帝元朗	
	元恭　元子攸　8　K					12　P　14　K	
九世	13　K　11　P　元亶　孝明帝元诩　孝武帝元修　元宝晖　西魏文昭帝　元宝炬						
				9　K	15　T	16-1	
十世	东魏静帝元善见				少帝元钊　废帝元钦 ── 恭帝元廓		
	16-2　P				10　K　17　P　18　K		

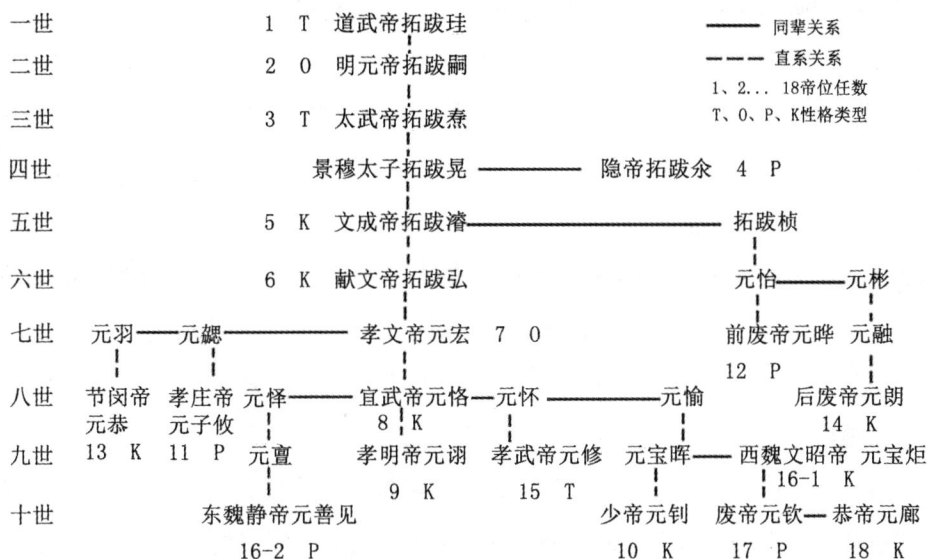

图 15-9　元魏政权的帝位传承和世系

第 1 任道武帝拓跋珪，代国开国国君拓跋什翼犍的嫡孙，代国世子拓跋寔之子。在位 24 年，享年 39 岁。15 岁的拓跋珪奋代国两世之余烈，创建北魏。经过南征北伐，西攻东取，他打败北燕，占有今山西、河北地区，同时迁都平城，称雄华北。他置五经博士，增加国子太学生员共 3000 人，命郡县大索书籍，汇集平城，加快鲜卑拓跋部的汉化进程，为北魏统一北方奠定了基础。不幸的是，拓跋珪患病后，喜怒无常，将过失归之于他人（臣下），百官恐惧，皇亲忧命。在次子拓跋绍发动的宫廷政变中，遇弑身亡。这是北魏立国后第一次大规模宫廷政变，以一场惨烈的大屠杀告终。拓跋珪成了中国历史上五位短寿的开国皇帝之一（曹丕 40 岁，元善见 29 岁，宇文觉 16 岁，高洋 33 岁）。

拓跋珪的一生，成功由女人开始，毁灭也因女人而起。前者是他的母亲贺氏，后者是他的亲姨兼妃子、拓跋绍的亲生母亲贺氏。前者养育了他，救了他，后者担心被暴躁的他赐死而求救于亲生儿子拓跋绍，导致拓跋绍弑父弑君。一场家庭悲剧，英雄落幕。可以这样说，拓跋珪，成也女人（贤明的母亲），败也女人（柔弱的妃子）。隋唐虞世南评他云："善战好杀，暴桀雄武。"本书认为，他是 T2 型，患病后，是暴躁的 T 型。

第 2 任明元帝拓跋嗣，道武帝之嫡长子，在位共 15 年，享年 32 岁。他 17 岁时以皇太子身份即位。在位期间，雄壮武略的拓跋嗣，任命有威望有才干的长孙嵩、安同、崔宏、拓跋屈等八人为执政大臣（史称八大人官），要他们"共听朝政"，史称"八公辅政"。内修庶政，体察民情，改革官制，选贤任能；外拓疆土，北伐柔然，设置六镇，招谕冯跋；南征刘宋，攻占虎牢关，取得南北朝时期第一次南北战争的胜利。明元帝在北魏开国历史中具有承先启后的重要地位，上承道武帝拓跋珪文治武功，下启太武帝拓跋焘一统北方，媲美前秦苻坚的功勋。他在涿鹿祭祀黄帝，在历山祭祀舜帝。

《魏书》评他云："明睿宽毅，非礼不动。"李延寿在《北史》云："孝心睿略，权正兼运。"魏收说："（拓跋嗣）英雄，北驱朔漠，末年内多衅隙。明元抱纯孝之心，逢枭镜之祸，权以济事，危而获安，隆基固本，内和外辑。以德见宗，良无愧也。"本书认为，他是O1型。

第3任太武帝拓跋焘，拓跋嗣之长子，在位28年，享年45岁。14岁的拓跋焘被封为泰平王，被父皇任命为相国，加授大将军，同年监国。在父皇拓跋嗣生病时，总管朝中事务。本书认为，拓跋嗣锻炼接班人的方法，是明智的，尽管是在自己生病期间实施。提前让接班人适应朝政，让接班人练练手，并给予指导。这比陈宣帝只能让皇太子读文科书要理性得多。太子读文科书只是文化教育，是通识教育，是增加皇帝的文化素养，素养和能力同样重要。读书是培养皇帝的一种方式，而参与行政、军事的管理实践，也是很关键的训练方式，实践出真知，实践出能力。实践和读书要各得其所。

17岁时拓跋焘以皇太子身份即位。他聪明大度，应付裕如，心怀"廓定四表，混一戎华"之志，亲自率军征战，周旋于险境，善用骑兵，轻骑奔袭，攻灭胡夏、北燕、北凉，征伐山胡，降伏鄯善、龟兹、粟特等西域诸国，驱逐吐谷浑，攻取刘宋河南重镇，结束了十六国纷争的混乱局面，统一了中国北方。向北，远逐柔然；向南，饮马长江。作战鸷勇骁强，令敌方敬畏，被刘宋称为"英图武略，事驾前古"，超越冒顿和檀石槐。在休战期间，他常常抚恤孤儿和老人，体察民间疾苦，劝课农桑，减轻赋税，休养生息，偃武修文。推行楷式文字，奠定魏碑基础。广召汉族士人，重用汉臣崔浩、高允等人，改革官制，整肃吏治，抑退奸吏，提拔忠良，显著促进了北魏官民之间和睦相处。他又宣传礼义，崇尚中原文明，推动了鲜卑民族汉化发展。他恪守节俭，奖赏慷慨；每逢作战，不畏艰险；料敌于先，知人善任，赏罚分明。他极其重视法治建设，确立了死刑复奏制度，并常说："法者，朕与天下共之，何敢轻也。"

拓跋焘与其父皇一样，认为接班人是锻炼出来的，而不是培养出来的。在位的时候，让接班人犯些错误会更好些，因为可以指导接班人，并和接班人探讨下一步如何做。这种锻炼皇太子执政能力的方法，自汉朝以来，直到南朝四国，几乎没有。因此，南朝四国的皇帝，其执政能力，总体来讲，自开国开始，一代不如一代。拓跋焘让皇太子参与政事，统领百官；皇太子拓跋晃总管百官事务，但是，在执政末期，执法严苛、脾气暴躁，诛戮过多，24岁的皇太子拓跋晃为宠臣中常侍宗爱所害，忧虑而死。宗爱怕被太武帝诛杀，先下手为强，弑杀太武帝。

魏收在《魏书》评拓跋焘云："聪明雄断，威豪杰立，藉二世之资，奋征伐之气，遂戎轩四出，周旋险夷。"沈约在《宋书》评价他云："佛狸（拓跋焘的小字）……雄威，英图武略，事驾前古，虽冒顿之骛勇，檀石之骁强，亦不能及也。"《北史》云："太武聪明雄断，威灵杰立。"李延寿评他云："聪明大度，意豁如也。"本书认为他雄武胆大，智慧超人，是T2型。

第4任魏隐帝拓跋余，拓跋焘第六子，皇太子拓跋晃的异母弟，在位232天。奸臣宗爱矫皇后令，杀死东平王拓跋翰（太武帝死后，朝廷欲立他为帝），迎立南安王拓跋余，宗爱自为大司马、大将军、太师等，大权在握。拓跋余自认没有按照长幼顺序登上皇位，于是厚赐大臣，收买人心，国库挥霍殆尽。他想夺回主政权，遭宗爱所弑。宗爱连杀两个皇帝，引起朝野震动，朝臣们联合起来发动政变，杀死宗爱（中国历史上唯一弑杀两帝一王的宦官），迎立太武帝之孙、皇太子拓跋晃的长子拓跋濬为帝。魏收在《魏书》中评他云："尤好弋猎，出入无度。边方告难，余不恤之，百姓愤惋，而余晏如也。"司马光评他云："好酣饮及声乐、畋猎，不恤政事。"本书认为，他是P1型。

第5任文成帝拓跋濬，拓跋余之侄，拓跋晃之长子，拓跋焘之孙，在位13年，享年26岁。13岁的拓跋濬，以皇太孙的身份被长孙渴侯与陆丽等人拥立为帝，是北魏的第一个少年天子。在位期间，他以元寿乐为太宰，以长孙渴侯为尚书令。这二人争权，均被拓跋濬赐死。拓跋濬平定诸多内乱，休养生息；推行和平外交，打败柔然，恢复佛教，始建云冈石窟。北魏由快速扩张进入稳定发展的态势。正因为他加强了文治，拓跋魏克服了苻秦之短（苻秦国祚12年）。拓跋濬的皇后冯氏和他的孙子，鉴苻秦之失，进行了伟大的改革，使得北魏统一北方长达百年，没有重蹈苻秦之辙。他的皇后冯氏二度临朝称制（23岁皇太后，30岁太皇太后），扶持孝文帝14年，成为北魏中期全面改革的实际主持者，并对孝文帝改革产生了重要影响。冯皇后（T型）没有生育，他立李氏夫人所生的拓跋弘为皇太子，由冯皇后抚养。《魏书》和《北史》评价文成帝云："与时消息，静以镇之。养威布德，怀辑中外，自非机悟深裕，矜济为心，亦何能若此？可谓有君人之度矣。"本书认为他是K1型。

第6任献文帝拓跋弘，拓跋濬之长子，在位7年，当了太上皇5年，享年23岁。他11岁即位，是北魏的第二个少年天子，尊嫡母冯氏为皇太后。在冯太后的帮助下，他平定了丞相乙浑的叛乱，冯太后临朝听政期间，母子生隙。他14岁时因冯太后归政而亲政。18岁的他打算禅让于叔父拓跋子推，为众臣劝阻而作罢，遂禅让于太子拓跋宏（5岁）。18岁的拓跋弘就当了太上皇，用心信佛。这与萧衍信佛而依然占据皇位不一样。他在逊位诏书里是这样说的：我属心玄远，胸怀淡泊。如朕亲自处理万机，则损害了肉体精神的和谐；如朕一日不理政事，则国家事务又有怠慢之忧。他要这样的生活：优游恭己，栖心浩然。柔然来犯，拓跋弘以太上皇身份，御驾亲征，大败柔然，一直追至大漠。

《魏书》记载了他专门为百姓生病用药的诏书，诏书是这样说的：我思百姓疾病痛苦，民多非命，我难以安睡，痛心疾首。因此要广集医术精良的医生，采集珍奇名药，欲救护亿兆平民。可宣告天下，老百姓有疾病的，当地官府派医生上门医治，所需的药物，任医生量情给予。这是皇帝诏书里非常少见的，足见他对百姓的重视。《魏书》《北史》评他曰："聪睿凤成，兼资雄断，故能更清漠野，大启南服。而早有厌世之心，终致宫闱之变。"魏收评他云："仁孝纯至，礼敬师友。"已经退位做太上皇的他，在北郊大阅兵，惊动朝野。他恢复乡学，重教轻赋，喜玄好佛。本书认为，他是 K3 型。

第 7 任孝文帝拓跋宏，拓跋弘的嫡长子，在位 28 年，享年 33 岁。2 岁立为皇太子，5 岁受父禅即帝位，是北魏的第一个娃娃天子。前期由太上皇拓跋弘辅政，接受其父皇对他执政的训练。中期由嫡祖母冯太后临朝听政，接受其祖母对他执政的训练，后期自己亲政。皇帝的岗位，不是天生就可以胜任的，也不是读了经史百家就可以胜任的，还需要实践训练。元魏一路走来，从拓跋嗣开始，就是秉承这种训练接班人的理念，这与其他帝国有所不同。这种做法，战国时期的赵武灵王实施过，但赵武灵王因克制不了自己对长子的恻隐之心而失败。冯太后在临朝执政期间，对鲜卑化的朝廷进行了一系列中央治理上的改革，拓跋宏深受影响。

他亲政后，进一步推行改革。他先整顿吏治，立三长制，实行均田制。他以"南征"为名，用计迁都洛阳，全面改革鲜卑旧俗。他以华夏服代替鲜卑服，以华夏语代替鲜卑语，迁洛鲜卑人以洛阳为籍贯，改鲜卑姓为华夏姓，自己也改姓"元"。他鼓励鲜卑贵族与汉人士族联姻，参照南朝典章，改革北魏政治制度，严厉镇压反对改革的守旧贵族。他的一系列举措推动了北魏经济、文化、社会、政治、军事等方面的大发展，缓和了民族隔阂，对北方各民族人民的融合和发展，起了积极作用，史称太和改革，或孝文帝改革，也称孝文中兴。遗憾的是，皇太子元恂在这场改革中，因反对改革而成了牺牲品（坐罪赐死）。这和春秋战国时期的商鞅改革中，皇太子嬴驷反对改革类似，但嬴驷没有被处死。

元宏的很多改革是值得称颂的，比如恢复官爵俸禄制、官吏考核制，遗憾的是，他的改革也恢复了魏晋时期的门阀世家制，弱化了北魏早期的八座议政制权限。他没有探索出解决官吏的培养和选拔的千古难题。他的改革最为成功的是胡夏融合，为温文尔雅的华夏族注入武略强悍的血液，对东汉以来日益残缺的华夏族的性格基因进行了完善，为华夏民族重新注入了法、兵家的雄壮勇猛基因，为隋唐盛世的到来、为华夏民族的再次复兴打下了雄厚的基础。从这个角度来说，他是中华民族伟大英雄，是一脉相承的"北魏—北周—隋—唐"的中华帝国的真正奠基人。遗憾的是，壮年的他病逝在南征的归途中，他的改革导致北魏在其后的 30 年走向了灭亡。北魏的灭亡，其真正的原因虽然不在元宏本人，但如果没有元宏的改革，北魏也许会灭亡更早。但他的改革，没有达到秦孝公那样的改革高度和效果，后者让秦朝兴盛了 160 多年，最终统一了华夏民族，开创了强大的中华帝国。

原因在于，元宏的寿命没有秦孝公那么长，他的改革搭档没有商鞅那么贤能睿智，他的继任者也没有秦惠文王、秦昭襄王那么有政治魄力和政治家风范。

在太上皇的指导下，元宏诏求舜后，获东莱人妫苟之，复其家毕世，以彰盛德之不朽。他和大臣商议养老之法，他不仅给老人以爵位，还在公元 494 年下诏：民百年以上假以县令。也就是说，年纪在百岁以上的老人，授予名誉县令官衔。他如此尊重百岁老人，重视百姓的养老，就是鼓励百姓善待老人。这在中国历史上，是罕见的做法。公元 496 年，他邀请 70 岁以上的老人，到洛阳参加养老典礼。他说："哀贫恤老，王者所先，鳏寡六疾，尤宜矜愍。"他还常说："凡为人君，患于不均，不能推诚御物。苟能均诚，胡越之人亦可亲如兄弟。"

元宏生性节俭，生活朴素，常常穿洗了又洗的衣服。魏休赞他云：为人深沉，气度从容，仁厚孝顺。原文是："渊裕仁孝。"李延寿评他曰："有魏始基代朔，廓平南夏，辟壤经世，咸以威武为业，文教之事，所未遑也。高祖幼承洪绪，早著睿圣之风。时以文明摄事，优游恭己，玄览独得，著自不言，神契所标，固以符于冥化。及躬总大政，一日万机，十许年间，曾不暇给；殊途同归，百虑一致。至夫生民所难行，人伦之高迹，虽尊居黄屋，尽蹈之矣。若乃钦明稽古，协御天人，帝王制作，朝野轨度，斟酌用舍，焕乎其有文章，海内生民咸受耳目之赐。加以雄才大略，爱奇好士，视下如伤，役己利物，亦无得而称之。"

本书认为元宏是 O4 型，第三性格是老虎，第四性格为孔雀。他能够在四种性格间自觉或不自觉地切换，雄果明略，博雅仁恕。他具备五级领导力，这从公元 493 年的诏书可以证实，这个诏书曰："文武之道，自古并行，威福之施，必也相藉。故三五（三皇五帝）至仁，尚有征伐之事；夏殷明睿，未舍兵甲之行。然则天下虽平，忘战者殆；不教民战，可谓弃之。是以周立司马之官，汉置将军之职，皆所以辅文强武，威肃四方者矣。国家虽崇文以怀九服，修武以宁八荒，然于习武之方，犹为未尽。今则训文有典，教武阙然。将于马射之前，先行讲武之式，可敕有司豫修场埒。其列阵之仪，五戎之数，别俟后敕。"

第 8 任宣武帝元恪，元宏之次子。在位 16 年，享年 33 岁。他 15 岁被立为皇太子，17 岁即位。在位期间，他扩建洛阳城，巩固孝文帝改革；向南朝发动一系列战争，攻取益州之地。向北攻打柔然，使得领土疆域大大拓展，国势盛极一时。他与萧衍一样，笃信佛教。在位后半期，亲信舅父高肇，杀掉父系这边能干而忠心的兄弟宗亲，如元愉、元勰等，导致外戚高氏专权，朝政日趋黑暗，国力逐渐衰弱。他属于前明后昏型的皇帝，在他执政期间，北魏到达了常规的国家生命曲线的顶点，也就是第一条生命曲线的顶点，由于他的魄力和创新不够，没能开拓出与第一条曲线有交叉的第二条生命曲线，北魏的生命曲线就出现了"盛极而衰"，进入了汉朝以来所有王朝类似的生命轨道，从此走向了灭亡的不归路。

孝文帝对于接班人的成长，采取了请帝师进行教育这一汉朝以来的方法，放弃了其先祖们所惯有的训练以提高执政胜任力的方法。这就是学习了汉朝以来的传承糟粕，结果陷入了汉以来华夏王朝所特有的弱君权臣的"窝里斗"困局。由于没有亲自训练皇太子的执政能力，汉朝以来，华夏民族就对接班人的接班采取了托孤的方式。这个方法被历史实践反复证明是低效而不可取的，成功实例非常少，而且这些非常少的成功实例，本身也有很大的偶然性。因为没有前任亲自训练接班者，接班者就难以胜任皇帝岗位，变成昏庸的皇帝，驾驭不了群臣，统筹不了国政，最后国柄被权臣篡夺，中央朝廷陷入窝里斗，两败俱伤，百姓遭殃，国家衰亡。

元恪在主政前期，处在青壮年时期，他的执政是合格的，在国家发展的惯性下，取得了好成绩。他也较为成功地处理了与顾命大臣的关系。孝文帝的南征托孤大臣，只有两位真正辅政并善终。孝文帝在病重期间，任命北海王元详（T型，元恪的叔父）为司空，镇南将军王肃（O型，东晋名臣王导之后裔）为尚书令，镇南大将军、广阳王元嘉（P型，元恪的从曾叔祖父）为尚书左仆射，尚书宋弁（P型）为吏部尚书，与太尉元禧（T型，元恪的叔父）、任城王元澄（K型，元恪的从叔祖父）等六人共同辅政。宋弁在当年就去世了，公元501年，王肃病逝；同年，元禧因对抗外戚专政事泄被杀，六辅（2T1O2P1K）变成了三辅（1T1P1K）；504年，元详被元恪密杀，三辅变成了两辅（1P1K）；511年，元嘉去世；520年，元澄病逝。公元508年起，元恪舅父高肇权倾朝野，元恪从此变昏君。北魏前代皇帝有用双腿丈量自己国家的习惯，采取走动式管理，或者不停地在全国巡查，了解民间疾苦，或者带兵四处征战。他放弃了这个美好的传统，变成了"宅男"，整天宅在首都洛阳，从此，坐井观天，脱离群众，脱离实际。

魏休评他："幼有大度，喜怒不形于色。雅性俭素。初，高祖（元宏）欲观诸子志尚，乃大陈宝物，任其所取，京兆王愉等皆竞取珍玩，元恪唯取骨如意而已。雅爱经史。尤长释氏（佛教）之义，每至讲论，连夜忘疲。临朝渊默，端严若神，有人君之量矣。"李延寿评他云："垂拱无为，边徼稽服。而宽以摄下，从容不断，太和之风替矣。"本书认为，他是K1型，他为守成之君，没能解决其父皇元宏没解决的问题，如对门阀制度的改进，鲜卑族和华夏族的矛盾；放弃了鲜卑族的优点（如勇武质朴），继承了华夏族自汉元帝以来的缺点（迂腐虚伪）。

第9任孝明帝元诩，宣武帝元恪之子，在位14年，享年19岁。3岁立为皇太子，6岁继位，是北魏的第二个娃娃皇帝。让太保、高阳王元雍（元诩的叔祖父，P型）入居西柏堂，决断处理政务。下诏任命任城王元澄（元诩的从曾叔祖父，K型）为尚书令，百官调度听从二王。元恪的托孤能力远远低于其父皇元宏，这就为北魏的衰落开了头。不仅托孤人数少，被托孤的元雍辅政能力也不强，元澄虽是两任托孤重臣，但年龄已大，对于 6 岁的元诩皇帝而言，这是隐患，一旦元澄去世，托孤大臣只剩一个，既容易让元雍独大，失去制衡，也容易导致具有野心的重臣趁机进入执政的核心班子。托孤大臣元澄在辅政的第六年，即元诩 12 岁时，病逝了。元叉（道武帝的 5 世孙，老虎性格）进入执政的核心班子，北魏政权就进入了动荡内耗期。

元诩尊奉嫡母皇后高氏为皇太后，生母胡充华为皇太妃。司徒高肇到京城，因罪被赐死。高阳王元雍进位太傅、领太尉，清河王元怿（元诩的叔父，孔雀型）为司徒，骠骑大将军、广平王元怀（元诩的叔父，孔雀型）为司空。胡太妃逼走并处死了高太后，他尊胡太妃为太后，胡太后临朝听政。权臣元叉（胡太后的妹夫）、胡太后相继擅权乱政，大失人心，北方爆发六镇起义（六镇起义的根源在于军勋集团晋升受到门阀制度的影响），国势日衰。卫将军元叉和宦官刘腾发动政变，将太尉元怿（元恪之弟，时年 34 岁）杀害，幽禁胡太后，与高阳王元雍（元诩的叔祖父）等辅政，史称宣光政变。刘腾病逝，元叉得意更狂而放松政事，胡太后东山再起，用计解除元叉兵权，赐死元叉，胡太后再次临朝听政。19 岁的元诩不满胡太后专权，密诏晋阳军阀尔朱荣（元诩的岳父，老虎型）进京匡扶帝室。密诏外泄，胡氏阅后大怒，元诩遂被其毒杀。胡太后是中国历史上第一个毒死皇帝儿子的太后，史称最败家的皇太后。

年幼即位的元诩，既没有参政的经历，也没有受到父皇的指导，更无执政的锻炼。其祖父元宏也是年幼即位，比元诩还要小 1 岁，但元宏成功了，变成了千古明君，元诩不仅未能实现北魏的中兴，反而加速了北魏的灭亡。为什么呢？因为他的祖父元宏得到了太上皇辅政和指导，还有冯太后指导。元诩的父皇放弃了北魏的好传统，没对接班人进行训练和指导以提高执政能力。元诩的执政能力没有得到很好的锻炼，在胡太后前后两次临朝听政和元叉专权时期，他也没有学到或悟到更高的执政智慧。魏休评他曰：魏自宣武（元恪）以后，政纲不张。肃宗（元诩）冲龄统业，灵后（胡太后）妇人专制，委用非人，赏罚乖舛。于是衅起四方，祸延畿甸，卒于享国不长。本书认为他是 K1 型。

第 10 任魏少帝元钊，孝文帝元宏之曾孙，元恪之侄孙，元诩的堂侄。在位 43 天。胡太后毒死亲子皇帝后，诈称孝明帝妃子潘充华所生之女元氏（史称元姑娘）为男孩，立为皇帝。经过几天，见人心已经安定，才说元姑娘本是潘充华所生的女儿，现在应另选择接位的君主。于是立元宝晖的儿子元钊为帝，元钊时年 3 岁，是北魏的第三个娃娃天子，史称北魏幼主。在河阴之变中，元钊连同胡太后一起被柱国大将军尔朱荣沉入黄河而死。从史书来看，北魏衰败的主要原因是胡太后及其妹夫元叉，这两人要担起主要责任，其次是宣武帝时期的外戚执政。先有高氏的乱政，再有元叉的乱政，再有胡太后的乱政，一个欣欣向上的皇朝就此玩完了，进入了苟延残喘的时期。由于元钊年纪很小，政权又被胡太后把控，其性格很难推定，本书暂且判断他是K型。

第11任孝庄帝元子攸，孝文帝元宏之侄，宣武帝的堂弟，孝明帝的堂叔。在位3年。尔朱荣以为孝明帝报仇为借口，率大军南下，进军洛阳。尔朱荣秘密派遣堂侄尔朱天光等人进入洛阳城，与声望很高的长乐王元子攸商议，里应外合攻打洛阳，许诺事成后立元子攸为帝。得到元子攸的同意后，尔朱荣便从晋阳率大军向洛阳进发，打败胡太后的军队。21岁的元子攸，凭借元勰（元宏之胞弟）家族的忠勋民望，被尔朱荣等人拥立为帝，尔朱荣又将自己的女儿尔朱英娥嫁给元子攸为皇后。本书认为，从密谋一事来看，元子攸即位不正。元子攸在即位后，听任尔朱荣发动河阴之变，是元子攸最大的失责；放权任尔朱荣扫灭葛荣、平定河北邢杲、击破南梁，打败降梁的亲王元颢和荡平关陇叛乱，让北方再次获得统一，这是元子攸的万幸和不幸，尔朱荣由此变成了权臣。

尔朱荣邀请元子攸带领朝中百官到河阴之陶渚祭天。当2000多名朝中官员陪同元子攸到达陶渚时，尔朱荣下令早已守候在此的士兵将官员全部杀害，北魏诸王中的元雍、元钦、元略、元邵等人也在这次杀戮中遇害，经过这次事变，尔朱荣把迁到洛阳的汉化鲜卑贵族和出仕北魏政权的汉族大家消灭殆尽，完全控制了北魏朝政，彻底改变了北朝统治集团的人员结构，最终改变了北朝的历史走向。尔朱荣、包括他旧部侯景这两个契胡的狠厉做法，恰好比一剂虎狼之药、一把剐骨之刀，替华夏文明剐去了陈朽腐肉，沉重打击了南北门阀士族势力。腐朽的门第论和血统论也自此衰落，尚能力、重实务的新生士族逐渐占据历史舞台中心，从而迎来相对清明简政的后三国（北周、北齐、南陈）政权的新生，进而归并为新生的隋唐帝国。

孝庄帝虽然在尔朱荣的扶持下做了皇帝，但他不甘心做傀儡，和尔朱荣的矛盾越来越深，一心要铲除尔朱荣，重振北魏皇权。他下诏让尔朱荣进京，用计谋将38岁的尔朱荣手刃在明光殿。他由皇帝变成了宫廷杀手，杀死了岳父兼权臣尔朱荣，是中国历史上唯一一个成功刺杀权臣的皇帝，被后世称为最有血性的皇帝。他设局杀掉了权臣尔朱荣，成功摆脱了傀儡皇帝的身份，但未能成功应对尔朱氏家族的反扑。在随后的3个月里，他的应变策略和措施令人遗憾。他不派援军支持忠心耿耿的李苗，也不给贺拔胜更大的权力以瓦解叛军等。他的危机处置能力和军政领导力，让人大跌眼镜。

孝庄帝失败的原因，与高欢联手尔朱氏干掉步藩有直接的关联，因为孝庄帝已经密敕步藩令袭其（尔朱氏）后。尔朱荣的堂弟尔朱世隆和侄子尔朱兆合力调兵攻打洛阳，尔朱兆攻入城中，元子攸和临淮王元彧、城阳王元徽等元氏王公等被杀。本书认为，用计诛杀权臣个人，不等于诛灭权臣势力，尤其是对于大造北魏的功勋权臣而言，这是非常冒险也很短视的做法。何不学习汉宣帝刘询呢？刘询忍耐到权臣去世后，用计诛杀权臣后裔的家族势力，但尊重功勋权臣的名誉。魏休等史学家评他说，（元子攸）没有长久控御的策略，仓促进入易遭受刺击的危险区域，策划没有法术，委任违背方略，猜忌嫌疑加以杀戮，祸患随即到来。唐朝虞世南说："孝庄帝羽翼心膂，无闻英彦，虽果于一剑之端，终致夷灭之祸。德之不健，斯可哀也。"他在生前留下一句名言："宁为高贵乡公（曹髦）死，不为常道乡公（曹奂）生。"元子攸和曹髦是一类人，性格相同，只是他比曹髦有计谋。本书认为他是P2型。

第12任前废帝元晔，拓跋晃之曾孙，拓跋桢之孙，元怡次子，孝文帝元宏之从弟，孝庄帝元子攸之族叔，在位117天。21岁的元晔被尔朱世隆（元晔的表叔，尔朱兆的表兄弟）拥立为帝，如果元晔在知道族侄元子攸为皇帝的情况下，还接受尔朱世隆拥立为帝，那就不应该了，一则继承帝位的合法性有隐患，二则张扬了元氏皇族不团结。元晔的母亲因乱发脾气要见元子攸而被尔朱世隆所杀害，尔朱氏家族和元晔由此生仇隙。尔朱世隆以元晔与孝庄帝关系疏远且无威望为由，逼迫元晔禅让，降为东海王。《魏书》《北史》评他云："个性轻躁，颇有膂力。"本书认为，他是P1型。

第13任节闵帝元恭，献文帝拓跋弘之孙，元羽之子，孝文帝元宏之侄，孝庄帝元子攸的堂兄，前废帝元晔的族侄，在位1年，享年35岁。尔朱世隆拥立34岁的元恭为帝。第二年，他为权臣高欢所废，旋即被杀。在元叉专擅朝政时，他称病不任职。过了很久，又借机会托称哑病。他韬光养晦，独善其身，安度乱世。魏休评价他云：端谨，有志度。事祖母、嫡母以孝闻。沉潜藏匿，有超过常人的气量。

34岁的元恭接班后，封颍川王尔朱兆，彭城王尔朱仲远，陇西王尔朱天光，乐平王尔朱世隆，常山王尔朱度律，车骑大将军、仪同三司高欢，都督斛斯椿各有差。他的诏书有这一段话："自秦之末，竞为皇帝。忘负乘之深殃，垂贪鄙于万叶。"这段精辟的话，表明他非常睿智而果敢，指出天下的祸源是想当皇帝，却不知皇帝是一个为国为公的岗位，一个为人民服务的岗位，不是一个为威作福的追求享受的岗位，这个岗位需要很强的胜任能力。

他在失去帝位后，赋诗曰："朱门久可患，紫极非情玩。颠覆立可待，一年三易换。时运正如此，唯有修真观。"这里的一年三易换，是指公元531年，元魏皇帝被换了三次，这是中国历史上罕见的，也是北魏元氏的悲哀所在。南梁在其后的16年里，也出现这种悲剧。本书认为，他是K2型。

第14任后废帝元朗，道武帝七世孙，孝庄帝元子攸的族弟，前废帝元晔的堂侄，节闵帝的族弟，在位165天，享年19岁。高欢布局自己的亲信势力完成后，以尔朱氏逆乱为名，始起兵于信都，拥立19岁的元朗为帝，开始对尔朱氏集团进行清剿。本书认为，如果元朗在知道元恭还是皇帝的情况下，接受高欢的拥立，那就不应该了，因为不合法。两个皇帝对峙并存，傀儡皇帝变成他人旗子，进行骨肉相残，这不仅实现不了元氏皇族的中兴，反而会加剧元氏北魏的灭亡。如果心甘情愿为乱臣贼子所利用，那就是元氏皇族的最大悲哀。

尔朱兆听说高欢要与自己争天下，就与尔朱仲远、尔朱度律等率大军20万攻打高欢。高欢仅率骑兵2000人、步兵3万人迎战。在武装力量极为悬殊的情况下，高欢巧使反间计，使尔朱氏之间相互猜忌，从而占领邺城，大败尔朱氏。尔朱氏家族不团结，让高欢崛起。高欢攻入洛阳后，逼两位皇帝（元恭、元朗）同日逊位。532年5月，高欢毒死节闵帝；11月，高欢以前废帝元晔、后废帝元朗与尔朱氏有牵连为由，同日将二人赐死。本书认为，元朗是K型。

第15任孝武帝元修，孝文帝元宏之孙，元怀第三子，孝明帝之堂弟，在位4年，享年26岁。在胡太后乱政以来，他藏起来以种田为生。高欢要立他为皇帝的时候，发现找不到他了，只能通过心腹好友王思政辗转寻到他。听到这个消息，他并没有感到兴奋，而是很淡定地说：该不是把我出卖了吧。直到高欢亲自来请，22岁的元修才进入洛阳继承大统。

他即位后，高欢成了元修的岳父。元修虽然做了皇帝，但并没有施政的权力，朝政由高欢在晋阳遥控，这让元修很不甘心。元修以贺拔岳为关西大行台，掌管关西地区的军政全权，宇文泰为行台左丞，领府司马，加散骑常侍，正式成为贺拔岳关西行台府的第一副手。他和高欢在各自身边的臣子欺骗下，误会加深，关系疏远，矛盾升级，最终分别在斛斯椿和孙腾等人的怂恿下，两者决裂，高欢攻打洛阳，元修亲自统率六军，屯驻在河桥，命元斌之和斛斯椿镇守武牢，因元斌之（元修的堂叔父）与斛斯椿争权而不和，内部又有贾智、田怙等叛徒，元修不敌高欢，元修迁都长安，宇文泰辅政。政务由丞相宇文泰（元修的妹夫）把控，他仍受制于人，心中不悦，与宇文泰渐生嫌隙，不满之情溢于言表。宇文泰一不做二不休，毒杀了元修。从此，北魏王朝正式分裂成为东魏和西魏。史学家李延寿说："元修博学多才，喜好武事，性格沉稳厚重。"《魏书》云："（元修）性沉厚少言，好武事。"元修作为末代傀儡皇帝，虽然没有成功，但他对贺拔岳的提拔和重用，以及西迁关中，是明智的，避免了北魏在他手上直接灭亡的惨局。尽管北魏最终分裂为东魏、西魏，但他们都是元氏皇族继续当皇帝，延续了元魏的国祚。诗云："北魏末年多政变，兵权决定帝年限。权利争夺民遭殃，傀儡连桩元魏完。"本书认为，他是操之过急的T型。

北魏皇帝的性格类型路线如下：道武帝拓跋珪（老虎）01—明元帝拓跋嗣（猫头鹰）02—太武帝拓跋焘（老虎）03—隐帝拓跋余（孔雀）04—文成帝拓跋濬（考拉）05—献文帝拓跋弘（考拉）06—孝文帝元宏（猫头鹰）07—宣武帝元恪（考拉）08—孝明帝元诩（考拉）09—少帝元钊（考拉）10—孝庄帝元子攸（孔雀）11—前废帝元晔（孔雀）12—节闵帝元恭（考拉）13—后废帝元朗（考拉）14—孝武帝元修（老虎）15。

第六节　西魏皇帝的性格类型探究

西魏是从北魏分裂出来的以长安为首都的元氏皇朝，是元魏皇朝在西部的延续；与东魏和南朝梁鼎立，形成后三国。西魏历2世3帝，国祚22年。

第1任（元魏第16任皇帝）文昭帝元宝炬，孝文帝元宏之孙，孝武帝之堂兄，在位17年，享年45岁。宇文泰拥立29岁的元宝炬为帝，在位期间，他与宇文泰默契配合。放手让宇文泰、苏绰、王思政等人进行改革，在治国理政方面，采取苏绰的"先治心，敦教化，尽地利，擢贤良，恤狱讼，均赋役"的六条建议；在军事方面，采取宇文泰创立的府兵制，建立起八柱国（相当于八大部落酋长，是清朝八旗制的源头）、十二大将军、二十四开府（又称二十四军）的府兵组织系统；在惩治官吏腐败方面，他打击贪污腐败的力度也是三国之中最大、最彻底的，西魏制定了"征备之法"，用来严厉追查打击以前的贪官污吏。宇文泰更是以身作则，严格执法，他的内兄王世超在任秦州刺史时骄横不法，被他大义灭亲给处死了。而东魏北齐、萧梁和陈的执法力度远远不及，因而普遍贪污腐败横行，政治风气远不如西魏、北周。元宝炬对外采用和北攻南战略，使西魏进一步强盛。北方经济逐渐恢复，在三次战役中大败东魏大军。律法严明促进经济繁荣，眼光独到选择强大盟友，文职官员更加文明，浴血的军队更加野蛮，为北周统一中国北方和隋朝统一中国奠定了基础。李延寿在《北史》评他云："帝性强果。文（昭）帝以刚强之质，终以守雌自宝。"本书认为，他是K1型。

第2任（元魏第17任皇帝）废帝元钦，元宝炬之长子，孝文帝元宏的曾孙，在位3年，享年29岁。公元535年，其父亲元宝炬登基后，元钦被册立为皇太子，7岁时被父亲托付给宇文泰教养，不久迎娶宇文泰长女为太子妃，宇文泰为其岳父，他是宇文觉的姐夫。元宝炬的女儿嫁给宇文泰的儿子宇文觉，元宝炬是宇文觉的岳父，宇文觉是元钦的妹夫。宇文觉的母亲是孝武帝的妹妹，元宝炬的堂妹，元钦和宇文觉是表兄弟。他登基后，立妃子宇文氏为皇后（宇文皇后）。西魏取得南朝梁的蜀地，次年又夺得江陵，西魏由此变成后三国时期最大、最强的国家。西魏皇族成员元烈密谋杀宇文泰，事情泄露，反被宇文泰所杀。元钦对于元烈之死愤愤不平，密谋诛杀宇文泰，夺回大权，元育、元赞等人垂涕切谏，元钦不听。当时宇文泰诸婿李基（李远次子）、李晖（李弼次子）、于翼（于谨次子）分掌禁军，事情泄露，宇文泰将元钦废黜，幽禁在雍州。同年四月，宇文泰鸩杀元钦，皇后宇文氏亦以忠于魏室罹祸。他们夫妻二人生能同衾，死可同穴，虽在人世仅仅二三十年，在政治上失败了，但在爱情上无疑是伟大的胜利者。宇文皇后不孝于父亲宇文泰，而忠于丈夫和西魏，也为世人所称道。这对悲情的夫妻，他们对爱情的忠贞，用生命奏出的爱情绝唱将永远感动人们，为后人所敬仰。本书认为，他是P1型。

第3任（元魏第18任皇帝）恭帝元廓，元钦之胞弟，在位3年，享年21岁。18岁的元廓被宇文泰拥立为帝，他下诏以岐阳之地封宇文觉为周公。宇文护逼迫元廓把皇位禅让给宇文觉。本书认为，他是K型。

西魏皇帝的性格类型路线如下：文昭帝元宝炬（考拉）01—废帝元钦（孔雀）02—恭帝元廓（考拉）03。

第七节　东魏皇帝的性格类型探究

东魏是从北魏分裂出来的元魏政权，是元魏王朝在东边的延续，都邺城，以晋阳为别都，高欢坐镇晋阳遥控朝廷。东魏历1帝，国祚17年。

高欢逼走孝武帝，以孝武帝弃国逃跑为由，遥废其帝号；推举元亶为大司马，居尚书省摄政。元亶认为高欢一定会拥立他做皇帝，于是刚愎自用，出入排场都是按皇帝规格。高欢到达洛阳，借口孝昌年间（孝明帝）以来，皇位传承辈分次序混乱，孝武帝、元亶都是孝文帝的孙子，由此拥立元亶的11岁嫡长子元善见为皇帝，是为东魏孝静帝，元魏同时存在两个皇帝：孝武帝元修、孝静帝元善见。元魏正式分裂。《北史》记载，元善见为孝明帝的嗣子，继承北魏大统。原话是：高欢乃与百僚会议，推帝以奉明帝之后。这里的明帝，是指孝明帝元诩。就此而言，高欢的政治远见高于宇文泰，他是以维护孝文帝—宣武帝—孝明帝的正统来获取民心，以及士大夫的支持。

东魏孝静帝元善见，孝文帝元宏曾孙，元怿之孙，元亶之子，在位17年，享年28岁。高欢拥立元善见为帝之后，宰制朝廷，任命司马子如（司马懿的四弟司马馗的十世孙，P型）为尚书左仆射，高隆之（渤海高氏，T型）为右仆射，高岳（高欢族弟，O3型）为侍中，孙腾（K2型）留守邺城，共执朝政。元善见虽是少年，但心智早熟，年纪轻轻便深谙韬晦之术，国政一委高欢，从来不出头，令后者大为满意。高欢为了拉近同小皇帝的关系，将自己的女儿嫁予元善见为皇后，由此更加巩固高家的势力。

随着渐长，孝静帝文武全才的特点日渐明显，颇具明君之相，史称其"帝好文学，美容仪。力能挟石狮子以逾墙，射无不中。嘉辰宴会，多命群臣赋诗，从容沉雅，有孝文风"。高欢能与元善见默契相处。高欢去世后，侯景不服高澄（高欢的世子）掌权而叛乱，26岁的高澄（元善见的妹夫）遵高欢遗命，重用慕容绍宗，果敢击溃侯景，吞并两淮，从此霸气专权，不能和元善见友好相处，他命心腹崔季舒监视皇帝的举动，并随时汇报。

皇帝在公开场合被大臣殴打，事后不仅不敢治罪，反而还要对其进行赏赐，简直是荒诞至极。这场闹剧的受害者，正是东魏皇帝元善见。元善见被史学家称为无比窝囊的皇帝。他备受掣肘，即使脾气再好，也难免会跟高澄发生摩擦，其受辱一事正是发生在君臣摩擦之后。据《魏书》记载，高澄某次参加宫廷宴会，曾举起大觞请孝静帝喝酒，大失为臣之道。孝静帝非常气愤地说：自古无不亡之国，朕亦何用如此生！高澄非但没有恐惧谢罪，反而生气地喊道：朕，朕，狗脚朕！高澄命令崔季舒打了孝静帝三拳，然后拂袖而出。严重受辱的孝静帝却不敢对高澄、崔季舒问罪。高澄让部下崔季舒殴打元善见，嚣张至极。高澄是中国历史上第一个公然拳打皇帝的权臣，元善见是中国历史上第一个当众被大臣殴打的皇帝。这只是第一次受辱，孝静帝的第二次受辱马上接踵而至。

T型的高澄，在殴辱孝静帝后，第二天派崔季舒入宫"谢罪"，致物以示安慰，孝静帝哭笑不得，但出于礼节，赏赐了崔季舒一百匹绢。没想到崔季舒不敢接受，回去向高澄请示后，向皇帝请求只领取一段。面对这赤裸裸的羞辱，孝静帝大为愤怒，于是命侍臣将一百匹绢打开，将其全部连接在一起赏给崔季舒，并恶狠狠地说：拿去，这也是一段！经过两次受辱，孝静帝对高澄恨入骨髓，但惧于对方的威权，每每只能在背地里抒发愤懑之情，反复吟咏谢灵运的诗："韩亡子房奋，秦帝鲁连耻。本自江海人，忠义动君子。"

侍讲大臣荀济为解君父之忧，于是与元瑾、刘思逸等人密谋讨伐高澄，结果事泄全部被杀。元善见被权臣高澄安上"谋反"的罪名，高澄说了一句历史上最令人震惊的话：皇上，你是想造反吗？足见高澄的野蛮无理和嚣张跋扈。《魏书》记载了高澄和元善见的经典对话，高澄带兵入宫，曰："陛下何意反邪！臣父子功存社稷，何负陛下邪！"（高澄）将杀诸妃嫔。帝（元善见）正色曰："王（高澄）自欲反，何关于我（皇帝）？我尚不惜身，何况妃嫔！"事后，孝静帝被软禁在含章堂。

元善见被迫封高澄为齐王，高澄再次来到邺城，邀请死党密谋篡夺皇位的勾当。高澄与心腹密议受禅之事，为防机密泄露，侍卫大半遣出，结果他离奇地被厨师兰京（南梁勇将兰钦之子）刺死。本来对命运已心如死灰的孝静帝，在听闻高澄被杀的消息后大喜过望，兴奋地对左右说：高澄之死真是天意，是该朕掌权的时候了。然而"前门驱虎、后门进狼"，正当孝静帝准备亲政之际，高澄的亲弟高洋却迅速接班，将东魏朝政控制在自己手中，彻底击碎孝静帝掌权的计划。相较于飞扬跋扈的高澄，大智若愚的高洋更加凶残阴狠，也更加难以对付。高洋逼迫孝静帝禅让退位，降封其为中山王。孝静帝退位后，自知命运凶险，为保全性命，整日饮酒赋诗以示甘于现状，希望能解除舅子的杀心。然而这一切终究是白费，他最后还是被高洋毒杀，落得个凄凄惨惨的下场，实在是可悲。孝静帝遇害时，年仅28岁。史书说他：沉雅明静，喜爱文学。李延寿评他云：从容沉雅。本书认为，他是P4型。

北朝元魏（北魏、西魏、东魏）历任帝王的性格类型，在黄氏TOPK性格圆盘的移动路线情况，如图15-10所示。

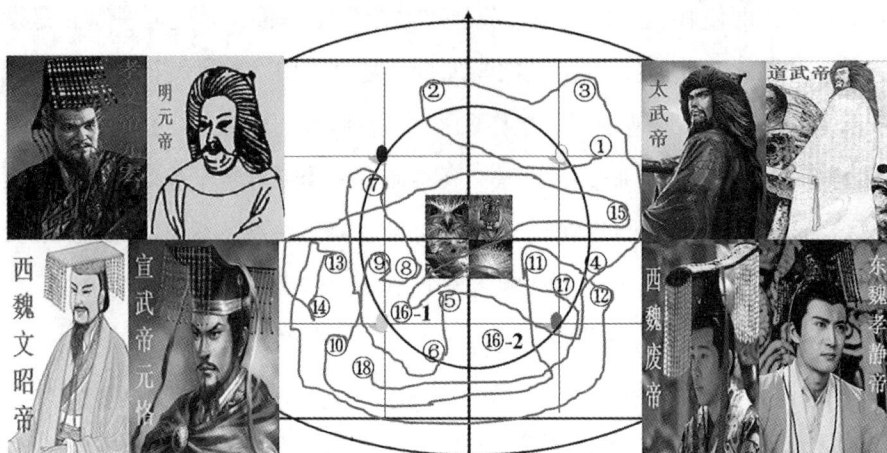

图 15-10　北朝元魏政权的帝王性格类型转移

　　鲜卑族拓跋氏是中国北部古老的游牧部落，具有勇武质朴和凶狠刚猛的特质，就整个民族而言，老虎性格非常明显，按今天的话来讲，以血性刚强为主导性格。北魏的开国者拓跋珪是 T 型皇帝，也就不足为奇了。他的次子拓跋绍杀死其父皇，就是两虎相争，在性格上，可以理解，但在伦理上，是要受到谴责的。北魏第一代，就遇到了国家政权危机。幸好皇太子拓跋嗣是 O1 型，很快就解决了危机，成功继任了北魏大统。他通过祭祀黄帝、舜帝，把中原文化注入鲜卑族的信仰中，把鲜卑族追溯为黄帝的后裔，在文化信仰和民族血缘上，认同华夏大族，认为自己是华夏大族的一员，这为其接任者逐鹿中原获得了政治优势。他的儿子拓跋焘执政 28 年，主政性格从 O 型转移为 T 型，北魏的疆域得到很大的扩张，最终统一了中国的北方。他在大功告成之际，没有克制 T 型的缺点"暴躁粗鲁"，导致了被同为 T 型的下属杀死，T 型的大臣杀死 T 型的皇帝，这是北魏第二次弑君，也是北魏的第二次政权危机，因发生在第三代皇帝身上，称为三代危机。T 型的宗爱迎立 P 型的拓跋余，P 型皇帝因筹划不严密，被 T 型的宗爱杀死，是北魏的第三次危机，也称四代危机。第五代拓跋濬是 K1 型，他既勇猛，又善于调和，消化新占领的疆域，加强文治。

　　第 6 代拓跋弘，虽然是 K 型，但很有创新天赋，虽然主政 7 年就当了太上皇，但他并没有当甩手掌柜，而是用心训练和指导元宏，提升儿皇的执政能力。O 型的元宏，很有悟性又谦虚，执政能力成长很快。他不仅从父皇那里学到执政智慧，也从其祖母冯太后那里学到了执政智慧。与西汉宣帝刘询类似，擅长学习强者的执政能力，刘询是从霍光那里学到执政智慧。元宏比汉宣帝更具优势的是，他的学习，在前期得到父皇的谆谆教导，而汉宣帝完全是通过自己观察和琢磨而悟到的。拓跋珪七世的元宏，不仅顺利迁都洛阳，而且成功实施了太和改革，实现了民族大融合，北魏也在百年时期达到了鼎盛。元宏很顺利地把皇位交给元恪，元恪是 K1 型，他的猫头鹰性格没有其父皇元宏多，孔雀性格比父皇元宏多了些。在鼎盛时期，他能够维持北魏的强大，是合格的皇帝。但因为其主导性格是考拉，第三性格是孔雀，因此，拘于亲情和激情，他没能处理好后宫事务，导致了皇子偏幼，孝明帝元诩6岁接班，元恪的托孤缺乏智慧，导致正光危机，如元叉乱政，其中最大的危机就是胡太后毒死自己的儿皇孝明帝。孝明帝是K1型，猫头鹰特质不多，执政能力提升较缓慢，在这方面，元诩不如他的祖父元宏，北魏由此衰败而进入末期。这个时期是T型的权臣和K型皇帝的常规组合，弱君强臣，皇帝无为，强臣有为。如果一旦皇帝是T型或P型，很快就会发生矛盾冲突，皇帝的猫头鹰性格偏少，会导致自己被权臣所废杀，如P型的孝庄帝元子攸、前废帝元晔。史学家一般认为，孝武帝导致了北魏的灭亡，本书认为，正因为孝武帝元修是T型，才有东魏和西魏的存在。三虎相斗过程中，元修在和T型的高欢、宇文泰相争过程中失败了，北魏分裂为东、西两魏，他自身也被宇文泰所杀。他的失败，一是他的执政能力有待提升，二是他的猫头鹰性格偏少，严谨明略欠缺，三是他没有组建好TOPK执政团队。也正因为元修的一搏，元氏政权以两个割据政权得到延长，如果元修不搏击，元魏很快就会遭遇曹奂、司马邺、司马德文、刘准、萧宝融等末代皇帝的命运。

元氏政权，兴起于T型，亡于K型，始衰于K型，P型加速了其衰败。一代老虎开基，二代猫头鹰建制，三代老虎扩疆，四代孔雀昙花接棒，五代考拉文治发展，六代考拉重视接班人培养，七代猫头鹰改革而盛昌，八代考拉守成顶峰，九代考拉始衰，十代考拉继续衰落，之后元魏政权在拓跋珪的七世、八世、九世、十世后裔中走马观花式地轮转了9帝30年，世系传承极为混乱，国之大事的祭祀和军事，均受到严重的破坏。元魏氏政权，虽帝位已及十世，但没有超过十世。北魏元氏亡于T型，西魏二代三任K型延续了国祚22年。

元魏政权，一路在克服危机中走来，稍微顺畅了几代（如元宏、元恪、元诩三代），最后在无法克服的危机中灭亡。元魏政权没能像赢秦政权一样，走过699年后，终于在赢秦非子29世孙赢政手中，统一华夏开创新纪元。这是遗憾的，其中有主政者的性格原因。O型的秦孝公发动改革，到一统天下，共有6位继任者：4个T型、1个K型、1个O型。O型的魏孝文帝元宏发动改革，到北魏分裂，共有8位继任者：1个T型、2个P型、5个K型。赢秦的秦孝公有4个T型的继任者，而元魏的孝文帝只有1个T型的继任者，而且这位T型的继任者是在元魏已经跌入了低谷时期上任的，如果他不拼搏一下，元魏在他手上就会彻底灭亡。

元魏政权衰亡后，元魏宗室后裔，迄今名垂千秋的有：唐代大文豪元稹、金末元初大文学家元好问，元稹为道武帝的祖父拓跋什翼健的19世孙。

第八节 北齐的帝王性格类型探究

北魏末年，朝廷乱政腐败，引发六镇起义，尔朱荣家族崛起，镇压起义，掌握兵权，入京废立皇帝，并杀废帝母子，行董卓之事，诛杀立威。他手下有两个雄才，一个叫高欢，另一个叫贺拔岳。他的徒弟高欢，在尔朱荣去世后，首先对尔朱荣家族发难，打败尔朱荣家族，行董卓之事。贺拔岳在关中崛起，贺拔岳手下有个雄才叫宇文泰，跟随贺拔岳。高欢深忌贺拔岳的崛起，密令侯莫陈悦用计杀害贺拔岳。贺拔岳去世后，宇文泰被推荐统领贺拔岳诸军，被孝庄帝任命为大都督。宇文泰趁势崛起，在长安也行董卓之事。高欢和宇文泰挟天子令群臣，相互攻打，想一统北方，进而想一统华夏，企图以建功而篡夺帝位。

北齐是由东魏权臣高欢次子高洋篡位所建，北齐继承了东魏所控制的地盘，历3世6帝，享国28年，如图15-11所示。

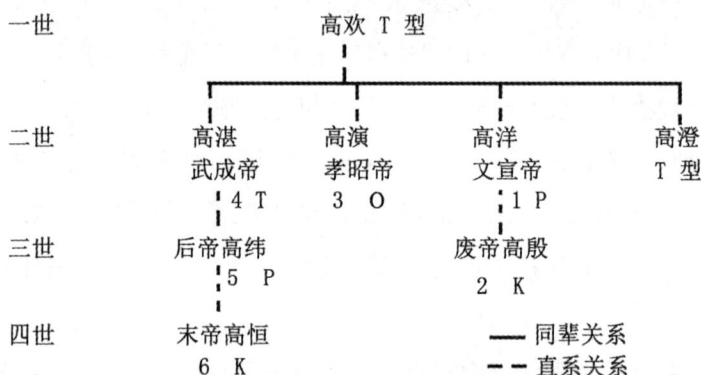

图 15-11　北齐高氏政权的帝位传承和世系

北齐的奠基人高欢，高树生之子。高树生不务正业，母亲韩氏早逝，高欢由姐姐和姐夫养大，直到鲜卑富家女娄昭君委身下嫁，其家境才得到改善。高欢从娄昭君的嫁妆中得到匹马，才得以在边镇队伍中当队主，之后，高欢的事业和家业一路顺风顺水，节节高。他在尔朱荣麾下为将，参加征讨葛荣大战而崛起。尔朱氏家族讨伐孝庄帝时，他采取了观望策略，选择保存实力，引20万余众回河北。尔朱家族残暴不仁，不得人心，他产生了讨伐尔朱家族的想法。他用计获得六镇降兵的统领，顺利移师山东。高欢到山东后，严肃军纪，秋毫无犯，每过麦地，自己下马拉住缰绳，受到当地人民拥戴。他还用计策反军队，成功地攻灭了尔朱氏家族。

对于败坏的吏治，高欢做过实质性的努力。勋贵尉景贪得无厌，压榨百姓，高欢实在看不下去了，告诫尉景说：可以无贪也。尉景毫无惧色，大大咧咧地答道：我跟你比谁贪得多呢？我不过从凡人上剥取钱财，你是从天子身上取啊！高欢自己挟天子令群臣是事实，但是勋贵面对指责，竟敢放此厥词，他理亏心虚也无可奈何。他主张枪杆子出政权，在非常时期不怕民心乱，只怕军心乱。面对不法军勋贵族，他更多地纵容。自古以来是得民心者得天下，岂有依仗武力，纵容官吏而能长治久安的？高欢的偏袒和不作为使东魏和北齐政权自创立伊始就埋下隐忧，六镇勋贵们依旧横行不法，与中原士人的矛盾日益加深，双方内讧，互相陷害攻杀，这是国家最可怕的内伤。

他深知属下鲜卑士兵与汉人之间的矛盾。他试图调和胡汉之间的关系，但调解工作并不成功，没能像西魏宇文泰那样把汉族和鲜卑族一起整合为关陇集团，汉族和鲜卑族在高欢治下，民族矛盾十分尖锐，外加他偏袒鲜卑族，加深了这种矛盾，最终败给了由关陇集团构成的北周。

他为人深沉，富于机谋，极具军政天赋；善用人，不问地位高低，唯才是举。治军严明，将士乐为效死。从他替尔朱荣出谋划策，到击破掌权的尔朱家族都显示了这一点。他临终前嘱咐儿子高澄，指出侯景必然造反，但只要用慕容绍宗为帅就可讨平。结果不出高欢所料。高澄、高洋日后的班底，基本不出他的建制，他为北齐立国打下了坚实的基础。隋唐史学家李百药评他云："深沉有大度，轻财重士，为豪侠所宗。深密高岸，终日俨然，人不能测。机权之际，变化若神。至于军国大略，独运怀抱，文武将吏，罕有预之。统驭军众，法令严肃，临敌制胜，策出无方。听断昭察，不可欺犯。知人好士，全护勋旧。"本书认为，快刀斩乱麻的高欢是 T2 型。

北齐的第 2 位奠基人高澄。严明有大略，具备政治天赋，通过改革官员选举制度，惩治贪贿，整顿吏治，制定法律等手段，迅速确立了权威。击溃叛将侯景，以反间计乱梁，拓两淮之地，收复河南，在短期内团结东魏统治阶层，顺利掌控了东魏政权。他在完成夺取东魏皇位的准备工作之际，受禅前夕为膳奴所刺杀，年仅 29 岁。他对高氏地位的巩固，从东魏到北齐政权的过渡贡献颇大，历史地位如同魏晋时期的司马师。本书认为，高澄是 T3 型。

第 1 任齐文宣帝高洋，高欢嫡次子，在位 10 年，享年 31 岁。高澄为篡国称帝辛苦经营多年，却意外被刺而死，21 岁的高洋"捡漏"，继承其兄高澄所有职务，在公元 550 年，篡位成为开国皇帝。其母娄昭君反对其篡位，阻止他说："汝父如龙，兄如虎，犹以天位不可妄据，终身北面，汝独何人，欲行舜禹之事乎？"他依然坚持实施篡位开国。

初期，他比较谨慎，以法驭下，虽勋贵外戚也不宽容，政治清明，人得尽力。军国大政多独自决断，每临战阵身当矢石，所向有功。励精图治，厉行改革，劝农兴学，编制齐律。他重用杨愔等相才，删削律令，并省州郡县，减少冗官，严禁贪污，注意肃清吏治；前后筑北齐长城四千里，置边镇二十五所，屡次击败柔然、突厥、契丹，出击萧梁，拓地至淮南。征伐四克，威震戎夏。投杯而西人震恐，负甲而北胡惊慌，怀有圣主气范，北齐国力达到鼎盛，成为当时南北三个割据国家中最强大的国家。

随着四邻安定，大权统摄，他意志开始松弛，腐败起来，由勤勉走向荒淫暴虐。整日不理朝政，沉湎于酒色之中，他在都城邺修筑十分豪华的三台宫殿，朝政腐败，国势衰落，军队也日益削弱。高洋残忍杀害元魏皇族700余人。高洋虽昏虐，但还未伤及宰辅杨愔，杨愔维持匡救，实有赖焉，所以时有"主昏于上，政清于下"的说法。唐代某"公子"（可能是唐太宗）问虞世南："（高洋）狂悖之迹，桀、纣之所不为，而国富人丰，不至于乱亡，何也？"虞世南回答："（高洋）鄙秽忍虐，古今无匹，委万机于遵彦（杨愔），保全宗国，以其任用得才，所以社稷犹存者也。"最后一年，他不理朝政，由太子监国。

他在功成名就之后，追求生活上的新奇特，好歌舞、好表演等，按照史书《北齐书》《北史》记载，高洋酗酒后乱杀人，疯疯癫癫，荒淫残暴，无奇恶不做，残忍杀了妃嫔，还把她的尸骨做了个琵琶来弹奏。腰斩劝谏的典御丞李集，嘲弄李集是书呆子，还狂妄地说：龙逢、比干，非是俊物。他还差点把忠臣杨愔杀死。腐化的生活缩短了高洋的寿命。李百药评他说："纵酒肆欲，事极猖狂，昏邪残暴，近世未有。……穷理残虐，尽性荒淫。"李百药还说，"（高洋）沉酗既久，弥以狂惑，至于末年，每言见诸鬼物，亦云闻异音声。"《北齐书》评他云："少有大度，志识沉敏，外柔内刚，果敢能断。"

高洋属于前明后昏的开国皇帝，前半生是天使，奋发有为，后半生是魔鬼，堕落狂妄；变化之快之大，究其缘由，难以想象。他前半生发挥的是T型和P型的优点，后半生表现的是T型和P型的缺点。他小时候没有得到母爱；青年时，也没有得到父亲和母亲的公正公平的爱，经常被兄弟们嘲笑愚弄。政治家族，兄弟多，压抑过久，精神压力过大，以致高洋成为中国历史上开国皇帝里著名的疯子暴君。本书认为，他属于P1型。

第2任齐废帝高殷，高洋的嫡长子，在位1年，享年17岁。5岁立为皇太子，16岁接班即位。高洋临死前诏令尚书令杨愔、平秦王高归彦、侍中燕子献（高殷的姑父，O4型）、黄门侍郎郑子默（郑颐，P2型）等人辅佐高殷。高殷即位后，遵遗诏，令杨愔、燕子献、宋钦道（P2型）一同辅政。一个月以后，他任命斛律金为左丞相，高演为太傅，高湛为太尉，段韶为司徒，高淹为司空，高湜为尚书左仆射，高孝琬为司州牧，侍中燕子献为右仆射。4个月后，他任命太傅高演为太师，太尉高湛为大司马，平秦王高归彦为司空，高濬为尚书左仆射。朝廷亲王权力过重，尤其是皇叔二王（高演、高湛），宗室亲王得到太皇太后娄昭君的鼎力支持，皇太后李祖娥根本不是他们的对手。

杨愔（K1型）的改革，激发了朝廷错综复杂的矛盾，杨愔在高殷的支持下，密谋架空二王，加强皇权，托孤大臣高归彦（高殷的叔祖父，P型）暗地不支持，投向高演。高演发动政变，杀了杨愔、燕子献、可朱浑天和、宋钦道、郑子默。太皇太后娄昭君下令废黜年少的皇帝高殷为济南王。

高殷下台前，娄太后、高演曾对高殷及其母李祖娥发誓，一定不会谋害他的性命。当年高洋临终前，考虑到会出现幼帝懦弱、诸王势大的局面，曾经半真心半威胁地嘱咐高演：殷儿的皇位，你可以取而代之，但是请求你一定不要害他的性命。听完高洋的临终嘱托后，高演信誓旦旦地宣称自己将绝对效忠幼主，不敢有异心。但高殷还是在次年（公元561年）被叔皇高演派人杀害。叔皇杀亲侄皇，实为北齐高氏之悲剧。《北齐书》评高殷云："宽厚仁智。"李百药还说："和睦亲懿，应断不断，自取其咎。"本书认为，他是K2型。

第3任孝昭帝高演，高洋的同母弟，高欢的嫡三子，高欢的六子，在位2年，享年27岁。25岁的皇叔高演发动政变，废皇侄高殷而立为皇帝。他在年幼时，很受母亲娄昭君的宠爱。在位期间，文治武功兼盛，长于政术，善于理解事情的细节，分析判断皆合乎道理。积极寻求及任用贤能为朝廷效力，注意民生问题，释放奴隶，大力屯田，广设粮仓，有效解决北齐粮食危机，同时依法量刑，大力宣传华夏文化。他关心民生，轻徭薄赋，下诏分遣大使巡省四方，观察风俗，问人疾苦，考求得失。并亲征北讨库莫奚，出长城，虏奔遁，分兵致讨，大获牛马。

高演发动政变之前，曾跟亲弟高湛相约，一旦自己篡位成功，将册立高湛为皇太弟，以此得到后者的鼎力支持。登基后，他却违背当初的誓言，册立儿子高百年为太子，高湛大为不满。他患重病临死时，也许想到：我自己欺负高殷年幼势单，篡位之后又杀了兄长的儿子。那谁又能保证我死后，高湛不会把我的儿子杀了，自己当皇帝呢？为了皇太子高百年不再重复高殷的命运，他宣布废掉年幼的太子，传位于弟弟高湛。他亲自给高湛写了一封信，在信的结尾叮嘱高湛：高百年年幼没有过错，如今我将皇位传给你，希望你能优待他，千万不要学先前那些为皇位屠戮子侄的帝王。高湛接到信后，当着来使的面赌咒发誓，声称自己上台后必定会善待侄儿，并在百年之后将皇位传给他。高演得到奏报后大感欣慰，自认为儿子此后再无性命之忧。但9岁的高百年还是被高湛残杀而死。史书《北齐书》《北史》评他云：深沉能断。史学家李百药说，高演读书，弄清它的本旨而不喜欢辞采。他还说，高演善于决断，擅长文辞义理，大家害怕并服从他。当时的人佩服高演的精明而讥讽他的琐碎。本书认为，他是O1型，明谋而雄断。

第4任武成帝高湛，高洋的同母弟，高欢嫡四子，高欢的九子，在位4年，当了4年太上皇，享年32岁。高演去世后，皇太后娄氏命宦官宣布传位遗诏，左丞相斛律金率领百官劝进，24岁的高湛接班登基为帝。在位期间，虽然成功地抵御了北周和突厥的入侵，但他喜好玩游戏，陶醉于听歌观舞，沉湎于美色，肆意诛杀宗室及大臣，导致朝政日益混乱，社会动荡，国势日益衰败，公元565年，他传位于太子高纬，自任太上皇，军国大事依然全部向他奏报，后因酒色过度而死。本书认为，他是T3型。

第 5 任齐后帝高纬，高湛的次子，在位 12 年，享年 22 岁。10 岁的高纬，受父皇禅让为帝，是北齐第一个少年皇帝。在位初期，父皇为太上皇，给予辅政，实际上是训练高纬的执政能力，这段时期，他还能克制自己，虚心学习。他设置文林馆，礼遇文人学士，但不如其胞弟高俨果敢勇武。太上皇去世后，14 岁的高纬不能控制天性的缺点，整日奇思妙想，变着法享乐，还搞个玉体横陈传青史。唐代诗人李商隐赋诗曰："小怜玉体横陈夜，已报周师入晋阳。"《北齐书》记载："（高纬）盛为无愁之曲，自弹胡琵琶而唱之，侍和之者以百数。人间谓之无愁天子。"文艺皇帝，爱好音乐，本身没错，但在皇帝岗位上，他放弃皇帝责任，忘掉天子的职责是治国理政，全身心投入音乐和戏剧。他继承了父皇高湛的奢华，认为帝王这样做是理所当然的事情，这就大错特错了，这叫作错位，错位的结局，就是因其不胜任皇帝岗位而导致后宫混乱，两废皇后，政治腐败，军力衰落，国家摇摇欲坠。

虽然较好地控制了局势，但他更加骄纵，更加堕落。北齐采取两都制：晋阳为军事中心，名为别都，实为军事首都；邺城为政治中心，政治首都。在高氏篡位之前，两都错位发展，真正做到了以邺城财赋养晋阳雄兵，在讨伐及防御北周时曾呈现出良好的效果，有助于高氏始终掌握枪杆子。但高氏开国后，依然实行两都体制，两都由错位发展变成了相互竞争，这就造成高氏内部相互疑忌而内部不和，致使两都相互削弱，两派俱伤，身为皇帝的高氏，尤其是集权欲望强烈且集权手段狠辣的高纬，诛杀兰陵王高长恭、丞相斛律光，虽是自毁长城，但实为确保他自己在两都能够说一不二。遗憾的是，他的行为使双子系统的经济、政治纽带断裂，系统失衡，北齐的三角（邺都—晋阳—洛阳）支援方式失效，最终国家灭亡。在对待两都问题上，高纬不如其父皇高湛，高湛以太上皇驻守别都晋阳，儿皇在首都行政执政。但高湛由于不能控制自己的色欲而过早去世，这是高氏政权的悲剧所在。同一个家族政权下的两都体制，必然会引发矛盾，带来自身的政治内耗。这就叫作"成也两都，败也两都"。

看到北齐土崩瓦解，北周武帝宇文邕东征，大败齐军，22 岁的高纬传位于皇太子高恒，希望挽救局势。邺城被北周军队攻破了，他带领幼主高恒等人，准备投降陈朝。行到青州，为周军所俘虏，降封温国公。后被诬参与穆提婆谋反，与安德王高延宗、幼主高恒等人一起被赐死。本书认为，他是 P4 型。

第 6 任齐末帝高恒，高纬之子，高湛之孙，在位时间 24 天，首都邺城就沦陷了。北齐军队屡战屡败，8 岁的高恒受父皇禅让即位，成为北齐的娃娃皇帝。高纬的禅让是逃避责任，是甩锅。而他的父亲高湛的禅让，虽然有甩锅的味道，但更多的是为让两都系统维持健康运转，更多的是锻炼未来接班人的执政能力。当然，高湛对私生活控制不力，使他的禅让弊大于利。他荒唐的私生活，影响了他的儿子高纬，高纬有过之而无不及。本书认为，高恒是K型。

北齐皇帝的性格类型路线如下：文宣帝高洋（孔雀）01—废帝高殷（考拉）02—孝昭帝高演（猫头鹰）03—武成帝高湛（老虎）04—后帝高纬（孔雀）05—末帝高恒（考拉）06，具体如图15-12所示。

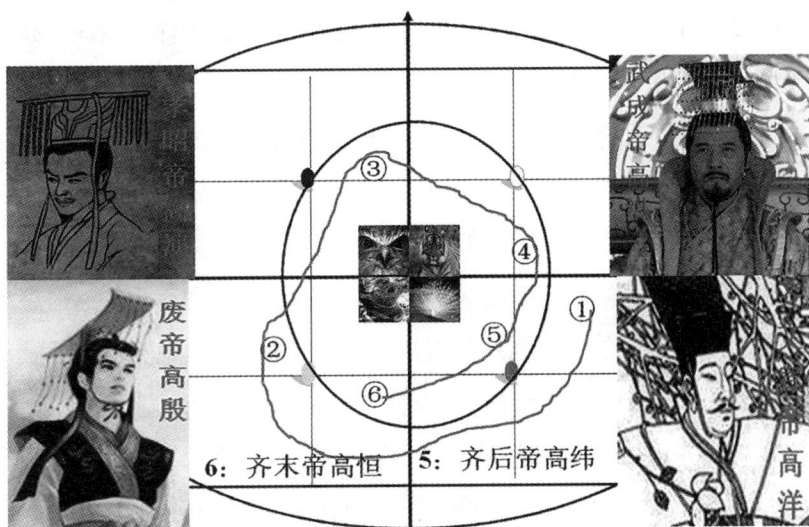

图 15-12　北齐高氏政权的帝王性格类型移动

北齐皇帝的性格类型，在黄氏TOPK十字圆内实现了完美的移动，属于顺时针移动。从P型皇帝高洋开始执政，10年后，从P象限移动到K象限的高殷；仅在K象限停留了1年，再通过政变，移动到O象限的高演。这个过程是非正常的，这个移动对高氏政权来说弊大于利，而不是正常移动带来的利大于弊。高氏政权，不幸的就是，在O象限停留时间也不长，仅2年，随即进入了T象限的高湛，完成了四象运转，四象显明，似乎是四象齐茂。高氏政权在T象限停留8年时间，如果按照当代欧美国家的四年一任期来参照的话，T型皇帝的高湛相当于执政两任，似乎执政时间不长也不短。按照中国历史传统，主政时间过短了些，T型高湛执政时间少于其兄长P型高洋。高湛之后，帝位移到了P象限，由P型的高纬主政，这个移动是正常的，似乎回到了起点，实现了四象运转，国运其昌。高纬虽然在位12年，但真正执政只有8年，前4年是其父皇高湛当太上皇，朝政大权在其父皇手中，更为关键的是第5任皇帝高纬是10岁的少年皇帝，这么小的年龄，肩负国家重任。14岁亲政的他，在父皇去世后，把孔雀性格的缺点尽情显现，高氏政权第二次在P象限停留的8年，对高氏政权来说，是致命的打击。第6任帝位传承移到K象限，传给了8岁的娃娃皇帝高恒，只有24天。高纬还在世，当太上皇，执政性格实际上依然处在P象限。6位皇帝共主政28年，平均每个皇帝主政4.7年，按照当今欧美国家领导的主流任期，就是每个皇帝只在位一个任期多，政策没有连贯性。

高氏帝位的传承移动路线是完美的，是在相邻象限完成移动的，不存在两个极端。从表象来看，这种移动传承应该会带给高氏政权以基业长青，实现百年宏图。但事实上，北齐的高氏政权是短命的，连30年都没有。其原因，不是传承移动路线出了问题，而是移动过程出了问题，存在一次非正常传承。从高殷到高演是通过政变完成的。6个皇帝中，3个皇帝是兄弟，高演主政时间很短，只有2年，最后一个皇帝根本没有执政。高湛、高纬的实际主政时间没有高洋长。高氏政权的衰败的关键原因是，高洋、高演、高湛三兄弟的母亲娄昭君干政。她是俭约的老虎型，历经四朝，一直在主导皇帝的传承，直到公元562年。从这个意义上来讲，北齐的第1任到第4任，均为T型的娄太后把控，四任皇帝背后受T型娄太后支配，可以视作四任都是T型，扎堆在T象限，属于T型太后乱政！高洋的篡位开国，虽然她口头上不是很赞同，但她行动上并没有反对高洋篡位开国，她批评高洋的话，也许是种反激励。高洋的托孤团队，她可以不给予承认和尊重，逼迫皇孙高殷让高湛兄弟掌握实权。高湛的即位，得到她的支持；更为要命的是，她支持高演发动政变，诛杀尚书令杨愔（女婿），废黜高殷（帝孙）为济南王。她对北齐的短寿负有重要的责任。

高洋篡位建立北齐，与司马炎篡位建立西晋，从形式上来看，很相似。司马炎篡位成功，是经过其祖父司马懿、司马师、司马昭三人的接棒努力而水到渠成的。高洋篡位成功，是经过其父亲高欢、其兄长高澄两任的接棒努力而取得的。两者都是前人栽树，后人乘凉。高澄相当于司马师的角色，但高洋相当于司马昭+司马炎，司马昭因身体意外而在篡位前病逝，否则，司马氏也会和高氏一样在第二代就篡位成功。司马氏的篡位，基于华夏文明的"功于国、德于民"的理念，天命所归，天道无常，常与善人。司马氏不断在积德累功，只是他们所积的德是"小德"或"私德"，政出私门，故这个德，是为小圈子内的成员谋取利益。他们所建的功，是为曹魏政权开疆辟土，消灭蜀汉对曹魏政权来说、对华夏民族来讲，司马氏所建的功是巨大的，但司马氏家族并没有上战场，运用的是曹魏政权的力量和国家名义。曹魏灭了蜀汉，司马昭就迫不及待地要受禅为帝。他们也在等待曹魏失德，只是曹魏皇帝"明大德、守公德、严私德"，基本上没有失德。曹魏没失德，让司马氏所建立的政权的合法性，受到后人的质疑。司马炎虽然篡位称帝前，没有建大功，但其称帝后，以统一天下为己任，最终消灭东吴而统一华夏，篡位开国有功。司马炎的篡位开国，虽然也受到后人的指责，但认为他功大于过。

高洋、萧道成、萧衍他们因为没有弄懂华夏文明的精髓，认为自己是权臣，想怎么样，就怎么样；想当皇帝，就马上篡位当皇帝。高洋他们属于权贵篡位，无功也无德。这就是北朝时期的高氏、南朝时期的萧氏和曹魏时期的司马氏不同之处。北周的宇文泰，虽然为西魏开疆辟土，从南梁那里夺得四川、重庆、湖北等地，属于有大功于西魏，但西魏初期，宇文泰接受了西魏文昭帝元宝炬的委托，教养皇太子兼女婿元钦。宇文泰废杀魏帝元钦就属于失德。北齐、南齐、北周的国祚都没有西晋、东晋那么长。权贵篡位，国祚不长，难以过三代。功勋篡位，国祚可过50年。大道大德，以救济苍生为旗帜，并自行建立功勋开国者，国祚可及10世。坚守道德和功勋并举的开国传家，方可兴盛10代以上。

北齐从表象上传了三世六帝，实质上，只传二世五帝，也是二世而亡。因为，所谓的三世高恒，他只是个背锅的末代皇帝，八岁娃娃，在位时间短暂，一个月都不到，还和太上皇一起被俘。他父皇高纬，是中国历史上第一个面对危机，为了不当亡国皇帝而主动甩锅的皇帝。500多年后的宋徽宗就是从这里学来的。北齐的二世而亡，是真正的二世而亡，这与某些史学家说的秦二世而亡，有本质的差别。从史料来看，作为全国性政权，秦朝也不是二世而亡，他传到了嬴子婴，是——他主政时间虽然也不长，只有46天，但他在46天里，干了一件惊天动地的大事：用谋略杀掉大奸臣赵高。客观地讲，全国性政权的秦朝是：二世而衰，三世而亡。从秦国灭掉东周，到嬴子婴投降，作为正统皇朝，其国祚也有51年，正统政权的秦朝是五世而衰、六世而亡。如果从嬴秦非子开国开始，到嬴子婴投降，嬴秦政权的国祚有699年，嬴子婴是嬴秦非子的38世，客观地讲，秦政权（国）是三十八世而亡。

娄昭君慧眼识高欢，与高欢同甘共苦，打下北齐王朝的基础，她的四个儿子，一个为齐王，三个为皇帝，不少人认为她是北齐最值得尊敬的人，情商智商皆一流。本书认为，她其实是失败的母亲，在教育儿孙方面是失败的。她的儿子都壮年去世，没有一个活过35岁的。她的两个儿子被史学家称为最荒淫的皇帝，中国近代历史学家吕思勉说：北齐文宣、武成两帝，均极荒淫。北齐被后人称为禽兽皇朝，国祚也那么短，没能超过30年。北齐的二代危机，作为太皇太后的她负有主要责任。儿子杀孙子，这种荒唐的事，她事先没能防范，而且发生了两次。高氏家族的骨肉相残，没有人伦，她却未能制止。唐朝魏徵说：齐氏之败亡，盖亦由人。这里的人，包括娄昭君、高洋、高湛、高纬等在内。从西晋篡位开始，那些得国不正的政治家族，其家庭教育很难培养出遵循大道的文武领袖，他们所建立的王朝，一般荒唐凶残的帝王比较多。前人不正，后人很难正。偶尔一个正的，很快就会被歪的干掉，劣币逐良币。

第九节　北周的帝王性格类型探究

北周由西魏权臣宇文泰奠定国基，由其子宇文觉在其侄子宇文护的拥立下开创，历3世5帝，国祚24年，如图15-13所示。

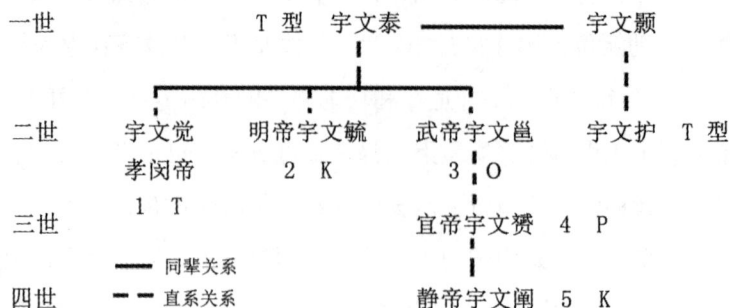

图 15-13 北周宇文氏政权的帝位传承和世系

北周的奠基人宇文泰，炎帝之后裔。年轻的宇文泰是边镇武吏，参加了六镇起义，兵败之后，被收编在其父好友贺拔岳部下。他参与消灭关陇起义，成为贺拔岳的得力干将。贺拔岳遇害后，他统领贺拔岳军后，一面命诸军戒严，准备进讨侯莫陈悦，一面上表孝武帝元修，并与元毗及诸将刑牲盟誓，相约共扶王室，孝武帝遂下诏以他为大都督，统领贺拔岳所部人马。他得到孝武帝的正式承认后，立即进攻侯莫陈悦。从此，宇文泰宰制关陇。北魏分裂为东西两魏，西魏国力最弱，东魏连年攻打西魏，进入两魏相争时期。先期，西魏处在守势。潼关争胜，双方第一次交手，以东魏高欢失败告终。沙苑大战，西魏先败后胜。洛阳鏖战东魏，宇文泰失败。邙山大战，西魏失败。玉璧大战，高欢病死，西魏扭转劣势。趁萧氏皇族内战之时，宇文泰取南梁的土地，夺得汉东、益州、襄阳等地，控制了长江上游和汉水。江陵之战，西魏崛起，成为后三国中疆域最大的国家。内政改革，国力陡增。其间，宇文泰两次废帝，以太师、大冢宰（大丞相）而总揽朝政，宇文泰统领八柱国。

宇文泰第二次废杀魏帝，没有获得西魏大臣的臣服。《北史》记载了大臣对这件事情的看法。公元 554 年，当宇文泰大宴群臣时，西魏太史柳虬手执文书告诉朝廷众官说：废帝（元钦），是文昭皇帝的嫡长子。7 岁时，文昭皇帝把他托给安定公（宇文泰）说：这个孩子，能够成才，是由您所造就的；不能成才，也是由您所造成的，您应当努力鼓励他。您既然受了这样的重托，又身居首辅重任，同时将女儿入宫为皇后，却不能训导教诲，使之有所成就，造成被废黜，辜负了文昭皇帝当时托付的本意，这个过错不由安定公（宇文泰）承担，那该由谁承担呢？宇文泰只好承认是自己辜负重托，自揽责任，归因于自己教导无能。虽然口头承担责任，但他没有在行动上有所表示。面对史学家大臣柳虬的公开批评，宇文泰只好没有随即篡位开国。

宇文泰病逝北伐途中，享年 50 岁。李延寿等史学家评他："明略过人，从谏如流。明达政事，恩信被物。知人善任，能驾驭英豪。性好朴素，不尚虚饰。调和胡汉，严明执法。"本书认为，他是 T1 型，支配力、自制力都很强。

宇文泰得到正式授权，有功于西魏朝廷，开疆辟土，内政改革，国力蒸蒸日上，因而获得重任，也由此变成了权臣。他擅自废立君王，并杀死所废君王，这是他失德所在。宇文泰重建元魏，与曹操重建东汉不一样，曹操重建汉朝，开始没有得到朝廷授权，曹操自行建立队伍与诸侯们进行角逐，在创业过程中，获得根据地后，才迎接汉献帝以令群臣和诸侯。曹操没有废立君王，曹操对于东汉而言，是有德也有巨功的。宇文泰对于西魏政权而言，是有巨功的。他在生前没有篡位登基，是其侄子宇文护完成篡位开国的过程。从表象来看，他与曹操相同。实质上，宇文泰是西魏的职业经理人，获得孝武帝的聘任，他所拥有的根据地也是孝武帝授权给予的。在这一点上，宇文泰叔侄三人和司马懿祖孙三代一样，均属于职业经理人角色。而曹操是自行创业，然后借壳上市。在创业到一定的阶段，和只有名而无根据地也无实权的汉献帝联手，合伙继续创业。但宇文泰与司马懿又有不同，虽然两者都是职业经理人，但司马懿是曹魏政权的两任托孤大臣，司马懿获得了曹魏两帝的信任，成为重臣、获得权力，最后背叛魏帝的托孤，辜负委托信任而走向了篡权之路，尽管司马懿没有废立君王，但他违背了华夏民族的"忠义"价值观。而宇文泰是通过孝武帝的任命及自己的建功（抵制高欢的进攻和协助西魏改革）而获得重臣权力的。

北周开国皇帝是孝闵帝宇文觉，宇文泰的第三子，嫡长子，在位约9个月，享年16岁。其母亲是北魏孝武帝元修的妹妹。他的皇后是西魏文帝元宝炬的女儿元胡摩，宇文泰在病逝前，把15岁的宇文觉等托孤给43岁的宇文护。宇文泰对亲侄宇文护说：我的儿子们都还年幼，如今外敌强悍，内部对手也很多，今后国家之事，都由你决定，你一定要努力完成我的志向。宇文护在六大柱国的支持下，顺利接过宇文泰的权力。掌握西魏大权的宇文护，威逼元廓禅让逊位，拥立堂弟宇文觉受禅称帝。宇文觉登基后，任命宇文护为大司马，赵贵为太傅、大冢宰，李弼为太师，独孤信为太保。宇文护进爵晋国公后，居功专政。与宇文泰同辈的大将军赵贵、独孤信等人不服宇文护专政，策划袭杀宇文护。谁知他们的阴谋还来不及实施，就有人向宇文护告密了，反被其先发制人，宇文护乘赵贵入朝之机将其捉拿，杀赵贵（满门抄斩），罢了"忠义为先"的柱国独孤信的官，不久，孤独信被赐死。

这件事使孝闵帝觉得自己的皇位不稳，他担心宇文护谋害自己而篡位。宇文护就任大冢宰（大丞相）后，权力更大，专横跋扈。宇文觉更加不相信宇文护的为人，两者的关系出现了裂痕。当时，李植、孙恒等人在宇文泰之时就是朝廷重臣，见宇文护如此主政，担心受到排挤，就秘密邀集乙弗凤、张光洛、贺拔提、元进等人为亲信，规劝孝闵帝说：自从宇文护处死大将军赵贵以来，威望和权力都与日俱增，谋臣宿将争着依附于他，大小政事都由宇文护决断。以臣下们看来，宇文护会越来越不遵守臣子之道，他的势力恐怕要进一步扩大，希望陛下早作打算。孝闵帝认为此话有理。乙弗凤等人又说：以先王那样的圣明之君，尚且委托李植、孙恒处理朝政，今日如果互相扶持，事情何愁不成？况且宇文护常说如今辅佐陛下，想效法周公之事。臣听说周公代君王处理朝政七年，然后还政于周成王。如今陛下还能设想宇文护七年之后会像周公那样吗？恳切希望陛下不要再迟疑了。坚毅刚决的孝闵帝更加相信宇文护有野心，多次率领武士在后园讲习擒拿动作以自卫或者亲政（这一招，来自东吴时期的孙亮，运用成功者是清朝的康熙皇帝）。宇文护加紧把控朝政，乙弗凤等人更加恐惧，加紧密谋，准备约定日期召集各位公爵会宴，乘机抓住宇文护，将其杀掉。但张光洛把他们前前后后的密谋全部告诉宇文护，宇文护召见柱国贺兰祥、小司马尉迟纲等人合谋废立君王之事，先设计诛杀乙弗凤，并使宇文觉身边没有侍卫；接着派贺兰祥逼迫宇文觉逊位，将他贬为略阳公并幽禁，不久将宇文觉杀害。宇文觉不仅是史上最年轻的开国皇帝，而且还是史上任期最短、享年最短的开国皇帝，更是中国历史上第一个傀儡开国皇帝，第一个被堂兄废杀的开国皇帝。《周书》评曰："孝闵承既安之业，应乐推之运，柴天竺物，正位君临，迩无异言，远无异望。虽黄初代德（曹丕代汉），太始受终（晋代曹魏），不之尚也。然政由宁氏（特指宇文护），主怀芒刺之疑；祭则寡人，臣无复子之请。以之速祸，宜哉。"南宋徐钧为此诗云："生长朱门十五春，废兴无奈属权臣。当时枉作开基主，翻被虚名误却身。"李延寿《北史》云："帝（宇文觉）性刚果"，即个性刚毅果敢。本书认为，他是T2型。

第2任明帝宇文毓，宇文泰的庶长子，宇文觉的异母长兄，在位5年，享年27岁。23岁的宇文毓被44岁的堂兄宇文护拥立为帝，他任命宇文护为太师，赏赐辂车、冕服。他为人宽容，君臣关系相对融洽，他周围逐渐集聚起一批老臣元勋，致力于发展经济，在百姓中威望日高。他召集公卿以下有文学修养者80余人，在麟趾殿校刊经史。采辑众书，从伏羲、神农以来，直到魏末，编成《世谱》。他本人博览群书，善写文章，著有文章十卷，流传于世。这些典籍的出版，对当时的学术文化发展做出了很大贡献，加快了中华文化的大融合。

宇文护搞了一次"归政于帝"的举动，把除了军权以外的所有权力都交还给宇文毓。明帝毫不客气地照单全收，托管业务变成了直管业务，引起了宇文护的疑惧和不安。宇文护指使一个御厨在明帝的食物里下了毒药，明帝死前在殿上拼尽力气，宣布弟弟宇文邕接班为帝。宇文护4年杀3帝，仅次于高欢，高欢是1年杀3帝。两人是北朝杀皇帝的双子星。宇文护废杀西魏恭帝，开建北周，执政基础获得稳固，废除孝闵帝，虽然执政权力更大，但政治上开始丢分；毒死明帝，就失去了政治基础。尽管表象上，宇文护的权力不受影响。因为外柔内明的宇文毓，治有美政，百姓怀之。唐朝令狐德棻在《北周》中评明帝："宽明仁厚，敦睦九族，有君人之量。幼而好学，博览群书，善属文，词彩温丽。"史学家评明帝："宽厚仁爱大度，聪睿明哲博闻。"他即皇帝位后，对功臣恭敬有礼，对亲族亲厚和睦，遵循恭敬节俭之道，崇尚文治，勤勉不倦，有帝王的品德。他接班时，就有权臣专擅朝政，政治由权豪把持；最后又被施毒加害，享年不能长久。本书认为，他是K2型。

第3任武帝宇文邕，宇文泰的第4子，闵帝宇文觉、明帝宇文毓的异母弟，在位18年，享年36岁。18岁的宇文邕在即位之初采取守势，在宇文护面前装出一副软弱不堪的模样，宇文邕率领皇族亲戚向宇文护之母行家人之礼，被称为"觞上寿"，以此来博得宇文护的欢心。他不惜牺牲侯莫陈崇，表明自己对宇文护绝无二心。他表面上尊重和屈从，成功地躲过宇文护的毒害。他虽然貌似软弱可欺，但在暗地里一直在培植亲信，耐心地等待诛杀宇文护的良机。宇文护虽性宽和但不识大体，委任非人而久专权柄，素无戒略，两次伐齐都大败而归。诸子贪残，僚属恣纵，蠹政害民。宇文护东征伐齐，失败而归，使宇文护在北周的威望大大降低。

武帝与胞弟宇文直（卫王）策划，利用宇文护进宫拜见皇太后的机会，请他朗读《酒诰》规劝皇太后，在朗读过程中，宇文直成功刺杀了宇文护，随即杀尽宇文护的儿子、兄弟及亲信，一举肃清他的势力。诛灭宇文护势力，是宇文邕一生中的大事，避免了走短命皇帝的老路，把北周从内乱倾轧中解救出来。宇文护被杀后，北周的大权才真正掌握在宇文邕手中。他除去了心头之患，专心进行改革，史称周武改革，摆脱鲜卑旧俗，吸取华夏优秀之处，整顿吏治，规定六府不必总听于大冢宰，使大冢宰的权力虚化，以加强皇权；改诸军军士为侍官，表示军队从属于皇帝和国家化。取消兵源的种族限制，境内凡男悉可为兵，大大扩充了军力。限定地方行政长官与其僚属的关系，以防止地方上的私人化。原来弱于北齐的北周终于转弱为强，政治清明，百姓生活安定，国势强盛。两次东征兴兵伐齐，最后成功灭齐，统一了北方。当皇帝18年间，他先是韬光养晦，族灭权臣宇文护，而后亲掌万机，平灭北齐高氏，是南北朝时期的一代英主。

《周书》记载了他的一段话："但岐路既分，派源逾远，淳离朴散，形气斯乖。遂使三墨八儒，朱紫交竞；九流七略，异说相腾。道隐小成，其来旧矣。不有会归，争驱靡息。今可立信道观，圣哲微言，先贤典训，金科玉篆，秘迹玄文，所以济养黎元，扶成教义者，并宜弘阐，一以贯之。"译文是：但是既已出现了错误的方向，支流和本源就越来越疏远，它厚重朴实的义理离析分散，它的形体和神气也发生了背离。于是使得三墨八儒，是非优劣交相争逐；九流七略各种学说纷纷涌现。大道不明，由来已久了。如果没有共同遵奉的准则，各派之争就不会止息。现在可以设立通道观，凡是圣人的微言、先贤的典训、完美重要的法令、罕见的典籍，只要是可以救助养育百姓，帮助完成教义的，都应当弘扬光大，用一种大道将它们贯穿起来。本书认为，这表明他已经看到了当时华夏文化的悲剧所在：诸子百家，都是盲人摸象，互争高低，攻击内耗。重振华夏文化，出路就在整合各家的优势，为人民服务。这表明，他对文化及其发展脉络很精通，其眼见高明而精确，其方法实在而高效，其使命崇高而伟大。

史书《周书》《北史》说，他武帝顺境时，个性果决，有智谋，能断大事；逆境中，性格深沉，识见宏远，不是因为周明帝垂问，他始终不轻易发表意见。明帝宇文毓常常赞叹他道：此人不言，言必有中。李延寿《北史》云："虑远谋深，以蒙养正。及英威电发，朝政惟新。"虞世南评他云："骁勇果毅，有出人之才略，观其卑躬励士，法令严明，虽勾践、穰苴，亦无以过也。"他在去世前说：我平生居住生活，常常很节俭，并不只是为了以此来训诫子孙，这也是我心中本来的喜好。本书认为，宇文邕是O1型，能够自觉或不自觉地在这四种性格间切换。

第4任宣帝宇文赟，武帝宇文邕的嫡长子，在位8个月，当太上皇约1年，享年22岁。13岁被立为皇太子，14岁视察北周西部地区。15岁，在武帝为母居丧期间，他以皇太子之名总理朝政。武帝每次外出视察，常常留下他监理朝政。17岁的他视察西部地区，并趁机讨伐吐谷浑。由此看来，武帝精心和用心地训练接班人，以提高太子的执政能力和胜任皇位的能力。这种训练，一直进行到宇文赟即位，长达7年。这在中国历史上也是为数不多的。经过这样的训练，又得到一代英主武帝的辅导，按照常识来看，他应该完全能胜任皇帝岗位。

没有想到，20岁的他当了8个月的皇帝后，将皇位内禅于年仅6岁的长子宇文衍，自称天元皇帝（实为太上皇），冕冠前后悬垂24条玉串（天子是12条玉串），车服旗鼓，都以24为标准。对臣下自称为"天"，依然掌控朝政大权。大臣朝见时，必须事先吃斋三天、净身一天。公卿大臣请示政事者，都靠太监转奏。在位（包括太上皇）期间，颁布九条律，获得民心；杀害忠诚能干的皇叔宇文宪、柱国大将军王轨，提拔心腹为高官；平定两次叛乱，南征陈国；喜欢自夸，掩饰过错，拒绝劝谏；自高自大，无所顾忌；国家大典，任意变动；大兴土木，变革典章，游戏无常，没有节制。他有好几个叔叔都住在长安城里，看到他胡闹，免不得摆出长辈架子劝导他。这些人是赵王宇文招、陈王宇文纯、越王宇文盛、代王宇文达和滕王宇文逌。这几个叔叔没犯错误，想杀又不能杀，宣帝真是烦死了。这时，身边的狐朋狗友给他出了个馊主意：既然皇上看他们不顺眼，就让他们离得远点！他立即采纳了这个建议，把五个叔叔全都赶出京城，让他们去各自的封地。

他一口气册封了五个皇后，五后并立，创造了中国历史上的神奇纪录。他在外随心所欲，在内尽情纵欲，欲望的沟壑难以填满。施加恩宠，不限厮役；给予荣宠，不避邪诣。乐舞杂戏、幻术角抵，不离眼前。骄奢淫逸、纵欲狂欢，酗酒好色，多情多义，佳丽万千，逍遥后宫。结果，放荡无忌，精尽人亡。

杨皇后（杨坚的长女）性情柔顺和婉，不忌妒，四位皇后和嫔妃御女等都喜爱而敬重她。而宇文赟昏庸残暴，喜怒失常，曾经责备她，打算给她施加罪刑，杨皇后举止安详，言语神态不乱。宇文赟大怒，于是赐她死罪，逼着她自杀，扬言要族灭杨氏全家。杨皇后的母亲独孤氏知道后，到宫中致谢，叩头直到流血，最后杨皇后才得以免罪。这为杨坚篡位埋下了伏笔。

《周书》记载，武帝对宇文赟的教育很严，尤其是饮酒方面。不少史学家把宇文赟的失败归因在武帝教儿过严以及亲子教育的方法不对。《周书》云："（宇文邕）期之（宇文赟）于惩肃，义方之教，岂若是乎。"他们认为，武帝想把宇文赟培养成明君，却适得其反。在严父的眼皮子底下，宇文赟逐渐学会伪装作秀，每天言行举止都按照规矩来表演，绝不敢表达真实的感情，貌似一位谦谦君子。然而在私底下，他却是一个无恶不作的暴徒，为发泄被压抑的情绪，经常会做出严重的恶行，但由于掩饰得比较好，所以一直没有被武帝发觉，这一点，跟南齐废帝萧昭业很相似。棍棒之下难出孝子，这种分析是有道理的。

本书认为，宣帝之所以在背后养成了一些坏习惯，其原因不是仅与其父皇逆反，更为深层次的原因是其生母不是皇后所带来的教育缺失。按照史书记载，他即位后，尊嫡母皇后阿史那氏为皇太后，尊生母李娥姿为帝太后。武帝宇文邕的皇后阿史那氏是突厥可汗的女儿，虽属政治联姻，宇文邕对她十分敬爱，可惜夫妻九年，阿史那氏未能生育子女。这就导致了皇太子和皇后之间没有血缘关系，宇文赟于是就有了两个母亲：嫡母阿史那氏和生母李娥姿。按常识来看，拥有两个母亲，应该会拥有更多的教育资源，获得更多的文化家风熏陶，集三家优势而大成。当然也有集三家劣势而大成的可能。从史书来看，宇文赟是后者，他所学到的是父皇、嫡母族、生母族的缺点，尤其是其嫡母和生母家族的缺点：嫡母突厥公主，喜酒好歌舞，伦理素养落后于华夏族，而生母出自寒门，自卑而缺乏安全感。宇文赟尽情地展现了P型和T型的缺点：暴戾、冲动、不会隐忍、眼光短浅。本书认为，他是P1型。

第5任静帝宇文衍，宇文赟之长子，在位3年，享年9岁。他6岁被立为皇太子，母亲为朱氏皇后（出身吴郡朱氏，早年因罪没入掖庭而受宇文赟宠爱）。不久受父皇禅让为帝，朝政大权依旧由父皇把控。他尊生母朱氏为帝太后，杨坚之女杨丽华为皇太后，司马令姬（西晋皇室，北齐司马子如之孙女）为皇后，任命宇文赞（皇叔）为上柱国、右大丞相，杨坚为左大丞相，柱国、宇文贽（皇叔）为上柱国；上柱国、郧国公韦孝宽为相州总管；宇文善、窦毅、侯莫陈琼、阎庆为上柱国。服丧期间，由左大丞相杨坚辅政。身为国丈的司马消难极端不满，起兵反叛，被杨坚平乱成功。

宇文泰的外甥尉迟迥，为北周实力派上柱国大将军，他不满杨坚辅政，起兵反叛，奇怪的是，他没有以静帝名义起兵，而是以赵王宇文招小儿子的名义号令天下。虽然得到不少响应，如荥州刺史宇文胄（宇文泰的侄孙），但出师不正，再加上北周末期，宣帝宇文赟，荒淫残暴，失去了普通官吏和老百姓的支持，最终被杨坚成功平乱。因为尉迟迥另立新帝反抗静帝，虽然是讨伐杨坚，但杨坚此时并没有废静帝宇文阐，也没有失德，反而是尉迟迥失德。尉迟迥讨伐杨坚，就等于他反对代表正统的静帝宇文衍，也就是造北周的反。

随着平乱不断成功，杨坚晋为大丞相，在大司空、上柱国韦孝宽病逝后，杨坚开始独掌大权。宇文衍被迫禅让帝位于杨坚，被封为介国公。有史学家据此认为，两晋南北朝的大分裂自司马家始，也应当自司马家终（宇文衍的皇后为司马氏）。令狐德棻《周书》云："斯盖宣帝之余殃，非孺子之罪戾也。"本书认为，他是K型。

北周皇帝的性格类型路线如下：闵帝宇文觉（老虎）01—明帝宇文毓（考拉）02—武帝宇文邕（猫头鹰）03—宣帝宇文赟（孔雀）04—静帝宇文衍（考拉）05，具体如图15-14所示。

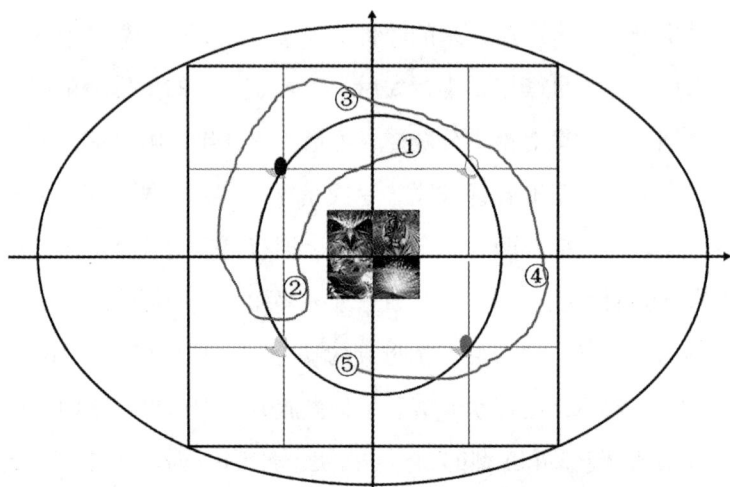

图15-14 北周宇文氏政权的帝王性格类型移动

北周帝位传承从T型的宇文觉开始，在T象限仅停留了9个月，就进入对角线的K象限，传给K型的宇文毓，在K象限仅待了5年就进入O象限，由O型的宇文邕接任，宇文邕执政18年后（实际执政6年），进入对角线的P象限，由P型的宇文赟接任。宇文赟不发挥孔雀性格的优点，尽兴展现孔雀性格的缺点，在位8个月左右，就当太上皇，太上皇仅当了约1年就离开了人间，北周政权在P象限停留了2年不到，就移到K型象限，娃娃皇帝主政3年左右。从性格类型路线图的表象来看，北周的帝位传承的性格路线图很另类，在两个对角线移动。第一次对角线移动，与当时的国内环境匹配，因为权臣是T型的。K型的皇帝可以致力于经济文化建设，这对北周发展是有利的。第二次对角线移动，主政风格迥异，官吏和百姓难以适应，与当时的国内外形势又不相适应，当时的形势需要的是T型皇帝。但从K象限移动到相邻的O象限，对北周来说，是利大于弊的。一是果敢的猫头鹰会战胜自傲的老虎，宇文邕废除了权臣宇文护，从而彻底解决了北周的一代危机（一任危机、二任危机）。二是O1型皇帝是事业导向型的皇帝，他有志于统一天下、励精图治，就如同类型的曹操一样，宇文邕使北周的实力超越北齐，他灭掉了北齐，统一了华夏民族的北方。

北周的帝位传承过程也是不正常的，前期有T型的权臣在主导。开国的皇帝，虽然是T型，但他年轻、无威望、无实权，政治才干还不熟练，从而引发北周一代危机，因为T型的宇文护不会允许T型的皇帝挑战他的权威。T型的权臣，一般会选择K型的皇子来当皇帝，因为K型的皇帝温和听话，没有太多的控制欲望。一旦皇帝要挑战T型的宇文护，宇文护就果敢快速地废掉皇帝，北周皇帝从第1任到第2任，再到第3任，其传承过程都不是在正常状态下完成的，都是在T型的宇文护主导下实现的。也就是说T型的宇文护操纵了三任皇帝，直到公元572年，共执政了15年。北周主政性格类型传承路线，实际上是从T象限（15年）到O象限（6年），再到P象限（1年），最后到K象限（3年）。从O象限直接到P象限，属于对角线转移，前后的执政风格变化太大，官吏和百姓一下子接受不了，朝政矛盾重重。与北齐的高纬一样，宇文赟也尽情展现了孔雀性格的缺点，朝政矛盾更加激烈。更不幸的就是，宇文赟来不及慎重托孤，突然间去世，在仓促间把皇帝岗位交给6岁的娃娃。虽然娃娃皇帝在太上皇去世前1年就当了皇帝，但那时有太上皇罩着。P型宇文赟没有为接班人搭好执政班子。帝王性格类型转移虽然进入了相邻的K象限，但这个K型皇帝，没有主政能力，也没有很好的执政班子辅政，注定了要灭亡。

宇文泰把嫡长子托孤给自己的侄儿宇文护，T型的宇文护立即完成篡位开国的任务，废杀元廓，拥立亲叔的嫡长子为帝；废魏帝，开创北周，功勋巨大，封晋国公。但因为个性的关系，T型宇文护没能向P型周公辅佐周成王（O型）那样渡过开国危机，而是直接废杀了自己的堂弟宇文觉，辜负了亲叔宇文泰的重托，引发了新的危机。这是宇文泰托孤失败的关键所在，因为他在世的时候，有八柱国协商执政，他可以摆平八柱国首领，平衡他们之间的关系，但只托孤给自己的侄儿，就引发了政权的失衡，很快就引发了北周建立后的第一次政治危机，与宇文泰同辈的大将军赵贵、独孤信（后世称他为三朝岳父、他的三个女儿分别是北周、隋、唐的皇后）等人不服宇文护专政，策划袭杀宇文护。宇文护乘赵贵入朝之机将其捉拿，凡参与者一律处死。柱国协商共治的北周体制受损，从此，宇文护升为北周的大冢宰。宇文护独大，孝闵帝成为傀儡皇帝。李植、孙恒等人在宇文泰之时就是朝廷重臣，见宇文护执政，担心受到排挤，就秘密规劝孝闵帝收回皇权。果决的宇文护第二次废杀皇帝，北周本来就得国不正，开国不正，国之根基不稳，国祚难以长久。废立皇帝，也许是权力斗争，但杀所废的开国皇帝宇文觉，杀亲叔托付的堂弟，这就刻毒了，比司马师还残忍。司马师废了曹芳，并没有杀死他，让他以邵陵县公而善终。而宇文毓直接被宇文护毒死，这就更不人道了。北周发生第二次政治危机，也称二任危机，二任危机因宇文护的阴谋引起，因明帝的果决得到缓解。废杀闵帝，毒死明帝，再被迫拥立武帝，到杀死同为八柱国的侯莫陈崇、李远，宇文护变得更加狂暴傲慢，尽管他的军事才能一般般。他东征北齐，无功而返，最后宇文邕用计刺杀了权臣宇文护。宇文护虽然废杀君主，但自己并未称帝。不是他不想，而是他不能。蔡东藩评宇文护云："宇文氏之篡魏，非觉为之，护实使之然也，故觉可恕，护不可恕。护既导觉为恶，复弑魏主，彼犹得曰吾为宗族计，吾为昆弟计，不得不尔。即如杀赵贵，逼死独孤信等，俱尚有词可辩，觉负何罪，乃遽废之，且并弑之？然则护之凶逆，一试再试，固不问为何氏子也。"

北周渡过了三任危机，武帝宇文邕亲政后，君臣真正团结一致地走上了一统天下之路。可惜的是，宇文邕亲政6年后，壮年病逝。更为不幸的是，他教育皇太子的方法过于粗暴严厉，以致宇文赟叛逆，不爱江山爱玩乐，年纪轻轻就当太上皇，把自己身体掏空而早逝。随即北周灭亡。北周政权是一代兴创而隆，二代衰落，三代而亡。北周国祚才24年，宇文护主政了15年，宇文护的主政时间占北周国祚的62.5%，这在中国历史上是罕见的。北周实质是：成也宇文护，败也宇文护。宇文邕的盛昌昙花一现，随即盛极而衰。北周同样在演绎"怎么来，怎么去"的故事，篡位而来，被篡位而去。善待他人而来，善待他人而去。北周演绎的是有功于国的权臣托孤于自己的亲侄，由侄子主导篡位，协助其子开国的故事。这与王莽、曹操、司马懿、刘裕、萧道成、萧衍、陈霸先、高欢、杨坚、李渊他们不一样。堂哥主导篡位，让堂弟开国，堂哥变权臣，堂弟变傀儡皇帝并被废杀，这是宇文氏创造的奇迹。

第十六章
隋朝帝王的性格类型移动轨迹

隋朝也称杨隋、大隋，它是中国历史上承南北朝，下启唐朝的大一统朝代，历4世5帝，国祚38年，如图16-1所示。

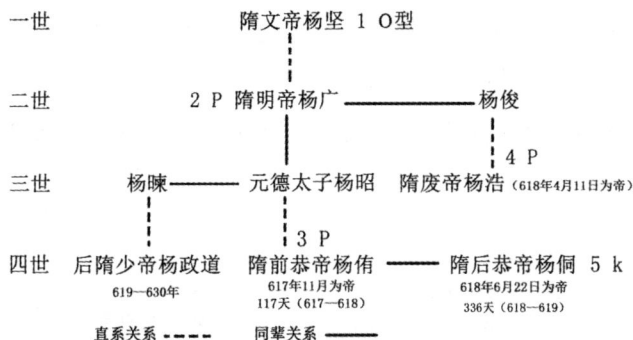

```
一世                       隋文帝杨坚 1 O型

二世           2 P 隋明帝杨广 ————————— 杨俊
                                              ┊
                                            4 P
三世     杨暕 —— 元德太子杨昭  隋废帝杨浩 (618年4月11日为帝)

四世  后隋少帝杨政道  隋前恭帝杨侑 —— 隋后恭帝杨侗 5 k
        619—630年      617年11月为帝         618年6月22日为帝
                     117天（617—618）       336天（618—619）

        直系关系 ┅┅┅┅   同辈关系 ————
```

图 16-1　隋朝杨氏政权的帝位传承和世系

隋朝进行了很多首创的国家治理实践，如首创中央治理的三省六部制，建立政事堂议事制、监察制、考绩制，巩固中央集权。隋文帝正式设立分科考试制度，隋炀帝增设进士科，正式推行科举制，秀才试方略、进士试时务策、明经试经术，形成一套完整的国家分科选才制度，为国家提供一批批非常得力的行政官员。在军事上首创军区制。地方治理上恢复秦朝的郡（州）县二级制。

隋朝时期，中华民族人丁兴旺，公元581年，全国才462万户；公元605年，全国就近900万户，有4600多万人口；公元609年，人口达5032万人，比唐朝"开元之治"时的820万户还要多。在全国各地设置粮仓，1969年，在洛阳出土了一座隋朝时期的含嘉仓遗址，内有259个粮窖，是超大型粮仓。其中一个粮窖还留有已经炭化的谷子50万斤。马周对唐太宗说："隋家储洛口，而李密因之；西京府库，亦为国家之用，至今未尽。"隋朝已灭亡了20年，隋文帝已经死了33年，可那时的粮食布帛还未用完，足见隋朝是富有的。隋朝用几十年创造出的财富，唐代直到开元时期，历经李世民、武则天等数代明主，近百年的时间才赶上，隋朝的富强前所未有。南宋马端临赞道："古今称国计之富者，莫如隋。"

隋朝的《开皇律》，虽然律文不过 500 条，却具有很高的立法成就，是我国法制史上的伟大一步。《开皇律》在人本主义上有极大进步，它废除了以前那些惨无人道的"五马分尸"、枭首、宫刑等酷刑，只保留斩首和绞刑两种，后世直到清末都沿袭这两种极刑。隋朝是中华文化传承和发展上的一个关键性王朝，是中国历代藏书量最多的朝代。583 年 1 月，隋文帝下诏求书，献书一卷赏绢一匹，以致隋朝藏有 37 万卷，77000 多种图书。到了唐玄宗时期唐朝藏书最多时才 8 万卷，包括唐朝学者自著 28467 卷，唐以前图书只剩下 28469 卷。

在杨坚父子率领的执政团队的治理下，中华民族迎来了第三个辉煌的帝国时期，中华帝国再次雄风万里，傲视全球。隋朝成功地统一并有效治理了历经数百年严重分裂的中国，从此中国在大多数时间里都保持着政治统一。《剑桥中国隋唐史》评价道：隋朝消灭了其前人的过时的和无效率的制度，创造了一个中央集权帝国的更为完善的治理结构，在长期政治分裂的各地区发展了共同的文化意识。

隋朝从西魏、北周走来，其伟大的创新成果被唐朝所继承，史称唐从隋规。这三个朝代在血缘上有亲戚关系，如图 16-2 所示。

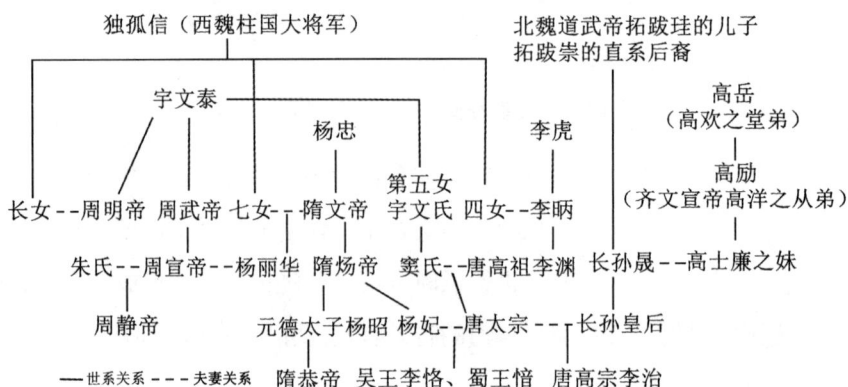

图 16-2　北齐、北周、隋朝、唐朝和独孤信家族的关系

北齐、北周、隋朝和唐朝统治者都有亲缘关系，他们有共同的亲戚独孤信，独孤信是北周周明帝、隋朝隋文帝的岳父，是唐朝唐高祖的外公，周明帝和隋文帝都是独孤信的女婿。隋文帝是周宣帝的岳父，隋文帝和周武帝是亲家，隋文帝是唐高祖的姨父，宇文泰是唐高祖窦氏皇后的外公，隋明帝是唐太宗的岳父。唐高祖和隋明帝属于亲表兄弟兼亲家关系，他篡夺了表弟隋明帝孙子隋前恭帝的皇位。北齐奠基人高欢的堂弟高岳的孙女，嫁给长孙晟，生了女儿长孙氏，嫁给李世民，为唐太宗的皇后。

隋文帝终结了中华民族 300 多年的纷争，开创了新纪元。虽是篡位开国，大节有亏，但这个亏是失了小德，没失大德，因为隋文帝篡夺了女婿周宣帝和朱氏的儿子周静帝的皇位，周静帝不是隋文帝的亲外甥。杨坚篡位不存在血脉伦理上的失德。何况杨坚的女婿周宣帝曾威胁杨皇后曰：必族灭尔家！他的篡位对中华民族来说，是利大于弊，有大德于中华民族。他统一中华民族是其巨大的功勋，他在统一中华民族后的一系列伟大改革，解决了中华民族千年来的历史难题，推动了中华民族更高质量发展。只是他和秦始皇一样，改革太超前了，留有隐患。其接任者杨广，操之过急，精力分散，没能适度回调，睿智不够，从而导致隋朝二代而衰、三代而亡。一个大的国家政权，需要解决三大问题，一是最高领导人的继承，二是中央治理和地方治理结构，三是可胜任的管理人员从哪里来。秦始皇的伟大创新，就是中央的三公九卿制和地方的郡县制；隋文帝的伟大创新，就是三省六部制和科举制。三省六部制和三公九卿制有本质的相同，他们实行的是最高首领负责制下的集体领导，但比秦始皇的三公九卿制更为高效。在为国家各级行政岗位选拔可胜任的官吏上，由原来的军功制、察举制、征辟制和九品中正的评估制，创新发展出科举制，逐步取消世袭制。科举制得到贯彻执行和顺利实施，从而从制度上彻底解决了治国官吏的人才来源。隋文帝改革和秦始皇改革一样，都是我们中华民族的伟大创新。

北周、隋、唐三代，是中华民族大融合的伟大时期，不仅仅是血脉的融合，更是勇猛气质和柔雅气质的融合，更是墨法兵纵横文化和道儒文化的再次深度整合。史学家陈寅恪曾言："取塞外野蛮精悍之血，注入中原文化颓废之躯，旧染既除，新机重启，扩大恢张，遂能别创空前之世局。"史学家范文澜说："秦始皇创秦制，为汉以后各朝所沿袭，隋文帝创隋制，为唐以后各朝所遵循，秦、隋两朝都有巨大的贡献，不能因为历年短促，忽视它们在历史上的作用。"

第1任隋文帝杨坚，东汉太尉杨震十四世孙，西魏柱国大将军、北周随国公杨忠（T2型）的长子，在位23年，享年64岁。他是中华第三帝国的奠基人，中国历史上最具影响力的开国皇帝，仅次于秦始皇，尊称为圣人可汗。本书认为杨坚是O1型，他能够在四种性格之间，自觉或不自觉地切换，以应人事。杨坚在晚年，猫头鹰性格的缺点比较明显：猜忌多疑。本书认为杨坚具有如下几个特点：

第一，在恶劣的朝政环境里，果敢地韬光养晦。

在恶劣的北周朝堂上，杨坚甚惧而深自晦匿。他还没袭杨忠爵位时，北周权臣宇文护想笼络他为心腹，他向父亲杨忠请教，杨忠说：两姑之间难为妇，汝其勿往！意指杨氏效忠皇帝，不可在皇帝和权臣之间首鼠两端。杨坚于是拒绝了宇文护的要求，宇文护就特别嫉恨杨坚，屡次想陷害他，因有大将军侯伏、侯寿等救助才免于被害。齐王宇文宪等人因杨坚相貌非凡，劝武帝宇文邕杀杨坚。宣帝猜忌杨坚并扬言诛灭杨氏九族，《隋书》说，有一次宣帝心情不好，威胁杨皇后说：我早就看你爸爸不顺眼了，明天就灭了他。几天后宣帝召杨坚入宫，事先埋伏下刀斧手，下令说：如果杨坚见到我时有任何心情紧张的表现，看我的信号，立刻杀掉他。杨坚来了，举止自若，毫无异样。宣帝毕竟只是怀疑猜测，看杨坚神态自若，反倒没了主意，只好扯了一会闲谈后放他回去。原文是："（宣）帝每忿怒，谓（杨皇）后曰：'必族灭尔家！'因召高祖（杨坚），命左右曰：'若色动，即杀之。'高祖（杨坚）既至，容色自若，（宣帝）乃止。"宣帝是用这种方式来试探皇后是不是杨坚安插在自己枕边的间谍，宣帝的逻辑也许是：如果杨皇后真是间谍，如果杨坚真有异心，那一定会把自己的话第一时间告知杨坚。如果杨坚得到消息，就一定会担心皇帝召见自己有可能是鸿门宴，或者不敢来，或者来了也心神不宁，那杨坚的不忠之心昭然若揭，宣帝就可以名正言顺地除掉他。这个时候，杨坚发挥了猫头鹰性格的优点——冷静沉稳、老虎性格的优点——镇定果敢。

第二，在平定北周诸王和重臣的谋反方面，杨坚运用韬略稳步推进。他以赵王宇文招把女儿嫁给突厥为借口，征召北周诸王入长安（调虎离山，一网打尽）。拥立宇文衍登基，为宇文赟发丧，内控北周诸王。不返京都的重臣老将、相州总管尉迟迥在外造反，杨坚委任年高望重的韦孝宽、李穆等去征伐。用王谊去平定司马消难的造反，用梁睿去平定王谦的造反。三总管军事叛变的平定为杨坚树立权威、众人归心起到了关键性作用。当雍州、毕王宇文贤和（在长安的）赵、陈等五王谋划造反作乱时，杨坚只抓住并杀死了宇文贤，不追究赵王等人的罪过，还让五王佩剑上殿，入朝不小步快走，以安定他们的心。当外面的重臣老将一个个被平定后，宇文招等五王暗中谋反之心更急迫了，赵王摆鸿门宴宴请杨坚，四周埋伏着甲兵，杨坚处境很危险，依赖元胄（北魏昭成帝拓跋什翼犍八世孙）的帮助才脱险。于是杨坚杀了赵王宇文招、越王宇文盛，杨坚被授予隋国公兼大丞相后，诛杀了陈王宇文纯。当韦孝宽去世后，再诛杀代王宇文达、滕王宇文逌。

第三，在遇到机会方面，杨坚需要别人推一把。

宣帝召刘昉和颜之仪到卧室里去，嘱咐后事。宣帝失去语言能力了，不能再讲话。刘昉看静帝太小，不堪国家的负担。刘昉素知杨坚，又因他是皇后的父亲的缘故，有大名于天下，于是与郑译谋划，让杨坚辅佐朝政。杨坚推辞，不敢承当。刘昉说：你想干，就快点干。如不干，我刘昉就自己干了。柳裘进言说：机不可失，时不再来，事情已经这样，应早定大计。上天给您，您不去拿，反受惩罚，假如犹豫不决，恐怕贻误时机而后悔不及。杨坚听从了柳裘的建议。在杨坚受禅前期，杨坚优柔迟疑，卢贲劝杨坚说："周历已尽，天人之望，实归明公，愿早应天顺民也。天与不取，反受其咎。"杨坚的夫人独孤氏也劝勉他："大事已然，骑兽之势，必不得下，勉之！"这些记载，表明杨坚的第一性格不是老虎型，因为老虎性格看到机会，简单地动一下大脑，就会忍不住去争取机会，老虎性格主张：机不可失，时不再来，做了再说。而猫头鹰性格，看到机会，则要三思而行，搞懂逻辑，降低失败风险，提高安全系数。

第四，果敢有计谋地升级自己的创业执政班子。

创业如果没有搭档，就像洪水里的一堵墙，太危险了！杨坚得以总理朝政，因其拥有性格爱好和他不一样的同学，这个同学叫郑译，给杨坚带来了他创业开国之前的一个内政班子：郑译（P型，音乐家）、刘昉（T型）、柳裘（K型）、皇甫绩（O型，韦孝宽的外甥）、卢贲（P型）等。在他们的帮助下，杨坚顺利以大丞相辅佐朝政。拿到军权和丞相权的杨坚，以郑译为长史，刘昉为司马。当尉迟迥起兵反叛，杨坚令韦孝宽讨伐他。官军到了武陟，诸将行动不一。杨坚想派刘昉或郑译去监军，对他俩说：要派心腹去统领大军，你们两个人，谁去啊？刘昉说未曾为将，郑译又以母亲年老为托辞，高颎请求让他去，于是派高颎去监军。从此，高颎进入杨坚的创业班子，杨坚开始有步骤地升级执政班子。

在知人善任方面，杨坚很有悟性，兼听明断。王谦构逆，杨坚将击之，问将于高颎。高颎答曰："于义素有经略，可为元帅。"杨坚初然之。刘昉进曰：梁睿位望素重，不可居义之下。杨坚乃止。于是以梁睿为元帅，以于义为行军总管。杨坚在辅政北周期间，施政宽和，精简严苛的法令，躬行节俭，天下之人心无不归附于他。不到两年的时间，杨坚就开国建隋成功。这是刘裕、萧道成、萧衍等不可比及的。

41岁的杨坚开创大隋之后，并没有忘记开基前的核心创业搭档，尽管他们的能力已经不能胜任新的岗位，但依然封他们为国公，刘昉为柱国、舒国公。新一轮的执政体制恢复秦汉魏体制，以高颎为尚书左仆射兼纳言，虞庆则为内史监兼吏部尚书，李德林（P型，其子李百药著《北齐书》）为内史令，韦世康（K型）为礼部尚书，元晖（K型）为都官尚书，元岩（O型）为兵部尚书，长孙平（O型）为工部尚书，杨尚希（杨坚的族侄，P型）为度支尚书，杨惠（又名杨雄，杨坚的族兄，K型）为左卫大将军，杨素为御史大夫。李穆为太师，窦炽为太傅，于翼为太尉，田仁恭为太子太师，柳敏为太子太保，公孙恕为太子少傅，开府苏威为太子少保。其中四人形成隋朝执政班子的核心，和隋文帝杨坚组成五人集体（相当于国家领导班子）治理隋朝，史书把这四个人称为隋初四贵：高颎（O型）、虞庆则（T型）、杨雄（K型，杨坚的族兄）、苏威（O型）。苏威、杨素、贺若弼（T型）、韩擒虎（T型）等人，都是高颎推荐的，他们各尽其才，成为一代名臣。公元592年，杨素（杨坚的族弟，T型）代苏威为尚书右仆射，与尚书左仆射高颎同掌朝政，执政班子从此出现了裂隙，为隋朝的二世而衰埋下了隐患。

虽然杨坚诛杀了开基前的创业搭档，但只诛杀了谋反的刘昉一人，其他的因居功自傲而没有得到重用，但也都任用且得善终。杨坚得知开国元勋梁士彦等三人设计谋反，并没有大怒，而是冷静地将计就计在朝堂上捉拿反隋的梁士彦、宇文忻、刘昉。在诛杀刘昉等的时候，杨坚下诏说："公卿之中，非亲即友，地位虽不同，感情却都是朋友之情。我护公卿的短处，成全公卿的长处，总想保护、养育大家，常常殷勤告诫、约束大家，言无不尽。梁士彦、宇文忻、刘昉等人，在我刚受命为帝时，都出了大力。为感谢他们的功劳，他们都荣高禄重。我对他们好，爱他们也深，朝夕与他们喝酒交谈，他们都很了解我。多次谋划造反作乱，还没有行动，我就教导他们，告诉他们利害，希望他们能改正。这次他们采取了谋反的实质行动，虽然国家有刑法，他们罪大恶极，不应赦免，但我想到草创之初，他们都表现出了忠诚，我心里很怜悯他们，不忍心用极刑。这次谋反只惩罚他们三人，其他人一律宽恕。临刑时，到了朝廷上，宇文忻见了高颎，向他叩头哀求。刘昉勃然大怒，对宇文忻说：事已如此，何必去叩头！于是他们三人被杀。

这是杨坚在开国之后，第一次诛杀开国元勋，节奏和谋略把握得非常准，讲道理讲感情，讲证据讲过程，讲原则讲变通。这一杀，朝政清明 20 多年。作为杨坚创业登基前的元勋好友，刘昉因老虎性格的缺点没有得到善终，但郑译因擅长音律而并无谋反之心得到善终，柳裘和皇甫绩也得到善终。郑译也有很多违法乱纪的行为，杨坚多次劝勉他，并让他研读《孝经》。这表明杨坚是有感恩心的明智之人。皇甫绩虽然没有进入杨坚登基后的核心执政班子，但依然支持杨坚，力主灭陈，他对杨坚说：我实在平庸，又见识浅陋，对国家无益。因此常想冒着危难来报答国家的大恩。南方陈国还在，按我的揣度，有三个条件，可以灭它。杨坚问他缘故，皇甫绩回答说：以大吞小，这是一；以有道伐无道，这是二；接纳陈国的叛臣萧岩，对我国有供词，这是三。陛下若命勇武的将士（前往征讨），我请求加入军队，出点头发丝那么小的小力。杨坚嘉奖他的壮志，慰劳他，然后派遣他去。平定陈国后，任命他为苏州刺史。皇甫绩还成功地平定了高智慧的江南叛乱。

忠于前朝的颜之仪（颜之推的胞弟）虽然反对杨坚上位辅政，但杨坚没有杀死他，把他下放为西疆郡太守。这一点，杨广也没有学到。杨坚在开国之后，下诏将他征回京师，进爵为新野郡公；公元 585 年，官拜集州刺史。公元 590 年，颜之仪按照惯例上朝廷去觐见，杨坚对他说："见危授命，临大节而不可夺，古人所难，何以加卿。"

第五，主动等待并果敢抓住机会统一中华民族。

杨坚是胸有大略、目光长远的千古雄主。他在开朝建隋后，尽管很多良将上书要灭陈国、平岭南，比如，梁睿上平陈之策，杨坚认为很好，下诏书表扬梁睿的才智大功，但他认为天下初定，不宜再动干戈。他采取了"是的—表扬—陈述原因—陈述决定"的策略答复梁睿。这一点，杨广没有学会。杨坚在平定反叛后，命元景山（景穆太子拓跋晃的玄孙）南征陈国，打败陈国军队，刚渡长江时，恰逢陈宣帝陈顼去世，杨坚下诏让他们班师，因为按礼不能讨伐居丧之国。虽丧失灭陈国的良机，但杨坚赢得了道义声誉。杨坚说，王者的军队，旨在推行仁义。并非贪图他人疆土，祸害远方人民。还说：我平定陈国，以讨伐罪人，安慰人民，并不是想耀武扬威于天下。于是杨坚和陈国建立和平外交，他说，"往来修睦，望其迁善。"杨坚采取先北方后南方的战略，隋朝开国不久，他派史万岁、长孙晟、窦荣定等仅用了 3 年就打败了实力远胜匈奴、横扫欧亚大陆的突厥，创造了世界军事史上空前绝后绝无仅有的神话，杨坚成了中国历史上第一位被北方最强大游牧民族可汗尊为圣人可汗的中国皇帝，也是第一位令外族可汗表示愿为藩属永世归顺的中国皇帝。在陈国还没有失去民心的时候，杨坚把精力用于对原有疆域进行用心治理，完善中央和地方治理体制，给予百姓以安定治业的环境，并积极备战，以待时机灭陈。在北方得到安定后，当陈国的国政失去民心之际，在公元 589 年，他以霹雳之手段，果敢快速命令武将韩擒虎、贺若弼、杨素等南征陈国，并获得成功。公元 590 年，岭南诸州悉为隋地，中华民族再次一大统。

杨坚君臣多次谋议灭陈之策，经过充分的民主讨论，杨坚决定采纳高颎、豫州刺史崔仲方等人的建议，根据长江地理形势与陈军分散守备之特点，实行多路进兵而置重点于长江下游的部署；在战前多方误敌、疲敌，破坏其物资储备，欲趁敌疲惫懈怠之机，然后突然渡江，东西呼应，一举突破取胜；在长江上游大造战船，加强水师；向江南大量散发诏书，揭露陈后主之罪，以争取人心。太华有诗云："天上有鲲鹏，展翅傲苍穹。六合用心扫，四海成一统。功盖昔尧舜，君与始皇同。"

第六，梳理国家治理流程，创造更高效的治理制度和运行机制。

杨坚在总结历代治理制度及其治理成败的基础上，进行了科学理性的创新，在中央设置了三省，即内史省（决策机关）、门下省（审议机关）、尚书省（处理日常政务机构）。三省的设置，互相牵制，避免了丞相或皇帝一人专权的局面，也避免了丞相和皇帝的两人冲突和两人执政，变成三个部门的四位高级管理者的集体执政。地方治理恢复了秦朝的两级制（州县或郡县），九品以上地方官吏的任免权由中央执掌，每年由吏部对地方官吏进行政绩考核。各州县级的正官三年一调动；佐官（副职）四年一换任，不得由本郡人担任，避免了地方豪强把持政务。这些措施，既减少了冗员，提高了行政效率，又节省了开支。杨坚创造性地、有步骤有策略地实施科举取士，通过科举考试，按成绩来选取任用人才来做各级各部门的管理者。管理岗位是铁打的营盘，这个是由秦始皇创造的，而流动的兵——这些岗位上的管理者（当今叫服务者）从哪里来？由于秦始皇未能解决这个问题，秦末大动乱导致秦朝没有时间去解决这个问题，汉朝建立以后，采取的是混合型的地方管理体制，这个问题就变得不那么重要。在秦以后直到隋朝的 800 多年时间里，我们中华民族采取的是世袭制、辟田与军功制、察举制、九品中正制。这些制度或单一使用，或组合使用，但都存在弊大于利的、劣币驱逐良币现象，直到杨坚创造性地用科举考试来解决问题。行政管理岗位上的人，源源不断地从全国各地各阶层通过公平的考试走来。《旧唐书》记载："杜正伦，相州洹水人也。仁寿年间，与兄正玄、正藏俱以秀才擢第。隋代举秀才止十余人，正伦一家有三秀才，甚为当时称美。"房玄龄是隋朝进士，如《旧唐书》记载：

"（房玄龄）年十八（公元596年，开皇十六年），本州举进士，授羽骑尉。"

有了好的管理流程，也有了好的管理者来源，中华民族再次崛起，并继续领先世界1000多年。只是一个好的崭新机制，会遭到既得利益集团的反对和抵制。一旦反对和抵制恶化，皇帝应对失策，新机制就会夭折，乃至身灭国亡。如同秦朝实行郡县制一样，因隋明帝杨广的个性缺点，精力分散和应对偏激，隋朝很快就盛极而亡。隋朝和秦朝一样，不是亡在贫穷落后，而是亡在伟大创新需要时间去进一步实施，亡在继任者实施伟大创新时犯了自傲的错误，亡在让爱折腾的P型皇帝去完善和巩固创新。

第七，勤勤恳恳地实施为民执政的理念。

杨坚廉恭节俭，操劳政事。据《北史》记载，杨坚在去世前，总结自己的一生，他说："一日万机，留心亲览；晦明寒暑，不惮劬劳；匪曰朕躬，盖为百姓故也。"这表明，杨坚之所以是千古一帝，之所以用短短24年的时间，重振了中华民族，因为他的执政理念是为了老百姓。用今天的话来讲，为人民执政，执政为公，执政为民，全心全意为人民服务。杨坚倡导节俭，他说，勤俭朴素，本心所好，节省了政府不少开支，废除了不必要的杂税并设置谷仓储存食粮。《北史》记载，有人劝杨坚当太上皇，杨坚回答说：我承受天命，抚育苍生，日夜不息，怎能学近代的帝王，凡事不学古代，早早传位给儿子，自己寻求安乐呢？隋朝薛道衡赞杨坚云："早朝晏罢，废寝忘食，忧百姓之未安，惧一物之失所。行先王之道，夜思待旦；革百王之弊，朝不及夕。"

杨坚为人严谨认真，勤恳而严肃。《北史》记载，杨坚初进太学时，即使是很亲近的人，也不敢轻易和他开玩笑。李延寿是这样评价杨坚的：为人严肃有威仪，外表木讷而内心明白，机敏有大谋略。以诚心相待，让各人都能尽量发挥才能，不到一月时间，便平定了三边；不到十年，便统一天下。他薄征赋税，减轻刑罚，对内明修法度，对外安抚戎夷。每天早晨上朝听政，直到太阳西斜仍不知疲倦。他居住的地方、服饰玩物，务求节俭，令行禁止，上下同风。他虽然吝惜用钱，但赏赐有功的人时，并不小气。他从早到晚勤勤恳恳，自强不息。民众因而逐渐富裕，人口也越加兴盛，府库中内藏充实，虽然没有达到极盛，也足以称为古代以来的好皇帝了。

朱元璋评杨坚云："惟隋高祖皇帝勤政不怠，赏功弗吝，节用安民，时称奔驰。有君天下之德而安万世之功者也。"史学家吕思勉评杨坚："其勤政爱民，则实出天性，俭德尤古今所无，故其时国计之富亦冠绝古今焉。其于四夷，则志在攘斥之以安民，而不欲致其朝贡以自夸功德。既非如汉文景之苟安诒患，亦非如汉武帝、唐太宗之劳民逞欲。虽无赫赫之功，求其志，实交邻待敌之正道也。"他勤于政事，又能躬行节俭。在位时，把北朝的苛捐杂税都废除，而府库充实，仓储丰盈，国计的宽余，实为历代所未有。宋朝李纲评价他："有雄材大略，过人之聪明。其所建立，又有卓然出于后世者。"

隋文帝不赦子的记载，再次说明杨坚是事情导向、原则导向，而不是亲情导向。他主张法律面前人人平等，执法公正。这就是O型特质和T型特质的共同点。杨坚曾经说过：朕少恶轻薄，性相近者，唯窦荣定而已。本书认为，窦荣定是O型。窦荣定打败突厥，杨坚欲封他为三公，他以思卫青、霍去病、梁冀、邓禹之事辞受，谦让而不以功臣居功，安度晚年。本书认为，O1型的杨坚，是"官二代"兼职业经理人创业成功的典范。

第2任隋明帝杨广，又名炀帝（李渊追谥）、闵帝（窦建德追谥），杨坚的次子，在位14年，享年50岁。35岁时杨广接班，属于壮年接班。他即位仅仅五年，隋朝国势就达到了史上空前未有的鼎盛时期，著名的贞观之治、开元盛世皆不能及大业盛世。隋朝国势鼎盛虽然和杨广的施政有关系，但更是隋文帝施政带来的发展惯性所致。

年富力强的杨广，是个有抱负、有理想的皇帝，和那些胸无大志和坐吃山空的败家子皇帝不同，他想建立比肩秦皇汉武的勋业。他为了他的远大理想，勇于尝试，但没能让推进科举制度、营造新都、修挖大运河、征服林邑（今越南）、消灭吐谷浑和征伐高丽等众多宏伟项目稳步进行，导致民力被透支，世族权贵因利益受损而造反。1902年洛阳出土的《隋北地太守陈思道墓志》表明，进士科始于大业元年。科举制，推动人们去读书，并用一个客观的考试标准，来不断挑选社会上的优秀分子，使之参与国家政治。以考试取士，权在国家，考取者无私恩，黜落者无怨恨。这是中国历史乃至世界历史上的颠覆式创新，解决了各个行政管理岗位上的人才如何公平、科学地源源而来这一难题，在中国从门阀贵族政治向科举官僚政治转化的关键时刻，杨广和他的父亲杨坚一样，做出了历史性的贡献。此一项改革，如果可以更成功地进行，足以使其成为千古一帝。隋文帝的威望和能力能够推动这项探索，但隋明帝要巩固并完善这项探索，却因威望不足、能力欠缺及性格缺陷而阻力重重。《北史》记载：大业五年，杨广下诏，规定（西）魏、（北）周时期的官员不能再荫后代。这是一个昏招，操之过急，耐心不足，官僚心寒也散了。科举本身就减小了世族权贵推举人才的权力（举荐权），减少了他们结党相助和背后输入利益所带来的蛋糕。如今这个诏书阻止他们的后裔获得荫袭，他们心里一万个不服，由此心生怨恨。他们的后代要继续保持富贵，要么重新建立军功，要么科举考试。如果能采取"一国两制"的办法，允许开朝元勋或旧臣能够递减式荫袭三代或五代，而那些没有特殊功勋的新官员，其后裔就和平民一样只能参加科举进士为官，那么隋朝就不会盛极而衰，很有可能开辟第二条生命曲线，从而走向百年鼎盛时期。

在前人，如曹操、邓艾、桓温、刘裕开通的运河的基础上，杨广下令修建大运河，这条运河，纵贯于中国最富饶的东南沿海和华北大平原，经过浙江、北京等七个省市，通连海河、黄河、淮河、长江、钱塘江五大水系，是中国古代南北交通的大动脉，是中国劳动人民创造的一项伟大的水利建设工程，也是世界上开凿最早、规模最大的运河，史称隋朝大运河。唐朝皮日休的《汴河怀古》诗云："尽道隋亡为此河，至今千里赖通波。若无水殿龙舟事，共禹论功不较多。"杨广是有大功于中华民族的。不少史学家说他是有功无德的帝王。杨广西巡张掖，开拓丝绸之路。开通运河和丝绸之路这两大举措使全国物资运输成本大大降低，南北东西各方文化经济交流得以通畅。

杨广调兵遣将，陆续攻灭交趾、林邑、契丹、琉球、伊吾诸国，大大扩张了中华疆域，是东汉之后首次收复越南南部。杨广亲自率军远涉海拔数千米的高原，攻灭吐谷浑，征服了半个西域和整个青海，华夏王朝首次将青海高原划入版图。万国来朝，在西域的44个酋长国中，相率而来朝者30余国，北面的突厥、契丹，东面的高丽、百济、新罗、倭国（日本），南面的林邑（今越南中南部）、真腊（今柬埔寨）等政权，也先后遣使来洛阳朝觐通好。

杨广有刚愎自用、好大喜功、率性而为的性格缺陷（这些都是P型的缺点），主政风格表现为急于求成。汉武帝积汉初百年生聚而勃发数十年事功，尚且会引发自下而上的"天下土崩"之趋势，为西汉中后期的统治留下隐患。杨广竟敢以20年之新国在短短10年间，去干汉武帝干了数十年才完成的事功，何其急切，何其激烈！他仰慕汉武帝的功业，却没有汉武帝敢于总结经验和敢于发布罪己诏去承认错误的勇气，也没有看到武帝刘彻的优点：通过轮台之诏及时收束自己，面对逆境，勇于认错，反思调整政策。杨广精力分散，大搞工程项目和开疆辟土的战争，激进地推进科举制度等，激发了内部矛盾，那些带头造反的都是世族勋贵官僚，如杨玄感（T型）、李密（T型）、王世充（P1型）、李渊（K1型）等。杨广不敢面对这些现实，没有勇气和决心纠错，他躲在江都富贵乡感叹垂头丧气而被弑（这也是孔雀的自暴自弃和缺乏战斗到底的性格缺点）。隋朝因杨广执政七年而鼎盛，也因杨广的急政而衰亡。

杨广是有情的文才皇帝，他对待皇后的感情和态度，是其他很多皇帝所不能比拟的。就连汉景帝和唐高宗都废立过皇后。《剑桥中国隋唐史》评杨广：他的正妻（萧皇后），一个聪慧和有教养的妇女，从未遭到他的冷落而被宫内其他宠妃代替，她始终被尊重，而且显然受到宠爱。这说明，杨广的后宫并不淫乱无耻。杨广是一位美好事物的鉴赏家、一位有成就的诗人和独具风格的散文家，一位卓越的文学家，他在诗歌、音律诸方艺术上，均有过人之处。如他的诗句："鹭飞林外白，莲开水上红。"《全隋诗》录存其诗四十余首，如《饮马长城窟行》《春江花月夜》《夏日临江》等。郑振铎说："杨广虽不是一个很高明的政治家，却是一位绝好的诗人。他的《野望》'寒鸦飞数点，流水绕孤村'的数语，曾为秦观取入词中，成为绝妙好词。"王夫之评杨广《泛龙舟》曰："神采天成，此雷塘骨少年犹有英气。"

综上所述，本书认为，杨广是P1型，孔雀性格第一，老虎性格第二，猫头鹰性格第三，考拉性格第四。他把孔雀的缺点"高傲自负、轻浮急躁"发挥得淋漓尽致。魏徵在《隋书》评价杨广说："美姿仪，少敏慧。好学，善属文，沉深严重，朝野属望。尤自矫饰。"

年轻时杨广发挥了O型性格的优点：严肃庄重，深沉稳重。登基以后，杨广缺乏优秀皇帝所应具备的周密和慎重，驾驭文臣武将的能力也不足。晚年他则展现了O型性格的缺点：猜疑。年轻时他发挥了T型、P型的优点：果敢、雄勇、大度、积极、创新。晚年的时候却展现了T型、P型的缺点：莽躁、胆小、率性、泄气等。在江都时，杨广拥有10余万精兵，却意懒心灰，逃避现实，天真地认为，让北方混乱，他据守江都，以待时机。他的心腹苏威、裴矩纷纷劝他返回关中巩固根本而无效。李渊攻入长安，拥立杨广的嫡孙杨侑为帝，其表面上尊杨广为太上皇，对此杨广居然没有任何谴责行动和反应。他在长达两年的时间里无所事事，一次次错失拯救帝国的良机。杨广属于前期奋发有为、后期消极无为的皇帝，本有机会成为千古一帝，却因亲征高丽失败导致性格缺点集中爆发（也暴露了杨广军事上的眼高手低），一发不可收。东征高丽，本无战略性错误，在国家一统的和平时期，完全可以委任下属去做，皇帝不必亲征，不要和下属争建功立业之事，而应大胆放手让下属去建功立业。皇帝当然也不能宅在"行政楼"，而应走动式管理，走遍各个郡县，深入基层，问疾苦于百姓，查看政令的得失，探寻立政经邦之道。走动式管理，不是扰民，不是做戏，不是游山玩水，不是观光旅游。

胡亥在突发事件中，仓促篡位为帝，毫无政治经验，其失败可以归于他的天真、愚蠢。杨广经过长期潜心用计，在智囊团的协助下，取代其兄杨勇为皇太子，杨广31岁为皇太子，35岁登基，这一年册封嫡长子杨昭为皇太子，奇怪的是，皇太子杨昭病逝后，杨广就再也没有立皇太子，直到死前，都没有储君皇太子。杨广当了4年的储君，亲自执政了13年左右，隋朝在他的治理下很快就泰极否来。杨广有丰富的政治经验，也有高超的政治手腕，为什么也和胡亥一样失败了呢？杨广的失败和胡亥的失败，有什么相同和不同的地方呢？与秦少帝胡亥不同，杨广是有远大理想的皇帝。《隋书》说他"志包宇宙，尚秦汉之规摹"，处处以秦皇、汉武的功业作为自己的人生目标。为了在有生之年实现自己的伟大理想，成为历史上的又一位千古一帝，他必须有所作为。事实上，在大业八年（公元612年）之前，杨广执政取得了辉煌的业绩，隋朝在他的治理下走向了辉煌，他主导修通的中华民族巨大的工程隋唐大运河，恩泽至今。但大业八年的第一次东征高丽失败、大业九年的杨玄感（杨素之子）造反，却成了杨广走向死亡之路的两大导火线。在此前后，杨广判若两人。孔雀性格的人，在顺境时，理想远大，并为之积极奋斗；在逆境时，却变得消极颓废，胆小逃避。这一变化，主要和杨广不能驾驭自己的性格有关，与他的执政班子的性格组合也有关。而执政班子的性格组合，也是杨广自身一手造成的。

隋朝第二代掌门人杨广的政才、文才和军才及年龄均胜于秦少帝胡亥。他俩虽然隔800多年，但有很多相似之处：得位不正，受到史学家的谴责；结局一样，被权臣所弑杀而国亡。与秦朝亡于P型皇帝一样，隋朝也亡于P型皇帝。在TOPK四型性格类型中，胡亥和杨广均为P型。两人都把P型的缺点展现到极致，P型的优点却被弃用，胡亥把孔雀天真和不动脑（愚蠢）的缺点展现到极致，而杨广把孔雀自大和急躁的缺点展现到极致。不仅如此，他们还因得位不正而展现了O型的猜疑的缺点。性格决定命运，连皇帝也都逃不过。

更为惊叹的是，在国灭之前，他们的核心执政班子性格类型也非常相似，均是由二元组合的OP型演变成一元的P型。胡亥的执政班子是OP组合，杨广的也是OP组合。胡亥的OP组合演变成P2，杨广的OP组合，因O型的裴矩保命而演变了P4。与秦朝亡于P型的执政班子一样，隋朝也亡于P型的执政班子。

胡亥接班时，核心的班子是胡亥（P型）、赵高（P型）和李斯（O型），由于胡亥和赵高是同一类型的性格，都是黄氏TOPK模型中的P象限性格，因此，他俩就走得很近。在黄氏TOPK模型中，孔雀性格和猫头鹰性格处在对角线，在理性情境下完全互补，在感性情境下是死对头。胡亥对人的性格知识掌握得不多，也缺乏经验，驾驭不了人的性格，不被胡亥喜欢的李斯很快出局。执政班子由O1P2组合变成了P2组合，由二元的白银组合，变成了一元的铜组合。最后，同一象限的两人，因权势相当而相争，胡亥被逼自杀出局，剩下的赵高成了寡人。秦朝由此进入了灭亡的不归路。

杨广即位前，就有自己的班子：杨素（T2型）、张衡（O1型）、宇文述（P2型）。即位后，接管其父皇的执政班子。继位不久，杨素为尚书令，宇文弼为刑部尚书。他任命杨素为太子太师，杨雄为太子太傅，杨弘为太子太保，崔仲方为礼部尚书，梁毗为刑部尚书。在大业三年（607年），他将隋文帝时期的重臣高颎、宇文弼、贺若弼处死，将御史大夫张衡杀死。大业六年、七年、八年的三年，隋朝又连失15位重臣，诸如牛弘、长孙炽、梁毗、郭衍、姚辩、元寿、王雄、段文振等，大业五贵由此得势，杨广由此变昏君。这是杨广最大的错误，与胡亥杀宗室和元勋大臣程度相当。魏征在《隋书》说：（苏威）复为纳言，与左翊卫大将军宇文述、黄门侍郎裴矩、御史大夫裴蕴、内史侍郎虞世基参掌朝政，时人称为"五贵"。"五贵"成天不干好事，只会阿谀奉承，顺着杨广的意思办事。哪怕杨广的意思是错的，不利于大隋帝国发展的，他们也照办不误。魏徵说杨广："近臣互相掩蔽，隐贼数不以实对。或有言贼多者，辄大被诘责。各求苟免，上下相蒙。除谏官以掩其过。"魏徵还说："裴蕴、虞世基之徒，阿谀顺旨，掩塞聪明，宇文述以谗邪显进，忠谏者咸被诛戮。"一般而言，爱听好话、好消息，是人之常情，是人之禀性。但四种性格中，爱面子的孔雀，特爱听好话、好消息。久而久之，孔雀型的君王就看不到真实的局势，做出了错误的决断，最终身败名裂，身死国亡。

隋朝元善认为苏威怯懦，唐朝魏徵在《隋书》曰："（苏）威治身清俭，以廉慎见称。"按照黄氏TOPK性格模型，苏威的主性格是O型，亚型性格在T、P、K间转换。晚年是胆怯的O型性格。杨广问侍臣有关盗贼的事，宇文述说：盗贼的确很少，不足为虑。苏威不会说假话，于是便藏到宫殿柱子后面。杨广随后问苏威的意见，苏威说：我不管这事，不知盗贼多少，只担心他们越来越近。杨广说：怎么讲？苏威说：盗贼以前占据长白山，近在荥阳、汜水一带。在五贵中，杨广曾经把苏威比作汉之萧何。但在杨广晚年，苏威最不受宠，被免职。在江都时，杨广想重新任用苏威，被裴蕴、虞世基所阻止：苏威太老了，他昏耄羸疾。在宇文述的建议下，杨广不回京师长安，去东都洛阳；杨广在宇文述的建议下去江都，宇文述在江都病逝，杨广为之罢朝。《隋书》说宇文述："骁锐，恭谨沈密，善观帝意，帝亲爱之。言无不从，势倾朝廷。宇文述、郭衍以水济水，如脂如韦，便辟足恭，柔颜取悦。君所谓可，亦曰可焉，君所谓不，亦曰不焉。"宇文述是P2型。大业十四年（公元618年），其长子宇文化及发动江都政变。作为杨广两大心腹的杨素和宇文述，他们的儿子杨玄感和宇文化及均反叛杨广，给予隋朝以致命的打击，最后弄得两败俱伤。这是因果报应吗？

裴矩是隋朝著名外交家、战略家，曾用离间计分裂突厥，借内耗削弱其实力，从而减轻其对中原的威胁，为日后唐朝战胜突厥埋下伏笔。他还经略西域，致力于中西商贸和文化交流，使西域四十国臣服朝贡于隋朝，拓疆数千里，史称"交通中西，功比张骞"。但当杨广骄奢淫逸时，裴矩只是逢迎取悦，不敢有所谏诤。归唐以后，他廷谏唐太宗李世民，致使司马光说："君明臣直，裴矩佞于隋而忠于唐。"裴矩是机变的O型。裴蕴擅长揣测帝意，如果是皇帝想怪罪的人，则曲法顺情，锻成其罪。如果是皇帝想包庇的人，则附从轻典，因而释之。他擅长机辩，所论法理，言若悬河，或重或轻，皆由其口，剖析明敏，时人不能致诘。《旧唐书》说裴矩："矩无所谏诤，但悦媚取容而已。"苏威用计委婉进谏杨广，杨广不悦地说："我去尚犹未克，鼠窃安能济乎？"苏威出后，裴蕴奏道："此大不逊，天下何处有许多贼！"杨广恍然大悟地说："老革多奸，将贼胁我。欲搭其口，但隐忍之，诚极难耐。"生性明辨的裴蕴知杨广本意，遣张行本奏苏威罪恶。裴蕴是P2型。博学有文才的虞世基迎合杨广的心意，逢迎拍马，瞒报战况实情，置杨广于无知无觉中。《隋书》记载："（虞世基）虽居近侍，遂唯诺取容，不敢忤意，为时人所讥。盗贼日甚，郡县多没。世基知帝恶数闻之，后有告败者，乃抑损表状，不以实闻。是后外间有变，帝弗之知也。"世基貌沉审，言多合意，是以特见亲爱，朝臣无与为比。虞世基是P2型。五贵的性格类型组合是2O3P，加上杨广本人是孔雀，故杨广晚期的执政班子为2O4P组合。苏威不受重用，由2O4P变成1O4P。宇文述去世后，变成1O3P。裴矩在杨广晚年也放弃了

O型的耿直优点，次型的孔雀性格变成主型性格，他运用孔雀的缺点来迎合杨广的孔雀缺点。由此杨广的执政班子变成了P4型。最后杨广因宇文化及（P型）兄弟（宇文述的两个儿子）和司马德戡（O型）等乱臣贼子发动江都兵变而身亡，隋朝进入了灭亡的倒计时。

第3任隋前恭帝杨侑，杨广之孙，元德太子杨昭的第三子，在位117天，享年15岁。13岁的杨侑被李渊拥立为隋帝，后来被迫禅让逊位。公元619年9月14日，杨侑去世，一说是被害死，一说是病死。杨侑死后，没有子嗣，以族子杨行基袭封酅国公爵位。魏徵在《隋书》评他云：性聪敏，有气度。本书认为，杨侑是P型。

第4任隋后恭帝杨侗，杨广之孙，元德太子杨昭次子，杨侑的二哥，在位336天，享年16岁。杨玄感趁着隋帝杨广东征高丽时，在黎阳起兵反叛，杨侗与民部尚书樊子盖一起抵抗叛军，叛乱终于被平定，守护东都洛阳。杨广巡幸江都，命杨侗与金紫光禄大夫段达、太府卿元文都、代理民部尚书韦津、右武卫将军皇甫无逸、右司郎卢楚等人总管留守洛阳事宜。杨广被弑杀后，15岁的杨侗在洛阳被大臣拥立为帝，追谥祖父杨广为明皇帝，庙号世祖，追谥元德太子杨昭为孝成皇帝，庙号世宗。尊其母小刘良娣为皇太后。任命段达（他是杨广被立为皇太子的功臣，T型）为纳言、右翊卫大将军、代理民部尚书，王世充（T2型）任纳言、左翊卫大将军、代理吏部尚书，元文都（P2型）为内史令、左骁卫大将军，卢楚（O3型）任内史令，皇甫无逸（T4型）任兵部尚书、右武卫大将军，郭文懿任内史侍郎，赵长文任黄门侍郎。委托他们以机密要务，并制作金书铁券，藏在宫廷里。当时洛阳人称段达等七个人为"七贵"。

《隋书》记载："七贵颇不协，阴有相图之计。段达告密于王世充，未几，元文都、卢楚、郭文懿、赵长文等为世充所杀，皇甫无逸遁归长安。"王世充披发为盟，向隋帝杨侗发誓没有二心。王世充升为尚书左仆射，总管监督朝廷内外各项军务。王世充打败李密，段达等人劝杨侗给王世充加九锡之礼，王世充由此独揽朝政大权，619年4月，杨侗被迫禅位给王世充，同年5月，被王世充毒死。从七贵到王世充独大，这表明年少的杨侗缺少能臣良将的辅佐，年少的他驾驭群臣的能力也不够强，政治手腕不够果敢、灵活。段达贿赂东宫受宠信的官吏姬威告发杨侗，告发元文都密谋投奔王世充，最后背叛杨侗。若无段达的告发和背叛，也许杨侗所维持的隋朝不会灭亡。蔡东藩评曰："（杨）侑废而唐兴，（杨）侗死而隋乃亡。"隋朝灭亡时，全国的人口数竟然只剩下200余万户约1500余万人，人口锐减3000多万！这是一场非常惨烈的改朝换代，与秦汉换际一般残酷。魏徵等《隋书》、李延寿《北史》评杨侗云：性宽厚。本书认为，杨侗是K1型。

第五位隋废帝杨浩，杨广三弟杨俊的长子，杨广之侄，杨侑、杨侗之堂叔，在位5个多月。杨侗继位不久，宇文化及拥立其胞弟宇文智及的好友杨浩为隋帝，自任大丞相，总揽朝政。《隋书》记载："杨玄感作逆之际，左翊卫大将军宇文述勒兵讨之。至河阳，修启于浩，杨浩诣述营，共相往复，有司劾浩以诸侯交通内臣，竟坐废免。"隋朝在风雨飘摇的最后时刻，在公元 618 年这一年，三帝并立，皆为大臣所拥立。同年 9 月，杨浩被宇文化及废黜并毒杀。在短短一年时间里，有四位隋朝皇帝（杨广、杨侑、杨侗、杨浩）遇害，这在中国历史上罕见，前所未有，后无所闻。本书认为，杨浩是 P4 型。

后隋隋少帝杨政道，《北史》作杨愍，杨广的孙子，齐王杨暕遗腹子，在位 10 年。据《隋书》记载，东突厥可汗处罗可汗派遣使者前往窦建德（K1 型）处，将萧皇后（西梁孝明帝萧岿之女，明帝杨广皇后，杨政道祖母，唐太宗岳母）和杨政道迎接到东突厥，拥立杨政道为隋王，把留在东突厥境内的中原官吏、百姓，全部配给杨政道管治，复立"大隋"政权，史称后隋。杨政道设置百官，全部依照隋朝制度，居住在隋朝时的定襄郡，拥有部众一万多人。公元 630 年正月，唐朝将领李靖率军攻打并灭亡东突厥，东突厥颉利可汗的亲信康苏密携带萧皇后、杨政道投降唐朝，杨政道被李世民任命为员外散骑侍郎。《北史》记载，杨政道一直活到唐高宗永徽初年才去世。本书认为，杨政道为 K 型。

隋朝皇帝的性格类型路线如下：文帝杨坚（猫头鹰）01—明帝杨广（孔雀）02—前恭帝杨侑（孔雀）03—后恭帝杨侗（考拉）04—废帝杨浩（孔雀）05，具体如图 16-3 所示。

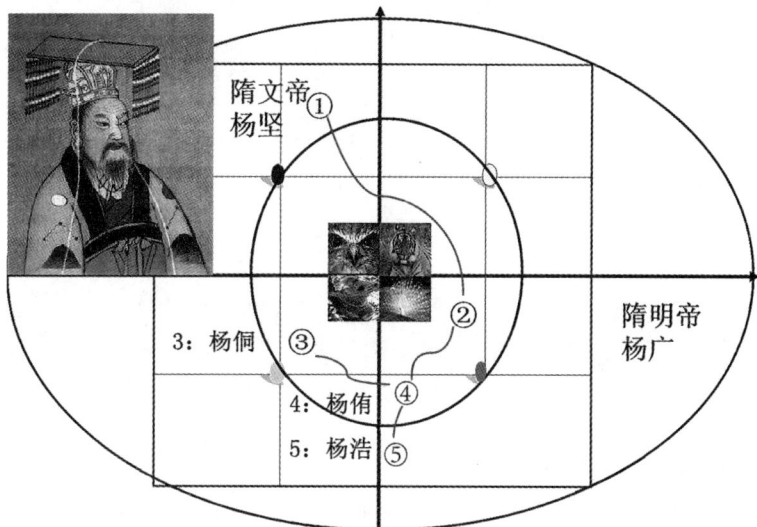

图 16-3　隋朝杨氏政权的帝王性格类型转移

《隋书》《北史》等史书都认为，千古一帝的杨坚，确实在废立太子这件重大的事情上栽了跟斗，是隋朝二代掌舵人危机的引发者。杨勇好学，善于写辞赋，性格宽仁和后厚，率意任情，没有虚伪作假的行为，他是仁厚的 P 型。而继任皇帝前的杨广是有心机的 P 型。对于具有开创力的隋朝而言，在第二代，其掌舵之人不应该是 P 型，掌舵的人要完成带领国家消化创新之举，巩固创新之基，化解创新之困等历史重任，必须有很强的协调能力和超强耐力及亲和力。对此，长孙无忌似乎是高明而有洞察力的。高颎也是智者，但他因是杨勇的亲家，而无法取得杨坚的信任。同样的错误，本来要在唐太宗身上再演绎一次，幸好李世民是T型。因此，非常相似的情形，在不同性格的人身上，其结果也是不一样的。在性格上，杨勇和杨广如果不进行训练和培养，都是不合适帝位的。两人相比而言，杨勇因亚型性格为考拉而更适合些。除了性格，隋之杨勇，如唐之李建成；隋之杨广，如唐之李世民；隋之杨坚，如唐之李渊。隋的二代危机，在唐朝也重演了一次，唐朝的二代危机通过残酷的武力解决了。唐之幸运之处，在于通过政变篡夺皇太子位的李世民，吸取了杨广的教训，维持了唐朝的政局稳定。但李世民在选择接班人的问题上，也如同其父皇当年一样面临众子夺嫡的困局。由于长孙无忌的坚持，才让K型的李治成功地继承了唐朝皇业。唐朝虽然在第三代执政期间，表面上没有出现重大危机，但危机很快在第四代就出现了，祸根在第三代，幸运的是张柬之等人发动了神龙革命，兵变逼迫武则天退位，李唐媳妇武则天最终归政李氏，唐中宗复辟成功，否则李唐是三世而衰、四代而亡。

第十七章
唐朝帝王的性格类型移动轨迹

唐朝也称李唐，是中华民族的又一个大一统王朝。唐从隋规，唐朝对中华民族及其文化的发展，功勋巨大。唐朝是当时世界上最强盛的国家，唐以后，海外多称中国人为"唐人"。那时女性地位明显提高，人们可自由结婚和离婚。科举肇基于隋，确定于唐。科举考试在唐朝真正成型，参加科举考试不需要他人推荐也不需要领导批准，考生投牒自应，有自行报名参加的权利。唐朝中初期，武则天建周朝15年，开创了"武举"。郭子仪是唐代最著名的武状元。唐朝共历14世22帝，国祚289年，如图17-1所示。

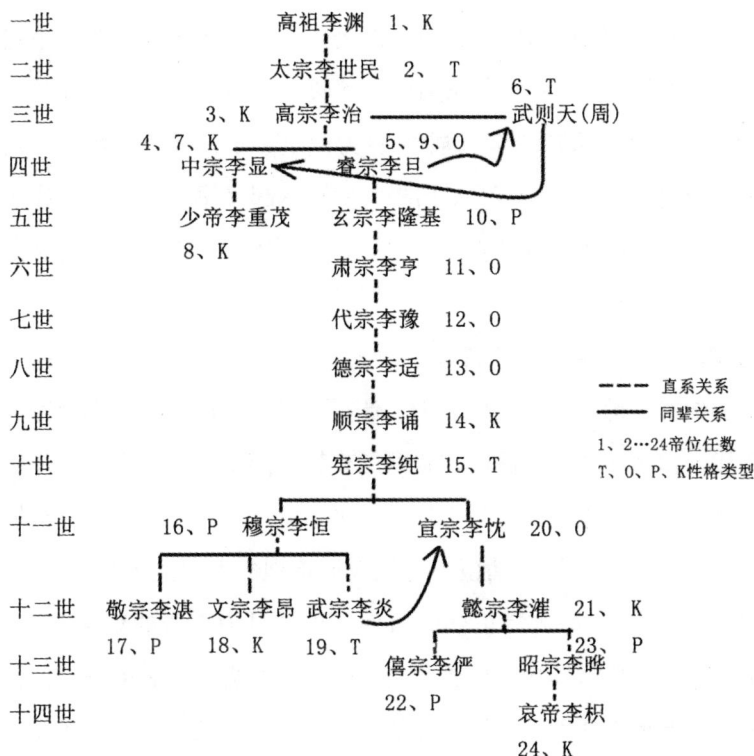

图 17-1　唐朝李氏政权的帝位传承和世系

第1任高祖李渊，皋陶后裔，嬴姓李氏，东晋时期西凉武昭王李暠的七世孙，西魏八柱国李虎之孙，北周唐国公李昞之子，隋帝杨广的姨表兄，在位8年，太上皇9年，享年70岁。

新旧《唐书》均记载，李渊袭封唐国公，深受姨父杨坚和姨母独孤氏的垂爱。他在杨广即位之初先后做了荥阳、楼烦两个郡的太守，后被任命为殿内少监、卫尉少卿。杨广东征高句丽时，负责督运粮草。他率兵击破毋端儿起义军，率兵抵御突厥，升任为太原留守。

李渊治下驻马邑的刘武周发动兵变，杀死马邑太守王仁恭，割据马邑而自称天子。刘武周攻破楼烦郡，进占汾阳宫，并与突厥勾结，图谋南下争夺天下。杨广闻讯后大怒，要提姨表兄李渊到江都治罪。在此危急情势下，李世民说：事情紧急，可以举事了。其周围的心腹裴寂、许世绪、武士彟等也纷纷劝李渊起兵，李渊犹豫不决。晋阳令刘文静、晋阳宫监裴寂都是李世民的密友。李世民就和晋阳县令刘文静密谋起兵，李世民私下找到裴寂商议，裴寂就选了晋阳宫的几个美女，趁李渊喝醉酒之后，陪他过夜。然后，裴寂把李世民的谋划告诉了李渊，李渊大惊。裴寂说：安排宫女侍奉，事情暴露后是要杀头的，我这么做就是为了要你下定决心起兵。李世民趁机向李渊汇报了整个计划。李渊开始时坚决不同意，还表示要把李世民送去报官。但他中了裴寂（K型，伯益之后裔）、刘文静（O型，后被李渊所杀）和李世民（T型）三人设下的美人计，52岁的李渊终于下定了反隋的决心。他打着"匡复隋室"旗帜，杀死太原副留守王威、高君雅，起兵于晋阳。建立大将军府，以温大雅（P型，著有《大唐创业起居注》）为记室参军，掌管文翰，带领李建成、李世民等率兵南下，攻克霍邑，斩宋老生；招降关中孙华起义军，一路封官许愿，顺利攻取长安。拥立隋帝杨广之孙、代王杨侑为帝，遥尊杨广为太上皇，自领大丞相一职，加封唐王。

隋帝杨广遇弑后，李渊逼迫隋恭帝杨侑禅位，篡位建立唐朝。他称帝后，专心内政，保障后勤，足不出长安，运筹帷幄太极宫中，调派太子李建成、秦王李世民、齐王李元吉和李靖等统兵作战，扫荡南北，先后击败陇西的李轨和薛举父子，击退并州的刘武周和宋金刚，擒获河北夏王窦建德，迫降洛阳王世充，平定各地农民起义及地方割据势力，完成了统一全国的大业。刘邦评判属下功臣，曾说攻城略地的曹参之流只不过是"功狗"，保障后勤的萧何才是"功人"，而大唐王朝的萧何，正是身为皇帝的李渊，他的统筹调度，有效支援了各个战场。在科举和功勋世族荫袭之间，李渊吸取其表弟杨广偏科举任官的做法，他赐予作为父亲继承人的世子承继其父的勋官、爵位，其中持有杀敌立功簿牒的可实授官职，免除百姓旧欠的田租赋税，从而获得功勋世家大族的鼎力支持。

他善于用同宗同族关系拉拢同姓军阀。李渊和李密、李轨、李袭志均有认同族同宗的史料。李密倚仗自己的强大兴旺，想当各路兵马联盟的领袖，就写信给高祖（李渊）称兄道弟。李渊欣然同意，并称李密为同宗同族的大弟。他说："宗盟之长，属籍见容；复封于唐，斯荣足矣！"意思是说，（李渊）到时归向老弟（李密），请允许我加入李氏家族的名册；能再次分封到唐城，这种荣耀就令人满足了！《旧唐书》记载："高祖（李渊）方图薛举，遣使潜往凉州与之（李轨）相结，下玺书，谓之为从弟。轨大悦，遣其弟懋入朝，献方物。"李渊写信给李袭志说："况卿朕之宗姓，情异于常……令并入属籍，著于宗正。"李渊善于以亲情团结人，从同宗同族的角度拉拢可能的竞争对手，壮大自己的同盟队伍，减少竞争对手或敌人。并且他广封宗室以威天下，李渊的从弟及侄，包括孩童有数十人，皆被李渊封为郡王。以同姓同宗同祖同族的方式，打拼天下，这表明李渊有考拉的特质。李渊的父亲有八兄弟，李渊家族参与佐唐开国功勋较大的有李孝恭（李渊的堂侄）、李道宗（李渊的堂侄）、李神通（李渊的叔父）等。李渊还善于重用其夫人窦氏那边的血缘亲戚，李渊皇后的窦氏家族也参与佐唐开国，著名的有窦抗（杨广的姨表兄弟，李渊窦皇后的堂兄）、窦威（李渊皇后窦氏的堂叔）、窦轨、窦琮（李渊窦皇后的堂兄）等。

太子李建成（O1型）和秦王李世民（T3型）矛盾加深，宰相裴寂、谋士王珪、魏徵、东宫卫士将领薛万彻等追随李建成、李元吉。秦府谋士杜如晦、房玄龄，将领秦叔宝、尉迟敬德、段志玄、侯君集等跟从李世民。宰相陈叔达、朝臣长孙无忌等暗中支援李世民。其余将领李靖、徐世勣，大臣宇文士及等保持中立。李渊不仅不能调和，反而因他的优柔寡断，朝中政令相互冲突，进一步加速了诸子的兵戎相见。玄武门之变后，李渊册立李世民为皇太子，不久后传位，自称太上皇。《旧唐书》评李渊："优柔失断，浸润得行，诛文静则议法不从，酬裴寂则曲恩太过。"《新唐书》说李渊："性宽仁。"苏辙评玄武门之变："其咎在高祖（李渊）。"王夫之评李渊："高祖（李渊）慎之又慎，迟回而不迫起，故秦王（李世民）之阴结豪杰，高祖不知也。非不知也，秦王勇而有为，而高祖坚忍自持，姑且听之而以镇静之也。"本书认为，李渊是K1型，孔雀性格位于第三。

第2任唐太宗李世民，李渊嫡次子，在位23年，享年52岁。他是创业和守成并举的皇帝，是大唐盛世的奠基者，被尊为"天可汗"。他聪明果断，擅长骑射。他少年从军，曾往雁门关解救隋帝杨广。他首倡晋阳起兵，领兵攻破长安。唐朝建立后，领兵平定薛仁杲、刘武周、窦建德、王世充、刘黑闼等割据势力，为唐朝的建立与统一立下赫赫战功，拜天策上将，封秦王。李渊赐李世民设立文学馆，李世民和杜如晦、房玄龄、于志宁、苏世长（P型）、姚思廉、薛收、褚亮、陆德明、孔颖达、李玄道、李守素、虞世南、蔡允恭、颜相时、许敬宗、薛元敬、盖文达、苏勖18人常讨论政事、典籍，当时称之为"秦府十八学士"。后来李世民命令著名画师阎立本为他们画像，"藏诸凌烟阁，留待后人看"，时人称之为"十八学士登瀛洲"。文学馆是李世民战胜李建成的文臣人才库。

李世民率长孙无忌（K1型）、尉迟敬德（T型）、房玄龄（O型）、杜如晦（T型）、宇文士及（P型）、高士廉（K1型）、侯君集（T4型）、程知节（T型）、秦叔宝（T4型）、段志玄（T型）、屈突通（T型）、张士贵（T型）等人，发动"玄武门之变"，杀死隐太子李建成和齐王李元吉。

李世民经常以亡隋为戒，注意克制自我欲望，嘱咐臣下莫恐上不悦而停止进谏，励精图治。他既往不咎，知人善任，用人不问出身；着重立德、立言、立功，以功臣代替世胄；通过科举，吸纳有才干的庶族士人，用科举代替门第。寒门子弟入仕机会大增，为政坛带来新气象。他接纳封德彝之议，命宗室出任官吏，以革除其坐享富贵的恶习。从谏如流，整饬吏治；精简政府机构，改革三省六部制。在中央延续了三省六部制，特设政事堂，以利合议问政，并收三省互相牵制之效；地方上沿袭了隋代的郡县两级制，分全国为10个监区（道）。

行府兵制，寓兵于农；均田制、租庸调制等皆有所发展。对内文治天下，厉行节约，薄赋尚俭，为政谨慎，劝课农桑，休养生息，致力复兴文教，令隋末动荡之局得以稳定下来，国泰民安，开创"贞观之治"。对外开疆拓土，攻灭东突厥与薛延陀，征服高昌、龟兹和吐谷浑，重创高句丽。设立安西四镇，与北方地区各民族融洽相处，获得尊号"天可汗"。贞观一朝，名臣大将林立，比如房玄龄、杜如晦、长孙无忌、魏徵、马周（O型）、高士廉和萧瑀等文臣，尉迟敬德、李靖、侯君集、程知节、李世勣和秦叔宝等武将，为唐朝后来一百多年的盛世局面奠定了重要基础。

李世民气度恢宏，富有创新精神，他是中国历史上有文字记载的第一个具有民族平等意识的皇帝。他说："夷狄亦人耳，其情与中夏不殊。人主患德泽不加，不必猜忌异类。盖德泽洽，则四夷可使如一家；猜忌多，则骨肉不免为仇敌。"他还说："自古皆贵中华，贱夷狄，朕独爱之如一，故其种落皆依朕如父母。"开明友善的民族政策和制度在唐代的创新、实施，大大减少了汉族和少数民族间的隔阂，增强了各民族间的广泛互补和血肉融合，实现了多民族共同发展进步的宏大局面。正是他和他的继任者们长期实施平等的民族政策，奠定了现代中华民族的基础。

《旧唐书》说李世民："聪睿，玄鉴深远，临机果断，不拘小节。"《新唐书》说李世民："聪明英武，有大志，而能屈节下士。除隋之乱，比迹汤武；致治之美，庶几成康。自古功德兼隆，由汉以来未之有也。至其牵于多爱，复立浮图，好大喜功，勤兵于远，此中材庸主之所常为。"李世民自评："朕见人之善，若己有之。人之行能，不能兼备，朕常弃其所短，取其所长。"李世民的文才也不错，有孔雀用文抒情言志的特质，他的主要作品有《帝范》《贞观政要》等，留传至今的诗有90余首，最为著名的是《赐萧瑀》诗："疾风知劲草，板荡识诚臣。勇夫安识义，智者必怀仁。"

李世民具有知人的智慧，他曾评价大臣说：长孙无忌善于精心谋划，反应迅速，对答如流，从古至今都没有能比得上他的人。但是领兵打仗和治理国家恐怕不是他的长处。高士廉知识丰富，思维敏捷，遇到困难，也不改变自己的立场，做官不搞宗派，缺点是不能大胆提出意见。唐俭说话爽快，善解人意，愿意喝酒，敢于讲话，为我服务三年，却没有一句话是议论国家兴亡的大事的。杨师道性格淳朴善良，自然没有过错，然而性格实在怯懦，办不了什么大事，不能指望他出力起作用。岑文的本性诚朴宽厚，写文章的长处是善于引经据典，道理论述得明白。刘洎的性格最坚贞，说话大多涉及利益关系，但如果是答应朋友的事，他一定想办法办成。马周处理事务敏捷，性格很忠诚正直。至于识别评价人物的本领，直爽地说，我比你们都强。褚遂良学问稍好一点，性格也很坚强正直，非常亲近依附于我，就像飞鸟如果靠近人，自然应该爱护。

李世民晚年，内无长孙皇后（K2 型），外无魏郑公（魏徵，O1 型），宜其多过失也。观于魏公之眷，几不克终，则知前之乐善从谏，（长孙）皇后维持调护之功居多。士女犹有鸡鸣劝戒之益，况人主乎？晚年的李世民为情所困，孔雀和考拉性格的缺点呈现得比较多，在皇位继承这个世界难题上有德亏。他由于偏爱魏王李泰（P型），导致太子李承乾（O型）与魏王李泰内斗争帝储。《旧唐书》云："魏王泰有当时美誉，太宗渐爱重之。承乾恐有废立，甚忌之。泰亦负其材能，潜怀夺嫡之计。于是各树朋党，遂成衅隙。"李承乾得知魏王李泰夺嫡之念，日益狂悖骄躁，不敬师长。24 岁的太子李承乾在公元 642 年暗杀胞弟李泰没成功，决定起兵逼宫李世民，因泄密而失败，史称 2.0 版玄武门之变。结局是太宗李世民废太子李承乾，逐魏王李泰，改立晋王李治为太子。

太子本是帝位的继承人，怎么会去和亲王争夺帝位并试图逼宫父皇呢？自周秦以来，前所未有，李世民作为父皇开了个先例。李世民废长立幼的做法，不也是隋文帝杨坚做过的事吗？杨坚废嫡长子太子，立了晋王杨广，隋朝得烈性病而暴亡；李世民废了嫡长子，立晋王李治为太子，唐朝得了慢性病而亡，最终武周代唐。《新唐书》记载了褚遂良和李世民的对话，褚遂良说："陛下（李世民）昔以承乾为嗣，复宠爱泰，嫡庶不明，纷纷至今。"李世民既然定了储君，就要相信李承乾，不应该再宠爱李泰。李承乾从优秀的诸君到谋反的疯子，李世民要负主要责任，他培养接班人的方法是不成功的。

在立了李治为皇太子后，李世民又后悔，想改立李恪，他认为李恪（T型）和他是一类人——"英果类我"。《新唐书》记载了这件事情，李世民初以晋王（李治）为太子，又欲立恪，长孙无忌固争，李世民曰："公岂以非己甥邪？且儿英果类我，若保护舅氏，未可知。"长孙无忌曰："晋王仁厚，守文之良主，且举棋不定则败，况储位乎？"李世民乃止。故无忌常恶之（吴王李恪）。北宋张唐英评这件事曰："（李世民）既立高宗（李治）而复欲立吴王恪，卒使以猜疑而被罗织之罪，皆太宗（李世民）失于独断而致之也。"毛泽东评曰："李恪英武，李治朽物，知子莫若父。然（李世民）卒听长孙无忌之言，可谓聪明一世，懵懂一时。"元朝陈栎评曰："（李世民）宠泰嬖恪，储位不决。至欲引刀自刺，而社稷之本几于动摇。"本书认为，李世民如果想废李治、立李恪为接班人，是不能和长孙无忌去商议的，因为长孙无忌是李治的亲舅舅。清朝王夫之评这件事云："太宗一言之失，问非其人。"

大唐的开国元勋刘文静评李世民："此非常人，豁达类汉高（刘邦），神武同魏祖（曹操），年虽少，命世才也。"本书认为，刘邦，孔雀也；曹操，果敢的猫头鹰也。刘文静的评价表明李世民有孔雀、猫头鹰、老虎的性格特质，他是刘邦、韩信和张良的复合体。本书认为李世民是T3型，O型性格第三，K型性格第四。他可以自觉或不自觉地在TOPK四种性格类型间切换。

第3任唐高宗李治，唐太宗第九子，嫡三子，在位35年，享年56岁。公元660年起，33岁的李治和皇后武则天共同执政，夫妻共同执政24年，属于前贤后愚的帝王。

22岁的李治登基后，由李勣（T型）、长孙无忌（K型）、褚遂良（P2型）、于志宁（O4型）共同辅政，武有李勣、苏定方、薛仁贵等，文有长孙无忌、褚遂良等。他们萧规曹随，继续执行太宗制订的各项政治经济政策。对内持续推行均田制，选用较低级但有才能的官吏。永徽年间，边陲安定，百姓阜安，有贞观之遗风，史称永徽之治。他在李勣、苏定方（T2型）、薛仁贵等良将的辅佐下，先后灭西突厥、百济、高句丽，唐朝疆域版图达到最大，东起朝鲜半岛，西临咸海（一说里海），北包贝加尔湖，南至越南横山，维持了32年。他派刘仁轨率领唐军在白江口与骚扰东南沿海的倭寇大战一场，致使数万倭寇葬身海底。此后数百年日本一直服服帖帖，不停地向中原派遣使者学习各种汉文化，纳贡称臣。大唐国力达到鼎盛，这些丰功伟绩的取得，表明他是合格的帝王，但不能说他是伟大的帝王或优秀的帝王。伟大的帝王或优秀的帝王，要看他是否开启组织的第二条生命曲线。因为这些伟大的业绩是他的父亲李世民所建立的制度带来的惯性发展的必然结果。按照常规的组织生命曲线，只要不犯错，顺其自然，在这个时候，自然是会达到鼎盛的。很多自大的皇帝会把这样的伟绩归于自己执政能力强，杨广就是这样的帝王，结果自大而衰亡。

李治中期以后，后宫干政，政权逐渐由皇后武则天掌握。公元651年诏武则天再次进宫，652年7月立长子李忠为皇太子，655年10月废王皇后、立武皇后，656年正月，废太子李忠，立嫡长子李弘为皇太子。660年起，高宗因健康原因，许多政事都逐渐交给武则天处理，武则天成为最高统治者之一，与高宗并称"二圣"。664年，废太子李忠被杀。李治追赠远祖老子李耳为太上玄元皇帝。《旧唐书》说，24岁的皇太子李弘（K型）猝死，而《新唐书》说太子李弘被武则天毒死，李弘没有接到李治的班，被李治和武则天追为孝敬皇帝。嫡次子李贤被立为皇太子（章怀太子），后太子李贤（K型）被废，嫡三子李显被立为皇太子，立李重润为皇太孙。

李治有一定的知人之明，他身边诸多贤臣如辛茂将、卢承庆、许圉师、杜正伦、薛元超、韦思谦、戴至、张文瓘、魏元忠等人大多是自己亲自提拔。但他为情所困，有恋母情结。本书认为李治是最窝囊的皇帝，欧阳修把李治认定为"昏童"。他身为皇帝，和武则天等合力干掉舅舅（长孙无忌）在内的顾命大臣，废王立武，却被妻子（武则天）控制，自己心爱的女人（韩国夫人、魏国夫人）和儿子（李忠、李贤，可能还有李弘）一个都保不住，终于雄起一回想要废除武则天，被武则天发现后居然灰溜溜地把责任推给大臣（上官仪），然后让他做替罪羊，以致全家被灭族（仅剩下一个孙女）。李唐政权在李治晚年名存实亡，由武氏控制。

《新唐书》记载，李世民命李治出宫游览、习练射术，李治以这不是自己的喜好为由推辞，希望能侍奉父皇，在父母身边。这说明，李治喜欢"宅"、不喜欢运动，好静不好动。宅在家里，不是独立思考或独立做事，而是黏着父母，这就是考拉性格。《旧唐书》说李治："宽仁孝友。"《旧唐书》记载了李治的遗诏："七日而殡，皇太子即位于柩前。园陵制度，务从节俭。军国大事有不决者，取天后（武则天）处分。"南宋洪迈评李治曰："高宗（李治）之庸懦，受制凶后，为李氏祸尤惨。"本书认为，李治是K1型。

第4任、7任唐中宗李显，李治和武则天的嫡三子。两度在位，共在位5年半，享年55岁。第一次即位时，母后武则天临朝称制。继位仅一个多月（55天），李显被武后废黜，被废为庐陵王，软禁在别地，后被武则天复立为皇太子。公元705年正月，张柬之、崔玄暐、敬晖、桓彦范、袁恕己等人定策略率领羽林兵杀张易之、张昌宗，迎立皇太子代理国政，总领政务。同月24日，武则天传位给皇太子李显。第二天，李显在通天宫即皇帝位，恢复李唐国号，史称神龙政变。这五位大臣均被李显封王，又称五王政变。

李显第二次接班以后，在政治上无所作为，在生活上窝窝囊囊。皇太子李重俊因不是韦后亲生，颇受韦皇后猜忌和安乐公主迫害，而李显不能很好地协调化解他们之间的矛盾，李重俊的皇太子地位受到威胁，他便联合禁军将领李多祚、李承况、独孤祎之等人发动兵变，诛杀梁王武三思父子，后意图杀死韦皇后母女，受阻于玄武门。政变失败后，逃奔终南山，中途被部下杀死，史称景龙政变。李显驾到玄武门，与近侍之臣观看宫女们大宴饮，不久，又让宫女们分为左右两班，比喝酒争胜负。李显又派遣宫女在宫中设立买卖市场，命令大臣及公卿等人做商人，与宫女交易。买卖双方忿怒争论，言辞丑恶低下，李显与韦皇后观看，以资欢笑快乐。这个时候的李显，不再谨慎了，变得享乐贪玩。

《新唐书》评李显："至中宗韦氏，则祸不旋踵矣。然其亲遭母后之难，而躬自蹈之，所谓下愚之不移者欤！"吕思勉评李显："中宗是个昏庸之主，他在房州，虽备尝艰苦，复位之后，却毫无觉悟，并不能铲除武后时的恶势力。"蔡东藩评李显："中宗质本庸柔，素为悍母所制，怎能自奋皇纲？"白寿彝评李显："中宗重新即位以后，政治上毫无抱负。由于中宗庸庸碌碌，无所作为，他的皇后韦氏就乘机参与政事，妄图效法武则天，独掌政权。"范文澜评李显:唐中宗比唐高宗更昏懦。庸懦的李显一辈子生活在三个女人的"手掌心",前有武则天,后有悍妻韦后、虎女安乐公主,被民间戏称为"六味帝皇丸"。本书认为李显是K3型。

第5任、9任唐睿宗李旦,李治和武则天的嫡四子,李显之胞弟,两度在位,共8年,真正掌权执政2年,当了太上皇4年,享年55岁。23岁时李旦被武则天立为皇帝,却被武则天命令居住在别的宫殿而不是住在皇帝的宫殿。武则天把皇太子李重照废为庶人,原废太子李贤在巴州死去。公元686年正月,武则天还政于李旦,但李旦知其并非出自诚心,奉表固让,武则天继续临朝称制。《旧唐书》说李旦:"每恭俭退让,竟免于祸。"

李旦一生有四让:公元690年,禅让天下给母亲武则天,是其一让;公元698年,胞兄李显从房陵还朝,李旦屡次称病不上朝,请求让位给李显,武则天便立李显为皇太子,是其二让;公元705年,李显立李旦为皇太弟,李旦坚决辞退而不接受,是其三让。

公元710年,李旦受禅为帝,李旦与大臣议立太子,按嫡长子继承制度,长子宋王李成器应为太子,但李成器(又名李宪)坚决辞让。《旧唐书》记载李成器辞曰:"储副者,天下之公器,时平则先嫡长,国难则归有功。若失其宜,海内失望,非社稷之福。臣今敢以死请。"李成器成天涕泣坚决辞让,言语很恳切,史称宋王让储。参与消灭韦党的功臣也多主张立李隆基为太子。李旦顺水推舟,遂立李隆基为太子。李旦以姚崇、宋璟为宰相,并在其辅佐下,革除弊政,整修纲纪,拨乱反正,使朝政呈现出一派振兴气象,史称"复有贞观、永徽之风"。李旦非常信任妹妹太平公主,常与她一同商议朝廷大政,甚至到了"每入奏事,坐语移时;或时不朝谒,则宰相就第咨之"的地步。每有宰相奏事,李旦都要先问:可曾与太平商量过吗?然后才问:可曾与三郎(太子李隆基)商量过吗?当得知太平公主和李隆基的意见后,他才做出决定。这说明李旦有考拉特质。

然而,李旦即位后的第二年,便失去了刚即位时的进取精神。他任用窦怀贞、崔湜等为宰相,将已经罢免的斜封官全部恢复,使朝政出现腐败和混乱的现象,史称"复如景龙之世"。公元712年,李旦内禅退位为太上皇,让帝位给李隆基。是其四让。

在各种派别斗争中,李旦选择了退避三舍。他精通音律、书法、文字等。他教导自己的孩子在羽毛未丰时,多读书,多完善自己,懂得做人的厚道与仁慈。在历朝历代皇位的争夺中,父子、手足相互厮杀屡见不鲜,只有李旦的几个皇子间,感情深厚,没有杀戮。这在历史上很少见。《新唐书》评李旦:"温恭好学,通诂训,工草隶书。"

北宋史学家孙甫评价他说:"睿宗(李旦)以次子平王(李隆基)贤而有功,取内外属望之意,从长子(李成器)辞让之诚,立为太子;又以时方多难,上象示变,自知行事不当天意,遂传位于子,此实大公之心,安宗社之计也。"北宋石介评他曰:"(李旦)复蹈危辙,专纵太平公主,恣横以乱朝政,遂使海内失望,君子息心,苟非继之以圣主,唐祚或去矣。臣尝谓中宗、睿宗为庸主，良以此也。"司马光评李旦："（李旦）宽厚恭谨，安恬好让，故经武韦之世，竟免于难。睿宗鉴前之祸，立嗣以功，所谓可与权矣。"乾隆帝评李旦："睿宗入即大位，鉴建成之乱，立嫡以功，继以传位，可谓知权者矣。"《旧唐书》评李显、李旦兄弟：孝和皇帝（中宗李显）、玄真皇帝（睿宗李旦），都像他们的先人高宗皇帝一样，为了本身取乐，却任性而违背礼法。平坦的大道不走，却循着倾覆的道路前进。幸亏有贤能之臣，扶持辅助圣明的皇位继承人（李隆基）。本书认为，李旦是O4型。

第6任皇帝武则天，唐朝开国功臣武士彟（官七代，T3型）次女，唐太宗之才人，唐高宗之皇后，武周开国君主，中国历史上唯一的正统女皇帝。其母亲杨氏是隋皇室杨达（隋明帝杨广的族兄）之孙女。在位15年，实掌国政40余年。她是即位年龄最大（67岁）及寿命最长的皇帝之一（82岁），与汉朝的吕后并称为"吕武"。公元690年，皇太后武则天正式登基为皇帝，改国号为周，史称武周。以原皇帝唐睿宗李旦为皇嗣，赐姓武氏，李旦变武旦，皇帝变太子，在神都立武氏七庙。

公元698年，武承嗣、武三思谋求为太子，几次使人对武则天说：自古天子没有以异姓当作继承人的。武则天犹豫未决，宰相狄仁杰（T2型）对武则天说：姑侄之于母子，哪个比较亲近（武承嗣、武三思为武则天之侄，李显、李旦则为武则天之子）？陛下立儿子，那么千秋万岁后，会在太庙中作为祖先祭拜；立侄子，那么从未听说侄子当了天子，把姑姑供奉在太庙。他又劝武则天召还李显。自此后，武则天便无意立武承嗣、武三思为太子，并将李显秘密接回洛阳。张易之、张昌宗都曾请求武则天立李显为储君，皇嗣武（李）旦亦请求逊位于李显。在经过多方权衡之后，武则天最终决定立李显为皇太子。

则天驯马，说明武则天有老虎的果敢毒辣性格。李世民有马名叫狮子骢，肥壮任性，没有人能驯服它。武则天侍奉在侧，对李世民说：我能制服它，但需要三件东西——一是铁鞭，二是铁棍，三是匕首。用铁鞭抽打它，不服，则用铁棍敲击它的脑袋；又不服，则用匕首割断它的喉管。《旧唐书》说武则天："素多智计，兼涉文史。"毛泽东评武则天：武则天确实是个治国之才，她既有容人之量，又有识人之智，还有用人之术。她提拔过不少人，也杀了不少人，刚刚提拔又杀了的也不少。武则天最初能"屈身忍辱，奉顺上意"，故而李治力排众议，坚持立她为后。待到武则天得志后，专作威福，上欲有所为，动为后所制。这说明，武则天前期有考拉性格，中后期开始原形毕露，显示出了老虎性格。《旧唐书》评她：武则天杀嫡子夺帝位之阴谋，断送唐帝王婴儿之生命，杀害压碎了椒房皇后、淑妃的骨头，她的不仁道也太过分了，这也是奸诈忌妒的妇人的常态。然而她广泛援引正直的言论，对正人君子时时给以礼遇，当初虽然是母鸡鸣叫司晨，终于能够使儿子恢复圣明的皇位，很快地辨明御史大夫魏元忠的无罪，好言好语抚慰狄仁杰之心，尊重当时的教令而压抑宠幸之臣，听忠言而诛杀酷吏。

她擅长两手政治：一手打击门阀，巩固权力；一手扶植庶族，发展科举。由朝廷派遣存抚使到全国各地搜罗人才，送到京城，由皇帝亲自考试。成绩优异者，不拘资格，破格录用，任以要职。下令"内外文武九品以上及百姓咸令自举"，准许官吏、百姓自荐，进一步发展以乡贡（贡举）为主的科举制度，不仅考试科目增多了，录取人数也大大增加，平均每年录取人数，比起贞观年间增加一倍以上；而且还首创殿试制度。公元690年2月，太后策贡士于洛城殿，贡士殿试自此始。702年，初设武举，扩大了武将的选官范围。她一手施恩惠于前朝后裔，一手打压李唐宗室。689年，武则天将周朝、汉朝的后裔作为诸侯国君的后代；封舜帝、禹王、商汤王的后裔为王侯的后代；北周、隋朝视同诸侯国，封其后嗣；除去李唐宗室成员的皇族属籍。

她整顿吏治，赏罚严明，赏其当赏，罚所当罚，明察善断，有知人之明，因而能从广泛搜罗人才中拔擢贤才以为己用，史学家说："（武则天）虽滥以禄位收天下人心，然不称职者，寻亦黜之，或加刑诛。挟刑赏之柄以驾御天下，政由己出，明察善断，故当时英贤亦竞为之用。"武则天时期，社会是相当安定的，农业、手工业和商业都有了长足的发展，户口也由652年的380万户增加到705年的615万户。本书认为，武则天是T2型，她的第三性格是孔雀，富有创新精神，比如发明了密封卷、试官、武举、殿试等制度；第四性格是考拉，懂得韬光养晦。她能在TOPK四种性格间自觉或不自觉地切换。

第8任唐少帝李重茂，中宗李显的第4子，睿宗李旦的侄儿，玄宗李隆基的堂弟，在位17天，享年20岁。李显被韦皇后毒死，韦皇后遂立年仅16岁的李重茂为皇帝，由韦皇后临朝称制。李重茂即位后不足一个月，李隆基和太平公主联手发动"唐隆政变"，诛杀了当政的韦皇后、安乐公主及上官婉儿等。李隆基这次政变得到其妃子王氏的支持，《旧唐书》说王氏："上（指李隆基）将起事，颇预密谋，赞成大业。"在讨伐韦后时，王氏在幕后协助临淄王，终于完成大业。李重茂被迫禅让帝位给其亲叔李旦。李旦复封李重茂为温王，公元711年，改封襄王。公元714年，出任房州刺史，卒于任上，被李隆基追册为皇帝。本书认为，李重茂是K型。

第10任唐玄宗李隆基，孝敬皇帝李弘的嗣子，睿宗李旦之三子，高宗李治之孙。在位45年，太上皇7年，享年78岁。他是唐朝在位最长的皇帝，他开创了盛世，也毁掉了盛世，属于先明后昏的皇帝。从公元693年被降为临淄王到公元712年登基，前后共计19年。19年的腥风血雨塑造了李隆基明察、稳重、果断的思维方式和行为方式，从而间接为开元盛世的到来奠定了基础。其父皇李旦的嫡长子、原太子（公元684年册立）李成器（李宪，追尊为让皇帝，享年63岁）拒绝成为新皇太子，李旦立25岁的李隆基为皇太子，2年后，李旦内禅当太上皇，李隆基接班。

他接班不久，便果敢地平定了姑姑太平公主的叛乱。在位期间，他要求大臣直言谏奏，停止不急的事务，宽免在押的囚犯，祭祀名山大川，埋葬暴露的尸骸。他整顿诸多弊政，推崇节俭，推行义仓制度，通过括户等手段缓解土地兼并导致的逃户问题。军事上改府兵制为募兵制，兴复马政，对外收复了辽西营州及唐睿宗时期赐给吐蕃的河西九曲之地，再次降服契丹、靺鞨等政权。他吞并大小勃律并且攻灭突骑施，降服复国的后突厥，扶持回鹘剿灭后突厥。他非常重视县令的任免，认为郡县的官员是国家治理的最前沿，和百姓直接打交道，代表了国家形象。他经常亲自出题考核县官们，确切地了解这些县官是不是称职。如果考试优秀，可以马上提拔；如果名不副实，马上遭到罢黜。唐朝国力空前强盛，逐渐步入盛世，史称"开元盛世"。

李隆基知人善任，赏罚分明，办事干练果断，这是他能开创开元盛世的主要原因。他提拔姚崇（史称救时宰相）、宋璟、张嘉贞、张说、李元纮、韩休、张九龄等贤臣为相，在他们的辅助下，整饬腐败的吏治，建立了一套监察制度，精简官僚，裁减冗官。

开元初年，大唐王朝需要内外彻底大治的时候，李隆基用思想敏锐、方法独特的姚崇（T2 型）为相。当一切制度已基本建立，需要有人去坚定地维护执行的时候，他任用刚正不阿的宋璟（O1 型）为相。当太平盛世发展到一定阶段，需要大力开拓人文精神，建立盛世文治的时候，他任用文采飞扬的张说（P1 型）为相，可以说他因世而变，对每一位宰相的特点把握得非常到位，他以自身的魅力与绝对的权力完美地驾驭众臣。司马光评云："（李隆基）即位以来，所用之相，姚崇尚通，宋璟尚法，张嘉贞尚吏，张说尚文，李元纮、杜暹尚俭，韩休、张九龄尚直，各其所长也。"但在开元后期，他的知人善任能力随着他的骄傲自大而下降。他用宇文融、李林甫、杨国忠为相，国家则乱，开元盛唐由此衰落而不复返。

李隆基非常重视文化建设。他创办丽正书院，作为官方的修书机构，其首要任务是搜书、校书、藏书，是中国第一书院，也是中国最早的官办书院，后改称为集贤殿书院，简称集贤书院。袁枚《随园随笔》云："书院之名，起于唐玄宗之时，丽正书院、集贤书院皆建于省外，为修书之地。李隆基以张说、徐坚、贺知章等人为十八学士。"大唐文化空前繁荣，李白、杜甫、王维、孟浩然、贺知章、王昌龄、崔颢、王之涣、高适、岑参……这些中国文学史上的闪耀群星，还有书法家"草圣"张旭、画家"画圣"吴道子、音乐家李龟年等，都生活在开元时期，留下许多不朽篇章。开元时期唐朝的户数人口达到 960 万户、5200 万人口，超过隋朝最盛之时的 890 万户、4600 万人口。

天宝元年开始，他逐步丧失向上求治的意志，志得意满，开始放纵享乐，忽视国事。在纳杨玉环为贵妃后，李杨缠绵，他更加沉溺于酒色歌舞。唐玄宗任用有"口蜜腹剑"恶名的李林甫（P2 型）为宰相长达 18 年，使朝政日益败坏。李林甫死后，杨国忠（P1 型）为相，出现了宦官干政的局面，高力士权势遮天。玄宗开始好大喜功，为此边境将领经常挑起对异族的战事，以邀战功。当时兵制由府兵制改为募兵制，从而使得节度使与军镇上的士兵结合在一起，导致边将专军的局面，其中以掌握重兵的胡人安禄山最为著名，最终导致安史之乱。李隆基兴于忧患而败于安乐。放松自律，放纵私欲，虽成就了个人文艺才华，但未尽到皇帝的职责。

李隆基和太平公主之子等人定计讨（韦氏）乱。有人请先将讨乱之事禀告李旦，李隆基说：禀报，父王同意，就是他参与了凶险之事；他不同意，我们的计谋就落空了。《旧唐书》是这样记载的："我（李隆基）拯社稷之危，赴君父（李旦）之急，事成福归于宗社，不成身死于忠孝，安可先请，忧怖大王（李旦）乎！若请而从，是王与危事；请而不从，则吾计失矣。"等诛除了韦氏，李隆基快马奔往谒见相王，自领未先禀告之过。这说明李隆基果敢明智、担责揽过，有老虎特质。

《新唐书》说他：性英武，善骑射，通音律、历象之学。《旧唐书》称他：多艺，尤知音律，善八分书。书法工整、字迹清晰、秀美多姿，在唐朝书法中占有一定的地位。他富有音乐才华，对唐朝音乐发展有重大影响，他爱好亲自演奏琵琶、羯鼓，擅长作曲，作有《霓裳羽衣曲》《春光好》《秋风高》等百余首乐曲。他创办梨园，他极有音乐天分，乐感也很灵敏，经常亲自坐镇，在梨园弟子们合奏的时候，稍微有人出一点点错，他都可以立即觉察，并予以纠正。戏剧界尊李隆基为鼻祖。他能够演奏多种乐器：琵琶、二胡、笛子、羯鼓，无一不通、无一不晓。文艺皇帝李隆基还喜欢舞蹈。这些都说明，李隆基有孔雀的特质。

《新唐书》评他："（李隆基）方其励精政事，开元之际，几致太平，何其盛也！及侈心一动，穷天下之欲不足为其乐，而溺其所甚爱，忘其所可戒，至于窜身失国而不悔。考其始终之异，其性习之相远也至于如此。"本书认为，在唐睿宗时期和开元时期，李隆基发挥了 T 型和 O 型的优点，当功成名就之后，李隆基回到了其天生的 P 型，逐渐由 P 型的缺点主导其行为：骄奢逸、新奇特、易怒冲动。开元二十五年，李隆基情宠武惠妃，一怒之下，一日杀三子（一太子二王）。《新唐书》还记载了他赋《三杰诗》一事，表明他是刘邦的粉丝。开元十七年，宋璟为尚书右丞相，张说为左丞相，源乾曜为太子少傅，同日拜。有诏太官设馔，太常奏乐，会百官尚书省东堂。帝（李隆基）赋《三杰诗》自写以赐。本书认为，李隆基是 P1 型。天宝之前，他能在 TOPK 四种性格间自觉或不自觉地切换，天宝年间，由 P 型的缺点主导。

第 11 任唐肃宗李亨，李隆基第三子，在位 7 年，享年 52 岁。年幼的李亨有幸以贺知章、潘肃、吕向、皇甫彬等名士为侍读，他的文化知识与素养提高很快。27 岁时李亨被立为太子，开始了储君的漫长艰难岁月。唐朝正式当过皇太子的，一共有 29 位，只有 16 位成功接班，成功率达 55%。也就是说，仅仅五成。换句话说，出事的皇太子有 13 位，出事率或者说失败率是45%。唐朝，太子是一项高危职业，李渊的太子李建成被杀，李世民的太子因谋反不成被贬，郁郁而终，李治的几任太子都最终惨死，中宗的太子因为政变失败被杀。而李亨能成为太子，也是因为之前的太子李瑛被陷害被杀，他才成为太子。

《新唐书》记载了他改朱明服一事，服装的改动，充分体现了李亨小心缜密的性格特点。有司在向太子汇报典礼准备工作的时候，向他介绍这个程序时说，按照典礼的规定，那一天他应该穿绛纱袍，而当天皇帝也穿同样的衣服。李亨一听就说不行，太子怎么能够和皇上穿一样的衣服呢？而且衣服还叫同样的名字。李亨执意要改，有司说典礼要求就是这样。最后在李亨的执意要求之下，绛纱袍改名为朱明服。李林甫因支持武惠妃的儿子李瑁为太子而没有成功，时时刻刻陷害李亨，李亨靠两次休妻离婚度过两次大案。杨国忠继续斗太子李亨，李亨谨慎、隐忍、坚韧地渡过了险象环生的危机，战战兢兢、如履薄冰地生活到了安史之乱。

安史之乱起，太子李亨被玄宗任为天下兵马大元帅，领朔方、河东、平卢节度使，负责平叛。在唐玄宗西逃的路上，李亨在马嵬坡为百姓所留，与玄宗分道，带领李国辅等北上至灵武。裴冕（O型）、杜鸿渐等大臣上书劝李亨继承皇位以聚集民心平定叛乱，李亨不同意即位。裴冕等大臣劝说六次后，他在灵武即皇位，尊父皇李隆基为太上皇。在儿子李豫和郭子仪（武举出身，T1型）、李光弼（T2型）、仆固怀恩（T型）、李泌、李嗣业（T型）、王思礼（O1型）、张巡（T2型）、高适（P1型）、颜真卿（O1型，颜之推的五世孙）、李勉（李渊的玄孙，O4型）等将领大臣的辅佐下，君臣一心，上下同气，讨伐安史叛军，收复了长安、洛阳两京。

他主政期间，没有滥杀将领，即使有人犯错，他也只是惩罚，死罪皆免。这比晚年的李隆基做得好，李隆基在安史之乱初期，滥杀大将，导致大唐将领稀缺，被逼死的将领们都是可以独当一面的良将，比如王忠嗣。但李亨让太监监军和急于收复两京，表明他不是T型。《旧唐书》说他："仁爱英悟，得之天然；及长，聪敏强记，属辞典丽，耳目之所听览，不复遗忘。"这说明，李亨的记忆力很好，智商很高。本书认为他是O4型。

第12任唐代宗李豫，李亨之长子，在位18年，享年53岁。李豫跟从父皇李亨在灵武阅兵，李亨以李豫为天下兵马元帅。李亨返回凤翔时，房琯、郭子仪与贼作战失利，贼势浩大，锐气十足，多次前来侵犯骚扰。李豫选拔勇敢干练之士，多次挫败敌人的锐气，李亨的惊惧忧虑才得以安定，士气大振。支援唐朝作战的回纥军进城要抢掠时，李豫能屈能伸，给回纥的首领下跪，请求他们放过对百姓的掠夺。这一跪，跟随李豫的众将都服气了，老百姓也对这名皇子很感恩，他从此赢得了民心。同年，唐朝收复两京。公元758年，32岁的李豫被立为皇太子。

在李亨病危期间，张皇后（T型）想废除皇太子李豫，李辅国、程元振出兵保护李豫，逮捕张皇后、李系等人。李豫得以顺利登基为帝,第二年,平定安史之乱。同年,吐蕃攻占长安,李豫出逃陕州,随后起用名将郭子仪击破吐蕃。在位时期,定计诛杀权宦李辅国、鱼朝恩及宰相元载,流放宦官程元振;任用刘晏(唐朝的经济改革家、理财家,O1型)改革盐法,改革漕运、粮价等,改善了国家的财政,任用杨绾(O型)为相,致力于安定社会,发展生产。李豫的聪明之处就在于抓住了治理国家的关键问题:经济和军事。当政期间,他用对了一个武官、一个财官——重用军事将领郭子仪,使那些藩镇割据势力不敢轻举妄动;重用财官刘晏,发展生产,把养民放在首要位置,老百姓休养生息,国家财力才能慢慢恢复。

他对长辈非常有孝心。公元760—761年,两宫(太上皇玄宗、肃宗)均患病,李豫往来侍疾,亲尝药膳,衣不解带。他明智大度地处理女儿和女婿吵架问题。《资治通鉴》记载了这件事,郭暧尝与升平公主争言,郭暧曰:"汝倚乃父为天子邪?我父薄天子不为!升平公主恚,奔车奏之。"上(李豫)曰:"此非汝所知。彼诚如是,使彼欲为天子,天下岂汝家所有邪?"慰谕令归。(郭)子仪闻之,囚(郭)暧,入待罪。上曰:鄙谚有之:不痴不聋,不作家翁。儿女子闺房之言,何足听也!郭子仪归,杖郭暧数十。

《旧唐书》说他:"宇量弘深,宽而能断。喜惧不形于色。仁孝温恭,动必由礼。幼而好学,尤专《礼》《易》。"刘昫评价他说:"古之贤君,未能及此。"《新唐书》评价他说:"代宗之朝,余孽犹在,平乱守成,盖亦中材之主也。"王夫之认为李豫深受老子"将欲取之,必固与之(将欲取之,必先与之)"思想的影响,擅用帝王权术:李辅国恶已极而杀矣,程元振恶已极而流矣,鱼朝恩恶已极而诛之俄顷矣;假手元载以杀朝恩,复纵元载以极其恶,而载又族矣。但李豫也有猜疑的性格缺点,不信任社稷有功之臣,导致来瑱、李光弼、仆固怀恩等名将不正常死亡,这极大地消耗了皇权政府和节度使武将之间的信任度。《旧唐书》说:"仆固怀恩、李怀光,咸以勇力,有劳王家。身陷猜疑,为臣不终。"

他承安史乱后国力之衰,加之宦官专权、奸臣当道,对河北诸藩采取了事实上的姑息纵容政策。面对河北三镇之首的魏博节度使田承嗣为安禄山、史思明父子修建"四圣堂",公然为安史首恶招魂的行径,平和的李豫也只是下诏切责、不敢加兵,还将女儿嫁与田承嗣之子,并晋封田氏为雁门郡王了事。田承嗣得寸进尺,继续染指近邻昭义镇。忍无可忍之下,李豫被迫以成德节度使李宝臣、淄青节度使李正己为主力,下诏讨伐魏博镇。哪知同为安史降将、河北强藩的二李与田承嗣只是狗咬狗的"窝里斗",在拥兵自重、藐视中央方面和田承嗣并无二致,让他们担当主力去讨伐田承嗣,结局可想而知。田承嗣还分遣说客劝说成德、卢龙、淄青、山南东道等藩镇,策动各镇联结互保,按兵不动。在两度做游戏般的打打停停之后,唐王朝糜兵费饷、师老无功,性宽无怒的李豫却下诏,赦免田承嗣之罪,恢复官爵,对所部将领一概不予追究,讨伐战争宣告失败。田承嗣死后,其侄田悦奉其遗命承袭其位，朝廷居然封田悦为魏博留后，追赠田承嗣为太保。自此，魏博镇首开藩镇节度使世袭之先例。本书认为，李豫是O4型。

第13任唐德宗李适，李豫之长子，在位27年，享年64岁。安史之乱平定，李适因功拜为尚书令，实封食邑两千户，和平叛名将郭子仪、李光弼等八人一起被赐铁券、图形凌烟阁。23岁时李适成为皇太子，成为储君元帅。经过14年的锻炼，37岁时李适正式即位。

在位前期，他以强明自任，坚持信用文武百官，严禁宦官干政，任用杨炎（创新的猫头鹰型）为相，废除租庸调制，改行"两税法"，颇有一番中兴气象。之后，任用幸臣卢杞等，并在全国范围内增收间架、茶叶等杂税，致使民怨日深、政局转坏。他发动削藩战争，致使"二帝四王之乱"（朱泚称秦帝，李希烈称楚帝，朱滔称冀王，王武俊称赵王，田悦称魏王，李纳称齐王）接连爆发（泾原兵变和四镇之乱），李适辗转奉天（史称奉天之难）、梁州等地，下诏罪己，依靠宰相李泌（历仕四朝，任过杭州刺史，有德声，O1型）、大将李晟（T2型）、马燧（O3型）、浑瑊（T4型）和宗臣李皋（李世民五世孙，O1型）、大臣陆贽（O3型）、韦皋（P1型，中唐著名诗人）、董晋（K2型）等协力平乱，段秀实（T2型）笏击叛首朱泚，以身殉国，史称"自古殒身以卫社稷者，无有如秀实之贤"。韩滉（T4型）训练士卒，保全东南地区；又转输江南粟帛，供给朝廷平乱。连李适行营的吃穿用度、护卫军队的吃穿，基本都是韩滉这边提供。大唐被打到山穷水尽的时刻，韩滉送来及时的温暖，撑起了大唐的生命线，前线的唐军，也终于续了命，随后李晟等名将才能从容指挥调动，终于快速收复了长安，大唐王朝度过了劫难。他们同心协力演绎了"首都丢了国家也可救"的大唐气魄。

李适主政中后期，委任宦官为禁军统帅，对藩镇多有姑息，总体局势较为安定。在位时期，内部兴起了古文运动；在对外关系上，联合回纥、南诏，打击吐蕃，成功扭转对吐蕃的战略劣势，为"元和中兴"创造了较为有利的外部环境。他的一生几乎都处于纠结与矛盾中，他矢志复兴大唐社稷江山，却在遇到重重阻力后绝望，破罐子破摔，导致复兴大业付之东流。主政初期，他收罢兵权、清明节俭、疏斥宦官；主政中后期，他却猜忌大臣、任用宦官、宠幸奸臣、姑息藩镇、大敛钱财。《新唐书》评他："德宗猜忌刻薄，以强明自任，耻见屈于正论，而忘受欺于奸谀。故其疑萧复之轻己，谓姜公辅为卖直，而不能容；用卢杞、赵赞，则至于败乱，而终不悔。及奉天之难，深自惩艾，遂行姑息之政。由是朝廷益弱，而方镇愈强，至于唐亡，其患以此。"贾隐林评他云："然陛下性灵太急，不能容忍，若旧性未改，贼虽奔亡，臣恐忧未艾也。"贞刚律己的陆贽（李适的宰相）评他云："（李适）嗣位之初，务遵理道，敦行俭约。"司马光评他云："赫然有拨乱之志，而识度暗浅，资性猜愎。"北宋罗从彦评他云："若唐德宗，则察而不明。"南宋钱时评他云："德宗，猜忌之主也。"蔡东藩评李豫李适父子："代宗之误，误于姑息，德宗之误，误于好猜。"李适有两大缺点：贪财和多疑。这两大缺点正好是O型性格的缺点。李适善属文，尤工于诗。常于宫中唱和，亲自品评等次。与学士论诗，深夜不寐。又常亲试制科举人文辞，中者称门生。《全唐诗》录其诗15首，均为雅正之诗。本书认为李适是O3型。

第14任唐顺宗李诵，李适的长子，在位186天，做太上皇5个月，享年45岁。19岁时李诵被诏立为皇太子，当了26年的皇太子，他慈孝宽大，仁而善断，涉猎诸艺，擅长隶书。当太子期间，他组织了"奉天保卫战"并取得胜利。他即位后，重用王叔文、王伾等人进行改革，他们和刘禹锡（P1型）、柳宗元（O3型）等十几人一起，形成了以"二王刘柳"为核心的革新派。他们维护统一，主张加强中央集权，反对藩镇割据，反对宦官专权，积极推行革新，采取了一系列的改革措施，史称永贞革新。《旧唐书》记载李诵在登基不久就免除百姓的欠债。他把贞元二十一年十月以前百姓所欠的各种利钱、租税、财物等全部予以免除。永贞革新触犯了宦官和节度使的利益，改革派内部也矛盾重重，而支持永贞革新的李诵因身体不好禅位给皇太子李纯，永贞革新也因李诵禅让帝位而失败了。清朝陈其元评此事曰："古人之被冤者，以余所见，莫屈于晋之陶士行，而枉于唐之八司马。……唐王叔文、王伾侍顺宗于东宫，顺宗既即位，甘盘旧学，擢在贵近，亦事之常。叔文与伾赞襄初政，首罢宫市，则恤民也；追阳城陆贽，则进贤也；拒韦皋之请兼两川，则持大体也；辨刘辟之奸，则有远识也；至欲夺宦官之兵权，尤是唐朝第一大事。不幸而顺宗之疾不瘳，宦寺俱文珍等遂起而与之为难。"本书认为永贞改革失败的原因不在于推行新政本身，而是推行新政的方式和改革派内部的不团结。其中有些措施唐宪宗继位后也是极力推进的，比如削弱藩镇、整饬吏治、加强财政等。

《新唐书》评他说："为人宽仁，喜学艺，善隶书，礼重师傅，见辄先拜。"韩愈评他说："性宽仁有断，礼重师傅，必先致拜。"韩愈还说："德宗（李适）在位岁久，稍不假权宰相。左右幸臣如裴延龄、李齐运、韦渠牟等，因间用事，刻下取功，而排陷陆贽、张滂辈，人不敢言，太子（李诵）从容论争，故卒不任延龄、渠牟为相。李诵荣辱不惊，随遇而安。"本书认为，他是K1型。

第15任唐宪宗李纯，李诵的长子，其贵妃郭氏是郭子仪的孙女，在位15年，享年43岁。28岁时的李纯从4月被册封太子，7月监国，再到8月受禅登基，接班非常顺利。

他在位初期，奋发有为，把太宗之创业和玄宗之致理当作效法的榜样。他知人善任、刚明果断、励精图治、重用贤良，任用杜黄裳（O1型）、权德舆（K2型）、李吉甫（T2型）、裴垍（T2型）、李绛（O1型）、武元衡（武则天堂兄弟武载德之曾孙，T4型）、裴度（P1型）相继为相，任用李愬（李晟之子，O1型）、高崇文（T4型）、李鄘（O1型）、李光颜（T型）等良将为唐军统帅，他周围还有一批极言直谏、维护政治清明的大臣，诸如白居易（P4 型）、元稹（P 型）、韩愈（P2 型）等。他意志坚定，百折不挠，虚怀若谷，勇于纳谏，敢于纠错，不断完善执政策略，能用忠谋，改革弊政，勤勉政事，力图中兴，从而取得元和削藩的巨大成果，重振中央政府威望，史称"元和中兴"。

刘昫在《旧唐书》云："贞元（唐德宗）失驭，群盗箕踞。章武（唐宪宗）赫斯，削平啸聚。我有宰衡，耀德观兵。元和之政，闻于颂声。"《旧唐书》还云："章武皇帝志据宿愤，廷访嘉猷。始得杜邠公，用高崇文诛刘辟。中得武丞相，运筹训戎，赞成睿断。终得裴晋公，耀武伸威，竟珍两河宿盗。雄哉，章武之果断也！"李纯在取得了一些成就以后，就自以为立下了不朽之功，渐渐骄侈。他任用奸臣皇甫镈而罢免贤相裴度，政治日见衰败。北宋苏辙云："唐玄宗、宪宗，皆中兴之主也。玄宗继中睿之乱，政紊于内，而外无藩镇分裂之患，约己任贤，而贞观之治可复也。宪宗承代德之弊，政偾于朝，而畿甸之外皆为畔国，将以求治，则其势尤难。虽然，二君皆善其始，而不善其终。"《新唐书》评他云："宪宗刚明果断，自初即位，慨然发愤，志平僭叛，能用忠谋，不惑群议，卒收成功。自吴元济诛，强藩悍将皆欲悔过而效顺。当此之时，唐之威令，几于复振，则其为优劣，不待较而可知也。及其晚节，信用非人，不终其业，而身罹不测之祸，则尤甚于德宗。"宪宗属于前明后暗的皇帝。本书认为他是 T3 型。

第 16 任唐穆宗李恒，李纯之三子，其母郭氏是郭子仪的孙女，在位 5 年，享年 30 岁。他 17 岁被立为皇太子，25 岁接班。在位期间，纵情享乐，毫无节制。父皇去世还未安葬，他就观看俳优表演、角抵戏、倡优戏。他在宫里大兴土木，修建永安殿、宝庆殿等，宴乐过多，畋游无度。他爱看杂技，常常举办音乐会，是个多动的文艺皇帝。所任宰相萧俛、段文昌缺乏远见，认为藩镇已平，应当削兵。不久，河朔三镇复叛，天下重新陷入动乱的局面。《旧唐书》记载："穆宗意颇奢纵，朝夕供御，尤为华侈。（郭）太后尝幸骊山，登石甕寺，（李恒）上命景王率禁军侍从，（李恒）帝自于昭应奉迎，游豫行乐，数日方还。"蔡东藩评他说："穆敬二朝，藩镇之乱未消，朋党之祸又起。内外交讧，唐室益危。加以穆宗荒耽，敬宗尤甚，万几丛脞，唐之不亡亦仅矣。"

从《旧唐书》的记载来看，李恒任用了裴度，并向他咨询了很多政务，比如李恒就如何处理刘悟囚禁刘承偕事件咨询裴度。他不按法度办事，遇事多予宽免，致使外戚众亲属不正当地求告，传递宦官旨意，与权臣相交往。李德裕为此进谏李恒，李恒认为李德裕说得有道理。本书认为他是 P4 型。

第 17 任唐敬宗李湛，李恒之长子，在位 3 年，享年 18 岁。他 15 岁被立为皇太子，16 岁即位。在位期间，他好似一个高中体育生，耽于玩乐，沉迷于蹴鞠、马球和打夜狐，不爱理政。他的游乐无度较之其父穆宗是有过之而无不及。他是一位马球高手，又善手搏，观赏摔跤、拔河、龙舟竞渡之类的游戏从来都是乐此不疲。任由权宦王守澄勾结宰臣李逢吉，排斥异己，败坏纲纪，引发染工暴动事件。《新唐书》云："穆、敬昏童失德，以其立位不久，故天下未至于败乱，而敬宗卒及其身，是岂有讨贼之志哉！"整个唐朝执政呈现以下现象：先是男人当政，之后女人当政，然后又是男人当政，接着女人乱政。接着男人执政，接着女人乱政，接着男人执政，宦官参政，宦官辅政、宦官当政，由此，大唐也开始衰落。李湛时期，是宦官当政的转折时期，宦官独大。蔡东藩评他说："未尝行一虐政，且于裴度、李绛、韦处厚诸臣，亦知其忠直可用，非直淫昏无道者比，而卒为逆阉所弑者，好游宴，暱佞幸故也。"《旧唐书》云："敬宗冲幼，好治宫室，畋游无度。"《新唐书》云："帝（李湛）冲逸，好宫室畋猎，功用奢广。"宋祁说："敬宗骄僻不君。"

王廷凑之乱，李湛叹宰相不才，而使奸臣跋扈，韦处厚说：陛下有一裴度不能用，乃当馈而叹，恨无萧曹，此冯唐所以谓汉文帝有颇牧不能用也。他听取了韦处厚的建议，恢复裴度兼同平章事，并听取了裴度的建议，从而妥善解决了朱克融扣留赐春衣使杨文端事件。本书认为他是 P2 型。

第 18 任唐文宗李昂，李恒之次子，李湛的异母弟，在位 14 年，享年 32 岁。宦官刘克明等杀死唐敬宗，伪造遗旨，欲迎唐宪宗之子李悟入宫为帝。两天后，宦官王守澄、梁守谦指挥神策军入宫杀死刘克明和绛王李悟，拥立 18 岁的李昂为帝。在选接班人的问题上，人性使然，太监们思想高度一致：选个老实听话的。

李昂为人恭俭儒雅，博通群书。在位初年，励精求治，放出宫女 3000 余人，释放五坊鹰犬，并省冗员，勤勉听政、厉行节俭，革除奢靡之风，下令停废许多劳民伤财的事，致力于复兴唐王朝，在唐朝中后期诸帝中颇为勤政。他虽能勤勤勉勉、宵衣旰食，但缺乏治国的才干，最终也无法消除祸患。李训等人发动"甘露之变"，企图消灭宦官势力，事败后遭到钳制。他既受制于宦官，又受制于朋党，且再受制于藩镇。

李昂好文，尤尚古学，喜作五言诗，古调清峻。《全唐诗》录有其诗 6 首。其中《宫中题》："辇路生秋草，上林花满枝。凭高何限意，无复侍臣知。"这是李昂因受制于权宦时有感而作。他抑郁成病，不能下床，便命枢密使刘弘逸、薛季棱叫来宰相杨嗣复、李珏二臣，嘱咐他们辅助太子（敬宗李湛的儿子李成美，还没有举行册立仪式）监国。仇士良、鱼弘志得讯，于当天晚上就伪造遗诏，废太子李成美为陈王，立颍王李炎（李昂的异母弟）为皇太弟，负责处理军国大事，并带李炎登上朝堂接见百官。李昂闻知后也无可奈何，群臣更是没人敢反对。不久，李昂带着无限的惆怅病逝。

刘昫在《旧唐书》云："（李昂）有帝王之道，而无帝王之才。"他想要有所作为，却心有余而力不足，意志不坚定且信心也不足。《新唐书》记载了他和郑覃、李石的对话，李昂问宰相郑覃：你认为我可以和汉朝哪位君主相比？郑覃称可与汉文帝、汉宣帝一类的中兴之主类比。李昂叹道：我怎能与他们相比？李石见李昂意志消沉，便激励道：陛下所问，郑覃所答，都不正确。陛下坐拥四海，年富力强，应以尧舜为目标，怎能认为自己连文宣都不如呢？陛下只要立志高远，国家兴旺便大有希望。李昂有心图治，但能力不足，优柔寡断，无知人之明。

欧阳修在《新唐书》云："（李昂）恭俭儒雅，……仁而少断，承父兄之弊，宦官挠权，制之不得其术，故其终困以此。"南宋袁甫云："元帝（刘奭）、文宗（李昂），果断不用于斥邪佞，反用于逐贤人，此二君不识刚德之真。优柔寡断、无知人之明，如周赧（王）汉献（帝）。"《旧唐书》说他："文宗（李昂）孝而谦谨，奉祖母有礼……"孝义天然，大和中，（郭太后）太皇太后居兴庆宫，（王太后、敬宗之母）宝历太后居义安殿，（萧太后，文宗之母）皇太后居大内，时号"三宫太后"。《新唐书》评曰："宪宗之弑，历三世而贼犹在。至于文宗，不能明弘志等罪恶，以正国之典刑，仅能杀之而已，是可叹也。"《旧唐书》评曰："勤于听政，然浮于决断。"他善待并尊重裴度，并给裴度一首诗："注想待元老，识君恨不早。我家柱石衰，忧来学丘祷。"本书认为，他是 K2 型。

第 19 任唐武宗李炎，李恒之五子，李湛和李昂的异母弟，在位 6 年，享年 33 岁。27 岁的李炎知人善任，任用李德裕（O1 型，被李商隐赞为万古良相）、张仲武（T2 型）、郑肃（K2 型）、卢钧（K 型）等贤臣良将；正风肃纪，加强监督，严刑峻法，清理入仕门径，澄清吏治；改革积弊，发展经济；削弱宦官、藩镇和僧侣地主的势力，对内打击藩镇和毁佛（李炎成为毁佛运动的"三武一宗"之一）；对外击败回鹘，稳定漠北，谋划西域，稳定边疆，加强了中央集权。短短六年时间，唐帝国仿佛开始慢慢地恢复生机，从唐宪宗"元和中兴"开始一直的颓势，得到了遏制，一度呈现中兴局面，史称"会昌中兴"。他读书虽然不如文宗李昂，但更能知人善任，少了一些书生意气和迂腐，能够面对现实，很多时候，他敢于向宰相当面认错，尤其是他信任和重用李德裕，使他们君臣在会昌年间内忧外患交织的时刻，能够沉着应付，渡过难关。

终武宗一朝，宦官始终不能干政。大宦官仇士良假传圣旨裁减军费，宣称这是李德裕捣的鬼，鼓动禁军造反，打压宰相李德裕。经验丰富的李德裕看穿了一切，赶在哗变之前求见李炎。面对即将发生的暴乱，喜怒不形于色的李炎下了一道真圣旨：裁减军费这事，就是我干的，跟宰相没关系，有种就冲皇帝来！想造反吗？（原文是："敕令自朕意，宰相何豫？尔渠敢是？"）禁军都被震慑住了，恢复了平静。仇士良惶惑不自安，以老病为由辞职，李炎也就顺水推舟，解除了仇士良的军权。仇士良退职不久，就在自己的府邸死去。就这样，李炎剪除了宫中的宦官势力，加强了皇权。

一个朝代维持了太久，皇太子的生活过于优越，皇帝的能力反而每况愈下，一个不如一个。唐朝到了武宗李炎这里，能做到网罗贤能之士，革除弊习，打击宦官、外挡边患、内平藩镇的皇帝还真不多。虽然武宗李炎并不是个能干的人，但他敢于纳谏，听取能人的意见，这就是他的聪明之处。

《旧唐书》评李炎："能雄谋勇断，振已去之威权；运策励精，拔非常之俊杰。"《旧唐书·李德裕传》评李炎："天子（李炎）神武，明于听断。"《新唐书》评曰："昔武丁得一傅说，为商高宗。武宗用一李德裕，遂成其功烈。"本书认为他是 T2 型。

第 20 任唐宣宗李忱，宪宗李纯的第十三子，武宗李炎的皇叔，在位 14 年，享年 50 岁。李忱年幼时，为人持重少言，宫中都认为他"不慧（不聪明）"。太和、会昌两朝，愈加隐晦不露，与众人在一起时，不曾多言。他并不傻，为自保而装傻。武宗李炎病危，宦官马元贽等认为 37 岁的李忱较易控制，就把他立为皇太叔，同年登基为帝。

他接班后，判若两人，才干和韬略远非常人可比。他神色威严，目光从容，言谈举止沉着有力，决断政务有条不紊，和从前判若两人。在位期间，重视人才，严明法度，整顿吏治，并限制宗室和宦官，将死于甘露之变中除郑注、李训之外的百官全部昭雪。在对外方面，击败吐蕃、收复河湟，又安定塞北、平定安南，尤以收复河湟之举，为安史之乱后大唐对吐蕃的重大军事胜利之一。

他为人明察沉断，从谏如流，恭谨节俭，惠爱民物。国家相对安定繁荣，历史上把这一时期称之为"大中之治"。直至唐朝灭亡，百姓仍思咏不已，称李忱为"小太宗"。但亦有史家认为他"知为君之小节，而不知其大节""精于听断，而以察为明，无复仁恩之意"，最终招致"内臣争立嗣君，几至于乱"的后果。如果李忱在即位以后，能够像武宗李炎一样重用李德裕，那么唐朝的中兴也不是不可能的。赵秉文评他云："肃代有一颜真卿而不能用，德朝有一陆贽而不能用，宣朝有一李德裕而不能用，自是以还，唐衰矣。"《新唐书》说："诸盗皆生于大中之朝，太宗之遗德余泽去民也久矣，而贤臣斥死，庸懦在位，厚赋深刑，天下愁苦。方是时也，天将去唐，诸盗并出。"

唐太宗纳谏，得了魏徵；纳谏李忱，得了魏徵的五世孙魏谟。魏谟是文宗李昂读《贞观政要》后，思慕魏徵，而在魏徵后裔中找来的。魏谟入仕后，再现了魏徵直言极谏之风。李忱登位后，遂拜魏谟为宰相。其他宰相进谏，唯恐君主不快，都委婉而谏，独他开门见山，无所忌讳。李忱常叹：魏谟有他祖辈（魏徵）的风范，朕心极重他。

他记性好，宫中一些低下的杂役，只要李忱见过一面就能记住对方的长相、名字及所负责的工作，从来没有弄错过，这些宫人如果生病，李忱还会派御医去为其诊治，甚至还会亲自前往探视病情和赏赐物品，这在历代君王中可以说是罕见的。他心极细，财务部门上报污损的布帛，奏表中将"渍"误写成了"清"，主管官以为他不会注意，胡乱报了上去。岂知李忱一眼看破，处罚了与此事相关者。他酷爱读书，曾经建造了一座宫殿，每次在退朝后，他一定独坐在殿中读书，有时直至夜中烛将尽才结束，被宫中称为"老儒生"。

刘昫评价他云："（李忱）器识深远。"欧阳修评价他云："（李忱）精于听断，而以察为明，无复仁恩之意。呜呼，自是而后，唐衰矣！"司马光云："（李忱）尽心民事，精勤治道，赏简而当，罚严而必。"孙承恩云："法无偏颇，志尚勤俭。惜赏慎官，好贤纳谏。我思大中，亦汔小康。忌刻害治，卒以弗昌。"李忱最大的失误就是生前没能解决好大唐的接班人问题，犯了与隋朝杨广同样的错误。在立太子问题上，李忱犹豫不决，过于谨慎。李忱喜欢第4子夔王李滋，欲立其为皇太子，而李漼年长，久而不决。因追求接班人准确无误而迟疑，无意中把立太子权让给了他人。《新唐书》记载，李忱病危，将立李滋为皇太子的事托付给内枢密使王归长、马公儒，宣徽南院使王居方等人。左神策护军中尉王宗实等诈传伪诏将郓王李漼立为皇太子，李漼在宣宗灵柩前登皇帝位。本书认为他是O1型。

第21任唐懿宗李漼，李忱的长子，在位15年，享年41岁。在位期间，为人不明，奉迎佛骨，导致浙东、徐州等地相继发生动乱，内部政治腐败，民不聊生，丧失了"大中之治"的成果。他先后任命了21位宰相，没有一个有大臣风范，他们尸位素餐，贪污腐化相当严重，长安城中的居民用其中的曹确、杨收、徐商、路岩等宰相的姓名编了一首歌谣说：确确无论事，钱财总被收。商人都不管，货赂几时休？

他爱慕虚荣、好大喜功。每逢皇帝加尊号，一定要举行隆重的仪式，要向全国颁布诏书，同时举行大赦。咸通三年正月，群臣给懿宗上奉了"睿文明圣孝德皇帝"的尊号，但是他感觉还不满足，到咸通十二年正月，再上了12字的尊号：睿文英武明德至仁大圣广孝皇帝，其尊号字数仅次于玄宗、武宗的14字尊号。

他爱女如命。同昌公主嫁，（李漼）特爱之，倾宫中珍玩以为资送，赐第于广化里，窗户皆饰以杂宝，井栏、药臼、槽匮亦以金银为之，编金缕以为箕筐，赐钱五百万缗，它物称是。同昌公主薨，追赠为卫国公主，谥号文懿。他特别钟爱、想念公主，非常悲哀痛惜，自制挽歌，群臣毕和。许百官祭以金贝、寓车、廞服，火之，民争取煨以汰宝。及葬，李漼与妃坐延兴门，哭以过柩，仗卫弥数十里，冶金为俑，怪宝千计实墓中。因太医韩宗绍等人的医药不能奏效，李漼将他们处死，逮捕他们的亲族300多人，拘押在京兆府。宰相刘瞻、京兆尹温璋上疏，认为执法过于严厉，李漼发怒，将他们叱骂出去。

《旧唐书》和《新唐书》均云："懿僖当唐政之始衰，而以昏庸相继。"担任翰林学士的刘允章在《直谏书》中已用"国有九破"描绘当时紧迫的局势："终年聚兵，一破也。蛮夷炽兴，二破也。权豪奢僭，三破也。大将不朝，四破也。广造佛寺，五破也。赂赇公行，六破也。长吏残暴，七破也。赋役不等，八破也。食禄人多，输税人少，九破也。"李漼生前没有立皇太子，这是他最大的失误。他洞晓音律，犹如天纵。本书认为李漼是K3型。

第22任唐僖宗李儇，李漼的第五子，在位15年，享年27岁。懿宗李漼病危，宦官田令孜，左右神策护军中尉刘行深、韩文约等立12岁的李儇为皇太子，李儇顺利接班为帝。在位期间，他热衷游乐，擅长马球，喜欢斗鸡、赌鹅、骑射、剑槊、法算、音乐、围棋、赌博等。游玩的营生，他几乎无不精通。他对打马球不仅十分迷恋，而且技艺高超。他很自负地对身边的优伶石野猪说：朕若参加击球进士科考试，应该中个状元。石野猪回答说：若是遇到尧舜这样的贤君做礼部侍郎主考的话，恐怕陛下会被责难而落选呢！僖宗听到如此巧妙的回答，也只是笑笑而已。

他是少年皇帝，缺乏必要的理政能力，政事处置全部听由宦官。他最信任宦官田令孜，他自幼就由田令孜照顾起居，感情上很是依赖，称呼田令孜为"阿父"，即位后，他任命田令孜做了左军中尉。僖宗朝的重大决策都掌控在田令孜手中。权宦田令孜把持朝政，政局日益混乱。田令孜为了培植党羽，安排自己的心腹去镇守三川，即四川地区，向李儇奏请以陈敬瑄及杨师立、牛勖、罗元杲等镇三川。李儇让四人击球赌三川，以赌球任命封疆大臣，把国家政事当作儿戏。最后陈敬瑄得第一名，即任命为西川节度使，代替西川节度使崔安潜，杨师立为东川节度使，牛勖为山南西道节度使。陈敬瑄被任命为西川节度使的消息传到成都时，人们都很吃惊，没有人知道陈敬瑄为何人。

公元 874 年，王仙芝（盐商，P 型）起义，公元 875 年，黄巢①响应王仙芝的起义。长安失陷后，李儇逃亡蜀郡，他成为玄宗之后又一位避难逃往四川的大唐皇帝。唐末诗人罗隐有《帝幸蜀》诗咏其事："马嵬山色翠依依，又见銮舆幸蜀归。泉下阿蛮应有语，这回休更冤杨妃。"唐末进士韦庄的《立春日作》云："九重天子去蒙尘，御柳无情依旧春。如今不关妃妾事，始知辜负马嵬人。"

在郑畋倡议下，调动各镇节度使平定黄巢起义，王重荣招降朱温，李克用率沙陀军南下收复长安。经过黄巢起义军的打击，唐朝数百年的基业已不复旧貌。藩镇割据的局面在战争中形成，李昌符据凤翔，王重荣据蒲陕，诸葛爽据河洛，孟方立据邢洺，李克用据太、原上党，朱温据汴滑，秦宗权据许蔡，时溥据徐泗，朱瑄据郓齐曹濮，王敬武据淄青，高骈据淮南八州，秦彦据宣、歙，钱镠据浙东。他们都是各擅兵赋，迭相吞噬，朝廷不能制，成为实际上的地方割据势力。朝廷所能够控制的地区不过河西、山南、剑南、岭南西道数十州而已。政治上，唐王朝已是号令不行；经济上，藩镇备专租税，不再向顾廷上供，唐王朝只能依据京畿、同、华、凤翔等数州的租税来供应财政支出。

光启年间，经历盐池之争和襄王之乱，李儇的身体每况愈下，他临终传位于同母弟李杰（唐昭宗）。《新唐书》认为，唐朝自穆宗李恒以后的八代皇帝，被宦官、大臣立为君主的就有七人。唐朝的衰亡，哪里仅是藩镇酿成的祸患所致？朝廷是天下的根基，君主是朝廷的根基，起始登基就位是君主的根基。根基一开始就不正，而想以这样的根基正天下，

---

① 今山东菏泽人，盐商，T3 型，公元 881 年建国"大齐"，史称黄齐，以尚让、赵璋、崔璆、杨希古为宰相，郑汉璋为御史中丞，李俦、黄谔、尚儒为尚书，方特为谏议大夫，皮日休、沈云翔、裴渥为翰林学士。大齐国祚 4 年。

可能吗？懿宗、僖宗尚在唐朝政权刚开始衰落之际，而相继登位的皇帝却更是昏聩愚昧之辈。僖宗乾符年间，连年发生严重旱、蝗灾害，黎民愁怨，盗贼蜂起，社会动乱终于再也无法排解，这是天命人事两相遇合！本书认为李儇是P4型。

第23任唐昭宗李晔，李漼第七子，李儇同母弟，在位17年，享年38岁。僖宗李儇病势危重，群臣因吉王李保（懿宗李漼第六子）年长而贤，想要立李保继承皇位。观军使杨复恭率领军队迎李晔，立李晔为皇太弟。

大唐帝国在起义打击下，趋于分崩离析。21岁的李晔尊礼朝臣，励精图治，驱除权臣杨复恭以后，急于恢复旧业，号令天下，发动平定四川陈敬瑄、河东李克用（讨平黄巢、再造大唐的大功臣）的战争，最终消灭了田令孜，重挫了李克用，养大了王建。但是，中央禁军折损大半，国力兵员不足。李晔的威望也损失殆尽，逐渐沦为诸侯们随意欺辱的对象，被李见贞欺负而不能忍，无奈被韩建软禁三年。坐视宣武节度使朱温实力发展壮大，逐渐成为中原霸主，从此唐朝走向了灭亡的不归路。他一直受制于宦官、李茂贞与朱温。公元904年，他为宣武节度使朱温所弑。

《旧唐书》评李晔："攻书好文，尤重儒术，神气雄俊。"《新唐书》评李晔："自古亡国，未必皆愚庸暴虐之君也。其祸乱之来有渐积，及其大势已去，适丁斯时，故虽有智勇，有不能为者矣，可谓真不幸也，昭宗是已。昭宗为人明隽，初亦有志于兴复，而外患已成，内无贤佐，颇亦慨然思得非常之材，而用匪其人，徒以益乱。"与明思宗朱由检一样，他在位时很想有一番作为，但无奈能力有限，性格软弱多变，未能阻止帝国灭亡的命运。《旧五代史》记载："昭宗久在华州，思还宫掖，每花朝月夕，游宴西溪，与群臣属咏歌诗，歔欷流涕。"这表明李晔没有政才，在艰难时刻，不思如何治国方略，不思如何提高自己的知人善任能力，却思吟诗游乐。

他在游猎和饮酒方面放纵自己，喜怒无常，自从宋道弼等得罪被处死后，宦官们特别害怕。这一天，他在苑中行猎，酒醉得厉害，当天夜间，亲手杀死几名宦官和宫女。刘季述等人为国计，趁李晔酒醉，让其内禅给皇太子李裕，当太上皇，何皇后同意。一个多月后，在朱温的帮助下，李晔恢复帝位，李裕降为德王，刘季述被乱棍打死。这说明，李晔恋权贪玩且不明智。他自从离开长安到洛阳以后，每天都担心会发生不测，和皇后、宫人只是沉溺在饮酒中以宽慰自己。最终他被朱温派出的蒋玄晖所杀。本书认为他是P2型。

第24任唐哀帝李柷，李晔第九子，在位约3年，享年16岁。朱温弑君后，扶立13岁的李柷为帝。朱温自封为魏王、相国、诸道兵马元帅，并获得"入朝不趋，剑履上殿，赞拜不名，兼备九锡之命"的特权，距离篡位称帝仅有一步之遥。但大部分皇室公卿心向唐朝，朱温要想顺利上台，必须除掉他们。

朱温指使蒋玄晖"邀请"唐昭宗诸子九王等人赴宴，然后趁着皇子们酒酣之际，命人将他们全部缢杀，然后投尸于九曲池中，彻底断绝来自皇室的隐患。依附于朱温的宰相柳璨与大谋士李振联合建议，将二人平素最为嫉恨、最忠诚于唐室的公卿重臣全部罢免、逮捕，一股脑地杀死在白马驿，随即将他们投尸于黄河，史称白马之变。经此一事，朝堂中的"清流派"为之一空，奸佞之徒则竞相求进，从此再无人敢于反对朱温篡位。在完成对皇室、公卿的大清洗工作后，朱温篡位之路便再无人可以阻挡。朱温正式逼迫李柷禅位。16岁的李柷禅位后，被降封为济阴王，并迁往曹州居住。李柷虽然被废，但李克用、李茂贞、杨行密、王建等人依旧拥戴他为皇帝，并以其名义号召天下勤王。不到一年时间，他便被朱温毒杀。本书认为，李柷是K型。

唐朝皇帝的性格类型路线如下：高祖李渊（考拉）01—太宗李世民（老虎）02—高宗李治（考拉）03—中宗李显（考拉）04—睿宗李旦（猫头鹰）05—武则天（老虎）06—中宗李显（考拉）07—少帝李重茂（考拉）08—睿宗李旦（猫头鹰）09—玄宗李隆基（孔雀）10—肃宗李亨（猫头鹰）11—代宗李豫（猫头鹰）12—德宗李适（猫头鹰）13—顺宗李诵（考拉）14—宪宗李纯（老虎）15—穆宗李恒（孔雀）16—敬宗李湛（孔雀）17—文宗李昂（考拉）18—武宗李炎（老虎）19—宣宗李忱（猫头鹰）20—懿宗李漼（考拉）21—僖宗李儇（孔雀）22—昭宗李晔（孔雀）23—哀帝李柷（考拉）24。具体如图17-2所示。

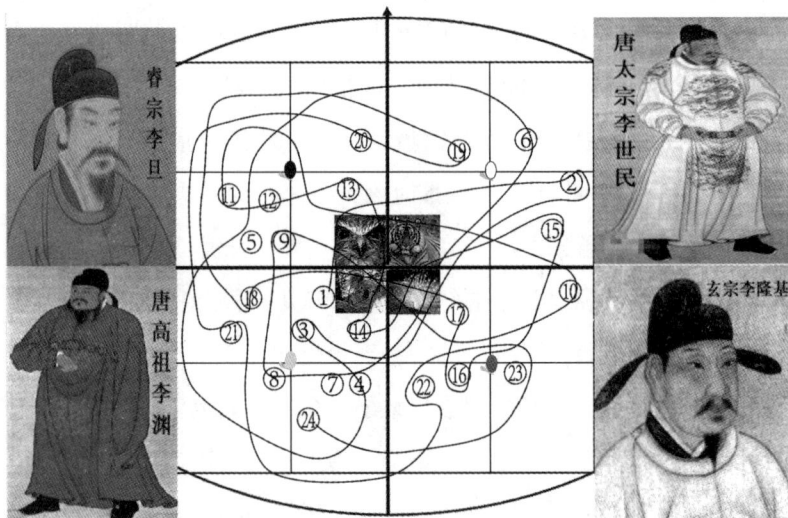

图17-2　唐朝李氏政权的帝王性格类型移动（包括武周武则天在内）

大唐是幸运的，武周代唐的是李治的媳妇，最终把政权归还了李氏，否则，李唐就是三世而衰、四世而亡，国祚不过70年。武则天最终和李治合葬，人们也就愿意把武周政权归于李氏政权。在这些帝王中，性格属于T型的有4位，占17%；属于O型的有6位，占25%；属于P型的有5位，占21%；属于K型的有9位，占37%。事业导向型的为42%，外向型的为51%，在超过百年的国家政权里，这两项比例是属于高的。

大唐兴于K型皇帝李渊，发展于T型皇帝李世民，成熟于K型李治和T型的武则天夫妇，衰于K型的中宗李显，徘徊于O型的睿宗李旦，中兴于P型的玄宗李隆基，李隆基开始了大唐的第二条生命曲线，并把大唐带上了超过李治时期的巅峰，造就了地球第一强国盛唐帝国。但大唐也衰于李隆基，止损于O型的肃宗李亨，徘徊于O型的代宗李豫，缓慢发展于O型的德宗李适，第二次中兴于T型的宪宗李纯，这次中兴未能达到新的高度，很快衰于P型的穆宗李恒，继续衰于P型的敬宗李湛，止损并缓慢发展于K型的文宗李昂，第三次中兴于T型的武宗李炎，第三次中兴的高度低于第二次中兴的高度，很快就衰于宣宗李忱，衰退虽然缓慢，但已经走在下坡的路上，只是不那么陡而已，传到K型的懿宗李漼这里，就开始加速衰落，P型的僖宗李儇接班，衰落就几乎要见底了，开国4年的大齐皇帝黄巢被消灭，大唐已经进入了春秋战国模式，从此走向了不归之路。尽管P型的昭宗李晔有雄心壮志，他意志不坚定且能力有限，大唐继续衰落，灭亡在K型的哀帝李柷手里。从形式来看，大唐灭于K型李柷，实际上是灭于P型李晔。其国势曲线和皇帝性格类型对应情况，如图17-3所示。

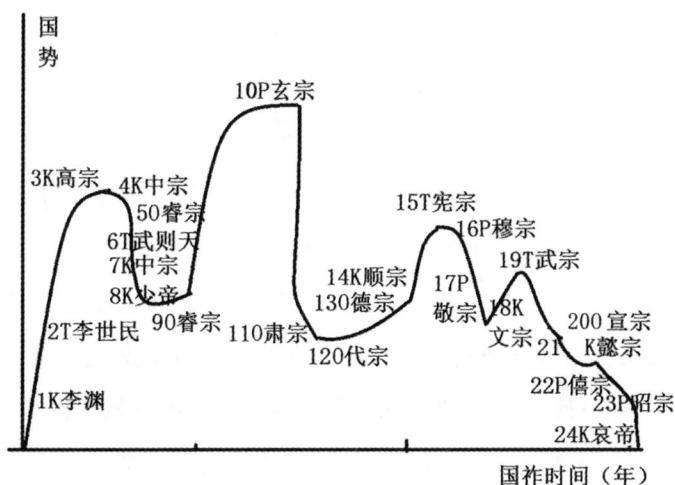

图17-3　大唐生命曲线和帝王性格类型及其世系

大唐的开国，严格意义上来讲，是不正的。K型的李渊篡位于隋恭帝杨侑，杨侑者，李渊姨侄孙也。但李渊统一中华大地，是靠其父子及其团队打拼而来的。大唐也没有逃过二世危机，这个危机通过太子和秦王的骨肉相残才得以解决。这开了个不好的先例。在第三代，发生了同样的接班危机，幸好T型的李世民在任上化解了危机，三世的李治顺利接班了，可是K型的李治，却把政权和其媳妇武则天共享，T型的武则天废立四世的李显和李旦，李唐四世而亡。李唐四世的K型李显在武则天的明智决策下，虽然复国成功，但李显政权差点毁于其媳妇韦后手上，最终依靠五世的李隆基发动政变，O型的李旦登上大唐帝位。之后幸有宋王让贤，P型的李隆基接班，开辟了盛唐大业。很多朝代是"五世衰亡"，而大唐演绎了"五世鼎盛"。不过，五世的李隆基，晚年纵欲和昏乱，导致安史之乱，也差点"五世而亡"。

幸好六世的李亨是O型，他在亡国危机中明智地自行接班，李隆基被迫为太上皇。七世的O型李豫参与平乱、八世的O型李适也参与平乱，史上唯一的祖孙三代均统兵杀敌，他们通过建立战功和磨炼能力而依次成功接班。大唐不仅渡过了危机、守住了政权，而且进入了中兴的轨道。K型的李诵身体不好，虽然顺利接班了，但很快明智地当上了太上皇。十世的T型李纯带来了大唐中兴，创造了"十世中兴"的奇迹。但他在培养接班人方面，做得太少，没能向北魏中早期的皇帝们那样有意识地培养接班人。P型的李恒，不仅执政能力不行，贪玩还短命；虽然是其长子李湛接班了，但P型的李湛只有16岁，执政经验更少，他更贪玩以致被宦官杀死。宦官内斗，K型的李昂在17岁接班，但执政经验同样少，还好他是考拉性格，虽然软弱但稳重，大唐止损了，并在缓慢恢复。由于他早期有意立其兄长敬宗李湛的长子李普为太子，但李普夭折；随后立自己的长子李永为太子，不幸的是李永在太子岗位上去世了；再立敬宗幼子李成美为太子，但未行册礼李昂就病重了。李昂病重不能下床，便命枢密使刘弘逸、薛季棱叫来宰相杨嗣复、李珏二臣，嘱咐他们辅助太子监国。仇士良、鱼弘志得讯，于当天晚上就伪造遗诏，废太子为陈王，立颍王李炎为皇太弟，负责处理军国大事，并带李炎登上朝堂接见百官，李炎接班为大唐皇帝。

十二世的李炎，虽然毫无执政经验，但即位时正27岁，属于青壮年皇帝，年富力强，又是T型皇帝，他有知人善任和果敢快准狠的优点，带领大唐实现第三次中兴，创造了自汉以来前所未有的"十二世中兴"奇迹。李炎的皇子年幼，他未能在生前立皇太子，加上突然病逝，造成大唐又一次接班危机，皇叔李忱接班渡过了这次危机。37岁的李忱虽然年长，但没有当皇太子的经历，其母是宪宗的宫女，李忱的受教育程度不高，执政经验也很少。O型的李忱，按照自己的逻辑执政，不考虑大唐的真实情况，推翻武宗的执政措施，导致大唐没能保持中兴局面，反而走向了衰落，尽管衰落不是那么急速，大唐实际上处在缓慢衰落中。到了大中晚期，暗流涌动，衰落开始加速而K型的李忱浑然不知，虽然古史学家把这段时期称为大中之治，但当今不少史学家把这段时期称为大中暂治或大中再衰。

李忱最大的错误就是主政14年，竟然没有在生前立皇太子，没能训练接班人，为选任接班人而长期犹豫不决。虽然他的长子李漼在27岁那年顺利接班了，但没有执政经验，加上又是K型，他主政的15年，是大唐加速衰落的时期，最为要命的是他像他父亲李忱一样，生前没有立皇太子，也没有去培养和训练皇子的执政能力，他病逝当天，遗诏第五子李儇（年仅12岁，但得到宦官支持）接班，而不是他的长子李佾，P型的李儇就成了大唐的第一位少年皇帝。少年皇帝怎么能处理好宦官、朋党、藩镇、皇室等错综复杂的关系呢？大唐由此走向了衰亡的不归路。虽然最终平定了黄巢起义，消灭了大齐政权，但大唐进入藩镇割据、不听政令时期。

　　十三世的李儇在生前也没有立皇太子，他病逝前一天，在宦官的支持下，同意有雄心但容易冲动的李晔为皇太弟来接班，而没有选择稳重的李保为接班人是其失策之处。李晔有17个儿子，竟然没能团结自己的儿子们为挽救大唐一起打拼，在皇太子李裕被刘季述拥立为帝时，P型的李晔不甘心做太上皇，想方设法复位掌权，造成内斗，并委派第九子李枫（年仅12岁）担任天下兵马大元帅。P型的李晔没有高祖李渊、睿宗李旦、玄宗李隆基、顺宗李诵那样顾全大局、以团结为第一要务的胸怀度量，也没有肃宗李亨、代宗李豫、德宗李适那么沉稳有智谋，他恋权但无能。李晔对大唐的灭亡，负有极大的责任。由于P型李晔的瞎折腾，十四世的K型李枫回天无力。从宪宗李纯开始，大唐对皇太子的教育是极为失败而无序的，尤其是宣宗李忱，这是大唐衰落灭亡的主要内因所在。

第十八章
五代的帝王性格类型移动轨迹

第一节　二世而亡的后梁帝王性格类型探究

后梁是大唐梁王朱温篡位创建，国祚 17 年，传 2 世 3 帝，如图 18-1 所示。

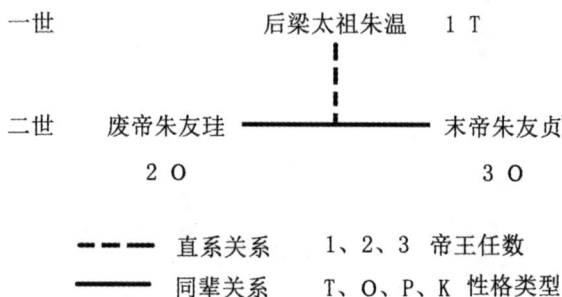

```
一世                      后梁太祖朱温    1 T
                               |
                               |
二世      废帝朱友珪 ━━━━━━━━━━━━ 末帝朱友贞
           2 O                         3 O


- - - - 直系关系     1、2、3  帝王任数
━━━━━ 同辈关系      T、O、P、K 性格类型
```

图 18-1　后梁朱氏政权的帝位传承和世系

第 1 任梁太祖朱温，私塾教师朱诚之幼子，在位 6 年，享年 61 岁。朱温在唐僖宗乾符年间投效黄巢，是黄巢的一员武将，在大齐政权建立时，被黄巢封为诸卫大将军。朱温变节降唐后，被唐僖宗封为宣武军节度使，镇守汴州，他消灭强敌秦宗权，占据中原，东征山东诸地，称霸中原。

朱温篡位开梁时，除剑南王建、淮南杨行密、晋北李克用、陇西李茂贞、辽东刘仁恭不奉他为正统外，其余的割据势力大都向后梁称臣，并接受其册封：岭南刘隐受封大彭郡王；湖南马殷受封楚王；闽南王审知受封琅琊郡王；江南钱镠受封吴越王；河北王镕受封赵王等。朱梁创业团队，缺少能力卓越的考拉进行协调，内部矛盾重重，时时刻刻在激化，义武节度使王处直、成德节度使王镕，因朱温处心积虑地削除异己而举兵反梁，投靠李存勖，推李存勖为盟主，共同反梁。朱温听信谗言，杀死佑国节度使王重师，诛灭其全族。大将刘知俊疑惧，遂在同州举兵造反，与李茂贞联合，共讨朱温。朱温帐下猛将如云，尽管他多疑杀了些将领：借口马瘦，斩杀了屡立战功的骁将邓季筠；以违抗军令罪，处死了大将李重允、李谠；宿将氏叔琮、养子朱友恭，因参与杀害唐昭宗，朱温为推脱罪责，将他们处斩；朱珍是其著名的战将，朱温寻故杀之，诸将苦苦求饶，被朱温赶出；李思安本为朱温爱将，因故被贬后，心怀不满，也被处死。

朱温的政治协调能力不强。大将朱珍是 T3 型性格，每次单独作战时，只能取得小胜。朱温安排李唐宾（T2 型）大将为朱珍的搭档，一主一副的组合，果真天下无敌，从此，每次都能取得大胜。但是一山难容二虎，团队里缺乏 K 型的协调者，朱珍和李唐宾闹了几个小矛盾，朱温又是个急躁愤怒的人，不仅没有协调好，反而加深了他们的矛盾。李唐宾被朱珍在愤怒情绪下杀死，朱温也愤怒并猜忌朱珍有异志，最后用计杀死朱珍。《旧五代史》云："（朱温）令武士执之，责其专杀，命丁会行戮。"丁会（P1 型）由此有避祸之志，称疾者累年。朱温杀害唐昭宗，准备自立为帝，任命丁会为昭义军节度使，丁会于是率三军为唐昭宗发哀。朱温大怒要杀丁会，丁会转而支持李克用。《旧五代史》记载丁会对李克用说："臣非不能守潞，但以汴王篡弱唐祚，猜嫌旧将，臣虽蒙保荐之恩，而不忍相从，今所谓吐盗父之食以见王也。"后来他辅佐李存勖取得夹寨大战之胜。从丁会的话中可以得知，朱温在篡唐之前，就有猜忌他人的习惯。

朱温派王景仁率大军讨伐成德王镕、义武王处直，晋王李存勖亲率大军增援。次年，两军在柏乡相遇，大战一场，梁军大败。柏乡之战是梁晋争衡的转折点，此战之后，战略主动权转移到晋军一方。朱温为报柏乡之仇，亲率大军攻晋，号称 50 万大军。但河北人民对梁军的残暴非常愤恨，纷纷拿起农具袭击梁军。朱温连吃败仗，羞愤交加，狼狈逃回汴梁，患病卧床不起。由于战事不利，朱温猜忌之心日重，除了肆无忌惮地杀戮外，便是纵欲宣淫。他晚年不仅私生活极其混乱，而且没有稳重对待接班问题。他因为特喜欢养子朱友文，很想把帝位传给他，从而引起亲儿子朱友珪的愤恨，导致他自己被次子朱友珪弑杀。

他平时性格刚烈残暴，为了上位，卖主求荣，背叛盟友，弑君杀后。病中喜怒无常，阴鸷狠毒，奸诈虚伪。每当他大动肝火要降罪无辜人等时，只有张惠（T4 型）敢于与他硬碰硬，继而进言规劝，挽救无辜。张惠在世时，尚能约束朱温。张惠在临终前，谆谆劝导他一定要牢记"戒杀远色"四个字，切不可任性胡为，为自己招致无妄之灾。张惠去世后，他便好色成瘾（其诸子妻室中未有不被其染指者，真可谓猪狗不如），屠戮百姓，做出许多卑鄙事。

《旧五代史》说朱温："以雄勇自负，多躁忿。"《新五代史》说朱温："凶猛强悍。"欧阳修评朱温曰："刚暴多杀戮。呜呼，天下之恶梁久矣！"《新五代史》云：呜呼，梁之恶极矣！自其起盗贼，至于亡唐，其遗毒流于天下。白寿彝评价说："朱温的滥杀是历史上罕见的。朱温的荒淫，行同禽兽，即使在封建帝王中也罕有其匹。"本书认为他是 T2 型，朱温是曹操和董卓的性格综合体。

第 2 任梁废帝朱友珪，朱温次子，在位 243 天，享年 29 岁。他弑父登基后，大量赏赐将士以图收买人心，然众多老将颇为不平。他荒淫无度，民怨四起。欧阳修在《新五代史》认为朱友珪狡猾多智谋。本书认为，他是O1型。

第3任梁末帝朱友贞，朱温第三子、嫡长子，朱友珪异母弟，在位10年，享年36岁。他与父皇朱温的女婿赵岩、外孙袁象先、大将杨师厚等人密谋政变，诛杀皇兄朱友珪，在东京自立称帝。在位期间，疏远开国元勋敬翔、李振等旧臣，重用赵岩、张汉杰等无能之辈，新贵压制元老，控制政柄，中饱私囊，把政治搞得相当糟糕。选才用将不以才德与战功为标准。在梁晋争霸战争中胜少败多，接连丧失国土，以致国势日衰。

他没有团结兄弟。异母弟朱友孜利用末帝德妃殡葬之际，遣刺客谋杀朱友贞未果，事后被诛杀。朱温的养子朱友谦第二次反叛后梁，朱温的侄子朱友能反叛。他将衡王朱友谅、惠王朱友能、邵王朱友海一同幽禁于东京。后梁即将灭亡时，他担心宗室趁机作乱，下令将三人处死。趁梁军主力屯于河上之际，后唐大将李嗣源率军奇袭大梁，兵临城下之际，朱友贞因怀疑异母弟朱友雍、朱友徽意图叛乱，遂将其杀死。他一生杀了7位兄弟，其中在成为皇帝以后，杀了6位朱氏兄弟，这在军阀割据竞争时期是极不明智的。

他因猜疑，在关键时刻或杀开国元勋大将或剥夺其兵权。大将刘鄩兵败退入洛阳，他疑刘鄩故意不战，而尹皓、段凝等人素来妒忌刘鄩的战功，遂进谗言，朱友贞以为然，命河南尹张全义逼令刘鄩饮鸩。刘鄩曾说：皇上深居宫禁之中，和白面书生谋划，一定会坏事。开国伯王彦章因在拉锯战中的一时战败被诬陷而失去兵权，被朱友贞勒令回家。后梁也从此彻底失去翻盘的机会。王彦章（忠勇无双的王铁枪）以兵少再次为梁而战却被活擒，但不肯投降后唐而被杀。

薛居正评他说："性沉厚寡言，雅好儒士。末帝（朱友贞）仁而无武，明不照奸，上无积德之基可乘，下有弄权之臣为辅，卒使劲敌奄至，大运俄终。虽天命之有归，亦人谋之所误也。"朱温的创业搭档敬翔（O3型）评朱友贞云："陛下委蛇守文，以儒雅自喜。"《新五代史》记载，（康）延孝说：末帝（朱友贞）懦弱。本书认为，他是O3型。

后梁皇帝的性格类型路线如下：太祖朱温（老虎）O1—废帝朱友珪（猫头鹰）O2—末帝朱友贞（猫头鹰）O3，具体如图18-2所示。

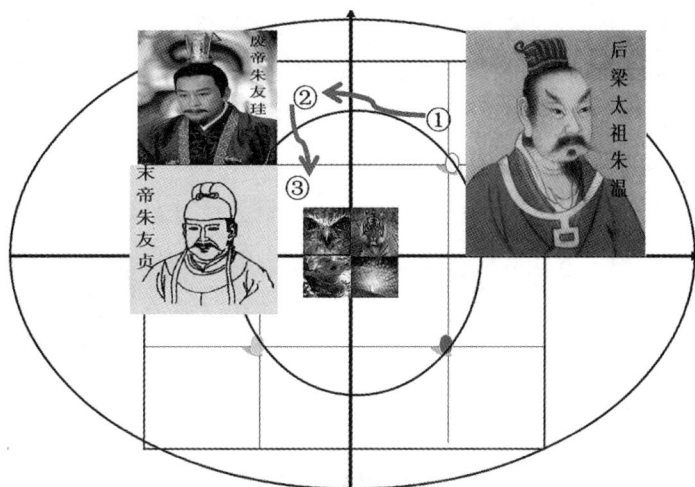

图 18-2　后梁朱氏政权的帝王性格类型移动

后梁的朱温，在武将庞师古、葛从周、杨师厚、张归霸、朱友恭、刘鄩、王彦章等，文臣敬翔（跟随朱温 30 多年的文臣，O3 型，深沉有大略，梁之篡弑，翔之谋为多）、李振（P2 型，唐朝中兴名将李抱真之曾孙，跟随朱温 30 多年，与敬翔成为朱温的左右手）、谢瞳（K 型，903 年去世）、刘捍（P 型）、裴迪（O 型）等辅佐下，在军阀争霸混战时期，首个开国称帝成功，这支创业班子符合TOPK白金法则。但朱温在接班人问题上没有全盘考虑清楚，根据自己爱好，属意朱友文来接班；但朱友文是其养子，朱温还有 6 位在世的亲生皇子，其中庶长子朱友珪 29 岁，嫡长子朱友贞 25 岁，最小的亲生皇子朱友孜也有 20 岁。他属意养子来接班，却没有明智地为养子接班做一些扶上马送一程的工作。《旧五代史》说，朱温看到李克用的儿子李存勖作战很厉害，竟对大臣说："吾观其（李存勖）志不小，天复夺我年，我死，诸儿非彼敌也，吾无葬地矣！"虽然他所说可能是真实的，但万万不能在自家大臣面前说贬低自家儿子的话。这种话，只能放在心里，并开始着手训练自家儿子的军事能力、政治能力、经济能力及综合能力。由于朱温没有战略眼光和战术谋划，后梁很快就出现了二代危机，创一代的朱温被创二代的庶长子弑杀。嫡长子不服庶长子接班，庶长子也没有高超的政治才干，致使两兄弟相互残杀。最后嫡长子虽然获胜，但因为没有皇太子的培养经历，也没有顾命大臣辅佐，摸着石头过河来当皇帝，仅 10 年工夫，朱梁就灭亡了。朱温篡唐开梁，虽然成功了，但建立梁朝后，疆域并没有扩大，没能统一北方乃至中华，反而让中华民族开始陷入长达 50 多年的民不聊生的内战时期。他无功于中华民族，这就违背了中华民族的春秋大义；朱温的乱伦乱淫违背了中华伦理底线。短命的后梁长期不被史学家接受，甚至被认为是伪梁。

第二节　后唐李氏政权的帝王性格类型探究

后唐是晋王李存勖创建的，以中兴大唐为使命。他为唐哀帝李柷上谥号，追赠自己的三代祖先为皇帝，与唐高祖、唐太宗、唐懿宗、唐昭宗并列为七庙，虽然血脉不同，但文化认同感强，承继祭祀。五代领域，无盛于此者（后唐）。传2世4帝，国祚14年，如图18-3所示。

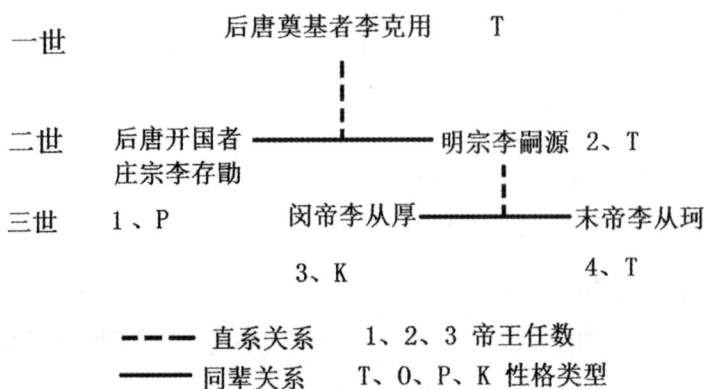

图18-3　后唐李氏政权的帝位传承和世系

后唐的奠基者李克用，大唐晋王，后唐追封其为太祖，在晋王位14年，享年53岁。《旧五代史》云："昔武皇（李克用）之树霸基，庄宗（李存勖）之开帝业。"李克用骁勇善骑射，15岁即从军，跟随出征，冲锋陷阵，比各位将军都勇猛，军中称他"飞虎子"。其父因镇压庞勋兵变有功，被唐懿宗赐为李姓，名国昌，编入宗室谱籍，成为李唐皇族的宗室。

李克用率军南下镇压黄巢，公元882年二次受敕勤王，由于在长安收复战中功劳最大，被命为河东节度使，自河东南下大败齐军。李茂贞、王行瑜及韩建三帅进京挟持唐昭宗，李克用再度率军勤王，败三帅，救出昭宗，因功被封为晋王。其后数年，他持续与朱温争战，成为朱温争夺天下的最大对手。他长期割据河东，与占据汴州的朱温对峙。他的文臣李袭吉（P2型）奉命写信给朱温，想和朱温修好，朱温看到"毒手尊拳"一句时，对敬翔说：李公占据一小角地方，怎么会得到这种文士，如果用我的智谋，再得到李袭吉的文才，就更加如虎添翼了。又读到"马邑儿童""阴山部落"等句，朱温生气地对敬翔说：李克用只剩下一口气，仍然气吞宇宙，可以臭骂他。敬翔写回信时，词句理气均超不过原信。

朱温代唐称帝，李克用仍用唐天祐年号，奉唐朝为正朔，以复兴唐朝为名与后梁争雄。他遗命张承业（宦官中贤能者，O1 型）与李克宁（李克用的弟弟，K1 型）、大将李存璋（李克用的养子，军政两不误，T4 型）、大将吴珙辅佐其子李存勖（勇武有余，文治不足）。他临终前对张承业等说：我常爱这孩子志气远大，可接我的事业，希望请你们多加教导。本书认为李克用是 T3 型。

第 1 任唐庄宗李存勖，李克用的嫡长子，以晋王在位 14 年，皇帝在位 4 年，享年 42 岁。他有从危机中看到机会的禀赋，这一禀赋是孔雀型性格常有的特质。安塞一战失利之后，形势艰难，梁将军氏叔琮、康怀英频频侵犯边界，疆土越来越少，城门之外也成了战场，李克用忧形于色。李存勖对父王李克用说：盛衰有寻常的事理，祸福关系到神的旨意。我家三代忠于唐王朝，势力有些削弱，但无愧于心。物不到极点不会反复，恶不到极点不会消亡。现在朱氏攻击逼近皇帝，窥视皇位，陷害良善之人，欺骗神明之天。照我看，已到极点了。父亲应静养韬晦，等待朱氏的衰落，哪用得着这么沮丧！沧州刘守文受梁朝攻击，他的父亲刘仁恭派人来请救兵，李克用恨他反复无常，不想答应。李存勖说：这正好是我们复兴的机会，不必介意以前的怨恨。如果把天下分九份，朱氏现今占了六七份，赵、魏、中山在他手中，贼寇所害怕的，只有我们和刘仁恭了。我们的兴衰，在此一举，不可失去机会。李克用于是从燕地征兵，攻下潞州，不久丁会果然献城投降。

李存勖 24 岁时接班为晋王，李克用的养子李存颢、李存实等人自恃手握军权，又年长于李存勖，对李存勖接班非常不满。他们有的称病不朝，有的见而不拜，甚至怂恿叔父李克宁发动叛乱，意欲谋害李存勖，投降后梁。李存勖沉着应对，首先取得监军张承业、大将吴珙、李存璋等人的支持，而后抢先行动，在府中埋伏甲士，擒杀李存颢等人，初步稳固了国内政局。

他严肃军纪，抚恤孤寡，任用贤才，惩治贪腐，宽缓刑罚，打击盗贼，使晋国民俗大变，百姓归心。他骁勇而善战，带领郭崇韬、周德威、符存审、李嗣昭等武将东征西讨，大败朱温、兼并河北，大败契丹、消灭后梁，吞并岐国，平定蜀国，统一中原。他的军事才能很强，作战风格新奇特、快狠准，可亚其父，终应父言，引发梁祖之叹：生子当如李亚子。后梁重臣敬翔云："李亚子继位以来，于今十年，攻城野战，无不亲当矢石，近者攻杨刘，身负束薪为士卒先，一鼓拔之。"王夫之认为，李存勖是将帅之才，而其政治才干相对不足。吕思勉评曰：后唐庄宗为人，颇似唐太宗，其用兵之剽悍，或且过之。然政事之材则远落其后。

自觉大功告成的李存勖恃勇矜功，逐渐变得自傲。他酷爱戏曲，常与伶人同台演出，并起艺名"李天下"，因喜好演戏，而对伶人特别宠信，以致出现了伶人干政的少有的现象。他听信伶人的建议，未能重用忠臣且能鼓瑟的张宪（K3 型），是李存勖的一大失败。张宪是萧何型的人物，精于吏事，甚有能政。李存勖还纵容皇后刘氏干政，重用宦官，伶人、刘皇后、宦官干政引发军方和大臣的不满，令他失去了军心和民心。刘皇后私自下达教命，密令李继岌在成都处死郭崇韬父子。李存勖非但不予追究，还下诏调查郭崇韬（O1型）。李嗣源造反，侍卫大将郭从谦在洛阳发动兵变，李存勖长子李继岌从成都班师回援行到渭南，李存勖在战斗中已经被流箭射死，李继岌自缢而亡。薛居正把李存勖的失败归于他的骄傲，欧阳修把李存勖的失败归于他的自满。《旧五代史》云："素宽大容纳，无疑于物，自诛郭崇韬、朱友谦之后，宦官伶官交相谗诟，邦国大事皆听其谋，繇是渐多猜惑，不欲大臣典兵。"

《旧五代史》云："（李存勖）洞晓音律，常令歌舞于前。十三习《春秋》，手自缮写，略通大义。及壮，便射骑，胆略绝人，其心豁如也。"《新五代史》云："（李存勖）善骑射，胆勇过人，稍习《春秋》，通大义，尤喜音声歌舞俳优之戏。"《旧五代史》记载了李存勖的生母对他的教导："庄宗善音律，喜伶人谑浪，太后常提耳诲之。"曹太后去世后，没人管教他，他就更加急躁放纵。他在前半生，用热血与勇气打造了一个国家；在后半生，用乐器和爸啬摧毁了一个王朝。 与齐桓公姜小白（管仲为实力搭档）和苻坚（王猛为实力搭档）一样，在失去实力搭档以后，盲目自大、好大喜功、不听人劝，姜小白身死宫难，苻坚国破人亡，李存勖死于伶官兵变。本书认为，他是P1型。

第 2 任唐明宗李嗣源，李存勖的义兄，李克用的养子，在位 7 年，享年 67 岁。他以骁勇闻名，辅佐李存勖建立后唐。他的决策来自理性分析，据《新五代史》记载，后梁名将王彦章虽败，段凝仍将梁兵驻守河上，庄宗未知所向，众将希望乘胜攻占青齐二州。李嗣源分析说：彦章兵败，段凝还不知道，即使他已知道了，从迟疑到定计，也要两三天，就算立即发救兵，必然要从黎阳渡河，几万军队，船一天能准备齐吗？从这里到汴州不过数百里，前边无险阻，大队人马前进很快就到，攻下了汴州，段凝还能有什么作为？郭崇韬也劝李存勖进攻汴州，李存勖认为他们说得很对，派李嗣源率千骑先到汴州，大胜后梁。这件事情说明，李横冲（李嗣源）有猫头鹰特质。

李嗣源奉命镇压邺都兵变，在霍彦威和安重诲等人支持下，与变兵合流，率军攻回洛阳，结束了李存勖的统治。他初称监国，不久即位为帝。继位初期，杀贪腐，褒廉吏，罢宫人、除伶宦，废内库，注意民间疾苦，号称小康。但后期他姑息藩镇，孟知祥据两川而反；御下乏术，权臣安重诲跋扈而不能制；姑息藩镇，以致孟知祥割据两川而抗命，朝政混乱。他也是军事才干强于政治才干，只是比李存勖相对好一些。他未能对唐懿宗以来的朝政得失进行反思，也就没能对后唐长远的政治路线进行设计和制度创新。他有政治能力很强的大臣任圜，并任命他为宰相，但未能协调好任圜（O型）和安重诲（T型）之间的矛盾，致使大臣内斗不和而两派俱伤。《新五代史》记载："宰相任圜判三司，以其职事与重诲争，不能得，圜怒，辞疾，退居于磁州。朱守殷以汴州反，重诲遣人矫诏驰至其家，杀圜而后白，诬圜与守殷通谋，明宗皆不能诘也。"在安重诲被杀之后，朝中就再也没有能够独当一面的人了，之前无论是任圜还是安重诲，虽然他们都有一定的缺点，但是至少都忠心于李嗣源，也能维持朝堂的秩序。在他们都去世之后，朝中便开始奸佞和庸才当道，李嗣源没有找到新的能干大臣辅佐，后唐便开始走上了下坡路。《旧五代史》云："君（李嗣源）亲可辅，臣子非才。"

明宗兵变即位时，其长子李从璟已被元行钦杀害。他封次子李从荣为秦王、河南尹、判六军诸卫事。李从荣当时已是事实上的嫡长子，掌管京师政务，又握有兵权，且能与宰相分庭抗礼，种种迹象皆表明李嗣源有以其为继承人的打算。当太仆少卿何泽上书请立李从荣为皇太子时，李嗣源却很不高兴地说道：群臣请立太子，看来我应当回河东养老了。因此李从荣只被拜为天下兵马大元帅，未能成为储君。李从荣极为不安，担心自己不能继承皇位。李嗣源病重期间，李从荣以为父皇已死，便准备入宫，结果被枢密使冯赟、朱弘昭及宣徽使孟汉琼率领的宫中骑兵杀死，李嗣源病中受惊而崩逝。

《旧五代史》说李嗣源："雄武独断，谦和下士，持廉处静。"《新五代史》云："为人质厚寡言，执事恭谨。"本书认为，他是 T2 型。

第 3 任唐闵帝李从厚，李嗣源的第三子（《旧唐书》）或第五子（《新唐书》），在位仅 5 个月，享年 21 岁。他被李嗣源召回洛阳，在父皇灵柩前接班。在做藩王的时候，他并没有接受治国理政方面的教育，个人能力十分有限，同时，他在朝中也没有培植自己的力量，其帝位十分不稳定。父皇病重期间，大臣们很少再觐见，而孟汉琼、王淑妃专权，朱弘昭和冯赟在宫中共同掌管要务，大事情都决定于这四人。杀李从荣而立李从厚以后，冯赟更加自认为功劳大，其所用多非其人。

李从厚经常召翰林学士为他讲读《贞观政要》和《太宗实录》。他虽欲励精图治，但却不懂治国之道，处事优柔寡断，且无识人之明。当时，朱弘昭、冯赟及宣徽使孟汉琼自恃有拥立之功，专擅朝政，为解除藩镇对朝廷的威胁，怂恿李从厚以"调虎离山"的换镇政策（调换军区司令），（义兄）李从珂拟调河东，（姐夫）石敬瑭拟调镇州。只要二人肯听命，则其他藩镇必然会俯首听命。结果此举激反了李从珂、激怒了石敬瑭，从而引发了家族内战。李从珂在凤翔起兵叛乱，朱弘昭、冯赟被京城巡检安从进杀害，李从珂自立为帝，废李从厚为鄂王。李从厚逃至卫州，随从侍卫全部被石敬瑭（李嗣源的女婿）派刘知远杀害。李从厚被独自撇在驿馆，后又被王弘贽软禁在州衙中。李从珂登基后，命殿直王峦（王弘贽之子）前往卫州，弑杀了李从厚。

《旧五代史》说他："好读《春秋》，略通大义，貌类明宗，尤钟爱。"《新五代史》云："为人形质丰厚，寡言好礼，明宗以其貌类己，特爱之。"这两个描述，既点明了李从厚的性格，也指出了李嗣源在接班人问题上所犯错误的根源所在：以貌取人，有偏爱，不以国事为重。北宋胡安国评他云："（李从厚）所以不终者，身乏股肱，朝无祯干，非其罪也。"辅臣无安国之谋责任在于李嗣源，当然李从厚自己也要担责。《旧五代史》记有民谣："去却生菩萨（李从厚），扶起一条铁（李从珂）。"此外，李从厚不能明辨朱洪实和康义诚之间的是非，诛杀朱洪实。在康义诚投靠李从珂后，世人以朱洪实为冤。由此可见，李从厚有考拉特质，李从珂有老虎特质。本书认为李从厚是K1型。

第4任唐末帝李从珂，李嗣源的养子，李从厚的义兄，在位两年半，享年52岁。他率军进入洛阳城，宰相冯道率领文武百官劝进，李从珂假意不从。第二天，太后下诏废李从厚为鄂王，命李从珂为监国。第六日，又立李从珂为帝，李从珂这才登基接班。他靠变兵接班，重用起兵前的五大心腹。任韩昭胤（O型）为左谏议大夫，李专美（O型）为比部郎中，宋审虔（T型）为皇城使，房嵩（O型）为宣徽北院使，刘延朗（O型）为庄宅使。宋审虔率兵，李专美负责出谋划策，而韩昭胤、房嵩和刘延朗掌管机密。

他面临着非常严重的局势：石敬瑭拥兵自重，虎视眈眈，想推翻他的统治。朝廷内部人心涣散，互相猜忌，各种矛盾和弊端也积重难返。李从珂面对时局深感忧虑，很想有所作为，但又觉得没有人能替他分忧。他抱怨宰相卢文纪等从没有提出一点对朝廷军国大事有益的建议。庸才卢文纪（O型）等人没有真知灼见，也没有什么责任心，的确没有提出什么有价值的建议。

石敬瑭对于李从珂的抢班夺权行为，心中很是不满。李从珂对妹夫石敬瑭素来忌惮，为此忧心忡忡，乃至犹豫不决，最终放虎归山。当时在幽州手握重兵的赵延寿跟石敬瑭一样，同为李嗣源的女婿，李从珂害怕这个时候杀了石敬瑭，令赵延寿兔死狐悲，趁机作乱。石敬瑭也看出来李从珂的心思，坐卧不安，他担心被李从珂猜忌，终有一日会死于李从珂之手。时间一长，他就生了一场大病，面黄肌瘦。石敬瑭的妻子，也就是李嗣源女儿，向母亲曹太后求情。曹太后心疼女儿，便向李从珂开口，请他放石敬瑭回去。李从珂看石敬瑭一副病歪歪的样子，估计也活不了多久了，于是就答应了。石敬瑭这才得以战战兢兢返回自己的河东老巢。造反的石敬瑭勾结契丹进攻后唐，李从珂安排妹夫赵延寿的父亲赵德钧率领幽州兵绕过契丹兵，去偷袭契丹部落，断耶律德光的后路。没想到赵德钧父子背叛后唐，剩下的唐军抵挡不住石敬瑭与大辽军队的进攻，李从珂最终自焚而死。

《旧五代史》云："（李从珂）神武之才，有人君之量。"《新五代史》云："状貌雄伟，谨信寡言，而骁勇善战，明宗甚爱之。"李从珂是打仗勇猛而治国欠佳的帝王，接班后的他变成了懈怠的老虎，战斗力不强，在治国理政方面又优柔寡断，知人善任能力偏弱，没有贤能的文臣辅佐。本书认为他是T3型。

后唐皇帝的性格类型路线如下：庄宗李存勖（孔雀）01—明宗李嗣源（老虎）02—闵帝李从厚（考拉）03—末帝李从珂（老虎）04，具体如图18-4所示。

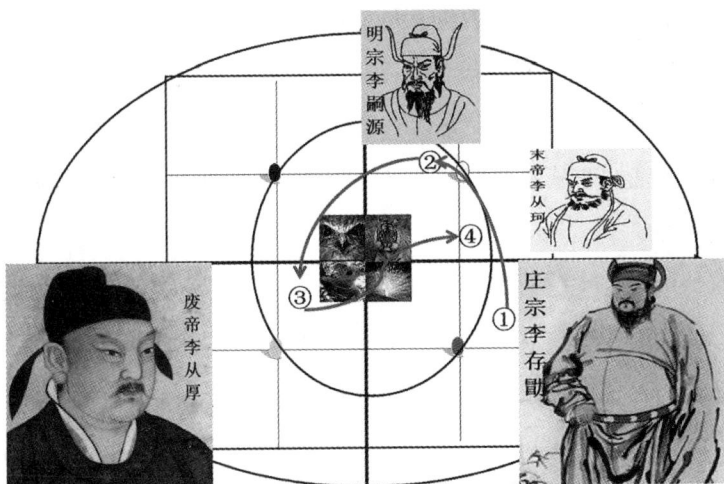

图 18-4 后唐李氏政权的帝王性格类型移动

对于后唐李氏政权而言，T型的李克用是奠基者，李克用属于创一代。托孤大臣李克宁在其妻孟氏逼迫和李存颢说服下试图夺位，但很快就被李存勖设计捕杀，二代危机很快就这样解决了。创二代的李存勖，把李氏政权经营得蒸蒸日上，最后取代后梁开国为后唐，成为五代十国中疆域最大的宗主国。对于后唐而言，P型的李存勖是创一代。38岁的李存勖开国之后，没有立太子。他年轻有为，但不重视接班人培养，虽是常情，但在乱世这是不明智的。他是五代时期第一个因兵变而战死的开国皇帝，后唐李氏政权发生了一代危机，义兄李嗣源造反登基。T型的李嗣源生前也没有立太子，也没有对皇子进行有效的教育和训练，致使后唐发生三代危机，李从荣战败而死，K型的李从厚接班，而T型的李从珂兵变造反，成为后唐的第四个皇帝。整个后唐的帝王接班是无序的，都是靠枪杆子来完成的。从TOPK性格模式圆盘看，帝王从P象限到相邻的T象限，从T象限到对角线的K象限，再通过对角线回到T象限。对于李克用而言，一世而创，二世而兴隆，三世而衰亡。对于李存勖而言，一世创，一世衰。对于李嗣源而言，是一世创，二世亡。对于李从珂而言，一世创，一世衰。李存勖、李嗣源、李从珂是同国号而血缘异姓。李嗣源是李克用的养子，本无姓氏，被李克用赐姓为李。李从珂是李嗣源的养子，李从珂本姓王，其母魏氏被李嗣源纳为妾而改姓李。后唐起于P型皇帝，被T型皇帝篡位接班，衰于大臣拥立的K型皇帝，亡于造反篡位的T型皇帝。

第三节 二世而亡的后晋帝王性格类型探究

后晋是石敬瑭造反篡位开创的，历2世2帝，国祚12年。

第1任晋高祖石敬瑭，后唐明宗李嗣源的女婿，后唐末帝李从珂的姐夫，属于官五代创业开国者，在位7年，享年51岁。他史称最耻辱的儿皇帝、汉奸皇帝、千古罪人。

《旧五代史》说石敬瑭是春秋时卫国大夫石碏、汉景帝时丞相石奋的后代。《新五代史》却认为石敬瑭家世贫寒，连姓氏都没有，至于石姓，也不知其来源。他为人沉默寡言，稳重沉厚，李嗣源爱之，遂将女儿嫁给了他。李从珂召他到洛阳商议军国大事，他在路上遇到从洛阳逃出来的李从厚，将李从厚的随从全都杀死，然后把李从厚幽禁起来，向李从珂请功。

他在桑维翰（O3型，史称石敬瑭卖国的帮凶）、刘知远（O型）等人的支持下，勾结契丹，卖国篡位，以割地、贿赂、称儿皇帝等三个条件，取得契丹贵族的支持，灭掉后唐，建立石晋。他认契丹皇帝耶律德光为父（干爹），并以幽云十六州为代价（失去此地，祸乱中国400多年），在契丹扶持下于太原登基称帝，开启了中国"儿皇帝"的可耻称呼的先河。五代兵变无数，而最无耻者，非石敬瑭莫属。他称帝后，很守"信用"，割幽云十六州给契丹，承诺每年给契丹布帛30万匹。幽云十六州乃北部天然屏障，从此中原完全暴露在契丹铁蹄之下。

他割地称儿的做法受到许多人的反对，包括他自己过去的亲信。朝野上下咸以为耻，有的大臣也因此而拒绝出使契丹。如兵部尚书王权，石敬瑭派他出使契丹，向其主献徽号，王权耻于向契丹主跪拜，宁愿丢官，也不愿充使。石敬瑭开国不正，以至于贤明大臣寥寥无几。石敬瑭手谕云：（我）曾经明示文武百官，令各上书一封，现在已经奉令承办的不到十人。我虽没有才德，从颁布命令之后，已有几个月了，即使是请人代笔，也应该各有一件建议措施上书报告，拿朝廷薪水俸禄，难道该像这样！上奏了不足采纳，那也就罢了，我要采纳却没有人上奏，这是谁的责任？这段记载，说明他不反思自己是否在为整个民族发展而励精图治，却把大臣不上书治国理政一事归因于他人而非自己。这也说明，经过大唐末年混战及梁晋两朝，中原已经严重缺乏治国理政之人才。

在整个五代时期，石敬瑭算是个有勇有谋的人物，但他不是一个真正的英雄。他的所言所行，没有真正地站在华夏民族的角度去思考，而是一切从自己的切身利益出发，他认为不过是出卖了一些个人的尊严，用"儿皇帝"的屈辱去换取皇位和援助，他没有考虑到幽云十六州的百姓之苦，也没有从更长远的视角考虑，契丹人没有地形阻隔后，其后世将大举侵略中原地区而百姓必将遭殃。这些问题，石敬瑭有可能想到了，或许他不重视，或许他低估了人的贪心，以为给了幽云十六州，契丹人就会满足，但最终他在契丹人的求索无度和大将的反对之下忧郁而死，落下千古骂名。《旧五代史》说石敬瑭性情沉稳恬淡，很少言语笑谈，研读兵法，性情俭朴，为恭俭之主。本书认为他是T2型。

第2任晋出帝石重贵，石敬瑭之侄，石敬儒之子，在位5年，享年61岁。石敬瑭一共有7个亲生子，其中前6个或被后唐末帝所杀，或被叛将张丛宾所害，或早夭，只有第7子石重睿存活了下来。《旧五代史》说，石敬瑭去世，景延广与宰相冯道等遵承皇嘱，立石重贵为继承人。《新五代史》说，石重贵为帝，景延广有力。《资治通鉴》说，石敬瑭本想传位给4岁的石重睿，在临死前托孤石重睿给宰相冯道（K3型）。可"老狐狸"冯道等到石敬瑭一咽气，马上和景延广篡改遗诏，改拥29岁的石重贵为帝。

石重贵登基后，决定脱离对契丹的依附，他首先宣称对耶律德光称孙，但不称臣。他是一位能力一般但很有骨气的皇帝，他敢于同契丹开战，可惜他身边无可用之人。他虽然当上了皇帝，朝中大权却由景延广掌控。契丹伐晋，双方在澶州交战，互有胜负。契丹再次南征，石重贵亲征，再次打败契丹。前两次战事，尽管石重贵出现指挥无能、用人不当、号令不灵的问题，但依靠中原军民的殊死搏斗，还是成功挫败契丹大军的进犯，也使石重贵的威望达到顶峰。

沉醉于胜利喜悦之中的他变得骄纵、堕落，整日过着醉生梦死的生活。还在为叔父守丧期间，石重贵便把颇有美色的寡姊冯夫人（石敬瑭幼弟兼养子石重胤之妻）纳为妃子，恬不知耻地问左右："我今日作新婿何如？"引得左右哄堂大笑。他整日纵情声色，游猎无度，对于契丹的再次进犯丝毫不做战守准备，反而大建宫室、广置器玩。为筹集军费及满足私欲，他甚至在大蝗大旱之年，派出恶吏分道搜刮百姓，导致民怨沸腾。契丹第三次南下，后晋重臣杜重威（石重贵的姑父，T型）、李守贞（O型）、张彦泽（石敬瑭的姻亲，T型）等降契丹，后晋的主力就这样丧失了。欧阳修认为：卒成晋祸者，此三人也。本书认为，任用此三人者，石重贵也。石重贵被迫投降，全家被俘虏到契丹，后晋覆灭。

石重贵被封为负义侯，携带家眷迁往千里之外的黄龙府等地。他被允在建州居住，并获得土地50余顷。石重贵一行人在此建造房屋，分田耕种，过上了农夫农妇的生活。契丹述律王子强取他的宠姬赵氏、聂氏而去，石重贵悲愤不已，但也无计可施，简直是窝囊、狼狈至极。过了25年（974年），亡国做农夫的石重贵病死在建州。

《旧五代史》评石重贵云："年少而谨厚。性好驰射。"据《旧五代史》记载，他不爱读书。石敬瑭镇太原，命王震以《礼记》教石重贵，他不能领其大义，对王震说：（读书）非我家事业也。《旧五代史》说石重贵："（登基为帝后）奢淫自纵。委托非人。"他将军国大权委任给冯玉（冯皇后的哥哥，O型）和李崧（P2型），也未能协调好景延广（T2型）和宰相桑维翰之间的关系，致使将相不和。他在并州没有显著的声望，在治理、安定浚地郊区时，则大有宽容仁和的声誉。他一方面贪图享乐到了无耻的地步，一方面却敢于对强大的外敌亮剑决斗，为了保家卫国，不惜破釜沉舟决死一战。本书认为，他是P1型。

后晋皇帝的性格类型路线如下：高祖石敬瑭（老虎）01—出帝石重贵（孔雀）02，具体如图18-5所示。

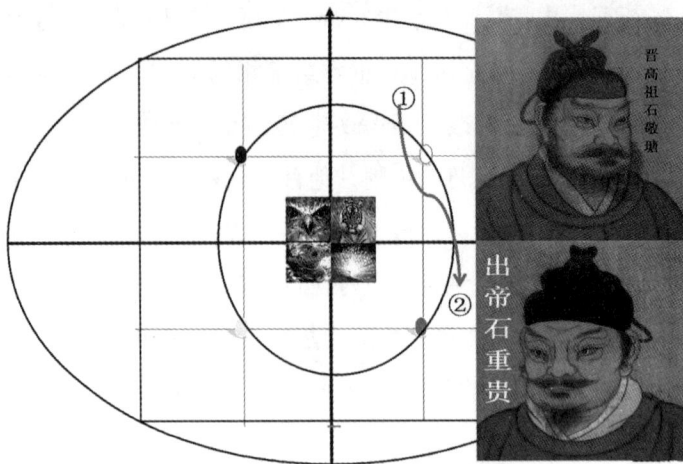

图 18-5　后晋石氏政权的帝王性格类型移动

T 型的石敬瑭和李嗣源一样，生前也没有立太子并进行接班人的培养。石敬瑭亲手缔造了后晋的二代危机，李嗣源也缔造了后唐的三任（三代）危机。石敬瑭开国时，其长子石重英被李从珂所杀；开国的第二年，范延光、张从宾造反，其次子石重信、三子石重义先后被杀，四子、五子记载很少，六子殇，七子石重睿在 938 年出生，石敬瑭去世时，石重睿年仅 5 岁不到。在军阀混战的时代，选择年长石重贵为接班人是明智的，可惜，石敬瑭没能对接班人进行教导和训练。P 型的石重贵和 K 型的李从厚一样，在接班之前，都没有接受过任何有关接班的训练。欧阳修叹道，从古到今祸福成败的道理，没有像晋氏这样的明证了！它开始因契丹而兴盛，最终又被契丹消灭。但当它以叛逆对抗名正言顺者，大业未成，孤城被围，外无救援，而只是凭一个人的使命，仗恃口舌的强辩，能使契丹举国兴师动众，像符契一样应验，解除危难建立晋国，在这个时候，桑维翰的功劳最多。年轻的君主（石重贵）刚即位，战事不断，毁约引起争端，事情起因于景延广。晋氏的事业，由桑维翰成就，又被景延广败坏，两人的用心不同，而遭受的灾祸一样，原因是什么呢？大概是立国始终名义不正。

第四节　二世而亡的后汉帝王性格类型探究

后汉是由刘知远建立的，历 2 世 2 帝，国祚 4 年。开国皇帝汉高祖刘知远，在位 1 年，享年 54 岁。他家世贫寒，冒姓刘氏，早年是唐明宗部下的偏将，因为在战争中救过石敬瑭的命，遂成为石敬瑭的亲信。石敬瑭任河东节度使时，他是节度押衙。石敬瑭密谋造反时，刘知远也参与了。石敬瑭死后，他预感到天下将要大乱，着力经营太原。为加强自己的实力，他处死了吐谷浑首领白承福，夺取了大量的财富及数千匹良马。契丹军南下攻打后晋、兵临汴梁时，他既不出兵救援，也不抗击契丹，而是冷眼旁观、静观其变。等到契丹攻下汴梁，灭亡后晋后，他派人奉表于契丹主耶律德光。契丹在中原建立大辽国后，以为帝位稳固了，开始在占领区大肆抢劫杀人奸淫妇女，名为"打草谷"。此举引起人们的极力反抗。后来契丹王见自己在中原已经待不下去了，于是一边杀人一边撤离。而刘知远仍然按兵不动，既不帮契丹，也不帮反抗者。

他抓住精准机会开创后汉。当耶律德光在半路上死去，晋帝石重贵一行被辽兵押解北上时，他假装悲愤，率亲兵说要营救石重贵，走到寿阳便又转回太原。他亲率大军趁中原空虚之际渡过黄河，进入洛阳，杀死辽扶植的傀儡李从益母子，以绝人望。随后他将都城设在汴梁。他称帝后，旧日僚佐均成为朝廷重臣，占据各大要害部门。杨邠、郭威任正副枢密使，苏逢吉、苏禹任宰相，王章任三司使，史弘肇任侍卫亲军马步军都指挥使兼平章事。这些人中除郭威外其余均为蛮横无知、贪暴残酷之徒。

《旧五代史》说刘知远小时不爱活动，严肃庄重，很少说话；长大后，雄武过人，勇猛善战。《新五代史》说刘知远沉默寡言，为人严肃，性素刚严。他因舍命救石敬瑭而成石敬瑭心腹。他虽然沉默寡言，不喜欢说话，但行事尺度把握得很准确。其观察事物的准确性很高，时机一到立即出手，性格十分果断。本书认为，刘知远是O1型。

第2任汉隐帝刘承祐，刘知远的次子，在位3年，享年21岁。刘知远的长子刘承训暴病而死，使同样病入膏肓的刘知远猝不及防，病情雪上加霜。弥留之际，刘知远将次子刘承祐托付给几位大臣，并口谕册为太子。当时刘承祐还未封王，按照祖制是不能越级册封的，大臣们便奏请刘知远尽快封刘承祐为王。还未来得及操办，刘知远便驾崩了。刘承祐便在托孤老臣的拥立之下登上了皇位。从天而降的皇冠砸在自己头上，他好像做梦一样，被一干老臣簇拥下，稀里糊涂地走上了历史舞台。

18岁的刘承祐很谦虚，托孤大臣杨邠（O型、文臣），史弘肇（T型，武将）、苏逢吉（P型，文臣）、王章（O型，文臣）、郭威（T型，武将）等大臣对先帝忠心耿耿，出于对先帝的忠诚，托孤团队也的确竭力扶持他。其中前四位以宰相身份辅政，郭威则以枢密使身份征伐叛逆、镇守邺都。他们尽心忠于王室，知无不为，罢免不急需的事务，节省无用的开支，收聚财赋，致力于西征军队所需的费用，供给保证充足。初期君臣之间也算合作愉快，但不久就因刘承祐的身边红人李业（刘承祐的亲娘舅）和郭允明的教唆而水火不相容。

他杀顾命大臣，逼反郭威，酿成了一个自杀的死局。由杨邠、史弘肇和王章都得罪过李业，李业怀恨在心，便在刘承祐面前百般挑拨离间。刘承祐于是和亲信商议，伏兵殿门，趁杨邠、史弘肇、王章三人上朝之时，一举将他们杀死，尽灭其族。他派人刺杀镇守邺都的郭威，郭威闻讯遂举兵反抗，他便杀死郭威全家人，包括郭威的养子柴荣的家眷。在魏仁浦（P2型）的开导和王俊（T3型）的支持下，郭威率领大军杀奔汴梁，击败了后汉禁军。刘承祐落荒而逃，途中被亲信郭允明所误杀，刘承祐就这样稀里糊涂走下了历史舞台。《新五代史》说刘承祐，他和李业以及聂文进、后赞、郭允明等人亲近，常猜谜语相互逗乐，在宫中放风筝。本书认为，他是T3型。

后汉皇帝的性格类型路线如下：高祖刘知远（猫头鹰）01—隐帝刘承祐（老虎）02，具体如图18-6所示。

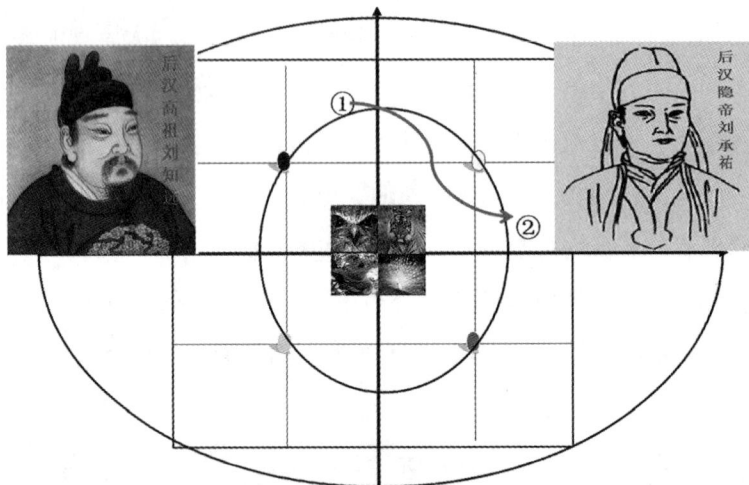

图18-6　后汉刘氏政权的帝王性格类型移动

后汉刘氏因长子病逝的突发事件，导致了二代危机。O型的刘知远在病入膏肓之际，依然确定了接班人选，并为接班人刘承祐搭建了执政班子，可惜的是，这个执政班子虽然属于文武组合，性格组合是3T3O，符合班子组建的白银法则，不符合黄氏TOPK模型的白金法则，在大竞争的时代，一般是白金法则组建的团队获胜。更为要命的是T型的刘承祐很快就诛杀了三位顾命大臣，并逼反T型的将郭威军，从而成为五代中最短命的皇朝，一世创，二世亡。

第五节　三世而亡的后周帝王性格类型探究

后周是郭威创建的，史称郭周、柴周，历3世3帝，享国10年。开国皇帝周太祖郭威，唐末顺州刺史郭简之子，自称为周朝虢叔后裔，在位4年，享年51岁。郭威进入汴州后，请后汉太后临朝称制，决定迎立刘知远的亲侄刘赟为帝。就在刘赟动身前往汴梁时，辽国又举军南侵。朝廷接到急报后，后汉太后急令郭威率军北征，大军离开京城后，还没登基的刘赟就派人来慰劳诸将，郭威看到刘赟来人名为慰军、实则监军后大为不满，军中的一班大将更是不满。诸将私下里议论道：我们起兵攻陷京城，致使汉主身亡，已犯了诛夷三族之罪。如今刘氏复立，我们哪还有生路？此次北征说不定就是朝廷阴谋，目的是调开我们，然后将我们统统消灭。既然朝廷如此狠心，我们不如趁大军在外，拥立郭大帅为帝，杀回京师，保全性命。诸将纷纷表示赞同，在一个清晨，无数将士来到郭威府署，呼喊着要求郭威当皇帝，混乱中有人将一面黄旗披在了郭威身上，拥立他为帝，"黄旗"加身的郭威迅速转回汴梁，史称黄旗加身。刘赟行至宋州时，郭威已抢先一步进入汴梁，逼迫后汉太后下诏封自己为"监国"，总揽朝政大权，又以太后名义下诏废黜了刘赟并囚禁了他。

郭威即位之后，崇尚节俭、虚心纳谏、改革弊政，北方地区的政治经济形势有所好转。他躬行节俭，对宰相王峻说：我是个穷苦人，得幸为帝，岂敢厚自俸养以病百姓乎！他下诏禁止各地进贡珍巧纤奇、山珍海味，将宫中原有的金银玉器、镂宝床几、饮食之具，砸碎于殿廷，表示自己厉行节俭的决心。面对晋、汉以来残破的社会经济，他下诏奖励耕植，招抚流亡，平均赋役，恢复农业生产，发展经济，使北方的社会经济有了一定程度的恢复和发展。他针对当时轻视发展文化、轻视文士的现象，采取了一些较积极的措施，力图改变当时的不良风气。他重用文士，重视科举选士，表现出了与五代其他皇帝不同的一些风范。

面对当时的骄兵悍将和败坏的吏风，他首先从中央做起。枢密使王峻专横跋扈，居功骄矜，排斥异己，就连郭威的养子郭荣请求入觐，也因王峻担心会被留下而予以拒绝。王峻要求兼任青州节度使，得逞后又要求罢免宰相李谷、范质，另行起用自己推荐的人选，郭威婉言推却，王峻马上出言不逊。郭威忍无可忍，遂下令拘押王峻，将他贬死。郭威对于敢于反叛的藩镇则采取坚决镇压的措施，限制藩镇对州县的权力，实行民政、军事分工管理。为了改变吏风，郭威对贪浊的官吏实行严厉惩治的政策，处死了一批贪赃枉法、残酷暴虐的地方官员，在一定程度上扭转了当时的吏风。

《旧五代史》说郭威，形态精神魁梧雄壮，意趣志向奇特，喜欢兵器，爱慕勇力，勇气自负，行为刚烈，力气大，喜欢打架。他天性聪明灵敏，喜爱文笔书札，从军后，看过很多文书档案书籍。对于兵法战术，能够深入理会其精微意旨，大家都佩服他的敏慧。《新五代史》说郭威"以勇力应募。为人争强好胜"。本书认为他是 T2 型。

第 2 任周世宗郭荣，又名柴荣，是郭威的养子（内侄、妻侄），郭威妻柴氏之兄柴守礼的儿子，在位约 5 年半，享年 39 岁，史称五代时期第一明君。他的父亲柴守礼是当地有名的富豪，因家道中落，年未童冠的柴荣投奔姑母柴氏。他生性谨厚，帮助姑父郭威处理各种事务，深受郭威喜爱，而郭威无子，便收养柴荣为子，改名为郭荣。当时郭威家境并不富裕，郭荣为资助家用，外出与邺都富商颉跌氏做茶货生意，往返江陵等地，是个地地道道的茶商。经商期间，他学习骑射，略通史书和黄老学说的著作。及至成年后，他弃商随郭威从戎。

后周建立后，他以皇子的身份拜镇宁军节度使，封太原郡侯。在澶州任内，为政清肃，盗不犯境，深受官民倚信。后因政绩显著被封为晋王。他接班不久，在王朴（O2型）、郑仁海、李谷、李重进、张永德、赵匡胤、刘词、史彦超等贤臣良将的辅佐下，果敢抵御北汉的进攻。郭荣北征时，以枢密使郑仁海（K1型，可惜在955年病逝）为东京留守。郑仁海的后勤工作相当出色，调拨军需物品非常及时，从未出现短缺。郭荣在高平之战中亲临战场，在出师不利、己方右翼溃退的情况下扭转战势，击败北汉军队，并乘胜追击，兵锋直指北汉京都太原。

他革新图治，致力于统一大业。他立下"以十年开拓天下，十年养百姓，十年致太平"的壮志。对内他整军练卒、裁汰冗弱、招抚流亡、减少赋税，兴修水利、限制佛教、编修兵书，修订礼乐、制度、刑法，选才纳谏、重视科举、贡院复试，使得后周政治清明、百姓富庶，中原地区经济开始复苏。对外他南征北战，西败后蜀，收取秦、凤、成、阶四州；南摧南唐，尽得江北淮南十四州；北破辽国，连克三关三州。史家称赞其"神武雄略，乃一代之英主也"。郭荣再次北伐辽朝，军队在两个月的时间里几乎攻到幽州，但他突然患病而返回开封，不久后病逝。

《旧五代史》评郭荣："帝驾驭豪杰，失则明言之，功则厚赏之，文武参用，莫不服其明而怀其恩也。"《新五代史》说郭荣："幼谨厚，及壮，善骑射，略懂黄老之学和（尚）书（历）史，沉着寡言。"欧阳修评郭荣："明达英果，论议伟然。虚心听纳，岂非所谓贤主哉！"司马光评郭荣："以信令御群臣，以正义责诸国，王环以不降受赏，刘仁赡以坚守蒙褒，严续以尽忠获存，蜀兵以反复就诛，冯道以失节被弃，张美以私恩见疏。"明朝孙承恩评郭荣："服强以力，怀弱以德。武功既振，文治亦修。"

据《旧五代史》记载，郭荣说："士大夫之有禄位，无不言之人。然则为人上者，不能感其心而致其言，此朕之过也。得不求骨鲠之辞，询正直之议，共申裨益，庶洽治平。朕于卿大夫才不能尽知，面不能尽识，若不采其言而观其行，审其意而察其忠，则何以见器量之深浅，知任用之当否？若言之不入，罪实在予；苟求之不言，咎将谁执！"臣子说：现在的老百姓，坏得很。郭荣说：这样看不对，这是因为当地的官员没选好，让百姓遭殃了，他们才会去做坏事。这段话表明他有担当很明智。本书认为郭荣是T3型

第3任周恭柴宗训，柴荣的第4子，在位半年，享年20岁。年仅7岁的柴宗训接班后，由符太后垂帘听政，宰相范质、王溥等主持军国大事。他是五代时期唯一的娃娃皇帝。他接班初期政局不稳，人心浮动，谣言四起。一些忠于后周的官吏，马上就敏锐地意识到动乱的根源十有八九要出在赵匡胤那里，指出赵匡胤不应再掌禁军，甚至有的人主张先发制人，及早将赵匡胤干掉。而后周恭帝只是改任赵匡胤为归德军节度使、检校太尉，戍守开封东面。以李重进兼淮南节度使，防备南唐；以韩通兼天平节度使，戍守开封东北面；以向训为西京留守，戍守开封西面。但殿前副都点检慕容延钊、殿前都虞候王审琦、

殿前都指挥使石守信、侍卫马步军都虞候韩令坤都是赵匡胤的死党，禁军指挥权其实还被赵匡胤所控制，从而为赵匡胤发动政变篡位提供了基础。

后周君臣正在朝贺新年，突然接到辽和北汉联兵入侵的战报，大臣们慌作一团。小皇帝柴宗训征得宰相范质、王溥的同意后，命令赵匡胤率领禁军前往迎敌。赵匡胤在陈桥黄袍加身，进军开封，有石守信、王审琦等人作内应，没费多大劲儿就拿下了京城。面对无比凶险的局势，范质、王溥为了保全性命，说服柴宗训"禅位"给赵匡胤，当天柴宗训禅让帝位，赵匡胤受禅开国。魏仁浦（助郭开国、佐周兴邦）不甘心后周就这样被颠覆，他组织一部分朝臣反抗，终因势单力薄，被镇压了下去。从此，魏仁浦染病在身。他临死前还一直念着世宗郭荣的名字，自责没能保住后周的江山。柴宗训既没有失德行为，祖先又没有做过孽，他之所以被废黜，完全是被赵匡胤武力推翻所致，堪称最冤枉的亡国之君。本书认为柴宗训为 K 型。

后周皇帝的性格类型路线如下：太祖郭威（老虎）01—世宗郭荣（老虎）02—恭帝柴宗训（考拉）03，具体如图 18-7 所示。

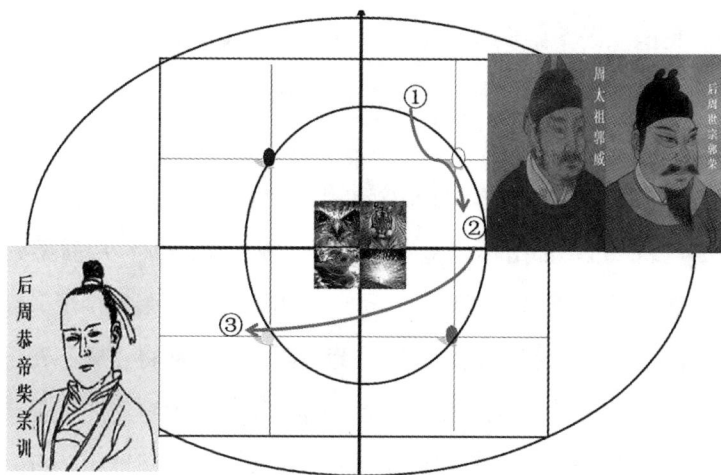

图 18-7　后周郭氏政权的帝王性格类型移动

在 T 型的郭威起兵时，T 型的刘承祐拿着郭威奏章给李业等人看，李业等都说郭威的反状已明，就把郭威在京的家属全部杀死。他命令将郭威家族的所有成员押上刑场，这里包括郭威和郭荣还尚在襁褓中的儿子。郭威开国后，未能再生儿子。对于郭威而言，其选择养子兼内侄郭荣接班是明智的，并为郭荣的顺利接班做好人事铺垫，郭威的善后工作做得很好。在后周权力交接的关键时期，郭威召李重进（郭威的外甥，年长于郭荣）进宫，交代后事，命李重进当着他的面跪拜郭荣，"以定君臣之分"。T 型的郭荣接班后，能否坐稳，是非常具有挑战性的。郭荣即位之初，北汉皇帝刘崇勾结契丹兴兵入侵。郭荣打算仿效唐太宗御驾亲征，结果宰相冯道说：陛下不能效仿太宗。郭荣却说：刘崇一伙乌合之众，如遇朝廷大军，一定就如泰山压卵。冯道说：不知陛下能否成为泰山？郭荣听后大怒，拂袖而去。这个冯道（K3型，没有气节的职业经理人）是五代时期的不倒翁，历仕四朝十帝，始终担任将相、三公、三师之位。乱世中，他没有什么忠君观念，只忠于实力派，谁赢了就听谁的。整个五代时期的风气，都是如此。

郭荣不顾众人的阻拦，率领全军御驾亲征。当时很多人认为郭荣这个毛头小子，必将大败，后周即将完在他的手中。一些先知先觉的大臣甚至开始私底下为自己找新主子了。可是让大家都想不到的是，郭荣在高平之战陷入了刘崇的包围圈后，却开始绝地反击，扭转了战局，后周大获全胜。通过高平一战，郭荣坐稳了后周帝位，成功解决了二代危机。王夫之评价曰："唯周主（郭荣）决志亲征，而后已溃之右军，不足以摇众志；溃掠之逃将，不足以劫宫阙；身立血战之功，而樊爱能等七十人之伏辜，无敢为之请命。于是主乃成乎其为主，臣乃成乎其为臣，契丹不战而奔，中国乃成乎其为中国。周主之为天子，非郭氏授之，自以死生为生民请命而得焉者也。"

郭荣从得病到病逝，有一个月的时间，这一个月内，他有充足的时间来解决接班人的难题，也确实为此动了一番脑筋。郭荣回到开封，解除张永德殿前都点检职务，命赵匡胤接任；封在世的年长的儿子柴宗训为梁王。虽然柴宗训顺利登基为帝，成为后周第三代皇帝，但半年不到，柴宗训就成了亡国之君，后周也就三世而亡。让7岁的柴宗训接班和搭建的托孤团队没有军方代表，这是柴荣的最大失误！如果他能认真、冷静地回顾其当年34岁时坐稳皇帝的过程，就能知道娃娃皇帝在乱世里（军阀混战时期）是镇不住那些拥兵自重的武将的。34岁的郭荣都坐不稳皇帝，何况7岁的柴宗训？从后梁到后周，都是如此。这个时候，选择长而贤能者为接班人，是最为明智的。郭荣为接班人柴宗训搭建的执政班子有明显缺陷。郭荣所选择的顾命大臣均为文臣，没有武将，既不符合文武分工组合原则，也不符合一个好汉三个帮的TOPK白金法则。郭威重用魏仁浦、范质、王溥等，形成了武将皇帝和文人大臣组合的核心执政团队；而郭荣搭建的接班团队有三个文臣，年幼的皇帝柴宗训文也谈不上、武也谈不上；符太后乃一介女性，性情不霸道，不是武则天一类的太后，偏文。由于郑仁海、王朴比郭荣早逝，郭荣的托孤大臣选择了范质（进士，节度使推官出身，P1型）和王溥（进士，秘书郎出身，P4型）。宰相是魏仁浦（K2型），后周的核心执政班子偏文臣，没有一个武将在内。本书认为郭荣没能选择1~2位武将进入托孤团队，比如李重进（郭威的外甥，T型）、张永德（郭威的女婿，T4型）、李筠（T4型，忠于后周）、韩通（T型）、郭崇（04型）、符彦卿（柴宗训的外公），是一大遗憾。武将符彦卿（历经6朝13帝）的三个女儿分别为周世宗、宋太宗的皇后，即周世宗宣懿皇后、宣慈皇后及宋太宗懿德皇后。符彦卿在柴宗训为帝期间，担任太尉。作为太尉，为什么在朝廷接到辽和北汉入侵的战报时，不出来主持战事为外孙柴宗训分忧呢？也许只因符彦卿不是郭荣的托孤大臣。军方没有进入托孤团队，在军阀割据时代，是非常危险的，因为得不到军心。这是郭荣最大的失误。在性格方面，托孤班子的TOPK组合为P2K1，属于二元组合，符合白银法则；核心执政团队为P2K2组合，属于二元组合，也符合白银法则。后周是一世而创，二世而兴，三世而亡。二世未能很好地解决接班人及其团队问题，导致后周灭亡。后周兴于T型，鼎盛于T型，衰亡于K型。

五代梁唐晋汉周都是短命皇朝，其创业开国和传承接班情况，如表18-1所示。本书认为，后梁三位皇帝都是篡位登基且没有善终。后梁的朱温从24岁开始参军，到篡唐开国，历经31年，以55岁的高龄篡位为帝。朱温有7个儿子和5个义子，其接班人的候选人大有人在，但在他的眼中，唯一能让自己勉强满意的，只有长子朱友裕（文武兼备），遗憾的是朱友裕在朱温还没有开国时就病逝了。不理解的是，朱温当了6年的皇帝，竟然没有在剩下的11个儿子中培养和指定接班人，在接班人问题上追求完美又犹豫不决。朱友裕去世后，义子朱友文（擅长文治，常年负责管理朱温大军的粮草调配供应，军事能力一般，P型）年长，其次是亲子朱友珪、朱友贞等。五代皇帝里，朱温是接班人问题解决最差的一个。

表18-1　五代梁唐晋汉周的创业传承对比研究

朝代	国祚	皇帝	登基性质	登基年龄	在位时间/年	性格类型	备注
后梁	17年	朱温	篡位开国	55岁	6	老虎	
		朱友珪	弑父为帝	28岁	0.7	猫头鹰	朱温的次子
		朱友贞	弑杀皇兄	26岁	10	猫头鹰	
后唐	14年	李存勖	武功开国	38岁	4	孔雀	
		李嗣源	兵变登基	60岁	7	老虎	李存勖的义兄
		李从厚	遗嘱登基	20岁	0.5	考拉	李嗣源的三子
		李从珂	兵变为帝	49岁	2.5	老虎	李嗣源的养子
后晋	12年	石敬瑭	卖国兵变	45岁	7	老虎	
		石重贵	大臣拥立	29岁	5	孔雀	石敬瑭之侄
后汉	4年	刘知远	武功开国	53岁	1	猫头鹰	
		刘承祐	遗嘱登基	18岁	3	老虎	刘知远的次子
后周	10年	郭威	被迫兵变	47岁	4	老虎	
		郭荣	遗嘱登基	33岁	5.5	老虎	郭威的妻侄、养子
		柴宗训	遗嘱登基	7岁	0.5	考拉	郭荣第4子

与朱温对抗20多年的晋王李克用，对于接班人的安排远胜于朱温。李克用有11个亲子和9个义子，他选择了亲长子李存勖接班，并为他选定了五个托孤大臣，文臣武将均有。李克用留下的李晋政权的核心执政班子符合黄氏TOPK白金法则（2T1O1P1K）。李存勖接班不久，其叔父李克宁就图谋兵变，但很快在太后和其他三位顾命大臣支持下，擒杀李克宁、李存颢等人，初步稳固了国内政局。李存璋在公元922年病逝，张承业亦在922

年去世，没有辅政到李存勖开国为帝。没有了父王李克用的顾命大臣，没有了皇太后，李存勖就骄傲自大，为所欲为，最后兵变而死。后唐虽然历经三世四帝，但只有一次是遵遗嘱接班的。李嗣源在位时间比朱温还多一年，他有充足的时间安排接班人人选，但他没有义父李克用安排接班人的智慧。长子李从璟不在人世，他封次子李从荣为秦王，掌管京师政务，又握有兵权。但在李嗣源生前，李从荣没能成为储君，从而引发一系列的接班危机，导致李从荣被杀，李嗣源受惊病逝，李从厚遵遗嘱仓促接班，李从珂不服，兵变接班，内乱灭国。朱温以自家儿子战不过李存勖为由，对未来的后梁接班人选犹豫不决，也许可以理解。但李嗣源不存在这个问题，7年时间没有接班人选，确实是个谜团。

《宋史》记载了张昭向李嗣源建议的训储之法（接班人训练方法），其大意是：陛下的几个皇子应该各自安排一位老师，让他们降低辈分来尊敬师长，命令他们每一天记载一件事，一年下来就可以累积很多记事。每个月终了，让他们的师傅将这种记事禀奏陛下；待皇子晋见时，陛下当面提出问题。假如十题之中能回答五题，就算得上能够明了安危的原因，体会成败的道理。张昭还说：（在接班人问题上），昔隋祖聪明，炀帝亦倾杨勇；太宗齐圣，魏王终覆承乾（为君要未雨绸缪，谨慎担责）。李嗣源却不屑一顾，并不采用张昭的建议，后唐终因接班人问题处置不当而踏上亡国之路。

石敬瑭45岁开国，在五代里，年龄是最小的一位。其在位时间为7年，是第二长的，仅次于朱友贞的10年，与李嗣源并列第二。石敬瑭在这7年，未能解决好接班人培养和选择问题，在病逝前几天，匆匆忙忙交代接班事宜。一说他让7岁的石重睿接班，托孤大臣冯道擅改遗诏；一说他让侄子石重贵接班，但未能为之搭建托孤团队。在培养接班人和托孤方面，石敬瑭做得很不好，与李嗣源类似，远不如后周的郭威。

刘知远开国年龄列第3位，仅次于朱温，但他身体不好，是五代时期主政时间最短的开国皇帝，他原以为长子刘承训能够顺利接班，但刘承训突然意外病逝，O型的刘知远很快就选定T型的刘承祐接班，并为之搭建接班团队，扫清刘承祐接班的障碍，授意托孤大臣干掉反复无常的杜重威，进行了很好的托孤善后工作，似乎成功地解决了二代接班危机。但他未能参透执政班子的TOPK白金法则，在托孤班子里，少了萧何型大臣，也缺霍光型的公忠大臣。托孤大臣之间产生冲突，托孤大臣和接班人产生冲突，没有贤能者进行协调。后汉因自身的核心执政团队内耗而被灭，托孤班子缺一考拉型大臣而二世亡国。

郭荣虽是治国明君，也是开疆辟土的能君，但在托孤方面，尤其是组建托孤团队方面，显然是不明智的。最起码的一个好汉三个帮，文武组合、亲疏组合等智慧都没有做到，远不如汉武帝、唐太宗等。郭荣在接班人话题上，是失败的。综上所述，五代均为短命王朝，是因为他们没有解决好二代危机和三代危机，不具备接班传承的智慧。

第十九章
两宋的帝王性格类型移动轨迹

第一节　北宋九帝的性格类型探究

北宋是赵匡胤创建的，亦称赵宋。北宋采取以文立国的国策，擅长文人执政，经济、科技、文化高度发达，但军事力量相对弱小，与辽国和西夏对抗时长期处于劣势。宋词达到华夏民族的顶峰，北宋著名词人有柳永、苏轼、秦观、黄庭坚、周邦彦等。因推广早稻，粮食充足，人口从公元 980 年的 3710 万迅速增至 1124 年的 12600 万。历 7 世 9 帝，享国 167 年，如图 19-1 所示。

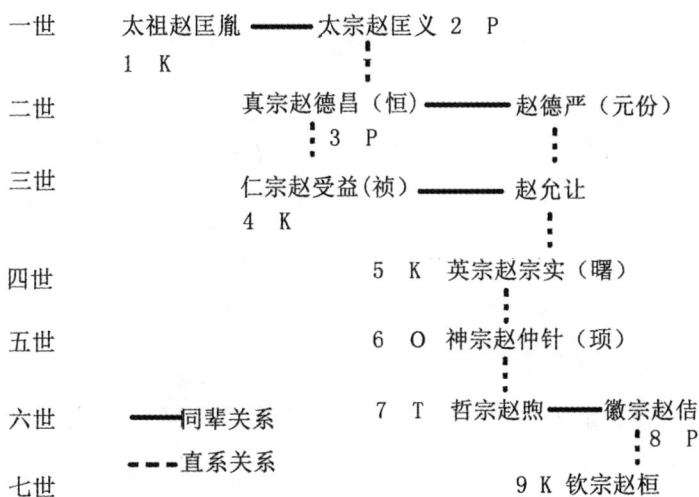

```
一世    太祖赵匡胤 ———— 太宗赵匡义 2  P
        1  K

二世           真宗赵德昌（恒）———— 赵德严（元份）
                      3  P

三世           仁宗赵受益（祯）———— 赵允让
                      4  K

四世                        5  K  英宗赵宗实（曙）

五世                        6  O  神宗赵仲针（顼）

六世    ———— 同辈关系          7  T  哲宗赵煦 ———— 徽宗赵佶
                                              8  P
七世    ---- 直系关系          9  K  钦宗赵桓
```

图 19-1　北宋赵氏政权的帝位传承和世系

第 1 任太祖赵匡胤，后周检校司徒赵弘殷的次子，西汉京兆尹赵广汉后裔，远古伯益后裔。在位 16 年，享年 50 岁。柴宗训继位后，34 岁的赵匡胤（官五代）已经掌握军队大权，他把一些重要将领拉拢到自己的身边，与杨光义、石守信、李继勋、王审琦、刘庆义、韩重赟、刘守忠，刘廷让、王政忠等结为"义社十兄弟"。其幕下有弟弟赵匡义、幕僚赵普（O1 型）、李处耘（T2 型）等。赵匡胤在其弟赵匡义及赵普、石守信、王审琦等策划下，鼓动士兵发动兵变（史称陈桥兵变），授意为他黄袍加身，拥其为皇帝。他给拥戴开国有功的武将升官的有：石守信（T4 型）、高怀德（赵匡胤的妹夫，T4 型）、张令铎（K1

型）、王审琦（O4 型）、张光翰、赵彦徽、赵匡义。他打败了后周的昭义节度使李筠、淮南节度使李重进，巩固了政权。

在位期间，他依据宰相赵普"先南后北、先易后难"的策略，先后灭亡荆南、武平、后蜀、南汉及南唐等南方割据政权，完成了全国大部的统一，结束了五代十国的战乱局面。通过政治、军事、经济、文化（包括科举）等改革，设置通判、差遣制度等措施加强中央集权；通过澄清吏治，劝奖农桑，促进了社会经济的发展。他两次罢去禁军将领及地方藩镇的兵权，通过"收其精兵，削夺其权，制其钱谷"的三大纲领，解决了自唐朝中叶以来地方节度使拥兵自擅的局面。只是矫枉过正，导致宋朝军事实力不强。他不仅恢复了五代以来的战争创伤，而且使国家呈现出相对稳定繁荣的局面。

他既注重旧情，也很有政治智慧。他懂得执政班子的文武之道，作为武将出身的赵匡胤，他周边武将如云，缺的就是理政的文臣。仍用后周宰相范质、王溥、魏仁浦三人为相。这三人是文臣。行政管理方面，主张稳健的行政人事任免，保证了国家管理的连续性。《宋史》评赵匡胤云："太祖有天下，凡五代之臣，无不以恩信结之，既以安其反侧，亦藉其威力，以镇抚四方。"范质等三相请退后，他独用赵普为相。以薛居正、吕余庆（厚重简约，K1 型）任参知政事（副相）。他主张以文化武，提高武将的文化素养。《宋史》记载了赵匡胤督促武将读书以懂治国理政的道理，原文是："朕欲武臣尽读书以通治道。"不久武将要读书，而且宰相也须有文化，《宋史》记载赵匡胤说："作相须读书人。"他很重视历代皇帝陵的维护，恢复祭祀，注重文化传承。据《宋史》记载，赵匡胤下诏：……周文、成、康三王，秦始皇，……后周太祖，唐高祖、太宗等十一唐帝，诸帝凡二十七陵，尝被盗发者，有司备法服、常服各一袭，具棺椁重葬，所在长吏致祭。他因下属尊老而破坏规矩，《宋史》记载，前任卢氏县尉郡陵人许永年龄 75 岁，自己说父亲许琼年龄 99 岁，两位哥哥都有 80 多岁了，请求朝廷委派他一个官职以便奉养父兄。赵匡胤召见许琼并厚厚地赏赐了他，任命许永为郡陵县令。因百姓赡养老人而给予赏赐可以，但不应该给予官职，退休年龄，人生七十古来稀，怎么还给予县令的官职呢？基于孝悌而非规矩，基于人情而非制度，这是 K 型皇帝和 P 型皇帝所特有的。《宋史》说赵匡胤："孝友节俭，质任自然，不事矫饰。"《宋史》评赵匡胤："威德之并用，控御之有道。"

本书认为，赵匡胤是 K1 型，第三性格是 O 型，第四性格是 P 型。他可以在 TOPK 四种性格类型间自觉或不自觉地切换。

第 2 任宋太宗赵匡义，赵匡胤之胞弟。在位 21 年，享年 59 岁。赵匡胤突然意外去世的第二天，38 岁的胞弟赵匡义自立接班（没有举行宣布遗诏、即位等仪式）。

继位后，他使用政治压力，迫使吴越王钱俶和割据漳泉二州的陈洪进纳土归附。次年亲征太原，灭北汉，结束了五代十国的分裂割据局面。两次攻辽，企图收复幽云十六州，都遭到失败。他进一步加强中央集权，改变唐末以来重武轻文的国策。

在宋朝开国的第 33 年，四川爆发了王小波、李顺领导的反对贫富不均的大规模起义，历时 3 年，起义失败。这说明，赵匡义的治国理政中，百姓利益严重受损，两极分化严重。《宋史》说赵匡义："若夫太祖之崩不逾年而改元，涪陵县公（赵匡美）之贬死，武功王（赵德昭）之自杀，宋后（赵匡胤的第 3 位皇后）之不成丧，则后世不能无议焉。"赵匡义两次北伐失败，被辽军射中两箭而狼狈逃窜，武功平凡。

《宋史》说年轻的赵匡义，喜读书，好文业，是个文艺青年。他善书法，《宋史》记载他喜欢题字，飞白书"玉堂之署"四字，以赐翰林承旨苏易简。（赵匡义）亲书绫扇赐近臣。据《宋史》记载：雨雪，大寒，（赵匡义）再遣中使赐孤老贫穷人千钱、米炭。范成大根据这段记载，提炼为"雪中送炭"，并有诗云："不是雪中须送炭，聊装风景要诗来。"综上所述，本书认为，赵匡义是 P2 型。

第 3 任真宗赵恒，赵匡义的第三子，在位 25 年，享年 55 岁。27 岁的赵恒被立为太子。宋太宗去世时，太监王继恩想发动政变，幸亏宰相吕端（K2 型）机灵，先把王继恩抓起来，说服赵匡义的李皇后，亲手把赵恒捧上皇位。登基仪式上，吕端还不放心，瞪着赵恒看半天，确认不是冒充，验证通过后才率领群臣高呼万岁。北宋皇帝登基前先"刷脸"的，赵恒是唯一一个。世人赞曰：吕端大事不糊涂。

即位之初，他任用李沆等为相。在主战派寇准等人的劝说下，他北上亲征，与入侵的辽军会战于澶渊。当时局势有利于北宋，但因他惧于辽的声势，并虑及双方交战已久、互有胜负，他与辽国在澶州定下停战和议，约定宋辽为兄弟之邦，约定宋每年赠辽银十万两、绢二十万匹，史称澶渊之盟。

由于没有大的折腾，北宋进入经济繁荣期，史称咸平之治。赵恒在位后期，任王钦若、丁谓为相。二人常以天书、符瑞之说蛊惑朝野，赵恒沉溺于封禅之事，东封西祀，广建宫观，劳民伤财，致使社会矛盾加深。他大搞祥瑞造神运动，被后人称为神棍皇帝。脱脱在《宋史》云："封禅事作，祥瑞沓臻，天书屡降，导迎奠安，一国君臣如病狂然，呼，可怪也。"幸好他始终让王旦等正直的朝臣在位，以牵制王钦若、丁谓等"五鬼"干政。尽管他在后期行事荒诞，但北宋仍然得以稳定发展。

他毕生为情所困。一为爱情。他买刘娥为妾，两人很快如胶似漆。但父皇赵匡义勒令他把刘娥逐出襄王府。他接班后，没有忘记刘娥，把她接到了皇宫，疼爱依旧。刘娥一路升级为皇后，是宋朝第一位摄政的皇太后。二为亲情。他经常探视皇亲国戚，不断地给他们升官晋爵。大中祥符五年，封王的兄弟进爵。《宋史》说："（加）楚王（赵）元佐太师，相王（赵）元偓太傅，舒王（赵）元偁太保。大中祥符七年，加楚王元佐尚书令，相王元偓太尉，荣王元俨兼中书令。"

他爱好文学，擅长书法。谚语"书中自有黄金屋，书中自有颜如玉"便出自他所撰的《励学篇》。有《御制集》三百卷传世，今仅存《玉京集》六卷。《全宋诗》录有其诗。

他在病危前两年就开始传位善后，培养训练接班人。他虽有六子，但前五子均早殇。年仅 8 岁的第六子赵祯被立为太子，1020 年 11 月，诏令从今以后除军国大事他亲自决断外，其余事情都委托 10 岁的皇太子赵祯与宰相、枢密使等一起商议执行。他任命丁谓兼太子少师，冯拯兼少傅，曹利用兼少保。同年 12 月，皇太子亲政，他诏令内臣传旨必须复奏。他命令张景宗侍奉皇太子。他下诏五日一开资善堂，太子赵祯手握手板，南向站立，听辅臣参决各司事务。12 月 29 日，赵恒身体不适，勉强到承明殿，赐给宰相手书，告谕辅佐皇太子治国的道理。遇到庆典集会，由皇太子领班。他病危时，遗诏皇太子赵祯在枢前接班，尊皇后刘氏为皇太后，代行处理军国事务。本书认为，书生皇帝赵恒是P4 型。

第 4 任宋仁宗赵祯，赵恒第六子，其生母为李宸妃，养母（嫡母）为赵恒的章献明肃皇后刘氏。在位 42 年（亲政 30 年），享年 54 岁。他是宋朝的第一个少年皇帝，即位时年仅 12 岁。

赵祯在位初期，由刘太后（T4 型）垂帘听政 12 年。在位中期，爆发第一次宋夏战争，经三年交战后，双方签订庆历和议。其间，辽国趁机以重兵压境，逼迫宋廷增输岁币，史称重熙增币。1043 年，赵祯授范仲淹为参知政事，擢拔欧阳修、余靖、王素和蔡襄为谏官（人称"四谏"），锐意进取，支持范仲淹（T3 型）、富弼等人开展"庆历新政"，企图遏止日益严重的土地兼并及三冗现象。因反对势力庞大，他摇摆不定，改革旋即中止。总体而言，他知人善用，在位时名臣辈出，国家相对安定，经济繁荣，科学技术和文化得到了很大的发展。史称仁宗盛治，被赞誉为守成贤主。

他因膝下无子，将堂侄赵宗实接入皇宫，交给曹皇后抚养。4 年后，苗妃生子赵昕，他又将赵宗实送出宫。1056 年开始，他健康状况欠佳，且连失三子，心情沉重，朝廷内外对皇嗣问题深为担忧。经宰相韩琦、包拯等反复劝谏，他于 1062 年接回赵宗实，正式立赵宗实为皇（嗣）子。

他的性格柔弱游移，耳根子软。他性情宽厚，能容忍各种激烈的批评意见，哪怕是对他私生活妄加非议，他听了也从不挟愤报复。谏臣包拯屡屡犯颜直谏，甚至唾沫都飞溅到他脸上。赵祯一面用衣袖擦脸，一面接受他的建议，竟未予以怪罪。他不事奢华，能够约束自己。《宋史》赞赵祯曰："为人君，止于仁。帝诚无愧焉。"王安石说赵祯"宽仁恭俭"。脱脱说赵祯"恭俭仁恕"。谏臣蔡襄评价他："宽仁少断。仁宗之弊，患在废弛。失之于柔。"他精通书法，尤擅飞白书，通晓音律。本书认为，他是 K3 型。

第 5 任宋英宗赵曙，赵祯之嗣子，濮王赵允让第 13 子，在位 4 年，享年 35 岁。仁宗赵祯去世后，他的曹皇后（北宋开国名将曹彬的孙女，曹彬为果敢的考拉型）发布遗诏，任命 31 岁的赵曙接班，尊奉仁宗曹皇后为皇太后。不久，赵曙生病，下诏请求曹皇太后（赵曙高皇后的姨母）共同处理军国要事，由曹太后来垂帘听政。1064 年，他病体恢复，曹太后撤帘还政。他任用韩琦、欧阳修、富弼、文彦博等人，命司马光专修《资治通鉴》。后来他再次生病，在宰相韩琦的建议下，他立长子赵顼为太子。

他很重视家庭亲情伦理，据《宋史》记载，赵曙说：按照国家的旧制度，士大夫的儿子有娶皇帝女儿的，公主们都因身价高升而避开公婆的尊长地位，这于情于理都说不过去。我总是在想这件事，醒时睡时都为此感到不安，怎么能因为富贵的缘故，而违背一般的人伦长幼之序呢？可以下诏有关部门改掉这个规矩。《宋史》说赵曙："天性笃孝，好读书，不为燕嬉亵慢，服御俭素。"从赵曙为其亲父尊名分引发长达 18 个月的濮议来看，赵曙是耿直的考拉性格。本书认为他是 K2 型。

第 6 任宋神宗赵顼，赵曙之子，在位 19 年，享年 38 岁。19 岁时赵顼以皇太子接班，即位前后，耳闻目睹积贫积弱的困境。继位不久，他即召王安石赴京，推行变法，史称"熙宁变法"。在变法过程中，他以君权的力量，保证了一系列新法的推行。他任王安石（O1 型）为参知政事，支持王安石颁布实行均输法、青苗法、农田水利法等。他任用王韶出兵抗御西夏，拓地五州，史称"熙河开边"。

变法在前一阶段取得胜利，但反对势力的攻击并没有停止，并得到太皇太后（曹太后）、皇太后（高太后）和神宗皇后（向氏）的支持。三个女人强烈反对变法，赵顼开始左右摇摆，勉力维持新政。作为变法的最大支持者，他本来应该坚定地为变法的执行者王安石排除这些困难，但是面对着各大势力的反扑，他竟然陷入了自我怀疑之中，以至于不仅没有帮助王安石排除反对派的威胁，甚至对王安石的某些措施还予以反对。他是变法派的靠山，但他气魄不够宏大，思想不够深刻，性格不够刚毅。元丰年间，赵顼亲自主持改制，面对陈旧而问题极多的官僚体制，他虽然期望进行改革以获得更好的发展，但是他的改革态度不坚定，以至于虽然有了好处，但却没有达到最初的目的。他希望在保持新法既得成果的基础上，使改革有所推进。

终神宗朝，除方田法罢废及部分新法条文被稍作调整外，新法基本上得以贯彻执行。熙宁变法使宋朝重新恢复了生机与活力。新法的实行，大大增加了国家的财政收入，社会生产力有了巨大发展，垦田面积大幅度增加，全国有高达 7 亿亩的耕地，单位面积产量普遍提高，多种矿产品产量为汉代、唐中叶的数倍至数十倍，城镇商品经济获空前发展。西夏皇室内乱，他以为有机可乘，遂出兵五路伐夏，但深入夏地，各军因粮草不济，无功而返。他听徐禧之计，筑永乐城，西夏发 30 万大军围攻永乐城，宋军战败。他希望攻夏雪耻，节省"岁赐"的计划彻底破产。他摇摆于新旧两党之间，但维持新政。他坚持变革的决心不变，是宋朝有抱负有作为的皇帝。

他病情加重，大臣们进殿朝见，请求立皇太子及皇太后暂时代理国政，他同意大臣们的请求。因前五子早殇，遂立第六子赵煦（9岁）为皇太子。《宋史》说赵顼天性好学，天性孝友，敬重辅相。本书认为赵顼是O4型。他与秦孝公虽然都是O型，但秦孝公是O1型。他们的亚型性格不一样，赵顼的亚型性格是考拉，而秦孝公的亚型性格是老虎。

第7任宋哲宗赵煦，赵顼之子，在位15年，其中亲政8年，享年25岁。10岁时赵煦即位，他是宋朝的第二个娃娃皇帝，即位年龄比仁宗赵祯还小两岁。但赵祯在接班之前，曾得到两年的锻炼。赵煦的祖母高太后（太皇太后，老虎型）垂帘听政，起用司马光做宰相，新法全部被废，变法派人物被斥逐流放。苏轼（P型）向朝廷提出谏议，不能一律停止新法，成效显著的应继续实施。苏轼对旧党执政后暴露出的激进和腐败现象进行了抨击，引起了保守势力的极力反对，苏轼遭诬告陷害。苏轼既不能容于新党，又不能见谅于旧党，因而再度自求外调。他的弟子黄庭坚（O型）等人也受到牵连，纷纷被贬。高太后执政，党争加剧，执政集团内部分裂严重，史称元祐更化。1089年，高太后未能处置好车盖亭诗案，这个诗案成为北宋开国以来打击面最广、打击力度最大的一件文字狱案。党争由此进入了毫无节制的残酷时期，宋朝的政治风气变得前所未有的狭隘凶险。元祐更化谈不上是政治改革，在经济政策上，司马光旧党也毫无积极建树，只是一场情绪化的清算运动。

1093年，赵煦亲政，下令绍述并实施元丰新法，罢旧党宰相范纯仁、吕大防等，起用章惇、曾布等新党全面主持变法大业，王安石新法全面恢复。他比他的父皇更加理性，以最理性方式启动变法。新法的诸多国策得到很好的修正，他对许多当年曾压制过他的旧党老臣，比如苏颂等人，更是不计旧日恩怨出面保护。当新党们掀起大狱，发起对旧党的全面报复时，也是他及时叫停。旧党里好些有益于国家的政策，他也大气保留。在军事上重启河湟之役，他收取青唐地区，并发动两次平夏城之战，使西夏臣服，把司马光旧党割让的土地尽数收回，史称"两败西夏"。他造就了两宋最铁血辉煌的年代，留下一个"丰亨豫大"的家底。他是真正的孝子，完成了父亲赵顼的理想，即打造一个富国强兵的好赵宋。本书认为，赵煦是T4型。

第8任宋徽宗赵佶，赵煦之弟，赵顼之子，在位26年，当了约1年太上皇。他被金国俘虏监禁了8年后去世，享年54岁。赵煦病逝，因为无子，宰相章惇主张依礼律，立赵煦同母弟简王赵似，否则就立长弟申王赵佖。但皇太后（向氏）以自己无子，神宗诸子皆庶子，又排除患有目疾的赵佖后，主张立赵煦次弟赵佶，并得到曾布、蔡卞、许将等人的支持。赵佶即位于赵煦的枢前。

18岁的赵佶接班后，向太后"权同处分军国事"辅政。向太后（第四位垂帘听政的太后）当政后，随即任命守旧派韩琦的长子韩忠彦为执政，并升任为右相，左相章惇、执政蔡卞等相继受攻击，蔡卞首先被贬任知府。向太后恢复被贬逐的守旧派官员的名位，守旧派官员接着相继上台。向太后还政后不久，反对立赵佶为帝的左相章惇被罢相，韩忠彦升任左相，曾布升任右相。当时守旧派与变法派的斗争日趋激化，也有官员认为元祐、绍圣均有失误，应该消除偏见，调和矛盾。于是赵佶改次年为建中靖国元年，以示"本中和而立政"。面对已经成为强弩之末的北宋王朝，他开始整顿朝政。

可是一年以后，他就逐步懈怠政务，琴棋书画玩得欢。对于国家的治理，他完全根据自己的喜好选拔人才，逐渐重用和自己兴趣爱好相同的人。他喜欢蹴鞠，发现高俅蹴鞠玩得好，就把高俅留在身边重用；他喜欢书法，就重用书法家蔡京、书画收藏家童贯等。由宦官和艺术爱好者把持朝政，赵佶安心而过分追求奢侈生活。在南方采办花石纲，在汴京修建艮岳。他尊信道教，大建宫观，自称"教主道君皇帝"，经常请道士看相算命。在他的腐朽统治下，内部农民起义风起云涌，梁山起义和方腊起义先后爆发，北宋危机四伏，他被金国俘虏而国亡。史学家说，赵佶失国之由，非若晋惠之愚、孙皓之暴，亦非有曹马之篡夺，特恃其私智小慧，用心一偏，偏于艺术。天才艺术家做了皇帝，最后沉迷艺术而成亡国奴！

他在艺术上的造诣极高。他自幼爱好笔墨、丹青、骑马、射箭、蹴鞠，对奇花异石、飞禽走兽有着浓厚的兴趣，逐渐养成了轻佻浪荡的性格。他对绘画的爱好十分真挚，利用皇权推动绘画，创造了宣和画院，培养了像王希孟、张择端、李唐等一批杰出的画家。他组织编撰的《宣和书谱》《宣和画谱》《宣和博古图》等书，是美术史研究中的珍贵史籍，至今仍有极其重要的参考价值。他是《清明上河图》第一位收藏者，他使宋代的绘画艺术有了空前发展。在书法上，赵佶初学黄庭坚，后学褚遂良和薛稷、薛曜兄弟，并杂糅各家，取众人所长又独出己意，创造出别具一格的"瘦金体"，既有"天骨遒美，逸趣蔼然"之感，又有强烈的个性色彩，如"屈铁断金"。他热爱画花鸟画并自成"院体"，是古代少有的艺术家型皇帝，只可惜，赢了书画艺术，丢了江山和性命！

《宋史》记载章惇评赵佶："端王（指赵佶）轻佻，不可君天下。"历史上当皇帝，有许多是知识分子，是没有出息的，隋炀帝（杨广）就是一个会做文章、诗词的人。陈后主（陈叔宝）、李后主（李煜，千古词帝）都是能诗能赋的人。宋徽宗（赵佶）既能写诗，又能绘画。而一些"大老粗"却能办大事情，如成吉思汗、刘邦、朱元璋。本书认为他是 P3 型。

第 9 任宋钦宗赵桓，赵佶之子，在位 1 年 2 个月。在金国囚禁了 28 年而去世，终年57 岁。他 15 岁时被立为皇太子，当了 11 年的储君，因父皇赵佶内禅为太上皇，他在 26岁时接班。他即位后，太学生陈东等上书，数蔡京、童贯、王黼、梁师成、李彦、朱勔罪，谓之六贼，请诛之。而他只是贬了蔡京、童贯等人，然后重用李纲抗金。但是他十分懦弱无能，优柔寡断，反复无常，对政治军事问题缺乏判断，后来听从奸臣谗言，罢免了李纲，下令各路勤王兵停止向开封进发，对自发组织起来准备抵抗的民众进行镇压，向金求和。金兵第二次围攻汴京时，赵桓不会用人，也无力抵抗金军，更无能识破其奸计。

金军把赵佶、赵桓父子拘留在金营，金主下诏废赵佶父子为庶人，另立同金朝勾结的原宋朝宰相张邦昌为伪楚皇帝。金军俘虏徽钦二帝和后妃、皇子、宗室、贵戚等3000多人北上。宋朝皇室的宝玺、礼器等也被搜罗一空，满载而归，史称靖康之变（亦称靖康之耻）。赵佶父子被掠去后，客死在敌国，他们是为数不多的客死他乡的皇帝。赵佶父子，成为中国历史上著名的千古昏君！

赵桓在位仅一年多时间，走马灯似地拜罢了26位宰执大臣。其中对危局产生关键性影响者，则是耿南仲、李邦彦、李纲、种师道等人。李纲、种师道等提出的重要的救国之策不被赵桓采纳，而耿南仲、李彦斌等提出的重要误国之谋却又被赵桓采纳。耿南仲是宋朝典型的"怯于公战，勇于私斗"的士大夫，关键时期核心大臣内斗不和，赵桓决策犹豫摇摆并错误不断，奇葩君臣，武备废弛，中华耻辱。《宋史》评赵桓："帝（赵桓）至于是，盖亦巽懦而不知义者欤！"本书认为摇摆且轻率的赵桓是K4型。

北宋皇帝的性格类型路线如下：太祖赵匡胤（考拉）01—太宗赵匡义（孔雀）02—真宗赵恒（孔雀）03—仁宗赵祯（考拉）04—英宗赵曙（考拉）05—神宗赵顼（猫头鹰）06—哲宗赵煦（老虎）07—徽宗赵佶（孔雀）08—钦宗赵桓（考拉）09，具体如图19-2所示。

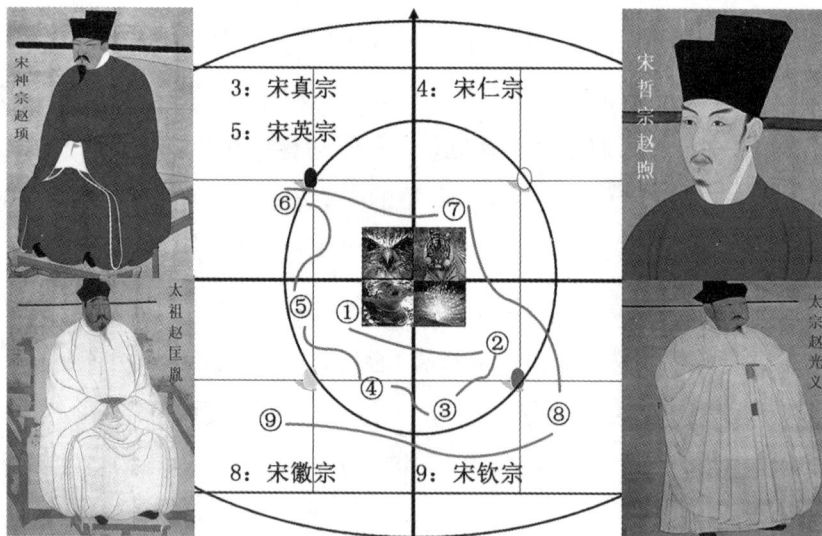

图 19-2　北宋赵氏政权的帝王性格类型移动

北宋赵氏政权起于K型的赵匡胤，在O型的赵普辅政下，P型的赵匡义完善国政，顺利渡过二代危机。在T型的寇准辅佐下，P型的真宗赵恒顺利渡过危机，国家走向繁荣，国势继续上升。娃娃皇帝赵祯，在大臣和T型刘太后的辅政下，渡过了三代接班危机，K

型的赵祯平稳执政，在T型的范仲淹等人辅政下，北宋国势达到鼎盛。四世的赵曙接班为帝，K型的他有病在身，虽有曹太后的辅政，国势开始衰落。五世的赵顼顺利接班，在O型的王安石辅助下，果敢推进改革，北宋扭转了衰落的趋势，止跌回升，在O型的神宗赵顼带领下，北宋进入了中兴的轨道。六世的赵煦，前期由T型高太后辅政，中后期亲政，发挥老虎特质，果敢而理性地推进其父皇的改革，北宋终于实现了中兴。可惜，他英年早逝，无嗣子接班。P型的皇帝赵佶，爱好书画，在政治上瞎折腾，执政时间又长，虽然遇到很好的外部环境，采取联金灭辽政策并取得了成功，但很快遭受虎狼金国侵略，赵佶为了避免成为亡国之君，逃避责任，让七世的赵桓接班。赵桓是K型皇帝，无法应对残酷的战争局势，因决策无方而国灭。北宋兴于K型和P型的合力，亡于K型和P型的离心。北宋赵氏，成也PK，败也PK。

北宋的传承，一路坎坷不平，风雨雷电，颇为胆战惊心。北宋似乎没有二代危机，属于兄终弟及。但从正史来看，北宋也存在二代危机，只是和平地化解了。赵匡胤突然病逝，没有留下文字的遗诏。赵匡义即位时，没有举行过任何仪式。这表明赵匡义不是奉太祖的遗诏即位的，属于意外的非正常的接班。赵匡胤的宋皇后去世后，赵匡义不服皇嫂衰服，宋皇后连该有的丧仪礼遇也得不到。宋史中的金匮之盟（约），连同民间出现的"斧声烛影"，都是世人对赵匡义接班的合法性产生怀疑的产物。前者似乎是证明赵匡义接班的合法性，但赵匡义自己本人不遵守金匮之约中接班的条款，胞弟赵廷美被贬，侄子赵德昭因受赵匡义训斥而自杀死亡，赵德芳意外死亡。

赵匡义自己也遇到传位难题，嫡长子赵元佐被废，次子赵元僖暴死，储位空缺，冯拯等人上疏请早立太子，赵匡义便将冯拯等人贬到岭南。自此以后没有人敢议论继承问题。赵匡义被箭伤所扰，自知将不久于人世，便就此私下询问寇准。在寇准（T2型）的支持下，赵匡义立其三子赵元侃（赵恒）为皇太子。赵匡义册立太子，大赦天下，京师之人见到太子都欢呼，赵匡义却闻而不悦，在寇准的劝解下心情才有所好转。赵恒接班前，差点被王继恩发起废立而无法接班（王继恩暗中串联李昌龄、李继勋、胡旦等，并与李皇后一起谋立赵元佐），幸亏吕端明智地化解了危机。北宋二代、三代接班均发生了危机，只是被睿智地化解了，没有对国体产生巨大危害。

P型的赵恒接班前，做了两年的太子，有接班的心理准备，也得到了相应的锻炼。他虽然立了太子赵祯来接班，但赵祯是宋朝的第一个娃娃皇帝，赵恒本想采取托孤寇准和李迪等大臣的方法来解决接班危机，但被迫采取了皇太后垂帘听政的方式，当时的刘皇后为了垂帘听政，打压寇准，推动党争。垂帘听政后，刘太后擅权，至死不肯还政于赵祯，又时常着帝王服饰，使赵祯与李宸妃母子至死不能相认，于人伦有亏。万幸的是，刘太后最终没有向汉吕太后、唐武则天学习，然而宋德开始微衰。从此，整个北宋朝在皇帝接班时期，就再也没有托孤大臣辅政，只有太后临朝听政。王夫之评刘太后："（刘太后）至服衮冕以庙见，乱男女之别，而辱宗庙。"不过，赵祯得到其父皇的两年培养，也得到了刘太后的12年辅政，虽然这14年里，K型的赵祯没有亲政，但耳濡目染，亲自观摩，学到了不少执政方法，也悟到了不少执政道理。

赵祯的接班人危机，是没有亲生儿子来接班的危机，于是通过旁系过继为嗣子来解决接班危机，他在宋朝开启了堂侄为嗣子接班的先河。K型的赵祯拼命地生育子女，可惜仍旧膝下无子。没有自己直系的接班人，他选择其堂侄赵曙为自己的养子，交给曹皇后抚养，按接班人来养育。但在苗妃生子赵昕后，赵祯错误地将8岁的赵曙送出皇宫，让他回到生父赵允让身边。后来在连失三子后，赵祯又接回赵曙为皇嗣子，但不是皇太子。一得一失又再得的20多年备胎生涯，让赵曙得了严重的心理疾病，赵曙是北宋第一个以皇嗣子接班的皇帝，也是第一个患有心理疾病的皇帝。他没有很好地得到接班前的训练，反而受到心理打击。赵祯在接班人问题上处置不当。K型的赵曙接班后，出现父皇赵祯的宫女的假孕案，赵曙差点被逼疯了。生病期间，由其养母曹太后垂帘听政，两宫失和，关系颇为紧张，幸好韩琦和欧阳修从中协调而得以化解。赵曙的主政时间不长，对国体产生的危害不大，但国势已衰。

O型的赵顼是北宋第三个以太子身份来接班的皇帝，是北宋时期接班最为顺利的皇帝，但没有得到执政的训练，他在立为皇太子的第二个月就接班了。赵顼在事业上是成功的，但在养育儿子方面是失败的，虽然他生育了14个儿子，他生前只有第六子长到9岁。《宋史》记载，赵顼病重期间，宰执王珪等人问疾，乞立赵煦为皇太子，太后权同听政，（赵顼）帝颔之。赵煦是按口传遗诏即位的，是北宋的第二个娃娃皇帝，由其祖母高太后垂帘听政，经历了7年的辅政时间，这7年里，T型的赵煦通过观摩，学到了不少执政方法。但他英年病逝，生前没有亲生儿子，也没有留下谁接班的遗诏。他是北宋第二个没有亲生儿子接班的皇帝。其嫡母向太后（赵煦的生母为朱氏）自行指定了其异母弟赵佶来接班，而没有让赵煦的同母弟赵似来接班，向太后对北宋的灭亡，负有接班人选择不当的责任。

K型的赵桓是通过其父皇赵佶内禅来接班的，P3型的赵佶之所以内禅为太上皇，是因为金兵入侵而国将亡。赵桓接班前，虽然有11年的太子生涯，但其父皇本身执政能力很差，也没有好好地对他进行言传身教，基本上是放养式的培养，读文科书，无法培养执政才干，只是增加执政素养。赵桓的执政能力也不强，危机环境下，他根本无法胜任。北宋的接班管理，是不成功的，有很多意外和偶然。

第二节　南宋九帝的性格类型探究

南宋是赵佶的第九子赵构创建的，是中国历史上经济、科技、文化昌盛和对外开放程度较高的朝代。南宋时期，粮食产量是唐代的三四倍，江浙地区成了中国农业最为发达的地区，出现了南粮北调的新格局。南宋发明了"冶银吹灰法"和"铜合金铁"冶炼法，使用焦煤炼铁，欧洲人在18世纪时才发明这项技术。南宋继续农商并重的国策，纸币大量流通，逐渐代替铜钱成为主要交换手段。南宋维持了近百年学派间互争雄长和欣欣向荣的景象，形成了继春秋战国之后中国历史上第二次"百家争鸣"的盛况。南宋的社会保障制度更为完善，在临安等城市中，官府设立了分工明确、服务周到的不同的养恤机构，诸如福田院（赈济流落街头的老弱病残乞）、居养院（收养遭天灾的居民和孤寡贫穷不能自存者）、安济院（收养并医治孤寡贫病不能自存者）、漏泽院（安葬无人认领的尸体）、慈幼局（婴儿局，收养社会弃子弃婴）、养济院（杭州官办养老机构）。南宋历7世9帝，享国152年，见图19-3。

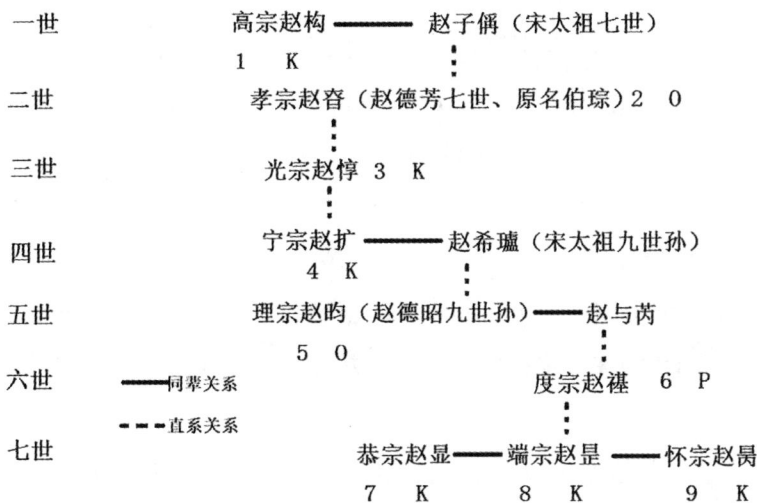

图 19-3　南宋赵氏政权的帝位传承和世系

第1任宋高宗赵构，赵佶第九子，赵桓之弟，太宗六世孙。在位36年，做太上皇25年，享年81岁。21岁的赵构登基为帝不久，就逃到扬州、杭州，史称建炎南渡。苗傅和刘正彦利用军士对朝政的不满，发动兵变，杀了赵构信任的王渊等宦官，逼迫赵构将皇位禅让给3岁的皇太子赵旉，史称苗刘兵变。文臣吕颐浩、张浚和武将韩世忠、刘光世、张俊起兵"勤王"，赵构得以"复辟"。他迫于形势民心，以李纲（进士出身，O1型）为相，宗泽（进士出身，T2型）镇守东京。任用宗泽、岳飞（T3型）、韩世忠（T4型）、吴玠、吴璘、刘世光、刘锜、曲端等主战派将领抗击金军，多次大败金兵，稳定政局。任用赵鼎（进士出身，O1型）、李光（O型）、胡铨等文臣巩固南宋政权。他也重用主和派的黄潜善、秦桧等人，一味求和，默认秦桧以"莫须有"的罪名处死岳飞，罢免李纲、张浚（进士出身，T型，军政才干相对不足，团结能力也不够强大）、韩世忠等主战派大臣，与金国签订绍兴和议。为实现自己的战略决策，他在文武大臣中施展拉拢、平衡、猜忌、排挤、打压之事。对待文臣武将，往往口是心非，嘴上一套，心里一套，软弱中隐藏着强硬，微笑中透露出凶光。很多时候，他揣着明白装糊涂，睁一只眼闭一只眼，但真正威胁到自己的权力和议和策略的时候，他就会采取断然措施，毫不留情。

金帝完颜亮统率金军主力越过淮河，进迫长江，试图消灭南宋。赵构想逃跑，陈伯康极力主张抗金，但两淮前线宋军溃败，金军如入无人之境。幸运的是，金国发生内乱，完颜雍乘机夺取金政权，黄河以北地区很快归附金世宗。金帝完颜亮得知这一消息，不罢兵北归去夺回帝位，反而更加对南宋江山志在必得。但强大的金军被军事参谋虞允文（进士出身）在采石之战中击退，金军渡江失败，金帝完颜亮被部下所杀，金军北返，宋军收复了两淮地区。脱脱评这场战役："允文儒臣，奋勇督战，一举而挫之，亮乃自毙。昔赤壁一胜而三国势成，淮淝一胜而南北势定。允文采石之功，宋室转危为安，实系乎此。"

宋金的这场战争让赵构萌生退意。苗刘政变之后，赵构没有了生育能力，皇位继承人问题成了他的心腹之患。他从宋太祖赵匡胤的两名后裔赵瑗和赵璩中选择继承人，最后赵瑗胜出而被立为太子。56岁的赵构下诏退位，太子赵眘（原名赵瑗）即位，尊他为太上皇。这次皇位的交接是两宋时期新老皇帝交接最成功的一次，顺利地解决了南宋的二代危机。

赵构精通诗词与音乐，擅长书法、绘画，志趣一直在笔墨方面，是一位相当勤于学习书法的皇帝。他初学黄庭坚，中年学米芾，笔法洒脱婉丽，自然流畅，颇得晋人神韵。他著有《翰墨志》，传世墨迹有《洛神赋》等。他成为太上皇以后，更专于艺术，是宋朝第二个艺术家型皇帝。

《宋史》记载了赵构以亲王身份赴金营谈判的情形：金人进犯京师，要求宋朝派亲王、宰臣到金军营中议和。钦宗赵桓召赵构讲明圣意，赵构慷慨请求出发。金军元帅斡离不把他们留在军中十来天，赵构神情悠闲。适逢京瓷宣抚司、都统制姚平仲夜袭金军营寨未获成功，金军怪罪起来，张邦昌吓得哭泣起来，赵构不为所动，斡离不感到他不寻常，要求更换肃王为人质。在金营为人质的赵构，每天照样骑马射箭，习文练字，与金军主帅斡离不不见面时也不卑不亢。这与金人印象中胆小如鼠的宋朝皇子反差太大，再加上宋人明显不在乎赵构等人的生命，所以，金军将领们得出了结论：这皇子肯定是冒牌货。于是，金人主动把赵构送回，并要求换个皇子来当人质。这说明，赵构有老虎特质。刘光世、韩世忠之间有不愉快的事情，赵构赐酒从中调解，二人都感激不尽，表示奉命。这说明，赵构有考拉特质。《宋史》评赵构：恭俭仁厚，以之继体守文则有余，以之拨乱反正则非其才也。脱脱还说："（赵构）恬堕猥懦，坐失事机。"本书认为赵构是 K1 型，O 型第三，P 型第四。他能够在 TOPK 性格类型间自觉或不自觉地切换。

第 2 任宋孝宗赵昚，赵构的养子，太祖赵匡胤之子赵德芳的六世孙，在位 27 年，做太上皇 5 年，享年 68 岁。1132 年，赵昚被赵构选中，并育于宫中，接受了 28 年的教育。1160 年，被立为皇子；1162 年，被立为太子，同年接班。

35 岁的赵昚接班后，改革朝政，力图恢复，南宋进入一个相对兴盛时期，平反岳飞冤案，起用主战派人士，锐意收复中原。金国有几次南侵，但大都半途而废，赵昚进行了北伐，但未能收复国土。赵昚令 54 岁的李显忠（T 型）、邵宏渊（O 型）等出兵北伐。北伐虽然一度胜利，但由于各路将领不和加上轻敌思想，北伐历时仅二十日即告失败。宋金再次签订和议，史称"隆兴和议"（乾道和议）。

赵昚念念不忘恢复中原，他和虞允文密定北伐方案：第一步将马军移屯建康，为将来出兵做准备；第二步，虞允文前往四川，整顿兵事；第三步，虞允文领军从四川主动出击，吸引金军主力，同时，孝宗赵昚御驾亲征，统领移屯到建康府的马军和其他部队北上，两军会师于中原，将金军逐出故土。遗憾的是，这个计划进行到第二步时，虞允文（T3 型）由于积劳成疾，在四川病逝。赵昚失去了得力助手，北伐大计无疾而终。

在内政上，赵昚励精求治，积极整顿吏治，裁汰冗官，惩治贪污，加强集权，任用了陈俊卿、虞允文、胡铨等数十位主战大臣，但赵昚也没有改变任用一主和一主战之人为丞相的用人方法，也重用了史浩、陈伯康、周必大等主守大臣，还重用了汤思退等主和大臣，这种用人方法虽然可以做到兼听则明，但容易造成党争和内耗。这种执政方法还取决于掌舵者的统筹、创新、明断、团结能力，可惜的是赵昚的统筹、创新、明断、团结能力逊于赵构。更为遗憾的是，赵昚还重用擅长察言观色的旧宠臣如龙大渊、曾觌。总体说来，南宋的内政有所改观，出现了治世局面，史称"乾淳之治"。后世普遍认为赵昚是南宋最有作为的皇帝，后世称其为"卓然为南渡诸帝之称首"。

他很孝顺养父赵构，《宋史》记载，内禅仪式结束后，他冒大雨送赵构到德寿宫，赵构感动地说：吾付托得人，吾无憾矣。他是忠孝两全的皇帝。他一改北宋后期与南宋初期树一派打一派的学术政策，他对主流学派王安石新学及新兴的程朱理学，采取兼容并蓄、共同发展的政策。正是他倡导的百家争鸣、共同发展的学术环境，才使得朱熹也不得不说："若诸子之学，同出于圣人，各有所长，而不能无所短。"这样的社会环境，造就了一大批卓有成就的文人学者，正如南宋学者黄震所称许的，赵昚在位乾（道）、淳（熙）时，正国家昌明之会，诸儒彬彬辈出。其时，不仅有著名的思想家朱熹、陆九渊、陈亮、叶适，还有著名的文学家，如陆游、范成大、杨万里、辛弃疾等，他们都活跃在赵昚在位时期。

《宋史》说赵昚"聪明英毅"，这说明，他有猫头鹰的特质。《宋史》也记载了赵昚和陈俊卿的对话：孝宗召陈俊卿到垂拱殿问话，令他坐下，并赐茶。陈俊卿从容地说：将帅应当由公选产生，臣听说诸将多因贿赂得官。曾觌、王抃揽权受贿，选用人都按御批行事。赃吏已调查清楚，而陛下亲自改正，这将如何劝惩人们？孝宗赵昚说：你说得很中肯。陈俊卿上朝辞行，又上奏说：臣离开国都十年，看见都城里谷贱人安，只有士大夫的风俗习惯大变。孝宗赵昚询问原因，陈俊卿说：过去士大夫奔走于曾觌、王抃府第的，有十分之一二，并且还害怕别人知道，现在就公然趋往，依附的人已有十分之七八，不再有所顾忌了。人才的进退取决于私门，对朝廷来说实在不是好事。孝宗赵昚说：王抃是不敢的。曾觌即使不时有所请求，朕大多予以抑制了，从今开始不会再采纳他们的意见了。陈俊卿说：这些人声势已经增长，侍从、台谏的官员大多出自他们门下，不对陛下说实话，臣担心会有损朝廷纲纪，废坏有关部门的法度，败坏天下风俗，连累陛下的德行。这段对话表明赵昚是虚心明理人，但魄力不够，知人善任能力有待提高。《宋史》说赵昚："（有）足以当大任者，惜不尽其用焉。"

明朝崔铣评赵昚："宋之君任人也，忽邪忽正；修事也，忽暗忽明；议制也，昨是今非；虽有一二臣，然而张浚失之罔、陈俊卿失之懦、赵汝愚失之疏，其他末乎，无足赖也。"明朝王夫之评赵昚："故孝宗立，奋志有为，而四顾以求人，远邪佞，隆恩礼，慎选而笃信之，乃其所得者，大概可睹矣。陈康伯、叶颙、陈俊卿、虞允文，皆不可谓非一时之选也。"综上所述，赵昚性格为谨慎坚毅、稳重孝顺、自律包容等，本书认为赵昚是O4型。

第3任宋光宗赵惇，赵昚的第三子，在位5年又5个月，做太上皇7年，享年54岁。25岁的赵惇被立为太子，42岁时赵惇受父皇赵昚内禅而接班。继位之初，他确有革故鼎新之意，能听取臣下谏言，也裁汰了一些庸臣。但在用旧人问题上，他坚持己见，任用自己当太子时的亲信，对他们滥施爵赏，尤袤引用唐太宗登基后不私秦王府旧人的故事进行谏劝，无效。他继续对旧人滥施爵赏，尤袤上奏谏阻，赵惇表面不表态，仍固执己见，对不应提升的官员委以重任，尤袤再次上奏谏阻，他当即把尤袤的奏章撕得粉碎。

赵惇的宫闱妒悍，惧内心理严重，以致后期荒废朝政。他听取奸臣谗言罢免辛弃疾等主战派大臣，听信谗言疏离太上皇赵昚，引起南宋的政治危机。他在位五年，乾淳之治的成果渐消，南宋开始由盛转衰。光宗皇后李凤娘（T型）出身将门，为人泼辣刁蛮，经常在赵惇面前搬弄是非。

《宋史》评赵惇："光宗幼有令闻，向用儒雅。逮其即位，总权纲，屏嬖幸，薄赋缓刑，见于绍熙初政，宜若可取。及夫宫闱妒悍，内不能制，惊忧致疾。自是政治日昏，孝养日息，而乾、淳之业衰焉。"他猜疑柔弱，重用旧人。本书认为，赵惇是K2型。

第4任宋宁宗赵扩，赵惇之次子，在位30年，享年57岁。27岁时赵扩接班后，任用赵汝愚（赵匡义8世孙，赵扩的族叔，K1型）和韩侂胄（宋高宗皇后吴氏的外甥，宁宗皇后韩氏的叔祖父）为相，赵、韩两派斗争激烈。1195年，赵汝愚被罢免，韩侂胄实施庆元党禁。1200年，韩侂胄的侄孙女韩皇后去世，韩侂胄建议赵扩立性格柔顺的曹美人为皇后但未成功，赵扩立了杨氏（吴太后喜欢的伶人）为皇后。赵扩追封岳飞为鄂王，两年后削去秦桧封爵。

韩侂胄北伐金朝，辛弃疾病逝，帅将乏人，先有小胜，但吴曦叛国，将领不和，部署失宜，尽管毕再遇屡破金军，北伐最终失利，韩侂胄被史弥远（取得杨皇后的支持）暗杀，柔弱昏庸的赵扩却不追究史弥远他们的责任，史弥远从此任相佐政。史弥远在1208年与金国签订嘉定和议。南宋边境各地都逐渐放松警备，唯独赵方（进士及第，T2型）招兵选将，招揽了陈晐、游九功等名士，扈再兴、孟宗政（岳飞部将孟林之子）等名将，镇守荆襄，藩屏西京，屡次击败金军，击破金军三十万，打得金人叫"赵爷爷"。蒙金战争拉开序幕，金军节节败退，金宣宗被迫迁都汴京。赵扩以各种理由拒绝给金国输送岁币。在权臣术虎高琪的撺掇下，金宣宗不顾两线作战的危险，毅然发动了侵宋战争，企图从南宋方面补回蒙古人造成的损失。在这场持续7年的金宋战争中，孟宗政、孟珙父子成为南宋京湖战场的主要将领。

赵扩生性淳朴，温顺寡言，政治能力有限，在两次宋金战争的态度上摇摆不定，朝政先后被韩侂胄和史弥远两名权臣操控。他平时虚心好学，生活节俭，并善于听取臣下意见，总体而言，尚算一名忠厚之主。嘉定年间，南宋的人口、户口均达到峰值。他喜爱读书，重视读书数量，不求甚解。《宋史》记载赵扩：退朝无事，恐自怠惰，非多读书不可。彭龟年提醒他说："人君之学与书生异，惟能虚心受谏，迁善改过，乃圣学第一事，岂在多哉。"他尊师重道，仁厚爱民，但懦弱、欠灵活，缺乏主见，不爱表态。本书认为，赵扩是K2型。

第5任宋理宗赵昀，赵扩的皇侄（养子），太祖赵匡胤之子赵德昭的九世孙，在位41年，享年60岁。赵扩的嗣皇子赵竑对史弥远的专政非常不满，也未能处理好和赵扩皇后杨氏（O1型）的关系。在赵扩病危时，史弥远和杨皇后召赵扩的皇侄赵昀入宫，封19岁的赵昀为赵扩和杨皇后的嗣皇子，以皇太子身份在宁宗灵柩前接班，杨皇后（高龄封后，矫诏杀重臣，灵前换皇储）以太后身份垂帘听政。《宋史》记载：史弥远传遗诏，立侄贵诚为皇子，更名昀，即皇帝位。尊皇后为皇太后，垂帘听政。进封皇子赵竑为济阳郡王，出居湖州。杨太后在1125年归政于赵昀，史弥远继续辅政，赵昀奉行韬光养晦策略。

他拟定对宋朝有特殊功勋的二十四大臣，画像放入昭勋阁，以激励南宋大臣同心同德为国建立功勋，可惜的是王安石、岳飞等功勋未能入阁，激励效果有限。他初心是好的，但效果打了折。明朝何乔新评宁理两代之际的南宋执政失误："自金有蒙古之难，中原豪杰并起，而争请命于宋。李全、张林以山东来归，严实、彭义斌以河北来归，计其将卒不啻百余万。使宋得壮猷宿望如崔与之、魏了翁者，建阃淮甸，抚之以恩威，驭之以纪律，画疆理以处之，择将帅以统之，岂惟可以保淮而固江耶？复汴洛之旧都，吊祖宗之遗民，盖可坐致矣。"

他善于平衡各派，平稳执政，联蒙灭金，成功抵御蒙元侵略。在蒙金历时24年的战争时期，他利用这一有利时机，加强军事整顿，充实四川、京湖、两淮三大战场的边防，选拔并任用了孟珙、余玠、赵葵、杜杲、王坚、张珏、吕文德等抗蒙名将，使淳祐年间对蒙战争取得明显起色。他立志中兴，采取罢黜史党、亲擢台谏、澄清吏治、整顿财政等改革措施，史称"端平更化"。1234年，派兵联蒙灭金。宋将孟珙将金哀宗遗骨带回临安，他将金哀宗遗骨带到太庙，以告慰徽钦二宗在天之灵。同年出兵收复三京，但由于粮草不济，贻误战机，宋军进攻洛阳时被蒙军伏击，损失惨重，赵彦呐不发兵救洛。赵葵（T3型，大败金军，平定李全）作为统帅，愚蠢地放弃应援洛阳宋军，将帅不和，以失败告终，他下达罪己诏。端平入洛，从战略来说，没有错误；关键是输了战役，尤其是统帅不得力。南宋高层像靖康之变时的北宋君臣一样，在战、守、和上举棋不定，每个方法都尝试了，却又不肯花大力气，最后自吞苦果。前一个决策（端平入洛），战役执行严重错误；后一个决策（撤出洛阳），防守不到位，导致宋蒙战争一开始，四川、襄樊战线差点崩溃，孟珙、余玠等人好不容易才挽回局面。

1235年，蒙古大汗窝阔台全面侵宋，持续40多年的宋蒙战争爆发。曹友闻（北宋初名将曹彬十二世孙）兄弟战死，四川形势严峻。他派遣在两淮抗蒙战争中战绩颇著的余玠入蜀主政，余玠在四川采取了一系列政治、经济和军事措施，创建了山城防御体系，这为后来的合州钓鱼城防御战的胜利创造了条件。他任杜范为右丞相兼枢密使，整肃朝纲，选拔贤才，驱逐史嵩之党羽。赵昀书"开诚心，布公道，集众思，广忠益"赐之。杜范上疏五事："正治本，肃宫闱，择人才，惜名器，节财用。"再上十二事定国本、系人心，以挽宋室。蒙古军大举入侵，杜范命淮扬、鄂渚二帅东西夹攻，合肥、寿春解围。国有良将，无不可治之土，亦无不可守之城。遗憾的是，1245年，杜范病逝；1248年，杜杲病逝；1249年，孟珙（T2型）壮年病逝；1253年，余玠病逝；1264年，王坚病逝；这对于赵昀来说，失去了抗蒙股肱，是南宋最大的悲哀。苏联军事学家德·安·沃尔科戈诺夫称赞孟珙是"13世纪中国最伟大的机动防御大师"。1259年，大汗蒙哥在余玠（T2型）修筑的钓鱼城下被南宋名将王坚（T2型）指挥的抛石机击中，重伤而亡。钓鱼城以"东方的麦加城""上帝折鞭处"的威名震惊中外，并为南宋续命二十载，史称钓鱼城之战。

在文化上，赵昀推崇理学和道学，他把理学代表人物入祀孔庙。他关心贫弱孤儿，在1247年，创办了世界上最早的官办孤儿院——慈幼局。南宋没有暴君，从孝宗（赵昚）以下，性格内向，果敢偏少。康熙帝评赵昀云："天下之大，待理于一人断，宜读书明理，使万几洞察于中，可以当前立决，自然权不下移。若中无定见，不得不委任臣下，渐致乾纲解弛，太阿旁落，鲜有不败者，如宋理宗可以为鉴。"蔡东藩评赵昀说："宋廷非无贤将相，如杜范、吴潜、董槐等，皆相才也，孟珙、余玠、马光祖、向士璧、王坚等，皆将才也，若乘蒙古之有内乱，急起而修政治，整军实，勉图安攘，尚不为迟。"史学家吴廷燮评曰："（赵）葵、（孟）珙之贤，苦护淮、汉；（余）玠、（王）坚之勇，力捍川、陕，理、度支柱，越四十年而后亡国，何非其力。"《宋史》说赵昀："凝重寡言，洁修好学，每朝参待漏，或多笑语，帝（赵昀）独俨然。出入殿庭，矩度有常。"《宋史》记载杜范说赵昀："陛下（赵昀）外有好谏之名，内有拒谏之实，天下岂有虚可以盖实哉！"赵昀明智但果敢不足，有抱负但疑心有余。本书认为赵昀是O1型。

第6任皇帝度宗赵禥，赵昀之侄，赵昀胞弟赵与芮之子，在位10年，享年35岁。赵昀的两子早夭，他择其弟赵与芮之子赵禥为养子（嗣子）。由于赵禥其母黄氏在怀孕期间被迫服用堕胎药，赵禥的智力先天不足。赵禥20岁被立为太子，24岁接班。

即位后，他重用贾似道，贾似道被称为"蟋蟀宰相"。忽必烈决定采用南宋降将刘整的建议，先拔襄阳，浮汉水入长江，进取南宋。1267年，忽必烈下令攻打南宋的重镇襄阳，是为襄樊之战。宋军利用汉水把物资源源不断地送入城内，才能坚守城池。守将吕文德及吕文焕坚守城池六年，贾似道派范文虎及李庭芝援助，但两者不和。赵禥时期，德才兼备的大臣寥寥无几，君臣离心离德。赵禥下诏说：近年来近臣往往以没有意义的引退为高尚，虽然朝廷一再挽留，但不见效果，往往相互攀比，实不知这样做是没有意义的。这种风气也是由一两个大臣曾经勇敢离去得到众人的欢迎造成的，一直沿袭至今。孟子在齐王那儿得不到任用，所以离去，他们之间不曾有君臣的感情，然犹三宿出昼，庶几改之。儒者家法，也不取法于此。朕对诸贤大臣，可以说是没有什么对不起的地方，希望不要互相竞比高尚，让人们怀疑朕有对不住诸位的地方。赵禥能看到问题的现象，却不能看到问题的本质，把责任归于他人而非自己。这种情况下，他不可能找到解决问题的方法。1272年，张顺，张贵两兄弟的义兵曾血战蒙元军。1273年，樊城失守，襄阳城破，宋军继续巷战，吕文焕最终投降，六年的襄阳保卫战结束。没有了力挽狂澜的贤能大臣辅政，南宋灭亡已成大势。《宋史》说："度宗继统，虽无大失德，而拱手权奸，衰敝寝甚。"本书认为赵禥是P2型。

第7任宋恭宗赵㬎，赵禥之嫡长子，在位一年半左右。宋亡以后，赵㬎为元朝瀛国公兼驸马，享年52岁。4岁的赵㬎是南宋第一个娃娃皇帝，他在位时由65岁的太皇太后谢道清（与清朝的慈禧太后相比，才智不足）垂帘听政，军政大权仍在宰相贾似道之手。

1274 年，贾似道被迫督诸路精兵，抵御元军。他企图奉币称臣议和，但被伯颜拒绝。因内部不和，宋军战败。谢太后罢免贾似道，贾似道被撤后，谢太后错用陈宜中为相。元军已破襄樊，南宋将帅又不和，谢太后没有及时重用文天祥、陆秀夫、李庭芝、张世杰、姜才、张钰、谢枋得等贤臣良将，南宋由此走向了灭亡之路。1276 年，元军兵临宋都临安，谢太后求和不成，只好抱着 6 岁的赵㬎，带着南宋皇族出城跪迎，向元军统帅伯颜投降。

赵㬎被送至元大都，忽必烈保全亡宋宗室，降封赵㬎为瀛国公，给他许配了个元朝公主，福王赵与芮受封平原郡公，南宋宗室都居住在大都。南宋汪元量有诗云："僧道恩荣已受封，上庠儒者亦恩隆。福王又拜平原郡，幼主新封瀛国公。"1288 年，赵㬎已 18 岁，元世祖下诏，派遣他入吐蕃，学习梵书、西蕃字经。1323 年，他因文字狱被元英宗赐死。本书认为他是 K 型。

第 8 任宋端宗赵昰，赵㬎的异母兄，赵禥的庶长子，在位 1 年 11 个月左右，享年 9 岁。南宋第二个娃娃皇帝。宋末三杰陆秀夫（与文天祥同榜进士，O4 型）、文天祥（理宗时期的状元，P2 型）和张世杰（武将，T4 型）等人拥立 7 岁的赵昰在福州即位为帝，生母杨淑妃为太后，同听政。张世杰为枢密副使，40 岁的文天祥为右丞相兼知枢密院事，41 岁的陆秀夫为签书枢密院事。

天下还有几分在宋人手里，福建的福州，浙江的温州、台州、处州，广东的广州、南雄州，长江以北的扬州、真州、通州尚在坚守，四川虽大部已落入元军之手，但钓鱼城、凌霄城等山城依旧坚持抗元。宋朝约有军队 20 万人，如果指挥得当，胜负也未可知，但宋朝君臣寄希望于元军能像当年追赶宋高宗的金兵一样，因不堪忍受南方湿热的天气退兵，给宋朝一个喘息甚至中兴的机会，因而步步退让。他们低估了元人，蒙元对小皇帝穷追不舍，宋廷不断逃亡至南方。朝臣陈宜中、张世杰护送赵昰和赵昺乘船南逃。1278 年，南宋朝廷抵达雷州，赵昰病逝。本书暂且判断，他是 K 型。

第 9 任宋怀宗赵昺，赵㬎的异母弟，赵禥的第三子，在位 313 天，享年 8 岁。陆秀夫、张世杰、江万载与众臣拥戴赵昺为帝，逃至新会至南海一带。文天祥在海丰兵败被俘，张世杰战船沉没，在元军猛攻下，雷州失守，南宋朝廷迁往崖山。元将领汉人张弘范领军紧追在后，对崖山发动总攻，宋军无力战斗，全线溃败，史称"崖门海战"。陆秀夫背负赵昺跳海自尽，赵宋皇族 800 余人和许多忠臣追随其后，10 万军民跳海殉国，全部以死殉国，他们的气节铸就了中华民族的脊梁。与蒙元抗衡 40 多年，南宋以失败告终。本书认为，他是 K 型。

南宋皇帝的性格类型路线如下：高宗赵构（考拉）01—孝宗赵昚（猫头鹰）02—光宗赵

惇（考拉）03—宁宗赵扩（考拉）04—理宗赵昀（猫头鹰）05—度宗赵禥（孔雀）06—恭宗赵㬎（考拉）07—端宗赵昰（考拉）08—怀宗赵昺（考拉）09，具体如图19-4所示。

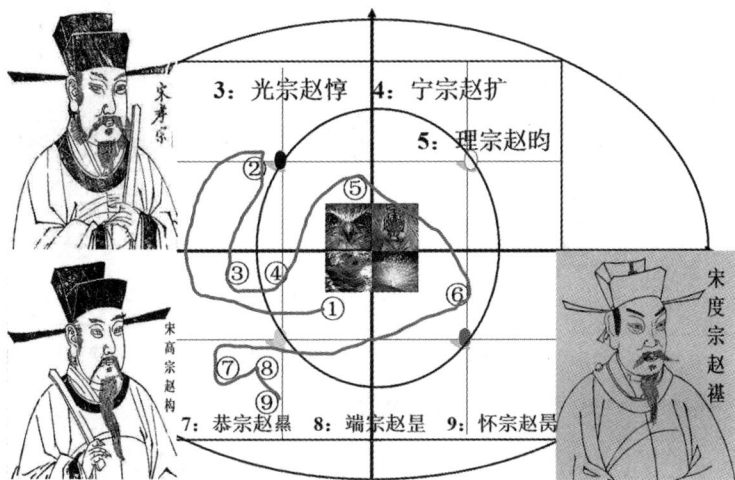

图19-4 南宋赵氏政权的帝王性格类型移动路线

南宋兴于K型和O型皇帝，亡于P型和K型皇帝。南宋由K型赵构开创，由O型的赵昚巩固和推进，K型的赵惇、赵扩守成，O型的赵昀止跌回升，采取联蒙灭金战略，实现了南宋的中兴，但很快盛极而亡。接班人是P型的赵禥，其能力和性格都不能胜任当时国际环境，三个娃娃皇帝及其团队战胜不了具有VCAT和TOPK特质的忽必烈团队。

徽宗赵佶即位不久，就将皇族分成三部分。太宗赵匡义一脉依然在开封居住，由大宗正司管理；太祖赵匡胤一脉迁居到南京应天府，由南外宗正司管理；魏王赵廷美一脉迁居到洛阳，由西外宗正司管理。太祖和魏王两支，从太宗朝起就被刻意打压，到徽宗朝已经完全没落，在朝中根本没有话语权。世事本无常，靖康之变发生时，留在开封、享尽富贵荣华的太宗一脉遭到灭绝性打击，落魄而出的太祖、魏王一脉则幸运地得以保全。这两支落魄的皇族，在南渡之后人数上远超太宗一脉。赵构放弃可能威胁到自己帝位的太宗一脉，选择本无争夺帝位可能的太祖一脉，既可以保证自己的既得利益，又可以团结更多的宗族势力，取得声誉。对于得势的人，给得再多，也可能换不回感动。对那些落魄的人，给个仨瓜俩枣，就可能换来感恩终生。K型的赵构在年富力强的时候，禅让皇位为太上皇，就好比当今企业家，很多会主动让出总经理一职，只担任董事长，甚至卸任董事长，只担任名誉董事长，给接班者腾出位子，让其接受锻炼。为此，赵昚接受了25年的锻炼，父子同心，共同掌舵赵宋皇朝25年，自秦汉以来，仅有赵构、赵昚父子。

O型的赵昚对接班人的培养，总体上来说是可以的，但在皇太孙问题上处理得不好，加剧了光宗赵惇的猜疑。赵昚在接班的第3年，就立23岁的嫡长子赵愭为皇太子，给予培养锻炼。遗憾的是，24岁时太子赵愭生病，医生误用药，致其病逝，史称庄文太子。

按理，当立嫡次子赵恺为太子，但赵昚觉得赵恺为人过于宽厚仁慈（窝囊软弱），以25岁的恭王（赵惇）英武类己，越过次子赵恺立三子赵惇为太子。对于是否早立接班人，赵昚的观点非常独特。《宋史》记载孝宗赵昚的话：朕很早就有这个愿望，对于谁来即位也成竹在胸。但是担心皇太子位一旦宣布确定，人性容易向骄横方向发展，不严格要求自己，放纵贪逸，不用心学习，渐渐变得德性不高。朕之所以没有宣布，是想再考验他处理政务的能力，让他通识古今，从而使自己和国家不至于后悔。1188年起，赵昚就开始让赵惇参与朝政，以锻炼其执政能力，孝宗手诏说：可以命令皇太子参与处理日常事务，以内东门司为议事堂。赵惇开始到议事堂，他隔一日与辅臣相见，内外官员的升降，从馆职、部刺史以上的才上报。赵昚下诏说：每次朝殿，让皇太子侍立。经过两年的执政锻炼，赵昚内禅为太上皇，43岁的赵惇接班，并由周必大（O3型）和留正（O4型）为宰相辅政。

K型的赵惇接班后，便想立皇太子，因为他只有一个嫡子赵扩，将22岁的赵扩立为太子，本是顺理成章之事，却受到赵昚的阻挠。可能是因为赵扩天性懦弱，赵昚认为其不适宜继承皇位，相比之下，魏王赵恺的儿子赵抦生性聪慧，深得赵昚喜爱。当初光宗赵惇取代了二哥赵恺成为太子，如今赵昚却宠爱赵恺之子，不同意将赵扩立为储君，无形中加深了赵惇对赵昚本就存在的猜忌，他时时感到恐惧和不安。在他看来，父皇赵昚似乎不仅对赵扩的太子地位，甚至对自己的皇位，都是潜在的巨大威胁。皇帝和太上皇的立储分歧，加剧了两宫关系的紧张，致使赵惇的病情加重。

K型的赵扩是在非正常情况下，通过宋高宗皇后吴氏做主，先接班为帝，再主持祖父赵昚丧礼。赵汝愚、韩侂胄等人在太皇太后吴氏的支持下拥立赵扩登基，尊赵惇为太上皇，史称绍熙内禅。《宋史》为此记载了太皇太后吴氏同意的诏书：皇帝以疾，未能执丧，曾有御笔，欲自退闲，皇子嘉王扩可即皇帝位。尊皇帝为太上皇，皇后为太上皇后。赵扩接班之后，通知生病的父亲赵惇为太上皇。说得好听些，是禅让接班制；说得不好听，其实是通过政变逼宫而完成政权交接，尽管赵扩不是政变的发动者。从法理上，这不存在任何问题，但过程存在瑕疵，特殊情况下，也得到了民众的理解。

执政30年的赵扩，虽生九子，但均早夭。30岁的赵扩从宗室里选择宗子为养子，作为皇嗣进行培养。他选太祖后裔、燕懿王德昭九世孙、6岁的赵与愿养在宫里。赵与愿13岁时被立为皇子，次年被立为皇太子，改名为询。但赵询于1220年病死，史称景献太子，与庄文太子一起葬在杭州的太子湾。53岁的赵扩立沂王赵抦（一说赵扩的堂弟）的独子赵竑（原名赵贵和，赵德芳的九世孙）为皇子，沂藩失嗣，让赵德昭的九世孙赵与莒为沂王赵抦的嗣子，改名为赵贵诚（即后来的赵昀，赵德昭的九世孙）。皇嗣赵竑与史弥远之间发生政治争斗，沂王的养子赵昀由皇侄变皇嗣子，以皇太子身份接赵扩的班。赵扩虽然在选择接班人问题上，没有什么大错，但在培养皇嗣赵竑方面做得不够，没有明确赵竑的皇太子身份。这给史弥远和杨皇后留下了可以变换接班人的余地。

O型的赵昀，虽然在接班之前没有经过接班人的培养和训练，但他很睿智，他授权给史弥远执政9年，从中观察和学习到了执政的本领。这是南宋的大幸。不幸的是，赵昀的三个亲生皇子去世后，他再也没有养育出亲生皇子。他唯一的弟弟也只有独子赵孟启，赵孟启之母是荣王赵与芮的小妾黄定喜。左丞相吴潜不同意让赵孟启为大宋天下的继承人，请求另选宗室子弟。赵昀却坚持立20岁的赵孟启为太子，赐名赵禥。赵昀为赵禥配备良师，精心教导，家教甚严，鸡初鸣问安，再鸣回宫，三鸣前往会议所参加处理国家政事。然后退回讲堂，讲官讲经，其次讲史，终日手不释卷。天将晚时，又到榻前起居，习以为常。赵昀问他今日讲的是何经，答对了，则赐座赐茶；否则，亲自为之反复讲解分析；仍不明白的话，赵昀会随之发怒，要求明天必须再予以讲解。从这一点来看，赵昀是尽了责任，但赵昀没有从当时战争大局的角度，选择智力更高或体质更强的宗子作为皇太子来培养。从赵禥即位以后，主政10年的实际来看，赵禥确实不能胜任新兴蒙元南下局势下的宋皇岗位，国势遂呈自由落体式下滑态势，仅用了11年时间南宋就灭亡了。在当时的环境下，选择比培养更为重要。从这一点来看，赵昀的胸怀气度和胆量智识不如赵构。

P型的赵禥死于壮年，他虽然有七个儿子，但前四个都夭折了，剩下的都是年幼的儿子。在强大的蒙元帝国强势入侵形势下，选择年幼的皇子接班为娃娃皇帝，在皇后、太后均无政治才干的情形下，显然是不合适的。这是赵禥的第一个失败之处。第二个失败的是，他未能任命顾命大臣团队辅佐娃娃皇帝，没有明智地进行托孤，不懂得"一个好汉三个帮"的原则。

赵宋皇帝的性格类型，在黄氏TOPK性格圆盘的移动路线情况，如图19-5所示。

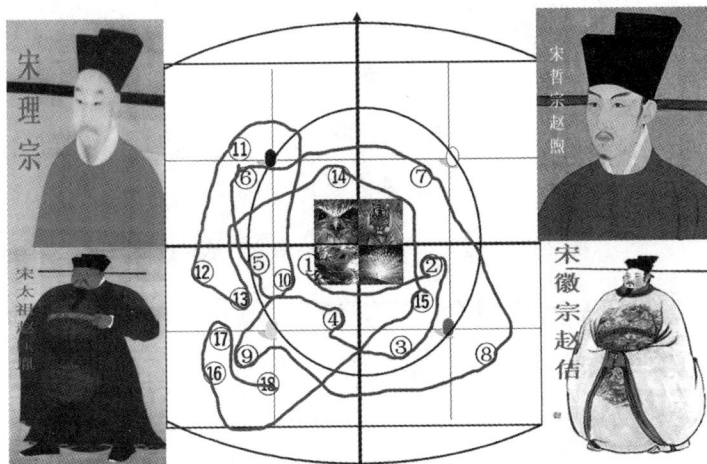

图19-5 大宋赵氏政权的帝王性格类型移动路线

第二十章
辽金帝王的性格类型移动轨迹

第一节　辽朝九帝的性格类型探究

辽朝是耶律亿创建的，历9世9帝，享国218年，如图20-1所示。脱脱在《辽史》说："辽之先，出自炎帝。"辽朝将游牧民族与农耕民族分开管理，因俗而治，开创出两院制的政治体制（一国两制）。辽朝亡国后，辽太祖八世孙耶律大石（辽恭宗的族弟）创建西辽，西辽在1218年被蒙古所灭，历3世3帝2后，国祚94年。辽朝宗室耶律留哥与其弟耶律厮不分别建立了东辽和后辽，东辽灭后辽，东辽被蒙古所灭。1222年，西辽贵族在今伊朗地区建立了小政权后西辽，1309年被伊尔汗国吞并。

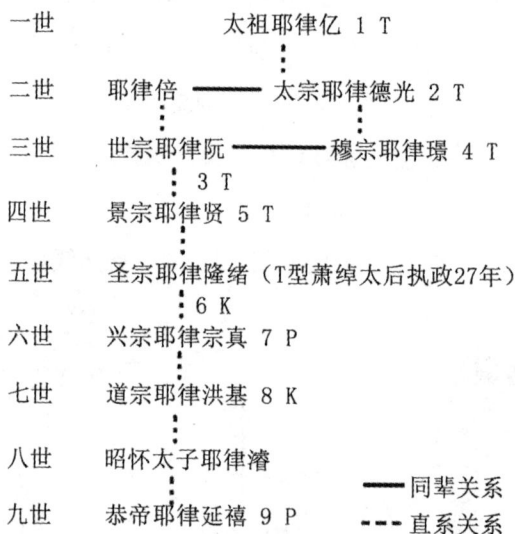

一世		太祖耶律亿　1 T
二世	耶律倍 ━━━━	太宗耶律德光　2 T
三世	世宗耶律阮 ━━━━	穆宗耶律璟　4 T
	3 T	
四世	景宗耶律贤　5 T	
五世	圣宗耶律隆绪（T型萧绰太后执政27年）	
	6 K	
六世	兴宗耶律宗真　7 P	
七世	道宗耶律洪基　8 K	
八世	昭怀太子耶律濬	
九世	恭帝耶律延禧　9 P	━━━ 同辈关系 ┈┈┈ 直系关系

图 20-1　辽朝耶律氏政权的帝位传承和世系

第1任辽太祖耶律亿，在位11年，享年55岁。他出生在契丹贵族世家，兄弟6人。他的嫡妻是述律平（回鹘后裔，述律部落贵族），耶律亿有4个儿子，其中3个是述律平所生。起初，他在其伯父帐下，担任侍卫亲军将军，其伯父被暗杀后，由他继任宰相职位。他与大唐李克用约为兄弟，契丹和后唐无战事。耶律痕德堇可汗去世，遗命耶律亿为可汗。在萧敌鲁（述律平的胞弟，T2型）和族兄弟耶律曷鲁（K1型）等人的支持下，耶律亿即可汗位。

按照契丹传统制度（氏族的规矩），可汗三年选拔一次，由八部酋长共议。由于耶律亿在成为可汗后，持续地为契丹开疆拓土，功勋卓越，他连任了三届可汗之职。他要打破可汗家族的世选制，为了争取这个被选举权，耶律亿的本家族兄弟们便首先起来反对他，由此发生了历史上的"诸弟之乱"。兄弟间的叛乱一共有 3 次。第一次在公元 911 年，耶律亿的 4 个弟弟策划谋反，耶律安端的妻子粘睦姑得知后就报告了耶律亿，耶律亿不忍心杀掉这些兄弟，就和他们登山杀牲对天盟誓，然后赦免了他们，只是贬大弟耶律剌葛为迭剌部夷离堇，封粘睦姑为晋国夫人。

第二年，耶律亿的弟弟们在于越耶律辖底的带领下，第二次反叛。除了原来的几个人外，新任命的惕隐耶律滑哥也参加了。耶律剌葛攻陷了平州，领兵阻挡耶律亿的归路，想强迫他参加可汗的改选大会。耶律亿没有硬拼，而是在萧敌鲁三兄弟（萧阿古只、萧实鲁）的支持下，领兵南下，按照传统习惯赶在他们的前面举行了烧柴告天的仪式，即"燔柴礼"，再次任可汗。这样就证明他已经合法地连选连任，使诸弟没有了反叛的根据。耶律亿兵不血刃地平息了一场叛乱，体现了他超群的智谋。在第二天，诸弟便纷纷派人来向耶律亿请罪，耶律亿也就不再追究，只下令让他们悔过自新。

他的诸弟们第三次反叛时发生了较大的武装冲突，耶律亿的兄弟先商议好拥立耶律剌葛为新可汗，然后派耶律迭剌和耶律安端假装去朝见耶律亿，想伺机劫持耶律亿去参加他们已经准备好的可汗改选大会。除了本部落外，乙室部落的贵族也参加了进来。耶律亿发觉了他们的阴谋，解决了迭剌和安端，并收编了他们的一千名骑兵，然后亲自率领部队追剿剌葛。剌葛派的另一支部队在寅底石的率领下直扑耶律亿的行宫，焚毁了辎重、庐帐，夺走了可汗权力的象征——旗鼓和祖先的神帐。耶律亿的妻子述律平看守大帐，领兵拼死抵抗，等到援军来后又派人追赶，但仅追回旗鼓。耶律亿领兵北上追击剌葛，在侍卫亲军的奋力战斗下，最终将剌葛打败，剌葛将夺去的神帐丢在了路上。耶律亿并没有立即追击，而是先休整部队，因为他知道剌葛的部下不久便会思念家乡，等到士气低落、无心恋战时再出兵，就会不战而胜。到五月，耶律亿领兵进击，终于擒获剌葛。经过三次平叛，耶律亿基本消灭了本家族的反对势力。

消除本部落的反对势力后，契丹其他七个部落的反对势力仍旧存在，公元 915 年，他们以恢复旧的可汗选举制度为旗号，将耶律亿劫持并要求他退让可汗之位，一时寡不敌众的耶律亿只好自动交出旗鼓并辞去可汗之职。他设下计谋以退为进，他对众人说：我在可汗之位九年，下属有很多汉人，我想自己领一部治理汉城，可以吗？众人都同意了。到了那里，耶律亿率领汉人耕种，当地有盐、铁资源，经济也很发达，耶律亿采纳了妻子述律平的计策，派人转告诸部落的首领：我有盐池，经常供给各部落，但大家只知道吃盐方便，却不知盐池也有主人，你们应该来犒劳我和部下。众人觉得有理，便带着牛和酒来了，没想到中了耶律亿的诡计。耶律亿布下伏兵，等大家喝得烂醉时，将各部落的首领全部杀死。契丹部落联盟中所有的耶律亿反对者，在述律平导演的这一场契丹版鸿门宴之后，几乎荡然无存。耶律亿顺利统一契丹八部。

公元916年，耶律亿称帝开国，实行皇位世袭制。他把拔里、乙室己、述律等三大家族均改为萧姓。他的妻子述律平改名为萧平，立为皇后，尊为地皇后，自己为天皇帝。在耶律亿的带领下，契丹从原本一个松散的部落联盟，发展成为一个在统一政权领导下的北方霸主。契丹在军事与经济方面都十分强盛，握有蒙古地区的产盐区，统一了中原以北地区，耶律亿收留因河北战乱逃来的流民，在草原上按照中原风格建立城郭以安置他们。任用韩延徽（O3型）、韩知古（K1型，韩德让的祖父）、康默记（K2型）与卢文进等汉人为佐命功臣。他在政治、法律、经济等制度上采用蕃汉分治（一国两制）的做法，有两套平行的行政机构：北面官“以国制治契丹”，保留契丹部落的用人惯例；南面官“以汉制待汉人”，保留汉族的用人惯例。一个皇权，两套官制，并行不悖。这一伟大创举，给辽朝国内的契丹和汉族人民的生存、发展和融合，提供了一种能够共同接受的治理形式，体现出高超的政治智慧。他东征渤海国，建立东丹国以统治渤海遗民，册立皇太子耶律倍为东丹王。他在攻灭渤海后的隔年，在回师途中病倒，最后去世。本书认为，耶律亿是T2型。

第2任辽太宗耶律德光，耶律亿之次子，在位21年，享年46岁。辽太祖的妻子述律平（O1型，史称她果断有雄略，为辽太祖的绝佳贤内助和幕后智囊）宣布临朝称制，代行皇权。她迟迟不宣布由皇太子耶律倍来接班，而是以次子耶律德光总揽朝政，屠杀政敌数百人以稳定政权。耶律倍被迫辞让皇位，耶律德光在母后述律平的支持下顺利即位。

耶律德光继位之后，在许多方面促进了契丹政治和经济的发展。在政治方面，他完善了从耶律亿开始的官制，使之系统化。他还使契丹的领土继续扩大，使契丹走向了强盛。东丹王耶律倍南走后唐，他统一了契丹。他用武力支持后晋，获得幽云十六州，把幽云十六州建设成为进一步南下的基地。

耶律德光指使赵延寿及瀛州刺史刘延祚向后晋诈降，诱后晋出兵接应，石重贵中计。耶律德光让赵延寿领兵开路，答应他在平定中原后立他为帝。赵延寿便像条忠实的狗一样非常卖力。他佯许立杜重威为帝，杜重威迫使后晋将士出降契丹。但赵延寿和杜重威均没有被他册立为帝，他俩当皇帝的梦，最终是竹篮打水一场空。他命令契丹兵以牧马为名，四出抢掠，称为“打草谷”。契丹烧杀抢掠，开封、洛阳附近数百里间，成为荒地。他以犒军为名，严令后晋官敛财，不论任何人，都得献出钱财，所得财物全部带回契丹。他撤回契丹时路过相州，屠相州城，城中人男子被杀，妇女被掳，婴儿被掷入空中，用刀尖承接，作为行乐，事后查点，凡死十余万人。契丹军队所过之处生灵涂炭，只能输出暴力而无力输出秩序。由于失去民心和中原藩镇的支持，灭亡后晋的耶律德光没能成为中原皇帝，心情郁闷地仓皇南顾，大辽梦断中原。他在北归的途中病逝于栾城，在病逝前，他反思自己治理中原三大失误：诸道赋敛搜刮，却把钱财全装进了自己腰包；契丹胡骑四处劫掠，逼反了中原百姓；任命了契丹节度使，却都留在汴梁城中饮酒作乐。但这个反思来得太迟了。脱脱说他："貌严而性宽仁。"本书认为，他是T2型。

第3任辽世宗耶律阮，太祖之嫡长孙，原皇太子耶律倍之长子，太宗之侄，在位5年，享年34岁。辽太宗在栾城去世，其棺椁停驻于镇阳，耶律安抟、耶律吼、耶律洼等大臣将领拥立耶律阮为帝，他在太宗灵柩前即位。他是一坐上皇位就被亲奶奶追杀的辽国皇帝。留守京都的太后述律平想让耶律李胡（辽太祖的第三子）继承皇位，不同意耶律阮称帝，辽朝面临政权交接的危机。太后派耶律李胡（T3型）与耶律阮在辽南京北部的泰德泉交战（叔侄之战），耶律阮打赢了这场战争。在大臣耶律屋质（O1型，考拉性格第三，《辽史》评他：简静，有器识，重然诺。遇事造次，处之从容）的劝阻之下，辽太后才认同皇孙耶律阮的帝位。耶律阮虽然获得了祖母述律平的认同，但皇位依然不稳，他一不是太宗指定的继承人，二不是经过旧制度选上位的。皇室宗亲叛乱频频，在耶律屋质等大臣的相助下，虽然一一平定，但他在南征前因火神淀之乱而被弑杀。

他按照自己的意愿立了汉族甄氏为皇后，迫于皇族后族压力依然立述律家族的萧氏为第二个皇后。辽朝政治体制是建立在皇族和后族联合执政、共同治理国家的基础之上，后族萧氏对辽朝的兴衰有着举足轻重的作用。脱脱说他："仪观丰伟，孝友宽慈，内宽外严，善骑射，乐施予。"本书认为，耶律阮为人沉稳，做事果敢，是T4型。

第4任辽穆宗耶律璟，太宗之长子，世宗之堂弟，在位18年，享年39岁。辽朝皇室耶律察割发动火神淀之乱，弑杀世宗耶律阮。耶律璟在耶律屋质的协助下，诛杀耶律察割后，正式即位。他即位后，政局很不稳定，契丹贵族夺权活动频繁，不仅仅是他的众多兄弟、堂兄弟觊觎皇位，就连那些旁支远系皇族也参与到帝位的争夺战当中，8年间就有7次谋乱，一刻都不消停。对于这些怙恶不悛的反对者，他无一例外都强力镇压，才基本上消除了叛逆的苗头。在镇压异己势力的过程中，强大的精神压力让他几近崩溃，为了缓解压力，他逐渐患上酗酒和酣睡的毛病。等到帝位稳固后，他便将政事抛诸脑后，每日放纵自恣，将酗酒和酣睡这两项"爱好"发挥到极致。

他是个喜欢喝酒、打猎、酣睡、杀人的皇帝，没有大作为。他因讨厌女色而无所出，经常酗酒，天亮才睡，中午方醒，长时期不理朝政，国人称之为"睡王"，他被称为中国历史上最懒的皇帝之一。由于他的懒政，即使有良臣北院大王耶律屋质和南院大王耶律挞烈两位军政大佬的辅佐，辽朝国势继续衰落。他暴虐无常，喜好杀戮，经常亲手杀人。他的左右侍从稍有过错，就被他亲手杀死，弄得侍从们整天提心吊胆。近侍东儿侍候耶律璟用膳，只因递汤箸稍慢了一点，便被他一刀戳死；管理狩猎的虞人沙剌，因没有准确报告天鹅的到来，影响了他射天鹅，便被他用炮烙等酷刑折磨而死。他最多一次杀了46人。他又爱好打猎到"竟月不视朝"，最后被侍人所弑。

脱脱说他："穆宗在位十八年，知女巫妖妄见诛，谕臣下滥刑切谏，非不明也。而荒耽于酒，畋猎无厌。侦鹅失期，加炮烙铁梳之刑；获鸭甚欢，除鹰坊刺面之令。赏罚无章，朝政不视，而嗜杀不已。变起肘腋。"本书认为他是T3型。

第5任辽景宗耶律贤，世宗之次子，穆宗之堂侄，在位14年，享年35岁。耶律璟被侍从弑杀，萧思温封锁了消息，在南院枢密使高勋、飞龙使女里等协助下，耶律贤在黎明赶到黑山，萧思温、高勋、女里等人联合劝进，他在耶律璟灵柩前继位。

在位期间，耶律贤勤于政事，网罗人才，赏罚分明，大胆用人，任用耶律屋质、耶律贤适、室昉、高勋、郭袭、韩匡嗣、耶律休哥、耶律沙等贤臣良将，与民休息，虚心纳谏求治。他拨乱反正，安抚耶律皇室，对穆宗时谋反的皇族采取比较宽松的政策，因而谋乱者少，上层比较稳定。他首先对政敌采取宽容政策，以缓和统治上层的矛盾，如追尊耶律李胡为帝、对政敌不肆杀戮。他关心朝政、孜孜求治、三清吏治、宽减刑法，复设登闻鼓院，令百姓有申冤之地，对百姓加以安抚。他废除了婚姻制度中姊死妹续的旧契丹民俗，并下令做汉官的契丹人随汉族礼俗，可以和汉族人自由通婚，促进了民族之间的交流和进一步的融合，从根本上密切了契丹与汉族的关系。他遗诏长子接班，辽朝皇位纷争明显减少。对外政策上，他仍采取不主动南伐中原、仅援北汉的方针。在位前期，辽朝与北宋聘史往还，互贺节日。他体弱多病，有时无法上朝，军国大事大多由皇后萧绰（小名燕燕，T2型）协助处理。

他扭转了辽朝的衰落，带领辽朝走向上坡路，为圣宗的全盛期奠定了基础。这就如同唐高祖为"贞观之治"奠基，雍正皇帝为乾隆兴盛奠基一样。他被后人尊为辽朝中兴之主。脱脱说："景宗之世，人望中兴，岂其勤心庶绩而然，盖承穆宗酷虐之余，为善易见；亦由群臣多贤，左右弼谐之力也。"本书认为他是T4型。

第6任辽圣宗耶律隆绪，景宗的嫡长子，在位49年，享年61岁，亲政23年。耶律贤遗诏梁王耶律隆绪嗣位，军国大事听皇后命。圣宗即位后，尊萧绰为皇太后，由萧太后摄政。当时萧太后30岁，圣宗12岁，而萧太后之父萧思温（辽穆宗耶律璟的姐夫）于公元970年被害，无嗣，使萧太后没有外戚可以依靠。诸王宗室二百余人拥兵自重，控制朝廷，对萧太后及辽圣宗构成了莫大的威胁。萧太后重用耶律斜轸（萧太后的侄女婿，P1型）、室昉（K2型）、韩德让（O1型）、耶律休哥（T2型）四人辅政，撤换了一批大臣，下令诸王不得相互宴请，要求他们无事不出门，并解除他们的兵权。萧太后摄政27年，其间进行改革，注重农桑，兴修水利，减少赋税，整顿吏治，训练军队，使辽朝百姓富裕，国势强盛。

耶律隆绪亲政后，基本上延续了萧太后执政时的辽朝风貌，对内实行改革，大力整顿吏治，任贤去邪，仿唐制，开科取士，反对严刑峻法，防止贪污事件。对外实行联合党项抗击宋朝之策，向周邻扩张，将西边的回鹘、高昌，东边的渤海、女真、高丽等国家和部落收拾得服服帖帖，这些国家和部落不得不称臣纳贡，他享受到了四方来朝的威风感觉，辽国版图也由此到达极盛，《辽史》称"幅员万里"。在进士、左丞相张俭等人的建议下，维持澶渊之盟，保证了宋辽一百多年的和平局面。宋辽两国的鼎盛时代都是在这段时间出现的（北宋仁宗之治，辽朝太平之治）。

脱脱说他："帝幼喜书翰，十岁能诗。既长，精射法，晓音律，好绘画。"其所作曲达百余首。他的汉文化修养颇高，史称"道佛二教，皆洞彻其宗旨"。脱脱评他说："理冤滞，举才行，察贪残，抑奢僭，录死事之子孙，振诸部之贫乏，责迎合不忠之罪，却高丽女乐之归。……圣宗得人，于斯为盛。"本书认为，耶律隆绪是 K1 型。

第 7 任辽兴宗耶律宗真，圣宗的嫡长子，在位 25 年，享年 40 岁。他为萧耨斤所生，为耶律隆绪的第 4 子，他出生时，耶律隆绪已经 44 岁了。皇后萧菩萨哥生育了两个皇子，但未能养大，便收养他为皇嗣子，他 5 岁时被册立为皇太子，15 岁时以嫡长子身份接班。

他在位的前两年，由于太后萧耨斤专权，圣宗以来的法制典章被严重破坏。萧耨斤（太后述律平的弟弟萧阿古只的五世侄孙女）自立为皇太后并摄政，逼死皇太后萧菩萨哥。15 岁的辽兴宗因无权而不能救她，母子因此结怨。萧耨斤重用在圣宗时代被裁示永不录用的贪官污吏及其娘家的人。太后萧耨斤对耶律宗真并不信任，打算改立次子耶律宗元为帝。耶律宗元把这一事告诉了耶律宗真。他怒不可遏，用武力废除了太后萧耨斤，迫太后萧耨斤"躬守庆陵"，大杀太后萧耨斤亲信。

他亲政后，修建陵园安葬太后萧菩萨哥，把太后萧耨斤接回来，并与她保持十里的距离，以防不测，母子的感情裂痕始终没有填平。那时奸佞当权，政治腐败，百姓困苦，军队衰弱。但他好大喜功，连年征战，多次征伐西夏，逼迫宋朝多交纳岁币，加剧了社会矛盾。辽朝百姓怨声载道，民不聊生。他迷信佛教，穷奢极侈。他曾与其弟耶律宗元赌博，一连输了几个城池。他非常感激耶律宗元，一次酒醉时答应在他百年之后传位给耶律宗元。其子耶律洪基未曾被封为皇太子，只被封为天下兵马大元帅而已。这就种下了其子继位后，耶律宗元父子企图谋夺帝位的恶果。辽朝国势从此开启由盛而衰的不归之路。

大行在殡，他饮酒博鞠。在父皇去世的第一个月内，他就召晋王萧普古等饮酒赌博，到夜深才罢休。第二天他就去击鞠。脱脱说他：豁达大度。擅长骑射，爱好儒家学说，通晓音律。他善丹青，尝以所画鹅鹰送于宋朝，点缀精妙，宛乎逼真，宋仁宗作飞白书以答之。他是辽国享有名望的山水花鸟画家，常与宋朝皇帝以书画相赠。本书认为他是 P1 型。

第 8 任辽道宗耶律洪基，兴宗之长子，在位 46 年，享年 70 岁。他是辽朝执政时间第二长的皇帝，仅次于其祖父耶律隆绪。他24岁接班，即位后，为了缓解皇族矛盾，奉皇叔耶律宗元为皇太叔，加号天下兵马大元帅。奉遗诏，任命萧阿剌（O1型）为北府宰相，仍领权知南院枢密使事之职，北府宰相萧虚烈（萧惠之弟）出为武定军节度使。在位期间，他因偏信萧革，杀死辅政大臣萧阿剌。不久有耶律宗元之乱，耶律宗元听从儿子的劝说，发动叛乱，自立为帝。在皇太后萧挞里（O1型，其六世祖为述律平皇后的胞弟）的帮助下，耶律洪基打败了皇叔耶律宗元，耶律宗元自尽，史称滦河之乱。继有耶律乙辛擅权乱政，而他忠奸莫辨，赐死皇后萧观音，软禁皇太子耶律濬，辽朝政治进一步腐朽。他崇奉佛教，虚耗国力，使社会矛盾进一步激化。他有赌博的癖好，经常在朝堂聚众赌博，用摇骰子选拔大臣。只要骰子玩得好，在辽国就可以担任要职。北宋有靠踢球当大官的，辽国也有靠掷骰子当官的，如此荒唐治国，怎能不衰落！

耶律乙辛趁耶律洪基游猎的时候意图谋害皇孙耶律延禧，耶律洪基接纳了大臣的劝谏，命皇孙一同秋猎，才化解了耶律乙辛的阴谋。他追封故太子耶律濬为昭怀太子，以天子礼改葬。耶律乙辛企图带私藏武器到宋朝避难，事败被诛。耶律洪基坚持与宋通好，临终前仍不忘嘱咐子孙"切勿生事"。他爱好汉文化，性格沉稳闲静、严厉刚毅，精通音律，善于书画，爱好诗赋，与臣下有"诗友"之交，常作诗赐予外戚、大臣，其汉诗气象磅礴、意境深远。本书认为，他是K1型。

第9任辽恭宗耶律延禧，耶律洪基之孙，昭怀太子耶律濬之子，在位24年，51岁被金军俘虏，享年53岁。耶律洪基病危时，遗诏耶律俨（O4型）和耶律阿思（O型）辅政，27岁的皇太孙耶律延禧奉遗诏即位。

他在位期间，游畋享乐，无所作为，导致朝政腐败、人心涣散，内外矛盾激化，陷入内外交困局面。他赴春州，召集附近女真族的酋长来朝，宴席中醉酒后令诸位酋长为他跳舞，只有完颜阿骨打不肯，且完颜阿骨打从此与辽朝之间不和。1114年春，完颜阿骨打正式起兵反辽。耶律延禧起初并未将完颜阿骨打当作一个重大威胁，直到他派去镇压完颜阿骨打的军队全部战败，他才意识到真正的危机，于是下令亲征，但辽军还是被女真军击败了。与此同时辽朝国内也发生叛乱，耶律章奴在辽上京叛乱，虽然这场叛乱很快就被平定，但是分裂了辽朝内部。

金军攻克辽上京，辽将投降，辽朝已经失去一半的领土，这个关键时刻，其内部又继续发生因为皇位继承问题而爆发的内乱，他杀皇子晋王耶律敖鲁斡，更多的辽军投降金朝。在国难之际，他带头内讧，怎能不灭国？脱脱评曰："天祚（耶律延禧）不君，臣下谋立其子，适以杀之。"金军攻克辽中京，由于战场上消息不通，辽朝内部以为耶律延禧在前线阵亡或被围，于是在南京立耶律淳为皇帝，进一步扩大了辽朝内部的混乱。他不听耶律大石等人的劝阻，率残军出夹山，被金军击败，许多部下投降了金军。他在应州被俘，客死异国。脱脱说："萧胡笃长于骑射，见耶律延禧好游畋，每言从禽之乐，以逢其意。耶律延禧悦而从之。国政隳废，自此始云。"他用人不当，又贪玩多疑，故辽国被灭。本书认为他是 P2 型。

辽国皇帝的性格类型路线如下：太祖耶律亿（老虎）01—太宗耶律德光（老虎）02—世宗耶律阮（老虎）03—穆宗耶律璟（老虎）04—景宗耶律贤（老虎）05—圣宗耶律隆绪（考拉）06—兴宗耶律宗真（孔雀）07—道宗耶律洪基（考拉）08—恭宗耶律延禧（孔雀）09，具体如图 20-2 所示。

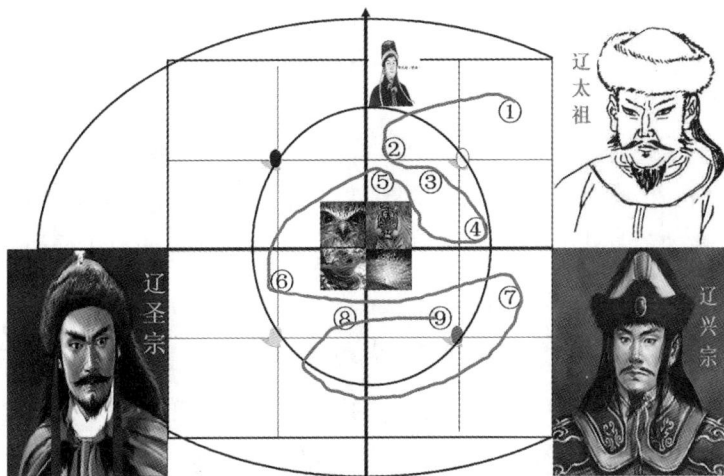

图 20-2 辽朝耶律氏政权的帝王性格类型移动

辽朝兴于 T 型皇帝，灭于 P 型皇帝。经过几代人的耕耘，T 型的耶律亿开国成功，由二代的耶律德光接班，耶律德光虽是 T 型，但其亚型性格是 K 型，他在母后述律平（O 型）的辅政下，辽朝政权得到发展，在 O 型的耶律屋质的辅政下，辽朝渡过了二代（T 型老虎）、三代（T 型）、四代危机（T 型），进入第五代（第 6 任）执政，第 6 任虽然是 K 型，但有 T 型的萧太后辅政，辽朝逐渐走向鼎盛。P 型皇帝耶律宗真执政，虽然辽朝国势开始衰落，但衰落是平缓进行的，在后期有止跌的趋势。接着是 K 型的耶律洪基执政，他的亚型性格是老虎型，辽朝国势再次衰落，但还没有跌落到灭亡的地步，处在可以复兴的时期。随后 P 型皇帝耶律延禧接班，用了 24 年瞎折腾，辽朝陡然灭亡。

辽朝二代、三代危机，都和辽太祖有关。《辽史》记载辽太祖采薪识儿才一事："尝大寒，命三子采薪。太宗（耶律德光）不择而取，最先至；人皇王（耶律倍）取其干者束而归，后至；（耶律）李胡取少而弃多，既至，袖手而立。太祖曰：'长巧而次成，少不及矣。'"从这个故事来看，耶律德光是急躁的老虎型，而耶律倍是明智的老虎型，耶律李胡是个懒惰的老虎型。从一个正常组织的生命周期来看，耶律倍是最佳的接班人人选。要么是辽太祖的判断被人误解，要么他本人认为行动快速容易成功，加上辽太祖的妻子偏心，他选错了接班人，辽二代危机因接班而起。脱脱说，耶律李胡残酷骄盈，太祖知其不才而不能教，太后不知其恶而溺爱之。本书认为，辽二代危机根在辽太祖夫妇。

耶律倍（P4型）当了10年皇太子，本可合法地接班，但其嫡母述律平更倾向于由耶律德光来接班，述律平执政一年后，自导自演了一出"民主投票"。她让耶律德光和耶律倍骑马并排走在路上，转身对大臣们说：这两个儿子我都很喜欢，实在不知道该立哪个，这样吧，选择权交给你们，你们喜欢谁就去牵谁的鞍辔。事情到了这一步，谁还看不出述律平的小心思呢？大臣们纷纷抢着牵起耶律德光的鞍辔，表示这是他们最中意的皇帝人选。耶律倍虽心有不甘，但在母亲及多数契丹贵族的强压之下，最终不得不屈服，让位于耶律德光。耶律德光接班后，在母后的压力下，立胞弟耶律李胡为皇太弟。辽朝第一次政权危机，因耶律倍的不得不退让得以化解；而辽朝的二代危机，因创一代的夫人偏心插手而留下隐患，并延续很长一段时间。

辽太宗亲征在外，京师上京常常由耶律李胡留守。辽太宗在栾城病逝，引发接班危机。T型的耶律阮没有征求祖母意愿就果敢接班，事后也不做祖母太后的劝说工作，T型的耶律李胡（辽太宗的皇太弟）要武力合法接班，获得O型的太后述律平支持，耶律李胡与（支持耶律阮的）耶律安端、耶律刘哥等人相遇于泰德泉，双方交战，耶律李胡兵败而回。回到京师之后，耶律李胡将拥护耶律阮的臣僚的家属全部抓起来，并对看守的人说：我要是没有获胜，先杀了这些人！太后述律平亲自整顿兵马，和耶律李胡率军驻扎于潢河的横渡，双方大军隔着河岸互相拒战。一场血腥的皇室残杀即将展开，形势异常危急。

耶律屋质（辽朝皇族）在紧急关头置自身安危于不顾，以大局为重，充分发挥其调停和斡旋的能力，使辽朝顺利渡过这次危机。当时耶律屋质跟随在太后述律平左右，他立足于避免战争、减少契丹人员伤亡和避免矛盾激化，使耶律阮平稳接管政权。他既不畏太后的见疑，也不惧耶律阮的威势，耐心用智地做双方的工作，他说服耶律阮同意与其祖母述律平相见，在双方见面之后，他指出了是太后当年的错误导致了今日皇位的争夺；他也严厉批评耶律阮在礼法上有过失；他利用双方都想避免武装冲突的心理，指出各持己见和专务指责对方是不可能和议的，迫使双方做出让步，一触即发的内战得以避免。最终双方议和。议和之后，太后并不承认耶律阮地位的合法性，她提出了"议既定神器竟谁归"的问题。为了国家的利益，耶律屋质再次敢于逆太后之意、言人所不敢言，群情所愿赖耶律屋质得以上达。迫于舆情压力，考虑到耶律家族的权力，太后不敢再固执己见，同意立耶律阮为帝，辽朝第二次权力交接得以和平解决，为这个政权的延续和巩固创造了条件。

在这次权力交接的协商中，耶律屋质起了关键性和决定性的作用。耶律屋质与耶律阮的拥戴者态度是一致的，为了让耶律阮的权力取得无可置疑的合法性，他把一切都摆到会议上来，从根本上阻止了任何人以武力解决问题的意图。从道理上太后与耶律李胡不得不认输，但是从感情上和行动上他们仍然不甘心接受这一结果。后来耶律李胡与太后阴谋废立，耶律阮将他们囚于祖州，于理于法都是无可指责的。

耶律阮因皇位之争而立，也因皇位之争而亡。祭祀父皇后，他在行宫与群臣喝醉了，耶律察割（世宗的堂叔）乘机杀害了他，辽朝顿时陷入混乱之中。耶律屋质睿智地脱离了危险，成为群臣的首领，立即召集诸王，诸将得知耶律屋质脱离了危险，纷纷前来会合，耶律屋质统领着皇族的精锐部队，同心合力讨伐叛臣耶律察割。同时，他决定立太宗长子耶律璟为帝，耶律璟却犹豫不决。耶律屋质向他反复陈述利害，他说：大王您是太宗的长子，叛贼如果抓住您，一定会想尽办法除掉您的。如果是那样的话，让群臣去跟随谁？江山社稷又托付给谁呢？如果您真的落在那些反贼手中，后果不堪设想。耶律璟这才明白大局，同意接班。耶律屋质再一次帮助辽朝渡过了接班危机，辽朝的航船再次渡过了险滩。诚然，耶律璟并不是一个理想的人选，但在仓促之际和世宗子耶律贤生死不明的情况下，立他是顺理成章的，也能使群臣意见统一。这次平叛的顺利完成，耶律屋质的当机立断起到了很大的作用。

T型的耶律璟生前没有立皇太子，也没有指定接班人，耶律贤是耶律璟意外死亡后，被大臣拥立为帝，属于意外接班成功者。T型的耶律贤在去世前，虽然也没有立皇太子，但去世前遗诏长子接班，皇后萧燕燕摄政，并任命了两位顾命大臣：耶律斜轸和韩德让。T型皇后萧氏在顾命大臣面前流着眼泪说：母寡子弱，族属雄强，边防未靖，奈何？顾命大臣带着重臣们上前发誓说：信任臣等，何虑之有！圣宗耶律隆绪号称有辽一代明主，很大程度上有赖太后萧燕燕之教导训诲。K型的圣宗和母后虽然共同缔造了辽朝盛世，但也留下了衰落的隐患种子。

圣宗耶律隆绪的后宫美女如云，有20来个皇妃，生育了9子14女。可惜他的皇太子姗姗来迟。他的第一个皇后萧氏（萧可心）是其表妹，夫妻15年，没有生育皇子，只生育了一个皇女。他的第二个皇后是韩德让的外甥女萧菩萨哥，她为耶律隆绪生育了皇子，被太后萧燕燕做主立为皇后。她后来生育了第二个皇子，均没有养大。从此再无生育。之后，圣宗迎娶了萧耨斤（述律平太后家族的北府宰相阿古只五世孙女），萧耨斤很快就生育皇子耶律宗真。耶律隆绪为了让耶律宗真顺利接班，任命了张俭等顾命大臣佐政。T型的萧耨斤想废耶律宗真，立次子耶律宗元为帝，被P型的耶律宗真先发制人地挫败了。辽朝再次演绎皇太后偏心次子、要废长子帝位的皇室内斗故事。幸好K型的耶律宗元亲自告密给皇兄耶律宗真而暂时渡过了危机。

耶律宗真生前没有立皇太子，病危前召见其嫡长子耶律洪基，晓谕他治国的纲要，并遗诏耶律洪基继承帝位。耶律宗真的皇后是其母萧耨斤的侄女（萧孝穆的女儿），秉性宽厚容人，谨慎而果敢，当敦睦宫使耶律良将耶律宗元（耶律洪基的皇叔）与其子涅鲁古谋反之事密告于她，她将此事说知耶律宗真。耶律宗真怀疑是诬告，她说：这是事关社稷传承的大事，应当及早谋划。耶律宗真便开始警惕戒惧。待到交战，她亲自督率卫士，平定叛乱，渡过了皇位争夺危机。

K型的耶律洪基，在位虽然46年，虽然高寿，但只有独子。他虽然立独子耶律濬为皇太子，但他偏信奸相耶律乙辛等人对皇太子的陷害，竟然把皇太子耶律濬废为庶人，20岁的耶律濬最终被耶律乙辛害死。耶律濬的母亲萧观音（耶律洪基的祖母萧耨斤的弟弟萧惠的女儿）是耶律洪基的第1任皇后，她是辽朝女诗词人，颖慧秀逸，娇艳动人，内向纤柔，很有才华，常常自制歌词，精通诗词、音律，善于谈论。她弹得一手好琵琶，据称为当时第一。她被耶律洪基誉为女中才子，却被耶律洪基赐死。脱脱评曰："道宗知太子之贤，而不能辨乙辛之诈，竟绝父子之亲，为万世惜。"耶律洪基还是要面对接班人培养和问题，耶律洪基只有独孙。他在48岁时，立5岁的皇孙耶律延禧为梁王，任命忠诚的萧兀纳保护和教导耶律延禧。51岁时，晋封8岁的耶律延禧为燕王。59岁时，命16岁的耶律延禧担任天下兵马大元帅，总领北、南院枢密使事，加任尚书令。他这种培养皇孙的方式，没有给予实权和实在岗位的训练，只是形式。如果只是形式，那就不如直接立皇孙为皇太孙。直接给耶律延禧以皇太孙身份，反而显得大气，给予耶律延禧以信任和自信。耶律洪基在接班人问题上是失败的。

没有父亲和皇太后辅导，也没有亲兄弟和亲叔帮助，耶律延禧的执政注定了是坎坷不平的。他也像祖父那样在接班人问题上栽了个大跟斗。P型的他未能及时选定接班人，导致国政危机。在国事多秋之际，皇嗣争夺，加剧国难。耶律延禧的皇后没有生育嫡子，而耶律延禧有5个儿子，均封为王，但没有一个被立为皇太子。燕王耶律挞鲁在1103年去世，年仅9岁。剩下的4个儿子属于异母兄弟，次子耶律雅里7岁时，耶律延禧曾想立他为皇太子，但最终没有确立，而是被封为梁王。四子耶律敖卢斡武艺高强，为人宽厚，天生喜欢称赞别人的长处，掩饰别人的短处，贤明而深孚众望，被封为晋王。1121年，剩下的四个儿子均为成年人，耶律延禧依然没有立皇太子，引起了皇储之争，内乱之时，外患又至，应对失策，故国灭而身死。在国难之时，耶律延禧还是皇帝，耶律淳（耶律延禧的堂叔）与耶律雅里（耶律延禧的次子）、耶律大石（辽太祖的八世孙）依次自立为帝。有君王而又自立为君，加剧了辽国的灭亡。辽朝亡于接班人或继任的争斗。金兵一集，内难先作，废立之谋，叛亡之迹，相继蜂起，导致政权土崩瓦解。

第二节　金朝九帝的性格类型探究

金朝是女真族完颜阿骨打（完颜旻）所建，历6世9帝，享国祚119年，如图20-3所示。

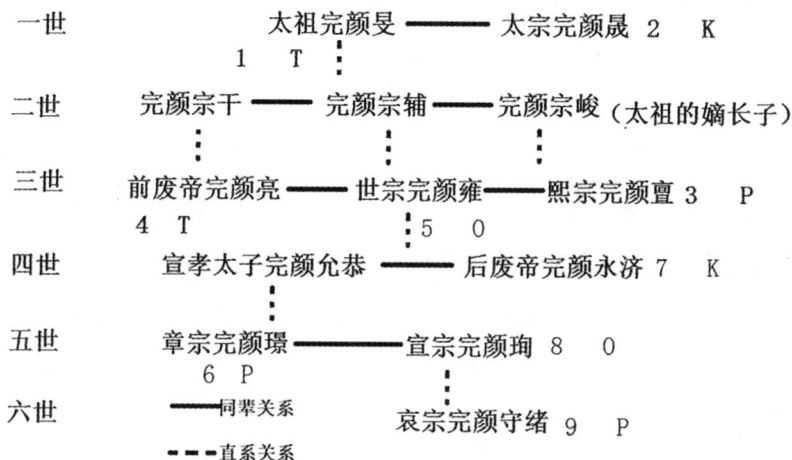

图 20-3　金朝完颜氏政权的帝位传承和世系

第1任金太祖完颜旻，辽朝节度使完颜劾里钵的次子，在位9年，享年56岁。完颜家族从完颜石鲁开始，为辽朝效力，接受契丹大辽的封官，成为辽国的鹰犬。完颜石鲁的儿子完颜乌古乃凶悍狡诈，为辽国去征讨女真其他各部，壮大自己的势力，被辽国任命为生女真部族节度使，但完颜乌古乃坚定拒绝系辽籍。官五代的完颜旻继兄完颜乌雅束之后任女真族联盟长，称都勃极烈，并世袭辽朝生女真节度使一职。他胸怀大志，勇武善战，从大辽鹰犬变成辽朝的掘墓人。47岁的完颜旻统一女真族部落，开启了10年的伐辽战争。

完颜旻在今哈尔滨称帝创建金国，他没有像耶律亿建立辽朝时那样，模仿汉制立太子，皇位的继承仍然暂时保留推选的痕迹，但实际上已完全掌握在完颜旻家族手中。他将女真族当时由都勃极烈（皇帝）、国相、各级勃极烈参与的相对较庞大的议事会，改组为皇帝朝政和少数国相级别的高级核心官员共议国事的勃极烈制度（集体领导制度）。勃极烈有谙班勃极烈（相当于皇储）、国论勃极烈（相当于国相）、阿买勃极烈（国相第一助手）、昊勃极烈（国相第二助手）。第一批集体领导集体有5个人：皇帝完颜旻、皇储完颜晟（完颜旻的弟弟）、国相完颜撒改（完颜旻的堂兄，O4型）、国相第一助手完颜习不失（完颜旻的堂叔，T型）和国相第二助手完颜杲（完颜旻的弟弟）。他们志同道合地开始了家族创业式的开国事业。

完颜旻的父亲有9个兄弟，完颜旻本人有10个兄弟（同胞兄弟5个）、7个妻子（4个皇后）、16个儿子，完颜旻家族是完颜氏建国破辽的主力军。完颜氏充分利用辽朝的内战和分裂，联合北宋，对辽朝发动歼灭性战争。在开战前，完颜旻罗列辽朝皇帝的罪行，向天地申明禀报：世代侍奉辽国，谨慎、恭敬，按时进贡，平定乌春、窝谋罕的叛乱，打败萧海里纠结的乌合之众。有功劳不省察，反而侵犯侮辱不断增加。罪人阿疏逃到辽国，我们屡次请求辽朝交还却始终不遣送。今天，将向辽国问罪，皇天后土明察并保佑我们。完颜旻命令各位将领传木棒而发誓说：你们同心协力，有功的，是奴婢要转为从良，是庶人要提升当官，原先有官职的加官进爵，看功劳大小确定奖赏轻重。如果我违背誓言，身死棍下，家属也不赦免。

脱脱说他："（完颜旻）英谟睿略，豁达大度，知人善任，人乐为用。"辽恭帝耶律延禧说他："意气雄豪，顾视不常。"《剑桥中国辽西夏金元史》评他："（完颜旻）是一名特别无情的、才能出众的将领，他善于抓住对手因指挥失策、御众过苛、组织涣散等因素而虚弱的机会来取胜。1117年以后，他又以一个才智出众的外交家和战略家的面目出现，那正是金辽的双边关系为包括宋在内的三国关系所取代之时。"本书认为，完颜旻是T2型，孔雀性格为第三。

第2任金太宗完颜晟，太祖的四弟，在位13年，享年61岁。他理事持重，使其胞兄完颜旻征辽时无后顾之忧，相当于刘邦打天下时萧何这种大内管家角色。他即位后，以弟完颜杲为谙班勃极烈，太祖庶长子完颜宗干知国政，堂侄完颜宗翰、皇侄完颜宗望总理军事，以家族三代内成员组成执政班子。他联合西夏灭辽，西夏对金称藩，灭北宋。在位期间，完善了金朝的各种典章制度，奠定了金王朝的立国规模。他生前本欲传位己子，在遭到诸宗室的反对后，不得已以太祖长孙完颜亶为储嗣。他任命太祖的孙子完颜亶为谙班勃极烈，自己的儿子完颜宗磐为国论忽鲁勃极烈，完颜宗干为国论左勃极烈，完颜宗翰为国论右勃极烈兼都元帅，完颜宗辅为左副元帅。本书认为，完颜晟是K1型。

第3任金熙宗完颜亶，太祖的孙子，太宗之侄，在位15年，享年31岁。他接班后，与完颜宗弼推动汉制改革，任命完颜宗磐、完颜宗干和完颜宗翰三人共同总管政府机构，并领三省事，建立以尚书省为中心的三省制。在位期间，皇室内部斗争不断。因被收兵权，完颜宗翰（完颜亶的族伯父）愤郁而死。完颜宗磐（堂皇伯）、完颜宗隽、完颜昌等把持朝政。他依靠完颜宗弼（皇伯）、完颜宗干（皇伯）、完颜希尹等，先后诛杀完颜宗磐（完颜亶的堂伯父）、完颜宗隽、完颜昌等人，掌握金朝军政大权。他狠下功夫读《尚书》《论语》《五代》《辽史》多种书籍，有时甚至夜以继日。

养父完颜宗干死后，他压制不住太宗系诸子的势力，对叔伯兄弟们的争权夺势无能为力，他自己也对政事产生厌倦心理，只能通过酗酒来麻醉自己，他在天眷和皇统两个时代判若两人。他开始迷恋酒，和近臣饮酒，不分昼夜。他正式亲政后，仍不能彻底摆脱派系斗争的干扰，政局仍不稳定。契丹人萧仲恭与宗室宗贤、宗勖、宗亮、宗敏、宗本相继为相，总军国事。加之皇后裴满氏干政，对他多有牵制。皇后裴满氏出身金国九大贵族之一的裴满氏家族，裴满氏家族和徒单氏、唐括氏、蒲察氏、拏懒氏、仆散氏、纥石烈氏、乌林答氏、乌古论氏八个家族是金国皇室的主要联姻通婚对象。金国初期，完颜氏皇帝以及皇子皇孙们不论是娶妻还是下嫁公主，都严格限定在这九家的范围内。女真族本身就不限制女性参与政治，当初景祖（完颜乌古乃，金太祖的祖父）皇后唐括氏就和丈夫一起巡行参与狱讼，太祖的光懿皇后裴满氏预定军机，女性参政也是女真旧俗的正常情况。

他积不能平，以致嗜酒多疑，迭兴大狱，淫刑肆虐，常以疑似罪状滥杀无辜，悼平皇后裴满氏等亲人也被杀，群臣皆不自安，导致众叛亲离。他有 16 名妻妾，却只有两个儿子，皇太子夭折，幼子被失去理智的他杀死，导致帝位失嗣，自作孽也！本书认为他是P2 型。

第 4 任前废帝完颜亮，太祖之孙，完颜宗干之子，熙宗之堂弟，在位 12 年，享年 40 岁。27 岁的右丞相完颜亮发动宫廷政变，杀金熙宗而自立为帝，迁都北京。他对宗室猜忌甚深，翦灭宗室，把太宗的后代 70 余人全杀尽，把完颜宗翰等开国功勋的皇族满门杀绝。

他在北方有契丹叛乱的情况下，执意南下灭南宋。南征不久，堂弟完颜雍趁机在辽阳称帝，他在渡江攻宋时遭受采石之战的溃败。也许这两大事件使完颜亮觉得没有面子，他固执移师扬州，强渡长江，继续进攻南宋，结果激起兵变而被杀。他在位期间，他励精图治，鼓励农业生产，整顿吏政，厉行革新，完善财制，并大力推广汉化，迁都燕京，极力加强中央集权，把熙宗期间的"三省六部制"改为"一省六部制"；恢复辽制登闻检院，以供民众得以就尚书省行事之不当进行检举；成就《续降制书》，进一步巩固奠定金王朝本身的华夏正统性和在北方的统治。但他过于武断急躁霸道而失去了宗室的支持。完颜亮对大臣高怀贞说他的志向："吾有三志，国家大事，皆我所出，一也；师师伐远，执其君长而问罪于前，二也；无论亲疏，尽得天下绝色而妻之，三也。"他写《南征至维扬望江左》诗云："万里车书一混同，江南岂有别疆封？提兵百万西湖上，立马吴山第一峰！"本书认为他是 T3 型。

第 5 任金世宗完颜雍，太祖之孙，完颜宗辅之子，完颜亮之堂弟，在位 29 年，享年 67 岁。完颜亮攻打南宋时，他为东京辽阳府留守。在舅舅李石（O4 型）、完颜谋衍（金朝开国元勋完颜娄室的次子）等人的辅佐下，完颜雍发动政变，迅速占领中都燕京而自立为帝。他即位后，平息北部契丹起义，击退了南宋隆兴北伐，开启了双方 40 余年的和平局面，推动金朝转入和平发展轨道。他注重盛世用"重典"，大力整肃官风，在大定年间开展了以"反三风"（反赌博风、反说情风和反贪赃风）为主要内容的整风运动。他勤政节俭，选贤治吏，轻赋重农，尊崇教化。他十分朴素，不穿丝织龙袍。诸王要求朝廷提供额外的封赏，完颜雍对他们说：你们这些人怎么如此贪婪啊，你们岂会不知道国家府库中的财产就是百姓的财产，我只不过是代百姓保管罢了，岂敢枉自花费呢？刘仲海请示增加东宫的管理人员及各种陈设，完颜雍说：东宫各司局人员自有规定的数额，铺张陈设已经完备，还有什么必要增加？太子出生在富贵环境，容易走入奢侈，只应当引导他俭朴。朕自从即位以来，穿衣服及御用器物，往往沿用旧的，卿把朕的意思告诉东宫。他崇尚节俭，使金朝国库充盈，农民也过上富裕的日子，天下小康，实现了"大定盛世"的繁荣鼎盛局面，他被称为"小尧舜"。

他注意保持女真旧俗，未能从根本上扭转猛安谋克制度的衰落，轻视漠北蒙古游牧民族威胁，留下了巨大隐患。他虽惠及北方，但独不及蒙古人，为金亡于元埋下祸种。他一边接受完颜亮的汉化治国政策，一边又坚持女真本位路线不动摇。右丞相唐括安礼进谏：君主对女真与汉等各族不宜有别。完颜雍不仅不听反而责之。

脱脱说他："性仁孝，沉静明达。"稳健保守有余，开拓进取不足。历史学家陈致平评价他：完颜雍对中国文化持有贤明公正的态度。他能吸收中国政治文化的优点，而摒弃汉人腐化浮靡的恶习，同时又尽量保存原始女真人朴实尚武的精神，而革除其僻野残暴之性。他能取长补短，融合中华民族诸文化之优点。本书认为，他是O4型。

第6任金章宗完颜璟，世宗之孙，太子完颜允恭之子，在位19年，享年41岁。22岁时完颜璟受遗诏接班，在大臣徒单克宁（O型）、张汝霖（P型）和完颜襄（T型）的辅佐下，在继行祖父"仁政"之治的同时，极力效法北魏孝文帝的改进式全盘汉化改革，允许蕃汉通婚。他修正礼乐刑政，为一代之法。他聪慧好学，有其父的风采；他喜好文学，崇尚儒雅，执政的大臣大多都有文采、学问可取，有能力的官吏和耿直的大臣都得到了任用，政治清明，文治灿然。明昌七年，金朝进入最为繁荣兴盛的时期，经济发达，人口增长，府库充实，天下富庶，大力发展文治，尊崇教化，文化水平走向巅峰，史家评为"宇内小康"，世称"明昌之治"。

金朝很快盛极而衰，他奢用渐广，完全不像祖父完颜雍那样节俭。他改造宫殿陈设，每日动用绣工1200人，两年才完工。官僚机构的完善和膨胀，使章宗末年的官员数额比世宗时期激增3倍。刘祁评他："学文止于词章，不知讲明经术为保国保民之道，以图基祚久长。又颇好浮侈，崇建宫阙，外戚小人多预政。"

金朝盛极而衰，他要负主要责任。他限制皇室亲王的权限，引发皇室内耗，杀两位皇伯，处置皇伯家人时有失人情理智。当叔伯兄弟变成防范过度的对象，他也就变成了寡人。他沉湎于饮酒作诗，嗜好书画，爱好音乐，朝政腐朽衰败。他宠爱李师儿（后封元妃）及李氏外戚，任用经童出身的胥持国管理朝政。她们互相协助，营利干政，使章宗后期的政风逐渐下滑。在位后期，金朝遭受黄河泛滥等各种天灾，综合国力日益衰退，军事也逐渐荒废，北方蒙古诸部兴起。他曾派兵至蒙古减丁，诱使他们互相残杀，但收效不大。那时成吉思汗统一了蒙古诸部。南北两线的战争，虽然都以金朝占上风而告终，但大量的军费使金朝财政入不敷出。再加上赈灾、河防和军费，他深感财政上的窘迫。为弥补财政亏空，金朝开始滥发交钞。人民就拒绝使用这种贬值的纸币，私下以铜钱交易，即便朝廷以行政命令来维持钞法，也无济于事。有些情况颇能说明交钞贬值的严重程度：完颜璟在世时，万贯交钞只能买到一个烧饼；而他去世后二年，有一次为了发军赏，竟动用了14辆大车来装运交钞。

他和他祖父完颜雍一样，一边坚持汉化以文治国，一边为了维护女真本位，不惜牺牲其他民族利益来满足女真上层的需求。脱脱说他："婢宠擅朝，冢嗣未立，疏忌宗室而传授非人。"本书认为他是P2型。

第7任后废帝完颜永济，章宗的叔父，世宗的第7子，在位6年。他自幼懦弱，俭约守成，心无卓见，识人、理政能力皆弱，但却在世宗、章宗和朝臣面前，表现出一副持重老成和与世无争的样子。由此他获得章宗完颜璟的信任和重用，李元妃和完颜匡奉遗诏，让完颜永济接班。他继位后立即清除李元妃等外戚势力，然而他本身昏庸且任用错人，没有安邦治国之才，和成吉思汗互相不爽，结下了梁子。

成吉思汗先攻打西夏以拆散金夏同盟，避免在伐金时被其牵制。西夏向金朝求援，他以邻国遭攻打为乐而坐视不理，西夏向蒙古臣服，转为附蒙伐金。他设计谋害成吉思汗，阴谋被蒙古提前获知，双方就此彻底闹掰。成吉思汗先发制人，率军首次攻打金国，金朝国力衰退，面对蒙古的反复入侵，虽然有小胜，但疆域日减。成吉思汗在1210年与金朝断交，1213年，蒙古攻打中都时，他被将领胡沙虎（纥石烈执中）所杀。本书认为他是K3型。

第8任金宣宗完颜珣，章宗的庶兄，完颜永济的堂侄，在位11年，享年61岁。胡沙虎毒杀完颜永济，在徒单镒的建议下，拥立完颜珣为帝。50岁的完颜珣任命胡沙虎做太师、尚书令兼都元帅。后胡沙虎被术虎高琪杀死，完颜珣下诏将术虎高琪赦免。《金史》曰："自胡沙虎、高琪用事，风俗一变，朝廷矫宽厚之政，好为苛察，然为之不果，反成姑息。"

他内治无能，在胥鼎的协助下，建立了愚蠢的卖官爵制度，他在对外措施上也失误频繁，直接导致金朝灭亡。他先向成吉思汗求和，又与西夏断交。他不顾左相徒单镒反对，将首都由中都迁往汴京，仅派太子镇守中都。此举引发河北军民不安。公元1215年，蒙古军攻陷中都，占领河北地区。同年10月，蒲鲜万奴在辽东自立，建东真国。金朝龙兴之地辽东被蒲鲜万奴与耶律留哥瓜分，他南迁之后国势益弱，蒙古已经取代金朝称霸东亚。

他虽然想要重振金朝，但无雄才大略，又猜忌成性，政治上并无起色。他任用术虎高琪为相，结怨南宋，他们苛刻成性，认为金军比蒙军不足，但对付宋军绰绰有余，主张北边损失南边补，接连南征南宋、西征西夏以扩张领土，还要被迫持续抗击蒙古。这就使金朝腹背受敌，引发内部频发叛乱。李革力谏不要伐宋，两线作战不利，完颜珣不听。

更为要命的是，这个时期，金朝将星凋零，他还杀了朝中唯一的世家名将仆散安贞父子。经过多次战争后，金朝处于四面楚歌的局势。高琪忌功，汝砺固位，西启夏衅，南挑宋兵。金朝所灭，皆因人事不当，则在皇帝。他用赐国姓来激励战将：赐本朝姓者，凡以千人败敌三千者赐及缌麻以上，败二千人以上者赐及大功以上，败千人以上赐止其家。这种激励方法门槛低而泛滥，激励效果有限，引进了很多素质不高、作战能力不强的将领。这样就反而加速了国家的灭亡。《金史》评价此事："使人计功而得国姓，则以其贵者反贱矣。（完颜珣）急于求贤，而使小人间之；悦于直言，而使邪说乱之。"

脱脱评他："性本猜忌，崇信翙御，奖用吏胥，苛刻成风，举措失当故也。"金朝末年太学生刘祁说他："立于贼手，本懦弱无能，性颇猜忌，……况南渡之后，不能苦心刻意如越王勾践志报会稽之羞，但苟安幸存以延岁月。由高琪执政后，擢用胥吏，抑士大夫之气不得伸，文法梦然，无兴复远略。大臣在位者，亦无忘身徇国之人，纵有之，亦不得驰骋。又偏私族类，疏外汉人，其机密谋谟，虽汉相不得预。"

在国事多秋之际，他虽然勤政，但多亲细务，没有抓大放小，越忙越失败。他多次和朝臣议论其他大臣的好坏，并很快表明自己的观点。在和某个朝臣的私下谈话，他也经常把私下的谈话告诉相关者，从而加剧朝臣之间的矛盾。路铎因事被完颜珣召见对话，他评论说宰相权力太大。完颜珣说：凡事由我，宰相怎么得以权重。不久路铎又进言说：请求陛下不泄此言，泄密的话我就粉身碎骨了。完颜珣说：宰相怎么能粉碎人。他把这话告诉了宰相，虽然路铎留下再任，但宰相更加恨他了。本书认为，他是O3型。

第9任金哀宗完颜守绪，宣宗的第3子，在位11年，享年37岁。他在挫败兄长完颜守纯的夺位阴谋后即位接班。面对危局，他力图振作，进行大刀阔斧的改革。对内，鼓励农业生产，建立直属中央的忠孝军；大胆起用完颜合达、完颜陈和尚（完颜彝）等抗蒙将领，胥鼎等文武兼备的致仕官员；对外，改变宣宗的对夏、宋政策，与西夏与南宋停战、和解，专力抗击蒙古，并与南宋、西夏和好。

公元1228年，金击溃蒙古军，收复了不少土地，力挽狂澜，让金朝起死回生。但哀宗识人不明，用人不当，三峰山大战，金军失败，崔立兵变，内部残杀。他赏罚不明，没担当、没魄力，有错不敢认，喜欢把责任推卸到别人头上。他犯了一系列无法逆转的政治错误，如放弃汴梁、引发归德内乱而自相残杀、起用跋扈的蒲察官奴却又将其杀死、逃往蔡州、禅位等。

金末史学家刘祁说他："以圣智自处，少为黠吏时全所教，用术取人，虽外示宽宏以取名，而内实淫纵自肆。且讳言过恶，喜听谀言，又暗于用人，其将相止取从来贵戚。虽不杀大臣，其骄将多难制不驯。况不知大略，临大事辄退怯自沮，此所以一遇勃敌而不能振也。"当代史学家虞云国评他："金亡之局，宣宗虽已铸定，但哀宗为君十年，苟延残喘，不图远略，坐失时机，决策失误，一再逃跑，即便如其自诩无大过恶，不做国君则无妨，倘作为乱世之君，既然没有挽狂澜于既倒的志向和才略，便只配做亡国之君。认识不到这点，还以为历史不公平，有君如此，金朝焉能不亡！"

他缺乏战略眼光，没有想到去联合宋、夏共同御敌，只是停战议和而已，西夏濒临灭亡时，他没有任何作为，也没有和南宋进一步沟通联合。如果他具备长远的战略目光，就会在和南宋停战后，随即与之联络感情，双方修好，早日建立金宋联盟共抗蒙古。但他没有，直到听说拖雷率军破绕峰关东进的时候，才慌慌张张派刘天山出使南宋襄阳制置司，想去陈述唇亡齿寒的利害关系，相约联合抗蒙。这个时候，他犯了一个愚蠢的错误：交好邻居共抗敌人，这是在求别人，态度上要客气点。他根本没有认清当时复杂的国际形势，还以为南宋是昔日的小弟一样随他吆喝。他给南宋的公文用的居然是上级对下级的格式，这种傲慢的态度使联宋抗蒙的事不了了之，不要怪南宋没头脑，明明是他的智商情商不足。当他逃亡蔡州时，听说蒙古和南宋达成协议，才又想起来联宋事宜，赶紧派宗室完颜阿虎带出使南宋，已晚矣！

他对大臣石抹世勣说：只恨我无罪亡国！我从没有奢侈过，也从没信任过小人，老天却让我成为亡国君，我恨呐！面对他的怨天尤人、自怨自艾，石抹世勣并没给他面子，应声反问：谁说陛下没有任用小人？完颜守绪问：小人是谁？石抹世勣掰着指头给他数：移刺粘古、温敦昌孙、兀撒惹、完颜长乐，哪个不是小人，只有陛下不知道他们是小人吧！完颜守绪无言以对。本书认为，他是 P2 型。

金国皇帝的性格类型路线如下：太祖完颜旻（老虎）01—太宗完颜晟（考拉）02—熙宗完颜亶（孔雀）03—前废帝完颜亮（老虎）04—世宗完颜雍（猫头鹰）05—章宗完颜璟（孔雀）06—后废帝完颜永济（考拉）07—宣宗完颜珣（猫头鹰）08—哀宗完颜守绪（孔雀）09，具体如图 20-4 所示。

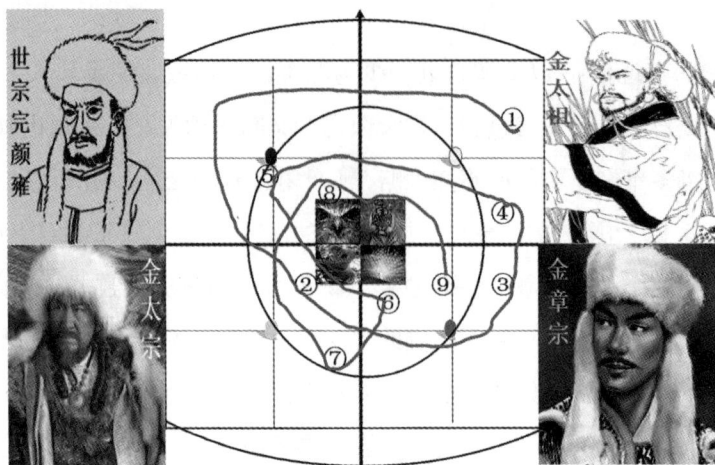

图 20-4　金朝完颜氏政权的帝王性格类型移动

金朝兴于 T 型皇帝，亡于 P 型皇帝。T 型的完颜旻带领兄弟家族开创金朝，主政时间不到 10 年，由胞弟完颜晟接班，K 型的完颜晟主政 13 年，之后就引发了三任危机，最终是完颜氏三世接班。P 型的完颜亶，被 T 型的完颜亮弑杀，引发第二次危机。O 型的完颜雍发动政变接班，完颜亮被大臣弑杀，引发第三次危机。第 5 任 O 型皇帝完颜雍巩固金朝国政，带领金朝走向昌盛。P 型的完颜璟以皇太孙接班，金朝进入鼎盛，但很快进入衰落态势；完颜璟生前无皇子接班，选择叔父来接班，但 K 型的完颜永济把金朝带入快速衰落通道。完颜永济被弑杀，引发第四次危机，大臣拥立完颜珣接班。O 型的完颜珣，南迁汴京，三面树敌，没有止跌。P 型的完颜守绪，面对乱世，能力不足以守住金朝政权。

金国 9 位君主，被臣下杀死的 3 人，被谋反的共有 10 人，两位以皇太孙接班。金朝在皇帝传承和接班人培养方面，值得反思。金太祖死后，诸勃极烈拥戴谙班勃极烈完颜晟为帝，即金太宗。完颜晟在即位之初，就按照兄终弟及的旧制，以弟完颜杲为谙班勃极烈（储君）。1130 年，完颜杲死，储位空缺。在建储立嗣问题上，完颜晟颇费踌躇，多次破坏旧制。完颜晟为了感谢侄子完颜宗干的拥立之功，就打破女真旧制，升完颜宗干为国论忽鲁勃极烈，打乱移赉勃极烈完颜宗翰原本的升迁之路，破坏了太祖完颜旻制定的勃极烈官"升拜宗室功臣之序"的规则。太祖嫡子完颜宗峻已死，完颜宗干、宗磐分别以太祖、太宗长子的身份，自认当为储嗣。完颜宗翰以功高年长，也不无觊觎之心，以故谙班勃极烈之位虚旷数年之久。堂弟完颜勖首建立太祖嫡长孙、宗峻子完颜亶之议，得到完颜宗翰、宗干、希尹的支持，1132 年，左副元帅完颜宗翰（T 型）、右副元帅完颜宗辅（完颜旻第三子，世宗完颜雍之父，O 型）、左监军完颜希尹（P 型）入朝，和完颜宗干（完颜旻的庶长子，完颜亶的养父，完颜亮的生父）商议说：谙班勃极烈的位子空了已经很长时间了，现在不早些定下人选，恐怕会授予不应该授予的那个人。完颜亶是先帝太祖的嫡亲长孙，应当拥立他。他们互相约好一起再三向金太宗禀奏请求，太宗完颜晟才依从了他们，以完颜亶为谙班勃极烈。但在确立侄孙完颜亶为谙班勃极烈后，完颜晟为了安抚亲子，再次破坏制度，提升儿子完颜宗磐为国论忽鲁勃极烈，完颜宗干、完颜宗翰反而被降为国论左右勃极烈，给完颜宗磐扩张势力的机会。本该按序升拜的勃极烈制度，变成了可以争夺攫取的，之前按资历看功劳的公平升拜，成了强抢、交易和妥协就可以达成，女真的旧俗选贤与能被彻底抛弃。

1135 年金太宗去世，完颜亶接班。完颜氏在兴起的过程中，立下并遵守兄终弟及的接班制度，在家族主要成员成为核心班子成员并相互制衡下，加上开国皇帝完颜旻带头遵守规矩，金朝的二代危机虽然存在，但平静地化解和渡过了。第 2 任皇帝完颜晟，虽然想改变接班模式，但因为性格、规矩和皇室宗臣等原因，不得已让创三代完颜亶接班，在政权交接环节没有发生危机。在完颜亶主政期间，发生了同室操戈，皇叔完颜宗磐等被平定。酗酒乱政的完颜亶被堂弟完颜亮所杀，金朝发生第一次非正常接班。

靠弑君篡位的完颜亮，虽然有魄力推动金朝改革，但过于武断急躁，最终因兵变被杀。完颜雍在大臣拥立之下，发动政变接班，这是金朝第二次非正常接班。稳重而理性的完颜雍励精图治，非常重视皇太子的教育培养，可惜完颜允恭未能接班就去世了。1186年，即皇太子完颜允恭去世的第二年，完颜雍用徒单克宁为太尉兼左丞相，皇孙完颜璟为右丞相，让徒单克宁辅导他。完颜璟任丞相刚 4 天，完颜雍问他：你治理政事几天了？完颜璟回答说：4 天。完颜雍又问：京尹与省事相同吗？完颜璟回答说：不同。完颜雍笑着说：京尹广大兴盛，尚书省统领大事，所以不同。几天后，完颜雍又对完颜璟说：宫中有四方的地图，你可以看看，了解边疆远近及要塞地方。完颜雍提了两个很好的问题，但第三句应该追问为什么不同，而不是直接把答案说给完颜璟听。完颜雍虽然花了心血以培养和锻炼皇孙完颜璟，但方式方法有待提升。他对皇太孙完颜璟的教育指导思想过于保守。《金史》中完颜雍对皇太孙完颜璟说："尔（完颜璟）年尚幼，以明德皇后嫡孙惟汝一人，试之以事，甚有可学之资。朕从正立汝为皇太孙，建立在朕，保守在汝，宜行正养德，勿近邪佞，事朕必尽忠孝，无失众望，则惟汝嘉。"完颜雍在病危前一个月，诏令皇太孙完颜璟摄政，以太尉、左丞相徒单克宁（左丞相完颜希尹之甥）为太尉兼尚书令，平章政事完颜襄（完颜璟的堂叔祖父）为尚书右相，右丞张汝霖为平章政事，以户部尚书刘玮为参知政事。

完颜璟的 6 个儿子都在 3 岁前夭折，既无继嗣，而诸叔兄弟多在，完颜璟皆不肯立，奇葩皇帝让叔叔即位。完颜璟病重期间，元妃李氏、黄门李新喜、平章政事完颜匡也力劝立完颜永济，完颜璟同意了。完颜永济继位后，便忘恩负义，和完颜匡一起害死元妃李氏。《金史》记载，完颜璟在选皇位的交接人时，考虑到自己的皇儿还未出世，密召完颜永济说：将来这两个未出世的皇儿，如其中有男，当立为储；如皆是男，必择可立者立之。

完颜永济信誓旦旦地答应了。完颜永济即位后，为了保住皇位，立即毒杀了贾妃，又令范妃堕胎，并将她削发为尼。完颜璟未出生的皇嗣就这样没有了。这说明，完颜璟过于单纯或者不懂政治。1210年，完颜永济立自己的儿子完颜恪为皇太子。

完颜珣由大臣发动政变而拥立为帝，这是金朝第三次非正常接班。他在位期间，立长子完颜守忠为皇太子，1115年，皇太子去世后，他立完颜铿为皇太孙，皇太孙去世后，1216年，他立第三子完颜守绪为皇太子。当了8年的皇太子的完颜守绪，接班之后，刚开始时雄姿英发，改革朝政，取得局部的战术胜利，但很快因能力、性格不能胜任这个时候的金朝皇帝岗位而急剧亡国。这个时候蒙古政权处在上升期，而金朝政权处在衰落期，以衰落期的组织去对抗上升期的组织实现中兴，不是不可以，那是要有晋元帝、宋高宗他们那样的能力和性格，而完颜守绪并不具备。

本书把辽、北宋、南宋、金作为四个政权来进行分析，见表20-1。国祚超过200年的，只有辽朝。它的9个皇帝中，有5个T型，比例最高，超过半数。K型的辽圣宗时期，其母后萧绰是T型的，表中没有统计进去。这说明，T型的皇帝，在国家竞争激烈的时期，具有一定的优势。辽朝虽然没有O型的皇帝，但有O型的良佐耶律屋质，他历经辽太祖、辽太宗、辽世宗、辽穆宗、辽景宗五朝，在契丹皇族两次争夺皇位的斗争中都起到了决定性作用。他不仅有谋略，还有高超的协调能力和决策力。没有O型的皇帝，是辽朝制度建设的一大缺陷。

表20-1 辽、北宋、南宋、金四个政权的皇帝性格类型分析对比

朝代	国祚/年	老虎性格	猫头鹰性格	孔雀性格	考拉性格	合计
辽朝	218	5	0	2	2	9
		56%	0	22%	22%	100%
北宋	167	1	1	3	4	9
		11%	11%	33%	44%	100%
南宋	152	0	2	1	6	9
		0	22%	11%	67%	100%
金朝	119	2	2	3	2	9
		22%	22%	33%	22%	100%

金朝皇帝，TOPK类型的皇帝比例很均衡，但其国祚在4个政权里，是最短的。主要原因是金朝的竞争扩张时期，虎将过多，且为完颜氏皇室成员，K型和P型皇帝斗不过他们，稍微不慎就会引发政变。P型的完颜宣被T型的完颜亮弑杀，T型的完颜亮被大臣所弑杀。后期又是K型、O型和P型皇帝，宣宗完颜珣虽然是O型，但他的亚型性格为孔雀，他的魄力和胆量均不能胜任当时的皇帝岗位。P型的完颜守绪遇到T型的大蒙皇帝，在没有能力超强的良佐情况下，只能吃败仗。

金朝的国祚没有超过 150 年，主要原因是接班人的制度没有确立，也没有贤能的太后辅政。9 个皇帝里，有 3 组兄弟：完颜旻和完颜晟兄弟，完颜亶、完颜亮和完颜雍兄弟，完颜璟和完颜珣兄弟。完颜亶、完颜璟属于隔代接班。金朝完颜氏政权，在辽、北宋、南宋、金四个政权里，其接班最为混乱无序和不可控，短短百年，9 任皇帝，就发生 3 次非正常接班。南宋 9 个皇帝里，没有一个 T 型皇帝，进取心不够，扩张性不强。6 个 K 型皇帝里，3 个是娃娃皇帝，执政时间都不长，只有 4 年。其国祚超过了 150 年，主要原因是南宋皇帝主政时间长达 25 年以上的就有 4 个。O 型的理宗赵昀，主政时间长达 41 年；K型的高宗赵构，主政时间长达 36 年；K 型的宁宗赵扩，主政时间长达 27 年，O 型的孝宗赵眘，主政时间长达 25 年。

北宋 9 个皇帝里，第 4 任皇帝的赵祯在位时间长达 42 年。K 型的赵祯虽然不折腾，带领北宋达到鼎盛，但埋下了衰落的隐患，幸好第 5 任皇帝是 O 型的赵顼，他带领北宋在O 型的王安石辅佐下，进行熙宁改革，但因为他早逝，主政时间只有 19 年，致使改革措施没能固化。他去世后，两个儿子分别接班，由太后辅政，国政反复折腾，T 型的赵煦推动改革，把国势带入鼎盛；而 P 型的赵佶执政 26 年，致使北宋跌入深渊而灭亡。辽朝皇帝的主政时间，超过 40 年的有两位：K 型的圣宗耶律隆绪（49 年）、K 型的兴宗耶律洪基（46年），他们虽然是考拉型皇帝，但都有太后辅政，圣宗的母后是 T 型，兴宗的母后是 O 型。而辽朝执政超过 20 年的皇帝有 4 位。

在 4 位开国皇帝里，T 型的完颜旻主政时间最短，只有 9 年；其次是耶律亿，主政时间为 11 年；再次是赵匡胤，主政时间 16 年；最长的是赵构，主政时间为 36 年。金朝和辽朝相比，不仅第一代主政时间短，第二代主政时间也比较短，辽朝的第 2 任皇帝耶律德光主政时间为 21 年，金朝的第 2 任皇帝完颜晟只有 13 年。相对来讲，金朝在创业初期，未能为后代立下好规矩、好制度。金朝直到第 5 任完颜雍才着重制度建设。与金朝兄弟家族创业不同的是，辽朝除了兄弟家族一起创业外，还有耶律亿、述律平夫妻一起创业，故整个辽朝有三位太后辅政，而且能力卓越，执政成果明显。

辽朝的 T 型皇帝占比超过 50%，是四个政权里比例最高的，辽朝具有扩张性，有权力欲望的皇帝占 56%，开疆辟土强于其他三个政权。外向型（T+P）皇帝为 78%，也是四个政权里最高的，辽朝大气开放，敢拼奋进氛围强于其他三个政权。同期的北宋，T 型皇帝占比仅为 11%，外向型（T+P）皇帝仅为 44%，这些外向皇帝里，有 3 个为 P 型，P 型的皇帝虽然外向大气，但他们主要热爱文艺创作。辽朝的 K 型皇帝占比，远低于同期的北宋，他们的亲情和协调性也就不如北宋。辽朝最大的遗憾是，他们没有 O 型皇帝，制度建设似乎很差，但辽朝有个 O 型的能臣，辅政了五朝，第 1 任皇帝到第 5 任皇帝都很重用他。如果把辽朝和金朝相对照来看，它们的共同之处是，传承的皇帝数量相同，K 型皇帝和数量占比也一样，金朝的P型皇帝为3个，占比33%，高于辽朝。金朝的文化建设胜于辽朝，相对来说，比辽朝大气些。金朝的O型皇帝有2位，而辽朝没有，金朝的国政相对辽朝来讲，更规范、更严密些。辽朝的T型皇帝数量及占比，远高于金朝，相对来讲，金朝的血性和勇武相对不足。辽朝的事业导向型皇帝及其占比，比金朝的（T+O）要多，金朝的仅为44%。

金朝的血性和敢干敢为比北宋强，也强于南宋，南宋的T型皇帝为0，幸好有一大批T型武将，否则赵构开国不会成功。金朝和南宋的O型皇帝数量及其占比一样，双方的理性程度相当。金朝的P型皇帝比南宋多，金朝皇帝享受生活，追求奢华，胜于南宋皇帝。南宋末年有3个娃娃皇帝，短短5年内就有3个考拉型，所以南宋的K型皇帝在数据上就偏多。北宋和南宋相比，北宋的虎性、大气要胜于南宋，因为北宋有1个T型皇帝、3个P型皇帝，外向型皇帝占比为44%，超过南宋的11%。南宋的理性和经济胜于北宋，因为南宋的O型皇帝比北宋多。

第二十一章
元朝帝王的性格类型移动轨迹

元朝的开国者为孛儿只斤氏，整个朝代历经 98 年，传 6 世 11 帝。从公元 1206 年成吉思汗建立蒙古政权算起，蒙元国祚 162 年，传 8 世 15 帝。北元国祚 34 年，由惠宗（顺帝）的皇太子继承建立。从一个完整的政权组织来看，孛儿只斤氏政权有 196 年，传 8 世 16 帝，如图 21-1 所示。本书把忽必烈到元顺帝作为元朝帝王分析。大元者，出自《周易》"大哉乾元"。元在地方实行行省制度，开中国行省制度之先河。全国划分为由中书省所直辖的京畿地区，由宣政院所管辖的吐蕃地区及 10 个行中书省。元开创了世界上最早的完全的纸币流通制度，是中国历史上第一个完全以纸币作为流通货币的朝代，然而滥发纸币也造成了通货膨胀。

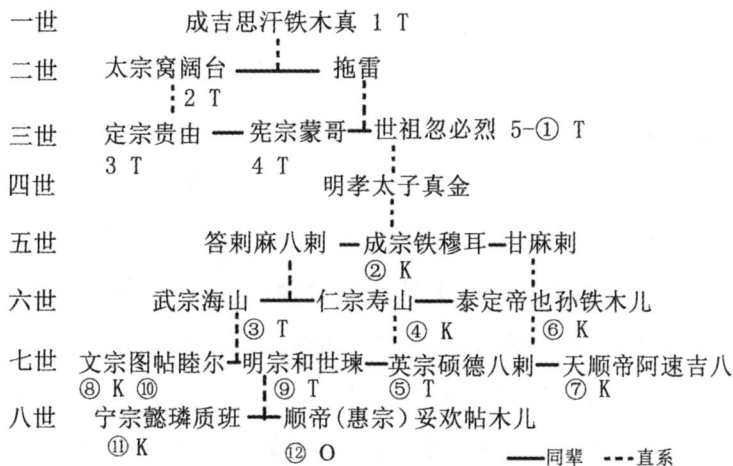

一世		成吉思汗铁木真 1 T		
二世	太宗窝阔台		拖雷	
	2 T			
三世	定宗贵由 — 宪宗蒙哥 — 世祖忽必烈 5-① T			
	3 T	4 T		
四世		明孝太子真金		
五世	答剌麻八剌 — 成宗铁穆耳 — 甘麻剌			
		② K		
六世	武宗海山 — 仁宗寿山 — 泰定帝也孙铁木儿			
	③ T	④ K	⑥ T	
七世	文宗图帖睦尔 — 明宗和世瓎 — 英宗硕德八剌 — 天顺帝阿速吉八			
	⑧ K ⑩	⑨ T	⑤ T	⑦ K
八世	宁宗懿璘质班 — 顺帝（惠宗）妥欢帖木儿			
	⑪ K	⑫ O		——同辈 ---直系

图 21-1　蒙元孛儿只斤氏政权的帝位传承和世系

蒙元的开创者成吉思汗铁木真，被追为元太祖，在位 22 年。年轻的铁木真懂得财散人聚的道理，宽厚仁慈，常常把好衣好马赏给别人，人们都很喜欢他。像赤老温、哲别这些人，以及朵郎吉、札剌儿这些部落，都因为倾慕他的仁义而来归降。塔塔儿部叛金，被金丞相完颜襄统兵击溃，向斡里札河逃奔。铁木真闻讯，即向脱里汗报告，脱里率领克烈军，铁木真以"为父祖复仇"的名义征集蒙古部军相从，进至斡里札河，攻破塔塔儿堡寨，抓获其首领。完颜襄以助征叛部有功，授脱里王号，脱里自此称王汗；铁木真则被金朝授予"札兀惕忽里"官号。斡里札之战和金朝的封赏，大大提高了铁木真的威望和权力。从此他可以用金朝任命的部族长官身份统辖部众，号令诸家贵族。

木华黎（T2 型）与博尔术（T4 型）、博尔忽、赤老温一起，忠勇奋战，辅佐铁木真统一诸部，被称为大蒙四杰（或四俊）。1206 年，铁木真建立蒙古汗国。他进行军政改革，实行千户制，建立护卫军，全民皆兵，上马则备战斗，下马则屯聚牧养；强化国家司法机构，设置断事官；颁布《成吉思汗法典》，建立封建君主集权的家族体制。本着"各分土地共享富贵"的原则和目标，蒙元继续向外进行军事扩张。蒙古军攻占金中都时，成吉思汗收耶律楚材（P2 型）为臣。1218 年，成吉思汗带领蒙军第一次西征。自 1205 年起，铁木真三次进攻西夏，屡创夏军主力，迫使夏襄宗李安全献女求和，同意附蒙攻金，使蒙古得以顺利攻金。

蒙古帝国初具规模之后，他认为自己需要一位政治家来巩固和发展他所创立的帝国，以完成他的未竟之业，不光是需要一位攻城略地的军事家。窝阔台足智多谋，治国才能较他的嫡四子拖雷更全面。从帝国的前途出发，成吉思汗克制了自己对拖雷的宠爱之情，量才用人，打破蒙古的旧传统，擢升窝阔台为继承人。1219 年，成吉思汗召见诸弟和诸子，议定将来由窝阔台为汗位继承人。1223 年，木华黎病逝；1225 年，成吉思汗的嫡长子术赤病逝；1227 年，铁木真在兴兵灭夏途中染病，于西夏投降前夕去世，在临终前定下"联宋灭金"的战略。他在临死前，再次把诸子召到身边，要求他们服从窝阔台的领导，且兄弟间要精诚团结。

成吉思汗雄才大略，气度恢宏，善于团结和使用自己的搭档，建立了能征善战、纪律严明的强大军队，拥有一大批善战将帅和指挥官，除了大蒙四杰，还有大蒙四勇：哲别、者勒蔑、速不台、忽必来。他还有家族猛将，铁木真的四胞弟：合撒儿、别勒古台、合赤温、帖木格；铁木真的嫡四子：术赤（T 型）、察合台（O 型）、窝阔台、拖雷；铁木真的四养子：阔阔出、失吉·忽图忽、博尔忽、曲出。他善于联合盟友去击败自己的强敌，善于在败时保存和恢复力量，在胜时迅速发展力量。本书认为成吉思汗是 T2 型，考拉性格第三，孔雀性格第四，并能在 TOPK 四种性格类型间自觉或不自觉地切换。

成吉思汗去世后，由于蒙古的库里勒台制（部落议事会制度）仍然在起作用，窝阔台不能因其父的遗命继位，必须等待库里勒台的最后决定。其间，王位空缺两年，按照"幼子守灶"的传统，铁木真第 4 子拖雷担任"监国"，拖雷监国两年后，1229 年，为了推选新大汗，蒙古的宗王和重要大臣们举行大会。大哥术赤已死，二哥察合台全力支持窝阔台继位，拖雷也拥立三哥窝阔台继任大汗。1231 年，大蒙征服高丽，1232 年，拖雷（O1 型）病逝在征途中。在耶律楚材（辽太子耶律倍的八世孙）的辅佐下，窝阔台采取汉制治理中原。在耶律楚材的建议下，他发布试选儒士的诏书，举行戊戌选试。这次选拔的杨奂、刘祁、孟攀鳞、赵良弼、许衡、张文谦等人，均为政府和社会做出了积极贡献，在历史的进程中发挥了巨大作用。戊戌选试意义重大，它对蒙古政权的汉化和华夏文明的延续起到了重要作用。

1235 年，窝阔台汗派蒙古诸王的长子率领蒙军进行第二次西征（史称拔都西征），术赤长子拔都为帅，窝阔台长子贵由、拖雷长子蒙哥等王子从之。1237 年占领莫斯科，1241 年兵分两路入侵波兰、匈牙利，大败神圣罗马帝国联军，前锋直指维也纳，欧洲为之震惊。正当此时，窝阔台去世，他主政 12 年，被追为元太宗。史学家认为，窝阔台宽弘之量、忠恕之心，量时度力，乘开国之运，师武臣力，继志述事，席卷西域，奄有中原。惟知诸子不材，又知宪宗之克荷，而储位不早定，致身后政擅宫闱，大业几沦，有余憾焉。本书认为窝阔台是 T4 型，第三性格是孔雀。

窝阔台病逝，按照传统，新的大汗需要经过由蒙古贵族共同参加的库里勒台大会选举产生（一般情况下就是前任大汗的指定继承人当选）。在此期间，窝阔台的皇后乃马真氏（T 型）担任帝国摄政。窝阔台生前有意向将汗位传给他的孙子失烈门（阔出之子），但没来得及立诏，他就突然病死于行猎之中。乃马真皇后摄政后，她不顾各方的强烈反对，一心要将自己的儿子贵由（太宗的嫡长子）推上汗位。结果导致窝阔台家族内部分裂，窝阔台的孙子失烈门旗帜鲜明地表示强烈不满。金帐汗国的创建者、术赤系领袖拔都（术赤嫡次子）坚决反对由贵由继承汗位。拔都自己并没有染指汗位的野心，但他和贵由积怨很深，大蒙帝国的分裂危机逐渐加深。

太宗的皇后在主政 5 年后，1246 年，贵由在母后乃马真氏支持下通过推举大会顺利继位。作为一个资深"妈宝男"的贵由在太后乃马真去世后，在朝政管理上的种种幼稚做法立刻暴露无遗，他下令打开国库重赏那些支持自己登基的大臣，此举对获赏的大臣来说自然乐不可支，但大大削弱了帝国的库藏。他将绝大部分精力用在宴会、狩猎及提防拔都上。在位期间，他很少对外展开军事行动，他和拔都之间的矛盾一触即发，各地的宗王们都为可能即将到来的内战积聚力量。他在远征欧洲的归途中病死，被追为元定宗，主政 3 年。史学家说，（贵由时代），太宗之政衰矣。本书认为，贵由是 K1 型。贵由的第三皇后海迷失（T 型）在拔都等诸王拥立下垂帘听政，称制 3 年。

在窝阔台家族这一边，贵由的两个儿子脑忽和忽察，以及当年失去汗位的失烈门都公开要求继承汗位，三人各自建立了自己的宫廷，每个人都有一群支持者，这就使窝阔台家族的实力进一步分化。拔都（钦察汗国的实力最强）作为长孙本有实力承继汗位，但他无意即位，遂提议召开库里勒台大会，力挺拖雷的长子蒙哥（也是窝阔台的养子）为大汗。在母亲唆鲁禾帖尼（O 型）的运作下，蒙哥成功被选为大汗。他继位后，派旭烈兀率军进行第三次西征，蒙哥灭大理国，旭烈兀占领阿拉伯帝国首都巴格达，灭阿拔斯王朝，占领大马士革。蒙哥、忽必烈和大将兀良合台分三路大举进攻南宋，他亲率主力征四川，死在合川战役中。蒙哥主政9年，被追为元宪宗。《元史》说蒙哥："刚明雄毅，沉断而寡言，不乐燕饮，不好侈靡，虽后妃不许之过制。凡有诏旨，帝必亲起草，更易数四，然后行之。御群臣甚严。"本书认为蒙哥是T2型。

忽必烈和胞弟阿里不哥（T型）争夺大汗位，蒙帝国走向分裂，钦察汗国、察合台汗国、窝阔台汗国都支持阿里不哥，唯有伊尔汗国支持忽必烈。阿里不哥失败后，各大汗国纷纷独立，大蒙帝国随之解体。在元成宗时期，四大大汗国认元朝为宗主国，大蒙帝国形式上再归一统。蒙元帝国形成于13世纪初，后成为横跨欧亚大陆的大帝国，为元朝与四大汗国的联合体，疆域最大时达2400万平方千米，是人类史上仅次于大英帝国的第二大帝国。

元朝开国皇帝世祖忽必烈，铁木真之孙，拖雷之第四子，蒙哥之弟，贵由之堂弟，在位35年，享年80岁，是中国历史上十分长寿的开国皇帝。他在当藩王时，就考虑到对国家要有大的作为。在蒙哥时期，他总领漠南，任用刘秉忠、许衡、姚枢、郝经、张文谦、窦默、史天泽、杨惟中、张德辉、元好问等人，向他们请教治理国家的办法。从《元史》的相关大臣列传来看，忽必烈有谦虚善问的习惯。他在正妻察必、大臣和精兵的拥立下，自立为大汗。其弟阿里不哥则在哈拉和林被蒙古本土贵族推举为大蒙古国大汗，双方遂展开激烈内战，历时达4年之久，阿里不哥战败。忽必烈用武力自立接班，挑战合法接班的阿里不哥而开创元朝。

在刘秉忠的规划下，忽必烈建都于金国大都。忽必烈入侵南宋，历经12年的奋战，灭亡南宋，统一中华。他没有停止四向征战，对邻近诸国发动了一系列战争，如安南、占城、爪哇和日本等。战果不佳，又有财政危机。元朝需要大量财宝赏赐各封王，开支繁重，财政日渐紧张。许衡等认为元朝应该节省经费、减免税收。阿合马等认为，南人藏有大量财物，应没收以解决朝廷的财政问题。这个争论在朝中没有停止。忽必烈信任阿合马，设立尚书省解决财政问题。许衡等人以受汉化更深的太子真金为核心形成一派，与阿合马抗衡。阿合马被刺杀，而太子真金也于其后得病而死。他仍然先后任用汉人卢世荣、畏兀儿桑哥等理财派官员，以之来解决朝廷的财政问题。

他在进行改革时，下意识地保留蒙古旧制，而没有像北魏孝文帝那样，将鲜卑人尽数汉化，实行汉学教育。他的改革具有变化性和适应性，采取一国三制政策。在金朝故地上实行的是金朝的制度，在南宋故地上则实行南宋的制度，漠北和漠南一带地区，继续沿袭蒙古帝国的制度。他将征服的地区视作统治异族的地方，同时将其看作蒙古人瓜分利益的宝地，他大力推行民族等级政策，坚持民族压迫，将数量最多的南宋子民列为最下等。他的博爱和开放包容胸怀，逊于北魏孝文帝。为了对外战争，打造东征海船，他对沿海和江南地区的徭役征发日益加重。人民不堪沉重的封建剥削与压迫，纷纷起义。1283年，江南各族人民起义凡 200 余起，1289 年，增至 400 余起。

他遇到反对他的事，会先冷静并隔日再做决定。《元史》记载，他诏令撤掉史天泽（O1 型）丞相职务，听候审讯。廉希宪（P1 型）进言道：天泽久为陛下效力，陛下深知其为人，故委以重任，他带兵理政，成绩卓著。陛下知人善任，才以他为相。今有小人说他的不是，陛下应细加考察，看是否真有肆意横行不遵法纪之事。今日陛下信任我，所以我才敢这样说；如有一天有人弹劾我，是否也被怀疑？臣等在朝为官，陛下如此好疑，我们怎能自保？既罢天泽之职，亦当罢臣之职。忽必烈听后深思地说：卿暂退去，朕再想想。次日，忽必烈召廉希宪说：我想过了，弹劾天泽确无证人。

他敢于当面认错。《元史》记载，忽必烈常对人称赞塞遹能干，不忽木问忽必烈何以见得，忽必烈说：此人侍奉宪宗时，常常将内府财物拿出暗中来资助我。不忽木说：这是为臣不忠的表现。如果今天有人将内府财物私自去结交亲王，陛下觉得此人怎样？忽必烈忙挥手说：卿别说了，是朕失言。

晚年的他，也能明智地对待大臣们的建议。1292 年，中书省大臣上奏说：狂妄的人冯子振曾经写诗赞誉桑哥，涉及大话，待桑哥身败，却控告撰写辅政碑的词臣用语不当，国史院的编修官陈孚揭发他的奸状，请求免究他的罪责，遣送他回家。晚年的忽必烈回答说：词臣有什么罪过，如果认为赞誉了桑哥就有罪，则朝廷上的大臣们谁没有赞誉他？我也曾经赞誉过他呢！

他敢于授权并善于让下属担责。1293 年，中书省大臣上奏说：由侍臣传旨授予官职的，先后有 70 人，臣现在想要加以淘汰、选择，不能够任用的不敢遵奉圣命。忽必烈回答说：任用他们大都不是我的意思。凡是有人来举荐的，我只是传令告诉你们，可用不可用，由你们自己决定。

他大度地善待前朝宗室。清朝魏源评他说：宋幼主（赵显）母子至通州，命大宴十日，小宴十日，然后赴上都。除弘吉剌皇后厚待之事别详《皇后传》外，其母子在江南庄田，允为世业，直与元相始终。宋之宗室如福王与芮等，随宋主来归，授平原郡公，其家赀在江南者，取至京赐之。即奸民冒称赵氏作乱者，从不以累及宋后，其优礼亡国也如是。

他遗留下分级制度、沉疴的赋税与骄奢淫逸的皇室习惯，包括他通过武力获得大汗位，没能确定明确的嫡长子继承制，为元朝不到百年国祚留下了隐患。《元史》说他："仁明英睿，事太后至孝，尤善抚下。度量弘广，知人善任使，信用儒术，用能以夏变夷，立经陈纪，所以为一代之制者，规模宏远矣。"元代史官董文用说："世祖皇帝仁孝英明，睿谋果断。"朱元璋赞曰："（元世祖）宽恤爱人，亦可谓有仁心矣。"本书认为，开创省制的忽必烈是 T3 型，猫头鹰性格排第三，考拉性格排第四，能在 TOPK 四种性格类型间自觉或不自觉地切换。

第2任元成宗铁穆耳，忽必烈之孙，太子真金的嫡三子，在位13年，享年42岁。在明孝太子真金去世后，忽必烈在去世前，再也没有明确接班人，他只是把原来赐给真金的"皇太子宝"印玺给了铁穆耳。虽然群臣可以在真金的长子晋王甘麻剌及三子铁穆耳之间选择接班人，但铁穆耳因有元世祖下赐的"皇太子宝"印玺（有接班的意思），并镇守和林。皇太子妃阔阔真用比赛的方法化解了危机，她命兄弟两人当众比赛诵读祖宗宝训，优胜者为大汗。铁穆耳胜出，晋王甘麻剌（真金的嫡长子）退让，铁穆耳在玉昔帖木儿（博尔术之孙）、伯颜等大臣的支持下顺利即位。

在位期间，他减少对外战争，专力整顿国内军政。对中央人事没有做大调整，仍然任用中书右丞相宗泽、平章布忽木等执政。他继续实行忽必烈末年的限制诸王势力、减免赋役、赈济灾民等宽大的政策，新编律令，使社会矛盾暂时有所缓和。他采取和平的外交政策，对于邻近的国家，不因为小事而武力征伐，力求以德服人。发兵击败西北海都、笃哇等，都哇、察八儿归附，使西北长期动乱局面有所改观。四大汗国正式承认元朝为宗主国，铁穆耳是成吉思汗皇位的合法继承人，大蒙元帝国形式上再次一统，善于守成的铁穆耳带领元朝达到鼎盛。但他滥增赏赐，入不敷出，国库资财匮乏，钞币贬值。发兵征讨八百媳妇国（今泰国西北部的清迈），引起云贵地区动乱。晚年患病，委政于皇后卜鲁罕和色目大臣，朝政日渐衰败。贪污受贿盛行，虽有惩治，但雷声大雨点小，效果不佳。加上他对接班人问题处置不慎，导致元朝盛极而衰。本书认为，他是K1型。

第3任元武宗海山，明孝太子真金之孙，成宗铁穆耳之皇侄，在位4年，享年31岁。由于铁穆耳的独子早死，皇嗣不定。皇侄海山（在1300年打败海都）拥兵漠北，是皇位最有力的竞争者。寿山（爱育黎拔力八达）和母亲答己得到哈剌哈孙（T型）的支持，在成宗铁穆耳去世3个月后，在大都发动宫廷政变，囚禁临朝称制的成宗皇后卜鲁罕和她意图拥立的阿难答。海山率军进入大都，寿山拥立胞兄海山为大汗。在库里勒台大会上，海山即大汗位，他处死成宗皇后卜鲁罕和堂皇叔阿难答，立胞弟寿山为皇太弟，约定"兄弟叔侄世世相承"的皇位继承：海山之后，寿山接班；寿山死后，帝位复归武宗之子和世㻋，皇位在他和寿山的后代间交替继承。

他继位时，接管的是一个貌似强大安定、实则弊端丛生的帝国。他慨然欲创治改法而有为，致力于实行改革，在中书省外另立尚书省，推行理财政策，发行"至大银钞"和"至大通宝"，导致至元钞大为贬值。他强化海运，增课赋税。这些措施与忽必烈时期阿合马、桑哥主持的尚书省的举措很相似，但实行得比那时更温和。但他溥从宽大，大范围地封官赏赐，筹备郊祀，大兴土木，兴建元中都，大建佛寺，造成了严重的财政危机。《元史》说他："其封爵太盛，而遥授之官众，锡赍太隆，而泛赏之恩溥。"文化上，他延续开明的宗教政策，加封孔子为"大成至圣文宣王"，这是孔子在历代王朝中得到的最高级别的封号。他与察合台汗国瓜分了窝阔台汗国，窝阔台汗国从此灭亡，元朝与各汗国和平往来，再未发生战争。他在和林设置行省，管理漠北地区。本书认为易喜易怒的海山是T3型。

第4任元仁宗寿山，武宗之胞弟，在位10年，享年35岁。寿山以皇太弟继位，史称武仁授受。他继续大力进行改革，罢建元中都，停用至大银钞，进用汉族文臣，减裁冗员，整顿朝政，实行科举制度，推行"以文治国"政策。

1314年，仁宗恢复科举取士，史称"延祐复科"。他支持编撰法典《大元通制》，翻译出版汉语书籍，限制贵族权力，一定程度上改变了成武两朝的衰败之势。对于接班人，他却在子侄间难以决断，太后答己、权臣铁木迭儿等亦劝他传位己子。他封武宗长子和世琜为周王，将周王和世琜徙居云南，途中武宗旧臣谋奉之以叛，事不成，周王前往西北游牧。他将和世剌之弟图帖睦尔放逐至南方，立自己的儿子硕德八剌为皇太子，打破了与武宗的"兄弟相袭，叔侄相继"的誓约。这个做法导致后来元朝长达20年的政治混乱及宫廷斗争。

在位期间，他不事游畋，不喜征伐，尊贤重士，待宗戚勋旧，始终有礼。《元史》说他："天性慈孝，聪明恭俭。"《元史·李孟传》记载："中书右丞相哈剌哈孙答剌罕密使来告，仁宗疑而未行。……仁宗犹豫未决。……生民涂炭，宗社危矣。且危身以及其亲，非孝也；遗祸难于大兄，非悌也；得时弗为，非智也；临机不断，无勇也。仗义而动，事必万全。"仁宗曰："当以卜决之。"由此可判，仁宗在紧急突发事件中常犹豫不决，需要有人推一把。清朝史学家魏源说，仁宗寿山，有汉文帝之风。史学家认为，寿山对母后很孝顺，很多决策都听从母后的。本书认为，仁宗寿山是K2型。

第5任元英宗硕德八剌，仁宗之子，在位4年，享年21岁。他14岁时被册立为皇太子，16岁开始参与政事，17岁的他在太皇太后答己及右丞相铁木迭儿等人的扶持下，在大都大明殿登基接班。这两年，处事很有主见的他，在太皇太后和右丞相铁木迭儿的辅政下，倍感政治压力。

铁木迭儿、太皇太后相继去世，19岁的英宗开始亲政。在右丞相拜住、中书省平章政事张圭等的帮助下，年轻气盛的英宗实施新政。他加强中央集权和官僚体制，颁布实施父皇制定的《大元通制》，以加强法制，督责国家政制法规，革除以往政令不一、罪同异罚的混乱现象；监督官员不法行为，颁布新法律，采用"助役法"以减轻人民的差役负担。裁减冗官，节省浮费；发布《振举台纲制》，要求推举贤能，选拔人才；清除铁木迭儿余党，查处他们的贪赃枉法事件。下令清除朝廷中铁木迭儿的势力，但随着清理的扩大，再加上朝廷中的蒙古保守势力对英宗以文治国的施政不满，铁木迭儿的义子铁失（御史大夫）发动南坡政变，刺杀了英宗及宰相拜住（老虎型）等人。这是蒙古开国以来第一次弑杀大汗的血案，也是元朝开国以来第一次弑君血案，元朝从此进入了衰败的轨道。英宗被弑杀，用人不当也。

《元史》说他：性格刚明。《元史》记载，参议中书省事乞失监犯卖官之罪，刑部依法判决打板子，太皇太后下令用鞭打。他说：不行。法令是公之于天下的，徇私情而轻重不当，就不能以公心示天下。他连祖母的情面都不顾，依法处置罪臣。铁木迭儿经过几个月的试探，发觉英宗并不软弱，就说动答己太后废掉英宗，另立他弟弟安王兀都思不花。他知道消息后，以迅雷不及掩耳之势就把这伙企图谋废立的乱党缉拿，不等鞫状，就命悉诛之，将皇弟安王贬斥为顺阳王，几个月后处死。史学家说，（英宗）励精图治，承延祐宽政之后，思济之以猛，御下甚严。本书认为他是 T3 型。

第 6 任泰定帝也孙铁木儿，真金的长孙，晋王甘麻刺（成宗的大哥）的长子，成宗的皇侄，英宗的堂叔，在位 5 年，享年 36 岁。英宗被行刺后，镇守和林的也孙铁木儿率兵南下，杀掉行刺英宗的叛臣，武力接班。

他在位时，在人事上采取宥和政策，尽可能调和统治集团内部的矛盾。政治上他未有太大变动，年号也是泰定与致和，以守成和维稳为基本目标，继续实行兼容并包的宗教政策，国家大体稳定，但由于开国以来的内政一直没有很好地理顺，元朝政府应对天灾的能力不足，已进入多事之秋。面对这种灾异连连的状况，他在上都召集百官商讨对策，当时地位最高的汉臣、中书省平章政事张珪向他请求整顿弊政，提出了肃清铁失余党、对和尚和道士加以限制、裁汰冗官、停止广州珍珠采办等 10 余条建议，但他不予采纳。

他是个很仁慈的人，先后给两堂侄子明宗、文宗娶老婆，宁宗的母亲八不沙皇后就是由他做主嫁给明宗的。他封被英宗放逐到海南岛的图帖睦尔为怀王，镇守建康。他开设经筵，学习汉文化，但依然维持旧制。赵简说他："于是四年矣，未闻有一政事之行、一议论之出显有取于经筵者。"自忽必烈建国起，朝廷将各民族分为不同等级，残酷剥削汉族群众，变本加厉向汉人收取各种名目繁杂的赋税，民族压迫十分严重，汉人被掠夺更为常见。汉族人民揭竿而起，在 1325 年发生了河南赵丑厮、郭菩萨领导的起义。正是从泰定帝开始，元朝的政局再度陷入无休止的混乱、动荡中，再没有任何一位皇帝能提出并实施切合实际的改革。本书认为，泰定帝是 K3 型。

第 7 任天顺帝阿速吉八，泰定帝之子，在位 42 天，享年 9 岁。他是元朝的第一个娃娃皇帝。他在 3 岁时被父皇册立为皇太子，泰定帝为培养他，曾经将《帝范》翻译成蒙古文让他读，并派专人讲解，以期让他尽早学会为君之道。泰定帝皇后八不罕（T 型）参与朝政，抖尽威风。她毫无顾忌地把泰定帝宠幸的婢女宫姬随意赐给与自己勾结在一起的大臣亲信，以此铲除情敌，收买人心。泰定帝因性情软弱而默认了她的行为。泰定帝去世后，太子阿速吉八理应登基为帝，然而八不罕为了能过一把摄政女主角的瘾，竟然勾结同样想长期揽权的倒剌沙，迟迟不肯册立新帝，而是以皇后的名义临朝摄政。过于自信的她命亲信平章政事乌伯剌赶往元大都收掌百司印章，颁布皇后敕书安抚官员百姓。八不罕的举动非但没能安抚天下，反而引起朝野内外的忧惧与猜疑。

燕铁木儿（T型）趁着满朝文武齐聚兴圣宫听使者宣读八不罕皇后敕书，指挥自己的亲信武士，将从前不在自己阵营中的朝臣宗支统统活捉，恶狠狠地宣布了迎立武宗之子的决定。官员们的性命都在他的手里，还有什么可说的，只能唯命是从。按照继位顺序，燕铁木儿本该首先拥立元武宗海山的长子周王和世㻋，但和世㻋正在边陲封地镇守，一时间难以返回大都。燕铁木儿为防时间拖得太长发生意外，便派人前往江陵，请武宗海山的次子、怀王图帖睦尔先行返京登基。9月，怀王回到大都，13日，怀王登基为帝。听说怀王称帝的消息，八不罕皇后在左丞相倒剌沙等大臣宗王后妃们的支持下，立即拥立皇太子阿速吉八为帝。两个皇都两个皇帝，元朝内战立即爆发。八不罕以太后的名义发布懿旨，派大军讨伐文宗君臣。在燕铁木儿身先士卒的统领下，文宗一派的军队屡屡获胜。泰定帝的朝臣宗王多被斩杀，泰定帝的后妃们都被幽禁，天顺帝从此下落不明，很可能是死于乱兵。本书认为，八不罕是T3型，天顺帝因为年龄太小，基本上没有执政，本书把他归为K型。

第8任、10任皇帝元文宗图帖睦尔，武宗海山之子，明宗之弟。两次在位，在位时间共计4年，享年29岁。他第一次称帝时，颁布了一道诏书，向天下许诺，说自己乃是迫于局势方才称帝的，只待兄长周王和世㻋返回，便将帝位奉还。明宗去世，燕铁木儿托明宗皇后之命，奉皇帝之宝授于文宗，随即回返。文宗重祚以后，大兴文治。他设立奎章阁学士院，掌进讲经史之书，考察历代治乱。又令所有勋贵大臣的子孙都要到奎章阁学习。奎章阁下设艺文监，专门负责将儒家典籍译成蒙古文字并校勘。同年下令编纂《元经世大典》，两年后修成，为元代一部重要的记述典章制度的巨著。丞相燕铁木儿自恃有功，独专朝政，奢靡无度，吏治渐趋腐败，国势更加衰落，各地多次爆发农民起义，大动乱正在酝酿之中。1330年，文宗立5岁的嫡长子为皇太子，1331年，皇太子不幸病死。嫡次子在文宗去世时，只有5岁，他遗诏立7岁的皇侄懿璘质班为皇位接班人。本书认为爱好下围棋的文宗是K2型。

第9任元明宗和世㻋，武宗之长子，文宗之兄，天顺帝之堂哥，在位184天，享年30岁。文宗图帖睦尔取胜后，便派哈散及撒迪等去察合台汗国迎接他称帝，朔漠诸王也劝他登基。他决定重返元朝，诸王和武宗旧臣相继来迎。图帖睦尔再遣中书右丞跃里帖木儿迎接他，跃里帖木儿、撒迪等以图帖睦尔之命劝进。他抵达和林后，在蒙古贵族的拥立下，宣布即位，在和林举行了登基仪式。文宗遣右丞相燕铁木儿奉皇帝玉玺北上，燕铁木儿抵达他所在地，率百官献上玉玺，并陪同他返京，而后宣布封图帖睦尔为皇太弟。他在返京途中就表现出大有作为的姿态。他有条不紊地行使皇帝权力，迅速将自己的亲信安插进省、台、院，并两度发表施政训谕，强调制度规范，又认为"听政之暇，宜亲贤士大夫，讲论史籍，以知古今治乱得失"。他在南下大都的途中去世，燕铁木儿再次拥立文宗，文宗固让于兄，犹仁宗之奉武宗也。明宗之死，文宗不幸也。本书认为，他是 T3 型。

第 11 任元宁宗懿璘质班，明宗之次子，在位共 53 天。年仅 7 岁的宁宗是元朝的第二个娃娃皇帝。文宗的卜答失里皇后与宗室亲王及大臣共同奉行遗诏，拥立皇侄懿璘质班登上皇位。因为新帝年幼，卜答失里太后临朝称制，不久，宁宗得病而死。娃娃皇帝宁宗在位时间短，本书把他的性格类型归为 K 型。

第 12 任元顺帝妥懽帖睦尔，宁宗之异母兄，明宗之长子，文宗之皇侄。1368 年出逃，元朝结束对中原的执政。作为全国性皇帝，他主政 36 年，作为北元的皇帝，他又主政了 2 年，享年 51 岁。

皇太后卜答失里把他从广西桂林召回，其间由皇太后执政，燕铁木儿辅政。半年后，13 岁的他登基为帝，皇太后辅政，皇太后的亲儿子燕帖古思为皇太子。他在位之初，右丞相伯颜的势力很大，把持着朝政，和左丞相撒敦（燕铁木儿的弟弟）、御史大夫唐其势（燕铁木儿的儿子）发生内斗，伯颜胜出，被封为秦王。伯颜（T型）经常不把顺帝放在眼里，随着时间的推移，顺帝与伯颜的矛盾日益尖锐，伯颜在 1335 年取消科举考试，排除汉臣，国政混乱。1336 年爆发白莲教起义。在伯颜之侄脱脱的帮助下，顺帝成功地废黜了伯颜和皇太后，控制了政局。

21 岁的顺帝亲政，他除掉了原定的皇储、文宗之子（顺帝堂弟）燕帖古思，把自己的儿子爱猷识理达腊作为皇储来培养。这个时候，他勤于政事，任用脱脱等人，采取了一系列改革措施，以挽救元朝的统治危机，史称"至正新政"。右丞相脱脱恢复了科举制度，他颁行法典《至正条格》，以完善法制；颁布举荐守令法，以加强廉政；下令举荐逸隐之士，以选拔人才。但这些举措未能从根本上解决积弊已久的社会问题。他下令修撰《辽史》《金史》《宋史》三史。1344 年，脱脱以多病辞相。此后 5 年间，顺帝分别任用阿鲁图等 4 人为相，他们虽然不是奸臣，但能力都不如脱脱。1349 年，他重新起用脱脱（T型）为中书右丞相，希望挽回元朝的颓势。他下令变更钞法，铸造"至正通宝"钱，并大量发行新"中统元宝交钞"，导致物价迅速上涨。1351 年爆发起义，朝廷内讧，起义成燎原之势。1353 年，脱脱镇压起义获得成功，致使红巾军进入低谷。这个时候，顺帝忘乎所以，他正式册立爱猷识理达腊为皇太子，丞相脱脱对此有微词，哈麻趁机挑拨离间，为元宫廷的内乱埋下伏笔。

爱猷识理达腊（T3 型）成为皇太子以后，便卷入了元廷内部斗争之中。关键时刻，顺帝倦怠朝政，沉湎享乐，却不退位。他命中书省、御史台、枢密院凡奏事先启皇太子，实际上就是把朝政交给皇太子，或者是想锻炼皇太子的执政能力。丞相脱脱亲自督战攻徐州起义军芝麻李，一度取得了很大的胜利。脱脱率军围攻高邮起义军张士诚，被朝中弹劾，功亏一篑。脱脱被黜，被哈麻害死于流放途中。脱脱被逐，是元朝走向崩溃灭亡的重要转折点。

更为不幸的是，在国事多秋的关键时刻，顺帝父子内斗。太子想逼父皇内禅，联合扩廓帖木儿（王保保）欲夺帝位，顺帝以孛罗帖木儿（T型）为支柱不肯禅让。木华黎后裔察罕帖木儿（T型）是元末挽救元朝的重要希望，但他在匡复山东时中计遇害而死，这加速了元朝的灭亡。顺帝父子爆发内战，太子联合扩廓帖木儿（T型）驱除孛罗帖木儿一派，获得胜利，但因时势不得不与父皇实现和解。太子攻打扩廓帖木儿，元朝内乱继续。1368年，顺帝出逃上都，大元灭亡。后来顺帝父子重归于好，一致对外，为时已晚。1370年，顺帝死，皇太子继位，史称北元。1378年，北元昭宗去世，其弟即位；1388年，北元彻底灭亡。

顺帝小时候，性格好动，常常掘地为穴，撒尿其中，然后和成泥，做成各种玩具。又喜欢养"八角禽"，有时鸟飞到池塘中的枯树枝上，他竟顾不得脱靴，下水捕捉，秋江长老多次加以制止。他还经常做孩子王，带领二三十个小孩做纸旗杆，插在城上。他在建筑工艺、机械工程等方面很有天赋。建造宫殿时，他亲自画出建筑图样，亲自制作模型，让工匠依照他的图纸开工。《元史》记录了他的几件"闲事"。比如，他亲制图案，设计了龙船。龙船前后长达120尺，宽达20尺，前有帘棚暖阁，后有殿阁楼台，且都用五彩金妆，十分奢华。龙船上有24名水手，身穿紫衣，皆戴头巾，分列船两侧，甚是瞩目。龙船建成后，他亲自坐船体验游戏，据说船行驶时，龙头的眼和口，还有龙身上的爪和尾巴都会活动起来，很是巧妙。他还自己制作了宫漏，高约六七尺，宽大约是其一半。宫漏结构复杂，有一木箱藏于其中，靠水力运动，而木箱上则设置西方三圣殿，箱腰则有捧着时刻筹的玉女，只待时间一到，便浮水而上。宫漏左右有持钟、持钲二位金甲神人，在夜晚按时击打，不差毫秒。当钟钲鸣叫时，在侧的狮凤皆翔舞以贺，甚是壮观。木箱西东有日月宫殿，有6个飞仙立于其前，等到子时或午时，飞仙则会通过仙桥到达三圣殿，之后又退回如初。宫漏的设计可以说是精巧绝妙，令人赞叹。在国事多秋时刻，把过多的精力花费在他的信仰和爱好上，不仅颓化了他的生活，更消磨掉了他的意志，他放弃了皇帝责任，但不内禅。他在政治上失败了，在艺术上有成就，时人称他为鲁班天子、奇葩天子、木匠皇帝。

元朝败在顺帝，败在父子内讧。国难时刻，君臣父子应协心戮力，以遏乱略，以戡凶渠，元朝中兴都难矣，更何况太子与皇帝不同心？顺帝的皇太子，自作孽也。本书认为，他是O3型。

元朝皇帝的性格类型路线如下：世祖忽必烈（老虎）01—成宗铁穆耳（考拉）02—武宗海山（老虎）03—仁宗寿山（考拉）04—英宗（老虎）05—泰定帝（考拉）06—天顺帝（考拉）07—文宗（考拉）08—明宗（老虎）09—文宗（考拉）10—宁宗（考拉）11—顺帝（猫头鹰）12，具体如图21-2所示。

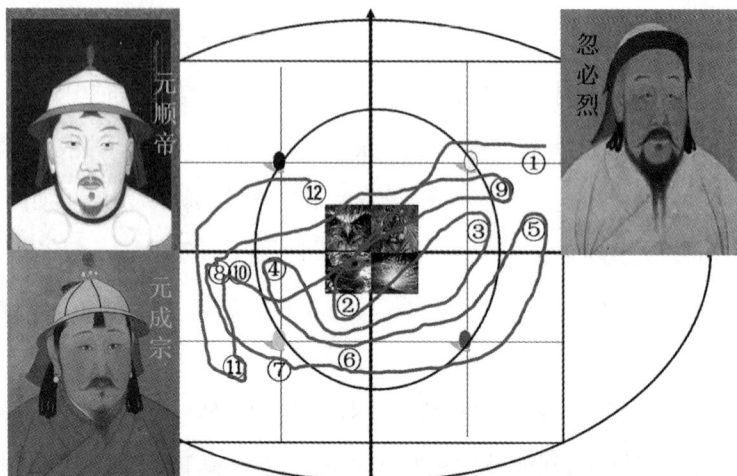

图21-2　大元孛儿只斤氏政权的帝王性格类型移动

T型的忽必烈，奋4任可汗之余烈，在符合VCAT和TOPK原则的文武班子辅政下，建立了大元政权，再次统一了中华民族。他立的真金太子比他早逝而未能接班，K型的皇太孙铁穆耳在29岁的壮年接班，元朝似乎不存在二代（二任）危机。但铁穆耳无嗣而终，元朝随即发生三代危机，T型的皇后卜鲁罕虽然有强烈的支配需求和控制欲望，但政治能力不强，导致元朝发生武力争夺皇位，最后在T型的答己、T型的海山、K型的寿山齐心协力的奋争下，海山成功接班。答己变成皇太后，干政三任，T型的海山执政4年而逝，K型的寿山执政10年而逝，T型的元英宗执政4年被大臣弑杀。K型的泰定帝以皇叔身份接班，执政5年而逝。9岁的天顺帝是个娃娃皇帝，因T型的母后八不罕缺乏政治能力，T型的大臣燕铁木儿发动政变，拥立明宗、文宗两兄弟来接班。天顺帝执政只有42天。K型的文宗先接班，后禅让给明宗，T型的明宗执政184天而逝，文宗再次接班，文宗前后执政4年而逝，让明宗的儿子懿璘质班（7岁）顺利接班为宁宗，文宗的卜答失里皇后（T型）临朝称制，宁宗执政53天而病逝，卜答失里拥立明宗的儿子妥懽帖睦尔接班为顺帝，自己的儿子燕帖古思为顺帝的皇太弟。O型的顺帝，干掉卜答失里太后及皇太弟燕帖古思，本可以放开手脚主政，他却和自己的皇太子爱猷识理答腊（T型）互相内斗，元朝就此而亡。元朝从T型皇帝开创基业开始，之后在T型、K型的皇帝之间转换，这些K型的皇帝，背后多半有T型的皇太后干政，表面是执政风格的极端转换，实质是两虎内斗，亡于O型皇帝和T型皇太子。元顺帝虽然是猫头鹰性格，但他的猫头鹰特质不是用在制度建设，而是被迫用在内部斗争，用在做木匠上。他执政前期和T型的大臣、皇太后斗，后期和T型的大臣、T型的皇太子斗。没有凝聚人心、给人希望和梦想的P型皇帝，开建制度的O型皇帝过少，这是元朝国祚未过百年的原因所在。

忽必烈很重视接班人的训练，并且知错必改。1273年，在嫡次子真金30岁时，忽必烈册立他为皇太子，采取嫡长子接班制。1279年，董文忠向忽必烈上了一道奏疏说：陛下当初让燕王任中书令、枢密使，现在他的才能已胜任中书令。董文忠话锋一转，接着说道：自从封燕王为太子后，屡次让他了解熟悉军国大事。然而10余年来，他始终谦虚退让、不肯管事的原因，并不是不执行您的指示，而是您对这事处理得不够专业啊。凡事都是先向您汇报，您已决定了，再去请示太子，这等于让臣子对君父之命加以肯定或者否定，太子当然不敢喽，所以只有唯唯诺诺或者沉默躲避。以我所见，不如令有关部门先请示太子，太子有了意见后再向您报告，如果其中有的意见不够妥当，您再以诏书或者指示的形式做出决定。大概这样处理既顺理成章又不乱名分，太子必然不敢推卸责任了。忽必烈当天就把有关大臣叫来，告诉此意，命令实行。董文忠的确高明，他只是把忽必烈原来的程序改了一下，就达到了培养锻炼太子的目的。培养接班人，就要将他放到第一线，压担子，放手使用，使其在实践中经受锻炼和考验。1193年6月，忽必烈把皇太子的印信授予皇孙铁穆耳，让他统兵于北部边境。但忽必烈没有制定明确的接班制度。元朝皇位的继承由于没有明确的规定，宫廷内部争夺皇位十分激烈，成吉思汗子孙拥有实权的诸王都可参与皇位的角逐，具有很强的不确定性，造成了皇族内部巨大的内耗！

元朝自成宗铁穆耳去世后，接班人问题层出不穷。从1308年至1333年顺帝接班，短短25年间，先后更换了9个皇帝，其中在位最长的不过十几年，而主政最短的仅1个多月。为了争夺接班之位，他们在兄弟之间、叔侄之间开展了你死我活的斗争。成宗晚年多病，朝廷政务由一些大臣来处理，皇后伯岳吾·卜鲁罕和中书右丞相哈剌哈孙分别执掌朝廷大权。1299年，成宗派遣其侄海山出镇漠北，海山成了漠北镇边亲王，取得了军权，为后来争夺帝位打下了基础。1305年6月，成宗立皇子孛儿只斤·德寿为皇太子，皇后卜鲁罕为消除异己，贬皇侄海山母亲与母弟寿山于怀州。同年9月皇太子德寿病死，成宗病情又日益加重。1307年，成宗病逝后，皇后卜鲁罕（T型）处置不当，海山的母亲答己和胞弟寿山发动政变，海山以武力接班。答己（T型）以皇太后、太皇太后干涉三朝的执政，大事都要把总决断，导致了元朝中期混乱的局面，为元朝的灭亡埋下了祸根。

泰定帝接班，属于意外且不正常接班，是前任大臣弑君造成的机会，他作为明孝太子的嫡长孙接班，在蒙元文化里，是被认可或尊崇的。而天顺帝的失败，首先在于其父皇没有给他搭建强大的托孤班子，在非常时期采取非常方法。其次在于八不罕皇后和左丞相倒剌沙的无能，最后在于泰定朝诸臣的不团结和不作为。按蒙古及元朝的惯例，皇帝驾崩后，暂时由大皇后（或新君生母、祖母）与顾命大臣（没有指定顾命大臣就由左右丞相）代理政务，等候库里勒台大会召开，虽然库里勒台大会已经是个摆设，但这道程序是不能忽略的，等皇室宗王齐聚后，再奉新君继位，逾年更改新年号，进入新纪元。世祖正月驾崩后，政务就由太子妃阔阔真和三位顾命大臣伯颜（T2 型）、玉昔帖木儿（博尔术的嫡孙，K1 型）、不忽木（O3 型）暂代，成宗在 4 月继位，逾年改元元贞；成宗正月驾崩后，没有明确接班人，政务由卜鲁罕皇后和左右丞相哈剌哈孙、阿忽台暂代，仁宗和其母答己发动政变，仁宗摄政，武宗 5 月继位，逾年改元至大；武宗也是正月驾崩，政务由答己太后和左丞相铁木迭儿暂代，太子仁宗 3 月才继位，逾年改元皇庆；仁宗正月驾崩，政务还是由答己太后暂代，太子英宗在 3 月继位，逾年改元至治；英宗 8 月遇弒，接班人不明确，9 月泰定帝接班，逾年改元泰定。由此可见，元朝皇帝驾崩后，除了武宗、泰定帝，其他新君都是在间隔 2 个月或 3 个月后才登上汗位。泰定帝死后，在皇太子明确的情况下，元朝的临时中央政府是由八不罕皇后与中书左、右丞相塔失铁木儿、倒剌沙组成的。只是娃娃皇帝难以服众，燕铁木儿正是利用这两三个月的空档成功发动政变。之后的元朝接班故事都是在宫廷内斗中进行，皇嗣根本没有得到更好的培养和训练。

第二十二章
明朝帝王的性格类型移动轨迹

明朝是朱元璋开创的，国号出自《周易》"大明终始"，与元朝国号同出一典，象征元、明之间正统嬗替。明朝国祚 276 年，历 12 世 16 帝。明朝宗室在南方建立了多个政权，史称南明。清兵入关后，陆续击败弘光（朱由崧，朱由检的堂弟，南明开国皇帝，在位 8 个月，K 型）、隆武（朱聿键，朱由检的族叔祖，朱元璋九世孙，T 型）、绍武（朱聿𨥂，朱聿键之弟，K 型）等南明政权。1662 年，永历帝（朱由榔，朱由检的堂弟，K 型）被杀，南明覆灭，南明国祚 18 年。把南明计算在内，则明朝国祚 294 年，历 12 世 20 帝。

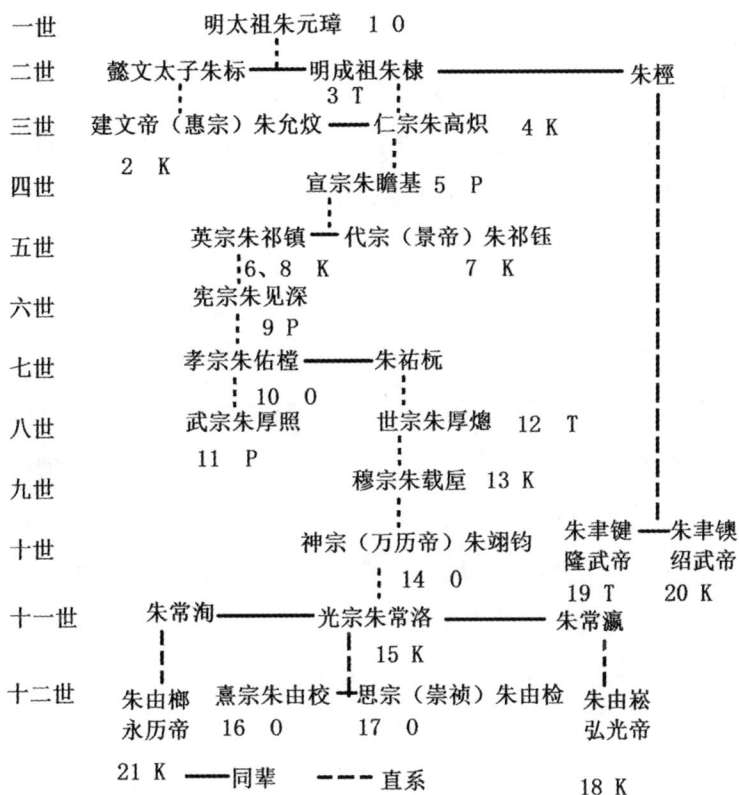

一世　　　　　　　　明太祖朱元璋　1 O

二世　　懿文太子朱标 —— 明成祖朱棣 ———————— 朱樉
　　　　　　　　　　　　　3 T

三世　　建文帝（惠宗）朱允炆 —— 仁宗朱高炽　4 K
　　　　　2 K

四世　　　　　　　　宣宗朱瞻基 5 P

五世　　英宗朱祁镇 —— 代宗（景帝）朱祁钰
　　　　6、8 K　　　　　　　7 K

六世　　宪宗朱见深
　　　　9 P

七世　　孝宗朱佑樘 —— 朱祐杬
　　　　10 O

八世　　武宗朱厚照　　　　世宗朱厚熜　12 T
　　　　11 P

九世　　　　　　　　穆宗朱载垕　13 K

十世　　神宗（万历帝）朱翊钧　　朱聿键 —— 朱聿𨥂
　　　　　　　　　　14 O　　　　隆武帝　　绍武帝
　　　　　　　　　　　　　　　　19 T　　　 20 K

十一世　朱常洵 —— 光宗朱常洛 ———— 朱常瀛
　　　　　　　　　　15 K

十二世　朱由榔　熹宗朱由校　思宗（崇祯）朱由检　朱由崧
　　　　永历帝　16 O　　　　17 O　　　　　　　弘光帝
　　　　21 K —— 同辈　---- 直系　　　　　　　18 K

图 22-1　大明朱氏政权的帝位传承和世系

第 1 任明太祖朱元璋，在位 31 年，享年 71 岁。朱元璋出身布衣，因穷而当了和尚，云游化缘走四方。元末红巾军起义，郭子兴（O1 型）响应，聚众起兵攻占濠州。朱元璋收到儿时伙伴汤和（O1 型）的来信，邀请他参加郭子兴的义军。恰在此时，他的和尚师兄偷偷告诉他，说有人知道此信，要去告密。25 岁的他就投奔郭子兴的红巾军。他屡立战功，受郭子兴器重和信任，娶郭子兴的养女马氏为妻。

他回乡募兵，少年时的伙伴徐达（T2 型）、周德兴、郭英等和同村邻乡的熟人听说朱元璋做了红巾军的头目，纷纷前来投效。他与徐达、汤和、费聚等人向南经营定远。用计降服驴牌寨民兵 3000 人，一起向东，夜袭元将张知院于横涧山，收其兵士 2 万。

朱元璋的整个军事生涯中，无论是自己单干，还是他人辅佐，他都擅长用计谋取胜。李善长（K1 型）见他的队伍军纪好，就前来投靠，留在身边，出谋划策，向朱元璋说了平定天下的方略。他攻下滁州时，其亲侄儿朱文正、姐夫李贞带着外甥李文忠前来投靠，他把定远孤儿沐英、朱文正和李文忠这三个孩子收作养子，不久，他又收养了二十几个义子。1354 年，元兵进攻滁州，他设下埋伏诱败元兵。

他军纪严明，赢得民心。一次，朱元璋外出，看到一个小孩在哭，朱元璋问他为什么哭，孩子说是在等父亲。他仔细一询问才知道，原来孩子的父亲和母亲都在军营，父亲在营中养马，母亲和父亲不敢相认，只好以兄妹相称。他意识到，部队军纪存在问题。他们攻破城池后，扰民滋事，掳掠妇女，这样下去，部队将失去民心。他召集众将，申明纪律，下令归还军中有夫之妇，让城中许多被拆散的夫妻团圆。此事广为传颂，令朱元璋深得民心。他率领军队攻克太平。进入太平后，他重申军纪，严禁掳掠，有个别兵士犯禁，立即处死。他的军队受到当地百姓的拥护。

郭子兴病故后，朱元璋统率郭子兴部队。1356 年，他占领集庆，攻下周围战略要地，获取一块立足之地。他采纳朱升（O3 型）的"高筑墙，广积粮，缓称王"建议。1360 年，刘基被朱元璋请至应天府，委任为谋臣。刘基（P2 型）针对当时形势，向朱元璋建议以应天为中心根据地，避免两线作战，各个击破建策。他完成了"高筑墙"的部署后，立即着手实行"广积粮"。为了解决粮食问题，朱元璋除了动员百姓进行生产外，决定推行屯田法，大力开展军队屯田，任命元帅康茂才为都水营用使，负责兴修水利，分派诸将在各地开垦种田。几年工夫，到处兴屯，府库充盈，军粮充足。他便下令不再征收"寨粮"，以减轻农民负担。为了积粮，他明令禁酒，但是其手下大将胡大海的儿子胡三舍与别人违法犯禁，私自酿酒获利，朱元璋知道后，下令杀了胡三舍。在争取民心的同时，他还不断网罗人才，特别是知识分子，在应天专门修建礼贤馆来接待他们。这些人在朱元璋统一全国的过程中起了重要作用。

1360 年，朱元璋在龙湾之战中击败陈友谅（T 型）。1363 年，陈友谅在鄱阳湖水战中败亡。1367 年，朱元璋攻下平江，张士诚（P 型）自尽，他消灭了浙江的方国珍（P 型）一派，一统江南，建立大明。1368 年，朱元璋开国，立马氏为皇后，朱标（K 型）为太子，以李善长、徐达为左、右丞相，设官分职，封赏文武百官。同年，他以"驱逐胡虏，恢复中华"的口号命徐达、常遇春（T3型）等将领进行北伐，并亲自对北伐进行战略部署：先取山东，撤除蒙元的屏障；进兵河南，切断它的羽翼，夺取潼关，占据它的门槛；然后进兵大都，这时元朝势孤援绝，可不战而取之；再派兵西进，山西、陕北、关中、甘肃可以席卷而下。北伐大军按战略部署而行，徐达率兵先取山东，再西进，攻下汴梁，然后挥师潼关。朱元璋到汴梁坐镇指挥，徐达等攻占大都，元顺帝北逃，元朝在全国的统治结束。明朝相继消灭四川的明夏和云南的元梁王把匝剌瓦尔密、辽东的纳哈出；八次派兵深入漠北，大破北元的军队。朱元璋在1388年实现了中华民族的再一次统一大业。

朱元璋在战争中，善用仁礼赢得人心。他下诏：天下之治，天下之贤共理之。每攻下一座郡县城池，他就命令建立郡学县学，做到治理以教化为先。礼葬对方战死的将领和士兵，建祠堂祭祀己方战死的将士，如在南昌为赵德胜建祠堂。他不仅善待战俘，还善待元朝皇室。他设坛亲自祭祀战死将士，派使臣祭历代帝王寝陵，并加以修复。元顺帝病逝，李文忠（O1型）送捷报到明朝政府，朱元璋命令曾仕元的人不要朝贺，并为之谥号顺帝。元顺帝的孙子买的里八剌在应昌战役中被明军俘掳，遣至京师，群臣请求杀俘虏祭献。朱元璋说：武王伐殷用过吗？群臣以唐太宗曾这样做过回答。他说：太宗是对待王世充。若遇到隋之子孙，恐怕也不会这样。他不许杀买的里八剌。又以捷报多夸张之辞，他对宰相说：元朝统治中国百年，我和你们父母都赖其生养，为何如此菲薄，请改掉！他封买的里八剌为崇礼侯，多次厚赐他，派崇礼侯买的里八剌回蒙古，送元嗣君书信。1374年，他诏军士阵亡、其父母妻子不能养活自己的，由官府养。百姓因逃避兵患而离散或者客死他乡留下老幼的，一起出钱送还。远方做官死后，其妻子不能回归的，官府给予车船费用送回。1385年，他诏谕国内外官员之父母死在其任职之地的，有司供给车船送回安葬，并定为制度。

1369年，朱元璋把日本、高丽、琉球等15国列为"不征之国"，新生的大明王朝对外传递的和平友好姿态很快获得了积极反响，爪哇、高丽、琉球、暹罗等二十几个国家和地区纷纷前来入贡，加入以大明王朝为主导的册封朝贡体系。他即位后，采取轻徭薄赋的政策，恢复社会生产。在位期间，他下令农民归耕，奖励垦荒；大搞移民屯田和军屯；组织各地农民兴修水利；大力提倡种植桑、麻、棉等经济作物和果木作物。他徙富民，抑豪强；下令解放奴婢；减免税负，严惩贪官；派人到全国各地丈量土地，清查户口；等等。在地方确立里甲制，配合赋役黄册户籍登记簿和《鱼鳞图册》的施行，落实赋税劳役的征收及地方治安的维持。

律法治国，锦衣辅政，严整贪腐，是朱元璋开国后"以猛治官吏"的三大措施。在政治上，整顿吏治，他制定整肃贪污的纲领《大诰》和《醒贪简要录》，让官员读后自律，让百姓学后对付贪官。他通过胡惟庸案和蓝玉案，清理权贵和不法功勋。他设立锦衣卫加强特务监视等手段来加强吏治。他允许民间百姓上访，还允许百姓扭送不法官吏。如果官吏在征收税粮以及摊派差时作弊曲法，百姓可以向上级官吏举报，也可以直接扭送。对于应当接访而没有接访处理的上级官员，朱元璋依法论处。他在午门外特设"鸣冤鼓"，民间百姓若有冤情在地方讨不回公道，可上京击鼓直接告御状。他是第一个以法律形式允许百姓扣押并押解不良官吏到京师审查的皇帝，他在《御制大诰》中说：许城市乡村贤良方正、豪杰之士，有能为民除患者，会议城市乡村，将老奸巨猾及在役之吏在闲之吏，绑缚起京，罪除民患以安良民。赋予百姓监督官吏的权力：民拿害民官吏权。朱元璋时代是中国古代社会福利最好的时期之一。免费养老院（济养院）、免费医院（惠民药局）和免费公墓（漏泽园）都出现了。朱元璋还曾经试验过"保障房"政策，命令在南京试点，于郊外修筑公房，并安排无家可归者居住，是世界最早的国家免费福利公房。

史学家说他：胸怀韬略，深谋远虑，善于驾驭战争，掌握主动权。注重招贤纳士，广采众议，严格治军，完善军制，练兵育将，强调将领要识、谋、仁、勇兼备。主张寓兵于农，且耕且战，保持一支强大的武装力量。布衣草根，武定祸乱，十五成帝业；文致太平，三十年铸盛世，朱元璋第一也。从西征陈友谅、东讨张士诚、北伐元政权来看，朱元璋是大略雄才之人，有卓越的知人善任的能力。然而他威断有余而宽厚不足。本书认为，他是O1型，考拉性格排第三，孔雀性格排第四，能够在TOPK四种性格类型间自觉或不自觉地切换。

第2任明惠宗朱允炆，也称惠帝、建文帝，朱元璋之嫡孙，懿文太子朱标之次子（朱标的庶长子、继嫡长子），在位4年。朱标病逝后，15岁的朱允炆被立为皇太孙，21岁时即位接班。顾命大臣为梅殷（K2型）、齐泰（O型），辅佐托孤团队为O1K型。他接班后，遇到重大事情没能和梅殷商议，只和齐泰、黄子澄和方孝孺商议，在建文三年才命梅殷镇守淮安。

他宽刑省狱，严惩宦官，调整政府官僚机构。他改变祖父朱元璋的一些弊政，史称"建文新政"，明朝史学家朱鹭称之为"四载宽政解严霜"，但为治之道，宽猛需得其时，宽猛各有所对，他在这个问题上处置不当。

他削藩操之过急，轻率寡谋，用人不当，过于妇仁。登基不久，自任命黄子澄（P2型）、方孝孺（P1型）为接班团队成员。他与亲信大臣齐泰、黄子澄、方孝孺等密谋削藩，但齐泰、黄子澄本书生，兵事非其所长（忠义有余而军政能力不足）。这个时候，他根基不稳，羽翼未丰，良将未附。虽然一年之内，他成功削去五个藩王，但当他准备削夺燕王时，燕王朱棣就公开反叛。燕王聚集将士，誓师起兵，以"清君侧""诛奸臣"为名，自称"奉天靖难"。朱允炆闻知朱棣在北平举兵反叛，急命老将耿炳文为大将军，带领30万大军伐燕，从此揭开了长达四年之久的靖难之役的序幕。徐祖辉大败燕军并斩杀燕军骁将、蔚州卫千户李斌等时，他闻讹言，谓燕兵已北，召徐辉祖还。不继续重用耿炳文，改用李景隆（虽为李文忠之子，但是个纸上谈兵的书呆子将军）。在战争中，诸将因天子（建文帝）有诏，不得杀害叔父为名，仓卒相视，不敢乱发一箭。于是朱棣从容指挥战役。此事足见建文帝多么愚蠢，其知人善任的才能不足以胜任皇帝岗位。靖难之役以燕王朱棣胜利而告终。

朱元璋为能确保皇孙顺利继位，在后期用实战训练出一批新生代优秀将领，如瞿能、徐辉祖、李坚等30余人，相比靖难集团中的燕府将领，建文帝麾下可谓名将云集。相对那些元勋宿将，这些将领虽然有较高的军事素养，但在军中资历稍低且不能服众。这些将领，建文帝要么弃之不用，要么势穷降朱棣，少数坚定且战功卓著者也因统帅失律而战死。在靖难过程中随着南京方面将领不断投降，朱棣的将领越打越多。

《明史》说他：颖慧好学，性至孝。天资仁厚。史学家说他：书生气十足而又温文尔雅，亲贤好学，所近之人多怀理想主义。因为他们没有多少实际经验，在战场上缺乏果断的领导、周密的计划和首尾一贯的战略方针。当时的朝鲜国王李芳远曾评论：大抵人心怀于有仁。建文宽仁而亡，永乐多行刑杀而兴，何也？大臣赵浚回答：徒知宽仁而纪纲不立故也。本书认为，仁柔少断的建文帝是K2型。

第3任明成祖朱棣，朱元璋第4子，建文帝的皇叔，在位22年，病逝在第五次北征蒙古的回师途中，享年65岁。他篡位后，强力镇压异议者，诸如黄子澄、齐泰、方孝孺等都被杀。他在恢复诸王爵禄后暗中开始"削藩"，他将边塞诸王迁回内地，减少诸王的护卫，收回诸王对将帅、卫所军的节制指挥权；重申不许诸王擅役军民吏士的禁令，不许过问地方事务；对犯有过失的诸王，先以书诫谕，继而示以惩罚，最后或废为庶人或加以惩治。这一"削藩"策略较建文帝更稳蔽，步骤实施也更从容，收到了削藩效果又不致酿成祸乱。

他在延续洪武政策的同时，创建内阁制。起用一批资浅而干练的文臣参与机务，命解缙、黄淮入直文渊阁，同议朝廷机密重务。他命胡广、杨荣、杨士奇、金幼孜和胡俨同值文渊阁参预机务，与解、黄二人一起朝夕侍从左右，作为顾问，称为内阁。他们分掌文案，综理制诰，内阁制度随之创立。这时的阁臣品秩远在六部尚书之下，仅为五品，不设官属，不辖诸司事务。经洪熙、宣德两朝，内阁制度才趋于完备。他恢复了太祖之后被废除的锦衣卫，设置了特务组织东厂，厂卫制度由此确立。

他强调武文并举，收复安南，设交趾布政司。他亲自率兵五征漠北打击北元分裂后的鞑靼与瓦剌，设置三个卫所。他两次对兀良哈蒙古用兵，维持这一地区的稳定。他安抚东北女真各部，在归附的建州女真、海西女真设置卫所，他派亦失哈安抚黑龙江下游的野人女真。他派亦失哈视察库页岛，宣示明朝对此地的主权。

他实行积极的和平外交策略，自 1405 年开始，他派郑和下西洋，与各国进行政治经济来往，增加财政收入的同时将朝贡制度推向巅峰。其舰队规模空前庞大，最远到达东非索马里地区，扩大了明朝对南洋、西洋各国的影响力。此外，他还加强中外友好往来和对南海地区的经营。

他命姚广孝、刘季篪和解缙一起编辑历史文献大成集，命令王景、王达等 5 人为总裁，邹辑等 20 人为副总裁，陈济等为都总裁，征调中外官及四方老宿文学之士为纂修，选善书的国子监及郡县生员为缮写，由光禄寺供饮食，共 2169 人，开馆于文渊阁。同时，又派官员分行天下，搜求遗书，以备收录。历时 5 年修成《永乐大典》，全书共 22937 卷，装订 11095 册。这是中国历史上规模最大的一部类书，也是迄今世界所公认的一部大型百科全书。朱棣一朝，经济繁荣，国力强盛，文化兴昌，史称"永乐盛世"。

史学家说朱棣：智勇有大略，能推诚任人。他是有干劲和开拓精神的皇帝，将父皇朱元璋奠定的基业推向了高峰，把明朝带向了世界性大国，明朝的综合国力雄居亚洲乃至世界前列。而他性情暴戾，制造了几起血腥大案。本书认为，朱棣是 T2 型。

第 4 任明仁宗朱高炽，朱棣之嫡长子，在位 1 年，享年 47 岁。25 岁的朱高炽被立为皇太子，46 岁接班为帝，当了 19 年皇储。在朱棣起兵靖难和南征北伐时期，他扮演的更多的角色是萧何，为朱棣守住后方，提供后勤保障。在皇储监国期间，他团结部属，虚心好学，提高了执政能力。他真诚地接受了父皇为他挑选的大臣辅佐，如杨士奇、杨荣、杨溥、夏原吉、蹇义、金幼孜和黄淮等人，并与他们结下深厚情谊，这些人都成了他接班登基后的左膀右臂。他经常召见他们进行正式会议，要求在他对重要事务做出决定前在密封的奏章中提出意见或建议，史称集体式领导。

他在位期间，为政开明，发展生产，与民休息。他赦免了建文帝的许多旧臣，平反了许多冤狱，废除了许多苛政。在军事上，修整武备，停止了永乐时期的大规模用兵。政治清明，朝臣可以各抒己见，皇帝可以择善而行。他对科举制度也做出了重要的贡献，当时由于南方人聪明而且刻苦，进士之中多为南方人，但北方人天性纯朴、忠贞，也是皇家不可或缺的支柱，但北方人文采出众的较少，为了保证北方人可以考中进士，他规定了取中比例为"南六十、北四十"，这一制度一直被沿用至清朝。《明史》说他："端重沉静，言行有礼。"本书认为，朱高炽是 K2 型。

第 5 任明宣宗朱瞻基，朱高炽之嫡长子，在位 11 年，享年 36 岁。他 12 岁时，被祖父朱棣立为皇太孙；25 岁时，被父皇朱高炽立为皇太子；27 岁时，接班为帝。当出现危机时，他的行动是果断和负责的，比如他即位后，迅速平定了皇叔朱高煦的叛乱。他延续父皇的治国理念，知人善任，文有杨士奇、杨荣、杨溥（时称三杨）、蹇义、夏原吉，武有英国公张辅，地方上又有像于谦、周忱这样的巡抚，真是人才济济。关键的 5 位文臣识大体，顾大局，能以国家大事为重，相互包容，不计较个人恩怨。朱瞻基对他们十分信任，对于他们提出的建议总是虚心接纳，君臣之间的关系很是融洽。5 位辅臣各有长处，互相补充，蹇义简重善谋（O4 型），杨荣明达有为（T 型），杨士奇博古守正（O4 型），而（夏）原吉含弘善断（T4 型）。事涉人才，则多从（蹇）义；事涉军旅，则多从（杨）荣；事涉礼仪制度，则多从（杨）士奇；事涉民社，则多出（夏）原吉。杨溥性格内向，但为人有操守，为众大臣叹服。

在政治上，他重视整顿吏治和财政，提升内阁地位；经济上，他实行休养生息、缓和社会矛盾的措施，不仅继续轻刑措，而且注意教化。他说：百姓轻犯法，是由于教化未行。在对外关系上，他减少郑和下西洋的次数，停止用兵交趾。社会经济迅速发展，使国力达到极盛，史称"仁宣之治"。

有一次外出返京，朱瞻基看到农民正在耕田。他亲自到田间同农民谈话，接过农民手中的犁把推了几下。他感慨地对随从诸臣说道：朕只推了三下犁，就觉得很累。老百姓一年到头劳作不休，那辛苦就更可想而知了！他坐皇宫九重，思田里三农。某巡抚要求在杭嘉湖地区增设一名专门管理粮政的布政使司官员，朱瞻基说：省事不如省官。工部尚书建议修建山西圆果寺的佛塔，好为国家求福。朱瞻基说：安民为福。百姓安定就是国家的福气，用不着借修佛塔来"求福"。河南有一个知县，在当地发生灾荒时，未经请示，就将驿站公粮上千石发放给灾民。朱瞻基对他加以表扬，他说：如果拘守手续，层层申报，那老百姓早就饿死了。他还继承了他父亲愿意接受意见的作风，要求大学士杨溥尽力辅佐自己。杨溥叩首回答：臣绝不敢忘记报答陛下的恩情。朱瞻基嘱咐杨溥：直接指出我的过错，就是对我的最好报答。

他擅长书画，翰墨图书，极为精致。点墨写生，遂与宣和（宋徽宗）争胜，书法能于圆熟之外见遒劲。工于绘事，山水、人物、走兽、花鸟、草虫均佳。有画作传世。他的画风主要取法宋代院体，不失元人意蕴，能自成一格，是明代帝王中最高级别的丹青票友。他尤其擅长意笔画风，以花鸟草虫、动物居多。他喜好养蟋蟀，许多官吏因此竞相拍马，他也被称为"促织天子"。他是明朝宫廷培养出来的第一代艺术家皇帝，反过来，他也塑造了明朝宫廷的文化，一种倾向于奢靡和华丽的宫廷风。在他之后，明朝的皇帝或多或少有属于个人的奇异偏好。艺术家皇帝往往不愿意把全副身心用于治国，他们更愿意把时间花在艺术才华的展示上。他设立内书堂教宦官读书，为英宗时期的太监乱政埋下隐患，他也是让宦官势力强势崛起的关键人物。本书认为他是 P1 型。

第 6 任、8 任明英宗朱祁镇，朱瞻基之嫡长子，两次为帝，共在位 22 年，做太上皇 8 年，享年 37 岁。他出生 4 个月时，被册立为皇太子。1435 年，朱瞻基在病重时，把 9 岁的朱祁镇托给张辅（T型，武将）、杨士奇、杨荣（T型）、杨溥（K2型）、胡濙（K型）5人，遗诏天下大事向皇太后（张太后）陈述。在祖母张太后和托孤大臣的拥立下，他顺利接班。他是明朝的第一个娃娃皇帝。他尊奉祖母张氏为太皇太后，母亲孙氏为皇太后。张太后领导5个托孤大臣组成摄政团队。1440年，顾命大臣杨荣去世；1442年，张太后去世，16岁的朱祁镇开始亲政；1444年，杨士奇去世；1446年，杨溥去世。受朱祁镇信任的宦官王振大肆揽权，专横跋扈，将太祖留下的禁止宦官干政的敕命铁牌撤下，擅作威福，在京城东造豪华府第，大兴土木，人们争相攀附，举朝称其为"翁父"。王振擅权7年，家产计有金银60余库。

1449年，蒙古瓦剌部首领也先率军南下侵明。王振怂恿朱祁镇集结50万军队御驾亲征。大军回师至土木堡时，被瓦剌军追上，士兵死伤过半，英宗被俘，宦官王振（耐心的老虎型）被杀，英国公张辅、兵部尚书邝埜等大臣战死，史称"土木之变"。这场战役是明朝由盛转衰的转折点。

1457年，手握大权的石亨、徐有贞、曹吉祥等人联盟，趁着代宗重病之际发动政变。徐有贞率军攻入紫禁城，石亨等人占领东华门，拥立朱祁镇于奉天殿复辟为帝，史称夺门之变（也称南宫复辟）。他废代宗为郕王，处死于谦、范广等忠良功臣，导致自景泰时期恢复的国力再度受创。1457年，释放建文帝幼子朱文奎及其家属，安置于凤阳。1459年，朱祁镇挫败曹石之变，遗诏废除宫妃殉葬制度。

朱祁镇的一生并不算光彩，他宠信过奸邪小人，打过败仗，当过俘虏，做过囚犯，杀过忠臣，要说他是个好皇帝，真是连鬼都不信。他选择相信了在他身边的熟人，从王振到徐有贞，再到石亨、李贤，无论这些人是忠是奸，不管在什么样的环境下，他都能够镇定自若并和善待人，连抢劫的蒙古兵都成了他的朋友。《明史》说：朱祁镇复位以后，对王振追念不忘。本书认为，朱祁镇是K1型。

第7任明代宗朱祁钰，宣宗次子，英宗的异母弟，在位8年，享年29岁。朱祁镇被俘后，大明王朝群龙无首，遭遇了自开国以来最大的一场危机。危难之际，21岁的朱祁钰在孙太后和于谦等大臣的拥戴下即位，奉英宗为太上皇。

他重用于谦（T3型）等大臣，反对南迁，高举抗敌的旗帜，取得北京保卫战的胜利，抗击并打败了瓦剌，有效遏制了瓦剌南下的野心，巩固了大明朝的江山，使百姓免遭兵祸，功不可没。他在政治、经济、军事等方面进行了整顿和改革，启用正统以来被迫害的忠臣贤将，在一定程度上恢复了朝野清明。他励精图治，重用贤能，在军事防务、水患治理方面都取得了瞩目的成就。推动明朝政治由乱而治，渐开中兴，可谓英明之主。他把回到北京的英宗困于南宫，废皇太子朱见深（英宗的长子），立自己的儿子朱见济为太子。但朱见济不久就病逝，他迟迟不肯再立朱见深为太子。为此，他和太上皇严重对立。他病重期间，被复位成功的朱祁镇废为郕王，软禁在西苑而逝。本书认为，他是 K2 型。

第 9 任明宪宗朱见深，英宗之长子，在位 23 年，享年 41 岁。他两次被立为皇太子，第一次由其祖母孙太后主导，其皇叔朱祁钰同意。第二次是在其父皇英宗复位后。父皇病重期间，他在文华殿摄政。18 岁时他顺利接班，即位后，他果敢地处置门达和王纶密谋由钱溥取代李贤辅政事件。他命廷臣议上两宫尊号，尊英宗钱皇后为慈懿皇太后，贵妃周氏（朱见深的生母）为皇太后。他任命赵辅为征夷将军，总领所有总兵，征讨广西瑶族的叛乱。他重用阁臣李贤（O1 型）、商辂、彭时、朱永、吕原、岳正、刘定之等人辅政，重新厘正夺门以来诸政，以取得朝野支持。为于谦平反，恢复明代宗帝号。刚执政时风气清明，朝廷多名贤俊彦，宽免赋税、减省刑罚，社会经济渐渐复苏。他设置了郧阳抚治，解决了荆襄流民。

他宠爱年长自己 17 岁的万贵妃，被今人视为典型的"熟女控"，有严重的"恋母"情结。他因万贵妃废皇后。成化一朝专权的宦官，基本上都是依靠万贵妃而起家的。在执政的中后期，他宠信宦官，怠于政事，长期不召见大臣，处决政事均经内宦。奸佞当权，西厂横恣，朝纲败坏，民不聊生。他直接颁诏封官，时称传奉官（当时人们称呼那些不经吏部，不经选拔、廷推和部议等选官过程，由皇帝直接任命的官员），他视官爵为私物，造成舞弊成风。御史张稷说，自有传奉官后，文官中竟有一字不识的，武官中竟有从来没拿过弓箭的。他还设置皇庄，带头兼并土地。

《剑桥中国史》评他说：他是一个心胸宽大的人，没有保持过去的派系仇恨或寻求报复。在一定程度上，他重视朝廷中的正直和干练的官员，但是他几乎不加鉴别地使用为人卑鄙的侍从。在决策方面优柔寡断，对待朝臣的好恶也是任性的。他最大的功绩就是正视历史，叔父代宗和于谦在明朝危亡关头发挥了重要作用，他能抛开自己的爱恨，客观正确地对待他们的历史贡献，这就获得了民心。他有着畅通的言路与刚正的士风，实现成化止衰。本书认为，他是 P1 型。

第 10 任明孝宗朱祐樘，宪宗第三子，在位 18 年，享年 36 岁。他 5 岁时被立为皇太子，18 岁接班。在位期间，他更新庶政，言路大开，使自英宗以来的陋习得以去除，被誉为"中兴令主"。他将四品以上官员名单贴在宫内文华殿壁墙上，平时熟记，做到心中有数，意在掌握官员动态，不受蒙蔽。他将成化年间的一批奸佞冗官尽数罢免，逮捕治罪，并选贤任能以委重任。他听从给事中杨廉的建议，更定刑部条例，对烦琐的条例进行重新修订，选择便于操作执行的条例计 290 余条，与律同时施行。

在整个弘治时期，廷杖、诏狱等残酷的事情都没有发生过。而东厂、锦衣卫的横行不法也有所收敛。他勤于政事，每日两次视朝。他对宦官严加节制，锦衣卫与东厂也谨慎行事，法治宽刑。他厉行节约，不大兴土木，减免税赋。虽末年宠信宦官李广，但是立刻改过自新。在王恕（T2 型）、刘大夏（O1 型）、戴珊、马文升（T2 型）、徐溥、邱浚、刘健、李东阳、谢迁等大臣的辅佐下，政治清明，经济繁荣，百姓安居乐业。他用自己的宽容、理性与勤奋力挽狂澜，让明朝得到了中兴，史称弘治中兴。《明史》这样评价朱祐樘和他的父亲：至成化以来，号为太平无事，而晏安则易耽怠玩，富盛则渐启骄奢。孝宗独能恭俭有制，勤政爱民，兢兢于保泰持盈之道，用使朝序清宁，民物康阜。本书认为，他是 O2 型。

第 11 任明武宗朱厚照，孝宗之子，在位 16 年，享年 31 岁。他 2 岁时被立为皇太子，15 岁时，在顾命大臣刘健（T2 型）、李东阳（K1 型）、谢迁（P2 型）拥立下，顺利接班。他即位后，便忘记了父皇的最后嘱咐"任用贤臣"，立即任用以刘瑾为首的宦官八人，悉以天下章奏付刘瑾，而刘瑾则日益诱导武宗戏玩娱乐。1506 年，李东阳、刘健、谢迁辞官退职，他留用李东阳、杨廷和、杨一清、梁储等。在西华门别筑宫殿，造密室于两厢，时称豹房，大搞娱乐活动，每日游乐其中。他的荒嬉无度、宦官的恣意妄为，致使社会经济不断恶化，阶级矛盾不断激化，起义接连不断。刘瑾伏诛后，他日益宠信江彬。在江彬的诱导下，他屡屡出巡，不顾大臣们的反对，一年半内连续四次出巡。

这一时期，明朝外有鞑靼达延汗进犯，内有安化王、宁王叛乱和民变等重大事件。1517 年，蒙古王子伯颜叩关来袭。朱厚照大为兴奋，火速回京布置亲征。此战中，他体现出了不凡的军事天赋，亲自指挥布置，战术正确，指挥得法，体现了较高的军事指挥才能。他首先派少量部队引蛇出洞，牵制住敌军主力部队，再不断增加兵力来消耗敌军的锐气。明军一度被蒙古军分割包围，他见状亲自率领一军援救，才使得明军解围。双方大小百余战，其间，他与普通士兵同吃同住，甚至还亲手杀敌一人，极大地鼓舞了明军士气。整个战事持续了好几天，最终以小王子败退告终。这场战役使得明帝国北方边境暂时安定了一段时间，史称应州大捷。

他借出征江西宁王叛乱为由而南下游玩，以大将军朱寿为名前往南京，亲自俘虏已被王阳明（王守仁，O3 型）击败的宁王朱宸濠。班师回京途中，泛舟取乐时落水染病，病逝于豹房。张廷玉说他：性聪颖，好骑射。《明史》说：（朱厚照）亲自率军抵御边寇，奋然欲以武功称雄。然而，他沉溺于嬉戏游乐之中，亲近一小部分人，自我封加官号，穿衣戴帽都相当放纵随便。值得庆幸的是他始终亲自掌握用人之权，加上有各位大臣主持公道辅佐补救，因此，尽管朝廷纲纪混乱，还是未招致危亡。他虽荒唐，但在大事上一点也不糊涂。他处事刚毅果断，弹指之间诛刘瑾，平安化王、宁王之叛，大败蒙古王子，且多次赈灾免赋，这些都是正德年间大事，处置得比较好。史学家认为，他是一生好玩无度却又颇有作为的明朝皇帝。本书认为，他是 P1 型。

第 12 任明世宗朱厚熜，武宗之堂弟，孝宗之侄，朱祐杬之子，宪宗之孙，在位 45

年，享年 60 岁，俗称嘉靖帝。武宗无嗣而亡，他的生母张太后与内阁首辅杨廷和（O1型）决定，由近支的皇室、武宗的堂弟朱厚熜（藩王）继承皇位。15 岁的朱厚熜登基后，通过大礼议之争（如何确定世宗生父朱祐杬的尊号），总揽朝纲。杨廷和、梁储（O4 型）、蒋冕（O3 型）、毛纪（K2 型）等辞官。大礼议之争是杨廷和所起草的遗诏不严谨而被朱厚熜钻了空子造成的。《明史·列传七十九》云："大礼"之议，杨廷和为之倡，举朝翕然同声，大抵本宋司马光、程颐《濮园议》。然（宋）英宗长育宫中，名称素定。而（明）世宗奉诏嗣位，承（明）武宗后，事势各殊。诸臣徒见先贤大儒成说可据，求无得罪天下后世，而未暇为（明）世宗熟计审处，准酌情理，以求至当。争之愈力，失之愈深，惜夫。本书认为，宋英宗是 K2 型，而明世宗是 T4 型。同一个方法，用在不同性格的人身上，其效果是不一样的，甚至会适得其反。

执政早期，他勤于政务，力革时弊，整顿朝纲，推行新政。裁抑司礼监的权力，撤废镇守太监，严肃监察制度，严分厂卫与法司职权。他吸取了前朝宦官当权乱政的教训，抑制宦官，对宦官严加管束。他还限制外戚，他对外戚世袭封爵的制度做了变革，已经封爵的贵戚只令其一人终身，其子孙不得再承袭爵位。今后皇亲、驸马都不得再请求册封爵位。即便是他的母亲蒋太后的娘家及陈皇后的娘家亦不准承袭世爵。

他知人善任，完善内阁制，整顿吏治。他重用王琼（T3 型）、费宏（K1 型）、乔宇、林俊、张璁（T3 型）、桂萼、杨一清、毛伯温、夏言（P1 型）、徐玠（O1 型）、胡宗宪、周尚文、俞大猷等。他提倡以人品和才干选拔官员，多次降旨，要两京大臣、科道及在外抚按官寻访贤才，他说：如果有才识优异堪当重任的，应当不拘资格，从公举荐，吏部如果遇到空缺，也应当酌情简用，不许避嫌推托。他整肃科举制度，来确保选举的良性发展；倡行三途（举荐、征辟、科甲）并用，激励士气。振经济，兴市场；理河道，修堤防。经济活跃，士农工商并举，农业技术取得大发展，纺织品和工业取得大规模发展，贸易市场飞速发展，医生与药店也分营，税务在国计民生中有了举足轻重的地位，服匠役的劳动力可以用银两抵换（劳动力市场的雏形）。

他整顿学政，强化学校的教育功能。他重视文学艺术，重录《永乐大典》，谕示勘刻《三国志通俗演义》和《忠义水浒传》，白话小说和戏剧传奇创作得到了繁荣。文化和科技空前繁荣，优秀文学作品和杰出人物大量涌现，史称嘉靖中兴。

执政中期，他逐步丧失进取精神，日益腐化，滥用民力，大兴土木，扩建北京城，神化自己。这个时期的朱厚熜，多疑暴戾，喜怒无常，鞭打宫女是家常便饭。1542 年，杨金英为首的 16 名宫女欲将熟睡的他勒死，由于误将绳子打了死结，无法勒紧，方皇后赶到乾清宫，将宫女们制服，解开绳子，他才免死于宫女弑君的壬寅宫变。

他任严嵩辅政，政治腐败，边防松弛，军备不修，靠戚继光与俞大猷平定浙闽粤等地的倭寇。1562年，他勒令严嵩退休，徐阶为内阁首辅。1566年，他把海瑞下锦衣卫狱。他20年不上朝议政，国政内敛，封闭内卷。他的聪明丝毫不比朱元璋差，而他更狡猾，善于控制大局；他白天潜心修道，晚上改奏章，看似不上朝，实则独断朝纲，这是他能控制群臣的关键。因为他掌握了做皇帝的秘诀，没有人能动摇他。他喜欢做二选一的决定。《明史》记载，每当大臣们的讨论意见不一时，李时（K2型）大都摆出两头的观点，等待明世宗来加以选择决定，所以他喜欢李时为人的恭敬、和顺。

嘉靖朝外患严重，北方蒙古侵扰连绵，甚至在1550年包围了北京，朝野震动。东南沿海又有倭寇肆虐，南北夹击之下，朝廷一片忙乱。他忧而不惧，分别拣选重臣应对南北的侵扰，对地方大员既付以大权又委以重任。官员把事情办好了便升官加赏，毫不吝惜；若是稍有差池，更是毫不手软，直接逮回北京下狱论死。从结果上来看，在嘉靖末期，南北方的纷扰基本停息。但明朝自嘉靖中期开始，再次进入了衰退。《明史·列传八十二》云："（嘉靖）帝性刚，好自用。"《明史·列传九十八》云："世宗（朱厚熜）非庸懦主也。"本书认为，他是T4型。

第13任明穆宗朱载坖，又名载垕，朱厚熜第三子，在位6年，享年36岁。他30岁时，以亲王皇子受遗诏接班。接班后，立即纠正父皇的弊政，将之前以言获罪的诸臣全部召用，已死之臣抚恤并录用其后，缓和了嘉靖末年的社会危机。他知人善任，名臣名将荟萃，文有陈以勤、赵贞吉（T型）、李春芳（K型）、高拱（T3型）、张居正、杨博（T4型）、海瑞等，武有谭纶、王崇古、马芳、戚继光、曹邦辅、李成梁等。在大臣的辅政下，陆上与蒙古达成和议，史称俺答封贡（隆庆和议）；海上开放民间贸易，废除海禁，采取恤商与开关政策，减轻商人的负担，打破了明朝一贯的禁止百姓私自下海的命令，允许民间私人远贩东西二洋，由此明朝出现了一个比较全面的开放局面，全国特别是沿海地区的工商业充满活力，史称隆庆开关。因为这两项措施，明朝又重现中兴气象，史称隆庆新政。这种积极向上的态势，在明穆宗死后继续得以保持，一直到万历十年张居正去世才停止。正是拜这16年的发展所赐，明朝得以扭转颓势。

他听多说少。据《明史·列传一百一十五》记载，穆宗皇帝亲临朝廷商讨大事，却不发一语。陆树德说："上下应相互沟通，今天却隔阂如此，怎么能磨砺君德、规划政事呢？"皇上不予回答。他包容心强，没能制止内阁辅臣之间的倾轧。内阁的不和，后来演变成党争。大学士徐阶掌管内阁，不能压制其他内阁成员，致使内阁中有一些人对他不满，以郭朴、高拱为代表。张居正与高拱不和，内阁阁臣关系紧张，党争愈发严重。对于出言顶撞甚至辱骂他的大臣，朱载坖不怒，也不给他们小鞋穿。他是自明武宗以后明朝历代皇帝中最为谦和、最为明静、最为宽仁的皇帝。《明史》说他："宽恕有余，而刚明不足。"《明穆宗实录》说他："承之以宽厚，躬修玄默。"本书认为他是K2型。

第 14 任明神宗朱翊钧，朱载垕之子，在位 48 年，享年 58 岁，明朝在位时间最长的皇帝，史称万历帝。他 4 岁时被立为皇太子，10 岁时，他接班为帝。他的父皇穆宗为他组建了顾命团队：高拱、张居正（T2 型）、高仪（K 型），由两宫皇太后辅政。他是明朝的第二个娃娃皇帝。两宫皇太后（陈太后、李太后）在宫内依靠执掌司礼监督领东厂太监冯保，国家朝政靠三位顾命大臣。遗憾的是三位顾命大臣不团结，一个月后，内阁首辅高拱因与太后信任的宦官冯保对抗而被罢官，张居正得到冯保的鼎力支持而成为内阁首辅，三个顾命大臣只剩下一位。国家朝政悉由张居正、冯保两人执掌，冯保主内廷，张居正主外。

张居正辅政 10 年，整顿朝政，改革体制，史称张居正改革。在内政方面，推行考成法，严惩贪官污吏，裁汰冗员，整顿邮传和铨政。经济上，清丈全国土地，抑制豪强地主，改革赋役制度，推行一条鞭法，减轻农民负担。同明代其他重要经济改革一样，这次清丈是首先从东南沿海地区搞起来的。他下令在福建试点，由于朱翊钧态度明确，张居正指导得力，坚决排除阻力，试点工作进行得颇为顺利。福建清丈田粮的事务告竣之后，他与张居正因势利导，趁热打铁，立即通行全国清丈。军事上，他加强武备整顿，平定西南骚乱，重用抗倭名将戚继光总督蓟、昌、保三镇练兵以镇守长城，使边境安然。张居正启用潘季驯治理黄河，变水患为水利。前 5 年以政治改革为重点，后 5 年以经济改革为主要任务。10 年改革取得了非常大的成就，扭转了嘉靖晚年形成的颓势。万历的前 10 年，史称万历中兴。

万历帝亲政初中期，尚能保持对朝政的兴趣。执政后期，他向祖父朱厚熜学习，宅在内宫，28 年不上朝，遥控政事。他虽然不上朝，但没有宦官之乱，没有外戚干政，也没有严嵩这样的奸臣，他对于日本攻打朝鲜、女真入侵和梃击案都曾发表意见，这说明他虽忽略一般朝政问题，但依然关心国家大事，并透过一定的方式控制朝局。在 1592—1600 年间，他亲自主持了万历三大征，在李如松、麻贵和李化龙等将领的奋战下，三战皆胜，巩固了明朝边疆、守护朝鲜王朝。明朝虽然依旧运行如常，但隐患无穷。他未能处理好内阁党争（沈一贯和沈鲤、郭正域的内斗）、皇嗣之争等重大事件，萨尔浒之战遭受失败，后患无穷，导致国势衰落。

皇嗣之争主要围绕着皇长子朱常洛与福王朱常洵展开，朱翊钧迟迟不立太子，令群臣忧心如焚。直到 1601 年，朱常洛被封为太子，朱常洵被封为福王，福王迟迟不离京就任藩王。直到梃击案发生，舆论对郑贵妃不利后，福王才离京就藩。1603 年，朱翊钧得到一本妖书，传说皇帝要改立太子，诏令到处严加搜索。他召见皇太子朱常洛于启祥宫，赐给皇太子手令以安慰。

自 1588 年后，朱翊钧很少上早朝，做了 20 多年的"隐居皇帝"。缺官现象非常严重。1602 年，南北两京共缺尚书 3 名，侍郎 10 名；各地缺巡抚 3 名，布政使、按察使等 66

名，知府 25 名。明朝政府完全陷入半空转之中，无人对国事担责。官僚队伍中党派林立，互相倾轧，他们的议题不是如何改良朝政，而只是各自的人事布局而已。

在东北，深受万历帝信任的辽东总兵李成梁，在后期腐化堕落，大肆谎报军情，骗取军功封赏，偏袒努尔哈赤势力，致使明末边患严重。1619 年，万历帝征调精锐部队赶赴辽东，企图一举消灭努尔哈赤，但在萨尔浒之战中被击溃，从此明军转为守势，万历帝用熊廷弼守辽东，屯兵筑城，才稍稍将东北局势扭转。明朝第二次由盛转衰。

万历帝对于西方传教士来华，持开放欢迎态度。1596 年，时任英国女王伊丽莎白一世写了一封亲笔信，派使者约翰·纽伯莱带给他，信中表达了对中英两国更好地开展贸易往来的愿望。可惜的是，约翰·纽伯莱在途中遭遇不幸，虽然信件没有丢失，却成了伊丽莎白一世的终身遗憾，也成了中英交流的一大遗憾。他接见了利玛窦并信任之，允许他在北京定居，进行学术交流。他接纳了利玛窦赠送的自鸣钟、《万国图志》《地球大观》等书。他虽然没有亲自接见俄罗斯使团（因后者未带供品也无国书），但派政府官员热情接见他们，俄罗斯使团返国时，带上了万历皇帝的回信。金尼阁从里斯本出发，第二次来中国，同行的 20 余名传教士，其中邓玉函、罗雅谷、汤若望等人都是饱学之士，他们日后成了传播西学的栋梁。他们同时带来了 7000 余部图书，史称西书七千部，由进士出身的翰林徐光启主持翻译。这些传教士在中国传播西方天文、数学、地理等科学技术知识，正是我们中华民族所需要的，对于当时中国社会经济文化的发展起了一定的促进作用，对于中国士大夫阶层中的少数先进分子起到唤醒的作用。遗憾的是，不久之后，万历皇帝去世，明朝从此进入了多事之秋，进入了灭亡的轨道。后来的清朝采取闭关自守的国政，没能组织人力翻译这些书籍。康熙帝对传教士说过：大清皇朝之内有三个民族，满人会像他一样敬爱你们，但蒙古人和汉人不会容纳你们，所以，不要去衙门把知识传授给他们（蒙古人和汉人）。万历的胸怀和眼光，远胜于康熙帝。

申时行（K2 型，万历帝的内阁首辅）的《诏对录》记载，万历帝说自己腰痛脚软，行立不便，足心疼痛，步履艰难。他因"体病而力不从心"而变成"最懒惰"的皇帝，也许是对的。但这表明，他有权力控制的欲望。因为体弱，他完全可以退居第二线，当太上皇，禅让皇位给皇太子。1620 年，他病情加重，在弘德殿召见张惟贤、方从哲（K 型）、周嘉谟、李汝华、黄嘉善、张问达、黄克缵、孙如游等大臣，勉励他们勤政敬职。遗憾的是，这些大臣的贤能有限，《明史·列传一百零六》云："无斡盅之略。外畏清议，内固恩宠，依阿自守，掩饰取名，弭谐无闻，循默避事。"本书认为，万历帝是 O1 型。

第 15 任明光宗朱常洛，神宗之长子，在位 30 天，享年 38 岁，史称一月天子。他 19 岁时被册立为皇太子，那时其父皇朱翊钧才 39 岁。19 年的皇储生涯期间，发生了皇储之争、妖书之案和梃击案等重大历史事件，这些事件让朱常洛养成了小心谨慎的性格。

在位期间，他任用贤臣，革除弊政，积极改革，罢除矿税、榷税，拨乱反正，重振朝廷纲纪。史学家说，他在太子地位稳定下来以后，生活条件大大改善，他如穷儿乍富，贪淫纵欲，夜夜贪欢无度，体力不支，便用药提神助兴。他本来就柔弱的身体就这样搞垮了，从此经常患病。有一次因患病，服崔文升（掌御药房的太监）进献的"通利药"（泻药剂），一昼夜连泻三四十次，身体极度虚弱，处于衰竭状态，再因服用李可灼的红丸而猝死。红丸性热，正好与当初崔文升所进的大黄药性相反。本就虚弱的朱常洛，在最后的岁月，连遭性能相反而且猛烈的两味药物的折磨，暴毙而亡。

他身体不舒服，在乾清宫召见张怀贤、大学士方从哲等 13 人，并命令皇长子出来接见；病危时，再次召见方从哲等接受遗命。本书认为，他是 K2 型。

第 16 任明熹宗朱由校，光宗之长子，在位 7 年，享年 23 岁。他 16 岁时接班，在刘一燝、杨涟和王安的帮助下，顺利即位。他启用韩爌、左光斗、赵南星、高攀龙、孙承宗、袁可立等大臣，方从哲等大臣逐渐被排挤出去，吏制稍显清明。在叶向高、刘一燝等贤臣的辅佐下，他迅速提拔袁崇焕，下诏为张居正平反，录方孝孺遗嗣，优恤元勋，给予祭葬及谥号。但不久后，他对朝政失去耐心，纵容乳母客氏，重用与客氏相好的宦官魏忠贤，任他二人胡作非为，在朝则陷害忠良，在后宫则荼毒妃嫔，而他却不加规制。他喜看傀儡戏，痴迷木工和建筑。魏忠贤把握朝政，擅权跋扈，爪牙遍布全国，大肆打击东林党人，借"梃击案、红丸案、移宫案"为由，唆使其党羽伪造《东林党点将录》上报朝廷，他下诏烧毁全国书院。大量东林党人入狱，甚至被处死。党争加剧，朝政日益败坏，国内各种社会矛盾激化，明朝进入多事之秋。

他在位 7 年，内阁首辅竟然多达 20 位，换内阁首辅如换衣服，朝政混乱，内忧外患加剧。山东爆发徐鸿儒领导的白莲教起义，各地民变、兵变、抗租斗争频繁爆发。他罢免有胆略且知兵的辽东经略熊廷弼，致使后金攻陷沈阳、辽阳，辽东局势日趋严峻。为稳定辽东，他再次起用熊廷弼为辽东经略。在阉党策划下，坚持正确方略的熊廷弼被杀，辽东战局陷于重重危机。1626 年，努尔哈赤率军攻打宁远，明军在袁崇焕的指挥下凭借坚城固守抗敌，最终击败后金军，并击伤努尔哈赤；8 个月后，努尔哈赤郁郁而终，史称"宁远大捷"。对于西方人强占澳门，他态度强硬，在澎湖与荷兰殖民者数次交战，大获全胜。天启朝不是没有忠臣良将，是他不能始终如一地重用，如熊廷弼、王化贞、孙承宗、袁可立等。在努尔哈赤强势反明的情况下，他没能驾驭和控制好党争，偏袒魏忠贤，杀熊廷弼和让孙承宗辞职是朱由校的最大失职，从而失去中兴大明的好机会。

他好木工，酷爱建筑，心灵手巧，对制造木器有极浓厚的兴趣，凡刀锯斧凿、丹青髹漆之类的木匠活，他都要亲自操作。他手造的漆器、床、梳匣等，均装饰五彩，精巧绝伦，出人意料。为此，他乐此不疲，甚至废寝忘食。1625—1627 年间，明朝对皇极殿、中极殿和建极殿进行了规模巨大的重造工程，从起柱、上梁到插剑悬牌，整个工程中朱由校都亲临现场，时称木工皇帝，也称明朝的鲁班。本书认为他是 O4 型。

第 17 任明思宗朱由检，朱由校之异母弟，在位 17 年，享年 34 岁，史称崇祯帝。朱由校在遗诏中诏令五弟朱由检继承皇位。17 岁的崇祯即位后，勤于政事，厉行节俭，平反冤狱。上任伊始，他发出"文官不爱钱"的号召。在随后的日子里，他一直以身作则：在位期间，宫中没有进行任何营建，吃穿俱不讲究。他锐意改革朝政，铲除魏忠贤，处死奉圣夫人客氏，客魏党的其他分子也被贬黜或处死。他任用朱燮元平定了大西南。但他在主政的中后期，用人多疑、刚愎自用、举棋不定，导致局势愈加糜烂。他在位 17 年，首辅 50 余位，和其兄一样，识人不明，换首辅就像车轮似的。朝廷党争不休，民间灾害不断，导致关内起义（李自成、张献忠）爆发，关外后金政权趁势崛起，国家处于内忧外患的境地。在统筹能力不足和性格急躁的情况下，进行两线作战，决策失误，导致两线均输。不给李自成封王，不杀张献忠，都是他的失败决策。李自成给他写信，让朱由检封他为王，他甚至愿意去为明朝出关攻打后金。朱由检认为自己堂堂天子，怎么能向贼寇妥协，于是失去共同攘外的大好机会。

尽管崇祯帝志向远大、励精图治、宵衣旰食、事必躬亲，但他既无治国之良谋，又无任人之智术，也做不到以信任结人心。他赏罚不当、猜忌多疑、冷血残忍，对大臣动不动就怒斥、问罪、砍头、凌迟，他怒杀将臣太多，从即位以来，先后诛杀了 7 位总督。战事不好，他总是气愤地更苛刻地运用法律杀死败将，功罪不能相互抵消，军国大事也一天天坏败，直至最后亡国。在京师解围的情况下，在温体仁和周延儒的极力怂恿下，疑心太重的他中了皇太极的反间计，竟然杀掉被视为中流砥柱的袁崇焕（T型）。他能力虽不差，但性格多疑，用人不当（如错用陈奇瑜、王德化、张缙彦等，明实亡于这些人），胡乱插手军事行动，导致明军多次战败。1640 年的松锦之战，这是明朝和后金真正意义上的一次大决战。皇太极的八旗铁骑野战无敌，洪承畴选择避其锋芒，依靠工事在城外与城内的祖大寿对皇太极形成合围之势。眼见着皇太极有些撑不住了，崇祯帝突然冒了出来。长久的消耗战，使得军饷消耗颇多，他担心洪承畴拥兵自重，所以下令：克期进兵，不进者死。1643 年的潼关之战，这是大明王朝的最后一战，当时是一个敌强我弱的形势，面对李自成大军，明军却是缺兵少粮，军中瘟疫肆虐。孙传庭坚守潼关，避战不出。崇祯帝害怕孙传庭拥兵自重，催促孙传庭出战。孙传庭没有办法，只能带着军队去以卵击石。最终孙传庭战死沙场，潼关失守。孙传庭作为一代名将，战功赫赫，孙传庭曾经亲手把高迎祥抓住，也曾经把李自成打得全军覆没。他一生忠心耿耿，乃至于最后马革裹尸，为国捐躯。这样的人，却成为他眼里的无能之辈，死后没有赐予任何谥号，子孙没有福荫。时人云：传庭败死而大明亡矣。

他偏袒重用性格、观念和他十分契合的杨嗣昌（人总是喜欢使用同类，从而产生俄罗斯套娃现象），对杨嗣昌自始至终地信任，袁崇焕的"五年承诺"没有兑现，遭杀；杨嗣昌的"三月承诺"没有实现，照样信任和重用。遗憾的是，杨嗣昌是做将才的料，但不是做统帅的料（识将能力不强，错用熊文灿，团结和协调将领能力不够强）。他是个军事理论家（四正六隅、十面张网），而非其应变将略的大将。杨嗣昌亲赴川蜀督师作战时，昏招连连，刚愎自用且不能处理好部属关系，四处奔波而将士疲惫无功，他本人在"二藩"沦陷后，病死在征途中。崇祯帝不仅没有追究杨嗣昌使二藩沦陷的责任，反而亲撰祭文，追赠杨嗣昌为太子太傅。朱由检信任杨嗣昌，而杨嗣昌以死回报朱由检，似乎没有辜负他的信任，但结果是辜负的。因援绝战死的卢象升，却没有享受到这种待遇，迟到第三年才获赠太子太师并赐葬。这种双标的做法，致使贤臣良将纷纷心寒。清朝散文家方苞云："明之亡，始于孙承宗之退休，成于卢象升之死败。"当时的明朝不是没有能人忠臣，而是崇祯帝的性格和能力不足以胜任危机时期的皇帝岗位。明季之时，未尝乏才，顾往往不尽其用。用矣，或掣其肘而驱之必死。（对于辽东将兵），明用之善，则为后金之劲敌；用之不善，则为明朝之叛将。知人善任是胜任皇帝岗位的最关键的技能，担当、大度、团结、公正是胜任皇帝岗位的最关键的性格，好皇帝的性格，就是集TOPK性格类型的优点于一身，而不是集它们的缺点于一身。

他虽然勤奋欲有所为，但性格多疑且能力不足，以致举措失当。天灾人祸、内忧外患的危机重重时期，他虽有治国之心，但救国之能力不足，救国之性格无皇者风范。去世前，他五次下诏罪己，未能挽回民心，也未能激起臣子们的团结和士气。因为他屡发的罪己诏中未认真反省自身，一味地将责任推在别人身上。他去世的遗诏（史称第六次罪己诏），既罪己也罪臣子们。他说：诸臣误朕。《明史·列传一九七》说他："性多疑而任察，好刚而尚气。任察则苛刻寡恩，尚气则急遽失措。"《明史·列传一六四》记载了张国维对崇祯帝的评价："陛下求治太锐，综核太严。拙者局跼以避咎，巧者委蛇以取容，谁能展布四体，为国家营职业者？"

《明史·列传一六六》记载了万元吉云："先帝（崇祯帝）天资英武，锐意明作，而祸乱益滋。宽严之用偶偏，任议之途太畸也。"史学家张德信评他："特殊的宫廷生活环境、坎坷多事的命运，造就朱由检的畸形性格。在皇权递争之中，在朝野党争之际，在抵御后金、对付国内起义之时，表现出聪颖自信而又猜忌多疑、形似谦恭而又刚愎自用、勤心图治而又急躁专断等复杂情性，最终导致悲剧结局。"本书认为他是O3型。

明朝皇帝的性格类型路线如下：太祖朱元璋（猫头鹰）01—惠帝朱允炆（考拉）02—成祖朱棣（老虎）03—仁宗朱高炽（考拉）04—宣宗朱瞻基（孔雀）05—英宗朱祁镇（考拉）06—代宗朱祁钰（考拉）07—英宗朱祁镇（考拉）08—宪宗朱见深（孔雀）09—孝宗朱佑樘

（猫头鹰）10—武宗朱厚照（孔雀）11—世宗朱厚熜（老虎）12—穆宗朱载垕（考拉）13—神宗朱翊钧（猫头鹰）14—光宗朱常洛（考拉）15—熹宗朱由校（猫头鹰）16—思宗朱由检（猫头鹰）17，具体如图22-2所示。

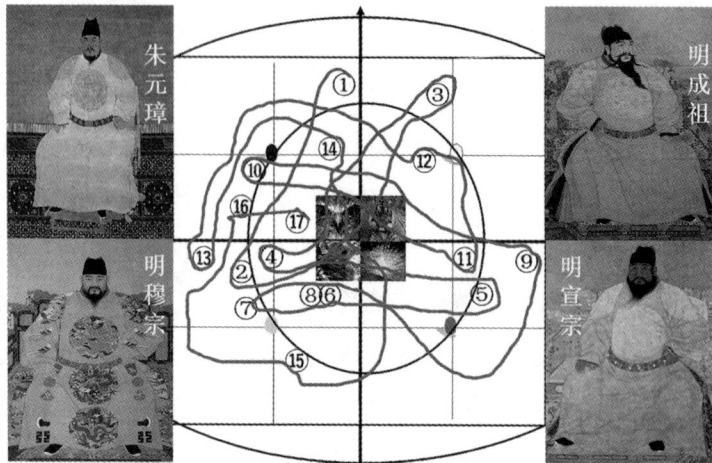

图22-2　大明朱氏政权的帝王性格类型移动

明朝兴于O型皇帝，亡于O型皇帝，再亡于K型皇帝。大明的开创者朱元璋是O1型，他25岁开始创业，一开始是跟随郭子兴，之后从士兵到吴王，组建了符合TOPK和VCAT模型的创业搭档团队。他创业16年，开国成功，对于草根创业者来说，这是奇迹，与忽必烈、顺治福临相比，他是真正的"创一代"。和忽必烈一样，皇太子朱标没有接班就去世，只好由皇太孙接班。K型的朱允炆，在文艺内阁协助下，进行削藩，败于T型的朱棣，引发大明的第2任危机。K型的朱高炽在大臣的辅政下，顺利接班成功。朱高炽执政不足1年而病逝，P型的朱瞻基在大臣辅政下，顺利接班，挫败了T型朱高煦的夺帝叛乱。K型的朱祁镇虽然是明朝的第一个娃娃皇帝，但其父皇给他组建了不错的顾命大臣团队，接班是顺利的。他亲信宦官而轻率出征被俘虏，再次引发大明的皇位危机，幸好皇后孙氏和于谦等大臣明智决策让K型的朱祁钰接班；K型英宗回到北京，和K型代宗之间产生矛盾，K1型的英宗取代了K2型的代宗执政。P型的朱见深顺利接班，而当了13年皇太子的朱佑樘，在18岁那年顺利接班，O型的他主政了18年，创造弘治中兴。孔雀型的朱厚照当了13年的皇太子，在15岁时顺利接班，他主政了16年无嗣而终，大明发生皇嗣危机。虽然张太后明智迎立朱厚照的堂弟朱厚熜接班，但T型的朱厚熜坚决以藩王接班而不是皇太弟接班，导致了17年的继统大礼议之争，他创造了嘉靖中兴，也创造了嘉靖衰落。T型的嘉靖帝迟迟不立皇太子进行培养，最终导致裕王朱载垕在受遗诏接班之前还是皇子亲王。景王朱载圳在1565年（嘉靖四十四年）病逝，裕王朱载垕的接班地位才得以确立。30岁的朱载垕虽然顺利接班了，K型的穆宗也纠正了父皇时期的弊政，但主政只有6年，壮年早逝，只好让当了 5 年皇太子的朱翊钧接班，娃娃皇帝在顾命大臣和太后的辅佐下，创造了万历中兴。神宗朱翊钧在位 48 年，其中亲政 38 年，O 型的万历帝晚年懒政，创造了万历衰落。他未能处理好和皇太子的关系，导致皇太子变成 K 型。K 型的朱常洛在曲折中接班成功后，放纵自己，主政 30 天就病逝了。O 型的朱由校在 15 岁时顺利接班了，但没有受到皇太子的培养和训练，不能胜任皇帝岗位，于是通过做木匠来减压。他主政了 7 年，青年病逝，三位皇子均没有养大成人，只好遗诏异母弟朱由检接班。朱由检也没有受过皇太子培养和训练，以亲王身份接班，没有母后辅政，其主政能力，尤其是知人善任能力不足以应对当时的局势，其性格是好要面子的 O 型，不是力挽狂澜的性格。一连串的决策失误导致明朝灭亡，也导致了南明的短命。

1377 年 6 月，朱元璋开始训练接班人，他给了朱标最好的教育资源：最好的名师（宋濂等）、最端正的伴读、最全的图书等。朱标 13 岁时，朱元璋又让他接触社会底层，了解民生疾苦。朱元璋选勋德老成及新进贤者，兼领东宫官。不设东宫幕僚，让一众元勋如李善长、常遇春等数十位谋士、将军作为太子的辅助之臣。这种待遇，在古代各代中也可以称得上第一位。将自己收集的众多藏书全部都往朱标住的东宫搬去，这样一来朱标不仅老师众多，还在学习材料上极为完备。朱元璋既重视太子德行的教育，也重视太子才能的训练。他经常让太子监国，朱标 22 岁时，被朱元璋要求：日临群臣，听断诸司启事，以练习国政。朱标开始观摩参政的锻炼历程。朱元璋还命政事启奏皇太子朱标裁决然后奏闻。他说："自古创业之君，历涉勤劳，达人情，周物理，故处事咸当。守成之君，生长富贵，若非平昔练达，少有不谬者。故吾特命尔日临群臣，听断诸司启事，以练习国政。惟仁（P 型、K 型）不失于疏暴，惟明（O 型）不惑于邪佞，惟勤不溺于安逸，惟断（T 型）不牵于文法。凡此皆心为权度。"

天有不测风云，38 岁的朱标，当了 24 年的皇太子后，不幸病逝，这个时候，朱元璋 65 岁。朱标的去世引发明朝的二代危机，朱元璋也和忽必烈一样，让皇孙接班。但忽必烈成功了，朱元璋失败了。朱元璋在第二次选择接班人的问题上犯了错误，他没有选择朱标的元嫡次子朱允熥（15 岁），而是选择了 16 岁的皇孙朱允炆（朱标的庶长子、继嫡长子）为接班人。选择皇孙来接班，化解了二代危机，进入第三代。在非正常情况下，朱元璋依然采用读（文科）书的方式来培养第二个接班人，这是朱元璋的第二个错误。朱元璋聘请当时的名儒方孝孺、黄子澄和齐泰为朱允炆的老师。这种方式有很大的局限性，容易培养出书呆子型的接班人。

为了朱允炆的顺利接班，朱元璋在 1393 年因猜疑心重而制造了蓝玉党案，朱标的太子妃常氏的舅父蓝玉被杀，很多开国元勋被杀。朱元璋在接班人管理领域犯的第三个错误，就是托孤失败或者托孤智慧欠缺。他没有给朱允炆搭好符合 VCAT 和 TOPK 原则的接班团队，只是把女婿梅殷（K1型）托孤给朱允炆。朱允炆接班后，组建了书生气十足的执政团队，史称秀才朝廷，其对于问题的分析往往限于纸上谈兵，不切实际。这个团队没有军方背景的成员（武将），还要（武力）削藩，这是朱允炆不明智之处。尽管朱允炆当了约5年的储君，但因缺乏国政实践的磨炼，性格和能力也很难应对皇叔朱棣的挑战，从而引发了明朝朱氏的二代和三代相互残杀的危机。

朱棣吸取父皇朱元璋培养接班人的教训，在实践中提升接班人的能力，在朱棣数次北征期间，朱高炽都以太子身份监国，在夏原吉、蹇义、杨荣、杨士奇等大臣的辅佐下，得到了宝贵的实际行政经验。《明史》称，这段时间"东宫监国，朝无废事"。实践出真知，能力是练出来的，不是读书读出来的。朱棣即使在首都时，也命皇太子朱高炽处理一般性政务。1410年，朱棣还命夏原吉辅佐皇长孙朱瞻基留守北京，在培养朱高炽的同时，也开始培养他的第三代。1411年，朱棣在皇太子还健在的情况下，立皇长孙朱瞻基为皇太孙，带领皇太孙朱瞻基出巡或出征，给予现场辅导。朱瞻基数次见识过朱棣亲自指挥的数十万大军的决战，不是从小长在深宫的建文帝能比的。这是中国历史上罕见的。

T型的朱棣虽重视接班人的培养，但由于时势和性格使然，朱棣因喜欢同类的朱高煦而引发更换接班人风波。在"靖难之役"的最艰难阶段，朱棣曾亲口对朱高煦说："勉之！世子多疾。"言下之意就是：加油干，你哥身体不好，将来还得靠你接班。然而，等江山坐定以后，朱棣却绝口不提当年的承诺，这让T型的朱高煦好生恼火，但也无可奈何。朱高煦参与争夺皇储，多次挑拨是非，陷害太子朱高炽，致使解缙冤死、黄淮入狱。朱高炽在南京监国，朱高煦制造流言诽谤皇太子。朱棣改胡濙到南京任职，命他顺便调查此事。胡濙到后，秘密上疏驰送北京，报告太子监国七事，并说太子诚敬孝谨，并没有别的过失。胡濙化解了更换皇太子的危机。朱高煦私养了许多武士图谋不轨，好在杨士奇、徐皇后说服朱棣削夺朱高煦的部分护卫，强令他就藩乐安。K型的朱高煦与T型的朱高炽之争才算暂时告一段落。谁知半路又杀出个程咬金，皇三子朱高燧在朱棣得病期间曾密谋杀死朱棣，然后矫诏即位，幸得有人告密，一场灾难才没有降临。

1424年，朱棣在北征返京途中突然病逝。张辅、杨荣担心朱高煦、朱高燧兄弟乘机作乱，引发明朝第二次接班危机，决定秘不发丧。军中每日还是向皇帝进餐、请安，一切如故，行始皇故事。与此同时，杨荣与海寿赶紧回京报告皇太子朱高炽。由于大臣们的精心安排，一个多月后，当朱棣驾崩的消息传开时，K型的朱高炽已经顺利接班并把控了朝廷。张辅和杨荣没有向赵高、李斯学习，缜密有谋而忠诚地化解了接班危机。这是大明的幸运，也是朱高炽的幸运，更是朱棣的幸运。否则，朱棣就成了秦始皇第二，接班人危机把强大的国家搞没了。

同样是K型皇帝，朱允炆失败了，朱高炽成功了。同样面对T型的挑战者，朱允炆失败了，朱高炽成功了。为什么呢？原因除了执政能力的培养、大臣的公忠和办事能力，还有各自组建团队的能力。朱棣不仅个人能力强，他还有符合VCAT和TOPK原则的团队，朱允炆没有，朱高煦也没有，但朱高炽有。朱高炽病逝，太子朱瞻基从南京赶往北京奔丧，朱高煦打算在半路设伏，截杀P型的朱瞻基，但由于行动仓促，没有成功。朱瞻基接班的第二年，T型的皇叔朱高煦按照当年朱棣的谋反篡位套路起兵造反，引发明朝的第二次接班危机，胡濙与杨荣等人赞佐朱瞻基亲征，成功平乱。第二次接班危机由此彻底化解了。

朱瞻基壮年去世，留下两个年幼的皇子，9岁的嫡长子接班，幸好其母张太后贤明，领导摄政团队，渡过了接班危机，但朱祁镇的任性亲政和瞎指挥，导致自己成为敌军俘虏。这个时候，孙太后同意拥立朱祁钰为皇帝，指挥北京保卫战，保住了大明的国祚。可惜，朱祁钰在自己只有独子和身体不是很强壮的情况下，废掉大哥朱祁镇的长子朱见深的皇太子，从而引起皇嗣争夺，本来太上皇哥哥回到北京就是长期的棘手的问题，废掉朱见深的皇太子位，使皇权及其承续更为错综复杂。本来兄弟同心，可扭转国势、重振大明，至此兄弟反目为仇，大哥造反复位，自己被废而死。朱祁钰功于大明，不愧祖先，却在皇嗣问题上没有周公姬旦那么大的胸怀和胆量。大明高层的窝里斗，再次树立了坏的榜样。谁说考拉温厚，谁说考拉讲亲情，谁说考拉不会斗？面对利益和权力，两只考拉，同样是斗。《荀子·王制》云："势位齐而欲恶同，物不能澹则必争。"曾国藩云："为官之道，性同才异，相援相赖；性同势均，相竞相害也。"相同性格的两兄弟，势均就相斗相害也。

P型的朱见深过于宠爱万贵妃，致使内宫的皇子生存环境恶劣，从而导致自己的皇子年幼，又没有得到很好的养育，6岁的朱祐樘虽然后来得到周太后的养育和保护，但年幼的朱祐樘受到恐怖的刺激。他的父皇有14个儿子，1476年后，他的父皇给他养育了11个皇弟，他在6~18岁的12年里，皇太子位随时都有被废掉的危险。万贵妃时常想废皇储，幸好明宪宗头脑还是清醒的。这些恶劣的皇室环境，致使朱祐樘接班以后只有一位妻子，只生育两个儿子，一个夭折，从而对朱厚照过于溺爱。虽然朱祐樘很早就立朱厚照为皇太子，并为他选择了好老师，但没有选好他周边的太监。周围的太监，毁了聪明的P型的朱厚照，引导他养成了贪玩的习气。作为皇位唯一接班人，朱厚照被众星捧月似的长大，养成了特立独行的个性，虽然天资聪颖，杀伐决断，但玩物不节制，朱祐樘在培养接班人上是不及格的。朱厚照接班之后，因为过于追求个性自由，奇葩贪玩，导致没有皇嗣且英年早逝，引发明朝前所未有的接班人危机，这次危机是通过旁支藩王接班得到解决。

对于接班人的选择和培养，T型的朱厚熜是虎头蛇尾的。前期他很重视很用心，后期却放养不管。32岁的他在主政的第18年，就立3岁的庶次子朱载壑为接班人，给予精心的培育和良好的教育。遗憾的是10年后，太子朱载壑病逝。之后，朱厚熜不再立皇太子直到病逝。他遗诏由 K 型的朱载垕接班，朱载垕没有接受太子教育就上岗当了皇帝。穆宗朱载垕有四子，长子朱翊釴、次子朱翊钤，俱早亡。朱载垕在接班登基的第二年，便立三子朱翊钧为皇太子，并任命一批大臣为教官，辅导朱翊钧读书。O 型的朱翊钧学习非常用功，学习能力也很强，其母李氏教子非常严格。由于讲官的尽心辅导、李太后的严格管教，朱翊钧本人刻苦努力，学业大有长进。他自己后来也常常十分得意地说：朕五岁即能读书。他虽然是明朝的第二个娃娃皇帝，但在其母和大臣的用心辅政下，顺利地渡过了接班危机。

从结果来看，朱翊钧在培养接班人问题上是失败的，远不如其父皇朱载垕。从现代来看，他迟迟不立太子，让三个皇子同时封王是可以的。这是采取赛马的方式来选择接班人。由于朱翊钧的虎性（独断性或果敢性）不够强，引发了君臣长达 15 年的国本之争，导致三个皇子的成长、教育的生态环境，尤其是政治生态环境不够好。迫于压力，他虽然在1601 年（万历二十九年）立皇长子朱常洛为皇太子，时间也不算迟，但他对皇太子的教育和培养是失败的，基本上是放养式的。加上朱常洛的母亲王氏不如朱翊钧的母亲李氏重视儿子的教育，朱翊钧长期偏爱郑贵妃，导致朱常洛的成长环境恶劣。K 型的朱常洛虽然顺利接班了，但主政一个月就去世了。他的长子朱由校虽然顺利接班，但由于朱常洛当皇太子期间生存环境不佳，导致朱由校所受的教育也不是很好。朱由校的生母王氏，在万历朝是皇太子朱常洛的选侍，在朱由校 14 岁时就去世了。念及皇孙朱由校幼小，万历帝让皇太子朱常洛的选侍李氏抚育朱由校，O 型的朱由校读书不多，致使他是明朝皇帝里读书最少的一位皇帝，被嘲弄为"文盲皇帝"。朱由校的养母李氏和乳母客氏，这两个人素质不高，野心太大，教育能力连普通的母亲都不如。加上朱由校痴迷木工和建筑，其执政智慧和能力不能胜任皇帝岗位。他病逝后异母弟朱由检接班，5 岁的朱由检从小缺少母爱，他的生母刘氏，在其父皇为皇太子时，因不明原因去世。他的成长环境并不好，性格也有不少缺陷，接受的教育不足以胜任皇帝岗位。他欲有所为，想振兴明朝，也很勤奋自律，但性格有缺陷和能力不足，他个人无法和李自成、皇太极等抗衡，他也不会组建 VCAT 和 TOPK 型的团队，和李自成、皇太极的团队抗衡，所以他挽救不了明朝的灭亡。《明史·列传一九七》说崇祯帝："（在位）十有七年，而帷幄不闻良、平之谋，行间未睹李、郭之将，卒致宗社颠覆，徒以身殉。"而他最后的失策，就是没有遣送 15 岁的太子朱慈烺到南京监国。

从南明 18 年的国祚来看，华夏民族在面对清朝入侵的时候，朱氏明朝还是有较强的凝聚力的。可惜，南明开国皇帝朱由崧的正统、能力、威望和性格都不足以胜任开国皇帝。山海关守将吴三桂不愿投降大顺，面对李自成的大顺军，吴三桂引清兵入关。李自成放弃北京，率军退回陕西。清朝摄政王多尔衮成功迎顺治帝入关，迁都北京。同一时间，马士英等拥护福王朱由崧在南京称帝，南明成立，然而弘光朝因为党争与宦官之乱而混乱分裂。内斗分裂的弘光政权很快被清军消灭，明朝鲁王朱以海与唐王隆武帝分别在浙江与福建建立南明朱氏政权，然而双方不和，不久被清军各个击破，拥护隆武帝的郑芝龙投降清朝。桂王永历帝于广东的肇庆即位，其间瞿式耜、李定国、郑成功及其他明将先后收复华南各省，内部又发生唐桂之争和叛变而节节败退。1661 年，清军攻入云南，逃亡缅甸的永历帝被吴三桂杀死，南明彻底灭亡。

第二十三章
清朝帝王性格类型移动轨迹

清朝是爱新觉罗家族创建的。从努尔哈赤建立后金算起，国祚 296 年，历 11 世 12 帝。从皇太极改国号为清算起，国祚 276 年，历 10 世 11 帝。从清兵入关，建立全国性政权算起，国祚 268 年，历 9 世 10 帝，如图 23-1 所示。

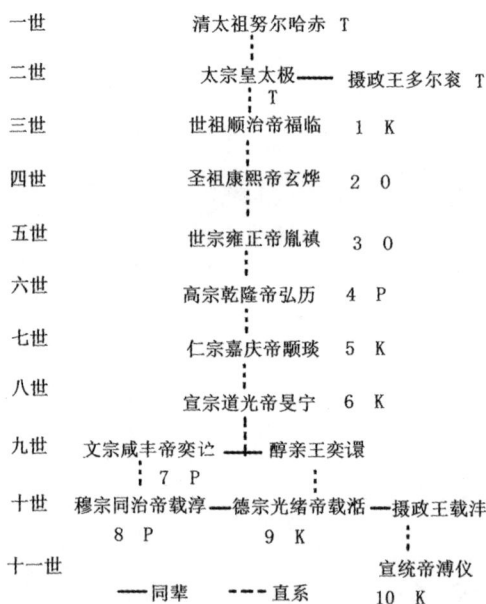

一世	清太祖努尔哈赤 T
二世	太宗皇太极——— 摄政王多尔衮 T
	T
三世	世祖顺治帝福临　1 K
四世	圣祖康熙帝玄烨　2 O
五世	世宗雍正帝胤禛　3 O
六世	高宗乾隆帝弘历　4 P
七世	仁宗嘉庆帝颙琰　5 K
八世	宣宗道光帝旻宁　6 K
九世	文宗咸丰帝奕詝——— 醇亲王奕譞
	7 P
十世	穆宗同治帝载淳　德宗光绪帝载湉——摄政王载沣
	8 P　　　9 K
十一世	宣统帝溥仪
	——同辈　---- 直系　10 K

图 23-1　大清爱新觉罗氏政权的帝位传承和世系

第 1 位奠基者爱新觉罗·努尔哈赤，尊为清太祖。他通晓满语和汉语，喜读《三国演义》。其六世祖猛哥帖木儿，原是元朝斡朵里万户府的万户，1405 年应明成祖朱棣的招抚，受封建州卫指挥使，为明朝建州卫指挥使。努尔哈赤奋六世余烈，起兵反雇主大明，他利用女真各部落之间及和其他民族部落之间的矛盾纵横捭阖，用祖父的遗甲起兵，征服建州，统一女真。5 兄弟 16 子上阵，勇武睿智，刚柔各得其所（顺者以德报，逆者以兵临）。57 岁的努尔哈赤建立后金政权，割据辽东，厚待开国元勋，创建八旗军事制度，确定 4 大贝勒 5 大臣的议政制度。爱新觉罗的家族力量是强大的，68 岁的他（在位 11 年）病逝之时，还有代善、阿拜、汤古代、莽古尔泰、塔拜、阿巴泰、皇太极、巴布泰、德格类、阿济格、巴布海、赖慕布、多尔衮、多铎、费扬果共 15 个儿子（长子褚英已遭处死）在为家族事业打拼。他军事才干强于政治才干，长于用计，重视保密，多谋善断，议即定，定即行，出兵犹如暴风骤雨，势不可挡，经常以少胜多，变被动为主动。本书认为，他是T2型。

第2位奠基者皇太极，尊为清太宗，努尔哈赤的第8子，在位17年，享年52岁。他是大清帝国的实际建立者和开国皇帝。他35岁时继任大汗，接班之初，他与其他三位亲王一同主持朝政，大贝勒礼亲王代善、二贝勒阿敏、三贝勒莽古尔泰和四贝勒皇太极，史称四大贝勒。

他看到国家的弊政，从而固本维新，进行改革。仿效明制，设立内三院、六部、两衙门（都察院、理藩院），形成所谓"三院六部二衙门"的政府架构，基本完善了政府组织的体制和架构。他提出"治国之要，莫先安民"，强调满洲、蒙古、汉人之间的关系"譬诸五味，调剂贵得其宜"。他提出"以武功戡乱，以文教佐太平"，一改其父努尔哈赤屠杀文人的政策，并于当年进行考试，选取了满蒙汉生员两百人。他改变努尔哈赤单纯依赖武力连续攻明的战略，采取讲和与自固的灵活政策，以达到麻痹敌人、争取民心、赢得时间、壮大自己的目的。阎崇年评价他：其谋略包括精心谋划，继承汗位；一后四妃，笼络蒙古；松锦用兵，精于谋略；设反间计，除袁崇焕等，皇太极心计之深、谋略之高、手段之辣，令人叹为观止。本书认为，皇太极是T2型。

第1任清世祖爱新觉罗·福临，皇太极的第九子，嫡次子。在位18年，享年24岁，史称顺治帝。他是清朝定都北京的首位皇帝，清朝第一个娃娃皇帝，中国历史上第一个开创全国性政权的娃娃皇帝。皇太极去世后，清皇室经过十多天的皇嗣争夺较量，6岁的福临意外成为接班人，外有叔父多尔衮（T3型）和堂叔父济尔哈朗（O4型）辅政，内有亲母孝庄太后（O型）辅政。萧一山说："（假）使清无多尔衮之摄政，无范（文程）洪（洪承畴）诸人之运筹，无多铎等之征伐，则清之一统，未可必也。"

1647年，清朝皇室内部斗争加剧。郑亲王济尔哈朗府邸殿堂的台基逾制及擅用铜狮、铜鹤，罚银两千两，多尔衮抓住把柄，罢免了郑亲王济尔哈朗辅政的权力，由此，多尔衮开始一人独揽朝政。多尔衮对顺治帝停止行跪拜礼。1648年，肃亲王豪格被多尔衮害死。皇叔阿济格向摄政王多尔衮争叔王衔，被多尔衮论罪并罢免了职务。少年皇帝顺治对此无可奈何。1650年12月，多尔衮病逝。

1651年，14岁的顺治帝开始亲政，他取消了诸王、贝勒、贝子管理六部事务的权力。规定皇帝一月三朝，春秋两季各举行一次经筵。为了提高政府机构的办事效能，他注重发挥汉官的作用。他下令要改变仅有满臣奏事的局面，此后，凡章奏，令满汉侍郎、卿以上会同奏进，强调满汉同心同德。他向诸大臣询问历史上汉高祖、汉文帝、汉光武帝、唐太宗、宋太祖、明太祖等帝王谁最优，陈名夏对他说是唐太宗，而顺治帝认为明太祖的各种立法可以有利于后世。

面对全国出现新的抗清高潮，他同大臣经过反复筹商，决定采取剿抚并施的策略。1652 年，他通过全面倡导忠义，树立清朝是传统道德捍卫者的形象，对消除广大汉人对清朝统治者心理上的隔阂，对缓和民族矛盾，特别是对安定汉人地主的人心，产生了积极的作用。为了恢复被战乱破坏的农业经济，他采纳范文程等人的建议，设立兴屯道厅，推行屯田。他追谥兄长豪格为肃武亲王，豪格成为清代第一个被追谥的亲王。他积极鼓励地主、乡绅招民垦荒，对地方官员制定《垦荒考成则例》，按垦荒实绩，分别予以奖惩。同年，编成《赋役全书》颁布天下。这些措施，使濒于绝境的农业生产开始有了转机。他对整顿史治甚为关注，派监察御史巡视各地，惩治了一批贪官污吏。到顺治末年，除东南沿海之外，全国的领土基本得到统一。

顺治帝擅长以情动人的管理方式。据《清史稿·列传·卷二十五》记载，1655 年，金之俊病重乞求告老还乡，顺治帝不允许，并且派画工去他的府邸画像。1656 年，他对诸大臣曰：君臣之义，终始相维。你们今后不要总念着因年老而退休。你们忍心舍朕而去吗，朕又怎么忍心让你们告老还乡呢？去年金之俊的病非常重，朕遣人去给他画像。念他已老，唯恐不能再见了，所以不胜眷恋。朕所选拔的人，真想要和他们白首相依，实在不忍心分离啊！金之俊哭泣而谢。1657 年，他开始接触僧人，成为佛教信徒。董鄂妃病逝于承乾宫，为情所困的他决心出家当和尚，在玉林通琇禅师的劝阻下，他勉强同意不出家，但内心已然完全受到了佛法的熏陶。他热衷佛教，借此解压。

他即位不久，孝庄太后就册立自己的侄女博尔济吉特氏为皇后。但是他并不喜欢这个皇后，她是个爱嫉妒的人，这让顺治帝无法容忍，坚决要废后，孝庄太后拗不过自己的儿子，只好同意，皇后降为静妃，改居侧宫。为了消除这件事情给满族和蒙古带来的消极影响，孝庄太后又安排蒙古科尔沁多罗贝勒之女博尔济锦氏进宫为妃，他同样对这个漂亮的妃子不感兴趣，不过没有再废这个妃子。本书认为，他是 K1 型。

第 2 任清圣祖爱新觉罗·玄烨，顺治帝第 3 子，在位 61 年，享年 69 岁。他是中国历史上在位时间最长的皇帝，史称康熙帝。他一出世，就被顺治帝送到孝庄太后那里抚养，受祖母孝庄太后的影响，他爱好读书。顺治帝以遗诏的形式册立 8 岁的他为皇太子，任命索尼（O4 型，外戚大臣）、苏克萨哈（P1 型）、遏必隆（K1 型，外戚大臣）、鳌拜（T2 型）四大臣辅政。康熙是清朝的第二个童子皇帝。他 8 岁丧父，10 岁丧母，在祖母孝庄太后的调教下长大并顺利执政。1665 年，11 岁的康熙迎娶首辅索尼的孙女赫舍里氏，并册立她为皇后。

康熙六年（1667）六月，首辅索尼病故。14 岁的康熙帝正式亲政，在太和殿受贺，赦天下。但亲政仅 10 天后，鳌拜即擅杀同为辅政大臣的苏克萨哈，数天后与遏必隆一起进位一等公，实际政局并不受康熙帝掌控。康熙八年（1669），他时常召集少年侍卫在宫中作扑击之戏，鳌拜认为他贪玩。康熙在索额图、黄锡衮、王弘祚等人支持下，突然下令这些侍卫在鳌拜进见时将其逮捕。大臣商议鳌拜大罪 30 条，请求诛其族，他念鳌拜功劳，赦死罪而拘禁，但诛杀了鳌拜的很多弟侄亲随及党羽。遏必隆因为长期勾结鳌拜，被削去太师、一等公。他由此完全夺回大权，开始真正亲政。在祖母孝庄太后的支持下，康熙通过图海、岳乐、杰书等将帅，果敢地平定了三藩之乱，但杀死了平定三藩的功高之臣周培公。1676 年，他娶遏必隆之女为妃子，并立为皇后。1689 年，他挫败沙俄侵略军，确保清朝对黑龙江流域的控制；三征噶尔丹，并取得胜利；创立"多伦会盟"以取代战争，联络蒙古各部。将喀尔喀蒙古纳入自己直接统治之下，开疆扩土近 400 万平方公里。

他为政宽仁，留心民间疾苦。他亲政不久，便宣布停止圈地，规定所圈土地应退还给农民；放宽垦荒地的免税年限，将垦荒的免税时间从三年改为六年，实施"滋生人丁，永不加赋"的政策，全国的耕地面积由顺治末年的 5.5 亿亩增至 8 亿多亩。大力兴修水利，整治黄河、淮河、浑河（永定河）及运河，让经明末战乱而凋敝的经济得到迅速恢复和发展。粮食有了保障，人口便得以增长，在康熙帝去世前，全国人口突破 1.5 亿。他还着手整顿吏治，恢复京察、大计等考核制度。他果敢引进外来农作物。他多次南巡视察河工，体察民情，先后任用靳辅和于成龙治理黄河与大运河，获得很突出的成绩。在他六次南巡期间，在视察民情习俗之外，更是亲自监督河工。康熙中期以后，因战乱而遭到严重破坏的手工业逐步得到恢复和发展。为安定社会秩序，他颁行 16 条圣谕，要地方人士循循告诫乡民。他又派心腹包衣（即家奴）如曹寅、李熙等人打探地方物价、人民收入与官绅不轨之事，并以密折奏报。此即密折制度的萌芽，到雍正时期趋于完善。

他重视对汉族士大夫的优遇，多次举办博学鸿儒科，向来华传教士学习西方科学与文化。他设立南书房议政，削弱议政王大臣会议权力。但是他晚年时，吏治松弛，贪污腐败，已然成风，并且未能处理好为了接班而引发的皇子明争暗斗，众位皇子因为废太子事件而争夺皇位，对政治产生了不良影响，清朝在他治理下第一次达到了鼎盛，也第一次出现了衰落的势头。

他下令编纂《明史》，编纂《古今图书集成》《康熙字典》等恢宏巨制，终使许多原本抱有对立情绪的汉族文士或态度软化，或立场转变，有的甚至俯首称臣。从这一点来看，他似乎是成功的，原本被视为"夷狄"的清朝成了正统王朝，满族整个民族进入了华夏文明。但是，作为一个满族人，他没能突破"满洲根本"的局限，他强调"满洲甲兵为国家之根本"，"八旗满洲乃我朝之根本"。虽然有"满汉一家"之说，但实际上"族民有别"，清朝在政策上确定了满汉之不同，在一个文明之下，有着明显的民族区分。看似祥和统一的帝国，却有着上下割裂的隐患。

他虽然对西方的科技很感兴趣，热爱科学并曾亲自校改欧几里得的《几何原本》，他曾模仿外国科学院建立了蒙养斋算学馆，但并不允许进行广泛的传播。颁布禁海令，也是因为惧怕沿海一带汉人和外国人直接接触、交往而危及统治。康熙还兴起文字狱，他在位期间发生的文字狱案共有 11 起，著名的文字狱有庄氏《明史案》和戴名世的《南山集》案。他的子孙们继承了他这一"遗产"，越来越保守，到孙子乾隆时期达到极致，原本天下无事，却"防民如防贼"。乾隆年间，文字狱发生了 130 余起，大多数都是捕风捉影，连精神病人的呓语都可成为罪证。在编纂《四库全书》的过程中，他禁毁图书 3100 多种，共 151000 余部，对中国古典文化的破坏是空前的，对人民思想的钳制也到了登峰造极的地步。

史学家姚念慈评他：玄烨是一位富有忧患意识，具有理性和克制力的统治者，他的内心情感和冲动大多情况下会服从于理性。……玄烨也比较精明，对于社会隐患，多能防微杜渐。他虽然多年用兵北方，但对于南方反清势力却毫不放松；他虽然时时保护满族的特权，却又很在意赢得广大汉人的拥戴。李约瑟博士称康熙为"科学的皇帝"。朝鲜文学家金昌业说康熙："以康熙之俭约，守汗宽简之规模，……第其为人，明秀有余，浑厚不足。才多，故好自用；量狭，故喜自矜。"他的禁海令、迁界令和文字狱，都是他不够大气恢宏的性格所致，他虽然睿智，但不如唐太宗那么开明自信。本书认为，他是 O4 型。

第 3 任清世宗爱新觉罗·胤禛，康熙帝第 4 子，在位 13 年，享年 58 岁。胤禛 45 岁接班，在关键时刻获得隆科多（雍正养母之弟，雍正娘舅）和年羹尧（T3 型）的鼎力帮助，如通过隆科多稳定京中局势，通过年羹尧控制胤禵和稳定西北地区，从而顺利接班即位。1722 年，他命胤禩（P1 型）、胤祥（K2 型）、马齐（O4 型）和隆科多（O3 型）4 人总理事务。他认为朋党最为恶习，所以有策略、有步骤地分化瓦解诸皇子集团，将胤禵（T型）从西北军前召回，加以圈禁；将胤禟发往青海西大通。1724 年，他下令圈禁胤禩、胤禟、胤䄉、胤祉、胤祯（胤禵）等。1726 年，赐死年羹尧；1727 年，幽禁隆科多。

康熙晚期，清朝的吏治已经出现各种危机，官场之风可用"乌烟瘴气"来形容。这些官员欺上瞒下，中饱私囊，把本属于国库之帑银变成"白条子"，然后再将这"白条子"变本加厉地转嫁给人民，原本刚刚得以休养生息的百姓，又回到水深火热之中。康熙帝早年励精图治所开创之盛世之象，几近毁于一旦。雍正帝登基之后，果睿改革，实现了清朝的止跌，扭转乾坤，为乾隆时期国势中兴打下了坚实的基础。雍正朝上承康熙，下启乾隆之治，使康雍乾三朝持续发展，成为清朝的鼎盛时期。譬之农事，康熙为之开垦，雍正为之种植，而乾隆得以收获也。

《清史稿》评康熙父子：圣祖（康熙）政尚宽仁，世宗（雍正）以严明继之。史学家说：康熙宽大、乾隆疏阔，要不是雍正的整饬，清朝恐怕早已衰亡。他上台仅 1 个月就下令清查多年的财政亏空，史称"雍正查亏"。1723 年，他连续颁布 11 道谕旨，训谕各级文武官员，如因循不改，必定重罪严惩。他完善密折制度，皇帝特许的官员才有资格上奏密折。具折奏事的官员雍正朝增加到 1200 多人。密折的内容，几乎无所不包。皇帝通过密折可以直接同官员对话，更加了解和掌握下面的实际情况。他所派遣的特务遍即天下以监控地方事务，官员之间互相告密、互相监督，强化了皇帝的专制权力。

为了缓和阶级矛盾，促进农业生产，他实行"摊丁入地"制度，这一制度成功解决了中国古代历史上的人口税问题，是巨大创举。他废除了贱籍，于 1723 年发出第一道"豁贱为良"的谕旨。他下令各省检查，如发现本地也存在类似乐户的贱民，也准许他们出贱为良。如果说打江山要靠枪杆子，那么，治江山就得抓钱袋子。他大力整顿财政，官绅一体当差纳粮，实行耗羡归公，建立养廉银制度。这两项制度具有现代财政预算、财政管理的意味。

他即位当年，就派年羹尧、岳钟琪（T2 型，岳飞后裔）等出兵青海，次年平定罗卜藏丹津叛乱。他加强对西南少数民族的治理，实行改土归流。他设置军机处加强皇权，废杀与他对立的王公并削弱亲王势力。他为防止国民掌握兵器的制造技术，对清王朝统治构成威胁，即位后便明令停止在康熙朝不断取得突破的火炮研制工作。他勤于政事，自诩"以勤先天下""朝乾夕惕"。他亲自批改奏折，军机处的谕旨也由他再三修改。

他识执法严，作风雷厉风行，行政严猛，重用有开拓气魄、政绩显著的官员。他所亲信的内外臣僚如张廷玉、鄂尔泰、田文镜（O4 型）与李卫（T2 型）、尹继善（P2 型）等人也都以干练著称。他创立秘密立储制度，在一定程度上避免了康熙帝晚年诸皇子互相倾轧的局面。他在对历朝历代的建储法详加比较剖析后，认定秘密建储"实为美善"，将秘密建储确定为神圣不可更改的"建储家法"。乾隆以后，自嘉庆到咸丰，都是按秘密建储制继承皇位的。秘密建储与公开建储相比较，确实避免了皇子之间为夺取皇位而发生的残酷争斗，对稳定政局具有一定作用。但他依然没有解开皇位继承制度的死结：一代不如一代，胜任皇位者越来越少。

他以文字狱作为控制思想、打击政敌、提高自己权威的手段。他屡兴文字狱，钳制言论自由，如钱名世案、汪景祺《西征随笔》案、查嗣庭试题案、吕留良案等文字狱案。雍正朝文网甚密，株连人众，处刑严酷。知识分子动辄得咎，形成闭眼不敢看现实、缄口不敢谈政治的沉闷风气。

《清史稿·列传八十一》云："世宗（雍正帝）以综核名实督天下，肃吏治，严盗课，实仓库，清逋赋，行勘丈，垦荒土，提耗羡，此其大端也。"史学家说他：精确地分析问题，并有魄力地做出应对，果敢地执行，是个卓越的实用主义的政治家。本书认为，刚强的雍正是O1 型，他能在 TOPK 四种性格类型间自觉或不自觉地切换。

第 4 任清高宗爱新觉罗·弘历，雍正帝第 4 子，在位 60 年，太上皇训政 3 年多，享年 89 岁。他是中国历史上实际执掌国家最高权力时间最长的皇帝，也是最长寿的皇帝，是清代第一个以秘密建储制继位的皇帝，史称乾隆帝。25 岁的皇子弘历奉遗诏接班，庄亲王允禄（O3 型）、果亲王允礼（P2 型）、鄂尔泰（T2 型）、张廷玉（O4 型）为顾命大臣辅政。他以"宽猛相济"理念施政，介于康熙帝的仁厚与雍正帝的严苛之间。

即位不久，他将雍正长期监禁的政敌允禵等释放出狱恢复爵位，重新处理雍正朝年羹尧、隆科多两案的遗留问题，释放了雍正末因贻误军机而被判死罪的岳钟琪、傅尔丹，赐予允裪等公爵。他接班的第 2 年，果亲王允礼病逝。雍正给他搭建了接班团队，乾隆顺利接班后，逐渐组建起自己中意的执政团队。成年的新君上位，自然想要培养出自己的心腹班底。1739 年，爆发了庄亲王允禄、理亲王弘晳结党营私案，他革除允禄议政大臣、理藩院尚书的职位，弘晳削爵圈禁，贝勒弘昌等革降停俸。他务实灵活地执行其父皇雍正的治国政策，继承和发展了雍正时所有积极的政策，调整和纠正了雍正朝某些失误的政策。他完善了其父皇创建的军机处的建制和职权，极大地加强了其权力。军机处重建之后，他扩大了军机大臣人数，任命鄂尔泰、张廷玉、讷亲（O4 型）、海望、纳延泰、班第等 6 人为军机大臣，军机章京也由原来的 10 人扩充至 16 人，满汉各半。他以高超的艺术驾驭群臣，朝廷中以鄂尔泰与张廷玉为代表的满汉两派斗争十分激烈，互相拆台。他不是打一派拉一派，而是对他们都进行严厉警告，并采取抑制手段，不让一派打压另一派，始终让他们保持平衡，避免了大分裂。他严格运用"京察""大计"考核官吏，乾隆一朝，因考绩不合格受到降级或处分的官吏达 6 万多人。

乾隆中期，全国各地区的农业、手工业和商业都有较大的发展，耕地面积扩大，人口激增，国库充实，整个社会经济得到了空前的发展。以耕地面积而言，乾隆三十一年（1766），全国已开垦土地达 7.8 亿亩；全国人口也从乾隆初年的 1.4 亿多人增加到乾隆六十年（1795）的近 3 亿人；国库存银则长期保持在六七千万两，几乎相当于全国每年赋税总收入的 2 倍，整个社会经济呈现出空前繁荣的新局面。

从 1772 年开始，清政府开始编纂《四库全书》，经 10 年编成，系统地整理和保护了中国历史文化遗产，《古今图书集成》成为全世界最庞大的类书。然而他为维护统治却严厉控制思想，编书期间借机割裂焚毁大量不符合其思想的书籍，并大兴文字狱，使戴名世等人被株连杀害或者流放。乾隆一朝，各种类型的文字狱案件约有 110 起，几乎占了整个清朝全部文字狱案件的 70%。这些都让文人思想受到严格限制，阻碍了文化的发展。乾隆年间的文网之密、文祸之多，达到中国历史上文字狱的顶峰。

执政期间，乾隆在文治武功方面都有建树，为巩固统一的多民族国家，发展清朝鼎盛局面做出了重要贡献。在傅恒、阿桂等大臣的支持下，清朝的疆域经过康熙、雍正、乾隆三代的努力也达到了最大。但世界发生了翻天覆地的变化，他默然对待，他实施的闭关锁国政策使中国拉大了和西方的差距，中国由此逐步落后于世界。1793 年，英国政府为给乾隆庆祝八十大寿，派来以马戛尔尼为首的使团。马戛尔尼代表英国政府向他提出开放贸易口岸、设立常设使馆、开辟英商居留地等 7 个要求，还向他赠送了前膛枪、远镜、地球仪、钟表等一批礼物，以及一艘当时英国最先进的炮舰模型。他以没有先例为由，拒绝了英国使团的请求，又将英国赠送的礼物统统堆到仓库，用一把大锁锁住。

乾隆中早期，他治国风格是：宽猛相济，宽以济猛，严以济宽，政是以和。T 型和 O 型的领导者喜欢用猛严风格，而 P 型和 K 型的领导者趋向于柔宽风格，具有五级领导力的领导者，因时势、人事而调整。乾隆在晚年，主张宜宽不宜猛。晚年的他多从宽厚，宠信贪官和珅（P2 型），官员腐化使政治大坏；他六下江南，铺张过盛，扰民有余；他在北京仿制江南园林，劳民伤财，政治日渐腐败。他本人的生活是极为奢侈的，他多次巡幸各地，游山玩水，靡费特甚；他大兴土木，任意挥霍，耗费了大量的国库，并引得官僚、地主、商人竞相效仿。他实行和珅推荐的"议罪银"制度，官吏腐败没落加剧，激化了国内阶级矛盾、民族矛盾，使天下糜烂。1790 年，尹壮图上书乾隆帝，直言实施 10 年的议罪银制为朝廷带来了很大弊病。乾隆帝非常自负，训责尹壮图，搞了个形式主义的调查，结果尹壮图被革职，辞官养母。乾隆帝赢了面子却输了国运，错过了历史给予他纠错的最后机会。乾隆末期，百姓起义的烈火迅速燃遍了大江南北。他让清朝盛极而衰，埋下了让清朝从"康乾盛世"极快地转向"嘉道衰世"，之后一蹶不振而走向灭亡的种子。

他是一位深情的丈夫。他与孝贤皇后伉俪情深，可谓举案齐眉，恩爱无比。皇后去世后，他悲痛欲绝，追念终生，写下数百首悼亡之诗，其辞句感情真挚，令人动容。他很孝顺母后（钮祜禄·遏必隆的堂侄孙女），他在位期间四次南巡，四次东巡，三次巡幸五台，二次诣盛京，一次巡幸中州，以及谒东陵，猎木兰，皆奉陪皇太后同行，平日与其左右不离，遇万寿节必率王大臣行礼庆贺，皇太后的六十、七十、八十岁庆典，一次比一次隆重。特别是皇太后八十大寿，年已六十的乾隆帝还彩衣蹈舞，承欢膝下。享年 84 岁的皇太后享尽了人间的"福、禄、寿"，善至于终身。她不但没去制止奢华，反而助长了奢华；她不但没有静下心来调教子孙，反而助长了孙辈的享乐，这是其一大遗憾。乾隆语言能力超群，精通满语（包括老满文和新满文）、汉语和蒙古语，藏语和维吾尔语也达到了"能之"的程度，这在古代帝王中是绝无仅有的。本书认为，他是 P1 型，猫头鹰性格排第三。

第 5 任清仁宗爱新觉罗·颙琰，乾隆帝第十五子，在位 25 年，享年 61 岁，史称嘉庆帝。1799 年，36 岁的嘉庆帝开始亲政。在刘墉（K2 型）、王杰（O3 型）、董诰（O4 型）、朱珪（K3 型）等老臣的辅佐下，亲政仅 5 天，他就逮捕并赐死巨贪和珅，抄没其家产。和珅的家产相当于清朝政府 15 年财政收入的总和，史称"和珅跌倒，嘉庆吃饱"。惩治和珅案没有株连，也没有扩大化，这是嘉庆的聪明之处；但他只把和珅当作个案处理，而没有把"和珅现象"当作制度性的弊端去解决，进行制度性的改革，这是他的平庸之处。在和珅这个榜样的24年的带动下，乾隆时期官场达到了"无官不贪、无官不腐"的程度，整个统治集团从根子上坏掉了。官场腐败，造成国库亏空，民生艰难。

他对贪污深恶痛绝，打出"咸与维新"的旗号，整饬内政，整肃纲纪。诏求直言，广开言路，祛邪扶正，褒奖起复乾隆朝以言获罪的官员。诏罢贡献，黜奢崇俭。他还听从老师朱珪"身先节俭，崇奖清廉"的建议，限制地方向他呈送宝物，他平时生活也比较节俭，五十大寿时禁止民间演戏庆贺，六十大寿时禁止给他送金珠玉器。他要求地方官员对民隐民情"纤悉无隐"，据实陈报，力戒欺隐、粉饰、怠惰之风。但他拿不出治贪的有效办法，未能从根本上扭转清朝政局的颓败，官吏贪污现象越来越严重。终嘉庆一朝，贪污问题不仅没有解决，反倒更加严重。这时期还爆发了白莲教、天理教等农民起义，社会冲突激化，鸦片流入中国（他下诏说吸食鸦片有害身体，敕令各督抚断其来源）、八旗的生计问题、钱粮的亏空、河道漕运的难题，清朝国势日非。清朝倾全部的军事、财政力量，全力平定叛乱。他在天理教起义平定后，颁布"罪己诏"。

他虽然没有荒淫暴虐之举，但缺乏改革创新的气魄，他努力扭转清帝国结构性困境，但没有成功，始终未能解决朝政弊端。他在位期间正值世界工业革命兴起的时期，但他继续执行闭关锁国的政策，从而丧失了科技强国的良机，内忧外患同时爆发。

他受时代的局限，束缚于传统观念、祖宗家法、王朝利益，不敢、不愿也没有能力从体制上做大的、根本性的调整。他对内政采取头痛医头、脚痛医脚式的整顿，不可能从根本上扭转清王朝的衰落。他的性格过于仁慈和谨小慎微，对贪污腐败等问题打击还不够有力，一些力所能及的改革也没能推行。洪亮吉上书说："国法之宽，及诸臣之不畏国法，未有如今日之甚者。……亮吉以为今日皇上当法宪皇帝（雍正）之严明，使吏治肃而民乐生。然后法仁皇帝（康熙）之宽仁，以转移风俗，则文武一张一弛之道也。"可是嘉庆帝严惩了洪亮吉，却对整个治理体制"严"不起来。作为一个小心谨慎，既不荒淫（妃子不多），又不浪费（为了省钱，把南巡、北巡各种乱七八糟的巡幸都停了），还比较体贴官员的皇帝，他竟然遇到了刺客袭击。1803年，他坐着轿子入宫，忽然从神武门窜出一个手持短刀的男人，要捅死他。事出突然，身边的100多个御前侍卫都惊呆了，吓得一动不动。关键时刻，还是他的姐夫、蒙古人固伦额附拉旺多尔济和侄子定亲王绵恩带头救了他。在护卫与刺客搏斗之际，他赶紧搭轿子溜入顺贞门内。1812年，白莲教的一个支派天理教的头头在河南滑县道口镇聚头，商量在次年"搞事情"。次年9月15日中午，几十个贼人打进紫禁城。守卫森严的紫禁城，头一回被一群草台班子闯入。直隶的天理教教首早就给一些低级太监做了思想工作，才能如此顺利地入宫。此时嘉庆不在宫中，皇二子旻宁先回来，看到皇宫进了贼人，连忙用火枪把两个贼人击毙了。天理教徒慑于火器的威力，这才被驱散逃跑。

史学家评价他：嘉庆帝与他的父皇、祖父相比，是一位既没有政治胆略又缺乏革新精神，既没有理政才能又缺乏勇于作为品格的平庸天子。平庸和淳厚，是嘉庆帝的主要性格特点。阎崇年云：嘉庆的悲剧在于，他认为天下的问题都是由和珅不好、百官不好造成的，而没有从自身找责任，也没有从制度挖根源。他虽一件一件地解决了乾隆盛世留下的危机，却又一步一步地陷入更深的危机。乾隆朝盛世下的危机，到嘉庆朝更加深重。张宏杰评他说：从亲政初期的伟大，到谢幕时的尴尬，嘉庆的滑落曲线如此令人叹息。他20多年的统治，前面连着"康乾盛世"，紧接其后的，则是"鸦片战争"。正是在嘉庆皇帝的治理下，大清王朝完成了走向万劫不复的衰败的关键几步。太华居士评他：嘉庆是有志向的勤奋的好皇帝，但能力和性格不能胜任当时环境下的皇帝岗位。他没有物色到能力卓越和性格果密的大臣辅政，没能打造出卓越的执政团队。《清史稿》说他"恭谨无违""崇俭勤事"。本书认为他是K2型。

第6任清宣宗爱新觉罗·旻宁，嘉庆帝次子、嫡长子，在位30年，享年69岁。他是清朝唯一以嫡长子接班的皇帝，史称道光帝。39岁的旻宁接班为帝，得到以禧恩为代表的宗室的建议和认同，又得到皇太后的中宫懿旨和皇弟瑞亲王绵忻的赞同，最主要是有军机大臣等开启鐍匣的御书圣旨。在位期间，在长龄、杨遇春和王鼎等大臣的支持下，他平定了张格尔叛乱。这对于维护国家的统一和领土完整与西北边疆的和平安定很有意义，也是他一生最大的功绩。他整顿吏治，整理盐政，通海运，严禁鸦片，力行节俭，勤于政务，但其才略有限，社会弊端积重难返。吏治的腐败，导致海关走私严重，鸦片贸易猖獗，黄爵滋疏陈鸦片为害之烈，主张严禁。道光帝为解决鸦片的弊端，派林则徐到广州宣布禁烟。英国为了打开中国市场，在1840年发动了鸦片战争，清朝战败，被迫求和。软弱的道光帝迫于英军气焰，竟将林则徐、邓廷桢交军机处严加议处。1842年，他被迫签订丧权辱国的《南京条约》。阎崇年评他：道光帝是中国两千年帝制史上，第一个同西方殖民者签订丧权辱国条约的皇帝。鸦片战争的失败，丧权辱国的《南京条约》的签订，他应负主要历史责任。

鸦片战争以后，他失去了早期的锐意进取的精神，掌政风格日趋保守和僵化。他在鸦片战争中立场动摇，指挥失败，使中国蒙受耻辱，实在可悲。但更为可悲的是在此事件之后他没有反思，没有任何振兴王朝的举措。他苟安姑息、拒绝变革，官场中，结党营私、相互倾轧、卖官鬻爵、贿赂成风。军队里，装备陈旧、操练不勤、营务废弛、纪律败坏；财政上，国库日益亏空、入不敷出。清朝内忧外患日益严重，阶级矛盾激化，民变四起。太平天国运动已在酝酿之中，清朝陷入危机。中国从此进入了近百年的耻辱内乱、落后的时期。

他如同他的父皇一样，是循规蹈矩、不好声色的帝王。他个人人品好，勤政崇俭，是清朝历史上最节俭的皇帝，他的龙袍还打着补丁。但他缺乏帝王所需的明晰的洞察力、执行的果断力和知人善任的能力。《清史稿·列传一五〇》云："守成之世，治尚综核，而振敝举衰，非拘守绳墨者所克任也。况运会平陂相乘，非常之变，往往当承平既久，萌蘖蠢兆于其间，驭之无术，措置张皇，而庸佞之辈，转以弥缝迎合售其欺，其召乱可幸免哉？宣宗初政，一倚曹振镛，兢兢文法；及穆彰阿柄用，和战游移，遂成外患。一代安危，斯其关键已。"赵尔巽说："道光中年后，海内多事，诸臣并已徂谢，遂无以纾朝廷南顾之忧。"《清史稿》说他："宣宗（道光）恭俭之德，宽仁之量，守成之令辟也。……所谓有君而无臣，能将顺而不能匡救。"曾国藩批评道光时代："九卿无一人陈时政之得失，司道无一折言地方之利病，相率缄默。"史学家费正清说："他（旻宁）看来是一位谨慎小心的，甚至是胆小的统治者，宁可与几个心腹顾问进行密议，而不愿接受实际的批评或警告。"本书认为，他是 K2 型。

第 7 任清文宗爱新觉罗·奕詝，道光第 4 子，在位 11 年，享年 31 岁。他是清朝及中国历史上最后一位拥有实际统治权的皇帝，也是清朝最后一位通过秘密立储继位的皇帝，史称咸丰帝。即位后，他便勤于政事，任用改革派官员，大手笔地革新弊政。他罢免了道光朝的主和派大臣（郭佳·穆彰阿、爱新觉罗·耆英等）之后，重新安排了军机大臣的人选。他任用肃顺（P1 型）等改革派官员，也重用杜受田、祁俊藻、彭蕴章、翁心存等亲信老臣，对之前的政治局面实行整顿。他提拔敢于任事的肃顺，支持肃顺等革除弊政。肃顺掌权后，以铁腕的方式整治自乾隆末期以来的官场腐败，严厉打击贪污腐败，严惩渎职失职，整肃政风。

为了挽救统治危机，咸丰帝颇思除弊求治，企图重振纲纪。在肃顺的支持下，咸丰帝一改嘉道时期汉臣不受重用的习惯，他说："朕用人行政，一秉大公，从无分于满汉。"肃顺向他推荐曾国藩、左宗棠、胡林翼、郭嵩焘等汉族官员，为平定太平天国网罗了人才，奠定"同光中兴"的基础。在骆秉章（T2 型）的支持下，曾国藩（O3 型）创建湘军。咸丰帝在给曾国藩的信中，展现出了出色的辩才，嬉笑嘲弄之间还带着皇帝的威严："试问汝之才力能乎？否乎？平时漫自矜诩，以为无出己之右者；及至临事，果能尽符其言甚好，若稍涉张皇，岂不贻笑于天下？……言既出诸汝口，必须尽如所言，办与朕看！"大老板都发话了，曾国藩只好出兵。湘军初出茅庐，屡败屡战，文官出身的曾国藩现学现卖，在战争中学打仗，失败 N 次后，夺回了被太平军占领的长江重镇武昌。此前收到的都是各地失守的消息，突然翻到曾国藩攻克武昌的战报，他大喜过望地说：不意曾国藩一书生，乃能建此奇功！湘军在此后几年迅速崛起，这是中国近代史上一件影响深远的大事，从此以后，汉族势力开始夺回国家的支配权，而这一切，可说是源于咸丰帝的果决的默许。

平乱安内获得了成功，但代价极高。咸丰帝坚决镇压国内的起义，重用汉族官僚曾国藩，依靠其训练指挥的汉族武装镇压太平天国和捻军起义。为镇压国内起义，他开建捐例，卖官鬻爵，铸大钱，发行官票和钱票，推行厘金制度等，由于厘金中商税完全出自华商而不及外商，所以它阻碍了国货在市场的流通，有利于外国洋货的倾销，从而加强了洋货对国货的竞争能力，不利于民族资本主义的发展。

攘外失利，第二次鸦片战争，以签订一系列不平等条约收场。在国难当头之时，咸丰帝和战不定，痛失歼敌的良机，并置民族和国家利益而不顾，带头逃离京师。而一有小胜，他就大喜得忘乎所以。1860年，英法以"换约"为由，率军舰攻入大沽口，在清军的奋勇抵抗下，狼狈逃窜。他见清军小胜，立即尽毁《天津条约》，同时在圆明园庆祝他的三十大寿，连演4天大戏。同年10月，圆明园遭到英法联军的洗劫和焚毁。他惧怕洋人，不敢回京，在承德寻欢作乐，并要求在京大臣向列强妥协，答应他们的无理要求，致使中国割地赔款。

咸丰一朝，政治腐败、国库空亏、民生凋敝、兵将腐朽等问题依旧一个也没解决。他面临着内忧外患、国将不国的严重局面，想力求振兴，但胆识不足、远略不大、才能不足、作为不够。奕䜣，咸丰的亲弟弟，因太能干而遭到咸丰猜忌，一直被弃而不用，奕䜣虽然贵为亲王，却从无实权。咸丰违背祖训，吸上鸦片，并美其名曰"益寿如意膏"。他北狩热河后，京师被英法联军侵占。他不仅不率军民抗击外敌侵略，却以吸食鸦片来刺激自己、麻醉自己。自暴自弃的咸丰有四喜：喜美色、喜美酒、喜丝竹（戏剧）和喜鸦片。本书认为他是P2型。

第8任清穆宗爱新觉罗·载淳，咸丰帝的长子，慈禧太后的亲生儿子，在位13年，享年19岁。他是清朝的第三个娃娃皇帝，史称同治帝。他6岁时奉遗诏接班。咸丰帝为他留下了豪华的托孤团队：亲王载垣（K型）、端华（K型）、景寿（O4型），肃顺（P1型）、穆荫（K型）、匡源（P2型）、杜翰（杜受田之子，P型）、焦祐瀛（P型）。这个托孤团队由8位大臣组成，TOPK组合类型是1O4P3K型。年富力强的恭亲王奕䜣、醇亲王奕譞不在内。咸丰帝在病逝前，授予皇后钮祜禄氏"御赏"印章，授予皇子载淳"同道堂"印章（由懿贵妃掌管），辅政大臣所拟上谕，必须加盖这两方印章才能奏效。这样的安排，顾命大臣的权限就受制于两宫太后（两个太后均有盖章权）。两宫太后（慈安、慈禧两太后）与恭亲王奕䜣发动辛酉政变，形成"二宫垂帘，亲王议政"的新格局。两宫太后垂帘听政，年轻的同治安心读书，静心观摩。25岁的慈安太后（嫡母太后，K1型）、27岁的慈禧太后（生母太后，T2型）和30岁的奕䜣（皇叔，P1型），三人组合，年富力强，同心辅政，呈现一幕同心同德的奋进景象。史学家说：宫府一体，将相协和。清朝因三人组合而渡过危机，并续命了数十年。

两宫太后同心联手，朝内倚重奕䜣、文祥等贤臣，议政王奕䜣主持政务；朝外启用曾国藩、左宗棠等优秀的汉臣，内外相维。奕䜣新政的主要措施是：成立总理衙门、设立同文馆、办新式学校、派人出洋、办厂开矿、修筑铁路等，喊出了"自强""求富"的时代最强音，实行学习西方近代化举措，开始走向开放、进步。没落的清朝出现了复苏的景象，史称"同治中兴"。1856 年，太平天国发生天京事变，其实力衰退，在 1864 年（同治三年），天平天国在湘军、淮军及外国军团的围攻之下而亡。奕䜣与曾国藩、李鸿章、左宗棠等，在与太平军的作战中认识到西方的船坚炮利，鉴于两次鸦片战争的失败，他们发动以"师夷长技以制夷"为方针的自强运动（洋务运动）。这场运动使清朝的国力有了一定程度的恢复和增强，清朝军队的装备和洋务运动之前相比已有了明显的提高，清政府平定了准葛尔判乱，中国西北国界得以确认。在国际上的地位和形象因此有了相当大的改善。

可惜的是，皇室内斗开始了。1865 年，慈禧太后免去奕䜣的议政王和其他一切职务，"叔嫂同盟"的裂痕开始显现，最高层的"黄金搭档"也开始"窝里斗"，由于恭亲王奕䜣的卓越才能和深得人心，文武百官开始恳求慈禧太后，强烈要求挽留大清的好"总理"恭亲王奕䜣。在奕䜣主动自我检讨后，慈禧太后终于收回成命，归还了奕䜣几乎所有的乌纱帽，但是，依然去除了"议政王"的头衔。这沉重打击了奕䜣为国效命的积极性。

慈安太后和慈禧太后两人在长达 20 年间的垂帘听政期间，一直保持比较和谐、稳定的关系，两人有重大分歧和争执的记载很少，这是历朝历代后宫生活中所罕见的。慈安太后优于德，她贤明公正宽厚，能够抓大放小，明辨是非，有着巨大威望和无与伦比的团结力，以及很强的忍耐力和决断力；而慈禧太后优于才，她机智敏锐，大小政务都能从容处置，执行能力很强。两宫太后各有所长，相得益彰，配合默契，在共同垂帘听政那段时期，政策还是比较英明的。诛杀陷城失地、临阵脱逃的两江总督何桂清，将骄蹇贪淫的胜保下狱赐死，把安德海就地正法，都是出自慈安之意。慈安太后在大事上一点都不糊涂。

同治帝很像他的父皇咸丰，重情感而少理智。1872 年，他已经 17 岁了，到了立后成婚的年龄。慈安太后看中了崇绮之女阿鲁特氏，而慈禧太后则看中了凤秀之女富察氏。两人各执己见，最后决定由同治帝自己决定。他采纳了慈安太后的意见，同意立阿鲁特氏为皇后，富察氏为慧妃。他亲政后，不顾财政困难和军需缺口，降旨斥巨资（需银 1000 万两）兴修颐和园。重修圆明园也需要耗费巨资，这对于内忧外患、满目疮痍的帝国来说，真的是无力承担。1874 年，重修圆明园的工程正式开工。恭亲王奕䜣、大学士文祥等 10 人（3 位亲王郡王、3 位御前大臣、3 位军机大臣、1 位师傅）联衔疏奏，请求停止圆明园工程。同治帝降旨革去奕䜣世袭罔替亲王降为郡王，将醇亲王奕譞、大学士文祥等人革职并免除军机大臣职务。这道圣旨，相当于将国家中流砥柱的大臣全部开除。两宫太后见事情闹大，只好出面调解，收回了同治帝的荒唐成命，却降谕修葺西苑三海工程。本书认为，同治是 P4 型。

第 9 任清德宗爱新觉罗·载湉，同治帝的堂弟，咸丰嗣子（皇侄），奕𫍙次子，慈禧太后的亲外甥，在位 34 年，享年 38 岁，史称光绪帝。他 3 岁多被过继给咸丰帝为皇嗣子，后被两宫太后立为皇帝。他是清朝的第 4 个娃娃皇帝，由慈安、慈禧两宫太后垂帘听政。

幼年的他受到慈禧太后悉心的照管，5 岁时起，慈禧太后就为他选定学问和书法俱佳的状元翁同龢为老师。慈禧太后一方面对光绪着力培养，一方面又对他严加管教。慈禧太后安排光绪帝的父亲奕𫍙在毓庆宫照料他读书，遗憾的是，君臣之礼取代了父子之情。自信满满的光绪，一到了慈禧太后面前就蔫了，慈禧太后常常大发脾气，训斥这个皇帝，有一次竟然鞭笞了他，弄得他听到大声的动静便胆战心惊，在慈禧太后那里请安时竟至浑身发抖。慈禧太后这么做，自然是为了树立威信，让他绝对服从自己。但于国家而言、于家族而言，慈禧太后的教育是失败的。

慈安太后去世后，慈禧太后继续垂帘听政。失去权力制衡的慈禧太后，一山不容二虎，罢黜奕䜣，换上听话的醇亲王奕𫍙，奕䜣开始了长达十年闲职生涯，史称"甲申易枢"，从此，慈禧太后独掌清朝最高权力。1889 年，19 岁的光绪亲政，慈禧太后来了个太后训政：先请懿旨，再于皇帝前奏闻。亲政的光绪帝没有最终决断的实权。1894 年，奕䜣虽然东山再起，重新被慈禧太后起用，但时势大变，他历经道光、咸丰、同治、光绪四朝，屡遭猜疑，几起几落，意志消沉，消极怠工，无所建树，在 1898 年病逝在岗位上。

外患年年增多，尽失藩属国和领土，尽失主权。1883 年爆发中法战争，张之洞力主抗战。张之洞担任两广总督以后，发起并领导了"中体西用"为方针的新一轮的洋务运动，创办以钢铁为主的重工业，创新教育制度等。1894 年，中日甲午战争爆发，在翁同龢的支持下，光绪极力主战，反对妥协，但终因朝廷腐败，以清朝战败告终。光绪帝面对民族危机，痛定思痛，变法图强。1898 年，他诏立京师大学堂，与李端棻、康有为、梁启超、谭嗣同等改良派发动和领导戊戌变法，变法持续了 103 天。他打算依靠袁世凯牵制住以慈禧太后为首的这一股势力，但反被袁世凯出卖，慈禧太后把他软禁起来，对外宣称光绪帝罹病不能理事，变法因此失败，史称"百日维新"。戊戌变法失败后，慈禧太后立端郡王载漪之子溥儁为"大阿哥"，以取代载湉，史称己亥建储。各国反对慈禧太后废黜光绪帝，要求镇压反洋人洋教的"义和团"。八国联军入侵之后，1901 年，溥儁被撤去大阿哥称号。光绪帝的皇位保住了，但形同木偶，臣工奏对，不发一言。有时慈禧太后示意要他表态，他也不过说一两句罢了。清朝国势由此大坠，知识分子纷纷提出各种方法拯救中国，主要分成立宪派与革命派两种改革路线。1901 年，康有为、梁启超推动立宪运动，梁启超发表《立宪法议》，希望让光绪帝成为立宪君主。慈禧太后为挽清朝衰落危局，有意效仿欧日的改革而推行清末新政。新政主要推行君主立宪、建立清朝新军、废除科举、整顿财政等一系列改革。革命派对清廷的改革失望，他们主张推翻清朝，建立共和制。

1894 年，孙文（孙中山）在夏威夷檀香山建立兴中会，1904 年，黄兴（O 型）于长沙成立华兴会；同年，蔡元培于上海成立光复会。1905 年，孙文（P 型）在日本联合兴中会、华兴会、光复会，成立中国同盟会，并提出"驱除鞑虏、恢复中华、创立民国、平均地权"的纲领。革命派在华南地区发起了 10 次起事，并将势力渗入华中、华南的清朝新军。立宪派与革命派为改革方式发生争执，一开始立宪派占上风，清朝政府承诺实行立宪。1907 年，清廷筹设资政院，预备立宪，并筹备在各省开办咨议局。1908 年 7 月，颁布《各省咨议局章程及议员选举章程》，命令各省在一年之内成立咨议局。同年颁布《钦定宪法大纲》，以确立君主立宪制政体，成立代议会。在立宪派成员的请愿下，清朝宣布预定在 1913 年召开国会。光绪帝在最后 10 年（1898—1908 年）的幽禁生活中，仍然坚持不懈地钻研法律，留心阅读世界各国的法律书籍。本书认为光绪帝是 K2 型。

第 10 任清末帝爱新觉罗·溥仪，同治帝之皇嗣（堂侄），光绪帝之皇嗣（皇侄），载沣之长子，醇亲王奕𫍽之孙，在位 3 年，6 岁退位，享年 61 岁。光绪病重，慈禧太后下令将 2 岁多的溥仪养育在宫中。光绪帝病逝后，慈禧太后命娃娃溥仪继承皇统，过继于同治帝，同时兼承光绪帝之祧，一人祧两房。隆裕太后垂帘听政，载沣（溥仪的生父）担任监国摄政王，叔嫂共同主政。他是清朝的第 5 个娃娃皇帝，史称宣统帝。

1911 年 5 月，清政府组成由庆亲王奕劻领导的"责任内阁"，这是中国历史上首次君主立宪。该内阁中的很多成员为皇族身份，被称为"皇族内阁"，引发立宪派的不满和失望，很多转向于与革命派合作。同年 5 月，四川等地爆发保路运动，清朝政府急派新军入川镇压。同年 10 月，革命派在湖北发起武昌起义，南方各省随后纷纷宣布独立。载沣被迫辞去摄政王职，闭门家居。

清朝政府任命袁世凯为内阁总理大臣，成立内阁并统领清兵。袁世凯一方面于阳夏战争中向革命军施压，另一方面与革命党人谈判，形成南北议和的局势。1912 年 1 月 1 日，中华民国（亚洲第一个共和国）于南京宣布成立，孙中山在南京就任中华民国临时大总统。2 月 12 日，形势所迫，隆裕太后（光绪帝的皇后，慈禧太后的侄女，被世人称为女中尧舜，K2 型）把国家和民族利益摆在前头，把家族利益放在其次，颁布清帝溥仪退位诏书，将权力交给中华民国政府，诏书有一句话是这样说的："总期人民安堵，海宇乂安，仍合满、汉、蒙、回、藏五族完全领土为一大中华民国。"1912 年 2 月 15 日，南京参议院正式选举袁世凯为中华民国临时大，总统并主政中国，中华民族实现了政权的和平更替，清朝以和平和体面的方式退出了政治舞台。在强臣和后宫干政的强势下，满族人主中原后的统治，是以幼童始，以幼童终。溥仪在逊位以后，长大成人，新中国成立后曾任第四届全国政协委员。本书探讨的是皇帝的性格类型，也就是他们当皇帝时期的性格类型，1912

年之前，溥仪是娃娃皇帝，划为 K 型。

清朝政权的帝王（包括入关前的两位奠基者）性格类型路线如下：努尔哈赤（老虎）01—皇太极（老虎）02—顺治帝（考拉）、多尔衮（老虎）、孝庄太后（猫头鹰）03—康熙帝（猫头鹰）、孝庄太后（猫头鹰）04—雍正帝（猫头鹰）05—乾隆帝（孔雀）06—嘉庆帝（考拉）07—道光帝（考拉）08—咸丰帝（孔雀）09—同治帝（孔雀）、慈禧太后（老虎）10—光绪帝（考拉）、慈禧太后（老虎）11—宣统帝（考拉）、隆裕太后（考拉）12，具体如图 23-2 所示。

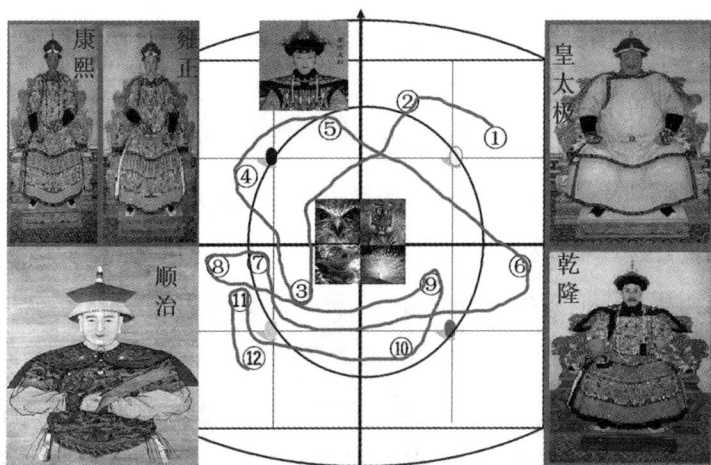

图 23-2　大清爱新觉罗氏政权的帝王性格类型移动

入关后的清朝，形始于 K 型皇帝，形亡于 K 型皇帝。实始于 T 型多尔衮，实亡于 T 型的慈禧太后。顺治帝在生母孝庄太后（O 型）、皇叔多尔衮（T 型）、皇兄豪格（T 型）等爱新觉罗家族力量的辅佐下，奋二世（祖父和父皇）之余烈，执政 18 年，其中亲政 10 年，作为 K 型皇帝，顺治帝为情所困，不愿意为政治献身，心向往无纷争的生活，多次想出家为僧。他青年病逝，遗诏玄烨接班。O 型的康熙帝，以家族利益为上，在祖母的带教下，用心执政，大清政权得到正常的发展，沿着正常的生命曲线运行，进入了上升的成长期。康熙帝执政了 61 年，其中亲政 53 年，晚年的康熙帝，勤政但宽政，由于不肯禅让当太上皇，导致长达 15 年的皇太子两立两废和九子夺皇嗣的政治内耗，大清开始了第一次衰落。清朝初期的两位娃娃皇帝能够执政成功，与 O 型的孝庄太后的幕后辅政是密切相关的。

O 型的雍正帝在 TOPK 团队的辅佐下，接班成功。他用心创建和完善大清制度，果决地纠正康熙晚年的弊政，实现了大清的止跌，带领清朝重新迈入上升的发展轨道，实现了雍正中兴，为乾隆盛世打下了坚实的基础。O 型的雍正帝，采取秘密立储方式，选择了弘历接班。P 型的乾隆主政了 60 年，太上皇训政 3 年，晚年他兴起了铺张浪费和奢侈华丽的风气，把清朝带进了下行的轨道，嘉庆帝的性格是 K 型，嘉庆帝又选择同类性格的道光帝，道光帝选择了P型的咸丰帝，清朝灭亡的大势已成。咸丰帝因自暴自弃而病逝，两宫太后和恭亲王奕䜣组成新的执政班子，他们同心同德执政，他们共同辅佐同治帝，外加O型的曾国藩，组成TOPK的执政团队，渡过了灭亡的危机，清朝得以复生。可惜的是P型的同治帝亲政一年就病逝了，两宫太后选择光绪帝接班，光绪帝和同治帝一样，是娃娃皇帝，虽然依然采取的是两宫太后和亲王辅政模式，但在同治晚期，两宫太后关系就很微妙，慈安太后去世后，T型的慈禧太后独揽大权，P型的恭亲王奕䜣被排斥。K型的光绪帝斗不过T型的慈禧太后而病逝，慈禧太后让娃娃溥仪接班，由T型的载沣摄政，K型的隆裕太后辅政。他们都没有接受过皇帝岗位的训练，执政能力不足以应对当时局势，清朝由此灭亡。主政中原的清朝，由O型的太后带领娃娃皇帝福临，在T型的摄政王多尔衮辅政下开始兴起，最后是T型太后带领两位娃娃皇帝走向灭亡，最后的灭亡由T型的摄政王载沣和K型的隆裕太后带领娃娃皇帝溥仪买单。

努尔哈赤生前按照华夏文化的理念，选择长子为接班人，但褚英、代善分别做接班的候选人时，因内部斗争而被努尔哈赤所废，长子褚英被杀。两次选定继承人的计划都失败了，努尔哈赤就再也没有明确指出谁是他的接班人，创一代的他去世后，就发生了接班人危机。虽然留下实行汗位（接班）继承由八和硕贝勒共同推举制，八和硕贝勒又分为四大贝勒和四小贝勒，四大贝勒是：大贝勒代善，二贝勒阿敏，三贝勒莽古尔泰（T型）和四贝勒皇太极。四小贝勒是：阿济格、多尔衮、多铎和济尔哈朗。谁来接班？很快陷入僵局，因为八位贝勒都有实力和雄心接班。在代善和代善的两个儿子岳讬、萨哈廉等人的支持下，35岁的皇太极成为接班人，化解了接班危机。朝鲜史籍《春坡堂日月录》记载，努尔哈赤临终时，曾遗命由幼子多尔衮继承汗位，代善为摄政。但努尔哈赤死后，代善支持皇太极接班。为确保多尔衮母亲不加反对，逼迫其自尽。T型的皇太极不是P型的胡亥，他把父皇的基业扩大了，后金政权升级为大清政权，开始了一统华夏的步伐。

皇太极去世后，清朝第二次发生接班人危机。皇太极死后第五日，其异母弟多尔衮召集诸王在崇政殿召开会议（议政王大会），讨论皇位继承问题。当时有实力有资格问鼎皇位的并出席会议的候选人主要有：礼亲王代善、皇太极的长子豪格、郑亲王济尔哈朗、睿亲王多尔衮、英郡王阿济格、豫君王多铎。这六位候选人里，豪格是皇太极的庶长子但辈分最低，代善（K1型）是皇太极的异母兄，齐尔哈朗是皇太极的堂弟，多尔衮、阿济格（T型）和多铎（T型）是亲兄弟，这三位是皇太极的异母弟，多尔衮（T2型）与豪格（T型）争位不下，彼此陈兵示威，双方势均力敌，相持不下。在皇太极去世的第七天，又召开清朝的皇嗣会议，会议由皇族中年纪最长、地位最高的礼亲王代善主持。会议一开始，索尼及巴图鲁鄂拜首先提出立皇子为帝，睿亲王多尔衮令他们暂退，接着多铎就代表多尔衮的支持者，强硬地表示一定要拥立多尔衮为帝，退一万步讲即使不拥立多尔衮，也绝对轮不到豪格继承皇位。代善说：如果睿亲王（多尔衮）应允，当然是国家之福；否则，豪格是皇帝的长子，当承大统。至于我，年老体衰，难得胜任。被激怒的豪格当着宗亲贵族众大臣的面说道：我德行浅薄，怎么能继承皇位呢？然后愤而离开大殿，随之两黄旗大臣公然佩剑上殿进言：先帝对我们恩情有天大，要是不立先帝的皇子，我们宁愿以死随先帝于地下！精明的多尔衮抓住豪格的漏洞，随机应变提出以拥立皇太极第九子福临为帝，由和硕郑亲王济尔哈朗和他共同辅政，礼亲王代善首先表示支持，结果获得通过。皇太极留下的一场接班危机，再次在代善的谦让下没有流血地化解了，尽管留下很多隐患。多尔衮在辅政期间，独断朝廷，残杀骨肉，神奇般地暴死，顺治帝的皇位才算稳了。这种接班方式的成功不可复制，若没有代善的主动成全，这种接班方式就不会成功。康熙帝是受遗诏以皇太子接班的，在孝庄太后和四位顾命大臣的拥立下，顺利接班。顺治接班是两位亲王辅政模式（纯家族式接班团队），而康熙接班是四位异姓大臣辅政模式（职业经理参与的接班团队）。

1675年，年仅21岁的康熙帝立时年两岁的二阿哥胤礽为皇太子，1703年，康熙帝杀赫舍里·索额图（胤礽的亲母的叔父），康熙帝和皇太子胤礽的关系趋向紧张。1708年，55岁的康熙帝废黜35岁的皇太子胤礽，胤礽已经当了33年的储君。康熙帝废太子，引发众皇子对皇嗣的争夺内斗。康熙帝有35个儿子，其中有9位皇子才能杰出，他们都参与了皇嗣之争，史称九龙夺嗣，时达15年，直到康熙帝去世。1709年，康熙帝恢复胤礽的太子地位；1712年，康熙帝再次下诏废胤礽太子，康熙帝出尔反尔，反复无常，诸皇子之间为夺储位，大力培植党羽，而党派之间又勾心斗角，甚至相互倾轧，导致朋党之争，而且很猖獗。儿子个个杰出，本是康熙家族兴盛的好兆头，但康熙帝没能在55岁那年，内禅皇位给优秀的皇太子胤礽，自己当太上皇退居幕后，为皇帝压阵或辅导，促使皇子们团结一心，引导皇子们根据自己的爱好选择职业。康熙帝把皇帝一直当到死，真不值得。康熙帝为什么不向宋高宗赵构学习，内禅当个太上皇呢？康熙帝的性格类型是O4型，而赵构是K1型，他们不是同类性格。康熙帝废皇太子引发皇室内耗，互为仇敌，清朝皇室家风由此败坏，从而导致皇室人才逐渐凋零，并为后来接班者树立了坏的榜样。《清史稿·列传七三》云："理密亲王（胤礽）在储位久，未闻显有失德，而终遭废黜。"这是康熙帝的悲哀！虽说康熙帝遗诏皇四子胤禛继位，但立储遗诏的真伪成了千古之谜。

雍正帝秘密立储，公开平等培养皇子，皇四子弘历顺利接班。雍正帝有10子，只有6子长大有齿序，这6子中，只有4位活过了20岁，皇三子弘时被雍正帝在1726年（雍正四年）过继给允祹为嗣子，实际上只有3位皇嗣候选人，弘历和弘昼同岁，弘历为哥，弘昼为弟，弘曕最小。雍正帝去世时，弘曕只有2岁。1733年，弘历和弘昼同时被封为亲王，但弘历是和硕宝亲王，弘昼是和亲王。无论是秘密立储还是公开立储，只要是立儿子来接班，雍正帝只有两位候选人。鉴于这种情形，只要懂中华文化的都知道，弘历肯定是秘密立储的人选，弘历的接班，大家都猜得到，只是心不照宣而矣。雍正秘密立储选接班人的实际意义不大，主要是作为一种创新的方法供以后采用。雍正帝在生前，对这两位儿子都倾心地进行了严格培养，雍正帝命果亲王胤礼、皇四子弘历、皇五子弘昼，大学士鄂尔泰、张廷玉等协同办理苗疆事务。按理说，秘密立储制度，可以提高清朝皇子的平均受教育水平，可以择有才者当之。但实际操作中，副作用也不少。皇帝不公开建储，即使钟意某皇子，也不便加以特殊锻炼，以防群臣的猜测。结果就是秘密立的皇储，其受教育程度反而更低，执政能力更平庸。清朝也未能突破"一代比一代差的接班人培养体系"，构建全新的接班人体系。

乾隆帝有 17 子，活过 20 岁的皇子有 10 位，对他们的教育是否公平成了乾隆帝面对的大挑战。10 位皇子要么竞争皇嗣，要么都放弃皇嗣竞争。乾隆帝在培养和选择接班人的两个关键环节，犯了两大错误：第一，放养式培养。乾隆帝是个爱游山玩水、又把精力放在孝顺母后上的皇帝，对于这么多皇子的教育，他知难而退，心有余而力不足，采取暗地观察和放养的方式。如果乾隆帝不到外面去潇洒，而是静下心来好好观察皇子们的脾气，根据他们的脾气和爱好进行因势利导和有针对性的个性化辅导，培养适合他们各自禀赋和性格的能力，提高他们团结奋斗的能力，那乾隆帝不仅会是个好皇帝，更会是个好父亲。第二，乾隆帝没能掌握秘密立储的全部精髓，而是公开了立储的偏好。秘密立储的精髓在于鼓励良性竞争，避免骨肉相残式的竞争，在于秘密，在于随时可换而不会有副作用。1736 年（乾隆元年），乾隆第一次秘密立储，1738 年（乾隆三年），秘密立的皇储永琏病死，乾隆帝认为皇嗣既然已经去世了，公开也无妨。乾隆帝极为伤感，赠谥永琏为"端慧皇太子"，按皇太子之礼为永琏举丧，乾隆帝亲临祭奠。1743 年，永琏入葬端慧皇太子园寝。乾隆帝的嫡次子永琮出生时，乾隆帝大喜，说是弄璋之喜并赋诗两首，群臣一猜，肯定会秘密立他为皇嗣。他已把承继大统的希望完全寄托在这个元后嫡出的婴儿身上。乾隆帝有意立他为太子，但嫡次子永琮 2 岁就夭折了。乾隆帝悲伤地说："朕亦深望教养成立，可属承祧，今不意以出痘殇逝，深为轸悼。建储之意，虽朕衷默定，而未似端慧皇太子之书旨封贮。又尚在襁褓。非其兄可比。……必欲以嫡子承统。"有了这两次的公开表白，群臣们都知道乾隆帝选择嫡长子接班的可能性最大。他命永琮的丧仪较皇子从优，谥曰悼敏皇子，随葬于端慧皇太子园寝。1748 年，皇后富察氏死在东巡途中，乾隆帝十分伤心，遂迁怒于庶出的皇长子永璜和三子永璋，更暗示二人被取消立储资格。23 岁的皇长子忧惧而死，26 岁的永璋病逝。大臣们知道了乾隆帝秘密立储的秘密，就心知肚明，不急也不再为立皇储担忧。乾隆帝命令大臣不准提立储之事，这也挫伤了皇子们从政的积极性，皇子们又没有其他职业好选，于是他们多沉湎于富贵之中，逃避政治风险。

乾隆帝对诸皇子皆不满意，迟迟没有秘密立储。随着时间的推移，由于乾隆长寿，可供他秘密立储的人选也不多了。在 1773 年，乾隆帝第二次秘密立储时，他有 7 位皇子作为皇嗣候选人，遗憾的是，他已经把皇四子永城和皇六子永瑢出继他人为嗣，永璂虽是嫡子，但他的母亲那拉氏皇后和乾隆关系很僵而被打入冷宫，永璂由此性情大变而失去皇嗣候选人资格。在他内禅前只有四位皇子在世：永璇、永瑆、永琰和永璘。永璇因身体缺陷跛脚而被乾隆帝排除在皇嗣候选人之外。永璘是乾隆最小的皇子，他自小知道皇嗣不可能轮到他，便不学无术，毫无志向，只要和珅的豪宅即可。永瑆聪明睿智、才气横溢，做事很有主见；永琰性格内向、性情凝重，为人规矩仁孝。两个候选人，选哪个好呢？永瑆因文才出众和汉化较深，却被乾隆帝排除在皇嗣候选人之外，因为他认为文艺皇帝驾驭群臣的能力偏弱，史上的例子有南唐李煜、北宋赵佶等。于是乾隆帝选择了"听话"的永琰接班。朝中的明眼人都能够看得出乾隆帝对永琰的态度和用心，就连当时来京的朝鲜使者也多次向朝鲜国王汇报：永琰为人持重、度量豁达，最为乾隆皇帝喜爱。乾隆帝内禅前，大臣们都知道乾隆帝的接班人是永琰，只是大家不愿意捅破这张纸而已。其他皇子也就失去了为皇嗣的奋争动力，养成安逸和奢华的习俗。

嘉庆帝有 5 个皇子，皇长子，幼殇。皇次子旻宁是嫡长子，在 1799 年（嘉庆四年），18 岁的旻宁便被秘密立为皇储，这个时候，皇三子绵恺只有 4 岁。1813 年，天理教徒攻进紫禁城，旻宁以鸟枪击毙两贼，嘉庆帝很高兴，封他为和硕智亲王，其御枪也被赐名为"威烈"。此后，旻宁备受嘉庆帝器重，嘉庆帝称赞他"忠孝兼备"。在 1813 年的天理教叛乱中，绵恺与哥哥绵宁一起追捕叛军，也获得了父亲嘉庆的褒奖。嘉庆帝去世时，绵恺 25 岁，绵忻 15 岁，绵愉 6 岁。皇子少，嘉庆帝秘密立储就失去了价值和意义，还不如直接公开立储，大胆地按皇太子培养和训练旻宁，以提高执政能力和拓宽眼界。

道光帝有 9 个皇子，长大成人的有 7 位，皇长子奕纬一直受到道光的冷落，他的教育和成长处于"放养"状态，直到皇次子、皇三子在 1829 年相继幼殇，道光帝才开始破天荒地关心奕纬的起居学业，对奕纬嘘寒问暖。21 岁的奕纬早就养成了放荡不羁、顽劣调皮的性格。道光帝严厉的教导与无微不至的关心，反而成了奕纬的负担。他想继续过原来为所欲为、自由自在的生活，极力反抗这些严厉的教导与呵斥，父子关系很僵。1831 年，奕纬病逝。这一年，皇四子、皇五子出生，这个时候，道光帝已 50 岁，属于晚年得子。道光帝秘密建储时间较晚，对此长期犹豫不决，直到 1846 年才秘密立储。1850 年，道光帝去世时，超过 10 岁的皇子只有三位：奕詝（19 岁）、奕誴（19 岁）、奕訢（17 岁），其中皇五子奕誴在 1846 年被道光帝过继给三叔绵恺为嗣。接班人实际上只有皇四子奕詝和皇六子奕訢，奕詝的优势是嫡长子，奕訢的优势是身体很好，头脑聪明，书文不错，武功也好，还有所发明和创造。其生母虽然不是皇后，但是在道光帝三位皇后相继过世之后，其生母总摄后宫，是名义上的皇后。在世界变化风云之际，真正意义上的国外侵略者在撬开国门，开始肆虐曾经雄霸东方的巨大帝国之时，大清急需一位有能力、有担当的领导人，扭转这急剧衰落之势头。嘉庆帝、道光帝都不具备扭转乾坤的魄力、性格和能力，大清已经错失了55年的光阴，接下来的继承者的重要性就不言而喻。

奕詝和奕䜣，哪个来接班？道光帝一直犹豫不决。奕詝虽是四阿哥，但体弱多病，遇大事缺乏远略、胆识，而且退缩、逃避，证明在"德"的方面也是欠缺的。奕䜣虽是六阿哥，但论德论行、以文以武都在奕詝之上。奕詝在老师杜受田的指导下，用计谋获得了道光帝的信任。据《清史稿·列传一七二》记载，（道光晚年的某一天）会校猎南苑，诸皇子皆从，奕䜣获禽最多，奕詝未发一矢，道光帝问之，对曰："时方春，鸟兽孳育，不忍伤生以干天和。"道光帝大悦，曰："此真帝者之言！"立储遂密定奕詝。事实证明，道光帝立奕詝为接班人是一个极其错误的决定。

载淳接班是清朝历史上最没有争议的，因为他是咸丰帝在世的独子。咸丰帝为同治帝搭建了接班团队，这也是清政府第三次组建接班团队。他为载淳搭建的顾命团队由8位大臣组成，从这8人的组成来看，其中有亲（王）、有贵（戚）、有满（臣）、有汉（臣）、有内臣、有外官，属于皇帝、亲王和异姓大臣组成的混合型接班团队。但人数很多，明显多于顺治帝、康熙帝的接班团队，权限受制于两位太后。这埋下了权力内斗的隐患，在组织走下坡路之际，是一败笔。托孤派最后败在垂帘派和近支亲王派的联合政变。更为要命的是，同治帝的嫡母慈安和生母慈禧对载淳的教育是失败的，以致其英年早逝，没能留下皇子。在这个内忧外患的时刻，慈禧太后等没有立贤能的长者接班，而是选择了醇亲王奕𫍯（K型）的次子（4岁）载湉来接班，依旧由两宫太后执政，亲王辅政。两宫教育一个小孩，如果涉及私利的话，一般不会成功，同治帝、光绪帝就是例子。光绪帝不听话，慈禧太后想废之，光绪帝无子，谁来接班？慈禧太后的擅自废立，欲开清朝先河，虽然没有成功。但她在生前还是为光绪帝选定了接班人，光绪帝先于她去世，慈禧太后选定的接班人顺利接班了，遗憾的是她依然选定了娃娃来接班，清朝也就进入了亡国的倒计时。

第二十四章

组织传承的性格规律

第一节　组织传承的性格移动规律

以上章节把历代的帝王的性格类型都标注在黄氏TOPK圆盘中，发现所有的朝代，其继任者的性格类型，有的与前任在同一个象限，有的则移到相邻象限，有的则移到对角线象限，有的是顺时针移动，有的是逆时针移动。有的移动了，传承取得了成功；有的移动了，传承却失败了。有的扎堆在同一个象限，甚至好几任扎堆在同一个象限，传承成功；有的扎堆在同一个象限，则传承失败了。长寿的朝代的帝王性格类型的移动，与短寿的朝代的帝王性格类型移动，有什么差别呢？这里面，有什么规律呢？

本节集中阐述四位中国先贤关于组织传承的观点，他们的观点中蕴藏着组织传承的陷阱和规律。《旧唐书》记载了唐朝马周的西汉传承假说，他说："汉文帝惜百金之费，辍露台之役，集上书囊以为殿帷，所幸慎夫人衣不曳地。至景帝以锦绣纂组妨害女功，特诏除之，所以百姓安乐。至孝武帝虽穷奢极侈，而承文景遗德，故人心不动。向使高祖之后，即有武帝，天下必不能全。"他的结论是：假设汉高祖之后，由汉武帝接班，汉朝就会灭亡。民国的章太炎也有周秦传承假说。他在《秦政记》中说："周继世而得胡亥者，国亦亡；秦继世而得成王者，六国亦何以仆之乎？"他的观点是，假设周武王之后，由胡亥接班，周朝就会灭亡；假设秦始皇之后，由姬诵（周成王）接班，秦朝就不会灭亡。

马周和章太炎的传承假说异曲同工，其本质有相同之处，都涉及接班人本人的综合素质能力对组织传承的影响。不同的是马周注意到"接班人性格"对传承成功的影响，汉文帝的"惜、辍、集"和汉景帝的"除"是行为，这些行为及其内容，说明他俩是内向性格，而不仅仅是人品和价值观。汉武帝的"穷奢极侈"是外向性格的缺点，而不仅仅是人品和价值观。从这个层次来讲，马周不自觉地注意到了接班人性格对组织传承的影响。章太炎的假设中，没有出现描述接班人的行为细节的词句。他只是谈到西周和大秦的接班人互换，那结果就会完全相反。

就帝王的性格类型而言，汉高祖为P型，汉武帝为T3型，马周假说引申为：P型的刘邦之后，由T3型汉武帝来接班，汉朝就会灭亡。我们知道，周武王是T型、周成王是O型，秦始皇是T型，胡亥是P型。章太炎假说引申为：如果T型的周武王由P型的胡亥来接班，周朝也会灭亡；T型秦始皇的接班者是O型的姬诵，六国的复辟就不会成功。

经过了长达500多年的春秋战国奋战的中华民族，在T型的秦始皇之后，非常需要O型或K型帝王来完善制度和休养生息。经过秦末战争和楚汉争斗，中华民族更需要O型或K型帝王来掌舵，这是民族的大势，这是西汉内外环境的必然，T型的吕后都被唾弃，如果换成T3型的汉武帝来执政，其结局更为惨烈，不仅仅是亡国。西周取代殷商和秦朝统一华夏，都需要时间来建章立制和休养生息，组织内外的时势也是需要O型或K1型帝王来掌舵，而不是P型的帝王来掌舵。西周有了O型的姬诵作为帝二代来接班，所以获得了成功。秦朝如果也是O型或K1型的帝王来接秦始皇的班，同样也会获得成功，因为符合了当时的大势和要求。遗憾的秦朝因沙丘政变而来了个不合大时势的P型胡亥。秦朝意外地掉入了组织传承的性格陷阱，违背了组织传承的性格规律，从而缩短了国祚。隋朝也如同秦朝一样掉入了组织传承的性格陷阱。而西汉和西周都避开了组织传承的性格陷阱，不自觉地遵循了组织传承的性格规律，各自都拥有了两百年以上的国祚。

清朝曾国藩曾经提到过帝王转移之道，他说："所谓转移之道，何也？我朝列圣为政，大抵因时俗之过而矫之，使就于中。顺治之时，疮痍初复，民志未定，故圣祖继之以宽。康熙之末，久安而吏弛，刑措而民偷，故世宗救之以严。乾隆、嘉庆之际，人尚才华，士骛高远，故大行皇帝敛之以镇静，以变其浮夸之习。一时人才循循规矩准绳之中，无有敢才智自雄、锋芒自逞者。然有守者多，而有猷有为者，渐觉其少。大率以畏葸为慎，以柔靡为恭。……无如风会所趋，势难骤变。"在这段文字中，曾国藩用"严宽"来描述执政风格。本书认为，执政风格为"宽"的皇帝，其性格类型多半是K型和P型；执政风格为"严"的皇帝，其性格类型多半是O型和T型。乾隆帝期间，华而骛远，浮夸盛行，表明乾隆帝的执政风格为"华"，与本书分析的结论是吻合的，乾隆帝是P型皇帝。嘉庆帝不能制止，嘉庆为K型皇帝。道光帝想敛之以镇静，表明道光帝有猫头鹰特质，本书认为道光帝是以猫头鹰为亚型的考拉皇帝，考拉性格第一，猫头鹰性格第二，属于黄氏TOPK模型中的K2型。从黄氏TOPK来看曾国藩这段话，就是清帝的性格类型，从K型象限（顺治帝）移到O型象限，康熙帝晚年处在O4象限，故较"吏弛"。从O4移到O1（雍正帝），从O象限通过对角线移动P象限（乾隆帝），从P象限顺时针移到相邻的K象限（嘉庆帝），扎堆在K象限的道光帝发挥勤俭镇静的特质。如此看来，清帝的性格类型，在黄氏TOPK圆盘上，实现了移动，他们的国祚突破了百年大限，达到200多年，成为长寿的王朝。但为什么没有突破300年大限呢？道光帝以后，一是嘉庆帝和道光帝扎堆在K象限，没有实现性格类型的移动。二是道光帝的继任者性格类型逆时针移到了P象限，没有通过对角线移到T象限，因为当时清朝的国内外环境需要T型的皇帝，而咸丰帝是P2型。接下来是同治帝，他是P4型，这两代皇帝扎堆在孔雀象限，幸好，同治帝是娃娃皇帝，由T型的慈禧太后和K型的慈安太后、P型的奕䜣共同辅政，组成TPK执政团队，度过了危机，实现同治中兴，延长了清朝的国祚。T型的慈禧太后，拼了老命用老虎风格为清朝效命，可惜年纪大了，智识落伍，和K2型的皇帝光绪帝闹成了冤家，K型和T型本是冤家，两人都没有换位思考，彼此内耗而导致清朝灭亡。

从权力的实际运行情况来看，清朝入关后的权力风格（实际掌权者的性格类型）的移动轨迹是：T型多尔衮—K型顺治帝—O型索尼、T型鳌拜—O4型康熙帝—O1型雍正帝—P1型乾隆帝—K型嘉庆帝—K型道光帝—P型咸丰帝—T型慈禧太后—K型隆裕太后。清朝衰亡问题出在两个K型皇帝嘉庆和道光执政时间较长，这里没有移动，K型领导风格与国内外环境不匹配，史称嘉道中衰。从K型移到P型，与国内外形势也不匹配。T型慈禧太后专权时间过长，前期与国内外形势匹配，实现了同治中兴，光绪早中期也稳步发展。但光绪后期，国内外形势剧变，T型的慈禧太后跟不上形势的发展，T型专权也40多年了，领导风格没有移动，这时候的国内外环境需要的领导风格是P1型风格，而不需要观念落伍的T2型风格，也不需要K型风格。清朝晚期，实际的最高领导者的权力风格没有实现很好的移动，也没有和国内外环境匹配，清朝的灭亡也就是必然的了。

战国时期的齐国人邹衍（子姓邹氏，时称邹夫子），提出了"五德转移"学说，他认为，天地有五行，人类社会也是按照五德（即五行之德）转移的次序进行循环的。五德转移是仿照自然界的五行相克即土克水、木克土、金克木、火克金、水克火的规律进行的。他的意思是：有德者居之，无德者失之。这个德便以木、火、土、金、水五行来代表，叫五德。你是火德，如果德衰，便有水德来克你；你是水德，如果德衰，便有土德来灭你，依此类推。他认为虞、夏、殷、周的历史是一个胜负转化的发展过程，按照土、木、金、火、水、土依次相胜而具有阶段性，又按照始于土、终于水、徙于土的循环往复而具有周期性，阴阳消息的矛盾运动推动着"五德转移"。《史记·孟子荀卿列传》云："（邹衍）五德转移，治各有宜。"《史记·封禅书》记载："秦始皇既并天下而帝，或曰：黄帝得土德，黄龙地螾见。夏得木德，青龙止于郊，草木畅茂。殷得金德，银自山溢。周得火德，有赤乌之符。今秦变周，水德之时。昔秦文公出猎，获黑龙，此其水德之瑞。"唐朝时李白曾写过一首《邹衍谷》的诗来称赞邹衍的精神："燕谷无暖气，穷岩闭严阴。邹子一吹律，能回天地心。"唐朝陈子昂作诗《邹子》："大运沦三代，天人罕有窥。邹子何寥廓，漫说九瀛垂。兴亡已千载，今也则无推。"

本书认为，邹夫子的五德终始或者五德转移，用于解释朝代更替不可取，但其转移的观念，以及曾国藩的转移之道的观点，可以用在一个组织的一把手们继任（接班）领域，尤其是处在一把手位置的前任、现任、继任性格类型究竟是相同还是差异的研究领域。《创业搭档管理》一书中的金型人，其性格对应老虎；水型人，其性格对应考拉；木型人，其性格对应猫头鹰；火型人，其性格对应孔雀；土型人，其性格在十字圆上。如果从这个角度来理解邹子的"五德转移"观点，五德转移，是指从老虎象限（金），通过对角线移到考拉象限（水），再移到相邻的猫头鹰象限（木），再通过对角线移动到孔雀象限（火），再移动到圆上（土），再进入老虎象限，以致循环无穷。金生水、水生木、木生火、火生土、土生金，以致无穷。邹子和曾国藩都认为，继任传承的奥秘在于他们的执政风格是要移动的。只可惜，世人理解失于偏颇，机械地理解五德转移，注重了五德，注重了五种风格，拘谨于后一个朝代是前一个朝代的生还是克（胜）。五德转移，重点在转移而非"德"，重点在如何转才能适应国内外的环境。

西楚、玄汉、新莽和桓楚，都属于没有传承的朝代，是一代而亡，也就无所谓性格类型的转移。他们的创业者性格类型分别是T型的项羽、O型的刘玄、P型的王莽、P型的桓玄。他们一代而亡的原因，主要是他们自己没能建立起符合VCAT和TOPK的核心团队，而他们的对手则拥有符合VCAT和TOPK的团队。

国祚在50年以内的有传承的朝代，中国历史上有12个，其帝王性格类型的移动有什么异同呢？如表24-1所示。在这12个朝代里，五代后汉、五代后晋和蜀汉，属于一代兴、二代亡，基业不过二代。在这3个朝代里，后汉国祚最短，只有4年，而蜀汉国祚最长，长达43年。后汉和蜀汉都是刘氏所创建，它们的共同之处，是开创者在帝位时间都不长，刘知远在位不足1年，刘备在位不足3年。两位开创者都善后托孤，刘知远给接班人搭建的托孤团队是2T2O1P型，刘备给接班人搭建的托孤团队是1O1K型。

表 24-1　国祚在 50 年以内但有传承的朝代帝王性格类型

朝代	国祚	1	2	3	4	5	6	几世几帝	平均执政时间
五代后汉	4	猫头鹰	老虎					2世2帝	2
五代后周	10	老虎	老虎	考拉				3世3帝	3.3
五代后晋	12	老虎	孔雀					2世2帝	6
五代后唐	14	孔雀	老虎	考拉	老虎			2世4帝	3.5
五代后梁	17	老虎	猫头鹰	猫头鹰				2世3帝	5.7
南齐	23	猫头鹰	考拉	孔雀	考拉	猫头鹰	孔雀	4世7帝	3.3
北周	24	老虎	考拉	猫头鹰	孔雀	考拉		3世5帝	4.8
北齐	28	孔雀	考拉	猫头鹰	老虎	孔雀	考拉	3世6帝	4.7
南陈	33	老虎	猫头鹰	考拉	猫头鹰	孔雀		3世5帝	6.6
隋朝	38	猫头鹰	孔雀	孔雀	孔雀	考拉		4世5帝	7.6
蜀汉	43	孔雀	孔雀					2世2帝	21.5
曹魏	46	猫头鹰	猫头鹰	考拉	孔雀	考拉		3世5帝	9.2

他们的不同之处是，后汉的皇帝性格类型移动了一次，从O象限顺时针移动到了相邻的T象限，后汉的执政团队为3T2O1P型。蜀汉的皇帝性格类型没有移动，扎堆在P象限，蜀汉皇帝性格类型只是在P象限进行了小范围的移动，从P1移到了P4，蜀汉的执政团队

为1O1P1K型。从执政团队来看，两者都是TOPK的三元组合（黄金组合），似乎没有区别。但后汉刘承祐的执政团队为3T2O1P型，属于TOP型，而刘禅的执政团队为OPK型，后汉的执政团队虎性太强，出现三虎相争的局面。同时他们各自的竞争对手及其性格类型不同，所以他们的国祚也就不同。蜀汉刘禅，在诸葛亮生前，没有立10岁的刘璿为太子，直到公元238年，才立15岁的长子刘璿为皇太子。刘璿当了25年的储君，一直没有接班，直到蜀汉灭亡。假设刘禅在蜀汉亡国的前5年，禅让帝位当太上皇，让年富力强的35岁的刘璿接班，那么蜀汉的国祚会不会更长些，蜀汉传承能否过三世呢？从目前的资料来看，刘璿是K1型太子，这种假设的答案是肯定的。至少蜀汉不会灭得那么窝囊！P4型的刘禅赖在皇位上不肯走，不肯让太子接班，是蜀汉的悲哀！

第三个亡于二代的后晋，其皇帝性格类型也实现了一次移动，与后汉有所不同，后晋是从T象限顺时针移到相邻的P象限。后汉的两个帝王属于事业型的皇帝，而后晋的帝王属于外向型的皇帝，T型的石敬瑭属于事业型皇帝，而他的接班人属于人际型或梦想型皇帝。石重贵即位初期的执政班子是1T1P1K组合，没过多久，T型的景延广（能力超强）退出，执政班子变成了2O2P组合，由三元黄金组合变成白银二元组合，按照当时的后晋朝的人才，完全可以组建TOPK执政团队，石重贵只要团结他们，并提高VCAT的竞争力就可以，但石重贵没有这方面的能力。

后唐和后汉、后晋、蜀汉一样，都属于一代兴、二代亡。尽管后唐传了二世四任，开创者和第2任是同一代人，属于弟弟开创基业，义兄篡位接班。第二代（世）也是先弟弟接班，再义兄兵变篡位接班。后唐移动了3次，从P象限移到T象限，再通过对角线移到K象限，再沿老路回到T象限。后唐的3次移动，有两次是非正常接班。更为奇怪的是，T型的李嗣源和T型的李从珂，对外却变成了K型，擅长搞窝里斗，这是后唐的悲哀！这两位T型的皇帝，没有学到组建团队的东方智慧，很快就被T型的石敬瑭所取代，石敬瑭的创业班子是3T3O1K三元组合。如果后唐第二次移动的时候能移动到O象限，或第三次移动的时候扎堆在T象限，后唐的国祚会有延长的可能。

后梁的皇帝传了三任，实际上也是二代而亡。三任皇帝的性格类型，实现了两次转移：从T象限转移到了O象限，然后扎堆在O象限。第2任和第3任只是在O象限内进行小范围的移动，从O1移到了O3。第2任和第3任是兄弟，对于朱温来说，是第二代。第3任的朱友贞有TOPK文臣武将而不会用，更不知道把他们组成拥有VCAT和TOPK特质的执政团队，遇到李存勖的1T1O1P1K团队，只能被灭。没有梦想和没有人情的后梁就这样玩完了。

在这12个国祚不超过50年的短命朝代里，帝王传过三世的有5个朝代，分别是后周、北周、北齐、南陈、曹魏。后周的帝位传承是正常而顺利的，老虎一代创业，老虎二代鼎盛，考拉三代亡。第三代也是第3任，是个娃娃皇帝，T型的郭荣虽然也用心做了善后托孤工作，在有TOPK四种大臣的情况下，他给娃娃皇帝的托孤团队组合是2P1K，没有T型、O型的武将在内，全部是文臣。后周的亡，亡在T型的郭荣，亡在他没有托孤的智慧。后周皇帝性格类型只移动了一次，两世两任都扎堆在T象限（只有9年时间），通过对角线移动到K象限。如果郭荣是T4型或者虎王型或者土型的老虎，也许后周可以统一中国。

北周皇帝性格类型转移了4次，从T象限通过对角线（不正常接班）移动到K象限，再顺时针（不正常接班）移动到O象限，这三任皇帝是同一代，属于同辈接班。再通过对角线（正常接班）移动到P象限。这个P型皇帝宇文赟，与P型的刘禅赖在皇位上完全不同，即位不久就当了太上皇，在位2年不到，就病死了，也没有给娃娃皇帝托孤善后，最后（正常接班）移动到K象限，北周亡于三世的娃娃皇帝。从TOPK来看，北周有四种类型的皇帝，不缺某个类型的皇帝，也实现了移动，四种类型的皇帝占比相差不大，按道理，应该会传承得更久些，国祚也会更长些。但实际上其国祚很短，其原因有三：第一，存在两次不正常接班。第二，第1任、第2任和第3任皇帝都有一个T型的权臣宇文护，第1任到第3任看起来实现了性格类型的转移，但对于国家主政者风格而言，没有移动，属于T象限。第三，北周需要T型皇帝时，却来了个P型的宇文赟，他是个贪玩的孔雀皇帝，既没有托孤，也没有托孤智慧。北周和后周一样，亡在娃娃皇帝。

接下来的北齐，帝王传承过程有两次不正常，但性格移动轨迹很完美：从P象限顺时针（正常）移到K象限，再顺时针（不正常）移到O象限，再（不正常）移到T象限，再（正常）回到P象限，最后（正常）移到K象限，新的一轮开始了。这种移动轨迹具有顺时针、呈圆形移动的特点。P型皇帝开基，K型皇帝守成巩固政权，问题是，北齐的K型皇帝执政只有1年的时间，就被O型皇帝干掉了，K型的高殷对北齐基本上没有贡献。按理说，O型皇帝可以接下来完善北齐的制度，可惜O型的高演执政只有2年，时间也过短，对北齐的国政也影响不多。接下来是T型皇帝，本是对国政进行梳理和改革的大好时机，他却贪玩把自己玩死了，执政时间有8年，但4年是太上皇。他选了个10岁的P型皇帝，14岁的高纬亲政8年，尽情发挥了孔雀缺点，为了逃避亡国责任，选了个K型的娃娃皇帝接班，最后考拉娃娃和孔雀太上皇一起被俘虏，和P型的宋徽宗和K型的宋钦宗一样，人性相同或性格相似，他们创造的历史也相似。北齐传了3世6帝，实质是传了2世5帝，因为最后的娃娃皇帝没有实权，实权在他的父皇太上皇那里，属于一代创，二代亡。性格类型移动轨迹，表象似乎不错，实际节点（性格类型所处点）的时间太短。

南陈，一代创，二代兴，三代衰，二代中兴，三代而亡。南陈的皇帝性格类型转移了4次，从T型的创一代，逆时针（正常）移到相邻的O象限（二代），再（正常）移到相邻的K象限（三代），再（不正常）顺时针回到O象限（二代），最后（正常）通过对角线移动到P象限（三代）。P型的陈叔宝败在O型的杨坚。其国祚短有三个原因：第一，传承过程中有一次不正常接班。第二，前三任皇帝主政时间过短，T象限只有3年；O象限也只有7年，K象限只有2年。第三，需要T型皇帝或O型皇帝的时候，选择了没有军政能力的P型皇帝。

曹魏是12个短命而有传承的朝代里国祚最长的朝代，接近半个世纪。皇帝性格类型移动了3次，曹魏的创一代和创二代扎堆在O型象限，逆时针（正常）移动到K象限，再逆时针（不正常）移动到P象限，最后顺时针（不正常）回到K象限。3次移动，就有两次属于不正常移动，在需要T型皇帝时，却被权臣选择了K型、P型皇帝。

在这12个短命朝代里，帝王传过四世的有2个朝代，分别是隋朝和南齐。南齐皇帝性格类型转移了5次，O型的创一代主政4年后，逆时针（正常）移到相邻K象限（二代），12年后逆时针移到相邻的P象限，1年后（非正常）顺时针移到K象限，75天后（非正常）顺时针移到O象限，6年后移到P象限，3年后由P1移到P4。其移动特点是没有移到T象限，除了第一次待在K象限超过12年，其他的时间都停留得过短。

隋朝是12个短命而有传承的唯一大一统朝代。隋朝三世没有当皇帝，第三世是太子，第3任、第5任皇帝都是太子的儿子。创一代在O型象限，通过对角线（正常）移动到P象限（二代），在P象限内（不正常）小小移动两次，再顺时针（不正常）移动到相邻的K象限（四代）。隋朝实亡在二代的P型皇帝杨广，后面三任皇帝都是陪跑，既年幼又是不正常接班，无法也无能组建具有VCAT和TOPK特质的执政团队。隋朝的皇帝性格类型实际上是转移了一次，从O型（木）转移到了P型（火），木生火，本是很好的移动，但火型的杨广，其个性过于张扬，他不去发挥孔雀的优点，却拼命展现孔雀的缺点，致使一把大火烧毁了隋朝这座大厦。如果他是K1型或T4型或虎王，隋朝的国祚肯定会更长些。

综上所述，这12个不到50年国祚的朝代，其皇帝性格类型移动轨迹均是不完整、不正常的，很多皇帝的任期太短。

有5个朝代的国祚超过了50年但不到百年，如表24-2所示。这5个朝代没有1个超过60年，它们的皇帝性格类型移动有什么规律呢？东吴的国祚虽然最长，接近60年，但它只传了3世，属于一代创、二代衰、三代亡的故事。皇帝性格类型转移3次，1次正常，2次非正常。其国祚长，主要是创一代的主政时间长，K型皇帝孙权主政时间占东吴整个国祚的47.5%。在K象限呆了28年后，移到T象限，7年后（非正常）移到K象限，再7年后（非正常）移动T象限，T型的孙皓主政17年，因执政团队难敌司马炎团队而亡国，演绎了老虎败给考拉的真实故事，证实了孤独的老虎战不过具有TOPK和VCAT特质的团队的考拉。东吴皇帝的执政时间均在7年以上，接近当今欧美主流国家领导人的两任任期。

这是国祚不足 50 年的 12 个朝代所没有的。

表 24-2　国祚在 50~100 年的朝代的帝王性格类型

朝代	国祚	1	2	3	4	5	6	7	8	9	几世几帝
西晋	50	考拉	考拉	老虎	考拉	考拉					4 世 5 帝
秦朝	51	老虎	考拉	猫头鹰	老虎	孔雀	猫头鹰				6 世 6 帝
南朝萧梁	56	考拉	孔雀	考拉	猫头鹰	考拉	考拉				4 世 6 帝
南朝刘宋	59	老虎	孔雀	猫头鹰	老虎	老虎	老虎	老虎	老虎	孔雀	4 世 9 帝
东吴	59	考拉	老虎	考拉	老虎						3 世 4 帝

西晋皇帝性格类型转移了 4 次，转移很简单，就在 T 象限和 K 象限内移动。K 型的司马炎在 K 象限待了 25 年，占有国祚的 50%，前 15 年发挥 K 型性格的优点，后 10 年展现 K 型和 P 型性格的缺点，他的接班人继续待在 K 象限，只是从 K3 移到了 K4，司马衷在 K 象限待了 18 年，被 T 型的司马伦篡位接班，在 T 象限仅待了 4 个多月，又回到了 K 象限，K 型的司马炽主政 5 年，K 型的司马邺主政 4 年。西晋前两任皇帝扎堆在 K 象限共 43 年，后两任皇帝扎堆 K 象限 9 年，遇到 T 型的刘渊父子而国亡，演绎了考拉败给老虎的真实故事。

秦朝的秦昭王灭东周取九鼎后，在位 5 年，史学家开始以秦纪年代替周纪年，到子婴投降，秦朝帝王性格类型转移了 5 次。在 T 象限待了 5 年后移到 K 象限，K 型的秦孝文帝主政了 1 年左右，缓解秦朝自 T 型的秦惠文王开始的三任长达 84 年老虎风格的压力，给予秦朝以亲情和厚待功勋的温暖。遗憾的是在 K 象限待的时间太短，就移到了 O 型象限，秦孝庄帝主政了 3 年，很理性地完善了秦朝的制度，遗憾的是在 O 象限待的时间过短，就顺时针转移到 T 象限，秦始皇主政了 37 年，占有秦朝国祚的 72.3%，他带领秦国进入鼎盛时期，开创了中华民族的第一个帝国时期。假设孝庄帝之后是类似汉文景两帝或晋武帝来接班，秦统一天下难矣！（非正常）移到 P 象限，愚昧无知的胡亥 3 年就把秦朝从鼎盛拉进了深渊，把自己也玩没了。秦朝（非正常）移到 O 型象限，只惜 O 型的嬴子婴，能力有限，缺乏老虎的特质，未能力挽狂澜守住秦朝帝业。假设 K 型的扶苏正常接班，秦朝肯定会成为百年朝代。老虎（金）主政 37 年了，需要考拉（水）来滋润。

南梁的故事实际上就是创一代萧衍的故事，K 型的他主政了 48 年，占南梁国祚的 85.7%，其他 5 位皇帝可以说都是"陪跑"。它的皇帝性格类型转移了 5 次，从 K 象限（非正常）逆时针移到 P 象限，仅 2 年工夫就（非正常）移到 K 象限，4 个月后（非正常）移到 O 象限，又一个 2 年（非正常）移到 K 象限，3 个月（非正常）换了个 K 型皇帝。虽然皇帝性格类型移动了，但都是傀儡皇帝，没有出现 T2 型皇帝，南梁也只能退出历史舞台。

南朝刘宋的皇帝传承了 8 次，平均 7.4 年就换一次皇帝，按照欧美目前的任期，差不多两任就换一次最高领导人，频率似乎有点高。皇帝性格类型只转移了4次，还有4次是扎堆在T象限。T型刘裕开国后只主政了2年，就顺时针移到了P象限，仅2年时间就（非正常）移到O象限；O型的刘义隆主政了30年，占有国祚的51%，他尽心完善国家制度，厚待百姓和开国元勋，把国家带入鼎盛时期，（非正常）顺时针移到T象限，仅72天又（非正常）换了个T型刘骏当皇帝；刘骏主政了12年，对外开疆辟土，对内改革国家治理。让年幼的T型刘子业来接班，仅2年（非正常）被另一个T型刘彧所替代；刘彧主政了8年，把老虎的脾气运用在内部，杀死大量的武将和宗室，让T型的刘昱接班；刘昱主政5年就被弑杀，（非正常）移到P象限。年幼的孔雀怎么能挽救血气方刚的刘宋王朝呢？

综上所述，东吴和南梁是因为他们的创一代的主政时间长所致，刘宋是第3任（第二代）皇帝的主政时间长，秦朝是第4任（第四代）皇帝的主政时间长。西晋50年国祚，后两任皇帝实际上是陪跑，他们已经是傀儡皇帝，而且所控制的国土面积已经大大缩水。他们的皇帝性格类型移动轨迹，也都存在非正常移动。真正意义上值得关注的是51年国祚的秦朝。秦朝前四任皇帝的传承是正常有序的，性格类型从老虎（金）到考拉（水）到猫头鹰（木）到老虎王（金—火—土），是成功组织的转移轨迹。

有着百年基业的朝代，其皇帝性格类型转移会有什么样的轨迹呢？本书把7个有着百年基业的朝代皇帝性格类型归纳在表24-3进行对照分析。

表24-3 百年基业的7个朝代的帝王性格类型

朝代	东晋	金朝	南宋	北宋	北魏	东汉	蒙元
国祚	105	119	152	167	170	195	196
1	考拉	老虎	考拉	考拉	老虎	猫头鹰	老虎
2	猫头鹰	考拉	猫头鹰	孔雀	猫头鹰	老虎	老虎
3	猫头鹰	孔雀	考拉	孔雀	老虎	孔雀	老虎-考拉-老虎
4	考拉	老虎	考拉	考拉	孔雀	猫头鹰-猫头鹰	老虎
5	考拉	猫头鹰	猫头鹰	考拉	考拉	考拉-老虎	老虎
6	考拉	孔雀	孔雀	猫头鹰	考拉-老虎	考拉-老虎	考拉
7	考拉	考拉	考拉	老虎	猫头鹰-老虎	考拉-考拉	老虎
8	考拉	猫头鹰	考拉	孔雀	考拉	考拉	考拉
9	孔雀	孔雀	考拉	考拉	考拉	考拉-猫头鹰	老虎
10	考拉				考拉-老虎	孔雀-猫头鹰	考拉
11	考拉				孔雀	孔雀	考拉

续表

朝代	东晋	金朝	南宋	北宋	北魏	东汉	蒙元
12					孔雀	孔雀	老虎
13					考拉	考拉	考拉
14					考拉	考拉	考拉
15					老虎		猫头鹰
16					考拉		老虎
几世 几帝	4世11帝	6世9帝	7世9帝	7世9帝	10世18帝	8世14帝	9世16帝

　　7个百年以上的朝代里，东晋国祚最短，传承的世系也最短，四世而亡。开国的K型皇帝，主政了6年，顺时针移到O象限，二代的司马绍主政了4年，完善国家治理制度，理性对待国内外形势，把班交给同一象限的司马衍，只是在O象限内进行从O1到O4的小移动。司马衍执政了18年，东晋达到鼎盛时期。接下来是5位皇帝扎堆在K象限，共30年，第4任到第7任的接班是正常有序的，在太后的主导下进行。第7任到第8任是非正常的传承，尽管也有太后的许可，但这时候的太后只是橡皮图章而已。之后正常地逆时针移到P象限，司马曜发挥睿智孔雀的特长，革新国政，凝聚民心，主政15年后，正常移到K象限，司马德宗主政了22年，其间灭国了一次，被桓楚朝所替代，在T型的刘裕辅政下，复国成功，其由此变成了傀儡皇帝。接班者司马德文也是K型。

　　金朝是六世而亡，皇帝性格类型移动了8次，具体为：老虎（9年）01—考拉（13年）02—孔雀（15年）03—老虎（12年）04—猫头鹰（29年）05—孔雀（19年）06—考拉（6年）07—猫头鹰（11年）08—孔雀（11年）09。金朝的皇帝性格类型转移和主政时间是不错的，秦朝第4任皇帝是T型的，金朝第4任也是T型的，这个时候金朝国祚已经有49年，与秦朝的46年很接近，金朝的第5任皇帝性格类型为O型，尽管也是非正常接班，但由于他的性格是O4型，既理性又感性，既坚持原则又讲亲情，主政了29年。金代若无世宗，就无百年大业。秦朝如果是扶苏顺利接班，必成百年帝国大业。金国的不幸是第7任移到了K象限，而这时他的对手蒙古是虎王型的成吉思汗，金国第8任、第9任也不是T型的皇帝。

　　南宋是七世而亡，皇帝性格类型移动了8次。考拉（36年）01—猫头鹰（27年）02—考拉（5.4年）03—考拉（30年）04—猫头鹰（41年）05—孔雀（10年）06—考拉（1.5年）07—考拉（1.9年）08—考拉（0.8年）09。南宋国祚比东晋长47年，接近半个世纪，主要原因是南宋在接近100年时，皇帝性格类型移到了O型象限，宋理宗是O1型，既理性又感性，既讲原则，又讲灵活，能够理性凝聚民心。而金朝在国祚100年时，虽然也移动到了O象限，但金宣宗是O3型，与宋理宗虽然都属于O型象限，但亚型不同，具体的位置也就不同，宋理宗的亚型性格是老虎型，而金宣宗的亚型性格是孔雀型。南宋和东晋都是

K型的皇帝开国，赵构是K1型，司马睿是K2型，赵构比司马睿要果敢和自信。赵构主政时间比司马睿的6年多30年，接近东晋前三任皇帝执政时间的总和。他们的第2任都移到了O象限，东晋的第3任还是O型，东晋第2任和第3任执政时间共22年，比南宋的O型皇帝赵眘主政的27年少5年，属于同一个数量级。这就是南宋和东晋超过百年的皇帝性格类型原因所在。而南明开国皇帝虽然也是K型，是K3型，但亚型性格是孔雀，主政8个月就被俘，接下来是T型的朱聿键主政1.2年，但他遇到T型的鲁王朱以海，两虎相争，同室操戈，让清军趁机获胜。K型朱聿锷接班主政40来天，与K型的永历帝自相残杀，而不是共同抗击敌人清军。人家说，只有两虎才相斗，南明却演绎了两考拉相斗。这就是南明国祚18年的根本原因。开国者是K3型性格，继任者和他一样缺少O型的特质，以致大乱之时谋略不足。

北宋也是七世而亡，皇帝性格类型转移了8次，考拉（16年）01—孔雀（21年）02—孔雀（25年）03—考拉（42年）04—考拉（4年）05—猫头鹰（19年）06—老虎（8年）07—孔雀（26年）08—考拉（1.2年）09。北宋文化为什么很发达盛荣？这是因为从第1任皇帝到第5任皇帝都处在TOPK十字圆的下半圆，他们的主政时间共108年，超过了百年。如果这个时候，第6任皇帝的性格类型还扎堆在K象限的话，北宋就会被辽朝所灭。北宋的幸运之处，就是在百年之际，辽朝的皇帝性格类型也是考拉型，是K1型，遇到O4型的宋神宗、T4型的宋哲宗。最后两国都是P型皇帝，惺惺相惜，相安无事。假设北宋没有移到O象限和T象限，北宋的国祚也只有110年左右。假设北宋没有T型刘太后听政12年，那么北宋就不会有百年基业。

北魏（包括西魏在内）传过十世，演绎了一世创，七世鼎盛，八世徘徊，九世衰，十世亡。皇帝性格类型移动了17次。老虎（24年）01—猫头鹰（15年）02—老虎（28年）03—孔雀（0.6年）04—考拉（15年）05—考拉（7年）06—猫头鹰（28年）07—考拉（16年）08—考拉（14年）09—考拉（43天）10—孔雀（3年）11—孔雀（0.3年）12—考拉（1年）13—考拉（0.5年）14—老虎（4年）15—考拉（17年）16—孔雀（3年）17考拉—（3年）18。北魏前五位皇帝的性格类型依次排列呈TOTPK型，具有TOPK特质，主政时间为83.6年，如果没有移到O型的元宏，按照元宏之后的皇帝性格类型来看，北魏最多只有100年左右的国祚，根本达不到170年。北魏和北宋不同的是前五任皇帝性格在TOPK象限内移动，在晚期，北魏有T型的皇帝"雄"了一把，延长国祚23年。他们相同的是中期均有O型的皇帝发起改革，改革获得一定的成功。这对延长其国祚是至关重要的。

东汉非常特别，国祚接近200年，但盛产娃娃皇帝，靠太后撑起半边天。皇帝性格类型移动轨迹为：猫头鹰（33年）01—老虎（18年）02—孔雀（13年）03—猫头鹰、猫头鹰（14年、4年）04—考拉、老虎（0.6）05—考拉、老虎（4年、15年）06—考拉、考拉（0.6

年）07—考拉（19 年）08—考拉、猫头鹰（0.5 年）09—孔雀、猫头鹰（1 年）10—孔雀、猫头鹰（17 年、4 年）11—孔雀（21 年）12—考拉（4 个月）13—考拉（31 年）14。东汉前 4 任皇帝主政 82 年，接近百年，轨迹是 OTPO，从 O 象限到 T 象限到 P 象限再回到 O 象限。开国皇帝是 O 型且国祚在两位数以上的朝代还有 4 个：南齐、隋朝、曹魏、明朝。南齐的第 2 任、3 任分别是考拉、孔雀，隋朝的第 2 任、3 任分别是孔雀、孔雀，曹魏的第 2 任、3 任分别是猫头鹰、考拉。明朝的第 2 任、第 3 任分别是考拉、老虎，由此看来，第 2 任或第 3 任至少要有一任是 T 型的作为"二世祖"，"一世祖"为 O 型的朝代才有可能成为国祚百年的朝代。南齐、隋朝、曹魏的国祚不到 50 年，原因就在于此。而东汉的二世祖是 T 型的刘庄。东汉中后期，如果没有 T 型的邓太后、O 型的梁太后临朝称制，东汉的国祚也就百年左右。东汉最后 31 年，其实就好比东周的春秋时期，有名无实，完全是陪衬。其国祚就和北宋差不多。与北宋相比，东汉中后期没有出现 O 型、T 型的皇帝，也就无法实行改革。

蒙元作为一个完整政权，国祚虽也接近 200 年，但传承依然没有过 10 世，只传了 9 世，皇帝性格类型移动了 15 次：老虎（35 年）01—老虎（12 年）02—老虎、考拉、老虎（5 年、3 年、3 年）03—老虎（9 年）04—老虎（35 年）05—考拉（13 年）06—老虎（4 年）07—考拉（10 年）08—老虎（4 年）09—考拉（5 年）10—考拉（42 天）11—考拉（4 年）12—老虎（0.5 年）13—考拉（53 天）14—猫头鹰（38 年）15—老虎（32 年）16。蒙元和 210 年基业的辽朝很相似，辽朝前五任皇帝均为 T 型，蒙元前五任皇帝有 4 位为 T 型，第 3 位虽然为 K 型，主政只有 3 年，前后两位太后均为 T 型。

自秦朝以来，国祚超过 200 年的朝代有 5 个：西汉、辽朝、唐朝、明朝和清朝。他们的皇帝性格类型的移动有什么规律呢？它们的移动轨迹和百年的 7 个朝代有什么区别呢？西汉开国于 P 型，辽朝开国于 T 型，唐朝开国于 K 型，明朝开国于 O 型，清朝开国于 P 型。这说明 TOPK 四种性格类型的开国者，均可以缔造 200 年基业。

西汉国祚 210 年，传了 9 世，皇帝性格类型转移了 12 次：孔雀（8 年）01—考拉、老虎（7 年、8 年）02—猫头鹰（23 年）03—考拉（17 年）04—老虎（54 年）05—猫头鹰（13 年）06—孔雀（27 天）07—猫头鹰（26 年）08—考拉（16 年）09—孔雀（26 年）10—孔雀（7 年）11—考拉（6 年）12—考拉（4 年）13。如果把吕后的临朝称制当作单独执政，记为一帝的话，那么西汉前 5 位皇帝的性格类型轨迹为 PKTOK，有 TOPK 特质。在西汉 63 年时，移到了 T 象限，出现了一个具有五级领导力的（以金型为主的土型）虎王型汉武帝刘彻，他不仅主政时间长，还把西汉带入了第一次鼎盛时期。蒙元也是在 68 年时，出现了个虎王型的忽必烈，他俩旗鼓相当。在第 5~6 任有个虎王型的领导者出现，是这两个朝代的共同之处。不同的是，西汉的虎王型皇帝之后，是猫头鹰型皇帝主政，由托孤大臣辅政，带有考拉特质，而蒙元直接是 K 型的铁穆耳主政。之后蒙元从第 7 任到 14 任都没有 O 型皇帝，而西汉在第 8 任出现了 O1 型皇帝，刘询主政 26 年，把西汉带入第二次鼎盛时期。西汉中前期有 3 位 O 型皇帝，而蒙元一个也没有，西汉的制度建设优胜于蒙元。这是蒙元和西汉的差异所在。

辽朝国祚 218 年，传了 9 世，皇帝性格类型转移了 8 次：老虎（11 年）01—老虎（21 年）02—老虎（5 年）03—老虎（18 年）04—老虎（14 年）05—考拉、老虎（23 年、26 年）06—孔雀（25 年）07—考拉（46 年）08—孔雀（24 年）09。辽朝在 69 年时，已经经历了 5 任老虎型领导者，接下来是 12 岁的少年皇帝接班，T 型的萧太后主政，第 6 任的前 26 年实际上是 T 型风格，母子俩共同把辽朝带入鼎盛时期。这与西汉的鼎盛是由汉武帝缔造不一样。西汉有第二次鼎盛时期，而辽朝没有。虽然辽朝前 5 任是清一色的 T 型，与汉前 5 任呈现 TOPK 轨迹完全不同，但第 6 任皇帝亲政以后，运用考拉特质，带给朝政以亲情平和和稳健。辽朝的帝位传承比蒙元更为有序，他们的主政时间也更长。

唐朝国祚 289 年，传承了 14 世，是秦朝以来，传承帝王世系最长的一个朝代，越过了十世，帝王传承打破了五世而盛、十世而斩的魔咒。其皇帝性格类型移动轨迹为：考拉（9 年）01—老虎（23 年）02—考拉（35 年）03—老虎（15 年、实际主政 40 余年）04—考拉（5.5 年）05—考拉（17 天）06—猫头鹰（8 年）07—孔雀（45 年）08—猫头鹰（7 年）09—猫头鹰（18 年）10—猫头鹰（27 年）11—考拉（0.5 年）11—老虎（15 年）12—孔雀（5 年）13—孔雀（3 年）14—考拉（14 年）15—老虎（6 年）16—猫头鹰（14 年）17—考拉（15 年）18—孔雀（15 年）19—孔雀（17 年）20—考拉（3 年）21。唐朝前 8 任皇帝的性格类型移动轨迹呈现 TOPK 特质，在国祚 95 年左右的时候，出了个具有五级领导力的 P 型皇帝唐玄宗，把唐朝带入了最鼎盛时期。国祚 140 年之后，由三代 O 型皇帝主政了 52 年，长达半个世纪。在国祚 192 年的时候出了个 T 型的唐宪宗，带领唐朝实现了中兴，让唐朝的国祚奔向 200 多年，在国祚 229 年的时候，又出现了个 T 型的唐武宗，带领唐朝再次实现中兴。这是西汉、辽朝所不具备的。

明朝国祚 294 年，传承了 12 世，也突破了"五世而盛、十世而斩"的魔咒，皇帝性格类型转移了 19 次：猫头鹰（31 年）01—考拉（4 年）02—老虎（22 年）03—考拉（1 年）04—孔雀（11 年）05—考拉（22 年）06—考拉（8 年）07—孔雀（23 年）08—猫头鹰（18 年）09—孔雀（16 年）10—老虎（45 年）11—考拉（6 年）12—猫头鹰（48 年）13—考拉（30 天）14—猫头鹰（7 年）15—猫头鹰（17 年）16—考拉（0.7 年）17—老虎（1.2 年）18—考拉（40 天）19—考拉（16 年）20。明朝的前 5 任皇帝的性格类型移动轨迹呈现 TOPK 特质，第 3 任（第二代）的朱棣以老虎风格主政了 22 年，这对明朝国祚超过 100 年至关重要。明朝在国祚 83 年时，差点灭国，幸好孙太后和 T 型的于谦拥立 K2 型的朱祁钰临危接班，他们力挽狂澜拯救了明朝。在国祚 122 年的时候，皇帝性格类型移到了 O4 型，明孝宗创造了弘治中兴。在国祚 156 年的时候，迎来了 T4 型的明世宗，他创造了嘉靖中兴，也导致了嘉靖微衰。在国祚 207 年的时候，迎来了 T 型的张居正和 O1 型万历帝组合执政，他们实施万历改革，缔造了万历中兴，而明神宗在晚年也导致了明朝衰落。国祚 255 年以后，明朝就进入了风雨摇摆之中。

清朝国祚 296 年，传承了 11 世，也突破了"五世而盛、十世而斩"的魔咒，皇帝性格类型转移了 11 次：老虎（11 年）01—老虎（17 年）02—考拉、老虎、猫头鹰（18 年）03—猫头鹰（61 年）04—猫头鹰（13 年）05—孔雀（60 年）06—考拉（25 年）07—考拉（30 年）08—孔雀（11 年）09—孔雀、考拉、老虎、孔雀组合（13 年）10—考拉、老虎（34 年）11—考拉、考拉（3 年）12。清朝前 6 任皇帝的性格类型移动轨迹呈 TOPK 特质。与辽朝不同的是，第 3 任皇帝，清朝是娃娃皇帝，外廷由 T 型的摄政王掌控，内廷由 O 型的太后掌控；清朝的第 4 任、第 5 任是 O 型的皇帝，而辽朝是 T 型的皇帝。有了 O4 型的康熙帝执政 61 年，清朝国祚就超过了百年。清朝在 107 年国祚的时候，迎来了 O1 型的雍正帝，他成功实施了雍正改革，把清朝带入鼎盛轨道。有了 P1 型的乾隆帝执政 60 年，太上皇训政 3 年，清朝国祚为 170 年；接下来扎堆在 K 象限 50 多年，转入 P 象限 11 年，清朝进入灭国倒计时。国祚 236 年时，迎来了个 1T2P1K 组合的四人执政，缔造了同治中兴，为清朝续命了 50 余年。

综上所述，百年基业在领导者的性格类型上，有两大特点：第一，TOPK 移动。12 个百年朝代，除了东晋和南宋，其他朝代的前 5 任或前 7 任或前 8 任的皇帝性格类型轨迹呈现出 TOPK 的移动特点。第二，在朝代中期，有事业导向型的皇帝（O 型或 T 型）或 TOPK（三元或四元组合）型主政团队成功地实施了变法改革。有人会说，北齐、南陈、秦朝的皇帝性格类型移动轨迹也呈现了 TOPK 移动，为什么是短命朝代？原因在于他们的平均执政不足 10 年，原因是北齐在 T 型的太后干政了四朝，主政性格实质为 T 型，根本没有移动。南陈是开国皇帝主政时间过短，外界需要 T 型或 O1 型皇帝时，却迎来了 P4 型的文艺皇帝。秦朝也是外界需要 K1 型的皇帝时，却迎来了 P1 型天真皇帝。金朝前 5 位皇帝性格类型移动轨迹呈现 TOPK 移动，执政时间超过 15.6 年，为什么成就了百年朝代，而没有成就二百年朝代呢？其主要原因也是接下来的皇帝性格移动轨迹，没有和外部环境相匹配，当外界需要 T 型或 O1 型的皇帝时，他们迎来了 K3 型的皇帝。

第二节　长寿组织的性格数据规律

本书用黄氏 TOPK 分析了中国历史上（清朝及其之前的朝代）的 560 多位帝王的性格

类型，把其中与传承相关的 502 位帝王性格类型进行汇总，如表 24-4 所示。

表 24-4　中国历史上和传承相关的帝王性格类型及其比例

TOPK性格类型	老虎性格	猫头鹰性格	孔雀性格	考拉性格	合计
帝王数	123	101	101	177	502
比例	25%	20%	20%	35%	100%

本书发现，T 型帝王（或领袖）占 25%，O 型帝王（或领袖）占 20%，P 型帝王（或领袖）占 20%，K 型帝王（或领袖）占 35%。事业型的帝王（或领袖）占 45%（T+O），人际型的帝王占 55%，如果把它们作为中国历史帝王（或领袖）的平均值，本书发现那些长寿的朝代都在这些数值附近。

作为中华民族最后两个大一统的家族皇朝，明、清两朝国祚相差不大，明清两朝的国祚都超过 260 年，接近 300 年，他们的皇帝性格类型数据是否也类似呢？请见表 24-5。

表 24-5　明、清两个政权的皇帝性格类型分析对比

朝代	国祚/年	几世几帝	老虎性格	猫头鹰性格	孔雀性格	考拉性格	合计
明朝1	276	12世	2	5	3	6	16
		16帝	12%	31%	19%	38%	100%
明朝2	294	12世	3	5	3	9	20
		20帝	15%	25%	15%	45%	100%
清朝1	268	9世	0	2	3	5	10
		10帝	0	20%	30%	50%	100%
清朝2	296	11世	2	2	3	5	12
		12帝	17%	17%	24%	42%	100%

注：这里的数据没有把太后和关键顾命大臣的性格类型列入。

明朝 1 中的 K 型皇帝占比为 38%，与表 24-4 中的 K 型比例 35% 相差不多，明朝 1 中的 T+O 占 44%，与表 24-4 中的 T+O 的 45% 相差只有 1%，相差无几。其中明朝 1 是不包括南明在内的朱氏政权。清朝 1 是指入关后的清朝政权。清朝 1 中的 O 型帝王比例与表 24-4 中的 O 型比例一致，但 K 型比例为 50%，远远超过表 24-4 中的 K 型比例。清朝 2 的数据能反映一个政权的生命曲线。K 型 42%，T+O 占 34%，远低于表 24-4 中的 45%。

表 24-5 中的清朝 1 的皇帝里，虽然 T 型的皇帝为 0，但摄政王多尔衮、慈禧太后均是 T 型，孝庄太后是 O 型，鳌拜是 T 型，他们是当时的实际掌权者。如果明朝把 T 型的于谦、张居正，清朝把 T 型的多尔衮、慈禧太后、O 型孝庄太后计入主政者的话，那么主政者性格类型如表 24-6 所示。

表 24-6　国祚接近 300 年的明清两朝的主政者性格类型

朝代	国祚/年	几世几帝	老虎性格	猫头鹰性格	孔雀性格	考拉性格	合计
明朝2	294	12世	4	5	3	9	21
		20帝	19%	24%	14%	43%	100%

续表

朝代	国祚/年	几世几帝	老虎性格	猫头鹰性格	孔雀性格	考拉性格	合计
清朝2	296	11世	4	3	3	5	15
		12帝	27%	20%	20%	33%	100%

从这个数据来看，接近 300 年的明清两代，其主政者 TOPK 类型占比非常接近，考拉型的占比在 45% 以下，孔雀型的占比在 25% 以下，明朝的事业型主政者的占比为 43%，接近表 24-4 中的 45%，清朝的事业型主政者占比 47%，约超过表 24-4 中的 45%，接近一半的主政者是事业导向型。清朝的主政者的 TOPK 比例，最接近表 24-4 中的数值，T型帝王或领袖占比为 27%，约高于表 24-4 中的 25%。明清是离现代较近的两个长寿朝代，其数据规律，包括他们的领导者性格类型的移动轨迹，对当今的中国企业家很有借鉴意义。

作为中华民族大家庭的一员，少数民族也都是三皇五帝的后裔，但历史上被称为少数民族，他们建立的具有影响力并占有中原地区的百年政权有 5 个，分别是拓跋氏（元氏）魏朝（北朝）、耶律氏辽朝、完颜氏金朝、孛儿只斤氏元朝、爱新觉罗氏清朝，本书对他们的皇帝性格类型进行了归纳整理，如表 24-7 所示。

表 24-7 元魏、辽、金、元、清五个政权的皇帝性格类型分析对比

朝代	国祚/年	几世几帝	老虎性格	猫头鹰性格	孔雀性格	考拉性格	合计
元魏	170	10世	3	2	4	9	18
		18帝	17%	11%	22%	50%	100%
辽朝	218	9世	5	0	2	2	9
		9帝	56%	0	22%	22%	100%
金朝	119	6世	2	2	3	2	9
		9帝	22%	22%	34%	22%	100%
元朝	196	9世	8	1	0	7	16
		16帝	50%	6%	0	44%	100%
清朝	296	11世	2	2	3	5	12
		12帝	17%	17%	25%	41%	100%

初看数据，金朝的 TOPK 占比数据最均衡，为什么 5 个百年的朝代里，它的国祚最短，为什么会"五世而衰，六世而亡"，与 5000 年历史中的数据（表 24-4）中的数据有三处偏差较大？金朝的 T 型皇帝比例仅为 22%，低于 5000 年历史中的 502 位帝王或领袖大数据中的 25%；P 型皇帝比例高达 33%，高于大历史大数据中的 20%；K 型皇帝比例为 22%，远远低于大历史大数据中的 33%。金朝的皇室风格中人情味太淡，浮夸乐观且外宣务虚过多。

治国者，需要刚柔各得其所，需要和国内外环境互动。金朝在第 4 任皇帝完颜亮之后，就没有了 T 型的皇帝，也没有出现贤臣良将的 T 型大臣辅政。在国祚 97 年的时候，需

要迎来T型的皇帝，却来了个K型皇帝。这是他未能统一中华民族及国祚不够长的根本原因。金朝皇位传承和其他四个政权不同的地方，在于没有强势的皇太后或太皇太后干政，教育、培养和训练皇太子的工作也做得最差。金朝的第6任皇帝是P型，第7任是K型，第8任虽然是O型，但这个猫头鹰型是O4型，胆量和血性不够，是个逃跑皇帝。而第9任皇帝是P型，遇到强大的T型的蒙元皇帝，P型的金朝皇帝失败了。

元魏最大的问题是，是K型皇帝占比偏多，约50%，比表24-7中的清朝要高出8%，比表24-6中的清朝要高出17%，比大历史大数据中的35%的K型多了15%。元魏前期血性太浓，晚期血性太少。T型皇帝喜欢开疆辟土，对外，辽朝很凶悍，T型皇帝喜欢拥有控制权；对内，窝里斗也很猛狠，连续几代都扎堆在同一个象限，很容易形成内斗。蒙元和辽朝的问题就在于此。蒙元走两个极端，T型皇帝和K型皇帝占比均很高，呈哑铃型，其制度建设和文化凝聚力建设都难以和清朝媲美。辽朝最大的问题是，猫头鹰型皇帝为零，幸好有O型的述律平太后主政和O型的耶律屋质辅政5朝，如果把述律平太后、耶律屋质计入主政者性格，那么辽朝的O型占比为18%，事业导向型主政者为63%，但制度建设的理性和科学性还是逊于清朝的。清朝在这5个政权里，是掌握中华文化精髓（伏羲文化精髓）最优秀的朝代。

国祚达百年的七大朝代，他们的主政者性格类型数据是否有共性？与有200年以上的八大长寿朝代，会有区别吗？请参看表24-8、表24-9。

表24-8　七大百年朝代的皇帝性格类型分析

朝代	几世几帝	国祚/年	老虎性格	猫头鹰性格	孔雀性格	考拉性格	合计
东晋	4世 11帝	105	0	2	1	8	11
			0	18%	9%	73%	100%
金朝	6世 9帝	119	2	2	3	2	9
			22%	22%	34%	22%	100%
南宋	7世 9帝	152	0	2	1	6	9
			0	22%	11%	67%	100%
北宋	7世 9帝	167	1	1	3	4	9
			11%	11%	33%	45%	100%
北魏	10世 18帝	170	3	2	4	9	18
			17%	11%	22%	50%	100%
东汉	8世 14帝	195	1	2	4	7	14
			7%	14%	29%	50%	100%
蒙元	9世 16帝	196	8	1	0	7	16
			50%	6%	0	44%	100%
平均值			15%	15%	20%	50%	100%

表24-9　中国历史上八大长寿朝代的皇帝性格类型分析

朝代	几世几帝	国祚/年	老虎性格	猫头鹰性格	孔雀性格	考拉性格	合计
西汉	11世 12帝	210	2	3	4	4	13
			15%	23%	31%	31%	100%
辽朝	9世 9帝	218	5	0	2	2	9
			56%	0%	22%	22%	100%
大清	9世 10帝	268	2	2	3	5	12
			17%	17%	24%	42%	100%
西周	11世 12帝	275	4	2	2	4	12
			33%	17%	17%	33%	100%
大明	12世 16帝	276	2	5	3	6	16
			13%	31%	19%	37%	100%
大唐	14世 22帝	289	4	5	5	8	22
			18%	23%	23%	36%	100%
夏朝	13世 16帝	378	2	4	5	5	16
			13%	25%	31%	31%	100%
商朝	17世 30帝	554	9	7	4	10	30
			30%	23%	13%	34%	100%
平均值			24%	20%	23%	33%	100%

注：西汉把T型的吕太后，大清把T型的多尔衮、T型的慈禧太后计入在内。

七大百年朝代最大的共性就是考拉占比不低，除了金朝外，其他六大百年朝代的K型皇帝占比，均高于八大长寿朝代的K型皇帝占比。七大百年朝代的考拉占比平均值高达50%，比八大长寿朝代的平均值33%高了很多，就连K型比例最低的北宋、蒙元也比33%要高出11%，而八大长寿朝代的K型平均比例接近大历史大数据中的35%。K型皇帝占比的高低是百年基业和二百年基业的分水岭。

与八大长寿朝代相比，七大百年朝代有3个朝代的TOPK不完整，如东晋无老虎型，南宋无老虎型，蒙元无孔雀型。而八大长寿朝代仅辽朝没有猫头鹰型。七大百年朝代的老虎型占比平均为15%，远远低于八大长寿朝代的24%（大历史大数据的T型为25%）；猫头鹰型占比平均为15%，也是低于八大朝代的20%（大历史大数据的O型为20%）。事业导向型方面，七大百年朝代的平均为30%，远远低于八大长寿朝代的44%（大历史大数据的事业导向帝王比例为45%）。百年朝代的享受型皇帝多，200年朝代的工作型皇帝多，占4成以上。金朝的TOPK比例最为均衡，这说明，在大竞争的环境里，TOPK比例不是越均衡越好。金朝的T型皇帝占比低于八大长寿朝代的T型皇帝占比的平均值，P型皇帝的占比却高于八大长寿朝代的。

八大长寿朝代的皇帝性格类型的数据，表现在TOPK占比上，K型皇帝占比均在42%以下，平均值为33%（略低于大历史大数据的K型数值）。国祚达200年和300年的朝代相比，除了辽朝外，就在于300年的朝代，其K型皇帝占比为33%左右，夏朝为31%，商朝为 33%。有人会说，夏商因历史材料记载原因，很多皇帝的性格行为和事件漏记，这个数据只能是参考。这是有道理的。但从大清、大明、大唐数据来看，K型皇帝占比少，其国祚相对长一些。这八大长寿朝代是时间纵向的，它们之间不存在横向竞争。如果在类似的时空内，那些具有竞争且长寿的政权，其领导者的性格类型数据会是怎样的呢？请见表 24-10 所示。在大竞争时代，K型皇帝的占比平均值为 35%，与大历史大数据中K型占比 35% 相同；而T型皇帝或领袖的占比平均值为 28%，高于大历史大数据中T型占比的 25%。说明大竞争时代，敢于亮剑的T型皇帝要多些才有取胜的可能，这是外部激烈竞争的需要。

表 24-10　战国七雄的君王性格类型的比例分析

国家	几世几君王	老虎性格	猫头鹰性格	孔雀性格	考拉性格	合计
秦国	11世 15位	8	2	2	3	15
		53%	13%	13%	20%	100%
赵国	9世 11位	4	2	4	1	11
		36%	18%	36%	9%	100%
魏国	7世 8位	1	1	2	4	8
		9%	36%	18%	36%	100%
韩国	10世 11位	1	4	2	4	11
		9%	36%	18%	36%	100%
楚国	11世 13位	3	1	1	8	13
		23%	8%	8%	62%	100%
田氏齐国	7世 8位	3	1	1	3	8
		38%	13%	13%	38%	100%
燕国	13世 13位	3	4	2	4	13
		23%	31%	15%	31%	100%
平均值		28%	19%	18%	35%	100%

本书发现，战国七雄的平均值，T型为 28%，高于八大长寿朝代的 24%；O型为 19%，略低于八大长寿朝代的O型占比；P型为 18%，低于八大长寿朝代的 23%；K型为 35%，与八大长寿朝代 33% 非常接近。这就表明，在同一个时空竞争下，长寿政权的特征是：老虎型偏多，孔雀型偏少。战国七雄中的胜出者，秦国的T型领袖占比高达 53%，是七雄该项平均值的 1.9 倍。这是秦国胜出的原因，也为秦朝盛极而陡衰埋下了隐患。按照现在的话来讲，发展得太快了、太猛了，以致绷得太紧。如果K型的秦孝文王主政 3~5 年，或者K1型的扶苏顺利接班，秦朝的国祚会更长。

在长期的残酷的大竞争环境下，基业长青近 700 年，并最终消灭其他竞争对手，一统天下的嬴秦政权，其K型领袖占比只有 24%。嬴秦政权的K型比例远低于大历史大数据的 35%，虽然是大竞争造成的结果，要求K型皇帝不能太多，但太少了也不行，会导致人们过于紧张疲惫而不得安息，从而铤而走险。

综上所述，长寿的朝代，其TOPK类型数据规律就是，TOPK类型占比不能均衡化，也不能极端化，T型占比趋向于25%~33%，P型占比趋向于20%~24%，事业型皇帝占比（T型+O型）趋向于43%~50%。500多年的商朝、近700年的嬴秦，是我们现代企业家要重点关注的朝代，其次是大唐、大明、大清和西汉，他们皇帝的TOPK数据及其移动轨迹，对于成功打造长寿企业很有借鉴意义。

参考文献

[1] 高占祥. 二十五史[M]. 北京：线装书局，2011.

[2] 李国章，赵昌平. 二十五史简明读本[M]. 上海：上海古籍出版社，2018,

[3] 黄德华. TOPK行为风格理论的应用价值[J]. 人力资源，2010，319（5）：16-19.

[4] 黄德华. 家族企业赢在接班人的TOPK圆盘[J]. 人力资源，2010，321（7）：23-25.

[5] 黄德华，张大亮. 销售队伍管理[M]. 北京：清华大学出版社，2014.

[6] 黄德华. 创业搭档管理[M]. 北京：清华大学出版社，2020.

后 记

许多人对本书的出版有直接的贡献，因为这是站在前辈肩膀上的智慧结晶。对于这些贡献，本书尽最大努力在文章标注或参考文献中进行标明加以致谢。那些无法标注而引起写作灵感的，本团队在此表示最衷心、最虔诚的感谢。非常感谢14年来所遇到的老师、学生、企业家、同学、校友、老乡、宗亲、读者等朋友，是他们热心的交流给予了本团队很多启发。特别要感谢浙江大学企业家学院陈凌教授的倾心指导！特别要感谢历史爱好者杭州汤森生物医药科技有限公司卢通声先生、杭州泛嘉科技有限公司杨隐峰先生的热情建议和鼎力支持！

感谢家人徐敏博士，感谢她对本书写作的耐心和理解，感谢她在本团队研究与创作本书的过程中所给予的鼓励与支持。本团队的黄清诚承担了第13章、第14章、第15章、第18章的创作，并参与了第1章的部分创作；黄德胜承担了第20章、第21章、第22章的创作。感谢他俩的辛勤创作和用心探讨，感谢他们在热烈讨论中贡献智慧。感谢浙江大学出版社的创造性工作和创造性努力，正因为他们的努力，这本书才得以和读者见面。

感谢本书的读者，感谢读者抽出时间与精力来审阅本书！笔者殷切盼望能够随时随地听到读者的呼声。由于这是原创性的关于接班人培养和选拔的新探索，虽然很多知识点是站在前人的基础上，但系统化、结构化方面没有书籍可供直接参考，虽然笔者花费了14年时间，本团队也用了7年之久来集体创作，尽了洪荒之力去完善，但因为是真正的完全创新，因为是以《二十五史》为素材，预计会有很多遗漏，甚至不够严谨的地方，欢迎读者和同行给予批评指正。欢迎通过电子邮箱（1248960031@qq.com）来共同探讨组织传承的性格陷阱与性格规律。

最后，我谨以本书的出版，献给已经去世的母亲吴画梅（族名吴有梅）女士。是母亲大人在艰难岁月，始终勉励笔者用心读书，才有笔者今天从事文字创作和学术研究的基础及本书的面世。

黄德华

2022年10月于杭州老和山下